Regionale Ressourcen und Europa
Dimensionen kritischer Industrie- und Unternehmensgeschichtsschreibung

Festschrift für Rudolf Boch
zum 65. Geburtstag

Chemnitzer Europastudien

Herausgegeben von
Frank-Lothar Kroll und
Matthias Niedobitek

Band 21

Regionale Ressourcen und Europa

Dimensionen kritischer Industrie- und
Unternehmensgeschichtsschreibung

Festschrift für Rudolf Boch
zum 65. Geburtstag

Herausgegeben von

Yaman Kouli, Timo Luks,
Gisela Mettele und Manuel Schramm

Duncker & Humblot · Berlin

Bibliografische Information der Deutschen Nationalbibliothek

Die Deutsche Nationalbibliothek verzeichnet diese Publikation in
der Deutschen Nationalbibliografie; detaillierte bibliografische Daten
sind im Internet über http://dnb.d-nb.de abrufbar.

Alle Rechte, auch die des auszugsweisen Nachdrucks, der fotomechanischen
Wiedergabe und der Übersetzung, für sämtliche Beiträge vorbehalten
© 2018 Duncker & Humblot GmbH, Berlin
Satz: 3w+p GmbH, Rimpar
Druck: CPI buchbücher.de gmbh, Birkach
Printed in Germany

ISSN 1860-9813
ISBN 978-3-428-15538-5 (Print)
ISBN 978-3-428-55538-3 (E-Book)
ISBN 978-3-428-85538-4 (Print & E-Book)

Gedruckt auf alterungsbeständigem (säurefreiem) Papier
entsprechend ISO 9706 ∞

Internet: http://www.duncker-humblot.de

Vorwort

Das Vorwort zu einer Festschrift zu schreiben, ist kein leichtes Unterfangen, zumal wenn eine Würdigung des Jubilars bereits in einer anderen Veröffentlichung vorliegt.[1] Insofern bleibt den Herausgeber/innen nur, den Inhalt des Bandes kurz zu erläutern und ein paar persönliche Gedanken anzufügen. Die Herausgeber/innen und Autor/innen kennen Rudolf Boch von unterschiedlichen Stationen seines akademischen Lebensweges, der ihn von Freiburg im Breisgau über Bielefeld, Glasgow, Sheffield und Frankfurt am Main schließlich als Professor nach Chemnitz führte, wo er von 1994 bis 2018 den Lehrstuhl für Wirtschafts- und Sozialgeschichte innehatte.

Chemnitz war, so kurz nach der Wende, ein in vieler Hinsicht überraschender, fordernder Ort. Beim Aufbruch einer Stadt dabei zu sein, die gerade im Begriff war, eine neue Identität für sich zu finden und dafür nicht zuletzt auch auf ihre Vergangenheit blickte, bot Rudolf Boch als profundem Kenner der Geschichte der Industrialisierung und der Arbeiterbewegung viele Ansatzpunkte, die Bedeutung der Stadt und der Region für die Wirtschafts- und Sozialgeschichte neu zu profilieren. Innovative Themen mit Bezügen zur Chemnitzer und zur sächsischen Geschichte waren schnell gefunden, wobei es Rudolf Boch stets darum ging, Chemnitz und Sachsen nicht selbstbezüglich als reine Stadt- und Regionalgeschichte zu betrachten, sondern beide als wichtige Kerne einer regionalen, deutschen und globalen Industriegeschichte herauszuschälen und wiederzuentdecken. Es war ihm ein Anliegen, nicht nur Chemnitzer Geschichte, sondern überhaupt Geschichte in Chemnitz konsequent europäisch und global auszurichten. Die europäische Öffnung, insbesondere die Erweiterung Europas nach Mittel- und Osteuropa, in Chemnitz mitzugestalten, war gewissermaßen eine historische Gelegenheit, die Rudolf Boch gerne ergriffen hat. Sehr schnell hat er Kontakte zu tschechischen und polnischen Kollegen geknüpft und diese zu Gastvorträgen und Forschungsaufenthalten eingeladen. Daraus sind dauerhafte Kooperationen entstanden, insbesondere bis heute der deutsch-polnische Master der TU Chemnitz mit der Universität Breslau.

Rudolf Boch hat die ganze Weite der Geschichtswissenschaft in den überschaubaren Raum der Chemnitzer Universität und seines kleinen Historischen Instituts gebracht. Seine vielen internationalen Kontakte nach England und in die USA haben es ermöglicht, dass Historikerinnen und Historiker aus aller Welt mit spannenden Themen nach Chemnitz kamen, wie etwa Kathleen Canning als Gastprofessorin. Rudolf Bochs Findigkeit, mit begrenzten finanziellen Mitteln kreativ umzugehen, zeigte

---

[1] *Frank-Lothar Kroll:* Vorwort des Herausgebers. In: Rudolf Boch: Arbeiter, Wirtschaftsbürger, Staat. Abhandlungen zur industriellen Welt. Berlin 2017, VII–X. Dort auch ein Verzeichnis der Schriften Rudolf Bochs.

sich etwa darin, dass er wusste, dass Fulbright-Scholars während ihres Aufenthaltes gehalten waren, den Austausch mit deutschen Universitäten zu suchen und dies von Fulbright bezahlt würde. Und so kamen jedes Semester erstklassige Wissenschaftlerinnen und Wissenschaftler aus den USA in das Forschungskolloquium, das Rudolf Boch zunächst mit Gerhard Dohrn-van Rossum, der von 1994 bis 2012 in Chemnitz Geschichte des Mittelalters lehrte, später mit dem damaligen Chemnitzer Althistoriker Stefan Pfeiffer gemeinsam veranstaltete. Stets wurden dort die neuesten Entwicklungen der Geschichtswissenschaft diskutiert: überepochal und interdisziplinär.

Zur gelebten Interdisziplinarität, die Rudolf Bochs Arbeit auszeichnet, kommt eine große Offenheit gegenüber allen historischen methodischen Ansätzen. Seine vermittelnde Art, das Beste aus verschiedenen wissenschaftlichen Welten zu vereinigen, ließen ihn die Grabenkämpfe zwischen hie Sozialgeschichte, dort Kultur- und Alltagsgeschichte ignorieren, die in den neunziger Jahren noch die geschichtswissenschaftliche Landschaft bestimmten. Er hat einfach alles, was wissenschaftlich gut und spannend war, miteinander verbunden.

Die Chemnitzer Universität voran zu bringen und die Existenz des Historischen Instituts zu sichern, auch als Chemnitz der sichere Pfeiler der Lehramtsausbildung weggenommen wurde, war Rudolf Boch stets ein wichtiges Anliegen. Federführend war er an der Neuorganisation von Bachelor- und Masterstudiengängen und dem Aufbau des Instituts für Europäische Geschichte beteiligt. Seit dessen Gründung hat er das Institut für Europäische Geschichte geprägt und konstruktiv begleitet. Die von ihm formulierte Leitidee ist dabei heute aktueller denn je: Die Zukunft der Europäischen Union hänge letztlich nicht von Detailfragen zur europäischen Währungsunion ab, sondern von der Begeisterung junger Menschen für das europäische Projekt.

Auch über die Universität hinaus war Rudolf Boch stets auf der Suche nach interessanten Kooperationspartnern. Mit dem Industriemuseum Chemnitz und dem Sächsischen Wirtschaftsarchiv e.V. in Leipzig ist er mehr als eng verbunden. Und dass die Archivbestände der Auto Union heute in dieser Qualität aufgearbeitet und verfügbar sind, ist beinahe ausschließlich Rudolf Bochs Initiative zu verdanken. Dass er dem ernsten Gespräch nicht aus dem Weg geht, zeigt seine Rolle bei der Kontroverse um die – mittlerweile wieder entfernte – Platte zur Ehrung des früheren Vorstandsmitglieds der Auto Union Carl Hahn sen. Derlei ist nur möglich, wenn man sich über mehrere Dekaden vor Ort engagiert. Was Rudolf Boch besonders auszeichnet, ist seine ganz grundsätzliche Bereitschaft zu Kooperation und Kollegialität. Es ist kein Kulturpessimismus, wenn man konstatiert, dass solche Wissenschaftler heute nur noch selten zu finden sind. Diejenigen, die Rudolf Boch als Ideengeber und Förderer kennen gelernt haben, werden sein Engagement für die Universität, in der Stadt und für die Region vermissen. Gegenwart und Zukunft aus der Geschichte heraus zu gestalten, bleibt weiterhin aktuell und eine Herausforderung. Es ist daher bedauerlich, dass die Technische Universität Chemnitz nach der Emeritierung des Jubilars über keine Professur für Wirtschafts- und Sozialgeschichte mehr verfügen wird.

Sicherlich hat sich vieles in den vergangenen fast 25 Jahren verändert und noch mehr seit 1971, als Rudolf Boch sein Studium begann. Damals gab es weder Bachelor noch Credit Points noch Exzellenzinitiative. Auch Hausarbeiten mussten komplett mit der Schreibmaschine zu Papier gebracht werden. Um Fachliteratur zu lesen, musste man sich in der Regel in eine Bibliothek begeben. Das alles erforderte einen höheren Zeitaufwand, aber auch mehr Überlegung, mehr intellektuelle Durchdringung und Aneignung des Stoffes. Dafür genossen die Studierenden damals noch wesentlich mehr intellektuelle Freiheit als heute, wo Studienordnungen und Module das Studium reglementieren und einen mehr oder weniger festen Rahmen vorgeben.

Aber nicht nur das Studium ist stärker bürokratisiert als damals. Auch die Forschung hat sich durch die Ausrichtung der Universitäten auf Drittmittelakquise verändert. Forschungsthemen müssen heute so weit parzelliert werden, dass sie in die Raster von Förderinstitutionen passen und möglichst in zwei bis drei Jahren zum Abschluss gebracht werden können. Zudem gilt die Einzelforschung, in der ein/e Wissenschaftler/in seine oder ihre intellektuelle Neugier befriedigt, als altmodisch. Forschung soll möglichst in Verbünden (Clustern) organisiert sein und eine deutliche Anwendungsorientierung besitzen.

Die Entwicklung des Faches Wirtschafts- und Sozialgeschichte oder der Geschichte allgemein in den letzten Jahrzehnten zu skizzieren, liegt außerhalb der Reichweite dieser Einleitung. Die Forschungsschwerpunkte des Jubilars haben sich jedoch erhalten bzw. sind in neuer Form wiedergekehrt. Die Unternehmensgeschichte hat durch die Debatte über Zwangsarbeit im Nationalsozialismus eine neue Konjunktur erfahren[2], und selbst die schon totgesagte Arbeitergeschichte ist heute (meist unter globalgeschichtlichen Vorzeichen) wieder aktuell.[3]

Der dritte Bereich, Industriekultur, verweist darauf, dass es Rudolf Boch immer ein besonderes Anliegen war, Geschichte nicht nur zu erforschen, sondern die Ergebnisse dieser Forschung auch in eine breitere Öffentlichkeit zu tragen und das kulturelle Erbe der Region zu pflegen. Das ist heutzutage leider keineswegs selbstverständlich. Der Begriff „Industriekultur" verweist aber auch auf die Kultur des Industriezeitalters jenseits von Arbeiter- und Unternehmensgeschichte im engeren Sinn, wie z. B. Märkte, Großstadtkritik, Erinnerung oder das Verhältnis von Arbeit, Muße und Politik. Diese Offenheit für neue Themen und Forschungsansätze hat auch den Jubilar immer ausgezeichnet.

Rudolf Boch zielte in Forschung und Lehre stets darauf, die Beschränkungen eines nationalgeschichtlichen Blicks zu überwinden. Verankert in der Industrialisierungs- und Bürgertumsforschung, der Arbeiter- und Arbeiterbewegungsgeschichte, verweisen seine Arbeiten konsequent auf regionale Besonderheiten und Entwick-

---

[2] Vgl. *Martin Kukowski / Rudolf Boch:* Kriegswirtschaft und Arbeitseinsatz bei der Auto Union AG Chemnitz im Zweiten Weltkrieg. Stuttgart 2014.

[3] Vgl. *Mahua Sarkar* (Hrsg.): Work out of place. München / Wien 2017; *Marcel Van der Linden:* Workers of the World. Eine Globalgeschichte der Arbeit. Frankfurt a. Main / New York 2017.

lungspfade. Nie geht es dabei jedoch um selbstgenügsame Lokalstudien. In der Beschäftigung etwa mit dem Bergischen Land und dem Rheinland, dem Raum Sheffield oder – in der Chemnitzer Zeit verstärkt – mit Sachsen geht es einerseits konsequent darum, Vergleiche zu ermöglichen, andererseits um eine systematische Einbettung in nationalstaatliche, europäische und globale Zusammenhänge. Die Beiträge der vorliegenden Festschrift spiegeln diese Verschränkung der Perspektiven wie auch den Zuschnitt und die geographischen Schwerpunkte der Arbeiten des Jubilars auf vielschichtige Weise.

Auf persönlicher Ebene bleibt anzumerken, dass Rudolf Boch ein durch und durch unkonventioneller Mensch ist, der es in jeder Hinsicht versteht, Dinge, die anderen als unvereinbare Gegensätze erscheinen, mit größter Leichtigkeit miteinander zu verbinden; links, bunt, grün, rot und eine bürgerliche Zivilisiertheit, zu der stilvolle Umgangsformen ebenso gehören wie ein gewisses Äußeres, das gute Essen, der Sinn für Kunst und überhaupt: die Kleidung. Bereits auf den ersten Blick fiel auf, dass er, zumal für einen Professor, immer bemerkenswert gut gekleidet war. Er kam ja bei seiner Berufung nach Chemnitz frisch aus Florenz und brachte ein sehr italienisches Flair mit. Nicht mit Wollpulli und Cordhose, sondern mit Jackett und ausgesuchten Halstüchern, stets exquisit kombiniert, und die Qualität der Textilien fiel sofort ins Auge. Besonders in Erinnerung geblieben ist etwa ein Kamelhaarmantel (oder vielleicht war es auch Kaschmir), den er mit geschmackvollen, farblich abgestimmten Schals trug. Aber es war eben nie aufgesetzt, sondern hatte etwas sehr Beiläufiges, getragen mit einem gewissen Understatement und einer großen Lässigkeit. Ganz unterschiedliche Welten, der linke Intellektuelle und der großbürgerliche Habitus, wurden zwanglos miteinander verbunden.

Zu Rudolf Bochs Unkonventionalität gehört auch, dass er in den neunziger Jahren zu den wenigen Akademikern zählte, die regelmäßig ein „Gym" besuchten. Fitness und Bodybuilding sind heute auch für Universitätsprofessoren überhaupt nichts Besonderes mehr. Aber damals hatte Hanteln stemmen und Gewichte heben noch etwas fast Anrüchiges, jedenfalls völlig Unakademisches. Und dazu noch die Andeutungen, dass er in früheren Zeiten auch einmal als Seemann zur See gefahren ist – das machte auch auf die Studierenden großen Eindruck.

Nicht unerwähnt bleiben soll auch der geheiligte Mittagsschlaf als ein Menschenrecht, das Rudolf Boch vehement vertritt. Er schwört Stein und Bein, dass dies die Grundlage seiner Arbeitskapazität ist. In diesem Sinn wünschen wir dem Jubilar, dass Produktivität und Genuss weiterhin in so wunderbarer Mischung für ihn vereint bleiben und dass daraus noch viele neue Projekte entstehen, die ihm am Herzen liegen und auf die wir uns freuen. Zum Abschluss sei noch auf eine weitere nichtwissenschaftliche, aber nicht minder wichtige Vergnügung hingewiesen: Ein kleiner, aber feiner Vorrat an Lakritze war in Rudolf Bochs Büro zuverlässig vorzufinden. Er schrumpfte zwar immer nur sehr langsam, aber doch stetig. Regelmäßiger, jedoch maßvoller Konsum macht Rudolf Boch bis heute aus. Wir wünschen dem Jubilar von

Herzen, dass ihm sowohl Gesundheit als auch ein Vorrat an Lakritze stets erhalten bleiben. In diesem Sinne rüstig und gut bevorratet: ad multos annos!

Heidrun Homburg, Yaman Kouli, Timo Luks, Gisela Mettele, Manuel Schramm

Grußwort

Von *Veronique Töpel*

Nach 1990 entfiel auch im Osten Deutschlands die Zuständigkeit der staatlichen Archive für die Bestände der Wirtschaft. Das war Anlass zur Gründung des Sächsischen Wirtschaftsarchivs e.V. (SWA) als regionales Wirtschaftsarchiv für Sachsen durch die drei sächsischen Industrie- und Handelskammern Leipzig, Dresden und Chemnitz. Das Archiv erhielt satzungsgemäß den Auftrag zur „Sicherung, Bewertung und Bewahrung des wirtschaftlichen Archivgutes aller Regionen des Freistaates Sachsen". Angelehnt an die Tradition des Archivs zur Wirtschaftsgeschichte Leipzigs, das von 1887 bis 1959 an der Bibliothek der IHK zu Leipzig bestand, erhielt das SWA seinen Sitz in Leipzig. Die Industrie- und Handelskammern sind bis heute, seit 2004 mit der Handwerkskammer zu Leipzig, die tragenden Mitglieder des Archivs, das inzwischen etwa vier Kilometer Akten verwaltet und über 290 Bestände aus Industrie, Handwerk und Handel betreut. Zahlreiche Sammlungen, darunter 3.000 Firmenfestschriften, sowie eine wirtschaftsgeschichtliche Präsenzbibliothek ergänzen die Bestände. Seit Bestehen des SWA war es auch Anliegen, die Bestände einer wissenschaftlichen Auswertung zuzuführen. Die 1997 veranstaltete Tagung „Unternehmer in Sachsen" bildete den Auftakt der Unternehmensgeschichtlichen Kolloquien.

Prof. Rudolf Boch unterstützte erstmals 1999 diese wissenschaftliche Reihe des Archivs zum Thema „Wirtschaft und Staat in der Industrialisierung Sachsens". Ab dem 3. Unternehmensgeschichtlichen Kolloquium (UGK) 2001 in Chemnitz, das sich dem Thema „Unternehmen im regionalen und lokalen Raum" widmete, war der Lehrstuhl für Wirtschafts- und Sozialgeschichte der TU Chemnitz unter Leitung von Prof. Rudolf Boch fester Partner für die wissenschaftliche Begleitung der Tagungen. So finden immer wieder junge Wissenschaftlerinnen und Wissenschaftler mit den Kolloquien ein Podium, um ihre Forschungsarbeit vorzustellen. Studierende des Lehrstuhls nahmen bisher stets an den Tagungen teil. Die meist zweitägigen Veranstaltungen sind gut strukturiert in Sektionen eingeteilt und geben Raum für 12 bis 15 Vorträge. Immer blieb dabei Zeit für persönliche Gespräche und Meinungsaustausch.

Erinnert sei auch an die gute Zusammenarbeit mit dem Sächsischen Industriemuseum in Chemnitz, das bereits zweimal Gastgeber dieser Veranstaltungsreihe war. So begann das Kolloquium 2008 zum Thema „Mehrwert, Märkte und Moral" dort auch mit einer Premiere. Eine Podiumsdiskussion mit aktiven Unternehmerinnen und Unternehmern wurde der Tagung vorangestellt. Bemerkenswert ebenso das 7. UGK

2014, das sich dem Thema „Wirtschaft und Erinnerung" widmete. Anlässlich dieser Tagung wurde eine Sonderausstellung des SWA im Industriemuseum eröffnet.

Während die ersten Kolloquien vor allem von Ulrich Heß und Michael Schäfer organisiert wurden, besteht seit 2007 für die Vorbereitung der Kolloquien ein bewährtes Team aus Michael Schäfer, Swen Steinberg und Veronique Töpel. Rudolf Boch begleitete die Themen- und Referentenauswahl stets persönlich. Selbstverständlich war er auch immer einer der Akteure der Kolloquien, sei es mit einer Sektionsleitung oder einem eigenen Beitrag. Die Kolloquien werden uns durch die Veröffentlichung der Protokollbände in der Veröffentlichungsreihe des SWA „Beiträge zur Wirtschaftsgeschichte Sachsens" gegenwärtig bleiben.

Nun beendet Rudolf Boch seine berufliche Tätigkeit und auch die Ära des Lehrstuhls für Wirtschafts- und Sozialgeschichte an der TU Chemnitz neigt sich dem Ende entgegen. Für das SWA bedeutet das, sich für die künftige wissenschaftliche Betreuung der UGKs eine neue Unterstützung suchen zu müssen. Was es für die Forschung bedeutet, ist hier noch nicht abzusehen. Wir bedanken uns bei Rudolf Boch mit einem Abschiedskolloquium zum Thema „Sachsen und das Rheinland – zwei Industrieregionen im Vergleich", das im September 2018 erneut im Sächsischen Industriemuseum Chemnitz stattfindet. Für sein langjähriges Engagement und seine Unterstützung bezüglich der UGKs sprechen wir Rudolf Boch nochmals ein großes Dankeschön aus und wünschen ihm persönlich alles erdenklich Gute. Wir hoffen jedoch auch, dass er das SWA und seine Entwicklung sowie die Forschungslandschaft zur Wirtschafts- und Sozialgeschichte in Sachsen weiterhin im Blick behält. Wir bauen fest darauf!

Inhaltsverzeichnis

I. Industrialisierungs- und Unternehmensgeschichte

Michael Schäfer
Leitsektor oder Sorgenkind? Die sächsische Baumwollmaschinenspinnerei im 19. Jahrhundert 19

Yaman Kouli
Das Geheimnis der französischen Industrialisierung im 19. Jahrhundert – ein Erklärungsversuch 37

Eva Pietsch
„Alles wie geschmiert..."? Die Geschäfte mit „weißem Öl" zwischen internationalen Markt- und deutschen Kriegsinteressen 1880–1933 (aus Sicht des Gründerunternehmers Leo Stern) 53

Rainer Karlsch
Entstehung und Wandel des Modelles der Minderheitsbeteiligung in der sächsischen Gaswirtschaft 75

Werner Abelshauser
Zweierlei Fordismus. Zur Rolle der Automobilindustrie in der Wirtschaft der beiden deutschen Staaten 93

II. Arbeitergeschichte im 19. und 20. Jahrhundert

Thomas Welskopp
Die deutsche Gewerkschaftsbewegung im internationalen Vergleich 121

Karlheinz Schaller
Der sächsische Arbeitsmarkt während der Industrialisierung bis 1914 137

Manuel Schramm
Der Crimmitschauer Textilarbeiterstreik im internationalen Vergleich 151

Ralf Rogge
Handwerker-Arbeiter in der Revolution 1848/49: die Wahlen vom 1. Mai 1848 in Höhscheid (Kreis Solingen) 165

Heidrun Homburg
Das Vergessen des sozialdemokratischen Reichsministers Robert Schmidt (1864–1943). Ein Beitrag zu den politischen Verkehrsformen in der Parlamentarisierung des Regierungssystems in Deutschland seit dem Herbst 1918 181

Elke Scherstjanoi
„War ja alles noch revolutionär damals." Selbstzeugnisse betrieblichen Arbeiterverhaltens im Ringen um Leistungslohn und Arbeitsnormierung in der Industrie der frühen DDR 207

Christoph Kleßmann
Prekäre internationale Solidarität – „Gastarbeiter" in der DDR 233

Josef Mooser
„Sozialismus" im 20. Jahrhundert. Ein Rückblick 247

III. Industriekultur, Märkte und Städte

Timo Luks
Märkte im Herzen der Finsternis. Die Ethnologie und die Vermarktlichung des (post-)kolonialen Denkens 259

Jörg Feldkamp
Industrie-Kultur-Management 275

Gerhard Dohrn-van Rossum
Bauanleitung für ein Weltwunder. Das Astrarium des Giovanni Dondi dall'Orologio aus Padua 287

Marian Nebelin
Politik als Beruf? Arbeit, Freizeit und politische Partizipation in der Moderne   303

Susanne Schötz
Leipzig als bedeutender Industriestandort im Kaiserreich 317

Martin Clauss
Die landesherrliche Bleiche in Chemnitz (1358–1478) 335

Gabriele Viertel
Initiativen reformorientierter Bürger für eine Bürgerschule in Chemnitz 347

Gisela Mettele
Das Vogtland in Berlin. Bettina von Arnims Kritik der sozialen Verhältnisse in
der preußischen Metropole 363

Verzeichnis der Autorinnen und Autoren 381

I. Industrialisierungs- und Unternehmensgeschichte

Leitsektor oder Sorgenkind?
Die sächsische Baumwollmaschinenspinnerei im 19. Jahrhundert

Von *Michael Schäfer*

I.

Als sich der Bau der ersten sächsischen Maschinenspinnereien zum 200. Mal jährte, nahm der Chemnitzer Geschichtsverein dieses Ereignis 1999 zum Anlass für eine Tagung und widmete ihm eine Sonderausgabe seiner Zeitschrift. An den beiden 1798–1800 am Ufer der Chemnitz gebauten „Spinnmühlen" lässt sich der Beginn der „Industriellen Revolution" in Sachsen sinnfällig und scheinbar punktgenau festmachen. Als Inhaber der Professur für Wirtschafts- und Sozialgeschichte der örtlichen Technischen Universität kam Rudolf Boch auf der Chemnitzer Jubiläumstagung die Aufgabe zu, in einem abschließenden Beitrag die Bedeutung der sächsischen Baumwollmaschinenspinnerei im regionalen Industrialisierungsprozess einzuordnen und zurechtzurücken. Er tat dies in einem Akt der Entzauberung: Der herausragende Stellenwert, der den mechanischen Baumwollspinnereien für die Industrielle Revolution in Sachsen gemeinhin zugeschrieben werde, sei doch eher ein Mythos. Die Entwicklung der Maschinenspinnerei sei hier in den folgenden Jahrzehnten sehr schleppend verlaufen. Ihren anfänglichen innerdeutschen Spitzenrang habe die sächsische Baumwollspinnerei im Laufe des 19. Jahrhunderts verloren. Sie habe sich mit einer wenig ertragreichen Nischenexistenz als Produzent grober Garne begnügen müssen. Nach 1830 seien keine größeren Impulse auf den sächsischen Maschinenbau mehr von ihr ausgegangen.[1]

Diesen Befund hat inzwischen auch ein an der Professur Boch angesiedeltes Forschungsprojekt zur Genese der sächsischen Textilindustrie im 19. Jahrhundert im Großen und Ganzen bestätigt.[2] Die in diesen Forschungen erarbeitete empirische Basis ermöglicht es aber nun, genauer zu ergründen, warum die Baumwollspinnerei in Sachsen die ihr zugedachte Rolle eines Leitsektors der regionalen Industrialisierung so wenig ausfüllen konnte. Warum gelang es den sächsischen Baumwollspinnern nicht einmal annähernd, auch nur den Bedarf der heimischen Baumwollgarn

---

[1] Vgl. *Rudolf Boch:* Mechanische Baumwollspinnerei – Mythos und Bedeutung einer Innovation im Industrialisierungsprozess. In: Mitteilungen des Chemnitzer Geschichtsvereins 69, Neue Folge 8 (1999), 201–207.

[2] Vgl. *Michael Schäfer:* Eine andere Industrialisierung. Die Transformation der sächsischen Textilexportgewerbe 1790–1890. Stuttgart 2016.

verarbeitenden Gewerbe und Industrien zu befriedigen? Warum fiel Sachsen in dieser Branche im Laufe des 19. Jahrhunderts trotz ihres frühen Vorsprungs gegenüber anderen mitteleuropäischen Regionen zurück? Auf diese Fragen versuche ich im Folgenden eine differenzierte Antwort zu geben. „Differenziert" heißt, dass eine ganze Reihe von Faktoren in ihrer Interdependenz und Interaktion zu berücksichtigen sind, wie sich dies bereits in Rudolf Bochs Aufsatz von 1999 angedeutet hat. Zu diesen Faktoren gehören die Nachfrage der Garn verarbeitenden Branchen, die Zugangsbedingungen zu Rohstoff- und Absatzmärkten, die verkehrstechnischen Standortbedingungen, die Verfügbarkeit und die Kosten von Spinnereitechnologie, Antriebsaggregaten und Energie, die kommerzielle Infrastruktur, die verfügbaren Arbeitskräfte und ihre Qualifikation u.a.m.

II.

1. Wie alles anfing

Warum kam man in Chemnitz vor nun bereits 220 Jahren, also zu einem außergewöhnlich frühen Zeitpunkt, auf die Idee, Baumwolle im Fabrikbetrieb zu spinnen? Diese Frage klingt zunächst einmal etwas banal, die Antwort darauf fällt aber vielschichtiger aus, als vielleicht zu vermuten wäre. Wenn man nicht den unwiderstehlichen sächsischen Erfinder- und Unternehmensgeist bemühen will, liegt die folgende Erklärung wohl am nächsten: Das „sächsische Manchester" wurde frühzeitig zum Standort der Maschinenspinnerei, weil es in der Region eine große Nachfrage nach baumwollenem Gespinst gab. Im südlichen Vogtland und im westlichen Erzgebirgsvorland hatte sich im Verlauf des 17. und 18. Jahrhunderts eine vielfältige Baumwollweberei und -wirkerei mit protoindustriellen Zügen entwickelt. „Protoindustriell" bedeutet in diesem Falle, dass die in der Region erzeugten Waren ganz überwiegend für den Absatz auf überregionalen Märkten bestimmt waren und dass Verlagsunternehmer die Produktion der Textilwaren in den Werkstätten der Zunfthandwerker und Heimarbeiter, ihre Endfertigung und ihren Vertrieb auf die eine oder andere Weise koordinierten. Seit etwa den 1770er Jahren hatte die Baumwollwarenmanufaktur zwischen Chemnitz und Glauchau sowie im Plauener Raum einen solchen Aufschwung genommen, dass es in der Versorgung mit dem Halbstoff Garn zu immer größeren Engpässen gekommen war. Die Baumwolle wurde von Hand mit einfachen Spinnrädern versponnen. Diese Arbeit übernahmen oft ländliche Arbeitskräfte, die unterbäuerlichen Gärtner, Häusler und Inwohner ebenso wie das Gesinde der Bauernhöfe und Rittergüter. Auch die Frauen und Kinder der Weber- und Wirkermeister und – nicht zu vergessen – die Insassen von Zucht- und Arbeitshäusern wurden mit der Verspinnung von Baumwolle beschäftigt.[3]

---

[3] Vgl. ebd., 27–37; *Albin König:* Die sächsische Baumwollenindustrie am Ende des vorigen Jahrhunderts und während der Kontinentalsperre. Leipzig 1899, 81, 108–114, 119–127. Zum Protoindustrialisierungsbegriff vgl. *Ulrich Pfister:* Art. Protoindustrialisierung. In: Enzyklopädie der Neuzeit. Bd. 10, Stuttgart 2009, 505–514.

Nun waren im letzten Drittel des 18. Jahrhunderts zunächst in Großbritannien Maschinen in Gebrauch gekommen, mit denen es möglich schien, den „Flaschenhals" im Produktionsprozess der südwestsächsischen Baumwollwarenmanufaktur zu brechen. Den ersten dokumentierten Versuch machte 1782 ein Chemnitzer Verlagskaufmann, der in Ernstthal den französischen Nachbau einer *Spinning Jenny* aufstellte. Mit Handspinnmaschinen dieses Typs ließen sich einige Dutzend Spindeln gleichzeitig in Gang halten. Die nur sehr langsame Diffusion der *Jennies* in Sachsen zeigt aber an, dass dieser Produktivitätssprung zunächst nicht recht zum Tragen kam. Die sächsischen Nachbauten und Eigenkonstruktionen dieser Maschinen stellten vorerst nur sehr grobes Garn her, das man allenfalls für die einfachsten Kattun-Stoffe gebrauchen konnte. Besonders eng war jedoch der Flaschenhals der Garnversorgung bei der Produktion der feineren Gewebe, namentlich dem Musselin, der gewinnbringenden Domäne der Plauener Baumwollwarenmanufaktur.[4]

Und gerade auf diese Branche der sächsischen Textilwirtschaft wirkte nach 1790 nicht allein der *Pull*-Faktor des notorischen Garnengpasses, sondern auch der *Push*-Faktor einer technologisch überlegenen auswärtigen Konkurrenz. In den britischen Baumwollregionen, in Lancashire und im Raum Glasgow, war mittlerweile eine zweite Generation von Spinnmaschinen zum Einsatz gekommen: die *Water Frames*, die mit Wasserkraft betrieben wurden, und die *Mules* – „Maulesel" – so genannt, weil sie die Konstruktionsprinzipien der *Water Frames* mit denen der *Spinning Jennies* vereinten. Als es um 1790 gelang, auch die *Mules* und mit ihnen eine vorgeschaltete Reihe von Vorspinnmaschinen, „ans Wasser zu legen", hatte dies nachhaltige Rückwirkungen auf die sächsische Musselinweberei. Diese Spinnmaschinen konnten nämlich sehr feines Garn spinnen, so dass die britische Konkurrenz nun über einen Halbstoff verfügte, der nicht allein hochwertiger als das sächsische Handgespinst war, sondern auch noch in großen Mengen zu rapide fallenden Preisen angeboten wurde. Bereits seit 1791 versuchten die Plauener Musselinunternehmer mit Hilfe von Chemnitzer Maschinenbauern, die englischen *Mule*-, Krempel- und Schlagmaschinen nachzubauen. Es gelang aber nicht, ein brauchbares Maschinenset herzustellen, mit dem Baumwollgarn in einem Feinheitsgrad gesponnen werden konnte, der für das vogtländische Musselin notwendig war. Die Situation entspannte sich Mitte der 1790er Jahre etwas, nachdem britisches Maschinengarn in immer größeren Quantitäten nach Sachsen eingeführt wurde.[5]

---

[4] Vgl. *König:* Baumwollenindustrie (wie Anm. 3), 84–97; *Rudolf Forberger:* Die Manufaktur in Sachsen. Vom Ende des 16. bis zum Anfang des 19. Jahrhunderts. Berlin 1958, 288–289; Hauptstaatsarchiv Dresden 10078: Kommerziendeputation Nr. 1473 (Loc. 11171/XIII. 2311), Bl. 2: Memorandum „Die baumwollene Maschinenspinnerey im Königreich Sachsen", 1814.

[5] Vgl. *Douglas Farnie:* Das Zeitalter der großen Erfindungen in der englischen Baumwollindustrie (1764–1834). In: Mitteilungen des Chemnitzer Geschichtsvereins 69, Neue Folge 8 (1999), 45–53; *Louis Bein:* Die Industrie des sächsischen Voigtlandes. Bd. 2: Die Textilindustrie. Leipzig 1884, 119–120; *Schäfer:* Industrialisierung (wie Anm. 2), 83–86.

Die beiden einige Jahre später in Angriff genommenen Chemnitzer Spinnmühlen waren demnach bereits der zweite Anlauf zur Einführung der *Mule*-Maschinenspinnerei in Sachsen. Dass dieser Anlauf erfolgreicher verlief als in Plauen, lag wohl nicht zuletzt an den günstigeren Bedingungen. Zum einen verfügten Carl Friedrich Bernhard und Konrad Wöhler über genauere Konstruktionszeichnungen der von der britischen Konkurrenz sorglich geheimgehaltenen Spinnmaschinen. Zudem war es ihnen gelungen, englische Techniker anzuwerben. Zum anderen waren im Chemnitzer Baumwollrevier die Anforderungen an den Feinheitsgrad des Garns längst nicht so hoch wie im Vogtland. In Chemnitz, Glauchau, Hohenstein, Ernstthal, Mittweida oder Frankenberg wurden im allgemeinen dichtere Baumwollstoffe gefertigt als die luftigen Musselins. Beide Spinnereifabrikanten erhielten 1798/99 von der kurfürstlichen Regierung jeweils zehnjährige Exklusivprivilegien für die Herstellung von *Mule*- (Bernhard) und *Water*-Garn (Wöhler). Dies bedeutete allerdings, dass die Kapazitäten der sächsischen Baumwollmaschinenspinnerei zunächst einmal für längere Zeit auf die beiden Fabriken in den Chemnitzer Vororten Harthau und Fürth beschränkt sein würden. In diese zehn Jahre fällt aber nun die rasante Ausweitung der *Jenny*-Handmaschinenspinnerei in Sachsen. In den verstreuten Heimarbeiterstuben, aber auch in einigen zentralen Produktionsstätten liefen schließlich insgesamt mehr als 400.000 Spindeln, etwa das 35fache der Ausstattung der kraftbetriebenen Spinnmaschinen Bernhards und Wöhlers.[6]

Die frühe Entwicklung der sächsischen Baumwollmaschinenspinnerei lässt sich hinreichend nur als komplexe Interaktion einer ganzen Reihe von Faktoren beschreiben. Der Faktor der technischen Ausstattung spielte, nachdem der Transfer der grundlegenden Spinnereitechnologie einmal gelungen war, vor allem in zweierlei Hinsicht eine Rolle. Einmal konnten die sächsischen Spinnereien mit ihrem nachgebauten Maschinenpark bestenfalls Garn mittleren Feinheitsgrades herstellen. Zum anderen benötigten die *Mules* und *Water Frames* zunächst sog. gelbe Baumwolle aus den USA, der Karibik oder Brasilien. Erst allmählich gelang es den Spinnern, ihre Maschinen so zu adaptieren, dass die bislang in Kursachsen meistens verwendete „weiße" mazedonische Baumwolle zugemischt werden konnte. Damit kam wiederum der Rohstoffzufuhr wesentliche Bedeutung zu.[7]

In den fünfzehn Jahren nach 1800 war nun gerade die Zufuhr amerikanischer Baumwolle wie auch britischen Maschinengarns auf den europäischen Kontinent infolge der napoleonischen Kriege massiven Fluktuationen ausgesetzt. Die gegenseitigen Wirtschaftsblockaden der kriegführenden Mächte wirkten zudem auch auf die Abnehmer der Spinnereien, die Baumwollgarn verarbeitenden Gewerbe, zurück. Die Unsicherheiten der Rohstoff- und Halbwarenzufuhr aus England und Übersee ver-

---

[6] Vgl. Memorandum „Die baumwollene Maschinenspinnerey" (wie Anm. 4), Bl. 3 ff.; *Günter Welzel:* Die Baumwollspinnerei von Wöhler in Chemnitz. In: Mitteilungen des Chemnitzer Geschichtsvereins 69, Neue Folge 8 (1999), 84–87; *Hubert Kiesewetter:* Das Bernhardsche Unternehmen und sein Einfluss auf die sächsische Maschinenspinnerei. In: Ebd., 9–37.

[7] Vgl. *Schäfer:* Industrialisierung (wie Anm. 2), 105–106.

schlechterten die Wettbewerbssituation der sächsischen Textilexportgewerbe vor allem im Bereich der feineren Gewebearten. Stoffe wie Musselin oder das Piquée, das zu den Spezialitäten der Chemnitzer und Glauchauer Weber gehörte, benötigten amerikanische Baumwolle bzw. britisches Maschinengarn. Seit Mitte der 1790er Jahre war daher die Produktion dieser Artikel in Sachsen stark rückläufig. Gewebe, für die gröbere Garne ausreichten, waren von der periodischen Verteuerung und Verknappung der überseeischen Baumwolle und des in England und Schottland gesponnenen feineren *Mule*-Garns weit weniger betroffen. Für die einfachen Kattune, Cannevasse oder Nankings genügte die mazedonische Baumwolle und das von den sächsischen *Jennies* und *Mules* produzierte Garn. Der enorme Boom der sächsischen Kattundruckerei, die feste und dichte Rohgewebe verwendete, seit dem Ausgang der 1790er Jahre dürfte wohl der augenfälligste Ausdruck dieser Entwicklung sein.[8]

Die eigentliche Grundstruktur der sächsischen Baumwollmaschinenspinnerei bildete sich allerdings erst nach dem Ablauf der beiden Exklusivprivilegien für Bernhard und Wöhler 1808/09 heraus. Für das Vogtland, das hart vom Niedergang der Musselinweberei betroffen war, bot die sächsische Regierung 1807 für den Bau von Maschinenspinnereien eine Prämie von einem Taler pro Spindel an und löste damit eine Welle von Fabrikgründungen aus. Im Chemnitzer Raum setzte der Gründungsboom zeitversetzt um ein, zwei Jahre ein. Als C. F. Bernhards sächsisches *Mule*-Garn-Monopol 1808 auslief, herrschte in der heimischen Maschinenspinnerei Flaute. Auf der einen Seite war der transatlantische Schiffsverkehr wieder einmal so gestört, dass kaum noch gelbe Baumwolle ins Land kam. Auf der anderen Seite erreichte die Baumwollgarneinfuhr aus England und Schottland in Leipzig ungeachtet der von Napoleon dekretierten „Kontinentalsperre" Rekordziffern. Erst als sich 1810 diese beiden Faktoren umkehrten, als nämlich kaum noch britisches Garn nach Sachsen kam und aus New Orleans, Surinam und Pernambuco wieder reichlich Rohbaumwolle die kontinentaleuropäischen Umschlagplätze erreichte – erst dann schossen im westlichen Erzgebirgsraum die Spinnmühlen wie Pilze aus dem Boden.[9]

2. Der Weg in die Nische

Der Gründerboom in der Baumwollmaschinenspinnerei in Südwestsachsen dauerte allenfalls zwei bis drei Jahre an. Zwischen 1810 und 1812 erhöhten sich die Produktionskapazitäten der sächsischen Baumwollgarnfabriken um das Dreieinhalbfache, von rund 72.000 auf 255.000 Spindeln. Danach flachte die Wachstumskurve ab und die Branche erlebte in den folgenden drei Jahrzehnten immer wieder längere Phasen der Stagnation, ja sogar Zeiten des Rückgangs. Dies lag zunächst einmal

---

[8] Vgl. ebd., 119–124; *Fritz Maschner:* Die Chemnitzer Weberei in ihrer Entwickelung bis zur Gegenwart. Chemnitz 1917, 114 ff.

[9] Vgl. *König:* Baumwollenindustrie (wie Anm. 3), 293–300, 321; *Schäfer:* Industrialisierung (wie Anm. 2), 108–118; *Michael Hammer:* Der Lengenfelder Industriepionier Gottlob Friedrich Thomas (1755–1835) und die Anfänge der Industrialisierung im Vogtland. In: Ulrich Heß u.a. (Hrsg.): Unternehmen im lokalen Raum 1750–2000. Leipzig 2004, 81–91.

daran, dass das rasche Wachstum der sächsischen Baumwollgarnindustrie in den Jahren nach 1810 Züge einer Spekulationsblase trug. Die Aussperrung der britischen Konkurrenz machte die Baumwollspinnerei so profitabel, dass auch zahlreiche Betriebe entstanden, die unter „normalen" Umständen kaum lebensfähig gewesen wären: kleine und kleinste Spinnmühlen, die mit wenig brauchbaren Maschinen, oft ohne Kraftantrieb, ausgerüstet waren und deren Besitzer über unzureichende eigene Kapitalressourcen verfügten. Sobald 1813/14 die Kontinentalsperre aufgehoben war und wieder britisches Maschinengarn nach Sachsen strömte, gingen diese Betriebe schnell wieder ein.[10]

Mit der „Normalisierung" der internationalen Handelsbeziehungen und dem Ende der kriegsbedingten Handelswegkrisen nach 1815 pendelte sich eine gewisse Arbeitsteilung zwischen den britischen und den sächsischen Baumwollspinnern ein. Über Hamburg und Leipzig kamen große Mengen feiner und mittelfeiner Garne aus englischer und schottischer Produktion auf den Markt und fanden Abnahme bei den sächsischen Webwarenherstellern. In diesen Segmenten gelang es den sächsischen Spinnereien nicht, gleichwertige Waren zu konkurrenzfähigen Verkaufspreisen herzustellen. Bei den gröberen, allenfalls mittleren Garnen, wo die Transportkosten vergleichsweise schwer ins Gewicht fielen und die Gewinnmargen geringer waren, behaupteten sie in der eigenen Region das Feld. Diese in den folgenden Jahrzehnten bemerkenswert stabile Grundkonstellation hatte auch Auswirkungen auf die innersächsische Standortstruktur der Branche. Im südlichen Vogtland, wo auch nach dem Ende der Musselin-Ära vorwiegend leichte Gewebe gefertigt wurden, war die Baumwollspinnerei um die Mitte des 19. Jahrhunderts bis auf einige Restbestände verschwunden.[11]

Im westlichen Erzgebirgsraum hielt sich die Baumwollmaschinenspinnerei und erlebte ein, wenn auch eher bescheidenes Wachstum. Ihre Nische war aber, zumindest relativ gesehen, deutlich kleiner geworden als noch in der napoleonischen Zeit. In ihrer Konstituierungsphase hatte die erzgebirgische Garnindustrie davon profitiert, dass die regionale Baumwollweberei sich zunehmend auf das Marktsegment der festen und einfachen Stoffe bzw. auf die Fertigung von Rohgeweben für die Kattundruckereien konzentrierte. Dies änderte sich seit den 1820er Jahren mit dem Schrumpfen der sächsischen Kattundruckerei grundlegend. Oberflächlich betrachtet lagen die Ursachen dieses Niedergangs in der Mechanisierung des Produktionsprozesses, der in Großbritannien und Frankreich in Gang gekommen war, in Sachsen aber nur ansatzweise vollzogen wurde. In den westeuropäischen Zentren der Kattundruckerei waren bereits vor 1815 kraftgetriebene Walzendruckmaschinen zum Einsatz gekommen, die, nachdem die Technik einmal ausgereift war, sprunghafte Produktivitätssteigerungen gegenüber der Handdruckerei im Gefolge hatte. Beinahe

---

[10] Vgl. *Schäfer:* Industrialisierung (wie Anm. 2), 116–117; *König:* Baumwollenindustrie (wie Anm. 3), 320–323.

[11] Vgl. *Schäfer:* Industrialisierung (wie Anm. 2), 220–225; *Siegfried Sieber:* Studien zur Industriegeschichte des Erzgebirges. Köln / Graz 1967, 31–32.

gleichzeitig breiteten sich in den britischen und französischen Baumwollrevieren mechanische Webstühle aus. Ein Haupterzeugnis der frühen Maschinenweberei waren Rohkattune für die Textildruckereien.[12]

Auch einige der führenden sächsischen Kattunfabrikanten stellten in den Jahren nach 1815 mechanische Webstühle auf und schafften Walzendruckmaschinen an. Doch gaben sie die Maschinenweberei schnell wieder auf; der Übergang zur Maschinendruckerei fand in Sachsen lange Zeit kaum Nachahmer. Eine maschinelle Herstellung von bedruckten Kattunen und anderen einfachen Baumstoffen rechnete sich für die Textilunternehmer nur, wenn diese in großen Quantitäten produzierten Waren auch abgesetzt werden konnten. Nun gingen aber fast alle europäischen Staaten in den Jahren seit 1815 nach und nach dazu über, ihre Zölle für Textilien und andere Manufakturwaren stark zu erhöhen oder solche Waren gleich ganz mit Einfuhrverboten zu belegen. Anders als ihre britische und französische Konkurrenz verfügten die sächsischen Baumwollwarenhersteller weder über einen aufnahmefähigen Binnenmarkt noch über einen privilegierten Zugang zu zahlreichen überseeischen Absatzmärkten. Viele sächsische Kattundruckereien gaben in den 1820er Jahren auf. Die verbliebenen Betriebe richteten sich in den Nischen ein, die ihnen der europäische Handelsprotektionismus offen ließ: Spezialitäten in kleinen Serien, hochwertige Artikel, denen die nach Gewicht erhobenen Zölle weniger anhaben konnten.[13]

Die schrumpfende Nachfrage der Kattundruckereien und die Absatzprobleme bei anderen einfachen Baumwollstoffen leiteten wiederum einen Wandel in der Produktpalette des Chemnitz-Glauchauer Webereireviers ein. Die Verlagsgeschäfte und Webereibetriebe verlegten sich zunehmend auf die Herstellung und den Vertrieb bunt gemusterter Artikel in höherer Qualität, oft Mischgewebe aus Baumwolle und Kammgarn, bald auch reine Wollgewebe: Stoffe für Damenkleider, Herrenwesten, Möbelbezüge u. ä. m. Für die sächsischen Baumwollspinnereien hatten diese Entwicklungen nachhaltige Auswirkungen. Die südwestsächsischen Webwarenproduzenten benötigten nun vorwiegend Garnsorten, die die heimischen Spinnereien nicht zu konkurrenzfähigen Preisen liefern konnten, oder sie waren ganz auf Schafwollgarn als Halbstoff umgestiegen.[14]

Eine gewisse Kompensation bot den Baumwollspinnern allerdings der rasante Aufstieg der erzgebirgischen Strumpfwirkerei, die seit Mitte der 1820er Jahre große Mengen an Wirkwaren in die USA lieferte und dort die britische Konkurrenz verdrängte. Für die sächsischen Strümpfe, meist einfache Massenware, genügten in

---

[12] Vgl. *Schäfer:* Industrialisierung (wie Anm. 2), 155–159; *Maschner:* Weberei (wie Anm. 8), 117–118.

[13] Vgl. *Schäfer:* Industrialisierung (wie Anm. 2), 159–164; *Maschner:* Weberei (wie Anm. 8), 118–122; Mittheilungen des Industrievereins für das Königreich Sachsen (1839), 31 ff.

[14] Vgl. *Schäfer:* Industrialisierung (wie Anm. 2), 176–181; *Maschner:* Weberei (wie Anm. 8), 74 ff.

der Regel die im Chemnitzer Revier hergestellten gröberen Garne. Der Boom in der Strumpfwirkerei trug sicherlich dazu bei, dass auch die sächsische Baumwollspinnerei in den 1830er Jahren recht kräftige Zuwachsraten aufweisen konnte. Die Gesamtzahl der in den Maschinenspinnereien „gangbaren" Spindeln nahm zwischen 1830 und 1837 beträchtlich zu, von etwas über 360.000 auf rund 490.000. Doch erwies sich die massenhafte Strumpfwarenausfuhr nach Amerika als volatiles und gefährliches Geschäft. Nach 1837 geriet die sächsische Strumpfwirkerei in den Strudel eines amerikanischen Bankenkrachs und erholte sich erst im Laufe der 1840er Jahre wieder von dem massiven Umsatzeinbruch im transatlantischen Exportgeschäft. Auch die sächsische Baumwollspinnerei musste ihre Kapazitäten zurückfahren und hatte, gemessen an der Spindelzahl, noch 1845 nicht wieder den Stand des Jahres 1837 erreicht.[15]

3. Wege aus der Nische?

Warum aber, so kann man sich fragen, gelang es den sächsischen Baumwollspinnern in den Jahrzehnten nach 1815 nicht, die wachsende Nachfrage nach mittleren und feineren Garnsorten zu befriedigen? Wie konnte es sein, dass sie in diesem lukrativen Marktsegment selbst im eigenen Land mit den britischen Herstellern nicht konkurrieren konnten? Die mangelnde Wettbewerbsfähigkeit der sächsischen Baumwollmaschinenspinnerei gegenüber der britischen kann man zunächst einmal an ihrem technologischen Rückstand festmachen. Die grundlegenden Innovationen in der Spinnereitechnik waren seit der Mitte des 18. Jahrhunderts aus England gekommen. Ihre Diffusion auf dem europäischen Kontinent war durch die britischen Technologietransfer-Verbote zwar nicht längerfristig verhindert worden. Doch die illegale Beschaffung solcher Maschinen oder die Anwerbung von britischen Technikern war aufwändig und teuer. Die Nachbauten erreichten oft nicht die Leistung der Originalmaschinen. Und als die *Mule*-Konstruktionen der Chemnitzer Maschinenbauer um 1830 den englischen Standard annähernd erreicht hatten, war man auf der britischen Insel schon wieder einen Schritt weiter. Dort wurden nun zunehmend sog. Selfaktoren eingesetzt, teilweise automatisierte Spinnmaschinen, die nur noch wenige qualifizierte Arbeitskräfte für ihre Bedienung erforderten.[16]

Doch die Probleme beim Zugang zeitgenössischer Spitzentechnologie erklären für sich allein genommen noch nicht die Wettbewerbsnachteile der sächsischen Baumwollspinnereien. Spätestens mit der Aufhebung des britischen Maschinenexportverbots 1842 war es auch in Sachsen ohne weiteres möglich, die neuesten Selfaktor-Modelle aus Manchester und Oldham legal zu erwerben oder vor Ort nachzubauen. Dennoch schafften im folgenden Jahrzehnt nur ganz wenige sächsische Spin-

---

[15] Vgl. *Schäfer:* Industrialisierung (wie Anm. 2), 209–220, 239–240; *Hubert Kiesewetter:* Die Industrialisierung Sachsens. Ein regional vergleichendes Erklärungsmodell. Stuttgart 2007, 356 ff.; *Georg Meerwein:* Die Entwicklung der Chemnitzer bzw. sächsischen Baumwollspinnerei von 1789 bis 1879. Berlin 1914, 52–53, 58–59.

[16] Vgl. *Schäfer:* Industrialisierung (wie Anm. 2), 226–227.

nereibesitzer solche Maschinen an. Und, so weit zu übersehen ist, wechselten auch diejenigen Spinnereien, die ihren Maschinenpark nach 1842 modernisierten, nicht auf die Herstellung von feinerem Gespinst um, wie es die Briten in großen Mengen nach Sachsen einführten. Nach wie vor lieferten die englischen und schottischen Hersteller diese Garne billiger als es den sächsischen Fabrikanten möglich war – trotz höherer Transportkosten und der Entrichtung von (wenn auch mäßigen) Einfuhrzöllen.[17]

Der Produktivitätsvorsprung der britischen Baumwollgarnindustrie dürfte zu einem ganz erheblichen Maße an den Vorteilen ihrer kommerziellen Infrastruktur festzumachen sein. Zum einen konnten die Spinnereien aus Lancashire ihre Rohstoffe direkt über den nahegelegenen Hafen von Liverpool beziehen. Liverpool war seit dem 18. Jahrhundert das bei weitem bedeutendste europäische Umschlagzentrum für Rohbaumwolle. Jede erdenkliche Baumwollsorte war dort gewöhnlich jederzeit in fast beliebiger Quantität und Qualität zu haben. Der Käufer konnte die Ware problemlos persönlich in Augenschein nehmen und kurzfristig ordern. Die sächsischen Spinnereien bezogen ihre Rohstoffe zwar ebenfalls meist über Liverpool, mussten aber mit langen Lieferzeiten und dem damit verbundenen Risiko von Preisschwankungen zwischen Bestellung und Lieferung rechnen. Zudem waren sie gezwungen, größere Mengen an Rohbaumwolle auf längere Zeit auf Lager zu legen. Sie konnten daher weit weniger flexibel disponieren als ihre Konkurrenz aus dem Raum Manchester.[18]

Zum anderen genossen die britischen Baumwollspinnereien sehr viel günstigere Vermarktungsbedingungen als ihre sächsischen Pendants. Nicht allein, dass sie mit den Massenware produzierenden Maschinenwebereien einen aufnahmefähigen Absatzmarkt vor der eigenen Haustür hatten. Die englische und auch die schottische Garnindustrie hatten sich seit den 1790er Jahren zahlreiche Exportmärkte auf dem europäischen Kontinent erschlossen. Daher war es den britischen Baumwollspinnereien möglich, sich jeweils auf einige wenige Garnsorten zu spezialisieren, die sie in entsprechend großen Mengen produzierten. Die Spinnmühlen des Chemnitzer Reviers wiederum boten – trotz ihrer Beschränkung auf das gröbere und bestenfalls mittlere Gespinst – meist ein wesentlich breiteres Sortiment von Garnen an. Die Nachfragestruktur der von ihnen versorgten Absatzgebiete im sächsischen Textilgürtel und den angrenzenden thüringischen, bayerischen und böhmischen Revieren war stark diversifiziert. Es wurde hier ein großes Spektrum verschiedenartiger Baumwoll- und Baumwollmischstoffe im Regelfall von Handwebern und Handwirkern gefertigt. Daher fragten die Abnehmer der sächsischen Spinnereien Garne in zahlreichen Feinheitsgraden und Qualitäten nach, aber in entsprechend geringen Quantitäten. Eine Spezialisierung auf bestimmte Gespinstsorten war den Garnfabrikanten

---

[17] Vgl. ebd., 228–229; *Meerwein*: Entwicklung (wie Anm. 15), 55–56.
[18] Vgl. *Schäfer*: Industrialisierung (wie Anm. 2), 231–232; Kurt Riewald: Die Entwicklung der Textilindustrie in der Zeit des deutschen Zollvereins von 1836 bis 1866. Frankfurt/Main 1933, 25–26; *Mary B. Rose*: Firms, Networks and Business Values. The British and American Cotton Industries since 1750. Cambridge 2000, 72 ff.

daher nur sehr beschränkt möglich. Sie mussten häufig ihre Spinnmaschinen umrüsten, was nicht nur zeitaufwändig war, sondern auch die Maschinen stärker verschliss. Gerade die zahlreichen kleinen Lohnspinnereien, die ihre Aufträge von den örtlichen Garnhandelsgeschäften erhielten, waren von diesen Umrüstungsproblemen besonders betroffen.[19]

Die sächsischen Spinnerei-Unternehmer hegten in den 1820er, 30er und 40er Jahren wenig Hoffnung, diese Handicaps ohne staatliche Hilfe kompensieren zu können. Nur eine kräftige Besteuerung der britischen Garne durch Einfuhrzölle würde es ihnen ermöglichen, in die Marktsegmente vorzudringen, die ihnen bislang verwehrt waren. Dies würde den Fabrikanten und Kapitalgebern einen Anreiz geben, in moderne Produktionsanlagen zu investieren. Nur so seien die sächsischen Spinnereien in der Lage, nach einiger Zeit den britischen Qualitätsstandard auch auf dem Gebiet der feinen Garne zu erreichen und damit die Abhängigkeit der heimischen Baumwollwarenhersteller von importierten Halbwaren beenden können. Mit dem Eintritt Sachsens in den Deutschen Zollverein 1834 erhielten die Baumwollspinner zwar ihre Einfuhrzölle. Doch diese Zölle waren recht mäßig und sie wurden auf das Gewicht des Garns erhoben, unabhängig von seiner Fadenstärke. Da pro Zentner Importgarn unterschiedslos zwei Taler zu zahlen waren, wurde das gröbere Gespinst, gemessen an seinem Verkaufswert, wesentlich höher besteuert als das feinere Garn. Der Zollschutz war daher bei den Sorten, die in Sachsen sowieso gesponnen wurden, sehr viel wirksamer als bei den Garnen mittlerer und feinerer Nummern. Im Effekt bot dieses System den sächsischen Baumwollspinnereien kaum Anreize, ihr Produktspektrum zu erweitern, und verwies sie um so mehr auf ihre angestammte Nische.[20]

Während der krisenhaften 1840er Jahre gehörten die sächsischen Baumwollgarnfabrikanten zu den lautstärksten Propagandisten einer konsequenten Schutzzollpolitik. Doch stieß diese Forderung weder bei der sächsischen Landesregierung noch in den Konferenzen des Zollvereins auf Gehör. Nur eine sehr mäßige Erhöhung des Garnzolles von zwei auf drei Talern pro Zentner war man zu bewilligen bereit, was aber an der Gesamtkonstellation wenig änderte. Dies lag nun nicht unbedingt nur, wie dies in der Literatur oft zu lesen ist, an der politischen Durchsetzungsmacht der Leipziger „Handelsbourgeoisie", für die der Import britischer Baumwollgarne ein äußerst lohnendes Geschäft geworden war. Auch im eigenen Revier, bei den Garn verarbeitenden Branchen des südwestsächsischen Textilgürtels, wie auch in der Oberlausitz, wo man dabei war, von der Leinen- auf die Baumwollweberei umzusteigen, stieß der Ruf nach einer durchgreifenden Erhöhung der Garnzölle auf massiven Widerstand. Die sächsischen Baumwollwarenverleger und die Weberzünfte

---

[19] Vgl. *Schäfer:* Industrialisierung (wie Anm. 2), 233 ff.; *Meerwein:* Entwicklung (wie Anm. 15), 56; *Rudolf Martin:* Der wirtschaftliche Aufschwung der Baumwollspinnerei im Königreich Sachsen. In: Jahrbuch für Geschichte, Verwaltung und Volkswirtschaft im Deutschen Reich 17/3 (1893), 39 ff.

[20] Vgl. *Schäfer:* Industrialisierung (wie Anm. 2), 238–239; Bericht über die Berathungen der vorbereitenden Commission für Erörterung der Erwerbs- und Arbeitsverhältnisse in Sachsen. Dresden 1848/49, 153–154.

mochten zwar die z. T. beträchtlichen Importzölle, die seit 1834 auf Textilfertigwaren erhoben wurden, freudig begrüßt haben. Doch Einfuhrabgaben für Baumwollgarn in ähnlicher Größenordnung hätten eine sprunghafte Verteuerung ihres wichtigsten Werkstoffes nach sich gezogen und damit, so fürchteten sie, ihre Wettbewerbschancen auf den Auslandsmärkten, stark beeinträchtigt. Dass es ein solcher „Erziehungszoll" den heimischen Spinnereien ermöglichen würde, in absehbarer Zeit feineres Garn in ähnlicher Qualität und zu akzeptablen Preisen anzubieten, erschien den sächsischen Baumwollgarnverbrauchern höchst zweifelhaft. Die Schutzzollgegner prophezeiten vielmehr, dass Gegenteil werde eintreten: Unter dem Schirm hoher Garnzölle würden es viele Baumwollspinner vorziehen, mit ihren alten Maschinen weiterhin grobes Gespinst zu produzieren. Solange damit mühelos hohe Gewinne einzufahren waren, hätten sie wenig Anreiz, kostspielige moderne Spinnmaschinen anzuschaffen.[21]

4. Aufschwung und Niedergang 1850–1879

Ihre vielleicht beste Zeit erlebte die sächsische Baumwollspinnerei in der zweiten Hälfte der 1850er Jahre. Der Aufschwung in der Baumwollweberei in Südwestsachsen und in der Oberlausitz, ebenso die Überwindung der Krise der erzgebirgischen Strumpfwirkerei hatten die Garnnachfrage spürbar gehoben. Zudem stand nun ein Problem vor der Lösung, das dem Bau großer Fabrikspinnereien in Südwestsachsen bisher enge Grenzen gesetzt hatte. Zu den wenigen Standortvorteilen der sächsischen Maschinenspinnerei hatten zeitgenössische Kommentatoren wie der Publizist und Unternehmer Friedrich Georg Wieck noch im Vormärz die Verfügbarkeit reicher Wasserkräfte gezählt. Die Flussläufe des Erzgebirges boten den Spinnmühlen-Betreibern eine billige Energiequelle zum Antrieb ihres Maschinenparks, die wesentlich kostengünstiger erschien als die in England und Schottland bereits in großer Zahl eingesetzten Dampfmaschinen. Doch hatte die Wasser- gegenüber der Dampfkraft auch einige gravierende Nachteile, die um so mehr ins Gewicht fielen, desto leistungsfähiger die Spinnmaschinen und desto größer die Fabrikanlagen wurden. Bereits in den Jahren nach 1815 wanderten die Spinnereien aus Städten wie vor allem Chemnitz ab, weil ihnen dort nicht genügend nutzbares Fließwasser zur Verfügung stand. Modernere und größere Spinnereien wurden zumeist in ländlicher Umgebung errichtet, wofür einige Nachteile in Kauf genommen werden mussten: längere Transportwege, ein Mangel an geeigneten Arbeitskräften, lange Wege zwischen

---

[21] Vgl. Staatsarchiv Chemnitz 30040: Kreishauptmannschaft Zwickau Nr. 1656, Bl. 265aa – 265nn: Bericht der Kreisdirektion Zwickau, 1.7.1839; *Gustav Jacobs:* Die deutschen Textilzölle im 19. Jahrhundert. Braunschweig 1907, 18–19; *Steffen Sammler:* Wissenstransfer und gesellschaftliche Modernisierung. England und Frankreich in der sächsischen Industrialisierungsdebatte des 19. Jahrhunderts. Leipzig 2009, 263–296; *Rudolf Boch:* Staat und Industrialisierung im Vormärz. Das Königreich Sachsen (mit Vergleichen zu Preußen). In: Manfred Hettling u. a. (Hrsg.): Figuren und Strukturen. Festschrift Hartmut Zwahr. München 2002, 361–362 [wieder in: *Ders.:* Arbeiter – Wirtschaftsbürger – Staat. Abhandlungen zur Industriellen Welt. Hrsg. von Frank-Lothar Kroll. Berlin 2017, 255–274].

Fabrik und städtischem Verkaufskontor. Zudem war der Wasserradbetrieb infolge klimatischer Fluktuationen notorisch störanfällig. Zugefrorene Wasserläufe, Überschwemmungen oder Wassermangel in trockenen Sommermonaten legten die Spinnfabriken immer wieder für kürzere oder längere Zeiträume still.[22]

Ein kostendeckender Einsatz von Dampfmaschinen wiederum hing ganz wesentlich von der Verfügbarkeit ausreichender Mengen an Stein- oder Braunkohlen zu akzeptablen Preisen ab. Seit den 1820er Jahren wurden nun zunächst im Raum Zwickau, etwas später auch um Lugau und Oelsnitz im Erzgebirge größere Steinkohlenvorkommen erschlossen. Seit Mitte der 1840er Jahre erreichte der Eisenbahnbau diese neuen Kohlereviere und verband sie nach und nach mit den größeren Städten des südwestsächsischen Raums. Diese Entwicklung ermöglichte nicht nur eine Rückkehr der Baumwollspinnerei nach Chemnitz. Die problemlose Verfügbarkeit der Dampfkraft machte den Weg frei für den Einsatz von Selfaktor-Spinnmaschinen, die viel Antriebsenergie benötigten, in größerem Stil. In Chemnitz entstanden in den 1850er Jahren einige solcher Fabriken, die mit Spindelkapazitäten arbeiteten, die weit über den bisher üblichen lagen. Die größte von ihnen, die Chemnitzer Aktienspinnerei, nahm 1857 ihrem Betrieb mit rund 50.000 Spindeln auf. Dieser Großbetrieb vereinte eine *Mule-* und eine *Water-Frame*-Spinnerei sowie eine Zwirnerei auf seinem Fabrikgelände. Während die *Water Frames* kräftigere Garne für die örtlichen Möbelstoffwebereien lieferten, wurden auf den Selfaktor-*Mules* der Chemnitzer Aktienspinnerei auch Gespinste mittleren und höheren Feinheitsgrads produziert, wie sie für die im Revier hergestellten Kleiderstoffe verwendet wurden.[23]

Der Boom der sächsischen Baumwollspinnerei seit Mitte der 1850er Jahre schlug sich eindrucksvoll in den Statistiken nieder. 1861 wurden in Sachsen insgesamt 707.000 auf Baumwolle gangbare Spindeln gezählt. Das war ein Zuwachs von rund 150.000 Spindeln in nur sechs Jahren. Der Anteil der Baumwollspindeln, die allein durch Dampfkraft bewegt wurden, erhöhte sich im gleichen Zeitraum von 5,6 % auf 14,7 %. Bei weiteren 25,9 % setzten die Spinnereien sowohl Wasserkraft als auch Dampfmaschinen ein. Zudem modernisierten etliche der älteren Spinnereien ihre Wasserkraftanlagen, indem sie Wasserräder durch leistungsfähigere Turbinen ersetzten. Rund ein Zehntel der sächsischen Spindelkapazitäten lief zu Beginn der 1860er Jahre an Selfaktoren. Auf der anderen Seite zeigen die Statistiken allerdings auch an, dass die sächsische Baumwollspinnerei ihre ehemals führende Position im innerdeutschen Vergleich im Laufe der 1850er Jahre eingebüßt hatte. Noch 1846 waren mehr als 60 % aller im Zollverein erfassten Baumwollspindeln in sächsischen

---

[22] Vgl. *Kiesewetter:* Industrialisierung (wie Anm. 15), 362–363; *Klaus Müller:* Allgemeine und regionale Faktoren der Entwicklung der Produktivkräfte und Produktionsverhältnisse bei der Herausbildung der kapitalistischen Produktionsverhältnisse – (West-) Sachsen am Ende des 18. Jahrhunderts bis zur Gründung des Deutschen Zollvereins. Diss. Freiberg 1986, 110; *Friedrich Georg Wieck:* Industrielle Zustände Sachsens. Das Gesammtgebiet des sächsischen Manufaktur- und Fabrikwesens, Handels und Verkehrs. Chemnitz 1840, 81–82.

[23] Vgl. *Schäfer:* Industrialisierung (wie Anm. 2), 229 ff., 299 ff.; *Kiesewetter:* Industrialisierung (wie Anm. 15), 454–465.

Spinnereien gelaufen. 1861 später lag der sächsische Anteil an der deutschen Gesamtspindelkapazität nur noch bei etwas über 30 %. Vor allem die süddeutschen Staaten Baden und Bayern hatten in diesen 15 Jahren rasch aufgeholt und zusammengenommen das Königreich Sachsen überflügelt. Die süddeutschen Spinnereien waren im Durchschnitt mit mehr als 15.000 Spindeln pro Betrieb ausgerüstet; in Sachsen waren es weniger als ein Drittel dieser Zahl (rund 4.600).[24]

Am Anfang der 1860er Jahre hatte die sächsische Baumwollgarnindustrie gemessen an ihrer Spindelzahl einen Höchststand erreicht, den sie in den folgenden drei Jahrzehnten nicht mehr überschreiten sollte. Bereits in den Jahren nach 1861 wurden die Spinnereien von einer weltweiten Krise erschüttert, die durch den amerikanischen Bürgerkrieg hervorgerufen wurde. In den Jahrzehnten zuvor waren die USA zum weitaus größten Lieferanten für Rohbaumwolle aufgestiegen. Dieser Rohstoff wurde auf den großen Plantagen im amerikanischen Süden durch die Arbeit von Sklaven gewonnen, und an der Sklaverei entzündete sich bekanntlich der Konflikt, der den Bürgerkrieg auslöste. Mit der gegen die Südstaaten verhängten Seeblockade versiegte plötzlich der transatlantische Zustrom von Baumwolle nach Europa, was kurzfristig auch nicht durch ägyptische und indische Zulieferungen kompensiert werden konnte. Die vierjährige Durststrecke setzte die sächsischen Baumwollspinnereien unter verschärften Wettbewerbsdruck und ein Teil von ihnen überlebte diese Krise nicht.[25]

Ein zweiter, wohl noch nachhaltiger wirkender Schock traf die sächsische Garnindustrie im Gefolge der Annexion Elsass-Lothringens durch das neugegründete Deutsche Reich 1871. Auf der elsässischen Rheinseite hatten sich zahlreiche große Baumwollspinnereien angesiedelt, durch die französische Schutzzollpolitik dauerhaft abgeschirmt gegen die britische, süddeutsche und Schweizer Konkurrenz. Die Aufnahme des Elsass in das deutsche Wirtschaftsgebiet verdoppelte mit einem Schlag die Produktionskapazitäten der Baumwollspinnerei des Zollvereins. Hinzu kam, dass im Zuge der Freihandelspolitik seit Mitte der 1860er Jahre die Baumwollzölle abgebaut wurden. Damit fiel der Schutz, den der Drei-Taler-Zoll den gröberen Garnen gewährt hatte, weg. Dies traf wiederum besonders die sächsischen Spinnereien, die immer noch ganz überwiegend solche Garnsorten produzierten. Der Niedergang der sächsischen Baumwollspinnerei nahm nun – zumindest im Lichte der Statistik – dramatische Formen an. 1875 erfasste die Gewerbezählung für Sachsen nur noch knapp 525.000 Spindeln. Quantitativ war die sächsische Baumwollgarnindustrie damit auf den Stand von etwa 1850 zurückgefallen. In der Rangliste der deutschen Bundesstaaten stand das Königreich Sachsen – 1861 immerhin noch Spitzen-

---

[24] Vgl. *Schäfer:* Industrialisierung (wie Anm. 2), 339, 342; *Kiesewetter:* Industrialisierung (wie Anm. 15), 358 ff.; *Meerwein:* Entwicklung (wie Anm. 15), 65–76.
[25] Vgl. *Schäfer:* Industrialisierung (wie Anm. 2), 342–343; *Meerwein:* Entwicklung (wie Anm. 15), 81–85.

reiter – nun hinter Elsass-Lothringen, Preußen und Bayern nur noch an vierter Stelle.[26]

5. Sächsische Baumwollgarnproduzenten als Weltmarktführer: Die Vigognespinnerei

Dem zumindest relativen Niedergang der sächsischen Baumwollspinnerei in der Reichsgründungszeit steht kurioserweise die erstaunliche Erfolgsgeschichte der sog. Vigognespinnerei gegenüber. Um 1850 begannen einige der Streichgarnspinnereien in Crimmitschau und Werdau damit, einen Teil Baumwolle zur Schafwolle zu geben. Es gelang ihnen, ein Gespinst zu erzeugen, das ähnliche Materialeigenschaften hatte wie das reine Wollgarn, aber wegen der Verwendung von Baumwolle wesentlich billiger angeboten werden konnte. Der Anteil der Schafwolle in diesem melierten Garn ging zunehmend zurück, bis meist nur noch Baumwolle versponnen wurde. Das Vigogne-Garn eignete sich zwar nicht für alle Sorten von Streichgarngeweben; Tuche konnten etwa nicht damit hergestellt werden. Doch ermöglichte es dieses Surrogat, leichte Wollstoffe zu imitieren und sie als Massenware zu vergleichsweise niedrigen Preisen auf den Markt zu bringen. Tatsächlich belieferten die Crimmitschauer und Werdauer Vigognespinnereien nur in geringem Maße die örtlichen Webereien. Das hier erzeugte Garn wurde seit den 1860er Jahren in großen Mengen exportiert, vor allem nach West Yorkshire, in das Zentrum der englischen Wollwarenproduktion. Gemessen an der Zahl der Spindeln erreichte die westsächsische Vigognespinnerei zeitweise fast die Kapazitäten der Baumwollspinnerei im engeren Sinne, obwohl ihre Standorte nahezu ausschließlich in den beiden Städten Crimmitschau und Werdau und ihrer unmittelbaren Umgebung lagen.[27]

Die (vermeintlich) grundlegenden Handicaps der sächsischen Baumwollgarnbranche waren in der Vignognespinnerei eigentlich noch stärker ausgeprägt. In Werdau und Crimmitschau verwendete man faktisch den gleichen in Übersee angebauten Rohstoff, die Spinnerei-Betriebe waren im Durchschnitt noch kleiner als die sächsischen Baumwollspinnfabriken. Dazu konnten die Vigognespinner kaum auf den Absatz ihrer Produkte in der Region rechnen, sondern mussten relativ schwere und billige Halbwaren lange Strecken über Land auf weit entfernte Märkte transportieren lassen. Trotz alledem etablierte sich die südwestsächsische Baumwoll-Streichgarnspinnerei jahrzehntelang als kaum bestrittener Weltmarktführer, der große Mengen an Garn nach England, ins Mutterland der Baumwollmaschinenspinnerei exportierte. Erst im ausgehenden 19. Jahrhundert war die Vigognespinnerei im Raum Bradford-

---

[26] Vgl. *Benno Niess:* Die Baumwoll-Spinnerei in allen ihren Teilen. 2. Aufl. Weimar 1885, 52–53, 58; *Meerwein:* Entwicklung (wie Anm. 15), 86–95.

[27] Vgl. *Schäfer:* Industrialisierung (wie Anm. 2), 350–351; *Ernst Georg Sarfert:* Die Werdauer und Crimmitschauer Vigognespinnerei. Leipzig 1926, 8–9, 24–39.

Huddersfield-Leeds so weit, dass sie der sächsischen Konkurrenz zumindest im eigenen Revier Paroli bieten konnte.[28]

Hier bringt der intraregionale Vergleich Wirkfaktoren ans Licht, die sonst gewöhnlich übersehen oder gering geschätzt werden. Augenscheinlich profitierte die westsächsische Vigognespinnerei von ihrer Position als *First Mover:* Da die Vigogneproduktion im Raum Crimmitschau-Werdau entwickelt worden war, besaßen die Spinnereibetriebe hier einen Vorsprung an verfahrenstechnischem Know-How und konnten frühzeitig auf einen Stamm erfahrener Arbeitskräfte zurückgreifen. Es siedelte sich bald in den beiden westsächsischen Städten ein Spezialmaschinenbau an, der sich auf die spezifischen Wünsche der örtlichen Garnindustrie einstellte und so eng mit ihr im Austausch stand, dass die Spinn- und Vorspinnmaschinen laufend im Detail verbessert wurden. Es formte sich hier eine spezifisch auf die Bedürfnisse der Branche ausgerichtete kommerzielle Infrastruktur aus, die den Einkauf von Rohstoffen, den Vertrieb der Garne und die Finanzierung von Geschäftstransaktionen organisierte. Hier fanden die Kunden die größte Auswahl zu den günstigsten Konditionen. Den westsächsischen Vigognespinnern kamen demnach die Agglomerationseffekte eines einmal etablierten Produktions- und Distributionszentrum zugute. Kurz: Was der Raum Liverpool-Manchester für die Baumwollgarnbranche im Großen war, das waren die Schwesterstädte Crimmitschau und Werdau in der zweiten Hälfte des 19. Jahrhunderts für die kleine Nische der Vigognespinnerei.[29]

III.

1879 bekamen die sächsischen Baumwollspinner schließlich doch noch ihren langersehnten Schutzzoll. Die stärkere Abgabenbelastung der britischen und Schweizer Importgarne wirkte als Anreiz zum Bau neuer Spinnereien in Sachsen. Der weitaus größte dieser Betriebe, die Leipziger Baumwollspinnerei, entstand allerdings außerhalb des Chemnitzer Reviers. Auch in der Oberlausitz siedelten sich nun mehrere große Spinnfabriken an. In den frühen 1890er Jahren hatte die sächsische Baumwollspinnerei – gemessen an der Gesamtzahl der gangbaren Spindeln – wieder die Kapazität von 1860 erreicht. Auch gegenüber der innerdeutschen Konkurrenz hatte sie wieder etwas aufgeholt. In der nun folgenden langen Hochkonjunkturphase bis 1913/14 wuchsen die Produktionskapazitäten der Baumwollgarnfabriken im Königreich Sachsen kräftig an. Doch letztlich veränderte sich das hergebrachte Profil der sächsischen Baumwollspinnerei kaum. In Sachsen wurden immer noch ganz überwiegend die gröberen Garnqualitäten produziert. Der Zollschutz erwies sich trotz einer gewissen Staffelung der Gewichtszölle nach Feinheitsgraden bei den schwereren Garnen immer noch als effektiver als beim leichteren, feineren Gespinst.

---

[28] Vgl. *Sarfert:* Vigognespinnerei (wie Anm. 27), 37 ff., 96 ff.; *Martin:* Aufschwung (wie Anm. 19), 22–28.

[29] Vgl. *Sarfert:* Vigognespinnerei (wie Anm. 27), 98–102; *Martin:* Aufschwung (wie Anm. 19), 44–45. Zum *First-Mover*-Konzept vgl. *Alfred D. Chandler:* Scale and Scope. The Dynamics of Industrial Capitalism. Cambridge (Mass.) / London 1990, 35–36.

Vor allem war es aber die inländische Konkurrenz, allen voran die Elsässer Großspinnereien, die dieses Marktsegment nun besetzten. Schließlich erhielt sich auch, relativ gesehen, die Größenstruktur der sächsischen Baumwollspinnerei bis 1914: Eine Spinnfabrik im Königreich Sachsen verfügte um 1910 zwar im Mittel über 10.000 Spindeln, also mehr als das Doppelte wie 50 Jahre zuvor. Doch der Reichsdurchschnitt lag nun bei rund 30.000 Spindeln pro Betrieb.[30]

Die Gegenüberstellung der Begriffe „Leitsektor" und „Sorgenkind" zur Charakterisierung der sächsischen Baumwollmaschinenspinnerei im Titel dieses Aufsatzes impliziert die Vermutung, dass die Bedeutung dieser Schlüsselbranche der frühen Industrialisierung zumindest in Sachsen nicht so groß war wie vielleicht angenommen werden könnte. War die mechanische Baumwollspinnerei in zentralen Fabrikationsstätten, angetrieben durch Wasser- oder Dampfkraft, hier tatsächlich ein „Leitsektor" der Industriellen Revolution im Sinne W. W. Rostows? Die empirischen Befunde geben eher ambivalente Antworten auf diese Frage. Betrachtet man die Vorkopplungseffekte der sächsischen Baumwollspinnerei, inwiefern also industrielles Wachstum in anderen Branchen durch das maschinell hergestellte Garn ausgelöst wurde, so kann man zunächst einmal durchaus feststellen, dass damit ein ernsthaftes wachstumshemmendes Hindernis für die regionale Weberei beseitigt worden ist. Der Mangel an Baumwollgarn hatte im ausgehenden 18. Jahrhundert in der westsächsischen Musselin- und Kattunweberei einen veritablen „Flaschenhals" entstehen lassen. Auf der anderen Seite deutet aber die Beschränkung der sächsischen Baumwollspinnerei auf das Segment der gröberen Garnsorten an, dass größere Teile der südwestsächsischen garnverarbeitenden Gewerbe die Realisierung ihres Wachstumspotenzial eben nicht der heimischen, sondern der britischen Garnindustrie zu verdanken hatten. Zudem wird man angesichts des zeitlichen Abstands von einem halben Jahrhundert zwischen der Mechanisierung der sächsischen Spinnerei und dem Beginn der mechanischen Weberei in Sachsen kaum argumentieren können, die Baumwollmaschinenspinnerei habe hier ein explosionsartiges industrielles Wachstum in den nachgelagerten Produktionsstufen ausgelöst.[31]

Die Rückkopplungseffekte eines Leitsektors würden in diesem Falle vor allem das industrielle Wachstum betreffen, das in der Region durch den Bedarf der Maschinenspinnerei an Rohstoffen, Maschinen und Antriebsenergie angeregt wurde. Man kann sicherlich feststellen, dass die frühe Entwicklung des Chemnitzer Maschinenbaus ganz wesentlich von den Herausforderungen des Spinnmaschinenbaus bestimmt wurde. Es wurde hier zumindest ein industrieller Wachstumskern gelegt. Doch kann man andererseits den Aufstieg des „sächsischen Manchester" zu einem der wichtigsten europäischen Standorte des Maschinenbaus nicht an den hier gefertigten Spinnereimaschinen festmachen, die nur solange gefragt waren wie man keine *Mules*

---

[30] Vgl. *Schäfer:* Industrialisierung (wie Anm. 2), 345–350; *Martin:* Aufschwung (wie Anm. 19), 14–15.

[31] Vgl. zum Konzept des Leitsektors: *Toni Pierenkemper:* Gewerbe und Industrie im 19. und 20. Jahrhundert. München 1994, 98–99.

aus England bekommen konnte. Zu Weltmarktführern wurden die Chemnitzer Maschinenbauer erst nach der Mitte des 19. Jahrhunderts und zwar bei mechanischen Woll-Webstühlen, bei Wirk- und Stickmaschinen und natürlich im Werkzeugmaschinenbau.[32] Der (potenzielle) Bedarf der Spinnfabriken am Brennstoff Kohle trug sicherlich dazu bei, dass der Steinkohlenbergbau im südwestsächsischen Raum vorangetrieben wurde und auch der Eisenbahnbau Impulse erhielt. Doch reichte dieser Bedarf nicht aus, um diese Entwicklungen so zu beschleunigen, dass sie vor der Jahrhundertmitte effektiv geworden wären. Im Gegenteil, das Wachstumspotenzial der sächsischen Maschinenspinnerei wurde lange Zeit (auch) eingeschränkt durch die Probleme, die die mangelnde Verfügbarkeit eines preiswerten fossilen Brennstoffes im südwestsächsischen Revier nach sich zog.

---

[32] Vgl. *Rainer Karlsch / Michael Schäfer:* Wirtschaftsgeschichte Sachsens im Industriezeitalter. Leipzig 2006, 78 ff.

Das Geheimnis der französischen Industrialisierung im 19. Jahrhundert – ein Erklärungsversuch

Von *Yaman Kouli*

I.

Europa ist nicht nur ein Kontinent. Es ist auch eine Gemeinschaft von – je nach Lesart und Epoche – Ländern, Regionen und Völkern, die gemeinsame Erfahrungen teilen. Und deren Liste ist lang: Die Arbeiterbewegung, die Globalisierungen, die 68er-Bewegung, der Feminismus, die Epoche der „Wirtschaftswunder", die Entstehung des Nationalstaats, die Berufsarmee oder die Industrialisierung sind jeweils Phänomene, die beinahe ausschließlich Europa betrafen. Die Qualifikation dieser Phänomene als europäisch bedeutet jedoch nicht, dass sie in allen Ländern (oder Regionen oder Völkern) gleich, ähnlich oder auch nur vergleichbar abliefen. Die Feststellung, dass es scheinbar pan-europäische Entwicklungen gab, befreite Historikerinnen und Historiker nicht etwa von der Verpflichtung, jedes einzelne Land einer jeweils spezifischen Analyse zu unterziehen. Vielmehr zwang sie umgekehrt dazu, immer wieder aufs Neue die Frage zu stellen, ob es sich tatsächlich um ein europäisches Phänomen handelte.

Die sog. zweite wirtschaftliche Revolution ist ein solches Phänomen, das sich – sieht man von den USA ab – auf Europa konzentrierte. Das Konzept geht auf die Analyse von Douglass North zurück, der für die zweite Hälfte des 19. Jahrhunderts die sog. „Ehe von Wissenschaft und Wirtschaft" erkannte.[1] In der wirtschaftsgeschichtlichen Historiographie zu dieser säkularen Revolution sind Deutschland und die USA die beiden Protagonisten, und für beide Länder gibt es eine Reihe von Publikationen, die sich dem Wachstum der immateriellen Wertschöpfung gewidmet haben. Sucht man einschlägige Studien, die sich mit weiteren Ländern beschäftigen, muss man jedoch genau hinsehen. Selbst für Frankreich, das während des 19. Jahrhunderts lange Produktivitätsführer Kontinentaleuropas war und erst Ende der 1860er Jahre von Deutschland eingeholt wurde, wurden bemerkenswert wenige Arbeiten dieser Art angefertigt. Von den 1870er Jahren an lieferten sich Deutschland und Frankreich ein Kopf-an-Kopf-Rennen, beide Länder lagen beim Bruttoinlandsprodukt per capita bis 1912 ungefähr gleich auf.[2] Es darf daher unterstellt werden, dass sich Frankreich technologisch auf einem Niveau bewegte, das jedenfalls gewährleistete, ökonomisch

---

[1] *Douglass C. North:* Structure and Change in Economic History. New York / London 1981, 151.

[2] *Angus Maddison:* The World Economy. Paris 2006, 438.

nicht abgehängt zu werden. Doch wie wirkte sich die Verwissenschaftlichung der Produktion auf die Wirtschaft Frankreichs konkret aus?

Das Wort „Industrialisierung" wird mittlerweile regelmäßig im Plural verwendet, weil in der wirtschaftshistorischen Forschung mehrere Phasen intensiven Wandels diagnostiziert wurden. In Bezug auf das 19. Jahrhundert muss daher faktisch von zwei Industrialisierungen gesprochen werden. Eine wichtige ist die Symbiose von Wissenschaft und Wirtschaft. Prinzipiell beschreibt dieser Prozess den Einzug wissenschaftlicher Methoden und systematischer Forschung in den Produktionsprozess mit dem Ziel der Schaffung von Innovationen. Hinter diesen sehr allgemeinen Beschreibungen verbergen sich jedoch unterschiedliche Entwicklungen. Eine wichtige ist zweifellos das Aufkommen grundsätzlich neuer Technologien. Die Elektrotechnik und die chemische Industrie sind die prominentesten Beispiele, zusätzlich nennt Iván Berend, Autor zweier Publikationen zur Wirtschaftsgeschichte Europas im 19. und 20. Jahrhundert, die Einführung und Anpassung interner Verbrennungsmotoren.[3] Daher wird sie oft auch als „zweite *industrielle* Revolution" bezeichnet.[4]

Publikationen zur Industrialisierung werden gerne mit dem Hinweis garniert, dass sie bis heute einige Rätsel aufgebe – mit gutem Grund, denn eine überzeugende Antwort auf die Frage, weshalb es schließlich zur Industrialisierung kam, wurde bisher nicht gegeben. Zwar werden regelmäßig Faktoren genannt, die gleichzeitig als Initialzündung und Indikator eines Industrialisierungsprozesses eine wichtige Rolle spielen, etwa Institutionen, Ideen bzw. Denk- und Handlungsweisen, die Demographie, der Staat und das verfügbare Humankapital.[5] Jedoch existiert kein eindeutiger Schlüsselindikator, der den länderübergreifenden Prozess befriedigend erklärt. Für jeden Auslöser, sei er auch noch so plausibel, lässt sich in bisher allen Fällen ein Gegenbeispiel benennen, das dem erhofften Erklärungselement gleich die Grenzen aufzeigt. So sei die Alphabetisierungsrate in Nordfrankreich oder Deutschland im 17. Jahrhundert höher gewesen als in England. Außerdem hätten hohe Arbeitskosten Holland nicht davon abgehalten, eine Schiffs- und Textilindustrie zu entwickeln.[6] Schweden war – und ist bis heute – dünn besiedelt, was seinem Erfolg keinen Abbruch zu tun scheint. In gleicher Weise lässt sich das Argument der *property rights* entkräften. Zudem sei der finanzielle Gewinn einer innovativen Industrie sehr gering

---

[3] *Iván T. Berend:* An Economic History of Nineteenth-century Europe. Diversity and Industrialization. Cambridge / New York 2013; er verweist dabei selbst auf *Vaclav Smil:* Creating the Twentieth Century. Technical Innovations of 1867–1914 and Their Lasting Impact. New York 2005, 29.

[4] Diese Diagnose ist zwar irreführend, weil auch der Dienstleistungssektor und die Landwirtschaft von ihr erfasst wurden. Trotzdem wird der Begriff regelmäßig zur Beschreibung des genannten Phänomens verwendet und muss daher, aller berechtigten Kritik zum Trotz, als etabliert angesehen werden; *Berend:* Nineteenth-century Europe (wie Anm. 3), 214.

[5] *Gregory Clark:* The Industrial Revolution: A Cliometric Perspective. In: Claude Diebolt / Michael Haupert (Hrsg.): Handbook of Cliometrics. Berlin 2016, 197.

[6] Im Folgenden sofern nicht anders vgl. *Clark:* Industrial Revolution (wie Anm. 5), 209–232.

gewesen. Allenfalls wären Einzelne zu großem Reichtum gekommen. Damit befindet sich die wirtschaftshistorische Forschung in der unbefriedigenden Situation, die „industrielle Revolution" wortreich beschrieben zu haben, aber weiterhin nicht die entscheidenden neuen Anreize identifizieren zu können, die ihr den Boden bereiteten.

II.

1. Frankreich, ein Technologieversager?

Widmet man sich dem französischen Fall, potenzieren sich die Probleme. Die Industrialisierung der zweitgrößten Wirtschaftsmacht Kontinentaleuropas ist mit erheblichen offenen Fragen verbunden. Sie hatte lange mit einem schlechten Ruf zu kämpfen, und bei Lichte betrachtet hat sich daran nur wenig geändert. Während so manchem Staat – das Vereinigte Königreich, Deutschland, USA, Japan – das 19. Jahrhundert hindurch ein erfolgreicher Wachstumsschub attestiert wird, scheint Frankreich lange das erfolgreiche Stiefkind gewesen zu sein, das niemand so richtig zu mögen schien. Und wer entsprechende Voten suchte, wurde wahrlich nicht enttäuscht. David Landes urteilt, „that the average French enterpriser has lacked drive, initiative, and imagination".[7] Margaret Jacobs Monografie zur „First Knowledge Economy" liest sich wie eine Dokumentation französischer Rückständigkeit inmitten davoneilender Konkurrenz.[8] Und auch die Landwirtschaft wird angesichts von „inefficient peasant farmers"[9] als Beleg für die Entwicklungsschwäche Frankreichs angeführt. Robert Aldrich hat die wenig schmeichelhaften Urteile zusammengefasst: „Demographic and economic growth are seen to occur only very slowly when at all; the persistence of artisanal industry, polycultural farms, and a fragile financial system are major themes; miserly landlords, hesitant entrepreneurs, careless politicians, or infertile couples are held responsible for the greyness of the pictures."[10]

Dazu will auch manches weitere Detail nicht so recht zu einem wirtschaftlich erfolgreichen Staat passen. Während der Bestand der Dampfmaschinen im Vereinigten Königreich um 1900 bei 220 PS pro 1000 Einwohner lag, musste sich Frankreich mit 73 PS, also nur einem Drittel, begnügen. Die USA, Belgien (jeweils 150 PS) und auch Deutschland (110 PS) lagen klar vor Frankreich.[11] Das schlug sich auch im Produk-

---

[7] *David S. Landes:* French Entrepreneurship and Industrial Growth in the Nineteenth Century. In: Journal of Economic History 9 (1949), 61.

[8] *Margaret C. Jacob:* The First Knowledge Economy. Human Capital and the European Economy, 1750–1850. Cambridge 2014.

[9] *Colin Heywood:* The Development of the French Economy, 1750–1914. Cambridge 1995, 1. Heywood distanziert sich jedoch selbst von dieser Interpretation.

[10] *Robert Aldrich:* Late-Comer or Early-Starter? New Views on French Economic History. In: Journal of European Economic History 16 (1987), 89.

[11] *Heywood:* French Economy (wie Anm. 9), 10.

tionsniveau nieder. Mit einem Anteil von 6,1 Prozent an der Weltwarenproduktion trug Frankreich erheblich weniger als Deutschland (14,8 Prozent) und das Vereinigte Königreich (13,6 Prozent, jeweils Zahlen von 1913) bei.[12] An dieser Einschätzung der Industrie Frankreichs während des 19. Jahrhunderts hat sich bis heute nur wenig geändert. Zwar wird diese Kritik nicht mehr so explizit geäußert, das liegt aber in erster Linie daran, dass Publikationen, die sich mit dieser Transitionsphase der französischen Wirtschaft beschäftigen, praktisch nicht erschienen sind. Dass die zweitgrößte Volkswirtschaft Kontinentaleuropas dermaßen vernachlässigt wurde, überrascht möglicherweise. Doch sind während der letzten 20 Jahre keine monographischen Arbeiten entstanden, die die Forschung zur Industrialisierung Frankreichs entscheidend vorangetrieben haben. Was es gab, sind punktuelle Analysen. So stehen seit mehreren Jahrzehnten quantitative Berechnungen zur Leistungsfähigkeit der französischen Wirtschaft zur Verfügung. François Crouzet[13] und Jean-Claude Toutain[14] sind nur zwei Beispiele, und die Tatsache, dass Toutains Tabellen in der „Cambridge Economic History of Modern Europe"[15] als Grundlage herangezogen werden, kann als Adelung interpretiert werden.

2. Versuch einer Rehabilitation

Die französische Wirtschaft hat jedoch auch Fürsprecher, auch wenn sie den genannten kritischen Analysen nicht prinzipiell widersprechen. Dadurch aber, dass sie andere Qualitäten der französischen Industrie hervorheben, lassen sie die untersuchte Volkswirtschaft in einem anderen Licht erscheinen. Wichtiges Argument ist der Verweis auf das BIP. Die absoluten Werte zum Bruttoinlandsprodukt pro Kopf waren durchaus geeignet, Frankreich zu einem vergleichsweise hohen Produktivitätsniveau zu gratulieren. Zwar holte Deutschland den Rückstand zwischen 1850 und 1870 auf, anschließend aber waren beide Länder bis 1913 gleich auf.[16] Auch hatte Frankreich Anfang des 20. Jahrhunderts die höchste Dichte an PKW in Europa, allein in den USA war die Motorisierung weiter fortgeschritten.[17] Damit hatte Frankreich eine Vorreiterrolle inne, die sich gemäß Christoph Merki nicht nur aus dem Straßennetz ergab (1891: 525.000 Straßenkilometer), sondern auch aus der „Innovationsfreudig-

---

[12] *Paul Bairoch:* International Industrialization Levels from 1750 to 1980. In: Journal of European Economic History 11 (1982), 296.

[13] *François Crouzet:* An Annual Index of French Industrial Production in the 19th Century. In: Rondo Cameron (Hrsg.): Essays in French Economic History. Homewood/Ill. 1970, 245–278.

[14] *Jean-Claude Toutain:* Le produit intérieur brut de la France, 1789–1990. In: Économies et Sociétés. Histoire économique quantitative 11 (1997), 5–136.

[15] *Stephen N. Broadberry / Kevin H. O'Rourke* (Hrsg.): The Cambridge Economic History of Modern Europe. Vol. 2: 1870 to the Present. New York 2010.

[16] *Maddison:* World Economy (wie Anm. 1), 438.

[17] *Christoph Maria Merki:* Der holprige Siegeszug des Automobils 1895–1930. Zur Motorisierung des Strassenverkehrs in Frankreich, Deutschland und der Schweiz. Wien 2002, 40.

keit der französischen Automobilindustrie".[18] Nach der Beschreibung eines Industrialisierungsversagers klingt das alles nicht. Schließlich darf auch nicht vergessen werden, dass das französische Patentrecht von 1791 – zweifellos ein Kind der Revolution – neben dem englischen Vorbildcharakter hatte und sich als äußerst einflussreich erwies.[19]

Möglicherweise – aber das ist noch wenig mehr als eine plausible Spekulation – ist es diese Gleichzeitigkeit prominenter Stärken und Schwächen, die die wirtschaftshistorische Forschung vor einer Synthese hat zurückschrecken lassen. Für diese Zurückhaltung gäbe es gute Gründe, denn schaut man sich z. B. die Wachstumsraten an, kann zwar von einem klassischen Take-Off à la Rostow nicht gesprochen werden.[20] Die Entwicklung verlief vielmehr gleichmäßig. Die kontinuierliche Entwicklung (siehe Abbildungen 1[21] und 2) führt aber bei aller mathematischen Ästhetik zu Rückfragen, widerspricht sie doch der Unterstellung der zweiten wirtschaftlichen *Revolution*. Diese Erzählung geht nämlich Hand in Hand mit der Herausarbeitung wachstumsbeschleunigender Effekte – Effekte, die sich am Beispiel Frankreichs gerade nicht nachweisen lassen. Allerdings muss man hier einwenden, dass dasselbe für Großbritannien gilt. Auch im Stammland der, wenn man diesen überholten Begriff nutzen möchte, „industriellen Revolution" lässt sich für das 19. Jahrhundert keine Periode ermitteln, in der es zu einem Wachstumsspurt kam.[22] Teilweise sind rechnerische Verzerrungen verantwortlich. Zentrale Ursache ist das im Vergleich mit Deutschland und Großbritannien vergleichsweise geringe Bevölkerungswachstum. Auch gelang Deutschland ein Aufholprozess, weil die technologische Basis noch Mitte des 19. Jahrhunderts hinter der französischen zurückstand. Prinzipiell aussagekräftiger ist daher das Bruttoinlandsprodukt pro Kopf. Doch zumindest für den hier untersuchten Fall bestätigt Abbildung 1 dann doch, was vermutet wurde: ein stetes und konstantes Wachstum.

Bezieht man all das in die Überlegungen mit ein, bleibt weiterhin ein Residuum offener Fragen. In Fachpublikationen wird der Aufstieg der immateriellen Wertschöpfung als ein (west-)europäisches Phänomen beschrieben. Allenfalls die USA werden als quasi-europäisches Land mit berücksichtigt. Frankreich wird in den Darstellungen gemieden, vielmehr wird noch Skandinavien als Schauplatz der Transformation genannt. Auf der anderen Seite stellt das französische Leistungsniveau eine Benchmark dar, an der die Performance Mittel- und Osteuropas sowie der Mittel-

---

[18] Ebd., 49.

[19] *Yves Plasseraud / François Savignon:* L'état et l'invention. Histoire des brevets. Paris 1986, 58.

[20] *Jean Marczewski:* Die Take-Off-Hypothese und die Erfahrung Frankreichs. In: Gilbert Ziebura (Hrsg.): Wirtschaft und Gesellschaft in Frankreich seit 1789. Gütersloh 1975, 54–57.

[21] *Toutain:* PIB (wie Anm. 14), 5–136.

[22] *Richard Sylla / Gianni Toniolo:* Introduction: Patterns of European Industrialization During the Nineteenth century. In: Dies. (Hrsg.): Patterns of European Industrialization. The Nineteenth century. London 1991, 10.

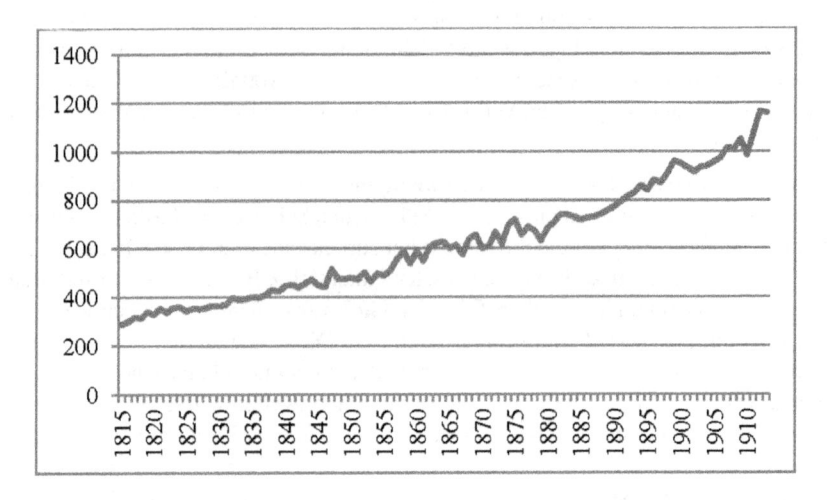

Abbildung 1: Bruttoinlandsprodukt pro Kopf in Frankreich 1815–1913

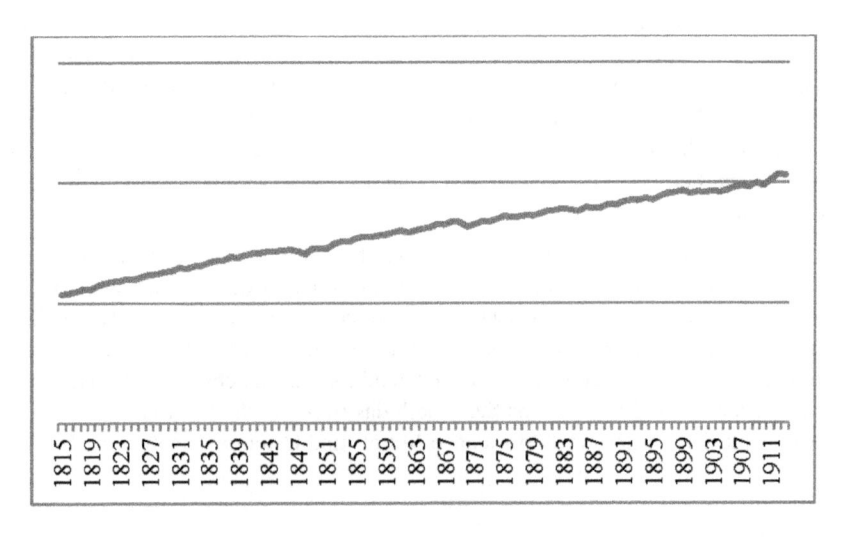

Abbildung 2: Industriewachstum Frankreichs
(ohne Bauwirtschaft, 1905–1913 = 100, logarithmiert)

meerstaaten – die sog. Peripherie – gemessen wird.[23] Frankreich dieser Peripherie zuzurechnen, erscheint angesichts der hohen Pro-Kopf-Produktivität des Staates jedoch unangemessen. Und auch der Anstieg der Zahl der Patente spricht klar gegen die Annahme, Frankreich sei am Sprung in die wissensbasierte Wirtschaft gescheitert:

Tabelle 1
Patente pro Kopf (10-Jahres-Durchschnitt, je 1 Millionen Einwohner)[24]

Land	1866–1875	1904–1913
Deutsche Länder/ Deutschland	20.9	186.5
Frankreich	141.3	363.8
Vereinigtes Königreich	82.3	351.9
USA	300.0	344.1

Die Wachstumsraten zeigen darüber hinaus, dass sich Frankreichs Lage von der der übrigen Staaten in noch anderer Hinsicht unterschied. In Deutschland wurde die Gründerkrise der 1880er und 1890er Jahre als epochale Herausforderung wahrgenommen.[25] Angesichts der flacheren Wachstumskurve liegt die Annahme nahe, die zweite wirtschaftliche Revolution sei in Frankreich weniger grundlegend gewesen. Damit steht die Bedeutung der wissensbasierten Wirtschöpfung auch für Deutschlands größten westlichen Nachbarn zwar außer Frage, der Zeitpunkt hingegen schon. Diese zeitliche Nähe spricht dafür, dass die Industrialisierung und der Aufstieg der immateriellen Produktion jedenfalls in Frankreich stark miteinander verflochtene Prozesse waren, wodurch die spezifisch französische Industrialisierung wieder ins Zentrum des Interesses rückt. Doch welche Industriezweige waren die Wachstumstreiber?

Tabelle 2
Wachstumsraten in Frankreich

	BIP Frankreichs (inkl. Bauwirtschaft), Wachstum in %	Metallurgie	Metallverarbeitung
1871	-7,0%	-19,1%	-16,2%
1872	18,2%	34,0%	27,1%
1873	-1,6%	3,1%	4,5%
1874	2,1%	1,4%	-3,3%
1875	6,5%	4,9%	6,3%
1876	0,2%	-6,8%	-2,7%

---

[23] *Albert Carreras / Camilla Josephson:* Aggregate Growth, 1870–1914. Growing at the Production Frontier. In: Broadberry / O'Rourke (Hrsg.): The Cambridge Economic History of Modern Europe (wie Anm. 15), 36.

[24] Ebd., 54.

[25] *Rudolf Boch:* Das Patentgesetz von 1877. Entstehung und wirtschaftliche Bedeutung. In: Ders. (Hrsg.): Patentschutz und Innovation in Geschichte und Gegenwart. Frankfurt/Main 1999, 73–82 [wieder in: *Ders.:* Arbeiter – Wirtschaftsbürger – Staat. Abhandlungen zur Industriellen Welt. Hrsg. von Frank-Lothar Kroll, Berlin 2017, 241–254].

Tabelle 2 (Fortsetzung)

	BIP Frankreichs (inkl. Bauwirtschaft), Wachstum in %	Metallurgie	Metallverarbeitung
1877	3,6%	7,8%	8,6%
1878	-1,1%	-1,0%	-1,2%
1879	0,0%	-0,5%	0,9%
1880	9,0%	14,4%	10,0%
1881	6,9%	7,8%	13,5%
1882	4,8%	6,4%	3,5%
1883	-0,9%	-1,4%	-4,7%
1884	-3,4%	-7,7%	-9,2%
1885	-3,8%	-14,5%	-2,5%
1886	5,2%	-8,5%	-2,1%
1887	0,0%	3,7%	10,0%
1888	1,7%	11,1%	10,1%
1889	4,5%	1,0%	-8,1%
1890	0,6%	6,0%	11,4%
1891	6,7%	5,0%	5,4%
1892	2,1%	5,0%	-0,5%
1893	-0,5%	-1,7%	0,7%
1894	3,4%	1,1%	0,7%
1895	-1,7%	-2,9%	1,0%
1896	6,5%	21,6%	17,2%
1897	4,9%	4,8%	8,7%
1898	1,7%	8,6%	-4,2%
1899	5,8%	6,8%	7,5%
1900	-8,2%	-3,0%	-4,2%
1901	1,6%	-9,4%	-15,1%
1902	-0,8%	5,1%	4,8%
1903	3,9%	0,5%	1,9%
1904	-2,9%	14,1%	6,9%
1905	3,1%	2,3%	-2,4%
1906	5,3%	11,9%	25,0%
1907	2,5%	4,1%	-6,0%
1908	-1,3%	-2,0%	-3,8%
1909	7,5%	8,0%	11,5%
1910	-13,0%	10,1%	5,4%
1911	24,5%	12,2%	18,4%
1912	11,5%	15,4%	19,6%

Tabelle 2 (Fortsetzung)

	BIP Frankreichs (inkl. Bauwirtschaft), Wachstum in %	Metallurgie	Metallverarbeitung
1913	-0,4 %	-0,3 %	-6,2 %
Wachstum p.a.	2,8 %	4,3 %	4,0 %

Ein vergleichender Blick auf die Wachstumsraten der einzelnen Industriezweige zeigt, wie stark sie sich unterschieden.[26] Frankreichs Gesamtwirtschaft wuchs von 1871 bis 1913 jährlich um beeindruckende 2,8 Prozent, die Industrie um 2,5 Prozent. Die Metallurgie wuchs im selben Zeitraum um mehr als 50 Prozent schneller (4,3 Prozent), die Metallverarbeitung um 4,0 Prozent. Damit sind die Leader bei den Wachstumsraten bereits benannt. Der Bergbau wuchs im selben Zeitraum „nur" um 3,3 Prozent (1815–1913: 4,2 Prozent), und auch die Textilindustrie konnte ihre Produktion mit jährlich 2,2 Prozent eher unterdurchschnittlich steigern. Entscheidend war der Beitrag der Metallurgie und der Metallverarbeitung.

Vor diesem Hintergrund stehen wir mit der Frage, was eigentlich die Grundlage des Erfolgs der französischen Wirtschaft im 19. Jahrhundert war, wieder am Anfang. Die klassischen Industrien – Kohle und Stahl – waren es ebenso wenig wie die „neuen Industrien", die chemische oder die elektrotechnische Industrie. Frankreichs Produktivitätsniveau pro Kopf war trotzdem hoch. Es lag während des 19. Jahrhunderts meist deutlich oberhalb des deutschen Werts.[27] Dass es 1913 den höchsten Wert Kontinentaleuropas vorzuweisen hat, will sich nicht so recht in die bisherigen Erläuterungen einfügen. Das hat für das 19. Jahrhundert zu einer widersprüchlichen Diagnose geführt. Auf der einen Seite steht die Leistungsfähigkeit der französischen Wirtschaft in jener Zeit außer Frage. Auf der anderen Seite war die wirtschaftliche Entwicklung Frankreichs so ereignisarm, dass ein echter beschleunigender Schlüsselmoment kaum ausfindig zu machen ist.

3. Geheimwaffe Staat?

Der schon vorgebrachte Einwand, bezüglich der Industrialisierung sei noch manches im Dunkeln, darf nicht darüber hinwegtäuschen, dass der Wandel selbst bemerkenswert gut beschrieben wurde. Wir wissen vom Ausbruch aus der malthusianischen Falle und dem Bevölkerungswachstum ebenso wie von der Dampfmaschine, der Entstehung eines europäischen – und teilweise auch globalen – Verkehrsnetzes, der wachsenden Bedeutung der Verflechtung der Binnenmärkte der Handelsmächte (Weltmarkt), der Nutzung von Skaleneffekten, der Verringerung der Transportkosten, der Integration freigewordener Arbeitskräfte und von der „Industrialisierung

---

[26] Die folgenden Zahlen basieren auf *Toutain:* PIB (wie Anm. 14).

[27] *Carreras / Josephson:* Aggregate Growth (wie Anm. 23), 43.

der Landwirtschaft". Und während die Puzzleteile in vielen Staaten denselben Namen hatten, fügten sie sich zu einem jeweils eigenen Bild zusammen.

Ein solches Puzzleteil ist die *Rolle des Staates* für die Industrialisierung der europäischen Staaten. Es handelt sich praktisch um ein eigenes Forschungsgebiet, für das Rudolf Boch für den deutschen Fall nicht umsonst ein eigenes Buch angefertigt hat.[28] Frankreich bildet hier keine Ausnahme. Auch für die Gegenwart wird dem Staat ein hoher Stellenwert eingeräumt, hat die „Verteidigung der nationalen Wirtschaft" in Frankreich doch eine lange Tradition. Und auch für das 19. Jahrhundert lässt sich zeigen, dass der Staat eine einflussreiche Position einnahm. Das galt jedoch in grundsätzlich anderer Weise. In Deutschland hat der Liberalismus nicht in dem Umfang verfangen, wie es in Frankreich der Fall war.[29] Aus heutiger Sicht vielleicht überraschend, war das französische Wirtschaftsbürgertum dem Liberalismus gegenüber erheblich offener.[30] Es war nicht nur Aufgabe des Staates, die liberalen Freiheiten aufrecht zu erhalten und zu gewährleisten. Darüber hinaus wurde von ihm intensives soziales und auch wirtschaftliches Engagement erwartet, wenn die Profitaussichten gering waren.[31] Freilich ist diese Ansicht nicht unwidersprochen. Tom Kemp äußert erhebliche Zweifel, ob die Rolle des Staates im 19. Jahrhundert wirklich entscheidend war. Gemäß seinen Ausführungen lässt sich diese Annahme nur für den Bergbau und die Metallurgie bestätigen. Und selbst dort sei sie im vorrevolutionären Regime erheblich umfangreicher gewesen. Durch Bereitstellung und Stützung der Infrastruktur, Ausbildung der Fachkräfte, Organisation von Messen und Ausstellungen sowie der Sammlung und Distribution von Informationen war die Rolle des Staates eher eine indirekte.[32] Die Industrialisierung jedenfalls wurde stärker durch Marktmechanismen und private Unternehmer forciert.[33]

Doch selbst wenn man dem Argument folgt, die Rolle des Staates sei regelmäßig überschätzt worden, gibt es doch eine wichtige Ausnahme. Beim Ausbau der Eisenbahn wird dem Staat europaweit eine zentrale Rolle zugestanden.[34] Angesichts des naturgemäß hohen Kapitalbedarfs beim Ausbau der Infrastruktur erscheint es plausibel, dass die staatliche Verwaltung als Beschleunigerin und Vereinfacherin fungierte. Doch auch an dieser Stelle hat die wirtschaftshistorische Forschung ein Haar in der Suppe gefunden. Das Eisenbahnwesen sollte nämlich dazu dienen, den nationa-

---

[28] *Rudolf Boch:* Staat und Wirtschaft im 19. Jahrhundert. München 2004.

[29] *Werner Abelshauser:* Kulturkampf. Der deutsche Weg in die neue Wirtschaft und die amerikanische Herausforderung. Berlin 2003, 159.

[30] Dem steht freilich nicht entgegen, dass es hier trotzdem „Konjunkturen" gab. Sichtbarster Beleg war die Abkehr von der Freihandelspolitik nach Realisierung des Méline-Tarifs im Jahr 1892.

[31] *Tom Kemp:* Economic and Social Policy in France. In: Peter Mathias / Sidney Pollard (Hrsg.): The Cambridge Economic History of Europe. Vol. 3: The Industrial Economies. The Development of Economic and Social Policies. Cambridge 1989, 691.

[32] Ebd., 713.

[33] Ebd.

[34] *Sylla / Toniolo:* Patterns of Industrialization (wie Anm. 21).

len Markt zu „integrieren", was unter anderem den effektiven, also schnellen und preisgünstigen Transport von Waren beinhaltet. Die Eisenbahnpolitik Napoleons III. zielte nicht zufällig genau hierauf ab.[35] Das, so der Vorwurf, habe der Staat jedenfalls im französischen Fall dahingehend übertrieben, dass der Ausbau zu intensiv betrieben wurde und es zu Effizienzverlusten kam.[36] Die mit hohen Kosten verbundenen Überkapazitäten führten dazu, dass die Einnahmen im europäischen Vergleich gering waren. 1869 nahm Frankreich 59.700 Francs je Schienenkilometer ein, Großbritannien 75.130 Francs. An dieser Diskrepanz änderte sich während der folgenden Jahrzehnte kaum etwas. 1908 standen französischen Einnahmen von 42.600 Francs je Kilometer britische von 78.060 Francs gegenüber.[37] Das staatliche Engagement führte damit jedenfalls nicht zu überdurchschnittlichen Resultaten.

*4. Kleine und mittlere Unternehmen –
das Geheimnis der französischen Wirtschaft?*

Was ist also das Geheimnis, das Frankreich die Mitgliedschaft im Kreis hochindustrialisierter Staaten sicherte? Jedenfalls lässt sich jetzt schon feststellen, dass die „klassischen" Erklärungsstrategien für die Industrialisierung im hier untersuchten Fall nicht greifen. Tatsächlich zeigt der französische Fall, weshalb sich selbst ein „gemeinsamer Nenner" bei den verschiedenen Industrialisierungsstrategien nicht ermitteln lässt. Dazu passt, dass eine zentrale Eigenschaft der französischen Industrialisierung zwar oft, aber regelmäßig nur am Rande erwähnt wird. Möglicherweise liegt das daran, dass sie auf den ersten Blick nicht nach einer Stärke aussieht: ihre Kleinteiligkeit. Diese Atomisierung der französischen Unternehmensstruktur keineswegs eine neue Erkenntnis. 1906 legte eine Volkszählung bereits offen, dass 3,7 Millionen Beschäftigte in 600.000 Industriebetrieben arbeiteten. Diese Volkszählung umfasste keine heutigen Standards – Metzgereien und Bäckereien wurden ebenfalls unter dieser Art der Fertigungsstätten subsummiert –, trotzdem belegt sie die Dominanz vergleichsweise kleiner Betriebe. Ein Drittel der Arbeiterschaft war in Betrieben mit weniger als 10 Mitarbeitern tätig.[38] Dass einzelne Regionen auf die Industrialisierung reagierten, indem sie sich auf das Handwerk und auf eine Produktion in vergleichsweise geringem Umfang beschränkten, ist noch bekannt. Sie stellte eine der zahlreichen Strategien dar, auf die Herausforderung der Industrialisierung zu reagieren.[39]

Insgesamt scheint das zur Industrialisierung jedoch nicht recht zu passen. Die Industrialisierung wird stark mit Großunternehmen assoziiert. Die „Badische Anilin- und Sodafabrik (BASF)", Dr. Oetker, Ford, Siemens & Halske, Krupp etc. stehen

---

[35] *Maurice Lévy-Leboyer / Michel Lescure:* France. In: Sylla / Toniolo (Hrsg.): Patterns of Industrialization (wie Anm. 21), 156.

[36] *Sylla / Toniolo:* Patterns of Industrialization (wie Anm. 21), 17.

[37] *Lévy-Leboyer / Lescure:* France (wie Anm. 35), 159.

[38] *Heywood:* French Economy (wie Anm. 9), 11.

[39] *Sidney Pollard* (Hrsg.): Region und Industrialisierung. Göttingen 1980.

auch heute Pate für den Aufstieg international agierender Großunternehmen, die als Leuchttürme sowie als industrielle Fixpunkte einer Reihe von – so würde man es heute formulieren – mittelständischen Unternehmen fungierten. Vieles spricht jedoch dafür, dass Frankreich einen alternativen Weg ging. Es kann mittlerweile als erwiesen gelten, dass Großunternehmen eine andere Rolle spielten. Doch erst jüngst ist das historiographische Interesse an kleinen und mittleren Unternehmen auch im Zusammenhang mit Frankreich neu erwacht.[40] Damit wurde eine Entwicklung in Frankreich, die grundsätzlich schon bekannt war, neu interpretiert. Colin Heywood hat schon Anfang der 1990er Jahre hervorgehoben, dass sich zwei Strategien besonders oft beobachten ließen. Erstens habe es eine Tendenz zu Produktionsbetrieben mit geringem technischem Niveau bei geringem Produktionsumfang gegeben. Zusätzlich verfolgte man die Strategie, Handwerkstätigkeiten mechanisch zu reproduzieren.[41] Für beide Herangehensweisen – und das ist vielleicht das hervorstechendste Merkmal der französischen Industrialisierungsstrategie – spielte die Nutzung von Skaleneffekten keine bzw. keine herausragende Rolle.

Dieses „paradigme de la grande entreprise" nahmen die französischen Zeitgenossen durchaus zur Kenntnis. Mit einem kritischen Unterton wies der französische Ingenieur Victor Cambon, Professor an der Paris École centrale des arts et manufactures, 1914 seine Studenten darauf hin, dass Deutschlands Industrialisierungspfad auf Kosten der Kleinbetriebe gegangen sei.[42] Noch in den 1920er Jahren waren in Frankreich die Großbetriebe weit davon entfernt, die Schlacht um die ökonomische Hauptrolle gegen die kleinen und mittleren Unternehmen gewonnen zu haben. Noch Ende der 1920er Jahre beschäftigten die rund 100.000 kleinen und mittleren Industriebetriebe Frankreichs 93,2 Prozent des französischen Industrienetzes und 34,4 Prozent der außerhalb des Handwerks arbeitenden Erwerbstätigen.[43]

Möglicherweise – an dieser Stelle begibt man sich auf sehr unsicheres Terrain – ist die Gegenüberstellung von KMU auf der einen Seite und Großunternehmen auf der anderen Seite auch unzureichend. Folgt man Florent le Bot und Cédric Perrin, Autoren einer der raren Publikationen zur Industrialisierung Frankreichs jüngeren Datums, ist der Begriff der Industriedistrikte, sog. Cluster, zutreffender.[44] Sie nähern sich dabei noch stärker dem Begriff des Unternehmens, indem sie den Begriff der

---

[40] *Florent Le Bot / Cédric Perrin* (Hrsg.): Les chemins de l'industrialisation en Espagne et en France. Les PME et le développement des territoires (XVIII–XXIe siècles). Bruxelles 2011.

[41] *Heywood:* French Economy (wie Anm. 9), 32–33.

[42] *Florent Le Bot / Cédric Perrin:* Des historiographies en perspectives. PME, territoires et industrialisation en Espagne et en France. In: Dies. (Hrsg.): Les chemins de l'industrialisation (wie Anm. 40), 23.

[43] *Jean-Marc Olivier:* Petites Entreprises Industrielles et Développement Économique de l'Europe Occidentale (1780–1930). Toulouse 2014, 10.

[44] *Le Bot / Perrin:* Historiographies en perspectives (wie Anm. 42), 23.

„Kollektiv-Fabrik" nutzen. Gerade für das 19. Jahrhundert attestieren sie ihm hohe Erklärungskraft.[45]

Notwendige Bedingung für den Erfolg dieses Entwicklungspfades war ein ausreichend großes Angebot an qualifizierten, d. h. fachlich ausgebildeten Arbeitskräften. Arbeitgeber konnten also auf ein ausreichend großes Reservoir gut ausgebildeter Handwerker und Beschäftigter zurückgreifen.[46] Humankapital war mithin kein knappes Gut, das nur in geringer Menge und zu einem hohen Preis zur Verfügung stand, sondern im Überfluss vorhanden. Diese Perspektivenverschiebung in der Historiographie erlaubt damit doch wieder, den Aufstieg der immateriellen Produktion näher an das Zentrum der Analyse heranzuführen. Er führt nämlich zu einer Projektionsfläche, anhand derer die wachsende Bedeutung wissensbasierter Wertschöpfungsprozesse untersucht wird: das Humankapital. Wie in praktisch jeder einschlägigen Arbeit betont wird, steht der Forschung bisher keine Methode zur Verfügung, es genau zu quantifizieren. In der wirtschaftshistorischen Forschung – und bei Lichte betrachtet auch in der Bildungsökonomik – hat daher die Messung der abgeleisteten Schul- und Hochschulstunden zentrale Bedeutung erlangt. Hier hat die Forschung gezeigt, dass Frankreich schon Mitte der 1870er Jahre bei der Ausbildung der eigenen Bevölkerung ein hohes Niveau erreichte. Mehr als 80 Prozent der 5–14jährigen wurden in Schulen ausgebildet, womit sie vor Preußen, Deutschland und England lagen.[47]

Damit lässt sich am Beispiel Frankreichs besser erläutern, weshalb der Begriff „zweite industrielle Revolution" in die Irre führt. Seine Darstellung erweckt den Eindruck, die Revolution habe während der zweiten Hälfte des 19. Jahrhunderts gewissermaßen eingeschlagen und die Wirtschaft umgewälzt. Wenig spricht dafür, dass sich in Frankreich ein solcher Moment identifizieren lässt. Das liegt möglicherweise auch am Untersuchungsansatz. Der Fokus auf die Industrie hat nämlich erhebliche Schwächen. Die Verwissenschaftlichung stellte einen Prozess dar, der weit über die genannten Industriezweige hinausging. Die Textilindustrie erfuhr durch die chemische Industrie einen intensiven Wandel, ebenso wie die Papierproduktion. Auch war der Agrarsektor nicht mehr derselbe. Es war schließlich ein Apotheker, der 1891 in Bielefeld Erfolg damit hatte, Backpulver in kleinen Mengen zu verkaufen. Zehn Jahre später wurde das Herstellungsverfahren zur Produktion von Backpulver patentiert, was einer der Grundsteine für das heute weltweit operierende Familien-

---

[45] Ebd., 34. Ein Beispiel ist der Aufsatz von *Alain Cottereau:* The Fate of Collective Manufactures in the Industrial World. The Silk Industries of Lyons and London, 1800–1850. In: Charles Sabel / Jonathan Zeitlin (Hrsg.): World of Possibilities. Flexibility and Mass Production in Western Industrialization. Cambridge 1997.

[46] *Christophe Charle:* A Social History of France in the 19th Century. Oxford 1994, 226. Freilich hatte diese Entwicklung auch eine Kehrseite. Durch das hohe Angebot an qualifizierter Arbeitskraft alternierten sie zwischen abhängiger Beschäftigung und einer Tätigkeit als „Mikrounternehmer".

[47] *Claudia Goldin:* Human Capital. In: Diebolt / Haupert (Hrsg.): Handbook of Cliometrics (wie Anm. 5), 65.

unternehmen der Dr. August Oetker KG war. Der Schweizer Nahrungsmittelkonzern Nestlé entstand 1867. Damit war die Verwissenschaftlichung der Produktion nicht auf die Industrie beschränkt, sondern erfasste die gesamte Wirtschaft.[48]

Die Effekte dieser säkularen Revolution auf die jeweiligen Wirtschaftszweige unterschieden sich folglich ebenso wie ihre Auswirkungen auf die jeweiligen Länder.[49] Dass, wie oben erwähnt, die USA und Deutschland den Status von *likely candidates* innehaben, ist aus analytischer Sicht noch naheliegend. Die USA gaben der – so die zeitgenössische Formulierung – „amerikanischen Gefahr"[50] ihren Namen. Unter diesem Begriff wurde die Sorge subsummiert, die Amerikaner könnten mit einer im eigenen Binnenmarkt „gestählten" und auf hohe Stückzahlen getrimmten Produktionsweise den Weltmarkt beherrschen und die Europäer herausfordern und ihnen Märkte streitig machen. Die Schaffung und Etablierung dieser Produktionsweise basierte auf einer systematischen und im Detail äußerst komplexen Entwicklung, die zwar auf Massen ungelernter Arbeiter, aber gleichzeitig auf einer hochspezifischen und systematischen Vorbereitung und Planung beruhte. Die Ford-Werke sind zweifellos eines der bekanntesten Beispiele.

Ein Forschungsdesiderat stellt nicht nur die Untersuchung der französischen Industrialisierung und ihres Übergangs in die stärker wissensbasierte Wertschöpfung dar. Die Löcher, die diese Forschungslücke reißt, sind sogar noch größer. Im Fall des deutschen Sozialstaats wird regelmäßig hervorgehoben, dass die entsprechende Politik anfangs keine volkswirtschaftliche oder gar wohlfahrtsstaatliche Rolle spielen sollte. Vielmehr war sie von Beginn an als Arbeiterversicherung konzipiert. Ob sie nun primär als Schutzmechanismus von Humankapital[51] konzipiert war oder es sich dabei nur um einen Teilaspekt handelte[52], muss hier nicht geklärt werden. Konsens besteht jedoch darin, dass Frankreich auf internationaler Bühne eine vitale Rolle bei der Gestaltung europäischer Sozialstandards anstrebte.[53] Hierfür gab es mehrere Gründe. Frankreich konkurrierte mit der Schweiz um eine Vorreiterrolle bei der internationalen Koordinierung des Arbeiterschutzes und der Arbeiterversicherung. Der Wettbewerb hatte immerhin den positiven Effekt, dass es zu regelmäßigen Treffen der europäischen Staaten kam. Damit sollten – jedenfalls aus französischer Sicht – die Früchte der Arbeit geerntet werden, die in die Beobachtung der übrigen

---

[48] Er lässt sich auch für die Dienstleistungen nachweisen; vgl. *Peter Borscheid / Kai Umbach:* Zwischen Globalisierung und Protektionismus – Die internationale Versicherungswirtschaft vor dem Ersten Weltkrieg. In: Jahrbuch für Wirtschaftsgeschichte 49 (2008), 207–226.

[49] Der Vollständigkeit halber muss erwähnt werden, dass es auch Länder gibt, die an dieser Entwicklung nur minimal partizipierten. Spanien konnte erst während der zweiten Hälfte des zwanzigsten Jahrhunderts nennenswerte Erfolge in diesem Bereich vorweisen.

[50] Bundesarchiv Berlin-Lichterfelde R 1501/3180.

[51] *Abelshauser:* Kulturkampf (wie Anm. 29).

[52] *Eberhard Eichenhofer:* Geschichte des Sozialstaats in Europa. Von der „sozialen" Frage bis zur Globalisierung. München 2007, 26–36.

[53] *Madeleine Herren:* Internationale Sozialpolitik vor dem Ersten Weltkrieg. Die Anfänge europäischer Kooperation aus der Sicht Frankreichs. Berlin 1993, 13.

industrialisierten Staaten gesteckt wurde.⁵⁴ Frankreich hatte aber gleichzeitig handfeste ökonomische Interessen. Bei der Gestaltung des franko-italienischen Arbeiterfürsorgevertrags 1904 beispielsweise erzwang es vom südöstlichen Nachbarn die dortige Einführung des Nachtarbeitsverbots für Frauen.⁵⁵ Ob die Pflege des Humankapitals ein Motiv war, würde der Wirtschafts- und Sozialhistoriker aber ebenfalls gerne wissen. Angesichts der Tatsache, dass die Bedeutung wissensbasierten Wirtschaftens und die Spezifika der französischen Industrialisierung teilweise im Dunkeln liegen, kann diese Frage kaum befriedigend beantwortet werden, möchte man sich nicht mit simplen Plausibilitätsabwägungen begnügen.

III.

Die Geschichtswissenschaften gefallen sich in der Rolle, eine Verunsicherungswissenschaft zu sein. Die Historiographie zur Industrialisierung Europas zeigt exemplarisch, wie dieser Ruf erworben wurde. Bei Lichte betrachtet gibt es bis heute wenig Argumente, die dafür sprechen, dass das Frankreich des 19. Jahrhunderts Mitglied im erlesenen Club erfolgreicher Industriestaaten gewesen sein soll. Weder war Frankreich reich mit den klassischen Industrierohstoffen Kohle und Erz gesegnet, noch war Arbeitskraft besonders günstig. Auch blieben Produktrevolutionen aus, die auf dem Weltmarkt reüssierten und bis heute in Erinnerung blieben. Und trotzdem war Frankreich ökonomisch erfolgreich und produktiv. Der Grund hierfür ist weiterhin offen. Selbst die quantitative Wirtschaftsgeschichte, die immerhin den Anspruch vertritt, besonders „wissenschaftlich" zu sein, hat keine Antwort gefunden. Der geäußerte Verdacht, dass es Frankreich gelungen ist, seine Kleinteiligkeit zu einer Stärke auszubauen, die schließlich zur Grundlage ihres Erfolgs wurde, ist bisher allenfalls plausibel, aber längst nicht belegt. Um diesem Argument mehr Gewicht zu verleihen, wäre es nötig, das Innere der Unternehmen einem genauen Blick zu untersuchen. Auch legt die vergleichsweise hohe Produktivität der französischen Beschäftigten nahe, sie selbst ins Zentrum der Analyse zurückzuholen. Es stellt der wirtschaftshistorischen Forschung kein gutes Zeugnis aus, dass dem Statement Aldrichs auch heute nichts hinzuzufügen ist: „despite several recent works, a concise but thorough text on French economic history remains to be written".⁵⁶

Rudolf Bochs Forschungsgebiete – die Arbeitergeschichte sowie die Unternehmensgeschichte – sind offensichtlich weiterhin von hoher Aktualität. Bei der Unternehmensgeschichte entspricht das möglicherweise noch den Erwartungen. Die Arbeitergeschichte hat jedoch im Vergleich an Bedeutung eingebüßt, denn auch auf eine Monographie zur Sozialgeschichte Frankreichs wartete man die letzten Jahr-

---

⁵⁴ Frankreich betrieb hier einigen Aufwand, wie die Quellen im Archiv des Französischen Außenministeriums zeigen, so z.B. die Akte 1ADC/291, die ein hohes Interesse Frankreichs an der deutschen Sozialgesetzgebung dokumentiert.

⁵⁵ *Tanja Anette Glootz:* Alterssicherung im europäischen Wohlfahrtsstaat. Etappen ihrer Entwicklung im 20. Jahrhundert. Frankfurt/Main / New York 2005, 67.

⁵⁶ *Aldrich:* Late-Comer or Early-Starter (wie Anm. 10), 100.

zehnte vergeblich. Der Blick auf die lückenhafte Historiographie zur Industrialisierung Frankreichs lässt vermuten, dass es sich dabei um eine Entwicklung handelt, die nicht ohne wissenschaftliche Kollateralschäden vonstattenging.

„Alles wie geschmiert..."?
Die Geschäfte mit „weißem Öl" zwischen internationalen Markt- und deutschen Kriegsinteressen 1880–1933 (aus Sicht des Gründerunternehmers Leo Stern)

Von *Eva Pietsch*

I. Einleitung

Der Beitrag thematisiert die Bedingungen unternehmerischen Wachstums in einem eher gering beachteten Sektor der deutschen Mineralölindustrie: Industrielle Schmierstoffe und Maschinenfette. Deren Fertigung und Vertrieb erfuhren im Kaiserreich einen rasanten Aufschwung, da „Öle und Fette" für alle antriebsmechanisierten Industrien, herkömmliche Transportmittel sowie die Branchen des Maschinen-, Eisenbahn- und später Automobilbaus eine unerlässliche Zulieferfunktion besaßen. Die technologisch zunehmend anspruchsvollen und diversifizierten Produkte für einen wachsenden, europaweiten Markt herzustellen, setzte im „erdölarmen" Deutschland insbesondere für die Beschaffung der erforderlichen Rohstoffe ein hohes Maß an unternehmerischem Findergeist und Organisationstalent voraus. Welche unternehmerischen Akteure den Ausbau dieses Schmierölmarktes in Deutschland vorantrieben, der angeblich bis zum Ersten Weltkrieg „vielgestaltig, dezentral und unübersichtlich" blieb, bleiben selbst verdienstvolle Untersuchungen schuldig.[1]

Der vorliegende Beitrag nimmt daher den Aufstieg der Köln-Hamburger *Ölwerke Stern-Sonneborn AG* (Ossag) und ihr Vorgängerunternehmen in den Blick, um diese Branche näher zu beleuchten. Zugleich wird damit die Aufmerksamkeit auf einen Konzern gelenkt, dessen Bedeutung als Pionier der deutschen Schmierstofffabrikation erst unzureichend gewürdigt worden ist.[2] Die Betrachtung der Gründerpersön-

---

[1] Als „weiße Öle" bezeichnet man durch Destillation gewonnene, durch anschließende Abkühlung und Raffinationsmethoden aufgehellte Öle, die als Grundlage verschiedener Schmierstoff-Endprodukte dienen. Die Gebrüder Stern raffinierten bereits vor der Jahrhundertwende solche Schmierstoffe auf Erdöl-Basis (vgl. *Rainer Karlsch / Raymond G. Stokes:* Faktor Öl. Die Mineralölwirtschaft in Deutschland 1859–1974. München 2003, 85). In Übersichtswerken wie *Wolfgang König* (Hrsg.): Propyläen Technikgeschichte. Berlin 1990, fehlt die Schmierstoffindustrie weitgehend.

[2] Wenngleich „kaum ein besseres Schmieröl als das von der Ossag" auf dem deutschen Markt existierte, wie *Karlsch / Stokes:* Faktor Öl (wie Anm. 1) anerkennen, bleibt die über 20jährige Vorgeschichte der 1903 gegründeten Aktiengesellschaft weitgehend im Dunkeln. Die Geschichte der Unternehmung eines jüdischen Brüderpaars aus Hessen wird leider auf die

lichkeiten der 1903 formierten Ossag stützt sich erstmals auf den 1933 von Leo Stern (1858–1943) verfassten „Lebenslauf", ein seltenes Ego-Dokument, in dem er sein unternehmerisches Lebenswerk darstellte.[3] In den Blickpunkt geraten auf diese Weise eine verzweigte und „vernetzte" deutsch-jüdische Unternehmerfamilie und deren Strategien, eine wirtschaftliche Existenzgrundlage aufzubauen und diese durch Nachwuchsförderung, Ressourcenpooling und Risikostreuung zu sichern. Widerstände, Grenzen und Sackgassen, die Leo Stern und seinen Weggefährten dabei in mancherlei Hinsicht begegneten, werden aus weiteren Quellen und Studien ergänzt. Gefragt wird, welche Erfahrungen und Motive das unternehmerische Handeln in dieser jungen, dynamischen Branche bestimmten und welche Handlungsmöglichkeiten sich ihren Akteuren unter den marktökonomischen Bedingungen des Kaiserreichs bis zum Ende der Weimarer Republik boten.

Zunächst werden die Gründung des Handelsgeschäfts und sein Ausbau zum industriellen Fertigungsbetrieb im Kaiserreich nachgezeichnet sowie die Internationalisierung des Absatzes und der Aufbau eines Rohstoffsyndikats dargestellt. Schlaglichtartig werden kriegswichtige Produktentwicklungen analysiert sowie das unternehmerische Verhalten im Ersten Weltkrieg. Abschließend wird auf die Schicksale der jüdischen Gründer und ihrer Familien nach der Machtergreifung der Nationalsozialisten hingewiesen.

II. Geschäfte mit „Öl und Fett":
Die Basis der neuen Schmierstoffindustrie

1. Die Anfänge der „Gebrüder Stern" in Köln:
Von Rapsöl-Händlern zu Vaseline-Herstellern (1880–1889)

Der Einstieg in die „Oel- und Fettbranche" Ende des Jahres 1880 kommt in der Schilderung Leo Sterns unspektakulär, fast beiläufig daher: „Am 31. Dezember [1880] liessen wir uns unter der Firma ‚Gebrüder Stern' handelsgerichtlich eintragen und bezogen in der [Kölner] Thieboldsgasse ein kleines Bureau mit anschliessendem Lager- und Hofraum".[4] „Wir" – das waren Leos älterer Bruder Josef (1851–1934), zuvor Teilhaber eines Geschäfts für Herrenkonfektion in Unna, und Leo selbst, der nach drei Jahren Lehre in einem Einzelhandelsgeschäft in Laasphe/Westfalen sowie

---

Rolle eines „Vorläufers" der späteren Shell AG reduziert, vermutlich da die Autoren primär Quellen des Shell-Archivs nutzten. Der Fokus ihrer Studie ist zudem der energiewirtschaftliche Sektor der Mineralölindustrie. Wikipedia-Angaben im Artikel „Ossag" sind bezüglich Gründung und Gründern fehlerhaft (vgl. https://de.wikipedia.org/wiki/Ossag, Zugriff am 5.9.2017).

[3] „Lebenslauf von Leo Stern, geschrieben anlässlich seines 75. Geburtstages am 14. Februar 1933" (MS, 23 Seiten) in: Leo Baeck Institute (LBI) New York, M.E. 227. Informationen zur Familie nach Materialien in den LBI Archives, „Stern-Sonneborn family from Breidenbach, Hessen", AR 6644, sowie aus Quellen zur jüdischen Gemeinde in Breidenbach, Kreis Biedenkopf, im Hessischen Staatsarchiv Marburg.

[4] *Stern:* Lebenslauf (wie Anm. 3), 2.

kurzen Stationen in Essen und in einer Bocholter Baumwollspinnerei anschließend im oberhessischen Gedern gelandet war. Zwei Brüder, beide im „Gemischtwarenhandel" ausgebildet, der eine auf Herrenoberbekleidung spezialisiert, als Gründer eines aussichtsreichen Schmierfetthandels? Als Initiator ist zweifellos Leo, der jüngere Stern-Bruder, zu erkennen, der in dieser Branche eine Initiation eigener Art durchlief. Als Angestellter eines Eisenwarengeschäfts im erwähnten Gedern hatte er Ende 1876 die Bekanntschaft eines Kaufmanns namens Max Mayer gemacht, der im Begriff stand, mit einem Schwager eine Firma für „Fette und Öle" in Leipzig zu gründen. Den kaum 19jährigen Leo, der nach Ende seiner Lehrzeit große Hoffnungen hatte, „die Welt kennenzulernen", hatte der Jungunternehmer Mayer kurzerhand zum 1. Januar 1877 als Reisenden für dieses Start-Up, das Handelsgeschäft „Mayer und Nussbaum" in Leipzig, engagiert. „Meine erste Geschäftsreise", so Leo rückblickend, „dauerte vier Monate, sie war so erfolgreich, dass meine Chefs mir ihre grosse Befriedigung aussprachen. Ich setzte meine Tätigkeit für diese Firma mit immer steigendem Erfolg vier Jahre lang fort."[5]

Die Branchenkenntnisse und Geschäftskontakte, die Leo in diesen vier Jahren als Vertreter für Schmieröle einer Leipziger Handelsfirma erwarb, dienten den Brüdern Stern im ersten Geschäftsjahr 1881 als unternehmerische Blaupause: „Wir führten das Geschäft zunächst in derselben Art, wie ich es während meiner Leipziger Tätigkeit kennengelernt hatte."[6] Leos Mut zur Selbständigkeit sowie Josefs Branchenwechsel wurden zweifellos bestärkt durch die günstigen Renditeaussichten, die sich durch den steigenden Bedarf nach Schmierfetten und -ölen in einer breiten Abnehmerschaft, darunter Landwirte, Fuhrwerksbetreiber und Fabrikanten, abzeichneten.

Mit den von ihnen vertriebenen Waren stellten sich die Stern-Brüder möglichst breit auf und befanden sich dabei von Anfang an auf der technologischen Höhe der Zeit: „Unsere hauptsächlichsten Verkaufsartikel waren Wagenfette, Maschinenöle, bestehend aus vegetabilischen Oelen – Oliven- und Rüböl – sowie einem unraffinierten ‚dunklen' Mineralöl, sogenanntes Vulkanöl".[7] Gerade die Mischung pflanzlicher und mineralischer Vorprodukte zu Schmierstoffen mit verbesserten Eigenschaften machte das innovative Potential der Branche aus, in der Neulinge wie die

---

[5] Ebd.

[6] Ebd., 3.

[7] Die Rohstoffe dieser Produkte waren überwiegend regional verfügbar. Das geruchsintensive Rüböl wurde aus den Samen von Raps und Kohlpflanzen hergestellt, während Vulkanöl eines der ersten Petroleumdestillate darstellte, aber auch aus Stein- oder Braunkohlenteer gewonnen wurde. Es wurde zur Schmierung grober Maschinenteile verwendet, seine Eignung als Maschinenöl war noch umstritten, weshalb an der Verbesserung der Schmiereigenschaften experimentiert wurde (vgl. *o.A.:* Über Schmieröle, besonders Harzöl. In: Polytechnisches Journal 208 (1873), 236–237 zit. n. http://dingler.culture.hu-berlin.de/article/pj208/mi208mi03_8, Zugriff am 1.9.2017; Großer Brockhaus. Bd. 19, Leipzig 1934, 709). Großabnehmer von Vulkanöl waren Eisenbahngesellschaften, die damit Eisenbahnachsen schmierten, so *Karlsch / Stokes:* Faktor Öl (wie Anm. 1), 50.

Sterns versuchten, nicht nur gleichwertige, sondern bisherigen Schmiermitteln überlegene Produkte anzubieten.

Dass dies in erfreulichem Umfang gelang, zeigte der von Anfang an beachtliche wirtschaftliche Ertrag: Als Startkapital hatten die Brüder 1880 zusammen 14.500 Mark „aus eigenen Ersparnissen" aufgebracht.[8] Nach Ablauf des ersten Geschäftsjahrs verzeichnete ihre Bilanz bereits „einen Reinertrag von 12.000 Mark". Vom „fortschreitenden Erfolg zur Ausdehnung ermutigt" reinvestierte das Brüderpaar: Hatte es den Verkauf, den Versand und die Büroarbeiten anfangs „allein gemacht" und nur „einige Lagerarbeiter" in Köln beschäftigt, wurde Ende 1881 ein Buchhalter engagiert; im Juli 1882 wurden grössere Räume in der Kölner Brinkgasse gemietet und „einige Reisende sowie entsprechendes Bureaupersonal" eingestellt.

Um ihren ‚Vorsprung durch Innovation' – wie man heute sagen würde – weiter auszubauen, gingen die Stern-Brüder im zweiten Geschäftsjahr zur Herstellung eigener Produkte über, auf der Basis der neuartigen Vaseline. Diesen „damals in Deutschland noch unbekannten Artikel" hatte Leo „zufällig" im August 1882 während einer Geschäftsreise in Rheinland-Pfalz durch einen Herrn kennengelernt, der „die Fabrikation von Amerika aus" kannte. Der nicht näher genannte Herr war „bereit, mir das Herstellungsverfahren gegen eine Vergütung von M 300,– zu überlassen."[9] Wie rudimentär sich die Anfänge der fortan durchgeführten Fertigung im Kölner Betrieb gestalteten, lässt die dürre Schilderung Leos erahnen: „Wir richteten uns in kleinem Maßstabe und mittels Gaskochern für die Herstellung der Vaseline ein." Die so „raffinierte" Vaseline, später auch als Grundstoff der kosmetischen Industrie bekannt, war „nur für technische Zwecke brauchbar", für letztere aber ein deutlicher Zugewinn.[10] Sie war hoch luftbeständig, wurde nicht ranzig, besaß einen guten Korrosionsschutz für Metallteile und war ebenfalls zur Imprägnierung von Leder geeignet: „Wir führten sie bei unseren Wagenfettabnehmern mit großem Erfolg als Lederfett für Geschirre, andererseits [...] in der Industrie als Treibriemenfett ein."[11]

Der Erfolg der ‚selbstgekochten' Vaseline, ihres ersten raffinierten Mineralölprodukts nach amerikanischem Rezept, muss die Stern-Brüder enorm beflügelt haben, auch wenn der sachlich-nüchterne Berichtstil Leos hierauf keinen direkten Hinweis liefert. Konsequent sahen sich die Geschäftsführer nach weiteren Neuerungen auf dem Schmierstoffmarkt um – und wurden abermals fündig: „Bald erkannten wir die Wichtigkeit der ‚Consistenten Maschinenfette'", die mithilfe besonderer Vorrich-

---

[8] Dieses Startkapital wurde zu zwei Dritteln von Josef aufgebracht (10.000 Mark). Alle weiteren Zitate: *Stern:* Lebenslauf (wie Anm. 3), 3–4.

[9] Ebd., 4. Das geruchlose Mineralfett war erstmals 1870 nach Erdölbohrungen in Pennsylvania als „Erdölgelee" (Petroleum Jelly) von dem amerikanischen Chemiker Chesebrough destilliert worden, der den Namen „Vaseline" 1872 patentieren ließ, diese aber erst ab 1881 industriell produzierte (vgl. http://wikipedia.org/wiki/Robert_Chesebrough, Zugriff am 17.9.2017). Vaseline konnte auch aus Teer oder Ozokerit, sogenanntem Erdwachs, destilliert und dann durch Raffinierung weiter aufgehellt werden.

[10] *Stern:* Lebenslauf (wie Anm. 3), 4.

[11] Ebd.

tungen (Staufferbüchsen) an die vorgesehenen Maschinenbauteile abgegeben wurden. Auch diese Maschinenfette waren wesentlich von Unternehmern im US-amerikanischen Markt entwickelt worden.[12] Die Sterns versuchten 1883 im Trial-and-Error-Verfahren, derartige Schmiermittel „nachzubauen", offenbar erfolgreich: „Nachdem es gelungen war, die nötigen Vorstudien für die Herstellung dieser Fette durchzuführen, entschlossen wir uns, eine eigene Fabrik zu errichten".[13] Bereits Ende des Jahres 1883 kauften die Brüder im Kölner Vorort Sülz „eine leerstehende Fabrik mit großem Terrain" und richteten sie für die Herstellung „Consistenter Fette, Wagenfette und Vaselinen" ein. Am Prinzip der Eigenfinanzierung hielten sie fest: „Die Geschäftsergebnisse der verflossenen Jahre waren bereits so gross, dass wir [...] die Um- und Neubauten und die maschinellen Einrichtungen aus eigenen Mitteln bestreiten konnten".[14]

Als vorteilhaft für die Erweiterung zum Herstellerunternehmen erwies sich der Umstand, dass der deutsche Markt ab 1882 verstärkt mit raffinierten Mineralölen aus dem Ausland versorgt wurde, zunächst besonders aus den USA. Die Sterns setzten als Lieferanten auf das Frankfurter Unternehmen Leo Oppenheim, Vertreter der Firma Thompson & Bedford, New York, die seit 1881 als Alleinverkäufer für Schmieröle der Standard Oil im europäischen Markt auftrat.[15]

Auf der Basis verlässlicher Rohstoffqualitäten und -quantitäten erweiterten die Stern-Brüder den Absatz ihrer Produkte im Verlauf der 1880er Jahre, wobei intensive Kundenberatung und -betreuung eine weitere Grundlage ihres Geschäftserfolgs bildeten. In der Rückschau Leos hieß dies, „die Kundschaft systematisch [zu] besuchen". Ungeachtet des „kleinen Stamm[s] von Reisenden und Vertretern" blieb der Vertrieb fest in Gründerhand; Leo besuchte „die wichtigsten Kunden jedoch selbst" und dehnte die Absatzsondierung auf das benachbarte Ausland aus, „nach Skandinavien sowie Holland, Schweiz, Österreich etc. mit immer größer werdendem Erfolg".[16] Ab diesem Zeitpunkt vermarkteten sich die Fabrikate der Sterns bereits zunehmend über Mund-zu-Mund-Propaganda zufriedener Kunden, speziell in die benachbarten industriellen Kernländer: Insbesondere „indirekte Empfehlungen befreundeter Maschinenfabriken" verhalfen den Stern-Produkten zum „Eingang in England, Frankreich und Italien".[17]

---

[12] Staufferfett basierte auf tierischen und pflanzlichen Ölen und Fetten. Es war ein besonders wasserabweisendes Schmier- und Dichtungsmittel und daher speziell geeignet für langsam laufende Maschinenteile wie Gleit-, Kurbel- und Achslager oder Rollen. Die Staufferbüchsen gaben das Fett nach und nach an vorgesehener Maschinenstelle ab. Namensgeber war die 1886 von einem Deutschen und einem Franzosen gegründete Stauffer Chemicals Co. im kalifornischen San Francisco.

[13] *Stern:* Lebenslauf (wie Anm. 3), 5.

[14] Ebd.

[15] Vgl. *Karlsch / Stokes:* Faktor Öl (wie Anm. 1), 86; *Stern:* Lebenslauf (wie Anm. 3), 3.

[16] *Stern:* Lebenslauf (wie Anm. 3), 5–6.

[17] Ebd.

Sich auf dem guten Ruf ihrer Produkte in Abnehmerkreisen des Auslands auszuruhen, entsprach allerdings nicht dem Geschäftsgebaren der Brüder, die durch ihre aktive Handelsvertreterpolitik die Nachfrage kontinuierlich befördert hatten. Vielmehr, so Leo, lag nun „die Zweckmässigkeit, diese Länder ebenfalls bereisen zu lassen" auf der Hand. Für die systematische Ausdehnung ihres Absatzes gerade nach West-Europa und Italien setzten die Stern-Brüder aber nicht allein auf bewährte Handelsvertreter. Als „geeignete Persönlichkeit" stellten sie 1886 zusätzlich ihren „Verwandten" Jacques Sonneborn ein, der zum 1. Juni seine Tätigkeit „als Reisender" in den genannten Ländern aufnahm. Was qualifizierte diesen 22jährigen Bankkaufmann aus Frankfurt/Main für die offenbar als sensibel eingestufte Aufgabe? Das Verwandtschaftsverhältnis – die Sterns und Sonneborn waren Großcousins, alle drei im hessischen Ort Breidenbach geboren und aufgewachsen – war dafür sicher allein nicht ausschlaggebend. Laut Leo war es vor allem Sonneborns fundierte Ausbildung im Frankfurter Bankgewerbe sowie seine mehrjährige Berufserfahrung, wozu sich noch sein Talent für moderne Fremdsprachen gesellte, die er nebenbei „intensiv" studiert hatte.[18]

Ein künftig europaweiter Absatz einschließlich Englands, Frankreichs und Italiens erschien den inzwischen nach Nordeuropa und in die deutschsprachigen Nachbarländer liefernden Fabrikanten und Großhändlern Leo und Josef, insbesondere seit dem Übergang zur Fertigung, als Gebot der Stunde. Diese Vorstellungen der jungen Schmierstoffproduzenten Gebrüder Stern wurden dem Branchenneuling Jacques Sonneborn offenbar schnell und nachdrücklich vermittelt – und von diesem nach Kräften umgesetzt. Sein reibungsloser Einstieg ins Geschäft der Großcousins verlief daher ‚wie geschmiert': Jacques erwies sich als Handelsvertreter der „Rheinischen Vaseline-, Öl- und Fettfabrik, Gebr. Stern" durch „seinen Fleiss und seine Tüchtigkeit als ausserordentlich erfolgreich", so dass er drei Jahre später, 1889, zu deren „Firmenpartner" aufstieg. Jacques durchlief damit eine ähnlich gründliche und rasche Einführung in die Schmierstoffbranche wie Leo Ende der 1870er Jahre, und zwar „from the bottom up", wenngleich Jacques' verwandtschaftliche Beziehung zu den Unternehmensgründern ihn nach der Bewährung als erfolgreicher Reisevertreter quasi per Seiteneinstieg für höhere Geschäftsaufgaben qualifizierte. Dies wird ebenfalls an seinem Anteil am Aufbau des neuen Standorts Hamburg deutlich, dem eine rasche internationale Vergrößerung von Fertigungs- und Vertriebskapazitäten folgte.

---

[18] Ebd., 6. Die unzutreffenden Angaben zu Jacques bei *Karlsch / Stokes:* Faktor Öl (wie Anm.1), 85, werden in Folge gemäß Leo Sterns Angaben sowie aus Angaben zur Familiengeschichte im Hessischen Staatsarchiv und den LBI Archives korrigiert und ergänzt. Jacques' Großmutter Marjane (Miriam) Sonneborn (1806–1883) war eine geborene Stern. Sie war die Schwester von Jacob Stern (1808–1889), Leos und Josefs Vater.

2. Hamburg wird neuer Fertigungs- und Vertriebsstandort (1889–1902)

Sonneborns Aufnahme als Geschäftspartner der Sterns im Jahr 1889 fiel zeitlich mit der Eröffnung einer Betriebsfiliale im Hamburger Freihafen zusammen. Angesichts veränderter Rahmenbedingungen musste sich das expansionsfreudige Kölner Unternehmen verändern: Da ab 1888 die ersten deutschen Zölle auf Mineralöle erhoben wurden, drängten sich die Vorteile des im selben Jahr an der Elbe eröffneten Freihafens für „unseren bereits beachtenswerten Absatz nach dem Auslande, das wir bis dahin von Köln aus belieferten", geradezu auf. Hamburg wurde für das Unternehmen zunächst zum zusätzlichen Produktions- und Vertriebsstandort, da, so Leo, „wir durch Errichtung einer Fabrik im Freihafen [...] durch Ersparnis von Frachten und Zölle [sic] und wegen der direkten Verschiffungsmöglichkeiten unserer Fabrikate nach allen Weltteilen und auch wegen der Zufuhr ausländischer Oele nach Hamburg wesentlich leistungsfähiger würden."[19] Auf diesen letzten Aspekt, den verbesserten Zugang zu Rohstoffen, der die Sterns und Sonneborn für den Standort Hamburg einnahm, wird noch zurückzukommen sein.

Die optimistische Einschätzung dieser Standorterweiterung sollte sich in den kommenden Jahren mehr als bestätigen. Das zunächst 2000 Quadratmeter große, von der Stadt Hamburg gepachtete Areal „am Querkanal" wurde für die Fabrikation rasch zu klein. Bereits 1892 erwarb man zwei benachbarte Hafengrundstücke hinzu, insbesondere um „den uns damals schon lebenswichtigen Fabrikationszweig [...] die Raffination weisser Vaselineöle" in der „Hamburger Anlage" aufzunehmen. Die wachsende Bedeutung dieser Öle auf Erdölbasis im europäischen Schmierölmarkt zu erkennen, war nicht zuletzt Ergebnis enger Kundenkontakte, um die sich Leo Stern und Jacques Sonneborn weiter persönlich kümmerten. Der Abnehmerkreis der Köln-Hamburger Fabrikate dehnte sich infolgedessen nicht nur geographisch immer weiter aus. Zugleich entstanden neue Absatzmöglichkeiten innerhalb Europas durch eine immer speziellere Nachfrage des industriellen Maschinenbaus. Es wuchsen, so Leo, „die bis dahin nicht gekannten Ansprüche an besser geeignete Schmieröle für die neuartigen Verwendungszwecke wie z.B. Dampfturbinen, Diesel- und Autoöle, Transformatoren, Heissdampfcylinder etc.".[20] Der wachsende Umfang dieser ausländischen Nachfrage ermutigte die Geschäftspartner sogar zum Aufbau von Produktions- und Vertriebsstandorten im europäischen Ausland: 1891 wurde eine Fabrik in Pantin bei Paris gebaut, 1892 eine „Zweigniederlassung mit großem Lagerhaus" in London eröffnet, sowie – wenig später – eine Fabrik in Rivarolo bei Genua. All dies wurde speziell durch das Engagement von Jacques Sonneborn in diesen Ländern befördert, wofür er 1891 mit der Aufnahme als Teilhaber der Gebrüder Stern belohnt wurde.[21]

---

[19] *Stern:* Lebenslauf (wie Anm. 3), 7; zum Freihafen vgl. auch *Karlsch / Stokes:* Faktor Öl (wie Anm. 1), 85.

[20] *Stern:* Lebenslauf (wie Anm. 3), 8.

[21] Ebd., 6.

Die Sterns und Sonneborn trieben die Fertigung im Ausland zielgerichtet voran – schließlich verfügten sie bereits über Erfahrung im Produktionsanlagenbau, es ergaben sich verminderte Transportkosten für ausländische Kunden, und die Hamburger Produktionsanlage wurde entlastet – dennoch blieb dieses Engagement wohlkalkuliert und wurde „risikoarm" geführt: „Diese Unternehmungen wurden als selbständige Gesellschaften der betreffenden Länder gegründet. Alle hierdurch entstandenen Investitionen konnten wir aus eigenen Gewinnüberschüssen [...] bestreiten."[22]

Dem Sprung in „Scales", zu dem das Kölner Stern-Unternehmen mit Aufnahme der Produktion in Hamburg im Jahr 1888 angesetzt hatte, fortgesetzt durch Produktions- und Vertriebsstandorte im Ausland, folgte somit während der 1890er Jahre unmittelbar ein Sprung in „Scope": Die erhöhten Anforderungen an Schmieröle und -fette für differenzierte Anwendungsbereiche erforderten nunmehr eine wissenschaftsfundierte Fertigung auf höherem technischen Niveau. Diese Ansprüche, so Leo, „veranlassten uns 1896 zum Engagement des ersten Chemikers, dem bald die Einstellung weiterer Chemiker und dann auch Ingenieure folgte."[23] Mit dieser Verwissenschaftlichung der Fertigung wurde schließlich die Verlagerung vom bisherigen Hauptstandort Köln nach Hamburg immer sinnfälliger. Das Kölner Büro, noch 1889 als „Zentrale" bezeichnet, mit rund sechzig Beschäftigten, blieb ab Mitte der 1890er Jahre nurmehr für den regionalen Absatz im Rheinland, nach Westfalen und Süddeutschland zuständig. Geleitet wurde es vom älteren Stern-Bruder Josef, der mittlerweile in der Rheinmetropole auch familiär verankert war.[24] Die beiden jüngeren Geschäftsführer, Leo und Großcousin Jacques, die seit 1895 außerdem verschwägert waren, verlegten beide ihren Wohnsitz – und den ihrer noch jungen Familien – Ende der 1890er Jahre nach Hamburg, um den Ausbau der neuen Zentrale vor Ort weiterzuführen.[25]

Auf einem leerstehenden Terrain gegenüber der Hamburger Raffinerie „am Querkanal entstand so zunächst „ein grosses Bürogebäude sowie Laboratorien und Wohnungen für Betriebsbeamte".[26] Bis zur Jahrhundertwende folgten „fortwährende Neu- und Umbauten, unter Ausnützung sämtlicher Räume", bis erneut die räumlichen Kapazitätsgrenzen erreicht waren. „Trotz der Entlastung durch unsere Auslandsanlagen steigerten sich die Fabrikationsansprüche, insbesondere weisser Vaselineöle, an die Hamburger Fabrik", so Leo, so dass man 1902 auf ein neues Gelände in Ohlendorff auswich, wo man ein 12.000 Quadratmeter großes Grundstück am Rei-

---

[22] Ebd., 9.

[23] Ebd.

[24] Er war mit einer Kölnerin, Ella Gideon, verheiratet und Vater eines Sohnes, Richard Stern (1883–1960).

[25] Leo war verheiratet mit der zehn Jahre jüngeren Bella Abenheimer (geb.1868 in Mannheim). Ihre Kinder kamen in den 1890er Jahren zur Welt (Otto 1890, Erna 1894, Walter 1898 und Paul 1900). Jacques heiratete Mitte der 1890er Jahre die ein Jahr jüngere Schwester Bellas, Natalie Abenheimer, mit der er drei Kinder hatte (Ludwig 1896, Grete 1899 und Edgar Paul 1901). Angaben nach „Stern-Genealogie", Kamm-Ordner, Gemeindearchiv Breidenbach.

[26] *Stern:* Lebenslauf (wie Anm. 3), 8.

herstiegkanal, früherer Standort eines Guano-Schuppen, nach modernsten Maßstäben bebaute. Von den errichteten „grossen Fabrikationsräumen, sowie Laboratoriums- und Bureauanlagen" nahm man zunächst an, dass sie „für lange Zeit ausreichen würden. Aber dies", so Leo, „war wiederum nicht der Fall." Schon bald „wurde angesichts des immer größer werdenden Umsatzes" auch der zweite Teil des Ohlendorffschen Terrains, erneut 1,2 Quadratkilometer Fläche, hinzuerworben und entsprechend bebaut.

Mit dieser Produktionsausdehnung und -modernisierung ging nicht zufällig eine rechtliche Neustrukturierung einher. Aus der eigentümergeführten Firma wurde 1903 die Aktiengesellschaft „Ölwerke Stern & Sonneborn A.G. Ossag", deren Leitung jedoch unverändert in Familienhand blieb.[27] Die Vermutung, dass damit erstmals die Bedeutung Sonneborns für die ursprünglich von den Sterns gegründete Firma eine offizielle Anerkennung fand, mag den neuen Firmennamen zwar erklären, greift als Motiv für die Umwandlung zur AG aber zu kurz. Leo Stern und Jacques Sonneborn, die nunmehr führenden Köpfe der Hamburger Ossag, hatten Größeres im Sinn: Sich im Haifischbecken der Mineralölfirmen nicht etwa schlucken zu lassen, sondern sich durch Kooperation mit anderen marktmächtigen Playern Wettbewerbsvorteile zu sichern, speziell auf dem Rohstoffmarkt.

3. Die Ossag im geheimen Pool mit den Brüdern Nobel (1903–1914)

Das Ziel, geeignete Roh- und Halbfabrikate zu günstigen Konditionen für die eigene Schmierstofffabrikation zu beschaffen, veranlasste die Geschäftspartner Stern und Sonneborn Ende der 1890er Jahre zu entsprechenden Erkundungsreisen. Im Frühjahr 1898 reiste Leo „in den Kaukasus", die damals russisch dominierte Region zwischen Schwarzem und Kaspischem Meer. Dort hatte er im ukrainischen Odessa, der wichtigsten Hafenstadt am Schwarzen Meer, im georgischen Tiflis und in Baku (Aserbaidschan) nicht nur neue Abnehmer für die eigenen Erzeugnisse gefunden, besonders „consistente Fette, feinere Qualitäten weisser Vaseline und weisser Vaseline-Oele". In Baku entdeckte er darüber hinaus eine Mineralöl-Destillation, die „geeignetere Fraktionen für die Herstellung unserer weissen Oele" lieferte, sprich verbesserte Ausgangsstoffe. Auf seiner Rückreise knüpfte Leo dann noch „Verbindungen für unsere Fabrikate" in Moskau und Petersburg.[28] Firmenteilhaber Jacques reiste im Herbst desselben Jahres erstmals in die USA, was Leo zufolge „mit grossem Erfolg" verbunden war, allerdings nicht in Hinblick auf Rohfabrikate.[29] Ab der Jahrhundert-

---

[27] Ebd., 11.

[28] Zu den Verbesserungen der Destillation von Erdöl in Baku, die das dortige stürmische Wachstum seit den 1880er Jahren begünstigten, vgl. *Karlsch / Stokes:* Faktor Öl, (wie Anm. 1), 23.

[29] Obwohl Leo dies nicht näher ausführt, bezieht sich dieser „Erfolg" zweifellos auf die Gründung der „L.[Levi, E.P.]Sonneborn Sons", ein Schmierstoffunternehmen mit Sitz in New York. Jacques gründete diese „Oil and Petroleum Company" 1903 gemeinsam mit seinen zwei

wende schwenkte das Unternehmen daher vermehrt auf Rohölimporte russischer Herkunft um. Als außerordentliche Leistung der jungen Ossag weist Leo in diesem Zusammenhang auf eine Geschäftsverbindung hin, die dem Unternehmen bis zum Ersten Weltkrieg eine bevorzugte Belieferung mit Mineralölen russischer Provenienz sicherte, jedoch „nach außen nicht bekannt" war. Unter völliger Verschwiegenheit gegenüber der Öffentlichkeit, so Leos Darstellung, hatte man 1903 mit der Société Anonyme pour l'Importation des huiles et graissages, genannt S.A.I.C., mit Sitz in Antwerpen, einen Poolvertrag geschlossen, und zwar unter gegenseitigem Aktientausch, was den eigentlichen Zweck der Umwandlung zur Aktiengesellschaft Ossag erklärt. Dieser Holding-Gesellschaft, deren Mitglied die Ossag wurde, gehörten bereits weitere Hamburger Schmierstoffhersteller an, zwei französische, mehrere grosse englische sowie eine italienische Ölfirma.[30]

Hauptaktionär der S.A.I.C. war die Produktionsgesellschaft Gebrüder Nobel in Petersburg, welche „den Alleinverkauf ihrer Gesamtproduktion an russischen Mineralölen, ausschließlich Russland", der S.A.I.C. übertragen hatte.[31] Die Vorteile, welche die Ossag durch diese kartellähnliche Verbindung mit dem internationalen Nobel-Konzern erwarb, waren umfangreich: So besaß die S.A.I.C. „eine beachtenswerte Tankschiff-Flotte und hatte an fast allen größeren europäischen Seehäfen Tankanlagen", der Zugang zu Rohöldestillaten etwa aserbaidschanischer Herkunft wurde somit enorm erleichtert. „Der Zusammenschluss mit der S.A.I.C.", so Leo weiter,

> „bot uns den großen Vorteil, dass wir zur Herstellung weisser Vaseline-Öle und der diversen Spezialöle die geeignetsten Fabrikationen [sic] aus den Destillaten der Rohöle heraussuchen konnten, und dass wir ferner die nicht unwesentliche Preisdifferenz handelsüblicher russischer Schmieröle für unseren direkten Verkauf an die Industrie geniessen konnten."[32]

---

jüngeren Halbbrüdern, dem Konfektionsunternehmer Siegmund B. Sonneborn (geb. 1872), der 1889 von Breidenbach nach Baltimore ausgewandert war, sowie dem promovierten Chemiker Ferdinand (geb. 1874), der zuvor eine dreijährige Lehre in der Schmiermittelfirma der Gebrüder Stern absolviert hatte, und Siegmund 1902 in die USA folgte, vgl. Guide to the Papers of the Sonneborn Family 1978–2001, LBI, AR 4802. Zu Unternehmeraktivitäten der Sonneborns in den USA vgl. *Eva Pietsch:* Gewerkschaft, Betrieb und Milieu in der Bekleidungsindustrie. Essen 2004.

[30] Dies waren die Maschinenöl-Import A.G. (die zum Nobel-Konzern gehörte) und die Mineralölwerke Albrecht & Co. (1884), beide in Hamburg ansässig. Die Ernst Schliemann Ölwerke (1879) kamen etwas später hinzu. *Stern:* Lebenslauf (wie Anm. 3), 11; (Gründungsjahre der Unternehmen in Klammern, nach *Karlsch / Stokes:* Faktor Öl (wie Anm. 1), 85–86).

[31] *Stern:* Lebenslauf (wie Anm. 3), 12. Die Produktionsgesellschaft der Nobels hatte seit den 1880er Jahren die Ölgewinnung und -verarbeitung sowie den Transport per Rohrleitungen, Tankschiffen und Eisenbahntankwagen organisiert. Die Hälfte der russischen Rohölproduktion war bis zur Jahrhundertwende in Händen der Nobel-Gruppe (vgl. *Karlsch / Stokes:* Faktor Öl (wie Anm. 1), 24; ferner *F. Romberg:* Über das Erdöl im Zusammenhang mit seiner maschinentechnischen Verwendung. In: Polytechnisches Journal 327 (1912), 565–570, zit. n. http://dingler.culture.hu-berlin.de/article/pj327/ar327175, Zugriff am 20.9.2017).

[32] Gemeint sind hier sogenannte „Fraktionen", die aus Rohöl destilliert wurden.

Anders als die angesehenen Kartelle für Kohle und Stahl seit der Jahrhundertwende, als Muster an Organisationstalent gelobt, war das Öl-Syndikat nach Aussage Leos „offiziell nicht bekannt, da jede der einzelnen Firmen nach aussen völlig selbständig auftrat." Die Rentabilität sei für alle beteiligten Gesellschaften „sehr befriedigend" gewesen, „infolgedessen bestand auch dauernde Harmonie".[33] Die Ossag hatte somit einen überaus vorteilhaften Weg beschritten, um ihren großen, vielseitigen Ölbedarf durch eine führende Ölfördergesellschaft (der Nobels) zu decken, aber auch von Synergie-Effekten in den Bereichen Transport und (Tank-)Lager, etwa im Hamburger Freihafen, zu profitieren, wo die Ossag in nächster Nachbarschaft ihrer deutschen Kartellpartner weiter expandierte, so im Kleinen Grasbrook und dem Hafengelände in Hamburg-Wilhelmsburg. Hier baute die Ossag ihre Kapazitäten etwa durch den Bau einer Weissöl-Raffinerie 1903 weiter aus, deren Größe bereits 1908 durch einen Anbau verdoppelt wurde.[34]

Die Ossag und das Import-Syndikat hatten einen nicht unerheblichen Anteil am Aufschwung der russischen Erdölförderung, welche bis Ende des 19. Jahrhunderts sogar rascher als die amerikanische gewachsen war und diese 1898 auch überholte. Gleichwohl erschütterte dies die Vormachtstellung der amerikanischen Standard Oil auf dem Weltmarkt nicht nachhaltig, da die Zusammensetzung der in Pennsyslvania und Baku geförderten Rohöle recht verschieden war.[35]

Führt man sich das „Miteinander" großer deutscher und europäischer Schmierstoffhersteller in dem beschriebenen Beschaffungssyndikat vor Augen, so muss man den eingangs zitierten Eindruck der Branche als „dezentral und unübersichtlich" (Karlsch / Stokes) klar revidieren. Vielmehr zeigt sich hier die Umsichtigkeit der beteiligten Hersteller, den Schmierstoffmarkt insbesondere in Bezug auf den Parameter ‚Preisfestsetzung für Rohstoffe', eventuell auch deren Mengenregulierung, zu steuern und so einen allzu harten Konkurrenzkampf im nationalen und internationalen Wettbewerb zu unterbinden. Eine weitere Lesart der Angaben Leos ist, dass das gemeinschaftliche Vorgehen im Kartell darüberhinaus den Austausch von Marktinformationen erleichterte, da die Vorstände der Schmierölunternehmen in einem kontinuierlichen Meinungs- und Erfahrungsaustausch standen, der für das operationelle Festlegen strategischer Vorgehensweisen vorteilhaft und geboten erschien.

Zum Leidwesen der Ossag-Gründer endete diese strategische Partnerschaft mit dem Ende des „Großen Krieges", da die früher mit der S.A.I.C. liierten nicht-deutschen Firmen 1919 ein „weiteres Zusammenarbeiten mit den deutschen Firmen ablehnten". Das einzige Zugeständnis der früheren Kartellpartner bestand darin, den

---

[33] Alle Zitate nach *Stern:* Lebenslauf (wie Anm. 3), 12.

[34] Ebd., 20. Zu den Hamburger Standorten auch *Karlsch / Stokes:* Faktor Öl (wie Anm. 1), 86. Noch heute finden sich an diesen Standorten große Mineralöl-Raffinerien, etwa der Firma Shell.

[35] 1900 konzentrierte sich die Weltrohölerzeugung auf diese beiden Zentren, wobei Russlands Anteil 51,38 % der Welterdölgewinnung betrug, der der USA 42,41 %, weit vor Galizien, Rumänien und schließlich Deutschland. *Karlsch / Stokes:* Faktor Öl (wie Anm. 1), 24.

deutschen Firmen einen Rücktausch ihrer S.A.I.C.-Aktien gegen ihre eigenen Firmenaktien zu gewähren.[36] Nur wenig besser erging es der Ossag mit ihren früheren Filialgründungen in England, Frankreich und Italien. Während man mit der französischen und italienischen Gesellschaft „wieder in Fühlung" kam, lehnte die englische dies mit der Begründung ab, „dass sie unseren 60%igen Aktienanteil bei Kriegsbeginn rechtsgültig erworben und wir infolgedessen nichts mehr bei ihr zu suchen hätten".[37] Auch ein erneuter Zusammenschluss der Hamburger Schmierstoffhersteller kam nach Kriegsende nicht wieder zustande, was für die Ossag neue Investitionen „für Lagerung und Heranschaffung der benötigten Rohöle" nötig machte, darunter eine „eigene grosse Tankanlage von ca. 25.000 Tonnen". Zudem gab man bei der Deutschen Werft den Bau eines ersten Tankdampfers in Auftrag, um nunmehr fehlende Transportkapazitäten aufzufangen. Dieser löste 1922 das erste Tankschiff der Ossag, ein Segelschiff, ab.[38]

Der Versuch, nach dem Zerfall des S.A.I.C.-Syndikats eine neue Produktionsgesellschaft in den USA als Rohstofflieferant zu finden, schlug trotz mehrjähriger Suche und USA-Besuchen Sonneborns 1919, 1920 und 1922, fehl. Die Ossag blieb daher vorerst „Käufer am freien Markt", band sich jedoch 1925 durch Fusion mit der Mineralölwerke Rhenania AG, 1902 als GmbH in Düsseldorf als Verkaufsgesellschaft für Benzin gegründet, an einen Riesen im internationalen Erdölgeschäft, nämlich das 1907 entstandene holländisch-britische Mineralölunternehmen Royal Dutch Shell.[39]

III. Die Schmierstoffgeschäfte der Ossag im Krieg: Volt-Öl für Motoren, Klauenöl für deutsche Torpedos

Dass die Ossag nach Ende des Ersten Weltkriegs auf deutliche Ressentiments bei früheren europäischen Geschäftspartnern stoßen würde, war zu Beginn des 20. Jahrhunderts noch nicht absehbar. Das Köln-Hamburger Unternehmen war seit den 1890er Jahren im internationalen Geschäft mit Behörden, Eisenbahnen und Schiffs-

---

[36] Hierauf einigte man sich im Mai 1919, vgl. *Stern:* Lebenslauf (wie Anm. 3), 19–20.

[37] Ebd. Zur Enteignung der Gebrüder Nobel infolge der Oktoberrevolution sowie nach der Eroberung Bakus 1920 und deren Folgen als „Wendepunkt" für die Rohstoffversorgung deutscher Mineralölfirmen vgl. *Karlsch / Stokes:* Faktor Öl (wie Anm. 1), 117.

[38] Zum Schicksal des ersten Ossag-Tankdampfers (2793 Bruttoregistertonnen), der im April 1944 vor Sewastopol im Schwarzen Meer bei einem Luftangriff versenkt wurde, vgl. http://miramarshipindex.org.nz/ship/show/71192, Zugriff am 20.9.2017; sowie ferner http://www.chemie.de/lexikon/Rhenania-Ossag.html, Zugriff am 20.9.2017.

[39] Auf den Geschäftsreisen in die USA wurde Jacques Sonneborn von Söhnen der Stern-Brüder begleitet, die mittlerweile in der Ossag tätig waren: Josefs Sohn Dr. Richard Stern (1883–1960) und Leos Sohn Otto (1890–1946). *Stern:* Lebenslauf (wie Anm. 3), 21. Zur Rhenania, als Tochtergesellschaft der Royal Dutch gegründet, die ab 1913 in die Schmierölraffination einstieg, vgl. *Karlsch / Stokes:* Faktor Öl (wie Anm. 1), 55, 88–89, 101. Das Gründungsjahr der Rhenania-Ossag AG wird dort fälschlicherweise auf 1902 datiert, also um 22 Jahre (!) vorverlegt.

reedereien aktiv, aber auch für Belange der Rüstungsindustrie offen. 1910 hatte man bei der Ossag ein Gewehrfett entwickelt, das anders als frühere Vaselineöle die Gewehrläufe vor Säuren schützte, die bei der Verwendung des neu eingeführten rauchlosen Pulvers entstanden. Von weitaus größerer Bedeutung war allerdings ein Produkt, auf dessen Spur die Ossag um 1903 durch das deutsche Reichsmarineamt gesetzt worden war. Die Behörde war auf die Hamburger Schmierstofflieferanten bereits durch Lieferungen von „Marineöl" aufmerksam geworden, besonders geeignet für Schiffsmotoren.[40] Die Herstellung dieses Marineöls war der Ossag, so Leo, „erst nach jahrelangen Versuchen" gelungen, mithin nach dem Aufbau von Laboren im Hamburger Werk, fand danach aber „überall und so auch beim deutschen Reichsmarineamt Beifall und nach und nach Eingang".[41]

Als Produzent von qualitätvollen Spezialölen mithin bekannt, erhielt die Ossag um 1903 den Auftrag, ein geeignetes Öl zur Schmierung von Torpedos zu entwickeln. Hierzu übergab man Leo in Friedrichsort, einer Einkaufs- und Versuchsabteilung der deutschen Torpedoflotte bei Kiel, „eine Probe Torpedoöl [...] der Firma Whitehead, Erfinder des Torpedogeschosses". Diese Aufgabe, deren Zusammensetzung „in unserem Laboratorium [zu] ergründen", war zwingend, da nur diese Ölprobe sich zur Schmierung der Torpedos als geeignet erwiesen hatte.[42] Die Anforderungen an das Spezialöl für die „feinmechanischen Pressluft-Antriebsmaschinen in Torpedogeschossen", nämlich „bei minus 15 Grad Kälte vier Stunden flüssig [zu] bleiben", wurden Leo vom Reichsmarineamt detailgenau übermittelt, ebenso, wer der Hersteller der Ölprobe war, eine Dresdner Firma für „Uhrenöle".[43] Nachdem die Analyse der Ossag-Chemiker ergeben hatte, dass es sich bei dem Torpedoöl um „reines kältebeständig gemachtes Klauenöl" handelte, war kurz darauf ein neues Ossag-Produkt geboren: Torpedoöl – für dessen Herstellung „in grossem Ausmasse" die Ossag 1905 eine „Kälteanlage" neuester Bauart („von Borsig") in Betrieb nahm.

Ein Produkt, welches die Ossag ebenfalls schon vor 1914 vertrieb und das sich, wie das Torpedoöl, als kriegswichtig erweisen sollte, basierte auf Forschungen eines belgischen Physikers und Chemikers, Alexandre de Hemptinne. „Im Jahr 1911", so Leo, „übernahmen wir von Herrn de Hemptin [sic], Professor der Universität Gent, die Lizenz seiner patentierten Erfindung ‚*Fettöle sowohl pur als auch vermischt mit Mineralölen mittels Durchleitung hochgespannter elektrischer Entladun-*

---

[40] Dies waren Fettöle, die mit Sauerstoff angereichert wurden, um unter Beigabe geeigneter Mineralöle eine höhere Viskosität zu erhalten. Sie wurden noch Anfang der 1930er Jahre auf pflanzlicher Basis hergestellt, nämlich aus „Rüböl", vgl. Art. Marineöl. In: Großer Brockhaus. Bd. 12, Leipzig 1932, 147.

[41] *Stern:* Lebenslauf (wie Anm. 3), 13.

[42] Ebd.

[43] Ebd., 14. Stern präzisierte auch, dass diese Firma Cuypers and Stalling hieß. W. Cuypers & Stalling war bereits ein „Urgestein" für Spezialöle und möglicherweise schon seit 1851 in Dresden ansässig. Ein Rechnungsoriginal aus dem Jahr 1892 weist die traditionsreiche Firma als „Knochenölfabrik" aus (in Privatbesitz).

gen'".⁴⁴ Hinter der für chemische Laien nebulösen Beschreibung verbarg sich ein elektrisch veredeltes Schmieröl, das sich „für Verbrennungsmotoren, insbesondere für Flugzeuge, Automobile etc. als ganz hervorragend erwies", so Leo, und „die sehr beachtenswerten Vorzüge der wesentlich besseren und längeren Schmierwirkung [hatte], ohne feste Rückstände im Zylinder zu hinterlassen".⁴⁵ Die Ossag, die dieses Öl unter dem Markennamen „Voltol" in den Handel brachte und damit einen nachhaltigen Verkaufsschlager, ließ dieses Öl zunächst durch die Firma des belgischen Entwicklers herstellen: „Bei Kriegsausbruch bezogen wir das voltolisierte Oel [sic] aus der Fabrik in Gent".⁴⁶ Dies allerdings provozierte, nach Stilllegung des Genter Werks im Zuge der deutschen Aggression, einen aus Sicht der deutschen Kriegsführung problematischen Engpass für alle explosionsmotorbetriebenen Anlagen und Fahrzeuge. De Hemptinne wurde von der deutschen Besatzung aufgefordert, sein „Elektrion"-Werk erneut in Gang zu setzen und das begehrte Spezialöl den Deutschen zur Verfügung zu stellen. Als Hemptinne sich trotz Androhung seiner Deportation nach Deutschland dieser Forderung verweigerte, wurde seine Fabrik in Gent-Wondelgem geschlossen, zentrale Elemente der Fertigungsanlagen ins sächsische Freital-Potschappel verbracht und dort wiederaufgebaut. Unter Mithilfe Leipziger Wissenschaftler konnte so die Herstellung des begehrten Maschinen- und Hydrauliköls unter Leitung der Ossag wiederaufgenommen werden.⁴⁷

---

⁴⁴ Der in Gent geborene De Hemptinne (1866–1955) war 1893 in Leipzig über „die elektrische Leitfähigkeit der Flamme und der Gase" promoviert worden und hatte nach Lehrtätigkeit an der katholischen Universität in Leuwen 1907 in Gent eine Fischöl verarbeitende Fabrik gegründet. Das von ihm 1911 zum Patent angemeldete Verfahren zur Herstellung eines neuartigen Mineralöls zur Schmierung von Dieselmotoren, dessen Eigenschaften deutlich besser waren, als das bis dahin verwendete Fischöl, ist das von der Ossag im selben Jahr übernommene Patent.

⁴⁵ *Stern:* Lebenslauf (wie Anm. 3), 15. Der Brockhaus erläutert „Voltolöl" als „unter Einwirkung elektrischer [...] Ladung durch Wasser- oder Stickstoff angereicherte Mineral- oder Fette Öle", hergestellt bei 50 bis 80 Grad Celsius, die besonders in Zylindern „des Explosionsmotors" bevorzugt werden, wo „trotz hoher Temperaturen noch eine genügende Viskosität des Öls" gewährleistet bleiben musste (Eintrag *Schmiermittel*. In: Großer Brockhaus. Bd. 16, Leipzig 1933, 727.

⁴⁶ *Stern:* Lebenslauf (wie Anm. 3), 15.

⁴⁷ Ob es sich hierbei um Walter Nernst (1864–1941) handelte, der wie Hemptinne bei Wilhelm Ostwald in Leipzig geforscht hatte und 1920 für seine thermochemischen Arbeiten den Nobelpreis erhielt, oder aber um Ostwalds Sohn Walter (1886–1958), ebenfalls Experte für Technische Chemie, der 1917/18 ein Patent auf Schmierölersatzstoffe anmeldete, muss an dieser Stelle ungeprüft bleiben (vgl. *Hans-Georg Bartel:* Nernst, Walther. In: Neue Deutsche Biographie 19 (1999), 66–68; *Hans Christoph Graf von Seherr-Thoß:* Ostwald, Walter. In: Ebd., 633–634). Die Ossag gründete für die Produktionsaufnahme die Elektrion-Öl GmbH in Hamburg, stellte 1917 einen Bauantrag für eine neue Fabrikanlage in Freital-Birkigt, die nach Kriegsende, von 1919 bis 1921, fertiggestellt wurde. Anfang 1922 änderte man den Produkt- und Firmennamen in Deutsche Voltolwerke GmbH. Erst 1924 gab man die aus Gent verbrachten Reaktoren an den früheren belgischen Eigentümer zurück (vgl. zu den Vorgängen um Hemptinne den Wikipedia-Artikel *Voltol*, https://de.wikipedia.org/wiki/Voltol, Zugriff 18.12.2017, auf der Basis der Darstellungen von *Katrin Schulze:* GQ1612. Was die Alliierten am

Dieser Vorgang der skrupellosen Enteignung belgischer Produktionsanlagen wurde von Leo Stern in seinem Lebenslauf knapp als quasi selbstverständlicher vaterländischer Auftrag dargestellt, dem „man" sich nicht zu entziehen vermochte: „Man erkannte [...] die Notwendigkeit, uns von Belgien unabhängig zu machen und beschloss, *auf Wunsch und mit Hilfe des Kriegsministeriums* [Hervorhebung d. Verf.in E.P.], für die Herstellung dieses Oeles eine im Innern Deutschlands gelegene Fabrik zu errichten".[48] Grund für die Wahl des eher entlegenen Standorts in der Sächsischen Schweiz waren Leo zufolge die geringen Energiekosten: „Da wir die billigste Stromofferte von dem Elektrizitätswerk Potschappel bei Dresden erhielten, so erbauten wir dort die Fabrik." Nähere Details spart Leos Darstellung aus. Er ergänzte lediglich, dass sich der große Erfolg des Ossag-Markenprodukts „Voltol" bis in die Gegenwart fortsetzte: „Nach Beendigung des Krieges ging diese [Fabrik] in unseren Besitz über. Sie ist unterdessen ganz bedeutend vergrössert und liefert noch heute [1933] an unsere Rechtsnachfolgerin ‚Rhenania Ossag' das allgemein bekannte Voltolöl".[49] Als „Einheitsöl für jeden Motor und jede Jahreszeit" oder auch als „Auto- und Aeroöl" wurde es bald darauf über das von der Shell ab 1924 forcierte und rasch wachsende Tankstellennetz vertrieben und unter anderem mit dem Slogan beworben: „Ob Winterzeit ob Sonnenglut – Voltol schmiert allemale gut".[50]

Müssen Produktentwicklungen wie das beschriebene Voltol, ähnlich wie der „Nachbau" des Vaselinegrundstoffs oder des Marineöls – sämtlich qualitätvolle Schmierstoffe für neuartige Anwendungsbereiche – angesichts der geschilderten Umstände eigentlich als industrielle „Raubkopien" gelten?[51] Oder führt ihr Beispiel

---

24. August 1944 nach Freital-Birkigt führte. Freital 2011; *Götz Bergander:* Dresden im Luftkrieg (Sonderausgabe). Würzburg 1998.

[48] *Stern:* Lebenslauf (wie Anm. 3), 15.

[49] Ebd. Zur kriegswichtigen Bedeutung der „Voltoisierung" als Veredelungsverfahren im Ersten Weltkrieg auch *Karlsch / Stokes:* Faktor Öl (wie Anm. 1), 102. Ironischerweise lieferte die Rhenania-Ossag-Anlage in Freital noch bis kurz vor Ende des Zweiten Weltkriegs Tonnen von Voltol für das deutsche Heer, insbesondere die Luftwaffe. Sie wurde erst 1941 als „einzige Fabrik in Deutschland, die hochwertige Flugzeugschmierstoffe" veredelte, in die District Target Map der Alliierten aufgenommen (vgl. *Schulze:* GQ1612 (wie Anm. 47), 25, 33, 128; *Bergander:* Dresden im Luftkrieg (wie Anm. 47), 25). Die Firma Shell stellt noch heute „Voltol Gleitöl" her.

[50] So die Voltol-Werbung in der ADAC Motorwelt, 1926. Während hier der Schriftzug „Ossag" noch prominent ins Bild gerückt war, über die volle Breite eines abgebildeten Ölkanisters über dem (kleineren) Shell-Muschel-Logo, verschwand der Name „Ossag" aus der Voltol-Werbung bald vollständig und wurde vom Namen „Shell" ersetzt. Allerdings existieren auch Werbeschilder (o.D.) mit der Aufschrift „Ossag Voltol Tankstelle", was daraufhin deutet, dass man bereits vor der Verbindung mit der Shell-Tochter Rhenania einen umfangreichen Eigenvertrieb organisierte.

[51] Zu der absolut eher geringen Zahl von Patenten in der deutschen chemischen Industrie zur Zeit des Kaiserreichs vgl. *Rudolf Boch:* Das Patentgesetz von 1877, Entstehung und wirtschaftsgeschichtliche Bedeutung. In: Ders. (Hrsg.): Patentschutz und Innovation in Geschichte und Gegenwart. Frankfurt/Main 1999, 71–84, hier: 81–82 [wieder in: *Ders.:* Arbeiter – Wirtschaftsbürger – Staat. Abhandlungen zur Industriellen Welt. Hrsg. von Frank-Lothar Kroll, Berlin 2017, 241–254].

eher vor Augen, in welchen Graubereichen die Sterns und Sonneborn als Schmierstoffhersteller zuweilen agierten, indem sie manchmal, wo Patente bestanden, hieran gezielt und offiziell Rechte erwarben (Elektrion bzw. Volt-Öl), zu anderen Herstellungsrezepten eher zufällig Zugang erhielten (Vaseline) oder aber, siehe Torpedoöl, frühere Entwickler (wie die Uhrenölhersteller Cuypers & Stalling) ignorierten, was nicht einmal als ehrenrührig oder unzulässig betrachtet wurde? Eine Antwort hierauf würde vergleichende Analysen zu Patenten der Schmierstoffbranche erfordern und sicher weiteren Aufschluss über Innovationsmechanismen dieses Sektors liefern, kann aber hier nicht vertieft werden. Möglicherweise begünstigte die internationale patentrechtliche Situation die deutschen Schmierstoffhersteller, da im Bereich Chemie, anders als in anderen Industriezweigen, mit dem Patentgesetz von 1877 nicht das Produkt, sondern der Prozess geschützt wurde. Dies regte die Suche nach neuen Verfahren zur Herstellung bereits erfolgreicher Produkte an, befeuerte Forschungs- und Entwicklungsprozesse und konnte auch zu unerwarteten wertvollen Entdeckungen führen.[52]

Deutlich ausführlicher als auf den Eigenanteil am Erfolg von Voltol ging Leo Stern in seinem Rückblick auf Anstrengungen der Ossag-Geschäftsführer ein, während des Ersten Weltkriegs den rasch entstehenden Rohstoff- und Lieferengpässen für Schmierstoffe zu begegnen, was „eine Schicksalsfrage" (Karlsch / Stokes) für das deutsche Heer und die Kriegswirtschaft darstellte.[53] Da die Ossag, so Leo selbstbewusst, bereits bei Ausbruch des Weltkrieges „für fast alle in Betracht kommenden Abteilungen des Heeres einer der hauptsächlichsten Oellieferanten" war, „setzten sofort grosse Mobilmachungsbestellungen bei uns ein".[54] Stern und Sonneborn reisten umgehend durch die noch zugänglichen Länder Europas, um „dorten alles Greifbare unserer Artikel aufzukaufen", Leo Stern zunächst in Skandinavien, Jacques Sonneborn in der Schweiz. Beide setzten diese Tätigkeit „im Auftrag der Kriegsschmierölgesellschaft" für die gesamte Kriegsdauer weiter fort. Eine besondere Herausforderung, so Leo, bestand darin, den für den Torpedoeinsatz wichtigen Nachschub von Torpedoöl zu gewährleisten, dessen Rohstoff „Klauenöl" angesichts des „immer grösser werdenden Bedarfs" zunehmend schwierig zu beschaffen war.[55] Zunächst wandte sich Leo daher an den Vorkriegslieferanten der Ossag, Schaub & Söhne, eine Exportschlachterei im dänischen Esbjorg, und veranlasste sie bei einem persönlichen Besuch in Dänemark, auch in deren Filialschlachtereien in Kopenhagen,

---

[52] Vgl. *Wolfgang König:* Produkte und Verfahren der chemischen Großindustrie. In: Ders. (Hrsg.): Propyläen Technikgeschichte. Bd. 4: Netzwerke Stahl und Strom. Berlin 1990, 360–387, hier: 378.

[53] *Karlsch / Stokes:* Faktor Öl (wie Anm. 1), 100. Dort auch zur nachfolgend erwähnten Kriegs-Schmieröl-Gesellschaft.

[54] *Stern:* Lebenslauf (wie Anm. 3), 15 ff.

[55] Zu Beginn des Krieges verfügte die kaiserliche Marine über 29 U-Boote, darunter auch solche mit Dieselantrieb, vgl. *o.A.:* Wahn der Wunderwaffe. In: Der Spiegel. 11.3.1985, zit. n. http://www.spiegel.de/spiegel/print/d-13512057.html, Zugriff am 14.9.2017. Warum *Karlsch / Stokes:* Faktor Öl (wie Anm. 1), 100, die Mitarbeit der Ossag an der Kriegs-Schmieröl-Gesellschaft unerwähnt lassen, bleibt unklar.

Malmö und Kristiania für die Ossag „eine Auskochung der Rinderfüsse vorzunehmen".[56]

Als Ende 1916 eine Ausdehnung des U-Boot-Krieges in der deutschen Kriegsführung zur Disposition stand, erkundigte sich die Behörde bei der Ossag, ob sie „den hierdurch grösser werdenden Bedarf des Torpedoöles decken könnte". Die Geschäftsführer Stern und Sonneborn liessen sich infolge dieser Anfrage „nach reiflicher Überlegung" für den Rest des Krieges auf eine logistische Herausforderung ohne Beispiel ein. Sie schlugen dem Amt vor, „dass alle Füsse der in Deutschland sowie an den Fronten zur Schlachtung gelangenden Ochsen und Kühe beschlagnahmt und an uns abgeliefert werden sollten". Zur Gewinnung des Klauenöls, mit dem die Ossag fortan beauftragt war, installierte das Unternehmen „in allen Distrikten, meistens direkt in den bestehenden Schlachthäusern, Auskochereien". Das so gewonnene Klauenöl ging zur Weiterbearbeitung nach Hamburg, zum Teil auch an die Dresdner „Uhrenölfabrik Cuypers & Stalling"[57], um die Hamburger Produktionskapazitäten zu entlasten.

Es mag abwegig erscheinen, an dieser Stelle darauf hinzuweisen, dass Stern und Sonneborn der beruflichen Tätigkeit ihrer Väter und Vorväter nie so nahe kamen, wie mit diesem Großeinsatz zur Beschaffung von Klauenöl. Sowohl Leo und Josef Sterns Vater Jacob (1808–1889) war in Breidenbach seit 1838 Metzger und Viehhändler gewesen, wie auch Jacques Sonneborns Vater Levi (1833–1911) und dessen Vater Joseph (1802–1877), der seit 1820 in Breidenbach „Handel mit Vieh und Häuten" betrieben hatte.[58]

Leo schwieg sich über diese bei den Breidenbacher Juden verbreiteten Gewerbe, Viehhandel und Metzgerei, vollständig aus.[59] Leos Motiv, gleichwohl die aufwendige Beschaffung von Klauenöl in der Kriegszeit ausführlich zu schildern, lag primär darin, seine nationale Loyalität zu illustrieren, was einer bekannten Argumentations-

---

[56] *Stern:* Lebenslauf (wie Anm. 3), 16. Alle weiteren Zitate dazu ebd.

[57] Ebd., 17. 1930 wird das Unternehmen als eines von zwei deutschen Herstellern für „feine Knochenöle" genannt, die für „Uhrmacher-Pendulenöle" geeignet waren, vgl. *W. v. Krukowski:* Grundzüge der Zählertechnik. Ein Lehr- und Nachschlagebuch. Berlin / Heidelberg 1930, 433. Nach Gründung der DDR gingen Cuypers & Stalling zunächst im VEB Wecustawerke und 1952, wie andere enteignete Chemie- und Pharmafirmen in Radebeul, im Arzneimittelwerk Dresden auf, vgl. *Ekkehard Schönherr:* Pharmabetriebe in der Planwirtschaft. In: Klaus Latzel / Lutz Niethammer (Hrsg.): Hormone und Hochleistung: Doping in Ost und West, Köln / Weimar 2008, 97–119, hier: 110.

[58] Vgl. Namentliches Verzeichnis sämtlicher Gewerbesteuerpflichtigen. Gemeinde Breidenbach. Steuerbezirk Battenberg. In: Gemeindearchiv IX, Blätter No. 238, 248, 259, sowie Verzeichnis der Judeneinwohner in der Gemeinde Breidenbach, aufgestellt am 7. Juni 1834, Staatsarchiv Marburg, Bestand 180, 18; vgl. auch *Jürgen Runzheimer:* Abgemeldet zur Auswanderung. Zur Geschichte der Juden im ehemaligen Landkreis Biedenkopf. Biedenkopf 1992, 63–68.

[59] Diese regionale unternehmerische Familientradition der Sterns und Sonneborns ist, gemessen am Schmierstoffunternehmen der Gebrüder Stern und der Ossag, tatsächlich „eine andere Geschichte".

weise jüdischer Deutscher in den 30er-Jahren entsprach, um damaligen antisemitischen Anfeindungen zu begegnen. Diesem narrativen Rechtfertigungsmuster entsprach auch, dass Leo seinen eigenen und Jacques Sonneborns hohen persönlichen Einsatz während des Krieges als „ununterbrochen" bezeichnete, ob für Behördenbesprechungen in Berlin oder Auslandsreisen. Zudem vergaß er nicht, den bereitwilligen Einsatz seiner beiden Söhne, Otto und Walter, an der militärischen Front hervorzuheben, die beide ablehnten, auf weniger gefährliche Posten „in unseren Betrieben" zu wechseln.[60]

IV. Zur Fusion mit der Shell-Tochter „Rhenania"

1. Das Zusammengehen 1925: Hintergründe und Motive

An dieser Stelle sei noch auf die Fusion der Ossag mit der Shell-Tochter Rhenania und deren Hintergründe eingegangen, die Leo auf den letzten Seiten seines Lebenslaufs darlegte. Heutige Darstellungen behaupten, die Ossag habe sich „nach dem Krieg" beim Ausbau ihrer Kapazitäten „finanziell übernommen", was die Royal Dutch Shell dazu genutzt habe, die Position der Rhenania im Schmierölsegment zu stärken.[61] Wenngleich das Motiv des Shell-Konzerns damit angemessen charakterisiert ist – allein aufgrund des Geschäfts mit „Voltol" – lag ein finanzieller Engpass der Ossag Leo Stern zufolge nicht vor. Seine wiederholte Betonung, den Aufbau der „Gebrüder Stern" und der Ossag stets „aus eigenen Mitteln" und aus Geschäftsüberschüssen finanziert zu haben, ist vielmehr als Reaktion auf zeitgenössische Vorhaltungen verstehbar, die das jahrzehntelang solide Finanzgebaren der Unternehmer Stern und Sonneborn diskreditierten – aus seiner Sicht zu Unrecht. In Leos Darstellung war daher die Shell der Bittsteller, der bei der Ossag an die Tür klopfte, nicht umgekehrt.[62]

Da die Ossag nach 1919 an ihre Verbindungen zu russischen Rohölproduzenten nicht wie vor dem Krieg wiederanknüpfen konnte und auch die Sondierungen in den USA bis 1922 erfolglos geblieben waren, kam das Angebot der Shell-Gruppe, „neben der Standard Oil Co. eine der grössten Produktionsgesellschaften in fast allen Produktionsländern der Welt" als mehr oder weniger zwingende Alternative für den Rohstoffbedarf der Ossag ins Spiel. Zugleich war sich Leo aber der großen Assets bewusst, welche die Ossag in die Ehe mit dem Mineralölriesen einbrachte, dem Er-

---

[60] Erst nachdem der jüngere, Walter Stern (1898–1983), nach schwerer Verwundung im Mai 1917 für kriegsuntauglich erklärt worden war, wechselte er zur Kriegsschmierölgesellschaft in Berlin. *Stern:* Lebenslauf (wie Anm. 3), 18.

[61] Vgl. Wikipedia Artikel „Ossag" (wie Anm. 2).

[62] „Im Frühjahr 1924 trat dann die Königlich Niederlandsche Petrol Mj – Shell – durch ihren hiesigen Vertrauensmann, Herrn W. Rudloff [sic] mit dem Projekt eines Zusammenschlusses an uns heran" (*Stern:* Lebenslauf (wie Anm. 3), 21–22). Sicher wäre eine Analyse der Ossag-Finanzen in Folge der Inflation von 1923 vonnöten, um Leo Sterns Darstellung gegenzuprüfen.

fahrungen, Kontakte und Produkte im angestrebten deutschen und internationalen Schmierölgeschäft fehlten. Dies sprach Leo mit Blick auf die Shell-Tochter Rhenania, zunächst ein Benzinwerk, explizit an: „Sie [die Shell-Gruppe] hatte kurz vor dem Krieg in Monheim bei Düsseldorf eine Raffinerie zur Erzeugung von Schmieröl errichtet, aber ihr fehlten [...] die bei der Ossag vorhandenen vielseitigen Fabrikationserfahrungen, sowie die langjährig ausgebaute Verkaufsorganisation". Angesichts der Konkurrenz „amerikanischer Ölfirmen", die sich nach Kriegsende „auf das europäische Geschäft stürzten", so Leo, „entschlossen wir uns, das günstige Angebot der Shell anzunehmen", und so „die künftige Rentabilität unseres Unternehmens" an der Seite eines potenten Rohölerzeugers zu sichern.[63]

Mit der Fusion, bei der die Rhenania als aufnehmende Gesellschaft fungierte, war jedoch das Ende einer dominierenden Rolle der Ossag-Gründer im fusionierten Unternehmen eingeleitet, Leo Stern und Jacques Sonneborn wechselten in dessen Aufsichtsrat, während die ältesten Söhne der Sterns aktive Leitungsfunktionen in der Rhenania-Ossag vorerst behielten.

2. Die Unternehmerfamilien Stern und Sonneborn und ihr Schicksal nach 1933

Eine kaufmännische Lehre war nur scheinbar das einzige Handgepäck, mit dem die späteren Schmierstoffindustriellen Leo und Josef Stern sowie Jacques Sonneborn im jugendlichen Alter ihr hessisches Heimatdorf Breidenbach in den 1870er bzw. 1880er Jahren verlassen hatten. Ihre Eltern schoben die soziale und wirtschaftliche Existenzgründung ihrer Söhne vielmehr durch das wichtige Prinzip familiärer Unterstützung und Loyalität an: Die Lehrherren der Viehhändlersöhne waren zumeist Verwandte, wie der Gemischtwarenhändler aus Laasphe, Leos Onkel, oder die Inhaber der Bocholter Baumwollweberei, Leos Vettern, bei denen er zunächst Arbeit und anschließend eine Weiterempfehlung erhielt.[64] Die Sterns und Sonneborn blieben der Weitergabe von Ausbildungschancen für männliche Familienangehörige, Söhnen ebenso wie Brüdern und Halbbrüdern, in ihrem eigenen Unternehmen treu. Sie blieben auf diese Weise, von 1880 bis mindestens 1924, auch ‚Herren im eigenen Haus'.

---

[63] Ebd., 22. Wie zum Beweis der Richtigkeit dieser Entscheidung präzisierte Leo, dass das damalige Ossag Aktienkapital 10 Millionen Reichsmark betrug, „während das heutige Kapital der Rhenania-Ossag zuzüglich Obligationen ca. 120 Mill. RM beträgt" (ebd.).

[64] Ebd., 1. Ein weitere Halbbruder Jacques' namens Samuel (1881–1968) absolvierte im Unternehmen der Gebrüder Stern in Hamburg eine Lehre und lernte danach in Basel (Schweiz) das Herstellen von Seife. Nach Stationen in Seifenfabriken in Paris und Oslo machte er sich als Seifenfabrikant in Marburg und Luxemburg selbständig, ehe er 1939 nach England flüchtete. Nach drei Jahren Internierung gelang ihm 1942 mit seiner Familie die Ausreise in die USA (vgl. *Charles B. Sonneborn*: Die Ursprünge der Familie Sonneborn. Eigenverlag, o.O. 1978 (im Besitz der Autorin)).

Dass die Fusion mit der Shell keine Liebesheirat war, sondern sich als fatale Zwangsverbindung entpuppte, wurde nach der „Machtergreifung" Hitlers klar: Beide Ossag-Gründer, Leo und Jacques, wurden 1933 aus dem Aufsichtsrat gedrängt – was für beide, aber auch den noch lebenden Josef Stern, eine bittere Erfahrung gewesen sein muss. Letzterer starb 1934 im Alter von 81 Jahren in Köln. Seiner Witwe, der gebürtigen Kölnerin Ella Gideon, gelang anschließend die Ausreise in die USA. Ihr einziger Sohn, Richard Stern, der noch bis 1935 für seinen Verbleib im Unternehmen kämpfte, flüchtete danach mit seiner amerikanischen Ehefrau, Stella Kaufmann, und ihren drei noch minderjährigen Kindern, alle geboren in Köln und Hamburg, ebenfalls in die USA.[65]

Auch Leo Stern verbrachte seinen Lebensabend im New Yorker Exil, gemeinsam mit Ehefrau Bella Abenheimer. Dort verstarb er, wie die Witwe seines Bruders Josef, im Jahr 1943. Nur zwei von Leos und Bellas Kindern überlebten den Zweiten Weltkrieg unbeschadet. Ihre insgesamt sieben Enkelkinder, alle zwischen 1919 und 1930 in Hamburg geboren, wuchsen nach der Flucht mit ihren Eltern aus Nazi-Deutschland in den USA oder in Großbritannien auf.

Jacques Sonneborn trat den Weg nach Übersee nicht mehr an. Bereits seit 1931 verwitwet, starb er Ende August 1936 während eines Aufenthalts in Baden-Baden. Seine drei in Köln geborenen Kinder retteten sich vor dem Zugriff der Nationalsozialisten, indem sie Mitte der 1930er Jahre mit ihren Familien nach London emigrierten. Als letzter verließ Jacques' jüngster Sohn, Dr. Edgar Paul Sonneborn, das Deutsche Reich, nachdem er seinen Vater Jacques nach Hamburg hatte überführen und dort bestatten lassen.[66]

Weitere Familienmitglieder der Sterns und Sonneborns, die unter 17 Jahre alt waren, konnten mithilfe von Jacques und seinem jüngerem Halbbruder Siegmund B. Sonneborn (1872–1940), der in Baltimore/USA lebte, nach Palästina emigrieren.[67]

---

[65] Über die vergleichsweise frühen Entlassungen leitender jüdischer Mitarbeiter bei der Rhenania-Ossag vgl. *Karlsch / Stokes:* Faktor Öl (wie Anm. 1), 160–161. Richard Stern starb 1960 im kalifornischen Berkeley, in: Stern-Genealogie (wie Anm. 25).

[66] Jacques Sonneborn wurde 1936 in Hamburg neben seiner Ehefrau, Natalie Abenheimer (1869–1931), beerdigt (vgl. Online-Verzeichnis des Jüdischen Friedhofs in Hamburg-Ohlsdorf, Grablage B9 398 und 399, http://www.jfhh.org/suche.php, Zugriff am 15.9.2017; sowie Brief Dr. E.P. Sonneborn an das Standesamt Baden-Baden v. 21.9.1936. In: Eintrag Jacques Sonneborn, Sterberegister der Stadt Baden-Baden, Beilage, in dem er um die „beschleunigte" Ausstellung einer korrigierten Sterbeurkunde bat).

[67] Zu dieser Auswanderung, koordiniert über Gisela Warburg, damals Youth Aliya Direktor in Berlin, und Henrietta Szold, Central Bureau for the Settlement of German Jews in Jerusalem, vgl. Guide to the Papers of the Sonneborn Family, AR 4802, LBI Archive, 31–35.

V. Zusammenfassung

Die Anfänge des späteren Herstellerunternehmens der Gebrüder Stern als Verkäufer von Ölen und Fetten für ein breites Spektrum von Abnehmern in Landwirtschaft, Industrie und Fuhrwesen und schon bald darüber hinaus, waren geprägt von genauer regionaler und nationaler Marktkenntnis, aufmerksamer Beobachtung der Konkurrenz sowie der intensiven Kundenbetreuung der Gründer als persönlich reisende Handelsvertreter. In der von Anbeginn geübten Arbeitsteilung des Brüderpaars erwies sich der ältere, Josef, aus dem Handel mit konfektionierter Oberbekleidung, als ruhender Pol, der den Verkauf und Versand von Schmierstoffen aus dem Kölner Zentralbüro überwachte, während die Umtriebigkeit des jüngeren Leo, zuvor Reisender in einem Leipziger Öl-Start-Up, schon bald nach der Unternehmensgründung in Köln zum Überschreiten deutscher Marktgrenzen führte, ohne jedoch regionale Märkte zu vernachlässigen. Leos Aufspüren neuer Produkttrends und das Erkennen erforderlicher Produktanpassungen, die man finanziell umsichtig umsetzte, legten den Grundstein für eine effektive Vertriebs- und Verkaufsorganisation.

Beim Ausbau des Unternehmens setzten die Sterns für die Geschäftsleitung auf das traditionelle Modell der familiären Kooperation. In dem Cousin zweiten Grades, Jacques Sonneborn, dem gelernten Bankkaufmann, fand sich ein verlässlicher Partner bereits vor dem Umbau zur Aktiengesellschaft Ossag. Diese setzte auf die industrielle Fertigung und den internationalen Vertrieb über den Hamburger Freihafen und manövrierte durch den Beitritt zu einem Rohstoff-Syndikat der Gebrüder Nobel bis 1914 geschickt im Terrain der großen Mineralölkonzerne. Einen Höhepunkt des erfolgreichen unternehmerischen Handelns des inzwischen integrierten Fertigungsunternehmens stellte aus Sicht des Gründers Leo Stern die Zeit des Ersten Weltkriegs dar, als man europaweit Klauenöl beschaffte und zu Torpedoöl verarbeitete, sowie das kriegswichtige Volt-Öl herstellte, nicht ohne hierbei ein in Teilen skrupellos anmutendes Geschäftsgebaren an den Tag zu legen, was Stern allerdings als ‚vaterländischen Dienst' rechtfertigte.

Abschließend tritt aus dem 1933 verfassten Lebenslauf die unausgesprochene, aber klare Einsicht Leo Sterns zutage, dass die Rhenania-Ossag Mineralwerke AG, Rechtsnachfolgerin des Familienkonzerns, zu diesem Zeitpunkt für den Einfluss der Familien Stern und Sonneborn verloren war. Leo, der mit keinem Wort die politischen Verhältnisse erwähnte, beschloss seine Niederschrift mit einem herzlichen Dank an seine Mitarbeiter, Freunde, Kinder sowie „alle Herren", welche „beim Aufbau meines Lebenswerkes" ihm unermüdlich und treu zur Seite gestanden hatten. Ihnen widmete er seinen Lebenslauf. Das Dokument endet mit seiner Unterschrift und dem knappen Hinweis: „Herausgegeben 31. Dezember 1936", also wenige Monate nach dem Tod des langjährigen Mit-Geschäftsführers Jacques Sonneborn. Zu diesem Zeitpunkt waren weitere jüdische Funktionsträger der Rhenania-Ossag entlassen worden, darunter Leos Neffe Richard Stern und Leos eigener Sohn Otto, zuvor

Abteilungsdirektor.[68] Ob es angemessen ist, den Aufsichtsratsvorsitzenden der Rhenania-Ossag AG, Wilhelm Rudeloff (1866–1951), seinerseits Vertrauter des NS-nahen Vorstandsvorsitzenden der Royal Dutch Shell, Henri Deterding, als „Pionier der deutschen Minteralölindustrie"[69] zu loben, während weder Leo und Josef Stern noch Jacques Sonneborn in diesem Zusammenhang Erwähnung finden, darf angesichts des aufgezeigten unternehmerischen Werdegangs der drei Viehhändlersöhne aus Breidenbach bezweifelt werden.

Was bleibt? Im Hamburger Stadtteil Winterhude erinnern heute rund 300 Stolpersteine an die Verfolgung und Vernichtung jüdischer Mitbürger während des Dritten Reiches, zehn davon allein im „Leinpfad". Vor dem ehemaligen Zuhause von Leo Stern, Leinpfad 6, und Jacques Sonneborn, Leinpfad 21, findet sich keiner, noch nicht.

---

[68] Zu weiteren Entlassungen bei der Rhenania-Ossag vgl. *Karlsch / Stokes:* Faktor Öl (wie Anm. 1), 161–162. An Ottos Stelle trat Robert Finn, seit 1929 bei der Rhenania. Zu dessen Person und Wirken vgl. die Shell-kritische Darstellung von *G. Jacob:* Initiative gegen die Bebauung des Sparbierplatzes. Dokumentation einer Auseinandersetzung um den öffentlichen Raum in Hamburg (2002–2012), zit. n. http://keindiakonieklinikumblogger.org/etv-1/#etv02, Zugriff am 2.10.2017.

[69] *Rainer Karlsch:* Rudeloff, Wilhelm. In: Neue Deutsche Biographie 22 (2005), 162.

Entstehung und Wandel des Modells der Minderheitsbeteiligung in der sächsischen Gaswirtschaft

Von *Rainer Karlsch*

I. Einleitung

Es hat eine Weile gedauert, bis sich große Unternehmen aus den alten Bundesländern für ihre historischen Wurzeln in Sachsen zu interessieren begannen. Den Auftakt dafür gab ein 1998 vom Lehrstuhl für Wirtschafts- und Sozialgeschichte an der Technischen Universität Chemnitz mit der Audi AG begonnenes Projekt.[1] Weitere von Rudolf Boch geleitete Projekte folgten. So widmete der Autor dieses Beitrages sich in den Jahren 2005/2006 der Erforschung der Geschichte des seit der zweiten Hälfte des 20. Jahrhunderts wichtigsten sächsischen Gasversorgers, der VNG – Verbundnetz Gas Aktiengesellschaft, Leipzig.[2] Bei meinen Recherchen für dieses Vorhaben stieß ich im Staatsarchiv in Leipzig auch auf den großartigen Aktenbestand der Gasgesellschaft, die von der Zeit der Hochindustrialisierung bis zum Ende des Zweiten Weltkrieges diese Branche maßgeblich geprägt hatte: die Thüringer Gasgesellschaft. Großartig ist der Aktenbestand dieses Unternehmens vor allem deshalb, weil alle Protokolle von Vorstands- und Aufsichtsratssitzungen von 1867 bis 1948 und viele andere aussagekräftige Schriftstücke erhalten geblieben sind. Ein Glücksfall für den Wirtschaftshistoriker.

Die Thüringer Gasgesellschaft wurde am 4. November 1867 in Gotha gegründet. Unter der Leitung ihres alleinigen Direktors Theodor Weigel entwickelte sich das Unternehmen nach der Gründung des Deutschen Kaiserreichs so erfolgreich, dass bereits im April 1873 die Verlegung des Geschäftssitzes nach Leipzig erfolgte. Damit war die Intention des Gründungskomitees, die Aktivitäten des Unternehmens auf Thüringen zu begrenzen, hinfällig. Den regionalen Schwerpunkt der Tätigkeit der Thüringer Gasgesellschaft bildete fortan Sachsen, ohne dass es zu einer Namensänderung kam.

Im Folgenden wird dargestellt, wie sich die Thüringer Gasgesellschaft vom reinen Gasanbieter zum Anbieter von Gas, Elektrizität und Wasser wandelte und aus wel-

---

[1] Vgl. *Rudolf Boch:* Die Wirtschafts- und Unternehmensgeschichte Sachsens als Basis der heutigen Industriekultur. In: Ders. (Hrsg.): Arbeiter – Wirtschaftsbürger – Staat. Abhandlungen zur industriellen Welt. Berlin 2017, 203–210, hier: 204–205.

[2] Vgl. *Rainer Karlsch:* Vom Licht zur Wärme. Geschichte der ostdeutschen Gaswirtschaft 1855–2008. Berlin 2008.

chen Gründen das Unternehmen bereits vor dem Ersten Weltkrieg begann, sich an gemischtwirtschaftlichen Unternehmen (GWU) zu beteiligen. In der Weimarer Republik entwickelte sich die Thüringer Gasgesellschaft mehr und mehr zur Fachgesellschaft und prägte das Modell der Minderheitsbeteiligungen an Stadtwerken immer weiter aus.

Wie im Fall der Audi AG, so verlegte auch die Thüringer Gasgesellschaft nach dem Zweiten Weltkrieg ihren Firmensitz von Sachsen nach Westdeutschland. Das Unternehmen begann seinen Neuaufbau in Köln und beschloss im Juni 1979 seine Sitzverlegung nach München. Zum 1. Januar 1986 wurde der Name in „Thüga Aktiengesellschaft" geändert. Der 150. Jahrestag der Gründung der Thüga bot Gelegenheit, an die Ursprünge des Unternehmens in Thüringen und Sachsen zu erinnern.[3]

II. Die Thüringer Gasgesellschaft in Sachsen

Die Gasbeleuchtung – das „Licht der industriellen Revolution" – kam von England auf den Kontinent und blieb für einige Jahrzehnte eine Domäne englischer Ingenieure. Das englische Monopol wurde schließlich durch den Ingenieur Rudolf Sigismund Blochmann gebrochen, der im Auftrag des sächsischen Königs in Dresden eine Gasanstalt baute. Nachdem sich seine Konstruktion bewährt hatte, traten auch die Stadtväter von Leipzig mit Blochmann in Kontakt und schlossen 1837 einen Vertrag über den Bau einer Gasanstalt. Sie begründeten ihren Schritt wie folgt:

> „Es steht zu hoffen, dass, wenn sich die Ungefährlichkeit und Vorzüglichkeit durch in Deutschland gemachte Erfahrungen wirklich bestätigt, künftig, nun die Bereitung kein Geheimnis mehr ist, diesfallsige Anlagen durch Deutsche und mit minderen Kosten, auch so, dass der dabei sich ergebende Gewinn nicht ausländischen Actionärs zufließt, sondern im Lande bleibt, würden ausgeführt werden können."[4]

Im Jahr 1850 gab es in Deutschland bereits 35 Gasanstalten, aber noch keine überregional tätige Gasgesellschaft.[5] Das erste Unternehmen, das diesen Anspruch erfüllte, war die 1855 in Dessau gegründete Deutsche-Continental-Gas-Gesellschaft (DCGG). Die DCGG blieb für einige Jahrzehnte das größte privat geführte Gasunternehmen in Deutschland und war für die rund zwei Jahrzehnte später gegründete Thüringer Gasgesellschaft zugleich Vorbild und Konkurrent.

Ende des 19. Jahrhunderts mussten sich DCGG und Thüringer Gasgesellschaft zunehmend der Konkurrenz kommunaler Gaswerke erwehren. In wachsender Zahl

---

[3] Vgl. *Rainer Karlsch:* 150 Jahre Thüga. München 2017.

[4] Zitiert nach: *Direktor G. Wunder:* Die Entwicklung der Beleuchtungsverhältnisse in Leipzig. In: Schillings Journal für Gasbeleuchtung und verwandte Beleuchtungsarten sowie für Wasserversorgung. 17 (1898), 269–275, hier: 270.

[5] Vgl. *Horst A. Wessel:* Die Versorgung von Kommunen mit Wasser, Gas und elektrischer Energie von etwa 1850 bis 1914. In: Gerold Ambrosius u. a. (Hrsg.): Kommunalisierung im Spannungsfeld von Regulierung und Deregulierung im 19. und 20. Jahrhundert. Berlin 1995, 49–90.

wurden privat geführte Gasanstalten nach dem Auslaufen der Konzessionsverträge von den Kommunen übernommen.[6] Die Motive für den Trend zur Kommunalisierung waren vielschichtig.[7] Im Zusammenhang mit Industrialisierung und Urbanisierung wuchsen den Kommunen neue Aufgaben zu. Die grundlegenden technischen Probleme bei der Erzeugung und beim Gastransport waren inzwischen gelöst und die ökonomischen Risiken überschaubar. Die Gasanstalten erwirtschafteten Gewinne. Von dieser Entwicklung wollten Städte und Kommunen profitieren. Ihre Kämmerer sahen in eigenen Versorgungsbetrieben eine wichtige Quelle für langfristig gesicherte Einnahmen. Auch waren die Mängel privater Versorgungsmonopole offensichtlich geworden. Beklagt wurden vor allem zu hohe Preise und die unzureichende Qualität des Gases. Noch wichtiger für den Übergang von der privaten zur kommunalen Gaswirtschaft waren aber entwicklungspolitische Gründe. Die schnell wachsenden Stadtrandgebiete wurden nicht genügend versorgt und die Einführung der Elektrizität, in Konkurrenz zum Gas, durch Monopolklauseln behindert. Trotzdem kam es häufig zu Vertragsverlängerungen, weil weiterhin Zweifel an der Leistungsfähigkeit kommunal geführter Regiebetriebe bestanden. Außerdem boten die privaten Gesellschaften bei Vertragsverlängerungen oft Preissenkungen und eine Ausdehnung des Versorgungsgebiets an.

1. Auf der Suche nach einem neuen Geschäftsmodell

In den Verhandlungen mit Kommunen über die Verlängerung von Konzessionen sowie den Bau neuer Werke musste die Thüringer Gasgesellschaft herbe Rückschläge einstecken. Im Jahr 1890 hatte die boomende Großstadt Leipzig damit begonnen, sich ihre Vororte einzuverleiben. Die Stadt wollte künftig die gesamte Gasversorgung selbst übernehmen. So kündigte Reudnitz den Konzessionsvertrag mit der Thüringer Gasgesellschaft.[8] Jedoch versorgte das Unternehmen mit seinen drei Gasanstalten in Sellershausen, Gohlis und Lindenau noch immer einen Teil des erweiterten Stadtgebietes. Allerdings schätzte Theodor Weigel zutreffend ein, dass sich sein Unternehmen gegen die Konkurrenz der zwei großen städtischen Gaswerke nicht mehr lange würde behaupten können. Das war für die Thüringer Gasgesellschaft eine existentielle Bedrohung, da rund 41 Prozent der gesamten von ihr produzierten Gasmenge auf ihre drei Leipziger Gasanstalten entfielen.

---

[6] Vgl. ebd., 65.

[7] Vgl. *Gerold Ambrosius:* Der Staat als Unternehmer. Öffentliche Wirtschaft und Kapitalismus seit dem 19. Jahrhundert. Göttingen 1984, 42–43.

[8] Vgl. *Wunder:* Die Entwicklung der Beleuchtungsverhältnisse in Leipzig (wie Anm. 4), 269–275.

Tabelle
Regionale Schwerpunkte der Thüringer Gasgesellschaft im Jahr 1905[9]

Werk	Gasabgabe (in m³)	in Prozent der Gesamtmenge
Leipzig-Lindenau	4.012837	17
Leipzig-Sellerhausen	3.057650	13
Leipzig-Gohlis	2.575315	11
Neukirchen (Bezirk Trier)	1.958457	5
Schneidemühl	1.167045	4
Aschersleben	1.009843	4
Alle anderen	10.047070	44
Gesamt	23.828218	100

Weigel erarbeitete Vorschläge für den Verkauf der drei genannten Gasanstalten und ihrer Gasnetze an die Stadt.[10] Nachdem man sich über die Kaufpreise geeinigt hatte, trat die Thüringer Gasgesellschaft zwischen 1909 und 1911 ihre Leipziger Gaswerke an die Stadt ab und konzentrierte ihre Aktivitäten auf die Versorgung der Randgebiete.[11] Neue Gaswerke wurden in Böhlitz-Ehrenberg (1901), Wahren (1905) und Engelsdorf (1911) gebaut.[12] Diese Werke, mit ihren die Stadt in weiterem Umkreis umschließenden Versorgungsnetzen, blieben für viele Jahre für die Thüringer Gasgesellschaft von großem Gewicht.

Der Betrieb von Gaswerken allein versprach auf längere Sicht aber keine ausreichenden Gewinne mehr. Die Konkurrenz des elektrischen Stroms wurde immer spürbarer. Im Geschäftsbericht von 1910 hieß es dazu: „Die Elektrizität ist in aller Munde. Die Leute glauben, Gas habe abgewirtschaftet."[13] Eine Zeitlang versuchte die Thüringer Gasgesellschaft unter Berufung auf ihre Beleuchtungs- und Pachtverträge mit verschiedenen Städten und Kommunen, den Bau von Elektrizitätswerken zu verhindern. Dies war unter anderem in Kitzingen am Main der Fall. Dort betrieb die Thüringer Gasgesellschaft ein Gaswerk. Aus dem Pachtvertrag leitete sie das Recht ab, dass die Stadt ihr mit dem Bau eines Elektrizitätswerkes keine Konkurrenz machen dürfe. Es kam zum Rechtsstreit, den die Thüringer Gasgesellschaft verlor.[14] Auch bei den Versuchen des Unternehmens, mit dem Bau bzw. der Übernahme von

---

[9] Zusammengestellt nach: Geschäftsbericht der Thüringer Gasgesellschaft 1905.

[10] Vgl. Protokoll der Aufsichtsratssitzung vom 29.7.1902, Sächsisches Staatsarchiv Leipzig (StAL), Thüringer Gasgesellschaft 20682, Nr. 35.

[11] Im Juli 1871 hatte die ThGG die Gaswerke Lindenau-Plagwitz (erbaut 1863) und Reudnitz-Sellerhausen (erbaut 1865) erworben. Im April 1880 kaufte sie dann auch noch das Gaswerk Gohlis.

[12] Vgl. *Thüringer Gasgesellschaft* (Hrsg.): Thüringer Gasgesellschaft 1867–1967. Köln 1967, 32.

[13] Vgl. Geschäftsbericht der Thüringer Gasgesellschaft 1910.

[14] Vgl. Protokoll der Aufsichtsratssitzung vom 27.8.1912, StAL, Thüringer Gasgesellschaft 20682, Nr. 40.

Elektrizitätswerken ein neues Geschäftsfeld zu etablieren, gab es Rückschläge. Das im April 1902 von der Thüringer Gasgesellschaft übernommene kleine Elektrizitätswerk in Niedersedlitz ging im April 1913 an die Stadt Dresden über.[15]

Neue Ideen waren gefragt. Direktor Hans Weigel, der Sohn des Firmengründers, setzte auf eine große Lösung. Er favorisierte den Komplettkauf der Aktien-Gesellschaft für Gas,- Wasser- und Elektrizitätsanlagen (AGEWA), Berlin. Mehrere Aufsichtsräte lehnten diesen Plan aber ab, da ihnen der Kaufpreis für die AGEWA zu hoch erschien.[16]

Im Oktober 1910 wurde Carl Westphal, Direktor der städtischen Gas- und Wasserwerke Essen, in den Vorstand der Thüringer Gasgesellschaft berufen. Er strebte, wohl auch mit Blick auf die rasante Entwicklung der Stromwirtschaft im Rheinland, den schnellstmöglichen Zukauf kleinerer Elektrizitätswerke an. Dies gelang 1911 in Copitz, einem Vorort von Pirna (Sachsen), in Coswig (Anhalt), in Torgau und in Auma (Sachsen). Das technisch veraltete Werk in Copitz wurde nur erworben, um bei den Gaslieferungen in diesem Ort freie Hand zu haben. Eine neue Strategie war das nicht. Hans Weigel verlangte daher den Verkauf des „jämmerlichen Werkes" an die AEG, Carl Westphal wollte es behalten.[17] Bei diesem Streit deutete sich das spätere Zerwürfnis zwischen Weigel und Westphal bereits an.

Die technischen Fortschritte in der Elektrizitätswirtschaft zwangen die Thüringer Gasgesellschaft zu einer Veränderung ihrer Unternehmensstrategie. Ein interessantes neues Modell stellte die Gründung von gemischtwirtschaftlichen Unternehmen dar. Dazu war es erstmals Anfang des 20. Jahrhunderts bei der Rheinisch-Westfälisches Elektrizitätswerk AG (RWE), Essen gekommen.[18] Unternehmensgründer Hugo Stinnes hatte dem Reich und den Kommunen eine Beteiligung angeboten. RWE wandelte sich von einem privaten zu einem gemischtwirtschaftlichen Unternehmen. Dieses Modell wurde in der Folgezeit auch für Unternehmen der Gaswirtschaft attraktiv.

2. Beteiligungen an gemischtwirtschaftlichen Unternehmen (GWU)

An der Schwelle zum 20. Jahrhundert befanden sich die wenigen noch privat geführten Gasgesellschaften in einer defensiven Position. Dies zeigte sich auch im Fall der Verhandlungen der Thüringer Gasgesellschaft mit der Stadt Stolberg (Rheinland). Das Unternehmen hatte dort 1891 ein Gaswerk erworben. Als sich die Aache-

---

[15] Vgl. Chronologie zur Geschichte der Thüga.

[16] Vgl. Protokoll der Aufsichtsratssitzung vom 3.12.1909, StAL, Thüringer Gasgesellschaft 20682, Nr. 35.

[17] Vgl. Protokoll der Aufsichtsratssitzung vom 23.2.1911, ebd.

[18] Vgl. *Gerald D. Feldman:* Hugo Stinnes. Biographie eines Industriellen 1870–1924. München 1998, 118–130; *Hans Pohl:* Vom Stadtwerk zum Elektrizitätsgroßunternehmen. Gründung, Aufbau und Ausbau der „Rheinisch-Westfälischen Elektrizitätswerke AG" (RWE) 1898–1918. Stuttgart 1992.

ner Kleinbahngesellschaft 1898 um eine Konzession für den Bau und Betrieb eines Elektrizitätswerks in Stolberg bemühte, bot die Thüringer Gasgesellschaft eilends an, selbst ein Elektrizitätswerk zu vergleichbaren Konditionen zu bauen.[19] Die Stadt entschied sich jedoch für das Konkurrenzangebot. Die neue Strom-Konkurrenz führte zu einem Druck auf den Gaspreis. In dieser Situation kam es der Thüringer Gasgesellschaft gelegen, dass Bürgermeister Walther Dobbelmann mit dem Leitungspersonal des Elektrizitätswerks unzufrieden war und sich aufgeschlossen gegenüber der Idee zeigte, mit der Thüringer Gasgesellschaft ein GWU zu gründen.[20] Am 27. August 1912 unterbreitete Carl Westphal daraufhin dem Aufsichtsrat folgenden Vorschlag:

„Die Stadt und die Thüringer Gasgesellschaft wollen nun das Gaswerk und die elektrische Anlage zu einer Gesellschaft mit beschränkter Haftung zusammenwerfen, deren Stammkapital (Mark 100.000,–) die Stadt und die Thüringer Gasgesellschaft je zur Hälfte besitzen werden; dadurch wird die Stadt am Gasgeschäft und die Thüringer Gasgesellschaft am Elektrizitätsgeschäft beteiligt."[21]

Ende des Jahres 1912 wurde der Vertrag zur Gründung der Stolberger Licht- und Kraftwerke GmbH zwischen der Stadt und der Thüringer Gasgesellschaft unterzeichnet. Offizielles Gründungsdatum der neuen Firma war der 1. April 1913. Direktor Westphal war allerdings nicht der Innovator. Als Vorlage diente ein Vertrag, den die DCGG einige Monate zuvor mit der Stadt Rheydt geschlossen hatte.[22]

Am 1. August 1913 gründete die Thüringer Gasgesellschaft gemeinsam mit der Stadt Sonneberg in Thüringen die Sonneberger Licht- und Kraftwerke GmbH. Stadt und Privatunternehmen waren je zur Hälfte beteiligt. Die Thüringer Gasgesellschaft übernahm die Betriebsführung.[23] Den weiteren Kapitalbedarf wollte die Stadt im Wege des Kommunalkredits aufbringen. Der Aufsichtsrat wurde paritätisch besetzt, wobei die Stadt den Vorsitzenden stellte.

Im Frühjahr 1914 verhandelte die Thüringer Gasgesellschaft mit einer Reihe von Städten, darunter Passau, Münster, Hamm, Brand, Bitterfeld, Torgau und Schwabach über die Gründung von GWU.[24] Infolge des Kriegsausbruchs im August 1914 mussten die Verhandlungen unterbrochen werden. Im Vorstand der Thüringer Gasgesell-

---

[19] Vgl. Protokoll der Aufsichtsratssitzung vom 12.11.1897, StAL, Thüringer Gasgesellschaft 20682, Nr. 35.

[20] Vgl. *Edmund Harms:* Die Überführung kommunaler Betriebe in die Form der gemischtwirtschaftlichen Unternehmung. Ein Beitrag zur Lösung der Frage nach der Zweckmäßigkeit gemischt wirtschaftlicher Unternehmungen. Berlin 1915, 8.

[21] Protokoll der Aufsichtsratssitzung vom 23.1.1914, StAL, Thüringer Gasgesellschaft 20682, Nr. 40.

[22] Vgl. *Richard Passow:* Die gemischt privaten und öffentlichen Unternehmungen auf dem Gebiet der Elektrizitäts- und Gasversorgung und des Straßenwesens. Jena 1923, 114.

[23] Vgl. Chronologie zur Geschichte der Thüga.

[24] Vgl. Protokolle der Aufsichtsratssitzungen vom 30.3., 5.6. und 17.9.1914, StAL, Thüringer Gasgesellschaft 20682, Nr. 40.

schaft gab es divergierende Auffassungen über die Fortsetzung der Gespräche. Westphal trat Ende 1915 für ein flexibles Reagieren ein und erklärte:

„Es ist jetzt der Zug der Zeit, dass die Landkreise und Gemeinden an den in ihrem Bereich befindlichen Gas- und Elektrizitätswerken, wenn sie sie nicht ganz in gemeindlichem Eigentum haben können, wenigstens sich irgendwie daran beteiligen wollen. Die Werke, die noch im Alleineigentum unserer Gesellschaft stehen, haben mit mancherlei Schwierigkeiten (Prozessen pp.) zu kämpfen, da sie immer als ‚Fremdkörper' in den Kommunalbezirken empfunden würden."[25]

Dies betraf unter anderen die Bewirtschaftung des Elektrizitätswerks einer Genossenschaft in der sächsischen Kleinstadt Auma. Diese Überlandzentrale versorgte rund 200 Gemeinden und stand zum Verkauf. Die Thüringer Gasgesellschaft verzichtete auf einen kompletten Kauf, sondern gründete eine selbständige Aktiengesellschaft, an der sich die maßgebenden Persönlichkeiten der dortigen Gemeinden beteiligten.[26]

Während in Auma rasch eine Lösung gefunden wurde, kam es in anderen Fällen erst nach juristischen Auseinandersetzungen zur Gründung von GWU. Im Fall der sächsischen Kleinstadt Hainichen untersagte das Reichsgericht der Stadt die Nutzung der von ihr errichteten Elektrizitätsanlage, da ein Versorgungsvertrag mit der Thüringer Gasgesellschaft existierte. Die Thüringer Gasgesellschaft wollte den Konflikt nun nicht weiter eskalieren, sondern bot der Stadt die Gründung eines GWU an.[27] Daraufhin wurde zum 1. Januar 1917 die Gas- und Elektrizitätswerke Hainichen GmbH gegründet.

3. Auf dem Weg zur Fachgesellschaft

Auf die der Novemberrevolution folgenden gesellschaftspolitischen Veränderungen schien die Thüringer Gasgesellschaft vorbereitet zu sein. Im Geschäftsbericht von 1918 ist zu lesen:

„Den Forderungen der Zeit nach Sozialisierung der Gas- und Elektrizitätswerke haben wir, soweit damit praktische Erfahrungen erreicht werden können, schon seit einer Reihe von Jahren durch Umbildung mehrerer Eigentumswerke in gemischtwirtschaftliche Unternehmungen Rechnung getragen."[28]

Allerdings bedrohten Pläne der neuen Reichsregierung zur kompletten Verstaatlichung der Elektrizitätswirtschaft ihr Geschäftsmodell. Die Thüringer Gasgesellschaft lehnte ein Kommunalisierungsgesetz strikt ab. Die Kommunalisierung in der Gas- und Elektrizitätswirtschaft habe die „Betriebs- und Verwaltungskosten

---

[25] Protokoll der Aufsichtsratssitzung vom 22.12.1915, StAL, Thüringer Gasgesellschaft 20682, Nr. 40.
[26] Vgl. ebd.
[27] Vgl. Protokoll der Aufsichtsratssitzung vom 13.3.1916, ebd.
[28] Vgl. Geschäftsbericht der Thüringer Gasgesellschaft 1918, ebd., Nr. 1.

über jedes Maß verteuert."[29] Ein Ausweg bestand in der Bildung von GWU. Das Tempo und die Dimension der Gründung solcher Unternehmen nahmen Anfang der 1920er Jahre erheblich zu. Im Jahr 1928 verfügte die Thüringer Gasgesellschaft über 17 Eigenwerke – darunter 13 Gas- bzw. Ferngaswerke – und war bereits an 43 GWU im Inland und 4 GWU im Ausland (Luxemburg und Spanien) beteiligt. Außerdem hatte das Unternehmen vier Betriebsführungen übernommen und sieben sonstige Beteiligungen erworben.[30] Ihre Wandlung von einem reinen Betreiber von Gas- und Elektrizitätswerken zu einer Holding war demnach schon weit fortgeschritten.

Die ersten GWU in der Elektrizitätswirtschaft waren unter Beteiligung von Großunternehmen gegründet worden. Die Kommunen verfügten zwar zumeist über die Mehrheit des Aktienkapitals, besaßen aber nicht den bestimmenden Einfluss auf die unternehmerischen Entscheidungen. Auch hatten GWU in der Elektrizitätswirtschaft den großen Erzeugern monopolartig beherrschte Absatzgebiete gesichert. Zudem wurden die Leitungspositionen in den GWU von Vertretern der Stromkonzerne besetzt.

Die Thüringer Gasgesellschaft ging einen anderen Weg. Sie räumte den Kommunen den Vorrang bei der Bewirtschaftung der Versorgungsgebiete ein. Das Unternehmen trat gegenüber den Gemeinden und Kommunen nicht als Fabrikationsgesellschaft auf, sondern bot ihre Leistungen als Fachgesellschaft an. Anders als im Kaiserreich verzichtete sie in den meisten Fällen auf eine paritätische Beteiligung an den GWU, sondern überließ den Kommunen die Mehrheit. Diese Herangehensweise an die Kooperation mit den städtischen Partnern wurde mehr und mehr zum Grundprinzip erhoben.[31] Die Thüringer Gasgesellschaft verpflichtete sich, die kommunalen Unternehmen in allen Bau-, Betriebs-, Verwaltungs- und Vertriebsfragen zu beraten. Sie hatte auch Sorge für die rechtzeitige Bildung von werkseigenen Rücklagen zu tragen. Betriebsprüfungen erfolgten regelmäßig und tiefgründiger als dies bei externen Gutachtern der Fall war. In der Hauptleitung in Leipzig liefen die technischen und kaufmännischen Erfahrungen einer großen Zahl von Versorgungsunternehmen aus allen Regionen Deutschlands zusammen. Die Auswertung und Verarbeitung dieser Erfahrungen sicherte der Hauptleitung einen Wissensvorsprung selbst gegenüber den am besten geleiteten Einzelbetrieben.

Das Gesellschaftskapital der GWU konnte niedrig gehalten werden, da das Eigentum an den in die GmbH bzw. AG eingebrachten Vermögenswerten bei den Kommunen verblieb. Die Verteilung der Anteile auf die beiden Gesellschafter sollte einer konkreten Vereinbarung vorbehalten bleiben, wobei in den Richtlinien der Thüringer Gasgesellschaft eine Quote von 60 zu 40 zugunsten der Kommune empfohlen wurde. Maßgebend für alle Beschlüsse der Gesellschaft war die Gesellschafterversammlung, die zum größeren Teil mit Vertretern der Kommune besetzt war:

---

[29] Vgl. Geschäftsbericht der Thüringer Gasgesellschaft 1920, ebd.
[30] Vgl. Sonderdruck 1928, 12–13, StAL, Thüringer Gasgesellschaft 20682, Nr. 31.
[31] Vgl. ebd., 9.

„Den Vorsitz der Gesellschafterversammlung führt stets ein Vertreter der Stadt. Hierfür wird in der Regel der Oberbürgermeister oder Bürgermeister von der Stadt bestellt."[32]

Als Entschädigung für die der Betriebsgesellschaft von der Stadt überlassenen Rechte erhielt die Stadt eine in gleichen Raten zahlbare Abgabe, deren Höhe von Fall zu Fall mit der Stadt zu vereinbaren war. Diese Abgabe sollte vor einer der Fachgesellschaft zustehenden Abgabe für ihre Betriebsüberwachung auf allen Gebieten des Unternehmens rangieren. Am Reingewinn der Gesellschaft sollten die Gesellschafter im Verhältnis ihrer Anteile beteiligt werden.

Das ursprünglich aus einer Abwehrstrategie heraus entstandene Modell der Minderheitsbeteiligung bewährte sich im Hinblick auf die Geschäftsbeziehungen zu kleinen und mittleren Städten sowie Landkreisen. Es sicherte der Thüringer Gasgesellschaft nicht nur die Fortschreibung oft schon jahrzehntelanger Versorgungsverträge, sondern ermöglichte auch ihre Expansion. Von letzterem zeugte die rasche Zunahme ihrer Beteiligungen bis Ende der 1920er Jahre.[33]

Auch nachdem die Mehrheit der Anteile der Thüringer Gasgesellschaft Ende 1930 von den Staatsunternehmen Preußische Elektrizitäts-Aktiengesellschaft (PREAG), Berlin und Elektra AG, Dresden – eine Tochtergesellschaft der Aktiengesellschaft Sächsische Werke (ASW) – übernommen worden war, änderte sich an ihrem Geschäftsmodell nur wenig. Neue Minderheitsbeteiligungen kamen allerdings kaum noch zustande. Die zuvor heftig geführten Auseinandersetzungen über Berechtigung und Ausmaß der kommunalen Wirtschaftsbetätigung ebbten ab. Bezüglich der GWU war inzwischen eine gewisse Ernüchterung eingetreten. Ihre Gegner zweifelten deren Vorteile an und sahen die öffentlichen Interessen gefährdet. Der Städtetag hielt GWU nur noch dort für sinnvoll, wo überörtliche Aufgaben zu erfüllen waren oder ganz besondere Gründe vorlagen.[34] Umstritten blieb die Frage der Besteuerung. Nach wie vor genossen nur rein kommunale Unternehmen Steuerprivilegien.

Lediglich mit der Stadt Neisse (heute Nysa) in Oberschlesien gründete die Thüringer Gasgesellschaft im Frühjahr 1932 noch ein GWU. Ansonsten passte sie sich den neuen Bedingungen an und versuchte ihre Geschäfte zu konsolidieren. So trat die Thüringer Gasgesellschaft 1932 ihr gesamtes mittelrheinisches Versorgungsgebiet an die Rhenag ab, um die Hauptleitung in Leipzig von Verwaltungsaufgaben zu entlasten.

---

[32] Sonderveröffentlichung der Thüringer Gasgesellschaft. Leipzig 1933, 5, StAL, Thüringer Gasgesellschaft 20682, Nr. 5250.

[33] Vgl. Sonderdruck 1928, 16, StAL, Thüringer Gasgesellschaft 20682, Nr. 31.

[34] Vgl. *Heinz Kellner:* Die grundsätzlichen Auseinandersetzungen über die kommunale Wirtschaftsbetätigung in der Nachkriegszeit. Münster 1936, 111.

4. Das Minderheitsmodell in der Krise

Als sich die wirtschaftliche Lage in Deutschland im Gefolge der Weltwirtschaftskrise (1929–1933) dramatisch zuspitzte, gerieten auch die Thüringer Gasgesellschaft und ihr Modell der Minderheitsbeteiligung in eine Existenzkrise. Der Vorstand bat daher im Herbst 1931 die Bürgermeister der wichtigsten Partnerstädte und Kommunalverbände um sogenannte Anerkennungsschreiben. Etliche der Angesprochenen reagierten darauf positiv und lobten die Arbeit der GWU. Der Bürgermeister von Schwarzenberg schrieb, er habe selten einen so gut eingespielten kaufmännischen und technischen Apparat wie den der Thüringer Gasgesellschaft kennengelernt und fühle sich dank der Zusammenarbeit „wie in Abrahams Schoß".[35] Andere Bürgermeister hoben ebenfalls die vertrauensvolle Zusammenarbeit hervor. Der Bürgermeister von Stolberg schätzte ein, dass sich das mit der Thüringer Gasgesellschaft gegründet GWU „auf das Beste bewährt" habe.[36] Der Stadtvorstand von Zella-Mehlis hielt GWU für „besonders passend für die heutigen Verhältnisse".[37] Oberbürgermeister Gerhard verfasste eine Denkschrift über „die Vorteile des gemischtwirtschaftlichen Betriebes."

Doch längst nicht alle Angefragten reagierten so positiv. Einige Kommunen hielten sich bedeckt, andere wollten mit Blick auf parteipolitische Konstellationen im Stadtrat keine bejahende Stellungnahme zu GWU abgeben. Die Weltwirtschaftskrise wirkte sich auf die Kassenlage vieler Kommunen verheerend aus. Es entbrannten heftige Verteilungskämpfe, die auch die Position der Thüringer Gasgesellschaft gefährdeten. Das Modell der Minderheitsbeteiligung bot den Klägern verschiedene Angriffspunkte. Es ging hauptsächlich um die Auslegung einzelner Paragraphen der Geschäftsbesorgungsverträge, die Gewinnaufteilung und die Besetzung von Geschäftsführungen und Aufsichtsräten. An sich waren solche Streitigkeiten nichts Ungewöhnliches. Sie wurden zumeist durch Vergleiche oder Gerichtsentscheide geklärt. Jedoch nahmen unter dem Druck der Krise die Radikalisierungstendenzen in der Gesellschaft zu. Dadurch wurde in etlichen Fällen auch das zwischen der Thüringer Gasgesellschaft und den Kommunen aufgebaute Vertrauensverhältnis erschüttert. Beide Seiten trugen dafür Verantwortung. Einzelne Direktoren der Thüringer Gasgesellschaft hatten ihnen genehme Geschäftsführer begünstigt. Auf der anderen Seite wollten Kommunalpolitiker die klammen Kassen ihrer Städte durch höhere Anteile an den Einnahmen der Stadtwerke entlasten, was aber eine Veränderung der mit der Thüringer Gasgesellschaft geschlossenen längerfristigen Verträge erforderte.

Unmittelbar nachdem die NSDAP 1933 an die Macht gekommen war, wollten mehrere Kommunen die Thüringer Gasgesellschaft aus bestehenden Verträgen her-

---

[35] Bürgermeister von Schwarzenberg an ThGG, Zweckverband Erzgebirge West, 26. 10. 1933, StAL, Thüringer Gasgesellschaft 20682, Nr. 99.

[36] Bürgermeister Dobbelmann, Eschweiler-Stolberg, an ThGG an 9. 10. 1931, ebd.

[37] Stadtvorstand Zella-Mehlis an ThGG, 21. 9. 1931, ebd.

ausdrängen.[38] Örtliche Funktionäre der NSDAP gebärdeten sich als Interessenvertreter des Mittelstandes und kommunaler Interessen. Sie fühlten sich durch das System der GWU benachteiligt. Stadtverwaltungen benutzten die Strafjustiz, um sich Material für Zivilprozesse gegen die Thüringer Gasgesellschaft zu beschaffen und Schadensersatzansprüche durchzusetzen.[39] Die NSDAP-Ortsgruppe von Sonneberg und der Stadtrat führten einen Kampf gegen die Thüringer Gasgesellschaft, die angeblich ihre Stellung als geschäftsführende Gesellschafterin in „unerhörter Weise benutzt, um nicht nur die kommunalen Gesellschafter zu benachteiligen, sondern auch durch Gewährung von Tantiemen, Schmier- und Bestechungsgeldern entgegen allen kaufmännischen Geschäftsgrundlagen handelt". Der Kreisleiter der NSDAP von Sonneberg beschuldigte die Thüringer Gasgesellschaft, „den Besitz einer Stadt von zwanzigtausend Einwohnern an das Großkapital" zu verscherbeln und freute sich schon auf einen „Riesenprozess".[40] Stadtverordnete aus Sonneberg, Erfurt, Frankenhausen, Saalfeld und weiterer Kommunen trafen sich, um über ein gemeinsames Vorgehen gegen die Thüringer Gasgesellschaft zu beraten.

Das Unternehmen blieb nicht passiv, sondern sicherte sich die Unterstützung des Reichswirtschaftsministeriums.[41] Gegenüber Reichswirtschaftsminister Kurt Schmitt stellten die Vorstände der Thüringer Gasgesellschaft die Vorteile der GWU heraus. Schmitt kam den Beschwerden der kommunalen Gesellschafter insoweit entgegen, als dass er zusicherte, die Vorwürfe gegen die Thüringer Gasgesellschaft von neutraler Stelle prüfen zu lassen. Eingriffe in die Struktur der Energiewirtschaft zugunsten der Kommunen wurden von ihm jedoch strikt abgelehnt.

In dieser von zunehmender Willkür geprägten Zeit kam es der Thüringer Gasgesellschaft zugute, dass sie sich de facto in den Händen von Preußen und Sachsen befand. Allerdings bedeutete dies auch eine Einschränkung der unternehmerischen Entscheidungsfreiheit. So „empfahl" das Reichswirtschaftsministerium dem Unternehmen im Dezember 1933 den Vorstand zu ergänzen. Im Weigerungsfall wurde die Bestellung eines Reichskommissars in Aussicht gestellt.[42]

Besonders dramatisch entwickelte sich ein Konflikt zwischen der Stadt Wilhelmshaven und der Thüringer Gasgesellschaft. Senator Carl H. Renken (NSDAP), ein gelernter Teehändler, führte einen erbitterten Streit mit Carl Westphal, dem er die Bestechung des langjährigen Oberbürgermeisters Emil Heinrich Bartelt und mehrerer

---

[38] Vgl. Beschluss der Staatsanwaltschaft Leipzig, 27.6.1934, StAL, Thüringer Gasgesellschaft 20682, Nr. 4/1.

[39] Vgl. Weber, Dr. Gabler, betr.: Missbrauch der Staatsanwaltschaft für die Verfolgung bürgerlich-rechtlicher Vermögensansprüche, 28.3.1934, ebd.

[40] Stadtvorstand Sonneberg an Bürgermeister Boos, Lörrach, 2.10.1933, ebd.

[41] Vgl. Niederschrift über einen Empfang bei Reichswirtschaftsminister Schmitt, 1.11.1933; ebd.

[42] Vgl. Rechtsanwalt Dr. Max Blunck an Vorstand der ThGG, 14.12.1933, ebd.

Beamter vorwarf.[43] Bartelt hatte sich 1920 gemeinsam mit der Thüringer Gasgesellschaft für die Gründung der Gas- und Elektrizitätswerke Wilhelmshaven-Rüstringen GmbH eingesetzt. Der parteilose Oberbürgermeister wurde von der NSDAP bekämpft und im Juni 1933 schließlich seines Amtes enthoben. Die Vorgänge um die Gas- und Elektrizitätswerke spielten dabei eine entscheidende Rolle. Hauptziel des Senators war das vollständige Herausdrängen der Thüringer Gasgesellschaft aus dem rentablen Geschäft in Wilhelmshaven-Rüstringen. Renken warf Westphal vor, eigenmächtig mit dem Geld der Gas- und Elektrizitätswerke GmbH Darlehens- und Effektengeschäfte betrieben und die Stadt Wilhelmshaven dabei geschädigt zu haben. Nachdem Renken Anfang Juli 1933 ohne Wahl zum Oberbürgermeister ernannt wurde, setzte er bei PreußenElektra, dem Hauptaktionär der Thüringer Gasgesellschaft, die Einsetzung eines Untersuchungsausschusses durch und installierte einen neuen, mit ihm verbündeten Geschäftsführer bei der Gas- und Elektrizitätswerke GmbH. Schließlich gelang es Renken am 17. Juni 1933 einen Haftbefehl gegen Westphal zu erwirken.[44] Westphal wurde in Leipzig in „Schutzhaft" genommen, musste aber auf Intervention des Aufsichtsrats der Thüringer Gasgesellschaft am 4. Juli 1933 wieder freigelassen werden. Da der von Renken eingesetzte neue Geschäftsführer der Gas- und Elektrizitätswerke GmbH wegen Betrugs zu einer Gefängnisstrafe verurteilt wurde und seinen Posten räumen musste, brach der Angriff gegen die Thüringer Gasgesellschaft in sich zusammen. Im Herbst 1934 wurde das Untersuchungsverfahren gegen Westphal und weitere Herren, die an der Gründung und dem Aufbau der Gas- und Elektrizitätswerke Wilhelmshaven-Rüstringen GmbH maßgeblich beteiligt gewesen waren, eingestellt. Damit war der Versuch der Stadt gescheitert, mit den Mitteln des Strafrechts wirtschaftliche Vorteile zu erstreiten.

Nachdem die Thüringer Gasgesellschaft die Angriffe gegen einzelne Führungskräfte abgewehrt hatte, hing die Zukunft ihres Geschäftsmodells mehr denn je von den durch den Staat gesetzten energiewirtschaftlichen Rahmenbedingungen ab. Die NSDAP verfügte über kein eigenes energiewirtschaftliches Konzept, sondern setzte auf eine „Beschränkung der Kommunalwirtschaft auf das volkswirtschaftlich notwenige Maß".[45]

Nach der Beseitigung des Föderalismus durch die Gleichschaltung der Länder gehörte die reichseinheitliche Ordnung der Energiewirtschaft zu den wichtigsten Aufgaben der Reichsregierung. Der neue Reichswirtschaftsminister Hjalmar Schacht gab dabei die Richtung vor. Er besaß die Unterstützung der großen regionalen Strom-

---

[43] Vgl. Notiz Jurist Rudendahl (ThGG), 12.10.1933, ebd.; Sitzung von Aufsichtsrat und Vorstand der ThGG am 6.7.1934, ebd. Nr. 43; vgl. Klage Stadt Wilhelmshaven betr.: Goldmarkeröffnungsbilanz 14.6.1934, ebd. Nr. 465.

[44] Vgl. Senator Karl Renken, Oberbürgermeister von Wilhelmshaven, und Ungethüm, Prokurist der PREAG, an den Sächsischen Minister des Innern, 3.6.1933, ebd., Nr. 507.

[45] Vgl. *Kellner:* Die grundsätzlichen Auseinandersetzungen über die kommunale Wirtschaftsbetätigung (wie Anm. 34), 79.

erzeuger.[46] Einen entscheidenden Einschnitt stellte das Energiewirtschaftsgesetz von 1935 dar.[47] Es kodifizierte die damals herrschende wirtschaftliche Praxis, nach der die Energieversorgungsunternehmen sich durch ausschließliche Konzessionsverträge mit den Kommunen und gegenseitige Demarkationsverträge Gebietsmonopole sicherten. Der Ausschluss des Wettbewerbs durch diese Regelungen diente dem in der Präambel formulierten Ziel, „die Energieversorgung so sicher und billig wie möglich" zu gestalten. Die Energieversorgung wurde als natürliches Monopol angesehen. Mit dem Energiewirtschaftsgesetz wurde eine Ermächtigungsgrundlage geschaffen, die dem Staat jederzeit einen nahezu unbeschränkten Zugriff auf die gesamte Energiewirtschaft ermöglichte. Das Gesetz war von ideologischen Einflüssen des NS-Regimes frei und blieb in seinen Grundzügen bis in die 1990er Jahre bestehen.[48]

Ebenfalls im Jahr 1935 wurde erstmals für das Deutsche Reich ein einheitliches Gemeinderecht geschaffen. Der Preußische Minister des Innern verabschiedete einen Erlass, der die Bildung von GWU nur noch in Ausnahmefällen gestattete. Ähnliche Erlasse wurden 1952 von den Ländern der Bundesrepublik auf den Weg gebracht.[49] Damit änderte sich das Umfeld für das Agieren der Thüringer Gasgesellschaft entscheidend. Eine Ausweitung des von ihr praktizierten Minderheitsmodells war unter diesen Bedingungen kaum noch möglich. Es ging de facto nur noch um Bestandswahrung.

5. Stagnation des Geschäftsmodells

Nach Kriegsende kämpfte die Thüringer Gasgesellschaft um ihr Überleben. In der sowjetischen Besatzungszone (SBZ) wurden alle Eigenbetriebe und Tochtergesellschaften des Unternehmens einer staatlichen Kontrolle unterworfen. Da aber die Thüringer Gasgesellschaft anfangs nicht auf den Listen für den Befehl der Sowjetischen Militäradministration in Deutschland (SMAD) Nr. 64 stand, mit dem die Enteignungen von der Besatzungsmacht rechtsverbindlich bestätigt wurden, hofften Vorstand und Aufsichtsrat noch bis 1948 auf ein Fortbestehen des Unternehmens in Leipzig. Ihre Idee bestand darin, die Thüringer Gasgesellschaft als Fachgesellschaft zu erhalten, selbst für den Fall der kompletten Enteignung aller Werke.[50]

---

[46] Vgl. *Bernhard Stier:* Staat und Strom. Die politische Steuerung des Elektrizitätssystems in Deutschland 1890–1950. Mannheim 1999, 442–470.

[47] Vgl. *Jan Kehrberg:* Die Entwicklung des Elektrizitätsrechts in Deutschland. Der Weg zum Energiewirtschaftsgesetz von 1935. Frankfurt/Main 1996; *Alexander Faridi:* Der regulierende Eingriff des Energiewirtschaftsgesetzes in den Wettbewerb zwischen öffentlicher und industrieller Stromerzeugung in den 30er Jahren. In: Zeitschrift für Unternehmensgeschichte 49 (2004), 173–197.

[48] Vgl. *Christopher Kopper:* Das Ministerium Schacht und sein Einfluss. In: Albrecht Ritschl (Hrsg.): Das Reichswirtschaftsministerium in der NS-Zeit. Berlin 2016, 110.

[49] Vgl. *Heinz Bolsenkötter:* Die gemischtwirtschaftliche Unternehmung in der Energiewirtschaft der Bundesrepublik Deutschland und Westberlins. Köln 1961, 49 ff.

[50] Direktor Neef an Sächsisches Wirtschaftsministerium 13.7.1948 (Entwurf), StAL, Thüringer Gasgesellschaft 20682, Nr. 17.

Rückwirkend zum 1. Juli 1948 wurde das gesamte in der SBZ gelegene Vermögen der Thüringer Gasgesellschaft in die Vereinigung volkseigener Betriebe überführt. Die Deutsche Wirtschaftskommission (DWK), Vorläufer der DDR-Regierung, fasste die größeren Unternehmen der Branche in der Vereinigung Volkseigener Betriebe (VVB) Energiewirtschaft zusammen. Auf Grund dessen beschloss eine außerordentliche Hauptversammlung der Thüringer Gasgesellschaft am 28. September 1948 die Sitzverlegung der Gesellschaft von Leipzig nach Köln. Dort war bereits seit Sommer 1945 unter dem Dach der Rhenag die „Hauptleitung West" aufgebaut worden.

Die Stadt am Rhein wurde für drei Jahrzehnte zum neuen Sitz der Gesellschaft. Die Thüringer Gasgesellschaft blieb bis Anfang der 1970er Jahre auf die Bestandspflege beschränkt. Noch im Geschäftsbericht von 1971 wurden die entschädigungslos enteigneten Eigenwerke und Beteiligungen in der DDR ausgewiesen. Dies war ein Indiz dafür, dass es noch immer die vage Hoffnung auf eine Rückübertragung dieser Eigentumstitel gab. In der Bundesrepublik hingegen schienen die Wachstumsmöglichkeiten des Unternehmens auf lange Sicht äußerst begrenzt zu sein. Das Unternehmen musste im Gegenteil fürchten, bald vollkommen von der Bildfläche zu verschwinden. Anfang 1972 erhielt die Thüringer Gasgesellschaft unverhofft von der Freiburger Energie- und Wasserversorgungs-AG (FEW) eine Anfrage, ob sie sich an deren Teilprivatisierung beteiligen wolle. Das war die Chance für die Wiederbelebung des Modells der Minderheitsbeteiligung. Um eine Drittelbeteiligung zu erwerben, musste die Thüringer Gasgesellschaft 16 Mio. DM aufbringen. Eine Investition in dieser Höhe hatte die Thüringer Gasgesellschaft noch nie zuvor getätigt. Wenn man bedenkt, dass ihr Grundkapital Anfang 1972 gerade einmal bei 35 Mio. DM lag, dann wird deutlich, welch ein Kraftakt dem Unternehmen bevorstand. Im Juni 1972 wurde das Grundkapital um 10 Mio. DM auf 45 Mio. DM erhöht, um die neue Beteiligung finanzieren zu können.[51] Damit begann ein neues Kapitel in der Geschichte des Unternehmens, das 1979 seinen Sitz nach München verlegte und im Zuge des Erdgasbooms das Modell der Minderheitsbeteiligung zu neuer Blüte führte.

6. Wiederbelebung des Thüga-Modells

In den 1980er Jahren konnte die Thüga weitere Beteiligungen, darunter erstmals auch an den Stadtwerken von Großstädten wie Frankfurt/Main, Hamburg und Hannover, akquirieren. Ihr kam dabei zugute, dass inzwischen eine Neubestimmung der Rolle des Staates in der Wirtschaft begonnen hatte.[52] Die öffentliche Hand begann sich schrittweise aus einer Reihe von Branchen – darunter Bergbau, Verkehrswesen, Post, Telekommunikation, Gesundheitswesen – zurückzuziehen. Privatisierung schien ein probates Mittel zur Produktivitätssteigerung und Haushaltssanierung zu

---

[51] Vgl. Thüringer Gasgesellschaft Geschäftsbericht 1972, 10–11.

[52] Vgl. *Werner Abelshauser:* Deutsche Wirtschaftsgeschichte seit 1945. München 2004, 451.

sein. Eine Reihe von Städten folgten dem Trend und trennten sich von Teilen ihres Eigentums.

Auf die epochalen Ereignisse des Jahres 1989 reagierte die Thüga rasch. Erwartungen, das 1948 in der damaligen sowjetischen Besatzungszone enteignete Eigentum zurückzuerlangen, hegte man in München nicht. Zu diesem Thema erklärte Dr. Dieter Nagel auf der Hauptversammlung am 6. Juli 1990, dass die Thüga der Vergangenheit nicht nachlaufe, sondern sich den Herausforderungen der deutschen Einheit unternehmerisch stellen werde.[53]

Angesichts der eindeutigen Interessenlagen der Branchenriesen aus der Energiewirtschaft stand für die Thüga von vornherein nur eine Zusammenarbeit mit einzelnen regionalen Energiekombinaten in der DDR zu Diskussion. Bereits im Januar 1990 knüpfte die Thüga Kontakte zu den Energiekombinaten in Chemnitz (damals noch Karl-Marx-Stadt), Leipzig und Halle/Saale. Das waren genau die Regionen, in denen die Thüga schon im 19. Jahrhundert ihre Geschäftstätigkeit aufgenommen und systematisch ausgebaut hatte.

Die ostdeutschen Kommunen begannen gerade erst damit, neue demokratische Strukturen aufzubauen. Trotzdem legte die Thüga Wert darauf, die Rolle der Kommunen in Ostdeutschland nicht anders zu beurteilen als in Westdeutschland.[54] Das Unternehmen arbeitete ein Modell zur Kommunalisierung der südsächsischen Gasversorgung aus. Dessen Kernpunkt war die Minderheitsbeteiligung. Das „Südsachsenmodell" wurde intensiv mit den Städten und Kommunen diskutiert und am 11. April 1991 vom Sächsischen Städte- und Gemeindetag angenommen. Die von der Thüga in Sachsen übernommene Gasversorgung wurde in vier Unternehmen aufgeteilt – Erdgas Zwickau GmbH, Erdgas Plauen GmbH, Freiberger Erdgas GmbH und Erdgas Südsachsen GmbH –, an denen den jeweils beteiligten Gemeinden gemäß den Festlegungen des Einigungsvertrages das Recht einer Beteiligung von 49 Prozent zustand. Entsprechend ihrer Geschäftsphilosophie bot die Thüga den genannten Städten und der Erdgas Südsachsen GmbH weitere 2 Prozent der Anteile an, um ihnen die Mehrheit zu überlassen. Dieses Vorgehen stieß bei den Konzernen der Energiewirtschaft auf wenig Verständnis, bewährte sich aber in der der Praxis.

III. Resümee

Die Ursprünge des Thüga-Modells reichen bis in die Zeit des Kaiserreichs zurück. Nachdem die technischen Probleme beim Bau und Betrieb von Gaswerken durch private Unternehmen gelöst worden waren, nahmen Städte und Kommunen den Betrieb von Gaswerken zunehmend selbst in die Hand. Noch bestehende Konzessionsverträge standen zur Disposition. Auch die Thüringer Gasgesellschaft war Ende des

---

[53] Vgl. *Dieter Nagel:* Thüga und Sachsen. In: Thüga (Hrsg.): Erdgas für Südsachsen. München 1992, 2.

[54] Vgl. Interview mit Bernd Rudolph, bis 2014 Stellv. Vorstandsvorsitzender der Thüga, am 10. Oktober 2016 in München.

19. Jahrhunderts vor allem in der rasch wachsenden Großstadt Leipzig, dem Sitz ihrer Hauptverwaltung, einem Verdrängungsdruck ausgesetzt. Eine mindestens ebenso große Herausforderung für das Unternehmen stellte der Siegeszug der Elektrizität dar. Die Thüringer Gasgesellschaft reagierte mit der Erweiterung ihres Statuts und bot nun selbst den Bau und Betrieb von kleineren Elektrizitätswerken an. Allerdings gab es für sie beim Einstieg in die Elektrizitätswirtschaft viele Rückschläge. Einen Lösungsweg aus dem doppelten strategischen Dilemma – Bedrohung des Gasgeschäfts durch das Auslaufen von Konzessionsverträgen und Konkurrenz durch die Elektrizitätswirtschaft – bot die Gründung von GWU.

In der Weimarer Republik nahm der Staatseinfluss auf die Energiewirtschaft weiter zu. Das von der Thüringer Gasgesellschaft noch vor dem Ersten Weltkrieg entwickelte paritätische Beteiligungsmodell bot unter den veränderten Rahmenbedingungen keine Perspektiven mehr. Um dennoch alte Konzessionsverträge verlängern zu können, und in bisher noch nicht, bzw. nicht ausreichend mit Gas und Elektrizität versorgten Gebieten tätig werden zu können, bot die Thüringer Gasgesellschaft kleineren Städten und Gemeinden Minderheitsbeteiligungen an. Mitte der 1920er Jahre war das Modell soweit ausgereift, dass es formalisiert werden konnte. Die Thüringer Gasgesellschaft sicherte sich über ihre Beteiligungen auf lange Sicht Konzessionen und Liefervorrechte, konnte ihr Versorgungsgebiet ausdehnen und profitierte von den Beratungsgebühren für ihre Leistungen als Fachgesellschaft sowie den jährlichen Gewinnen ihrer Beteiligungen. Dafür musste sie nicht nur materielle Aufwendungen tätigen, sondern Vertrauen aufbauen, was aus einer Minderheitsposition heraus einfacher war. Der Erfolg ihres Modells lässt sich in den 1920er Jahren am stetigen Wachstum des Unternehmens ablesen.

Ende 1930 wurde die Thüringer Gasgesellschaft von der Preußische-Elektrizitäts-AG und der Aktiengesellschaft Sächsische Werke übernommen, konnte aber ihre Struktur und Geschäftsphilosophie beibehalten. Die Zeiten rascher Expansion waren aber vorbei, was weniger mit dem Eigentümerwechsel als den sich ändernden Rahmenbedingungen zusammenhing. Das Energiewirtschaftsgesetz und die neue Kommunalordnung, beide 1935 verabschiedet, ließen die Gründung von GWU nur noch in Ausnahmefällen zu.

Nach dem Ende der Zweiten Weltkrieges verlor die Thüringer Gasgesellschaft durch die Enteignungen in der SBZ und Polen mehr als die Hälfte ihrer Vermögenswerte, verlegte ihren Sitz nach Köln und kämpfte ums wirtschaftliche Überleben. In der westdeutschen Energiewirtschaft dominierte die Großkrafterzeugung als vorherrschendes Prinzip. Demarkationsverträge und Konzessionsabgabe blieben bestehen und bildeten damit das Fundament für die Monopolstellung der Energieversorger. Auch das 1957 verabschiedete Gesetz gegen Wettbewerbsbeschränkungen tastete die Ausnahmestellung der Energieversorgungsunternehmen nicht an. Liberalisierungstendenzen im Bereich der leitungsgebundenen Versorgungswirtschaft gab es bis Ende der 1970er Jahre de facto nicht.[55] Unter diesen Bedingungen blieb die Thüringer Gasgesellschaft auf Bestandswahrung beschränkt. Ihr Modell der Minderheitsbeteiligung fiel in einen „Dornröschenschlaf".

Zu einer Renaissance des Modells kam es in den 1970er Jahren. Den energiewirtschaftlichen Hintergrund dafür bildete die Erdgasumstellung. Anfangs über ihre Tochtergesellschaft Licht- und Kraftversorgung (LUK) München und seit der Fusion mit der LUK im Jahr 1979, gelang es dem nunmehr in Thüga AG umbenannten Unternehmen, eine wichtige Rolle bei der Flächenversorgung mit Erdgas zu spielen.

Weiteren Auftrieb erhielt das Minderheitsmodell in den 1980er/1990er Jahren, als sich das Pendel in der Wirtschaftspolitik wieder in Richtung Angebotspolitik neigte und der Staat auf allen drei Ebenen – Bund, Ländern, Kommunen – Betriebe bzw. Anteile veräußerte. Der Thüga kam diese Wende entgegen. Die Gründe für das Zusammengehen von Thüga und Kommunen unterschieden sich dabei kaum von denen, die in den 1920er Jahren zum ersten Gründungsboom von GWU geführt hatten. Allerdings gab es auf Seiten der Thüga zwei große Unterschiede zu ihrem Vorläufer: erstens war die Thüga kein selbständiges Unternehmen mehr, sondern gehörte zum VEBA-Konzern bzw. ab dem Jahr 2000 zur E.ON AG, und zweitens war die Thüga nicht mehr nur an kleineren und mittleren Stadtwerken beteiligt, sondern auch an mehreren großen Stadtwerken, was sie vor neue Aufgaben stellte.

Zu ihren sächsischen Wurzeln kehrte die Thüga 1990 zurück. Das Unternehmen verzichtete auf jegliche Restitutionsansprüche, sondern setzte auch in den neuen Bundesländern mit Erfolg auf die Etablierung ihres Minderheitsmodells.

---

[55] Vgl. *Alexandra von Künsberg:* Vom „Heiligen Geist der Elektrizitätswirtschaft". Der Kampf um die Regulierung der Stromwirtschaft in der Bundesrepublik Deutschland (1950– 1980). Berlin 2012.

Zweierlei Fordismus.
Zur Rolle der Automobilindustrie in der Wirtschaft der beiden deutschen Staaten

Von *Werner Abelshauser*

I. Fragestellung[1]

Deutschland gehört zu den europäischen Ländern, die schon früh der Faszination der fordistischen Produktionsweise erlagen. Deutsche Unternehmer pilgerten in den 20er Jahren in die USA, um an den heiligen Stätten des Kapitalismus, zu denen die neuen Ford-Werke in Highland Park und am River Rouge zweifellos gehörten, das Geheimnis der wirtschaftlichen Zukunft zu ergründen. Die deutsche Ausgabe von Henry Fords Autobiographie „My life and work" war von Anfang an ein Bestseller.[2] Das Buch löste den ersten von vielen Erkundungszügen nach Detroit aus, an denen sich zahlreiche Ingenieure, Gewerkschafter, Manager und Journalisten beteiligten. Nach Deutschland zurückgekehrt, waren fast alle Detroit-Pilger von den revolutionären Folgen der neuen Produktionsmethode zutiefst überzeugt. Die Vorstellung, es gelte jetzt die Voraussetzungen für ein neues Zeitalter der Automobilproduktion zu schaffen, inspirierte deshalb zahlreiche Anstrengungen, die Produktionskapazität für Personenkraftwagen in Deutschland auf wenige Unternehmen zu konzentrieren. Deutsche Großbanken – allen voran die Deutsche Bank – spielten seit der Nachkriegsstabilisierung von Wirtschaft und Währung mit dem Gedanken, die wichtigsten, aber gleichwohl nur mittelständischen deutschen Automobilhersteller, wie Daimler, Benz, Opel oder BMW zu einem großen nationalen Automobilkonzern zusammenzuschließen, der die fordistische Herausforderung hätte annehmen können. 1924/26 fusionierten Daimler und Benz. Doch alle weiteren Bemühungen scheiterten an der Ungunst der wirtschaftlichen Rahmenbedingungen und endeten abrupt, als die Adam Opel AG im Frühjahr 1929 mit großem Gewinn an General Motors verkauft wurde. Damit war jede weitere Diskussion über die Errichtung eines deutschen Automobilkonzerns vorerst hinfällig geworden. Eine schleichende Krise der Auto-

---

[1] Der Aufsatz ist aus dem Projekt „Die Auswirkungen der Weltmarktintegration der beiden deutschen Teilstaaten auf Innovationsfähigkeit und Struktur ihrer Wirtschaft in den fünfziger und sechziger Jahren unter besonderer Berücksichtigung der Automobilindustrie" im Schwerpunktprogramm „Wirtschaftliche Strukturveränderungen, Innovationen und regionaler Wandel in Deutschland nach 1945" der Deutschen Forschungsgemeinschaft hervorgegangen. Kapitel IV beruht u. a. auf der Auswertung von Aktenmaterial, das Volker Wellhöner im Rahmen des Projekts im Volkswagen-Archiv gesammelt hat.

[2] Zusammen mit *Samuel Crowther:* Mein Leben und Werk. Leipzig 1923.

mobilindustrie setzte ein. Die Diskrepanz zwischen einer höchst anspruchsvollen Debatte über technische und theoretische Aspekte des ‚Fordismus' und einer miserablen wirtschaftlichen Verfassung des Marktes für Automobile ließ sich nicht mehr länger rhetorisch überbrücken. Als dann nach dem Ende der Weltwirtschaftskrise die deutsche Automobilbranche endlich den Anschluss an die Entwicklung der fordistischen Produktionsweise fand, brachte sie gleichzeitig eine der originellsten Schöpfungen des Fordismus hervor: das Volkswagen-Werk, das im Prinzip nur ein Modell produzierte, den Käfer. Es dauerte dann aber bis in die 50er Jahre bis sich wirklich ein auch nach internationalen Maßstäben messbarer Erfolg einstellte.

Die Entwicklung in der SBZ/DDR sorgte für eine weitere Besonderheit in der Geschichte der fordistischen Massenproduktion. Hier wurden zwar die Normung und Standardisierung der industriellen Produktion weit vorangetrieben – auch in der Automobilindustrie, wenn auch nicht in erster Linie dort. Die DDR war jedoch im Wesentlichen auf den eigenen, überschaubaren Binnenmarkt angewiesen und beschränkte das Konzept des Fordismus darüber hinaus auf seine betriebswirtschaftlich-technologische Seite. Der deutsche Fall verspricht deshalb in besonderer Weise interessante Einsichten in die Implementierung und Spezifizierung des fordistischen Systems unter den Bedingungen der Marktwirtschaft im Westen und der Planwirtschaft im Osten. Das Beispiel ‚Volkswagen' kann darüber hinaus deutlich machen, welche Besonderheiten dem westdeutschen Fordismus eigen sind, indem sich hier der Aufstieg der deutschen, zunehmend auf immaterieller Wertschöpfung beruhenden nachindustriellen Maßschneiderei mit den Gesetzmäßigkeiten einer neuen, global wirksamen Massenproduktion mischen. Beide Produktionsweisen entsprangen im späten 19. Jahrhundert der Zweiten Wirtschaftlichen Revolution, deren Symbiose von Wirtschaft, Wissenschaft und Technik die von der Industriellen Revolution des späten 18. Jahrhunderts geschaffenen Verhältnisse obsolet werden ließen.[3] Während ihre deutsche Variante die alten Industrien durch wissenschaftlich basierte Produktionsweisen in der Großchemie, dem Maschinenbau und der Elektrotechnik ablösten und dabei u. a. auf die neue Sozialfigur des Facharbeiters zurückgreifen konnte, konzentrierte sich die Symbiose von Wirtschaft und Wissenschaft in den USA auf eine neue, wissenschaftlich anspruchsvolle Organisationsweise der Wirtschaft, die es einer Elite von Ingenieuren und Managern erlaubte, auch ohne den Rückgriff auf eine qualifizierte Arbeiterschaft hohe Renditen zu erzielen. Die Automobilindustrie bot dafür die spektakulärste Bühne und Henry Ford führte dort souverän Regie.

---

[3] Zum Begriff der Zweiten Wirtschaftlichen Revolution s. *Douglass C. North:* Theorie des institutionellen Wandels. Eine neue Sicht der Wirtschaftsgeschichte. Tübingen 1988. Zur Anwendung auf den deutschen und amerikanischen Fall s. *Werner Abelshauser:* Das deutsche Produktionsregime und seine Herausforderungen an die Wirtschaftspolitik. Industrie vs. Dienstleistung – oder doch etwas ganz Neues? In: Bertelsmann Stiftung & Das Progressive Zentrum (Hrsg.): Soziale Marktwirtschaft: All inclusive? Bd. 5: Industrie. Gütersloh 2018, 42–76.

II. Ansätze fordistischer Strategien in der deutschen Automobilindustrie der Zwischenkriegszeit

Vor 1933, dem Ende der Weltwirtschaftskrise in Deutschland, kam die deutsche Automobilindustrie nicht im Entferntesten an die führende Rolle heran, die ihr amerikanisches Vorbild in der industriellen Entwicklung der Vereinigten Staaten während der ‚Goldenen Zwanziger Jahre' spielte. Es fehlte in Deutschland sicher nicht an den mikro-ökonomischen Voraussetzungen für eine erfolgreiche Einführung von Methoden fordistischer Massenproduktion. Das technische und organisatorische Know-how war in der deutschen Wirtschaft durchaus vorhanden. Die makro-ökonomischen Rahmenbedingungen waren der Einführung fordistischer Methoden freilich nicht günstig. Die Rekonstruktion der deutschen Wirtschaft nach dem Ersten Weltkrieg wurde durch die Hyperinflation des Jahres 1923 weit zurückgeworfen und verlangsamte sich dann unter dem Einfluss der restriktiven Geldpolitik der Reichsbank, die die Zinssätze hochhielt, um ausländisches Kapital nach Deutschland zu lenken. Auch der Außenhandel war nicht in der Lage, die Nachfrage so stark anzukurbeln, wie es zur Verwirklichung fordistischer *economies of scale and scope* notwendig gewesen wäre. Andere hinderliche Faktoren kamen hinzu. Der Siegeszug des Fordismus in den USA beruhte u. a. auf der Notwendigkeit, immer neue, industrieunerfahrene Arbeitskräfte in den Produktionsprozess einzubeziehen. Der deutsche Arbeitsmarkt der 20er und 30er Jahre sah sich dagegen vor ganz andere Probleme gestellt. Die Rationalisierungsbewegung zielte hier darauf ab, den relativ großen Stamm qualifizierter Facharbeiter besser für den Produktionsprozess nutzbar zu machen, d. h. seine Produktivitätsreserven voll auszuschöpfen. Vom Arbeitsmarkt her kam also kein besonderer Anreiz für *scientific management* und tayloristische Arbeitsorganisation. Und schließlich lagen auch auf Seiten der Nachfrage unter den herrschenden Bedingungen nahezu unüberwindliche Hindernisse für die Ausbreitung der ‚automobilen' Gesellschaft. Insbesondere die Haltungskosten für Automobile (Instandhaltung, Treibstoff, Versicherung, Steuer) machten das neue Fortbewegungsmittel für breite Schichten der Bevölkerung unerschwinglich – von den Mängeln der Verkehrsinfrastruktur einmal ganz abgesehen.[4]

Die Einführung der Fließ- und Fließbandarbeit ging deshalb in der deutschen Automobilindustrie nur sehr zögernd vonstatten. Obwohl die später (1929) von General Motors übernommene Adam Opel AG mit der Fließbandarbeit schon 1923/24 begann, nutzten viele deutsche Autofabriken diese organisatorische Neuerung erst in der Weltwirtschaftskrise der frühen 30er Jahre.[5] Vor diesem Hintergrund öffnete sich die Produktivitätslücke auf dem Gebiet der Autoproduktion zwischen den Ver-

---

[4] *Heidrun Edelmann:* Vom Luxusgut zum Gebrauchsgegenstand. Die Geschichte der Verbreitung von Personenkraftwagen in Deutschland. Frankfurt a. Main 1989, 234; siehe auch mehrere Beiträge in: *Rudolf Boch* (Hrsg.): Geschichte und Zukunft der deutschen Automobilindustrie. Tagung im Rahmen der „Chemnitzer Begegnungen" 2000. Stuttgart 2001.
[5] Siehe dazu *Anita Kugler:* Von der Werkstatt zum Fließband. Etappen der frühen Automobilproduktion in Deutschland. In: Geschichte und Gesellschaft 13 (1987), 334–335.

einigten Staaten und Deutschland fast zwangsläufig. Nach Berechnungen, die der Reichsverband der Automobilindustrie 1926 anstellte[6], produzierten in Detroit je 5,75 Arbeiter der Ford Motor Company ein Automobil. Die deutsche Automobilfirma ‚Horch' musste dagegen mehr als 230 und Daimler Benz nicht weniger als 450 Arbeiter einsetzen, um im gleichen Zeitraum ein Automobil herzustellen. Wo immer freilich fordistische Rationalisierungsmethoden angewandt wurden und deutsche Automobilfirmen ihren Rückstand einzuholen versuchten, fielen die Ergebnisse deutlich positiv aus. Die Preise fielen von 1924 bis 1929 auf die Hälfte ihres Ausgangsniveaus. Der Ausstoß stieg um über 300 Prozent, und die Beschäftigung nahm um rund 50 Prozent zu. Selbst der modernste deutsche Automobilproduzent, die Adam Opel AG in Rüsselsheim, erreichte aber bei weitem nicht ein Niveau, das mit Detroit verglichen werden könnte. Opel war von dem bei Ford praktizierten wissenschaftlich und technisch hochkomplexen Einsatz des Fließbandes noch weit entfernt. 1925 soll das ‚Fließband' bei Opel noch nicht länger als 45 Meter gewesen sein. Bis 1929 war die Produktion noch auf mehrere voneinander getrennte Werkstätten verteilt und lediglich die Endmontage bediente sich des Fließbandes.[7] Opel kam auch bei weitem noch nicht an den typischen fordistischen Ein-Minuten-Takt heran. In Rüsselsheim rollte lediglich alle 4,5 Minuten ein Wagen vom Band, d. h. 105 Wagen täglich, während es bei Ford 7000 Modelle vom Typ „T" waren. Dessen ungeachtet war aber die technisch-organisatorische Seite der Automobilproduktion am Ende der 20er Jahre auch in Deutschland weit entwickelt. Nach einer Statistik des deutschen Metallarbeiter-Verbandes hatten von den wichtigen 29 Automobilproduzenten sieben (d. h. 24,2 Prozent mit 2.467 Beschäftigten) ihren Kapitalstock nicht, vier (d. h. 13,8 Prozent mit 12.119 Beschäftigten) ihren Kapitalstock teilweise und 18 (d. h. 62 Prozent mit 30.902 Beschäftigten) ihren Kapitalstock vollständig erneuert.[8]

Der technische Fortschritt ging freilich nicht mit wirtschaftlichem Erfolg einher. Der Zusammenbruch der Weltwirtschaft in den frühen 30er Jahren stürzte auch die deutsche Automobilindustrie in eine tiefe Krise. Nach zahlreichen Bankrotten und Fusionen überlebte nur ein Dutzend von 86 Automobilfirmen, die es Mitte der 20er Jahre gab, die Depression. Neben Daimler Benz, Opel und den 1929 gegründeten deutschen Ford-Werken trat nun auch die Auto-Union AG in den Markt, die 1932 durch Fusion der vier sächsischen Automobilproduzenten Zschopauer-Motoren-Werke, Horch, Wanderer und Audi entstanden war. Diese Kerngruppe der Branche wurde dann sogar zu einem der Führungssektoren des deutschen Wiederaufstiegs aus der Wirtschaftskrise – nicht zuletzt auch deshalb, weil sie in besonderer Weise von der neuen Politik der nationalsozialistischen Regierung profitierte, die nach 1933 die Motorisierung der deutschen Gesellschaft, aber auch der Wehrmacht, mit allen Kräf-

---

[6] Petition an den Deutschen Reichstag betreffend die Novellierung der Zollgesetzgebung, 8. Juli 1925, Drucksachen.

[7] *Anita Kugler:* Arbeitsorganisation und Produktionstechnologie der Adam Opel Werke AG (von 1900 bis 1929). Berlin (IIVG preprints) 1985, 53.

[8] *Fred Ledermann:* Fehlrationalisierung – Der Irrweg der deutschen Automobilindustrie seit der Stabilisierung der Mark. Stuttgart 1933, 27.

ten förderte. Die Reichsregierung und gerade auch Hitler selbst drängten die Automobilindustrie, sich der Herausforderung des Fordismus zu stellen und gemeinsam einen ‚Volkswagen' zu entwickeln und zu produzieren, der wie Fords ‚Modell T' die Massenmotorisierung tragen sollten. Schließlich gründete das NS-Regime selbst, gegen den hinhaltenden Widerstand der Branche, 1938 das Volkswagenwerk, das in der Endausbaustufe eine Jahreskapazität von 1,5 Millionen Automobile haben sollte. Das mit amerikanischen Maschinen ausgestattete und von der öffentlichen Hand (mit beschlagnahmtem Gewerkschaftsvermögen) finanzierte Volkswagenwerk konnte seiner Arbeit freilich nicht vor 1940 aufnehmen und konzentrierte sich dann aus naheliegenden Gründen ganz auf die Produktion von Kriegsfahrzeugen. Wie die deutsche Industrie im Allgemeinen, wurde auch das Volkswagenwerk nicht entscheidend von alliierten Luftangriffen geschwächt. Alle Angriffe zusammen und die Plünderungen, die kurz nach der Befreiung der Zwangsarbeiter einsetzten, vernichteten lediglich 10 Prozent des Maschinenbestandes.[9] Es war deshalb möglich, schon im August 1945 wieder mit der Produktion von 20.000 Personenwagen für den Bedarf der Besatzungsmächte zu beginnen. Obwohl also die deutsche Automobilindustrie schon vor 1945 gut vorbereitet war, um den amerikanischen Vorsprung aufzuholen, war sie in der Praxis der fordistischen Massenproduktion doch noch weit von einem Durchbruch entfernt.

III. Der makro-ökonomische Rahmen für Fordismus in beiden deutschen Staaten nach 1945

1. Westdeutschland

War ‚relative Stagnation' das Kennzeichen der deutschen Wirtschaftsentwicklung in der Zwischenkriegszeit, so wurde ‚Wirtschaftswachstum' zum Leitmotiv der westdeutschen Nachkriegsgeschichte. Seitdem Anfang der 50er Jahre der Vorkriegsstand wieder erreicht war, haben sich Sozialprodukt und Volkseinkommen bis zum Anfang der 80er Jahre pro Kopf der Bevölkerung fast vervierfacht. Wirtschaftswachstum hat den Wohlstand der Individuen gemehrt und soziale Verteilungskämpfe entspannt, das politische System der Bundesrepublik stabilisiert, gleichzeitig aber Wirtschaft, Gesellschaft und Umwelt radikaler verändert als der Krieg und die vorausgegangene Weltwirtschaftskrise zusammen. Diese Erfahrung steht in diametralem Gegensatz zu der Realität der deutschen Wirtschaftsentwicklung zwischen den Kriegen.

Am Ende des Zweiten Weltkriegs war die Diskrepanz zwischen realer Leistung und potentieller Leistungsfähigkeit der westdeutschen Wirtschaft besonders groß. Aber auch vor dem Krieg lag die Leistung der deutschen Industrie noch unterhalb des Wachstumpfades, den sie 1914 bei Ausbruch des Ersten Weltkrieges verlassen hatte. Die Rekonstruktionsdynamik der Wirtschaft wurde in der Zwischenkriegszeit

---

[9] *Simon Reich:* The Fruits of Fascism. Postwar Prosperity in Historical Perspective. Ithaca / London 1990, 168.

durch äußere wie innere Einflüsse, wie Inflation und weltwirtschaftliche Krisen, mehrfach empfindlich gestört. Selbst dem „Wirtschaftswunder"[10] des Dritten Reiches, das nach der Überwindung des konjunkturellen Rückschlags der Weltwirtschaftskrise 1933 einsetzte, war der Abbau des langfristigen Entwicklungstaus nicht völlig gelungen.[11]

Diese Voraussetzungen lagen am Anfang der 50er Jahre in Westdeutschland vor und öffneten den Weg in eine lange Rekonstruktionsperiode.[12] Westdeutschland trat nun mit großer Verspätung gegenüber anderen Industrieländern in das ‚Zeitalter des Massenkonsums' ein. Kennzeichen dieses Abschnittes der industriellen Entwicklung, der in den Vereinigten Staaten schon in den ‚Goldenen Zwanziger Jahren' einsetzte, war die weite Verbreitung dauerhafter Konsumgüter unter der Bevölkerung. Führungssektor dieser Konsumkonjunktur war neben den Haushaltsgeräten, wie Kühlschränken oder Staubsaugern, das Automobil, dessen Verbreitung in den USA schon weitreichende wirtschaftliche Folgen nach sich gezogen hatte, die vom Straßenbau bis zu neuen Siedlungsmustern reichte. Hinzu kamen erste kommerzielle Vorboten der Freizeitgesellschaft, wie Pauschalreisen, die Vermarktung des Massensports und das Show-Business. Eben diese Segnungen der ‚Konsumgesellschaft' verbinden sich heute im Bewusstsein der meisten Deutschen – samt einer Tendenz zur Übernahme amerikanischer Zivilisationsmuster – mit der Wirklichkeit der 50er Jahre und werden als deren unverwechselbare Kennzeichen angesehen.

Tatsächlich konnte die Konsumgesellschaft der Bundesrepublik aber in vielem, was für sie charakteristisch geworden ist, an die Entwicklung der 30er Jahre anknüpfen – die allerdings schon zahlreiche Zivilisationsimporte aus den USA einschließt.[13] Den Autokult der 30er Jahre, der sich an amerikanischen Vorbildern orientierte, lenkte das NS-Regime durch massiven Druck auf die Preise gängiger Wagentypen (Opel P4, DKW Reichsklasse, Opel Kadett etc.) und durch die Entwicklung einfacher und preisgünstiger Modelle (KdF-Wagen/Volkswagen[14]) in Richtung Massenkonsum – auch wenn der Krieg weitgespannte Planungen vorerst zur Makulatur machte. Immerhin wurde der Autobahnbau in Konkurrenz zur Rüstungsindustrie bis 1942 weitergeführt (1939: 3.065 km, 1.849 km im Bau; davon 2.100 km nach 1945 in Westdeutschland). Auch die Zahl der Autobesitzer wuchs etwas schneller als in vergleich-

---

[10] *Hans E. Priester:* Das deutsche Wirtschaftswunder. Amsterdam 1936.

[11] Siehe *Werner Abelshauser / Dietmar Petzina:* Krise und Rekonstruktion. Zur Interpretation der gesamtwirtschaftlichen Entwicklung Deutschlands im 20. Jahrhundert. In: Wilhelm H. Schröder / Reinhard Spree (Hrsg.): Historische Konjunkturforschung. Stuttgart 1980, 56–72.

[12] Siehe dazu *Werner Abelshauser:* Deutsche Wirtschaftsgeschichte. Von 1945 bis zur Gegenwart. 2. Aufl. München 2011, Kap. VI.

[13] Vgl. dazu *Hans D. Schäfer:* Das gespaltene Bewußtsein. Deutsche Kultur und Lebenswirklichkeit 1933–45. München 1981, 146–240.

[14] KdF ist die Abkürzung für „Kraft durch Freude" – eine Massenorganisation der Deutschen Arbeitsfront, einem NS-Surrogat für die 1933 von Nationalsozialisten zerschlagenen Freien Gewerkschaften. Aufgabe von KdF war es, die Freizeit der Arbeiter zu organisieren und im Sinne des Regimes zu beeinflussen.

baren Nachbarländern wie etwa Großbritannien. Der Erfolg von Coca-Cola (1929 – 1942), von Hollywood-Filmen und anderen Produkten der US-Unterhaltungsindustrie (bis 1941), eine massive Werbung für Eigenheime, Autos, Rundfunk- und Fernsehgeräte (!), Fotoapparate und Küchengeräte schufen trotz des länger werdenden Schattens der Rüstungsindustrie ein Klima der Konsumorientierung.

Neu für die 50er Jahre war hingegen, dass der Konsum langlebiger Gebrauchsgüter nicht mehr auf mittlere und gehobene Einkommensklassen begrenzt war, sondern mit wachsendem Realeinkommen in nahezu alle Schichten der Bevölkerung einsickerte. Für den Besitz mancher Konsumgüter, wie z. B. für Fernsehgeräte, Musiktruhen oder Kühlschränke, spielte in der zweiten Hälfte der 50er Jahre die soziale Stellung kaum noch eine bestimmende Rolle. Die ‚Demokratisierung des Konsums', ein Effekt, der seit der Zweiten Wirtschaftlichen Revolution für zahlreiche, vormals dem privilegierten Konsum herrschender Schichten vorbehaltene Gebrauchsgüter nachzuweisen ist, setzte sich erneut durch. Kennzeichnend für diese Entwicklung ist das Scheitern schichtspezifisch konzipierter Automobile, wie z. B. die ‚Kabinenroller' von Gutbrod, Maico oder Messerschmidt, nebst der Motorisierungsvariante ‚Kraftrad' und der Siegeszug des auf technische Funktionalität und ein (käufer-) schichtübergreifendes Image angelegten VW-Käfers, der weder durch die enttäuschten Erwartungen von 300.000 Volkswagen-Sparern noch durch die Affinität des ehemaligen KdF-Wagens mit Adolf Hitlers Drittem Reich gebremst wurde.

Zwischen 1951 und 1961 versiebenfachte sich der Bestand an Personenkraftwagen von 700.000 auf über 5 Millionen. Seit 1954 wurden mehr Personenautos zugelassen als Krafträder; 1957 übertraf die Gesamtzahl der PKW erstmals den Bestand an Motorrädern. Als Folge dieser Entwicklung stieg der Motorisierungsgrad von 12,7 auf 81,2 PKW je Tausend Einwohner, lag allerdings noch immer deutlich unter dem Stand vergleichbarer Länder.[15] Charakteristisch für den gewaltigen Nachholbedarf ist die Tatsache, dass 1960 in der Bundesrepublik gerade der Motorisierungsgrad erreicht war, den die Vereinigten Staaten schon 1920 aufzuweisen hatten.

Gleichzeitig stieg der Anteil der Arbeitnehmer unter den neuen Automobilisten von 8,8 (1950) auf 53 Prozent (1960), die damit auch ihren Anteil am PKW-Gesamtbestand von 12 auf 54 Prozent erhöhten. Folgerichtig bestimmten Kleinwagen der Marken „Lloyd" (Borgward), „Isetta" (BMW) oder „Gogomobil" (Glas) den Markt und „neigten sich tief herab zur langsam aber zügig steigenden Kaufkraft der Massen".[16] (Tabelle 1) Das private Automobil wurde in den 50er Jahren zum Schlüsselbegriff für sozialen Aufstieg, bürgerliches Freiheitsgefühl, wirtschaftliche Erwerbschancen und gesellschaftliches Prestige. Die Konsequenzen, die sich daraus für Städtebau, Siedlungspolitik, Freizeitgestaltung, Kommunikationsverhalten, Wirtschaftsstruktur, Umwelt, ja, nahezu für alle Bereiche des menschlichen Lebens ergaben, revolutionierten das Alltagsleben. In den 50er Jahren stieg der Anteil des

---

[15] Vgl. *Jürgen Siebke:* Die Automobilnachfrage. Köln 1963, 79 ff.

[16] *Wolfgang Sachs:* Die Liebe zum Automobil. Ein Rückblick in die Geschichte unserer Wünsche. Reinbek 1984, 84 – 85.

Individualverkehrs an den gesamten Verkehrsleistungen im Personenverkehr von 33,1 auf 63 Prozent, während der der Eisenbahn von 37,5 auf 17,1 Prozent und der des öffentlichen Personennahverkehrs von 28,8 auf 18,0 Prozent zurückging.[17]

Es gibt keinen Zweifel daran, dass die Hauptstützen der Konsumgesellschaft – Motorisierung, Tourismus und Massenmedien – ihre tiefen Spuren im öffentlichen Bewusstsein und im Lebensgefühl der Massen erst im Laufe der 50er und 60er Jahre hinterlassen haben und daher zu Recht als Ergebnis der Rekonstruktionsperiode nach dem Zweiten Weltkrieg gesehen werden. Ihre Ansätze im ‚NS-Wirtschaftswunder' der 30er Jahre sind indessen nicht ohne Bedeutung geblieben. Sie ermöglichten auf allen drei Gebieten stark an deutschen Traditionen und Erfahrungen orientierte Neuentwicklungen. Die Modellpolitik der amerikanischen Automobilindustrie war in den 50er Jahren weniger Vorbild für die deutsche als in den 20er oder 30er Jahren. In den 60er Jahren schon drehte sich die Richtung der Beeinflussung sogar um – wofür die Exporterfolge des Volkswagens, später auch von Prestigemarken, wie Daimler Benz oder Porsche Zeugnis ablegen.

War somit die innere Dynamik des westdeutschen Rekonstruktionsprozesses hausgemacht, indem es gelungen ist, langfristige Entwicklungsstaus abzubauen und die reichlich vorhandenen Produktivitätsreserven der westdeutschen Wirtschaft zu mobilisieren, so gehört die beispiellose Expansion des Weltmarktes in den 50er und 60er Jahren sowie Westdeutschlands Integration in diese Entwicklung zu den permissiven Rahmenbedingungen dieses ‚Wunders'. Während die Wachstumsraten des Exportvolumens der 16 OECD-Staaten in den Jahren 1913 bis 1950 nur um ein Prozent wuchsen, waren es in den Jahren 1950 bis 1973 nicht weniger als 8,6 Prozent. Westdeutschland profitierte von dieser Entwicklung und war selbst ein Teil von ihr, indem seine Wachstumsraten des Exportvolumens in der gleichen Periode zwischen -2,8 und +12,4 Prozent lagen.[18] Einer gezielten Strategie des Wirtschaftsministerium (‚Ordnungspolitik der sichtbaren Hand') und des Bundesverbandes der Deutschen Industrie folgend avancierte Deutschland mit Anlagenbau und anderer nachindustrieller Maßschneiderei zum Ausstatter der Schwellenländer.[19] Von dieser außerordentlichen Dynamik profitierten vor allem *engineering products*, wie Spezialmaschinen, Büro- und Telekommunikationssysteme, Haushaltsgeräte, aber auch Straßenfahrzeuge. Sie zogen einen zweifachen Vorteil aus dieser Entwicklung, indem sie einerseits freien Zugriff auf strategische Inputs hatten, wie z. B. Rohstoffe, Qualitätsbleche oder Spezialmaschinen, andererseits aber auch in die Lage versetzt wurden, den Weltmarkt in ihre Absatzplanung einzubeziehen, um auf diese Weise *economies of scale* zu erwirtschaften, die zum allgemeinsten Kennzeichen der fordistischen Produktionsweise gehören. Tatsächlich wurde der Posten Kraft- und Luft-

---

[17] Vgl. *Bundesminister für Verkehr* (Hrsg.): Verkehr in Zahlen 1972. 28–29.

[18] *Angus Maddison:* The World Economy in the 20th Century. Paris 1989, 67.

[19] *Werner Abelshauser:* Deutsche Wirtschaftspolitik zwischen europäischer Integration und Weltmarktorientierung. In: Ders. (Hrsg.): Das Bundeswirtschaftsministerium in der Ära der Sozialen Marktwirtschaft. Der deutsche Weg der Wirtschaftspolitik. Bd. 4: Wirtschaftspolitik in Deutschland 1917–1990. Berlin / Boston 2016, Kap. III.

fahrzeuge (die Bedeutung von Luftfahrzeugen war in den 50er Jahren minimal) zur wichtigsten Subkategorie der westdeutschen Außenhandelsstatistik. Sie steigerte ihren Anteil an den Exporten von 4,8 Prozent in 1950 auf 14,4 Prozent in 1965. 1936 hatte sie lediglich 2,6 Prozent betragen.[20] Kein Zweifel, die makro-ökonomischen Rahmenbedingungen kamen nach 1945 der Einführung fordistischer Methoden der Massenproduktion weit entgegen.

Obwohl der Wiederaufbau der Konsumgütermärkte im Rahmen der Sozialen Marktwirtschaft absoluten Vorrang genoss, erreichte der Verbrauch erst 1951 wieder den Vorkriegsstand von 1936. Vor diesem Hintergrund erschien das Entwicklungspotential des westdeutschen Binnenmarktes vielversprechend. Ab 1951 war Westdeutschlands Rückkehr zum Weltmarkt nicht mehr aufzuhalten, und die Automobilindustrie nahm daran lebhaften Anteil. Während die durchschnittliche Exportquote der deutschen Wirtschaft am Ende der 50er Jahre bei 16 Prozent lag, machte die westdeutsche Automobilindustrie mehr als die Hälfte ihrer Umsätze im Ausland, das VW-Werk sogar mehr als 58 Prozent. Volkswagen war auch in nicht weniger als 160 Ländern präsent und verdiente ungefähr die Hälfte des gesamten westdeutschen Zahlungsbilanzüberschusses.

2. DDR

Die Frage, warum die DDR-Wirtschaft soviel weniger erfolgreich gewesen ist als die westdeutsche, obwohl sie doch aus derselben Konkursmasse des Deutschen Reiches hervorgegangen war und dieselben Erbanlagen in sich trug, ist oft gestellt worden. Am häufigsten wurde sie damit beantwortet, dass die DDR schlechtere Ausgangsbedingungen zu überwinden hatte als Westdeutschland (Teilungsdisparitäten, höhere Reparationslasten), nicht an den ‚Segnungen' des Marshallplans teilnehmen konnte, kontinuierlich qualifizierte Arbeitskräfte an Westdeutschland verlor und 1949/50 ein Modell der Planwirtschaft einführte, das schon damals nicht mehr dem Standard moderner ‚sozialistischer' Wirtschaftspolitik entsprochen hatte, wie sie in Großbritannien oder Skandinavien zu dieser Zeit praktiziert und von den deutschen Sozialdemokraten angestrebt worden ist. Folgt man der neueren wirtschaftshistorischen Forschung, so liegt der wesentliche Unterschied in der wirtschaftlichen Leistung beider deutscher Staaten freilich weniger in einer schlechteren Ausgangslage oder im Fehlen ausländischer Hilfe beim Wiederaufbau, sondern in der Anwendung eines veralteten – einer hochentwickelten und differenzierten nachindustriellen Wirtschaft nicht genügenden – Systems der Wirtschaftspolitik. Noch wenig Aufmerksamkeit hat bisher die Frage gefunden, welche Auswirkungen die unterschiedliche Integrationstiefe der beiden deutschen Staaten in die Weltwirtschaft auf die Innovationsfähigkeit, die Wirtschaftsstruktur und auf die industrielle Produktionsweise überhaupt gehabt hatte.

---

[20] Statistisches Jahrbuch der Bundesrepublik Deutschland, Jahrgänge 1952 und 1966.

Infolge des Primats der Politik in der Außenwirtschaft lässt sich der Wandel der Zielsetzungen, die im Zeitablauf die Praxis des DDR-Außenhandelsmonopols bestimmt haben, klarer als voneinander abgrenzbare und zeitlich aufeinander folgende Phasen ausmachen als entsprechende Entwicklungen im Westen. Die Außenwirtschaftspolitik der SBZ/DDR wurde zunächst vorrangig zur Lösung der Reparationsfrage und für die Befriedigung von ‚Bündnisanforderungen' eingesetzt. Zu Beginn der 50er Jahre rückte dann die Aufgabe in den Vordergrund, die Folgen der deutschen Teilung für die Wirtschaftsstruktur der DDR sowie die Auswirkungen des ‚Wirtschaftskrieges' im Zeichen des frostiger werdenden Kalten Krieges auszugleichen bzw. zu überwinden. Ähnelten sich in der zweiten Hälfte der 40er Jahre bis zu einem gewissen Grad die Abwicklung der Außenhandelsgeschäfte in Ost- und Westdeutschland, so entwickelten sich die deutschen Teilstaaten in der ersten Hälfte der 50er Jahre rasch auseinander.

Die restriktiv gehandhabte Überwachung des DDR-Außenhandels hat die Optionen für den einheimischen Automobilbau beeinträchtigt. Dabei müssen insbesondere die indirekten Wirkungen des staatlichen Außenwirtschaftsmonopols berücksichtigt werden, die den Entwicklungsschwerpunkt der DDR-Wirtschaftspolitik in den 50er Jahren (wie in fast allen ‚Volksdemokratien') auf den Aufbau einer einheimischen Schwerindustrie legten. Das Devisenbewirtschaftungsmonopol engte die Entwicklungsmöglichkeiten des DDR-Fahrzeugbaues zusätzlich ein, da zum einen die Mittel fehlten, um die Zulieferindustrien für den einheimischen Fahrzeugbau auszubauen und es zum anderen der DDR-Fahrzeugindustrie im Unterschied zur bundesdeutschen nicht möglich war, Exporterlöse für eigene Investitionen zu nutzen bzw. für den Import von Zulieferteilen und Spezialmaschinen einzusetzen. Erst in der zweiten Hälfte der 50er Jahre rückten in der DDR Fragen der Modernisierung und der Innovationsförderung in den Vordergrund, weil das Bewusstsein für Defizite auf zahlreichen Gebieten der DDR-Industrie in den politischen Entscheidungsgremien geschärft wurde. Die dritte Parteikonferenz der Sozialistischen Einheitspartei Deutschlands (24.–30. März 1956) rief deshalb ausdrücklich zu einer „neuen industriellen Umwälzung" auf, die der zweite Fünfjahrplan bringen sollte und zu der vor allem auch „die weitgehende Mechanisierung und Automatisierung der Produktion" gehörte.[21] Nun wurde auch der Automobilbau stärker gefördert.

Die Außenwirtschaft wurde dazu vor allem in der ersten Hälfte der 60er Jahre gezielt in den Dienst der Innovationsförderung und des Technologietransfers gestellt. In wieweit diese industriepolitische Absicht zum Erfolg führte oder aber an der Größe der Herausforderung und an den Unzulänglichkeiten der zur Verfügung stehenden Mittel scheiterte, kann unter anderem am Beispiel der Automobilindustrie gezeigt werden. Über Erfolg oder Misserfolg entschieden aber auch die Spezifika der internationalen Arbeitsteilung innerhalb des Ostblocks. 1954 nahm der Rat für gegenseitige Wirtschaftshilfe (RGW) die ersten Versuche auf, beginnend mit Kraftfahrzeugen, Traktoren, Landmaschinen und Waggons zu einer multilateralen Produktion-

---

[21] Protokoll der Verhandlungen. Berlin 1956, Bd. 2, 76.

spezialisierung innerhalb der östlichen Wirtschaftsgemeinschaft zu kommen.[22] Kraftfahrzeuge wurden nach Typengröße klassifiziert, um die große Vielfalt der in den RGW-Ländern hergestellten Kraftfahrzeugarten zu beseitigen und um alle für die Volkswirtschaft notwendigen Fahrzeugklassen auf einige Hauptgruppen zu vereinigen. Für Lastkraftwagen wurden solche Reihen aufgrund der Nutzlast aufgestellt. Bei Personenkraftwagen galt der Hubraum als Klassifizierungsmerkmal der jeweiligen Typenreihe. Diese Klassifizierung sollte es ermöglichen, die Kraftfahrzeugproduktion auf die RGW-Partner aufzuteilen. Entgegen den ursprünglichen Vorstellungen erwies sich aber die Spezialisierung der Kraftfahrzeugproduktion innerhalb des RGW als äußerst schwierig. Die meisten Länder entschieden sich für die Beibehaltung bzw. Entwicklung der Produktion verschiedener Kraftfahrzeugtypen. Lediglich Ungarn machte eine Ausnahme. Zu einer konsequenten Spezialisierung kam es deshalb lediglich für einige wichtige Inputs der Kraftfahrzeugindustrie, wie z. B. für Kugellager, die in der Sowjetunion hergestellt wurden. Im Vordergrund stand aber die produktbezogene Spezialisierung. Vieles spricht dafür, dass sich die Spezialisierungsempfehlungen des RGW nicht wesentlich auf die Vertiefung der internationalen Arbeitsteilung zwischen den Ostblockstaaten auswirkten. Gerade auf dem Gebiet des Maschinenbaus, zu dem der Fahrzeugbau zu rechnen ist, stieg die Produktion schneller als der Außenhandel. Auch zielte nur ein Teil der Spezialisierungsempfehlungen, weniger als die Hälfte, auf eine Konzentration von Erzeugnissen innerhalb eines Landes ab. 30 Prozent der Vorschläge erlaubten die Herstellung eines Produkts weiterhin in drei oder mehr Ländern.[23] Viele und gerade die Entwicklungsländer innerhalb des RGW hielten eine eigene Produktion von Kraftfahrzeugen und Traktoren für unverzichtbar, um die eigene Industrialisierung voranzubringen und den ökonomischen Entwicklungsstand an das Niveau der höherentwickelten Teilnehmerstaaten heranzuführen.

In jedem Fall bleibt festzuhalten, dass gerade die politische Instrumentalisierung der Außenwirtschaft und die Eigenarten des östlichen ‚Weltmarkt'-Segmentes in den 60er Jahren dazu beitrugen, die DDR-Industrie in den Entwicklungsrückstand zu bringen, der spätestens am Ende des Jahrzehnts deutlich zu Tage trat. Die Ressource ‚Außenwirtschaft' war über viele Jahre in der Nachkriegszeit nicht für die Unterstützung des Modernisierungsprozesses in der DDR verfügbar. Gerade der Vergleich mit der beispiellosen Expansion der westdeutschen Automobilindustrie, die in den 50er Jahren Träger und Auslöser bedeutender organisatorischer, technischer und wirtschaftlicher Innovationen war, lässt die Defizite, die eine geringere Weltmarktintegration der DDR-Industrie nach sich zog, umso deutlicher hervortreten. Der Vergleich bietet weit über die technischen Vorgänge, die in der Einführung automatischer Transferstraßen ihren sichtbarsten Ausdruck finden, hinaus Einsichten in die gesamtwirtschaftliche Relevanz einer neuen Produktionsweise, die einen spezifischen Grad der Weltmarktintegration zur Voraussetzung hat. Er macht auch deutlich,

---

[22] Vgl. *Gerd Neumann:* Die ökonomischen Entwicklungsbedingungen des RGW. Bd. 1: 1945–1958. Berlin 1980, 204.

[23] Ebd., 207.

dass die Einführung fordistischer Methoden der Massenproduktion nicht nur selbst wichtigen Innovationen technischer, organisatorischer und wirtschaftlicher Art geschuldet ist, sondern dass sie ihrerseits zu weiteren folgenreichen Innovationen in anderen Zweigen der Industrie, der industriellen Beziehungen, der staatlichen Sozialpolitik, des Verkehrswesens und anderen Gebieten der Infrastruktur beitrug.

IV. Westdeutscher Fordismus: Der Fall Volkswagen

Als die westdeutsche Automobilindustrie nach 1945 ihre Produktion wieder aufnahm, war ihr das Wissen über die organisatorischen und technologischen Grundlagen fordistischer ‚Fließfertigung' wohl bekannt. Dieser Stand der Technologie war in den deutschen Werken der amerikanischen Multinationals Ford und General Motors verkörpert. Dessen ungeachtet und zunächst überraschend übernahm aber schon 1949 das Volkswagenwerk die Führung unter den deutschen Automobilproduzenten. VW stellte 1949 40.000 Einheiten her, die zum größten Teil nach Belgien, in die Schweiz und nach Holland exportiert wurden. Die Kölner Fordwerke, die noch 1945/46 unter der Ägide der Militärregierung an der Spitze gelegen waren, fielen innerhalb von drei Jahren auf den fünften Platz zurück und produzierten monatlich lediglich 1.000 Autos der Marke ‚Taunus'. Opel, das vor dem Kriege bei weitem führende Unternehmen der deutschen Kraftfahrzeugbranche, wurde von Volkswagen ebenfalls überholt, was viele Beobachter darauf zurückführten, dass VW in den 50er Jahren unter einem höchst erfolgreichen Management das richtige Produkt zur richtigen Zeit anzubieten hatte.[24]

Vor allem zwei Faktoren begünstigten den Aufstieg des Volkswagenwerkes. Zum einen konnte VW nunmehr systematisch von den Investitionen profitieren, die während des Dritten Reiches getätigt worden waren. Deren Bedeutung wurde auch von den britischen Experten erkannt, die 1946 das Werk für das britische Reparationsprogramm BIOS evaluierten. In einem ihrer Berichte heißt es, „compared with other automobile factories in Germany, and visualizing the originally intended factory layout, the Volkswagen effort is outstanding and is the nearest approach to production as we know it".[25] Obwohl gerade britische Unternehmer sich skeptisch über die Qualität und das Design des Käfers äußerten, waren sie gleichwohl davon überzeugt, dass sowohl die Produktionsanlage als auch die Ausrüstung mit Maschinen gut waren und über Jahre hinweg mit Erfolg betrieben werden könnten. Eine amerikanische Expertengruppe, die im Rahmen des U.S.-Reparationsprogramms FIAT das Unternehmen inspizierte, war davon überzeugt, dass Volkswagen über die modernste Ausrüstung in der Welt verfügte und – wenn der Krieg nicht gekommen wäre – schon längst auf dem Weltmarkt reüssiert hätte.[26]

---

[24] *Mira Wilkins / Frank E. Hill:* American Business Abroad. Ford on six continents. Detroit 1964, 391.

[25] *Reich:* Fruits of Fascism (wie Anm. 9), 172.

[26] Ebd.

Zum zweiten bewegte sich Volkswagen wie ein privates Unternehmen, ohne dass es vor 1961 private oder öffentliche Eigentümer gegeben hätte, die einen Teil des Gewinnes für sich beanspruchten. VW war daher in der Lage, seine Investitionen in die Modernisierung des Werkes aus den eigenen Erträgen zu finanzieren. Probleme ergaben sich lediglich daraus, dass die nötigen Spezialmaschinen – vor allem wenn sie aus dem Dollarraum eingeführt werden mussten – nicht im nötigen Umfang verfügbar waren.[27] Noch in der Koreakrise des Jahres 1951 führten Versorgungsprobleme bei strategischen Inputs, wie z. B. veredelten Blechen von einer bestimmten Breite zur Produktionsunterbrechung oder gar zur Schließung ganzer Werke. Auch nachfrageseitig lieferte erst der Koreaboom der frühen 50er Jahre die nötigen Voraussetzungen für den Massenabsatz, der in der Zwischenkriegszeit vor allem an zu hohen Unterhaltskosten und zu schlechter Infrastruktur gescheitert war. Die Zähigkeit dieses Prozesses der Anpassung an eine optimale fordistische Organisation lässt sich an einem typischen Indikator, der Taktzeit, gut demonstrieren. Diese war 1950 mit 2,8 Minuten noch weit vom klassischen Ein-Minuten-Takt entfernt, den die fordistische Produktionsweise in den USA schon in den 20er Jahren auswies. Volkswagen erreichte ihn nicht vor 1953/54.[28]

Nach dem endgültigen, auch wirtschaftlich fundierten Durchbruch fordistischer Produktionsmethoden erlebte die westdeutsche Automobilindustrie freilich einen qualitativen Sprung, der die Überlegenheit dieser Produktionsweise jedermann deutlich vor Augen führte. Die Preise für PKW gingen in der Zeit von 1950 bis 1962, also während der Rekonstruktionsperiode der westdeutschen Wirtschaft, absolut gesehen sogar zurück, während der allgemeine Index der Verbraucherpreise in der selben Zeit um rund 27 Prozent stieg.[29] Dies ist umso erstaunlicher, als die für den Produktionsprozess der Automobilbranche wichtigsten Inputs in den 50er Jahren erheblich teurer wurden. Der Preis für Stahl ist um rund 100 Prozent gestiegen, die Löhne sogar um rund 150 Prozent.[30] Entscheidend für die Sonderentwicklung der Automobilindustrie war die Steigerung ihrer Produktivität. Sie stieg im Fahrzeugbau insgesamt in den Jahren 1953 bis 1962 um durchschnittlich 9,37 Prozent im Jahr. Der entsprechende Wert für den Automobilbau lag in der Periode von 1952 bis 1970 bei 9,4 Prozent, während die gesamtwirtschaftliche Produktivität in dieser Zeit ‚nur' mit Jahresraten

---

[27] Auch der Marshallplan brachte in dieser Hinsicht keine Erleichterung. Der Antrag des Volkswagenwerks, fünf Bullard Sechsspindelautomaten und mehrere Gleason-Automaten im Wert von insgesamt 354.000 Dollar aus den USA zu importieren, wurde zwar im April 1949 genehmigt. Da die Maschinen aber erst im Oktober ausgeliefert wurden und in der Zwischenzeit die Dollarparität der DM von 3,34 auf 4,20 neu festgesetzt worden war, entstanden dem Werk Verluste von insgesamt 300.000 DM. Dadurch wurden die Maschineneinfuhren in die Nähe der Unwirtschaftlichkeit gerückt. VW-Archiv, Einkauf-diverse Abteilungen 1946–1949, Brief des Volkswagenwerks an den Verwaltungsrat für Wirtschaft in Frankfurt vom 17.11.1949.

[28] Berechnet auf der Grundlage der Daten bei *V. Wellhöner:* „Wirtschaftswunder" – Weltmarkt –westdeutscher Fordismus. Münster 1996, Kap. 5.

[29] *Deutsche Bundesbank:* Geld und Bankwesen in Zahlen. 7.

[30] *VDA* (Hrsg..): Geschäftsbericht für das Jahr 1961/62. Frankfurt/Main, 3.

von 5 Prozent wuchs.[31] Gleichzeitig erhöhte sich der Anteil der Automobilindustrie am Bruttoinlandsprodukt von 1,7 Prozent im Jahr 1952 auf 5 Prozent 1960 und weiter auf 8,9 Prozent 1968. Wurden 1950 in der Bundesrepublik rund 220.000 Personen- und Kombinationskraftwagen produziert, so waren es 1962 bereits 2,1 Millionen. Damit lag Westdeutschland seit 1956 bei der Produktion von Kraftfahrzeugen auf dem zweiten Platz in der Welt hinter den USA und vor Großbritannien. Die Produktion von Automobilen entwickelte sich dabei immer stärker innerhalb oligopolistischer Marktformen, wobei fünf Firmen ungefähr 79 Prozent des Marktes unter sich aufteilten. Auf das Volkswagenwerk entfielen allein 30 Prozent.

In den Jahren 1950 bis 1954, als die fordistische Produktionsweise in der deutschen Autoindustrie wiederbelebt wurde, erhöhte Volkswagen seine Produktion von 82.399 auf 202.174 Stück. Opel steigerte seinen Ausstoß von 59.990 auf 148.242. Ford baute 1950 24.443 Personenkraftwagen und erhöhte seine Produktionsziffer im harten Kampf mit Daimler-Benz (1954: 48.816) um den dritten Platz auf 42.631. Volkswagen hatte seine amerikanischen Wettbewerber in Deutschland von Anfang an auf die Plätze verwiesen. Während die Fordwerke erst 1952 ihr Vorkriegsergebnis verbessern konnten, unternahm Volkswagen von Anfang an alle Anstrengungen, um mit der Entwicklung der amerikanischen Automobilindustrie Schritt zu halten. Das Werk stellte sich auch der Herausforderung, die Anfang der 50er Jahre unter dem Stichwort „Detroit Automation" Furore machte und sich am deutlichsten in Fords neuer Cleveland Engine Plant niederschlug, die 1951 eröffnet wurde. Als Nachzügler dieser Entwicklung konnte VW sogleich von den negativen Erfahrungen profitieren und solche rigorosen Schritte im Automationsprozess vermeiden, die 1954 im Zentrum der Kritik standen, weil sie flexibleren Produktionsmethoden im Wege standen. Vor diesem Hintergrund schälte sich im Volkswagenwerk 1954/55 jene typische deutsche Version des Fordismus heraus, die aus der Anpassung amerikanischer Methoden an die deutschen Verhältnisse gewonnen wurde:

1. Volkswagen ging an die Ursprünge des Fordismus zurück, indem es seine Produktion strikt auf ein einziges Grundmodell konzentrierte.

2. Das Volkswagenwerk entwickelte ein Modell besonderer industrieller Beziehungen, indem es eng und unternehmensbezogen mit der Industriegewerkschaft Metall kooperierte.

3. Volkswagen legte besonderen Wert auf Ausdehnung und Qualität seines Service-Netzes im In- und Ausland.

Der fordistischen Reorganisation des Volkswagenwerks gingen genaue Beobachtungen des nordamerikanischen Marktes und der amerikanischen Unternehmensorganisation voraus, deren Ergebnisse im Sommer 1954 sorgfältig ausgewertet wurden. Mit Ausnahme von Chrysler waren dabei überall höhere Arbeitsleistungen beobach-

---

[31] Vgl. *Achim Dieckmann:* Die Rolle der Automobilindustrie im wirtschaftlichen Wachstumsprozeß. In: VDA (Hrsg.): Automobil-technischer Fortschritt und wirtschaftliches Wachstum. Frankfurt/Main 1970, 101.

tet worden als bei Volkswagen, so dass die Automatisierung der Fertigung nach amerikanischem Muster eine Zeitersparnis von ca. 10 Stunden je Personenwagen mit sich bringen würde.[32] Angestrebt wurde ein durchlaufendes Straßensystem, um die einzelnen Bearbeitungsstufen miteinander zu verkoppeln. Daneben wurden überall dort, wo hohe Stückzahlen ohne häufige konstruktive Änderungen geplant werden konnten, die bisher verwendeten Allzweckmaschinen durch flexibel einsetzbare Spezialmaschinen ersetzt. Dies führte z. B. in der Zylinderfertigung zur Vollautomatisierung.[33] Im Karosseriebau wurden nunmehr die drei Hauptbaugruppen – Vorderwagen, Hinterwagen und Dach – vor dem endgültigen Zusammenbau komplett vorgefertigt. Der Zusammenbau erfolgte dann mit Hilfe von Rundschweißanlagen, die aus hydraulischen Schweißpressen bestanden. Auch andere Teilbereiche der Fertigung, wie z. B. das Schmieden von Teilen, das Schweißen von Lenkerbolzen oder das Schäumen von Schalttafeln wurde automatisiert. Die technischen Neuerungen konzentrierten sich freilich ausschließlich auf die Fertigung von Typ I – des Käfers. Daneben blieben die alten Ovalbänder und Aufbaublöcke für die Anfertigung von Sondermodellen in kleinen Stückzahlen in handwerklich geprägter Losfertigung noch weiter bestehen. Auch für die Produktion von Typ II, dem VW-Lieferwagen, war aufgrund der relativ geringen Stückzahlen keine Automatisierung vorgesehen.

Während der gesamten Zeit konzentrierte sich die Konzernproduktion im Wesentlichen auf die Erzeugung des Typs I, also des klassischen VW-Käfers. Bis 1961 lag sein Anteil an der gesamten Konzernproduktion bei über 75 Prozent. Aber auch Typ II, der Lieferwagen, war von der Konstruktion her mit dem Käfer eng verwandt. Erst mit dem Beginn der 60er Jahre setzte bei VW so etwas wie eine Diversifikation der Produkte ein. Die Parallele zur Schlüsselfunktion des legendären ‚Modells T' bei Ford ist augenfällig. Freilich legte Volkswagen während dieser Zeit großen Wert auf die technische Verbesserung seines ‚Flaggschiffs' – mehr als dies Henry Ford gegenüber seiner ‚Tin Lizzie' tat.

Die Neuorganisation wurde noch 1954 in Angriff genommen und war Ende 1956 praktisch abgeschlossen. Parallel dazu und ebenfalls nach amerikanischem Vorbild wurde auch die Leitungsstruktur des Unternehmens reorganisiert. Die Kompetenzen des unteren Managements wurden dabei hinsichtlich kurzfristiger Entscheidungen zur Umsetzung allgemeiner Richtlinien und technischer Weiterentwicklung von Verfahren und Produkt erweitert. Erfolgskontrolle und Entwicklung der grundsätzlichen Unternehmensstrategie blieben Sache der Konzernspitze, während für die organisatorische und technische Umsetzung der projektierten Unternehmensziele die nachgeordneten Stufen des Managements verantwortlich waren. Angestrebt wurde ein möglichst hoher Grad an Eigenregie auf jeder Stufe. Die Hauptabteilung „Technische Entwicklung" wurde so aufgebaut und ausgerüstet, dass sie wie ein selbständiges Unternehmen arbeiten konnte. Heinrich Nordhoff, der langjährige Vorstandsvor-

---

[32] VW-Archiv, interne Korrespondenz und Niederschrift der Produktionsleitung (bis 31.12.54), Bericht von Höhne an Nordhoff vom 11.8.1954.
[33] Ebd.

sitzende des Volkswagen-Konzerns, beschrieb sie als „eine Autofabrik en miniature mit einer eigenen Atmosphäre, einem elastischen Apparat, von dem Aufgaben zu lösen sind, für die eine Produktionsabteilung weder personell noch materiell die Voraussetzung besitzen kann oder soll".[34]

Im Gegensatz zum amerikanischen Vorbild, den Fordwerken am River Rouge, hatte man in Wolfsburg nicht den Ehrgeiz, auch den hochintegrierten Produktionszusammenhang des US-Konzerns zu kopieren, der vom Rohstoff bis zum Endprodukt sämtliche Produktionsstufen „unter einem Dach" organisierte.[35] Volkswagen stütze sich immer auf eine Vielzahl von Zulieferanten, deren Verhältnis zum Werk freilich durch eine starke Asymmetrie der Machtverteilung charakterisiert war. Da in vielen Fällen Zulieferer mit mehr als 50 Prozent ihres jährlichen Outputs an das Volkswagenwerk gebunden waren, eröffneten sich dem Werk direkte Eingriffsmöglichkeiten auf die Preisgestaltung der Lieferanten. Diese waren z.B. im Jahre 1960 bei Lohnerhöhungen im eigenen Bereich von durchschnittlich 8,5 Prozent lediglich in der Lage, davon knapp 0,5 Prozent auf die Preise zu überwälzen, die sie dem Volkswagenwerk in Rechnung stellten.[36]

In der Gestaltung der industriellen Beziehungen vermischten sich amerikanische und deutsche Traditionen. Im Wesentlichen gründete sich auch die Tarifpolitik des Volkswagenwerkes auf den „fordistischen Lohnkompromiß", also jener Koppelung von Lohn- und Produktivitätszuwachs, die im Abkommen von 1948 zwischen General Motors und den United Auto Workers institutionalisiert worden ist und seitdem Modellcharakter angenommen hatte.[37] Die Zuweisung von Privilegien und Positionen innerhalb der Betriebshierarchie war, wie bei Ford, ebenfalls an die Seniorität, also an die Dauer der Betriebszugehörigkeit verbunden. Die Entlohnungskriterien orientierten sich dabei an der Arbeitsplatzbeschreibung und nicht an persönlichen Qualifikationsmerkmalen. Im Gegensatz zum amerikanischen Beispiel ging es aber VW bei der Einführung fordistischer Methoden der Massenproduktion nicht darum, die vollkommene Kontrolle des Managements über den Arbeitsablauf hinaus auch über den Arbeitsplatz durchzusetzen. Sie musste der in Deutschland historisch gewachsenen Tatsache Rechnung tragen, dass ein Unternehmen in erster Linie als eine Gemeinschaft gesehen wurde, in der die Kooperation von Arbeit und Kapital auch Machtteilung zwischen Management und Arbeiterschaft in der Kontrolle über den Arbeitsplatz bedeutete.[38] Wesentliche Elemente des klassischen Paradigmas der handwerklichen Produktion mit seinem Akzent auf der technischen Präzi-

---

[34] VW-Archiv, Nordhoff-Vorlesung über industrielle Wirtschaftsführung an der Technischen Hochschule Braunschweig vom 15.6.1957, 8.

[35] Siehe dazu *H. Ford:* Das große Heute, das größere Morgen. Leipzig o.J. [1926], 130–139.

[36] VW-Archiv Jahresbericht der Hauptabteilung Einkauf und Materialverwaltung für das Jahr 1960, 1–2.

[37] Vgl. *Michael J. Piore / Charles F. Sabel:* Das Ende der Massenproduktion. Frankfurt/Main 1989, 92 ff.

[38] Zur abweichenden Praxis in Großbritannien und in den USA siehe *William Lazonick:* Comparative Advantage on the Shop Floor. Cambridge, Mass., 1990.

sionsarbeit waren auch noch in den modernen institutionellen Ausprägungen deutscher industrieller Beziehungen zu finden.[39] Dass Volkswagen dieser Tradition gerecht zu werden versuchte, schlägt sich nicht nur in der ausgeprägten Gemeinschaftsrhetorik des Managements und einem entsprechenden starken Gefühl für *corporate identity* der Belegschaft nieder. Die Zusammenarbeit mit dem Betriebsrat und der hauseigenen Gewerkschaft führte darüber hinaus während der gesamten 50er Jahre zu einer führenden Rolle des Werkes in der betrieblichen Sozialpolitik. Das Ausmaß übertariflicher Sonderzahlung lässt sich am besten durch den Vergleich mit dem bilanzmäßig ausgewiesenen Reingewinn des Unternehmens dokumentieren. Dieser summierte sich von 1950 bis 1962 auf 689 Millionen DM. Im selben Zeitraum erreichten die freiwilligen Sonderleistungen des Werkes an die Belegschaft eine Höhe von 630 Millionen DM.[40] Den Löwenanteil dieses außertariflichen Budgets machten die jährlich gezahlten Gewinnbeteiligungen aus. In den 50er Jahren zahlte das Volkswagenwerk also fast ebenso viele Sonderleistungen an seine Arbeitnehmer, d. h. über den tariflichen Rahmen hinaus, als es an Bilanzgewinnen auswies. Auf dieser breiten Grundlage betrieblicher Sozialpolitik wurde die Mobilisierung zusätzlicher Produktivitätsreserven aus der Belegschaft möglich.

Von Anfang an orientierte sich Volkswagen, wie auch die anderen großen deutschen Automobilhersteller, am Weltmarkt – ganz im Gegensatz zum großen amerikanischen Vorbild, das sich in den 20er Jahren weitgehend auf den großen amerikanischen Binnenmarkt verlassen konnte. Seine europäische Entsprechung – der große Binnenmarkt der EWG – konnte diese Funktion in den ersten Jahren nach seiner Gründung für Volkswagen keineswegs erfüllen. Frankreich und Italien beharrten auf ihrer protektionistischen Tradition, indem sie ihren jeweiligen Binnenmarkt durch administrative Maßnahmen vor dem deutschen Wettbewerber abschlossen. Hinzu kam, dass 1957, als die Römischen Verträge unterzeichnet wurden, lediglich 16,4 Prozent des westdeutschen PKW-Exports in die spätere EWG gingen, dafür aber 35 Prozent in die übrigen europäischen Industrieländer, die sich wie z. B. die wichtigen Absatzländer Schweden, die Schweiz und Österreich der konkurrierenden Freihandelszone EFTA anschlossen. Noch 1962 übertraf der wertmäßige PKW-Export in den EFTA-Raum mit 27,2 Prozent den EWG-Anteil mit 25,6 Prozent.

Heinrich Nordhoff, der Vorstandsvorsitzende des Volkswagenwerkes, ließ noch 1963 – unter dem Eindruck des gescheiterten Beitritts Großbritanniens – kein gutes Haar an der Gemeinschaft:

„Das Europa der Vaterländer, die kleineuropäische Konstellation, die nur dem französischen Hegemonieanspruch gerecht wird, wäre ein Unglück für Europa, und sie ist selbst als Zwischenlösung untragbar. Dieses System vertieft Gegensätze, die überwunden werden müssen, und es liegt ihm ein Inferioritätskomplex zugrunde, den wir in der deutschen Automobilin-

---

[39] Ebd., 162.

[40] VW-Archiv, Jahresberichte der Hauptabteilungen Personal, Produktion und Finanzen, passim.

dustrie nicht kennen. ... Das EFTA-System funktioniert eben, es ist von Wirtschaftlern organisiert, während im EWG-System zuviel politische Romantik mitspielt."[41]

Wie die übrige Automobilindustrie, war auch Volkswagen nicht vor der Gründung der EWG konsultiert worden. Es sah in der wirtschaftlichen Integration der Sechs eine Entwicklung, die die Gegensätze innerhalb des westeuropäischen Wirtschaftsraums vertiefen musste und beklagte mit dem Verband der Automobilindustrie (VDA) noch 1964, „daß das Automobil Gegenstand eines weltweiten Dirigismus ist, der nur noch von dem für Agrarerzeugnisse üblichen übertroffen wird".[42] Die „Dillon-Runde" des GATT brachte 1961 zwar eine nachhaltige Senkung des gemeinsamen Außenzolls der EWG für den Automobilbereich mit sich. Die USA reduzierten ihren PKW-Zoll von 8,5 auf 6,5 Prozent, während die EWG die Autozölle von 29 auf 22 Prozent zurückführte. Für Westdeutschland bedeutete dies indessen eine Anpassung an den neuen gemeinsamen EWG-Außenzoll nach oben, weil man bisher lediglich Zollsätze in Höhe von 13 bis 16 Prozent erhoben hatte.[43]

Vor diesem Hintergrund kam der Exportstrategie des Volkswagenwerks eine besondere Rolle zu. Sie stützte sich auf ein Netz aus Generalimporteuren und Händlern, die den Vertrieb der aus Wolfsburg gelieferten Fahrzeuge auf den jeweiligen nationalen Märkten zwar nach zentral vorgegebenen und relativ eng definierten Regeln, aber auf eigene Rechnung organisierten. Auf einigen wichtigen Märkten sah man sich gezwungen, den Verkauf durch eigene Tochtergesellschaften zu organisieren und in einigen Fällen auch die Montage des Volkswagens im Ausland selbst vorzunehmen. Im Falle von „Volkswagen Canada Ltd." (1952), „Volkswagen of America Inc." (1955) und „Volkswagen France S.A." (1960) sprach die schiere Bedeutung des Marktes für dieses Verfahren. In den Fällen von „Volkswagen do Brasil" (1953), „South African Motor Assemblers and Distributors Ltd. (SAMAD)" (1956) und „Volkswagen (Australasia) Pty. Ltd." (1957) war die Gründung von Tochterfirmen eine Folge der jeweiligen Wirtschaftspolitik, die auf importsubstituierende Industrialisierung setzte und daher den Marktzugang für Importeure erschwerte.[44] Das Volkswagenwerk beugte sich nur widerwillig diesem Zwang und lehnte den Bau eigener Montagewerke auch oftmals ab – wie etwa in Japan.

Im Gegensatz dazu war der amerikanische Markt von Anfang an ein fester Bestandteil der fordistischen Wachstumsstrategie des Volkswagenwerks – und nicht nur ein Residuum des deutschen Binnenmarktes. Gingen zu Beginn der Automatisierung 8,2 Prozent des Gesamtexports des Unternehmens in die USA so hatte der US-Markt 1962 schon einen Anteil von 31,2 Prozent erreicht und nahm 22,2 Prozent der Inlands-PKW-Produktion des Volkswagenwerkes auf. Anfang der 60er Jahre wurde fast jeder vierte Käfer in die Vereinigten Staaten exportiert.

---

[41] *Heinrich Nordhoff:* Reden und Aufsätze. Zeugnisse einer Ära. Düsseldorf u. a. 1992, 317.

[42] *VDA:* Geschäftsbericht für die Jahre 1962/63 und 1963/64. Frankfurt/Main, 2.

[43] *VDA:* Jahr 1961/62 (wie Anm. 30), 15 und 1959/60, 79.

[44] Zur Präsens des Volkswagenwerks an der „Weltmarktperipherie" siehe *Wellhöner:* „Wirtschaftswunder"-Weltmarkt-Westdeutscher Fordismus (wie Anm. 28).

Grundlegend für diesen Erfolg waren zweifellos die Produktivitätssteigerungen, die der erfolgreiche Einstieg in die Automatisierung nach 1955 möglich machte. Zusammen mit der Überbewertung der Deutschen Mark ermöglichten sie eine wettbewerbsfähige Preisgestaltung ohne zum Mittel des *dumping* greifen zu müssen. Entscheidend war aber, dass der Käfer die Nische auf dem US-Markt fand, die die US-Konzerne bis zur Einführung des *compact cars* 1959 freiließen und die – wie optimistische Prognosen zeigen – auch über dieses Datum hinaus Raum für „Zweitwagen" ließ: „Die Übersicht zeigt, dass zwei von drei Volkswagen von Familien gekauft werden, die mehr als einen Wagen besitzen. Da die Neigung, mehrere Wagen zu besitzen, schnell zunimmt, wächst damit auch das Marktpotential für den Volkswagen".[45] Als Volkswagen 1954 seine Exportoffensive begann, gab es den Kompaktwagen noch nicht, und der Anteil der Importwagen lag nicht höher als bei 0,6 Prozent. Anfang der 60er Jahre hatten die kleineren Wagenklassen einen Marktanteil von rund 35 Prozent errungen, wobei auf *compact cars* 23,8 Prozent (1960) und auf den Käfer 3 Prozent (1961) entfielen. Bevor die amerikanischen Automobilproduzenten nicht voll und ganz davon überzeugt waren, dass der zu erwartende Umsatz die Investitionen rechtfertigt und ein angemessener Gewinn anfiel, waren sie nicht bereit, hohe Entwicklungskosten für Modell, Design, Umstellung der Produktion und für die Anschaffung von Spezialwerkzeugen und Maschinen zu finanzieren, die nötig waren, um eine neue Produktionsstraße einzurichten. Aber auch nachdem die kleineren US-Produzenten Studebaker and American Motors 1957 die ersten ‚kompakten' Modelle, den *Lark* und den *Rambler* auf den Markt brachten und die großen drei US-Konzerne General Motors, Ford and Chrysler 1959 eigene *compact cars* folgen ließen, konnte Volkswagen seinen Marktanteil sogar von 1,7 (1958) auf 2,8 Prozent (1962) steigern, während andere Importeure, wie z. B. Renault, tiefe Einbrüche hinnehmen mussten. Die Ursachen für diese Wettbewerbsfähigkeit lagen einerseits in der schon erwähnten Produktivitätsverbesserung, aber auch und nicht zuletzt in der Qualität des inzwischen aufgebauten Servicenetzes. Die Zahl der VW-Händler in den USA stieg zwischen 1957 und 1962 von 347 auf 687. Der Preis, den Volkswagen für dieses hohe Serviceangebot zahlen musste, bestand in der chronischen Unfähigkeit, alle Exportmärkte im gewünschten Umfang beliefern zu können. Zwar stieg die Zahl der auf den einzelnen amerikanischen Händler entfallenden Exportfahrzeuge zwischen 1957 und 1962 von 161 auf 292. Doch wurden damit bei weitem nicht alle Lieferwünsche der Händler erfüllt. Das Werk folgte damit konsequent der von Heinrich Nordhoff schon zu Beginn der Verkaufsoffensive in den Vereinigten Staaten ausgegebenen Devise:

> „Es wird ... nötig sein, den Absatz von Volkswagen in den USA nicht über Gebühr zu forcieren, sondern allergrößtes Gewicht auf den Ausbau der noch sehr unzulänglichen Service-Organisation zu legen, weil jeder Rückschlag und jegliche Unzufriedenheit auf diesem Gebiet absolut vermieden werden müssen."[46]

---

[45] VW-Archiv, Annual Report der Volkswagen of America 1962, 14.

[46] VW-Archiv, USA-Office 1.5.1954–31.12.1955, Brief von Nordhoff an van de Kamp vom 24.6.1955.

Ebenso wenig gab Volkswagen der Versuchung nach, den Käfer auch an Ort und Stelle zu produzieren. Dahingehende Pläne, die von Studebaker erworbene Montagefabrik in New Brunswick/New Jersey dazu zu nutzen, wurden im Januar 1956 aus Rentabilitätsgründen endgültig aufgegeben. Eine Produktion oder Montage in den USA hätte einerseits die Kostendegression in Wolfsburg gebremst, da ein wachsender Teil der Fertigung aus der deutschen Fabrikation abgezogen worden wäre, andererseits aber auch nicht die Stückzahlen erreicht, die für eine fordistische Massenproduktion ausreichend gewesen wäre. Stattdessen setzte Volkswagen verstärkt auf den Ausbau des Servicenetzes, das Volkswagen of America als reine Handelsgesellschaft von seiner Zentrale in Englewood Cliffs/New Jersey aus vorantrieb.

V. „Fordismus in einem Lande": Die Automobilindustrie der DDR

In gewisser Weise setzen sich die makro-ökonomischen Rahmenbedingungen, die in der Zwischenkriegszeit die Einführung fordistischer Methoden der Massenproduktionen in der deutschen Automobilindustrie verhindert hatten, in Ostdeutschland auch nach 1945 fort. Ideologische Diskurse, die den Fordismus in den 20er Jahren geradezu zum kapitalistischen Widerpart einer kommunistischen Lösung der sozialen Frage stilisierten und Henry Ford und Karl Marx als große gesellschaftspolitische Widersacher erscheinen ließen,[47] spielten in der Praxis kaum noch eine Rolle. Die Absicht der ostdeutschen Planwirtschaft, die Vorteile industrieller Großserien und rationeller Fertigung zu nutzen, brach sich zum einen an den Unzulänglichkeiten des östlichen Weltmarktsegmentes, innerhalb dessen die DDR-Außenwirtschaft zu operieren hatte. Zum anderen fehlt es an entscheidenden binnenwirtschaftlichen Weichenstellungen, wie dem Ausbau der Verkehrsinfrastruktur und der Förderung des Individualverkehrs.

Obwohl die sowjetische Besatzungszone nach 1945 rund 30 Prozent der Kapazität der früheren deutschen Automobilindustrie ‚erbte' (ihr Anteil an der gesamten deutschen Nettoindustrieproduktion betrug dagegen 27,5 Prozent) spielte die Automobilproduktion deshalb keine wichtige Rolle beim Aufbau der ostdeutschen Wirtschaft während der 50er Jahre. Es lässt sich nicht mit Bestimmtheit sagen, ob dies das Ergebnis ausdrücklicher politischer Entscheidungen gewesen ist, die im Politbüro gefallen sind, oder einfach nur Folge ungünstiger Bedingungen, die aus der schwachen Weltmarktintegration und dem Mangel an Energieeinfuhren herrührten. Letzteres trifft sicher bis 1963 zu, als die neuerbaute russische Ölpipeline „Freundschaft" endlich die Verfügbarkeit von Energie wesentlich verbesserte.

Es ist in der DDR ebenfalls versucht worden, die Vorteile der Massenfertigung zu nutzen, wobei von den Möglichkeiten der Standardisierung und der Auflage von Großserien in hohem Maße Gebrauch gemacht werden konnte. Dies gilt u. a. für

---

[47] So z. B. von KPD-Mitgründer *Jacob Walcher:* Ford oder Marx. Die praktische Lösung der sozialen Frage. Berlin 1925.

den Schiffbau und später für den serienmäßigen Wohnungsbau. Im Prinzip wurde die Automobilindustrie auch in der DDR ‚fordistisch' organisiert. Das Produktionsprogramm war im Wesentlichen auf zwei PKW-Typen konzentriert. (Tabelle 2) In den 60er Jahren wurde der Bau von Personenkraftwagen zudem innerhalb eines einzigen zentralgeleiteten Kombinats mit Sitz in Karl-Marx-Stadt (Chemnitz) zusammengefasst. Bis dahin hatte sich die DDR-Automobilindustrie zwar langsamer entwickelt als im Westen, hatte ihre Innovationsfähigkeit aber noch nicht völlig verloren. Der ‚Trabant', ein 500 ccm Zweizylinder-Zweitakter, ging Ende 1957 in Produktion, um seit den 70er Jahren eine Serie von jährlich 100.000 Stück zu erreichen. Es war der erste deutsche Gebrauchswagen mit einer serienmäßigen Kunststoffkarosserie. Dies war die Antwort auf einen der Hauptengpässe des deutschen Automobilbaus der 50er Jahre, den Mangel an Tiefziehblechen, der auch dem Volkswagenwerk zu Beginn des Jahrzehnts zu schaffen gemacht hatte. Die Bodengruppe des Trabant wurde im ehemaligen ‚Horch'-Werk gefertigt, Karosserie, Bau und Endmontage fanden bei ‚Audi' statt. Beide Werke wurden schließlich zum VEB Sachsenring Zwickau vereinigt.

Als Wagen der unteren Mittelklasse war der ‚Wartburg 311' vorgesehen, der aus dem alten BMW-Werk in Eisenach hervorging. Seine Zukunft als ein international wettbewerbsfähiges Automobil wurde spätestens am Ende der 50er Jahre gestoppt, als ihm die Entwicklung eines Viertaktmotors verweigert wurde. Sein Nachfolgemodell, der Wartburg 353, das Mitte 1966 in Serie ging, entsprach dennoch dem Stand der Technik. In Zusammenarbeit mit französischen und westdeutschen Firmen gelang die Modernisierung des gesamten Karosseriebaus und teilweise auch der mechanischen Abteilungen der Motoren- und Fahrwerkfertigung. Es wurden nicht nur moderne Schweißanlagen und Vielpunkt-Einrichtungen sondern auch Taktstraßen für Zylinderkopf- und Schwenklager aufgebaut.

Mit Jahresserien von 100.000 bzw. 50.000 Wagen fehlte es durchaus nicht an Anreizen für die Anwendung von Methoden fordistischer Massenproduktion. Auch die Relevanz eines anderen fordistischen Paradigmas, die beschränkte Verfügbarkeit qualifizierter Arbeitskräfte, lässt sich angesichts der anhaltenden Ost-West-Wanderung von Facharbeitern innerhalb Deutschlands für Ostdeutschland in den 50er Jahren nicht leugnen. Andere Voraussetzungen für den wirtschaftlichen Erfolg der fordistischen Produktionsweise fehlen indessen fast vollständig. Insbesondere der „fordistische Lohnkompromiss" ist dem DDR-System (mit einer kurzfristigen Ausnahme in den frühen 70er Jahren) fremdgeblieben. Typisch war hier im Gegenteil der „negative Klassenkompromiss", d. h. die Leistung der Arbeiter passte sich dem niedrigen Niveau und der langsamen Entwicklung der Einkommen an. Auch über Sonderprämien ließ sich ein Zugriff auf höhere Konsummöglichkeiten kaum realisieren. Aber auch das System der „reproduktiven Geschlossenheit" innerhalb des Kombinats, das das Problem der mangelhaften Zulieferung lösen sollte, stand einer raschen Produktivitätsverbesserung im Wege. Die Fertigungstiefe im PKW-Kombinat lag zuletzt bei nicht weniger als 80 Prozent.[48] Im Vergleich dazu betrug der Anteil der Eigenfertigung klassischer Zulieferungen bei führenden Automobilfirmen im Westen nur noch 40 bis 30 Prozent, bei den japanischen Automobilkonzernen sogar bei 25 bis 15 Prozent.

Im Zusammenwirken dieser Faktoren hatte die PKW-Industrie innerhalb der Wirtschaft der DDR keine große Bedeutung. Obwohl in beiden deutschen Staaten der Maschinen- und Fahrzeugbau bzw. die gesamte metallverarbeitende Industrie mit ca. 25 Prozent bzw. 35 Prozent an der gesamten Industrieproduktion etwa gleich hohe Anteile hatten, war dies beim Kraftfahrzeugbau nicht der Fall. Während in Westdeutschland die Kraftfahrzeugindustrie etwa 40 Prozent der Produktion des Maschinen- und Fahrzeugbaus und nahezu 30 Prozent der metallverarbeitenden Industrie ausmachte, waren es in der DDR lediglich 18 bzw. 12,5 Prozent. Gerade die Versuche, „Fordismus in einem Lande" zu praktizieren,[49] machen deutlich, dass die innovative Kraft der neuen Produktionsweise, wie sie in Westdeutschland vor allem in der Automobilindustrie ihren Ausdruck findet, nicht in erster Linie in der Nutzung von *economies of scale* liegt. Vielmehr bietet die sich in den 50er Jahren vertiefende Weltmarktintegration im Westen die Voraussetzungen für ein hohes Maß an Arbeitsteilung, das erhebliche Kostenvorteile mit sich brachte, den Technologietransfer über die Grenzen hinweg erleichterte und unter hohem Wettbewerbsdruck die Durchsetzung von Innovationen beschleunigte.[50] Die DDR musste dagegen Spezialmaschinen und andere High-Tech-Inputs, die die westdeutsche Automobilindustrie zu Beginn der Automatisierung aus den Vereinigten Staaten einführen konnten, selbst entwickeln und herstellen. Gerade hier aber traten die Mängel offen zutage, wie einem Bericht des Zentralamtes für Forschung und Technik vom April 1960 zu entnehmen ist:

„Der Rückstand in der Automatisierung ist in erster Linie auf die Versäumnisse beim Auf- und Ausbau der Betriebe, der Betriebsmeß- und Regeltechnik und der Elektronik zurückzuführen. Außerdem bleibt die Entwicklungskapazität auf diesen Gebieten und die Fertigung von Bauelementen der Elektrotechnik weit hinter den Bedürfnissen zurück."[51]

---

[48] *Wirtschaftsforschung GmbH Berlin* (Hrsg.): Regionalstudie zur Entwicklung und Standortverteilung der Kraftfahrzeug- und ihrer Zulieferindustrie im östlichen Deutschland (Beiträge zur regionalen Wirtschaftsentwicklung, 4). Berlin 1992, 13.

[49] Vgl. zu diesem Konzept: *Ulrich Voßkamp / Volker Wittke:* „Fordismus in einem Land". Das Produktionsmodell der DDR In: Sozialwissenschaftliche Informationen 10/3 (1990), 170–180.

[50] Die DDR konnte – u. a. wegen des COCOM-Embargos – nicht in dem Umfang wie die BR Deutschland von den technologischen Neuerungen auf den westlichen Märkten profitieren. Am Beispiel des VW-Werkes wird deutlich, welche überragende Bedeutung der Import von Qualitätsstählen, Spezialmaschinen usw. für die Verbesserung der Wettbewerbslage dieses Werkes hatte.

[51] Zitiert nach *Wolfgang Mühlfriedel:* Zur technischen Entwicklung in der Industrie der DDR in den 50er Jahren. In: Axel Schildt / Arnold Sywottek (Hrsg.): Modernisierung im Wiederaufbau. Die westdeutsche Gesellschaft der 50er Jahre. Bonn 1993, 168.

In der DDR verhinderte die erzwungene Hinwendung zum ‚Fordismus in einem Lande' deshalb die Entwicklung einer modernen nachindustriellen Wirtschaftsstruktur.

VI. Ausblick: Postfordismus oder diversifizierte Qualitätsproduktion?

Von der Automobilindustrie ausgehend setzte der Fordismus bis in die 70er Jahre seinen Siegeszug durch die westdeutsche Industrie fort. Wenn auch das ‚Wirtschaftswunder' nicht die Folge der Einführung fordistischer Methoden der Massenproduktion gewesen ist, so verliehen diese der westdeutschen Rekonstruktionsperiode doch ihren spezifischen Charakter. Wichtige industrielle Branchen, wie die chemische Industrie, die Elektrotechnik oder der Maschinenbau, zu dem der Fahrzeugbau gehört, öffneten sich dem Fordismus z. T. ebenfalls. Als Führungssektor der westdeutschen Wirtschaft nahm die Automobilwirtschaft entscheidenden Einfluss auf das soziale System der Produktion, um die Voraussetzung für ihr Funktionieren abzusichern und weiterzuentwickeln. Am deutlichsten wurde dies im Ausbau der Infrastruktur sichtbar – von den Autobahnen bis hin zur ‚autogerechten' Stadt. Aber auch in der Lohnpolitik war die Erfahrung, die in den Hochburgen der fordistischen Massenproduktion gemacht wurde, für die Gesamtwirtschaft beispielgebend. Bis Ende der 60er Jahre lief die Entwicklung der Reallöhne praktisch parallel zur Entwicklung der gesamtwirtschaftlichen Produktivität. Und auch in den Jahren danach klafften beide Kurven nicht weit auseinander. Die fordistische Erfahrung prägte auch die Praxis der westdeutschen Mitbestimmung. Diese war zwar in ihrer paritätischen Form nur im Bereich der Montanwirtschaft gesetzlich festgeschrieben, fasste aber auch weit darüber hinaus in den Großunternehmen Fuß. Gewerkschaften und Management teilten sich in die Kontrolle des Arbeitsplatzes und schufen damit Vertrauen und Stabilität, die für mittel- und langfristige Planung und für die Investitionen in das ‚menschliche Vermögen' unumgängliche Voraussetzungen waren. Die neue Produktionsweise schuf auch das Bedürfnis nach einer Konjunkturpolitik, die zur Verstetigung der Absatzentwicklung beitragen konnte.

Alle diese Verhaltensweisen und politischen Zielsetzungen haben die Krise des Fordismus, die in den USA und Deutschland Mitte der 70er Jahre eintrat, lange überlebt, auch wenn die fordistische Produktionsweise tiefgreifende Transformationen erfuhr.[52] Der Fordismus hat damit weltweit die Instrumente hervorgebracht, die es der Wirtschaft ermöglichten, auch mit den Folgen seines Niedergangs fertig zu werden. In Deutschland lag es nahe, den Kern seiner Produktionsweise immer stärker dem klassischen Muster der diversifizierten Qualitätsproduktion anzunähern. Facharbeiter haben die ehemals tayloristische Arbeitsorganisation längst auf den Kopf gestellt, während der Einzug der Elektronik und anderer Hochtechnologien den Anteil

---

[52] *Haruhito Shiomi / Kazuo Wada:* Fordism Transformed. The Development of Production Methods in the Automobile Industry. Oxford 1995.

materieller (d. h. industrieller) Wertschöpfung am Auto zu einer *quantité négligeable* absinken ließ.[53] Diese Einbettung des Fordismus in die Rahmenbedingungen der Zweiten Wirtschaftlichen Revolution hat der deutschen Automobilproduktion das Paradoxon ermöglicht, heute das Prinzip der nachindustriellen Maßschneiderei erfolgreich auf ein ‚Massenkonsumgut' anzuwenden.

Tabelle 1
PKW-Bestand der Bundesrepublik 1959, nach Hubraumklassen[54]

Hubraumklasse	PKW-Typ	Prozent der erfassten Bestände[a]	der Hubraumklassen
Klasse I bis 999 ccm	DKW Meisterklasse und F 93	3,0	14,9
Kleinwagen	BMW Isetta 250 und 300 BMW 600	3,7	18,3
	Fiat/NSU 600/Jagst	4,3	21,2
	Lloyd LP 400	3,9	19,6
	LP 6	5,1	26,0
	insgesamt	**20,1**	**100,0**
Klasse II 1.000 bis 1.499 ccm	Borgward Isabella	1,9	2,7
Mittelklassewagen	Fiat/NSU 1.100/Neckar	1,3	1,9
	Ford 12 M	4,5	6,5
	15 M	2,1} 6,6	3,1} 9,6
	Opel Olympia 51 LZ und P	8,1	11,8
	Olympia-Rekord	8,3} 16,4	12,0} 23,8
	VW Standard und Export	42,8	62,0
	insgesamt	**69,0**	**100,0**

---

[53] Schon zu Beginn des 21. Jahrhunderts lag der Facharbeiteranteil selbst bei VW-Sachsen bei 97 Prozent und der Anteil der Elektronik bei einem durchschnittlichen Auto bei 40 Prozent. *Boch:* Automobilindustrie (wie Anm. 4), Anhang, 274, 278.

[54] *Berndt Lehbert:* Die Nachfrage nach Personenkraftwagen in der Bundesrepublik Deutschland. Tübingen 1962, 31.

Tabelle 1 (Fortsetzung)

Hubraumklasse	PKW-Typ	Prozent der erfassten Bestände[a]	der Hubraumklassen
Klasse III ab 1.500 ccm Große Wagen	Daimler Benz 170 V und 170 S	2,2	20,4
	180	1,6	14,2
	180 D	2,8	26,0
	Ford 17 M	1,8	16,8
	Opel Kapitän – 51 LV und P insgesamt	2,5	22,6
		10,9	100,0
	Insgesamt	100,0	-

a) Erfasster Bestand = 71 Prozent des Gesamtbestandes

Tabelle 2
PKW-Bestand der DDR 1945–1989[55]
I. „Wartburg" (VEB Autowerke Eisenach)

Typ	Zeitraum	Hubraumklasse	Gesamtproduktion
321	1945–50	1971	8.996
327	1948–56	1971	505
340	1949–55	1971	21.249
F 9	1953–55	900	38.783
311/321	1955–66	900/991	288.535
313	1957–60	900	469
353	1966–88	991	1.224.662
1.3	1988–89	1272	kA

II. „Trabant" (VEB Autowerke Sachsenring Zwickau)

F8	1949–55	690	26.267
F9	1949–53	900	1.880
P240	1955–59	2.407	1.382
P70	1955–59	690	36.796
P50	1957–59	500	131.495
P60	1962–64	595	106.117
P601	1964–89	595	3.000.000

---

[55] *Michael Dünnebier:* Eberhard Kittler. Personenkraftwagen sozialistischer Länder. Berlin 1990, 59. 64, 74.

II. Arbeitergeschichte im 19. und 20. Jahrhundert

Die deutsche Gewerkschaftsbewegung im internationalen Vergleich

Von *Thomas Welskopp*

Der Schwung ging der Arbeiterbewegungsgeschichte seit Anfang der 1990er Jahre just in dem Moment abhanden, als sie sich daran gemacht hatte, zwei alte Postulate endlich methodisch umzusetzen: Zum einen versuchte man sich nun ernsthaft daran, Arbeiter- und Arbeiterbewegungsgeschichte zusammenzuführen.[1] Zum anderen griffen (damalige) Nachwuchshistoriker auf organisationssoziologische Konzepte wie das der *Mikropolitik* zurück, um sowohl die soziologischen Grundlagen von Arbeiterorganisation mit breitem vergleichenden Blick freizulegen als auch die sozialen Praktiken innerhalb der Organisationen, die oftmals einer internen Eigenlogik folgen und die Dynamik von Organisationen federführend vorantreiben, zu erfassen.[2] Auch das Innere der Betriebe, die eigentlichen Arbeitsprozesse in ihren sozialen Kontexten, rückte nun in den Brennpunkt des Interesses. Passé und theoretisch unbefriedigend erschien damals unter anderem eine Gewerkschaftsgeschichte, die sich in Organisations- und Programmgeschichte buchstäblich erschöpfte. Die Organisation der Arbeiter galt nicht mehr als selbstverständlich, sondern theoretisch eher unwahrscheinlich, was eine Erklärung umso dringlicher machte, und diese Erklärung fand ältere Deutungsmuster von einer ideologisch informierten rationalen Zuordnung als individuellem Akt und einer „natürlichen" Solidarität auf der Basis einer abstrakten „geteilten Lage" überaus unbefriedigend.

Dieser Aufbruch Anfang der 1990er Jahre scheint bis heute unterbrochen. Zwar mehren sich die Anzeichen, dass die Beschäftigung mit den Gewerkschaften und ihrer Geschichte wieder angelaufen ist und Tendenzen der Intensivierung zeigt. So sehr das zu begrüßen ist, so sehr erstaunt jedoch, in welch konventionellen Bahnen sich diese neueren Forschungen bewegen. Von den Postulaten der 1990er Jahre ist kaum noch die Rede. Und der historische Blick hat sich einmal mehr auf den deut-

---

[1] *Thomas Welskopp:* Ende der Arbeiterbewegung – Neuorientierung der Arbeitergeschichte? Zu neueren Veröffentlichungen in der Arbeiter- und Arbeiterbewegungsgeschichte. In: Archiv für Sozialgeschichte 30 (1990), 575–583.

[2] *Dietmar Süß:* Mikropolitik und Spiele. Zu einem neuen Konzept für die Arbeiter- und Unternehmensgeschichte. In: Jan-Otmar Hesse / Christian Kleinschmidt / Karl Lauschke (Hrsg.): Kulturalismus, neue Institutionenökonomik oder Theorienvielfalt. Eine Zwischenbilanz der Unternehmensgeschichte. Essen 2002, 117–136; *Thomas Welskopp:* Arbeiter in Betrieb und Milieu. Studien zur Sozialgeschichte von Arbeitern und Arbeiterbewegung seit dem 19. Jahrhundert. In: Archiv für Sozialgeschichte 31 (1991), 464–80.

schen Raum verengt und den transnationalen Vergleich aus den Augen verloren.[3] Deshalb ist das Anliegen des folgenden Beitrags, die Ansätze der frühen 1990er Jahre noch einmal mit Nachdruck aufzugreifen und zu skizzieren, wie sie eine Gewerkschaftsgeschichte von ihren Anfängen bis in die unmittelbare Gegenwart erweitern könnten.

Gewerkschaften sind ihrer gesellschaftlichen Natur nach *nicht* in erster Linie der organisatorische Ausdruck einer auf die Gesamtheit der „Klasse" bezogenen Arbeitersolidarität. Sie sind *operative Verbände*, die Organisationsmacht zu maximieren suchen, um die Interessen ihrer jeweils fest umrissenen Mitgliederbasis möglichst wirkungsvoll durchzusetzen. Dabei sind sie – anders als die allgemeinen Arbeitervereine – in zweierlei Hinsicht *partikulare* Organisationsformen: *Zum einen* richten sie sich gegen einen klar zu identifizierenden Gegner. Dieser Gegner ist der Eigentümer des produktiven Kapitals, mit dem die Gewerkschaftsmitglieder arbeiten, der Arbeitgeber, der mit den Gewerkschaftsmitgliedern in einem Arbeitsvertragsverhältnis steht, bzw. der weisungsbefugte Herrschaftsträger in den betrieblichen Produktionsbeziehungen.[4] Am deutlichsten kristallisiert sich die Gegnerrolle aus, wenn diese drei Funktionen von ein und demselben Personenkreis verkörpert werden. Diese auf den ersten Blick trivial anmutende Definition gewinnt dann ihren Sinn, wenn, wie später auszuführen sein wird, soziale Konstellationen untersucht werden, in denen eine solche Koinzidenz gesellschaftlicher Machtpositionen *nicht* vorgelegen hat. Gerade das nämlich war in vielen deutschen Gewerken der Fall. In einem zentralisierten Fabrikbetrieb etwa der Maschinenbauindustrie vereinigte der Unternehmer die Funktionen des Kapitalisten und des Arbeitgebers, während er betriebliche Herrschaft an angestellte Meister und Obermeister delegieren mochte. Im verlegten Webereigewerbe Westsachsens dagegen verteilten sich diese Funktionen auf drei unterschiedliche Personenkreise: der Verlagskaufmann gab das Kapital, der Zwischenhändler, Faktor oder Verleger fungierte als Arbeitgeber, und der einzelne Webermeister organisierte die Arbeit in seiner Werkstatt autonom, übte aber seinerseits betriebliche Herrschaft über seine Gesellen aus. Zudem waren nicht einmal diese Positionen eindeutig definiert: der Verleger mochte die Webstühle der Textilhandwerker besitzen und also selber eine gewisse Kapitalgeberfunktion erfüllen. Der Webermeister war – als Auftragnehmer des Faktors – Arbeitnehmer, gegenüber den bei ihm beschäftigten Gesellen aber Arbeitgeber.[5]

---

[3] Vgl. *Dietmar Süß:* A scheene Leich? Stand und Perspektiven der westdeutschen Arbeitergeschichte nach 1945. In: Mitteilungsblatt des Instituts für Soziale Bewegungen 35 (2005), 51–70.

[4] Vgl. *Thomas Welskopp:* Ein modernes Klassenkonzept für die vergleichende Geschichte industrialisierender und industrieller Gesellschaften. Kritische Skizzen und theoretische Überlegungen. In: Karl Lauschke / Thomas Welskopp (Hrsg.): Mikropolitik im Unternehmen. Arbeitsbeziehungen und Machtstrukturen in industriellen Großbetrieben des 20. Jahrhunderts. Essen 1994, 48–106.

[5] Vgl. *Wilhelm Liebknecht:* Zu Schutz und Trutz. Festrede gehalten zum Stiftungsfest des Crimmitschauer Volksvereins am 22. Oktober 1871. 6.Aufl. Berlin 1891, 31–32.

Zum anderen sind Gewerkschaften hinsichtlich ihrer Mitgliedschaft notwendig partikular. Da sie konkrete Interessen vertreten, müssen sie sich auf spezifische, nicht verallgemeinerbare Produktionskontexte beziehen. Das beschränkt ihre Klientel auf Arbeitskräfte, die *konkrete* Interessen teilen. Es ist typisch, dass Gewerkschaften in unterschiedlichen Branchen und Betrieben strukturell gleichartige Interessen haben und parallel vertreten; trotzdem bleibt die Gewerkschaftsbewegung im engeren Sinne einer praktischen, machtgestützten Interessenorganisation *eine Summe partikularer Verbände*.[6] Um nämlich konkrete Interessen durchsetzungsfähig vertreten zu können, gilt für Gewerkschaften das Prinzip der Maximierung von Organisationsmacht. Diese Organisationsmacht basiert in erster Linie auf sozialen Ressourcen, die in der Basis der Gewerkschaften *unabhängig von den Organisationen* vorhanden sind. Gewerkschaftliche Organisationsmacht entsteht durch die Akkumulation von Ressourcen und die Koordination ihrer Allokation. Die Mitgliedersolidarität in der Gewerkschaftsbewegung ist daher in erster Linie weder Ausweis einer „allgemeinen" Arbeitersolidarität noch die *Leistung* der Organisation. Vielmehr ist sie die zentrale *Ressource*, die Voraussetzung für die Herausbildung von Organisationsmacht. Daher existieren für verschiedene Berufsgruppen und betriebliche Konstellationen auch unterschiedliche Solidaritätsgrundlagen, die *in ihrer Spezifik* gewerkschaftliche Bindungsformen, Arbeitskampfformen und institutionelle Formalisierungen prägen. Erst auf der Basis dieser „vororganisatorischen" Ressourcen kann eine gewerkschaftliche Organisation sekundäre, subsidiäre Machtpotentiale aufbauen, die dann wiederum Mitgliedersolidarität aufrechtzuerhalten und zu stärken vermögen. Ressourcenpoolung kann regionale Ungleichgewichte ausgleichen. Sie bietet die Chance der Kräftekonzentration. Und sie ermöglicht die Koordination von Aktionen, nicht zuletzt durch die Bereitstellung kommunikativer Infrastrukturen.

Die Maxime der Organisationsmachtoptimierung erklärt den partikularen Charakter von Gewerkschaften: Eine Gewerkschaft ist umso stärker, je stärker die sozialen Ressourcen sind, die ihre Mitglieder in sie einbringen. Die Macht der großen Zahl ist dabei nur eine unter vielen Arten von Ressourcen, und sie ist nur in einigen Fällen die wirkungsvollste. Ebenso wichtig – und in vielen Fällen, die wir im 19. Jahrhundert beobachten, wichtiger – sind die Homogenität der Basis, ihre Vernetzungsdichte oder ihre *vororganisatorische Gruppenstruktur*, die durchaus Hierarchien beinhalten kann. Daher ist es kein Zeichen von Rückständigkeit, wenn die Gewerkschaften des 19. Jahrhunderts in vielerlei Hinsicht exklusive Praktiken ausbildeten. Gewerkschaften suchen starke Basisgruppen in sich zu vereinigen. Sie versuchen, die spezifische Stärke ihrer Basis auszubauen und zu konservieren, indem sie schwächere Gruppen ausschließen oder das unkontrollierte Eindringen von Gruppen verhindern, die ihre Homogenität gefährden oder Gruppenressourcen aufzehren könnten. Fast immer richteten sich die Gewerkschaften des 19. Jahrhunderts gegen ungelernte Arbeiter; es waren die starken Berufsgewerkschaften in den frühen Werkstattindustrien, die die Linie zwischen qualifizierten Facharbeitern und unqualifizierten Hilfsarbeitern

---

[6] Vgl. *Welskopp:* Ein modernes Klassenkonzept (wie Anm. 4), 48 ff.

so unerbittlich durchzogen.[7] Ähnlich verhielt es sich in der Frage der Frauenbeschäftigung. Die Berufsgewerkschaften des 19. Jahrhunderts kämpften aus einer Reihe von Gründen für eine Beschränkung der Frauenarbeit, für eine strikte Trennung „männlicher" von „weiblichen" Tätigkeiten oder auch für das komplette Hinausdrängen von Frauen aus dem betrieblichen Arbeitsmarkt. Die zuweilen künstliche „Vermännlichung" von Berufen diente der Homogenisierung der Mitgliedschaft und damit der Maximierung von Organisationsmacht. In dieser Hinsicht bildeten die männlichen Arbeitskräfte zusammen mit den Arbeitgebern eine „antagonistische Akteurskoalition" (Heiner Minssen), denn erst die Bereitschaft zur exklusiven Praxis auf Seiten der Arbeiterschaft selber ermöglichte eine diskriminierende Entlohnung der Frauen durch die Arbeitgeber, eine diskriminierende Behandlung, die Kosten senkend war und sich im Grunde an *jeder* sozialen Unterscheidungslinie im Betrieb festmachen konnte. Die Kontrolle über Qualifizierungsprozesse war ebenfalls Bestandteil der Organisationsmachtsicherung. Die Lehrlingsausbildung in der Hand zu haben, bedeutete für Gewerkschaften und ihre Mitglieder, den Qualifikationsstandard der eigenen Gruppe zu sichern. Es bedeutete aber auch, die Zahl der Lehrlinge begrenzen zu können und diesen durch Variationen der Ausbildungslänge den Zugang zum Status des vollwertigen Arbeiters zeitweilig zu verwehren. Damit hielt man *potentielle* Lehrlinge vom eigenen Beruf fern und *tatsächliche* Lehrlinge außerhalb der Ränge, die das Niveau der Organisationsmacht bestimmten. Weitere Linien der Exklusivität sind leicht aufgezählt: Gewerkschaften sind Organisationen von Arbeitsplatz*besitzern* und richten sich nicht zuletzt *gegen* Arbeitslose unter den Berufskollegen, auch auf gleichem Qualifikationsniveau. Schließlich waren die Berufsgewerkschaften des 19. Jahrhunderts Interessenkoalitionen von Organisierten, die sich gegen unorganisierte Berufskollegen richteten. Gewerkschaften kämpfen immer nur für die eigene Mitgliedschaft. Das „Trittbrettfahrerproblem" ist ein Gewerkschaftsproblem; es ist durchaus im Interesse der Arbeitgeber, eine flächendeckende Organisation eines Berufs oder Betriebs zu verhindern, indem man durch die Übernahme tariflicher Abmachungen für die Gesamtbelegschaften den Anreiz zum Gewerkschaftsbeitritt reduziert.

Gewerkschaftliche Exklusivität in den typischen Formen des 19. Jahrhunderts ist zu Unrecht als zünftiges Relikt gedeutet worden. Zwar nahm sie mit ihrer Ausrichtung entlang von beruflichen Unterscheidungslinien Strukturen an, die man aus der Zunftzeit kannte. Gerade die ehemals zünftigen Gewerke organisierten auch Gewerkschaften innerhalb von Abgrenzungen, die eine lange zünftige Tradition besaßen. Aber um eine realistische Bewertung der frühen Gewerkschaftsbewegung vorzubereiten, müssen die Unterschiede zwischen zünftiger und gewerkschaftlicher Exklusivität betont werden. *Zünftige Exklusivität* diente der Positionsbestimmung fest umrissener handwerklicher Berufsgruppen in der ständischen Gesellschaft der Städte. Sie war eine Ressource, die eine holistische Lebensweise und Identität absicherte.

---

[7] Vgl. *David Montgomery:* To Study the People. The American Working Class. In: Labor History 21 (1980), 485–512; *Ders.:* „Once upon a Shop Floor". An Interview with David Montgomery. In: Radical History Review 23 (1980), 37–53.

Nicht zuletzt begründete sie das Anrecht auf den Bürgerstatus, jedenfalls für die Meister. Daher richtete sich zünftige Exklusivität weniger gegen ökonomische als gegen gesellschaftspolitische Gegner. Das geflügelte Wort von den allgegenwärtigen „Zunftrivalitäten" belegt die Frontstellung der Zunft gegen die Korporationen aller anderen Berufe. Die zweite Distanzierungslinie verlief zwischen zünftigen und unzünftigen Handwerken und Gewerben und war ebenfalls an den politischen Bürgerstatus gebunden. Darüber hinaus verkörperte die zünftige Korporation die soziale Gesamtorganisation eines Berufes in einer Stadt; sie war also, indem sie die arbeitgebenden Meister und die arbeitnehmenden Gesellen einschloss, *sozial inklusiv*. Diese Inklusivität erst, gestärkt durch kommunale und obrigkeitsstaatliche Privilegien, ermöglichte die Durchsetzung *innerständischer* Exklusivität der Meister gegen die Gesellen, eine Exklusivität, die die gesamte handwerkliche Lebensweise durchzog und sich über die betriebliche Herrschaft hinaus auf eine allumfassende hausväterliche Autorität erstreckte. Zünfte waren intern streng hierarchisch gegliedert. Unter der Führung der Meisterkorporation existierten stets Sondergruppen, die korporative Unterabteilungen bildeten. So teilte sich die Gesellenkorporation in die Gruppen der Ortsansässigen und der Fremden, und die Fremden gliederten sich noch einmal in Verheiratete und Reisende.[8] Zünfte waren keine Kampforganisationen. Ihre wirtschaftliche Funktion lief auf die Sicherung einer „standesgemäßen Nahrung" hinaus, die freilich krasse interne Ungleichheit nicht ausschloss. Es waren in der Regel die größten und reichsten Meister, die die Zünfte kontrollierten und nach außen repräsentierten. Autonome Gesellenorganisationen innerhalb der Zünfte konnten durchaus einen *gewerkschaftsähnlichen* Charakter annehmen – das galt vor allem für die überregionalen geheimen Gesellenverbindungen, die dem durchweg *lokalen*, an die individuelle „Stadtpersönlichkeit" gekoppelten Korporativprinzip der Zünfte entgegenstanden. Auch die vielen Gesellenstreiks des 18. Jahrhunderts waren durchaus Kampfaktionen. Aber sie trugen einen Protestcharakter, der über den ökonomischen Kern der Konflikte hinauswies. Gesellenstreiks wurden geführt, um innerhalb der Korporation eine „standesgemäße" Behandlung einzuklagen, was die Lohnhöhe unbefangen einschloss. Sie wurden von Meistern und städtischer Obrigkeit als bedrohlich empfunden und hart bekämpft, weil sie die „Einheit der Zunft", einen wesentlichen Pfeiler der gesellschaftlichen Ordnung, zumindest zeitweilig suspendierten.[9]

Gewerkschaftliche Exklusivität dagegen bewegte sich im Rahmen eines durch Klassenstrukturen geschaffenen Beziehungsgeflechts. Gewerkschaften waren

---

[8] *August Bringmann:* Geschichte der deutschen Zimmerer-Bewegung. 2 Bde., Nachdruck Berlin / Bonn 1981 (zuerst: Hamburg 1905–1909), hier: Bd. 1, 58 ff., 83; Aufbau und Werden des Deutschen Holzarbeiter-Verbandes. Eine kurze Darstellung des Zwecks, der Entwicklung, der Kampfesmittel und der Erfolge des Verbandes. Hrsg. vom Vereinsvorstand. Berlin 1921; *Eduard Bernstein:* Die Schneiderbewegung in Deutschland. Ihre Organisation und Kämpfe. Bd. 1, Berlin 1913.

[9] *Andreas Grießinger:* Das symbolische Kapital der Ehre. Streikbewegung und kollektives Bewußtsein deutscher Handwerksgesellen im 18. Jahrhundert. Frankfurt/Main u. a. 1981.

Kampforganisationen mit einem eindeutigen Gegner. Sie verkörperten die partikularen Interessen der Arbeitnehmerpartei auf dem Arbeitsmarkt und in den Betrieben. Die „Einheit des Gewerks" zerbrach; an ihre Stelle rückte die Einheit der sozialen Gruppen in einem spezifischen Produktionszusammenhang, was die klassenspezifische Reorganisation der respektiven Hilfs- und Unterstützungskassen prinzipiell einschloss. Gewerkschaften mussten intern auf eine größtmögliche Homogenität der Mitgliedschaft ausgerichtet sein, um einheitlich handlungsfähig zu werden. Diese Homogenität konnte zwar hierarchisch gesichert sein. Aber für die Organisation des Kassenwesens bedeutete das Homogenitätsprinzip gerade die Überwindung der zünftigen Korporationsgliederung, die Zusammenfassung der vormals getrennten Einrichtungen für (kleine) Meister und Gesellen und für Ansässige und Fremde. Die „Einheit der Zunft" rettete sich nur dort in das Zeitalter der Gewerkschaften, wo das Kapital quasi von außen ein komplettes korporativ organisiertes Produktionsnetzwerk kolonisierte. Das galt etwa für die britischen Werkstattindustrien, in denen Meister und Gesellen gemeinsam Lohnabhängige waren. Es galt aber auch für das Schneidwarengewerbe Solingens, das wie eine „organische Fabrik", gebildet aus arbeitsteilig kooperierenden kleinen selbständigen Produktionseinheiten, funktionierte und der Front weniger Verlagskapitalisten geschlossen gegenüberstand.[10] Gleiches traf für das Textilgewerbe Westsachsens zu.[11] Die Folgen waren, wie zu zeigen sein wird, ambivalent. Zum einen erleichterte hier die Zunftorganisation die Übernahme quasigewerkschaftlicher Funktionen und letztlich auch die Gewerkschaftsorganisation. Zum anderen aber wurde der Klärungsprozess, was Gewerkschaften denn nun seien, durch praktische Kampfanforderungen suspendiert. Die Solinger Schneidwarenarbeiter oszillierten nicht zufällig noch bis in die 1870er Jahre hinein zwischen Zunft, Gewerkschaft und Genossenschaft; sie führten Streiks, nur um nach einem Misserfolg den Arbeitskampf als Organisationszweck öffentlich zu verwerfen.[12] Gegenüber den ständischen Korporationen rückte bei den Berufsgewerkschaften des 19. Jahrhunderts die ökonomische und soziale Machtentfaltung in den Vordergrund. Die Zentralisation der Hilfskassen unter der Regie der Gewerkschaften koppelte diese an das Arbeitskampfprinzip. Die Berufsgewerkschaften des 19. Jahrhunderts lebten zudem geradezu von ihren überregionalen Vernetzungsleistungen zum Zweck der Kontrolle des lokalen Arbeitsmarktes. In all diesen Bereichen verschoben sich also gegenüber der zünftigen Exklusivität die Frontstellungen und Zielsetzungen eines Partikularismus, der in der Form der Berufsgewerkschaften an die Bedingungen der kapitalistischen Moderne angepasst wurde. So graduell sich diese Verschiebungen gerade in den vormaligen Zunfthandwerken auch ausmachen mussten, so klar ist doch zu betonen, dass die Exklusivität und Partikularität der Berufsgewerkschaften des 19. Jahrhunderts, auch wenn sie, wie in England, aus zünf-

---

[10] Vgl. *Lars Magnusson:* The Contest for Control. Metal Industries in Sheffield, Solingen, Remscheid and Eskilstuna during Industrialization. Oxford / Providence 1994, Kap. 4.

[11] Vgl. *Gerhard Demmering:* Die Glauchau-Meeraner Textil-Industrie. Leipzig 1928.

[12] Vgl. Protokolle der sozialdemokratischen Arbeiterpartei, Nachdrucke Glashütten im Taunus 1976, Bd. 1, Protokoll 1870, 46–47.

tigen Strukturen herausgewachsen waren, eine neue Qualität darstellten und ein Strukturmoment moderner Gewerkschaften schlechthin ausmachten.

Ein weiterer Unterschied zwischen Zunft und Gewerkschaft wurzelte schließlich darin, dass gewerkschaftliche Organisationen explizite Varianten von „Vergesellschaftung" darstellten, also Formalisierungen einführten, die das selbstreflexive Debattieren über Sinn und Form des Zusammenschlusses notwendig machten. Das Wählen von Vorsitzenden, die Ausarbeitung von Statuten, regelmäßige Versammlungen und Kongresse wiesen Gewerkschaften gleich welchen Typs als Formen von „Assoziation" aus. Das unterschied diese Organisationen freiwillig beigetretener, gleichberechtigter Personen grundlegend von der hierarchischen, rituell integrierten, eingeborenen Selbstverständlichkeit der zünftigen Gemeinschaft. Die Gewerkschaften des 19. Jahrhunderts ruhten zwar durchweg auf gemeinschaftlichen Grundlagen: auf betrieblichen, beruflichen, lokalen, ethnischen, konfessionellen oder auch – besonders in Deutschland – in Vereinen *künstlich gestifteten* Solidarbeziehungen. Ihre integrierenden Institutionen aber und die Formen ihrer Selbstverwaltung lehnten sich an Varianten der voluntaristischen „Assoziation" an. Das galt für die USA, wo selbst schwache Zentralinstitutionen nach dem ausgefeilten Formenkanon von Freimaurerlogen und Geheimgesellschaften funktionierten.[13] Und es galt verstärkt für Deutschland, wo die frühen Gewerkschaften das Modell des demokratischen Vereins so weitgehend kopierten, dass im „öffentlichen Alltagsleben" der Organisation oft bis auf die berufsspezifische Struktur der Mitgliedschaft nicht ohne weiteres erkennbar war, ob es sich bei dem fraglichen Verein um eine gewerkschaftliche oder um eine politische Gliederung handelte. Nicht selten diskutierten Gewerkschafts- und Parteiversammlungen ähnliche Tagesordnungen, und sie folgten vergleichbaren Inszenierungsmustern. Auch war in Zeiten, in denen keine Arbeitskämpfe oder ähnliche gewerkschaftsspezifische Probleme anstanden, das berufliche Vereinsleben ununterscheidbar von dem in den allgemeinen Organisationen, wenn es nicht sogar gänzlich an Schwung verlor. „[M]an weiß auch guter Letzt nicht mehr, was man immer in den Versammlungen auf die Tagesordnung setzen soll", klagte diesbezüglich der Nürnberger Rotgießer Johann Faaz, es bestünde die Gefahr, dass „die Mitglieder flau" würden.[14]

Generell beruhte die Organisationsmacht der Gewerkschaften im 19. Jahrhundert auf fünf Typen von Ressourcen. Dabei ist in Rechnung zu stellen, dass ihnen zwei Gruppen von Ressourcen, die die gewerkschaftliche Struktur und Praxis des 20. Jahrhunderts maßgeblich geprägt haben, nicht zur Verfügung standen: Das sind die politisch-rechtlichen Ressourcen, die sich aus der staatlich-gesellschaftlichen Sanktionierung der Gewerkschaften in einem formal etablierten „korporatistischen" System der industriellen Beziehungen ergeben. Und es sind die Potentiale an direkter „Stör-

---

[13] Vgl. *Robert E. Weir:* Beyond Labor's Veil. The Culture of the Knights of Labor. University Park, PA 1996; vgl. auch den zeitgenössischen Reisebericht: *Fritz Kummer:* Eines Arbeiters Weltreise. Leipzig / Weimar 1986 (zuerst Stuttgart 1913), 123 ff.

[14] SAPMO, Bestand August Bebel: NY 4022/108: Eingehende Korrespondenz F-G: Johann Faaz an August Bebel, Nürnberg, den 13.7.1869.

macht", die aus der strategischen Stellung autonomer Arbeitergruppen in hochkomplexen arbeitsteiligen Produktionsprozessen resultieren. Das 19. Jahrhundert kannte solche großindustriellen, vollmechanisierten Produktionsprozesse noch nicht. Damit entfielen auch die soziologischen Grundlagen für „wilde Streiks" im laufenden Arbeitsprozess, für Schachtblockaden im Bergbau, für Betriebsbesetzungen und für die berühmten „sitdown strikes", mit denen etwa die amerikanischen Elektro- und Automobilarbeiter in den 1930er Jahren die Anerkennung ihrer Industriegewerkschaften erstritten.[15]

Die stärkste Ressource, die qualifizierte Arbeiter vor allem in den Werkstattindustrien des 19. Jahrhunderts mobilisieren konnten, war die *individuelle* Nichtersetzbarkeit im Arbeitsprozess. Diese setzte eine tendenziell monopolisierbare berufliche Qualifikation, eine von Arbeitgeberseite nicht zu durchbrechende Autonomie bei der Arbeitsverrichtung, die weitgehende Selbstorganisation des Fertigungsablaufs durch die Arbeiter und ihre Kontrolle über Rekrutierung und Ausbildung der Arbeitskräfte voraus. In den frühen Eisenwerken Englands und der USA zum Beispiel rekrutierten die hochqualifizierten Führer der einzelnen Arbeitsgruppen, Arbeiter im Meisterrang, die Mitglieder ihrer „Teams" in eigener Verantwortlichkeit und entlohnten sie nach einem hierarchischen Schema aus einem Gruppenakkord, den sie für die gesamte ihnen unterstellte Arbeitsgruppe erhielten.[16] Voraussetzungen waren ferner die feste Etablierung zentralisierter Fabrikbetriebe und eine Form der Unternehmensorganisation, die betriebliche Herrschaft minimierte und die industriellen Beziehungen auf den Austausch gefertigter Produkte gegen Stücklohn und Rohstoffe reduzierte. Die zentrale Bedeutung der Arbeitsgruppenführer für die Organisation der Fertigungsprozesse ließ die Produktion im Streikfall komplett zusammenbrechen, auch wenn nachrangige Arbeiterkategorien nicht am Streik partizipierten. Ihre Autorität in den qualifizierten Arbeitsgruppen, die sich bereits aus ihrer leitenden Stellung im Arbeitsprozess ergab, stellte darüber hinaus eine wirksame Ressource zur Herstellung betrieblicher Solidarität dar, wobei zu bemerken ist, dass Solidarität hier nicht emphatischer Gruppenzusammenhalt heißen musste, sondern sich aus hierarchischer Gruppendisziplin ableiten konnte. Gewerkschaftliche Zusammenschlüsse, die in solchen betrieblichen Kontexten entstanden, bezogen ihre Stärke daraus, dass ihre Mitglieder im Arbeitsprozess selber Macht ausübten. Diese elitären, strikt exklusiven, in der Regel eng berufsbezogenen Organisationen, die eigentlich nur in den überbetrieblichen Bereich „verlängerte" Koalitionen qualifizierter Betriebsgruppen darstellten, lassen sich treffend als *Betriebsmachtgewerkschaften* bezeichnen. Sie waren in erster Linie Arbeitskampforganisationen mit einer starken, nicht selten syndikalistisch abdriftenden Basis und schwachen zentralen Institutionen. Da ihr Zweck vor allem die Lohnoptimierung und Festsetzung rigide reglementierter Qualitäts-

---

[15] Vgl. *Thomas Welskopp:* Arbeit und Macht im Hüttenwerk. Arbeits- und industrielle Beziehungen in der deutschen und amerikanischen Eisen- und Stahlindustrie von den 1860er bis zu den 1930er Jahren. Bonn 1994, Kap. IV.3.

[16] Vgl. ebd., Kap. II.4.

und Mengenstandards war – Dinge, die die betrieblichen Abläufe direkt betrafen –, war der Streik ihr Hauptinstrument.

Eine zweite betrieblich angesiedelte Ressource war die der *kollektiven* Unersetzbarkeit. Diese war an eine formale, in längerer Lehrzeit erworbene Qualifikation und an eine größtmögliche Homogenität der jeweiligen betrieblichen Belegschaft gebunden. Typisch für solche Konstellationen waren die zentralisierten Werkstattbetriebe der Metall verarbeitenden Industrie, in denen viele qualifizierte Arbeiter desselben Berufs in serieller Arbeitsteilung beschäftigt waren. Auch solche Arbeiterkategorien sicherten sich einen hohen Grad an Arbeitsautonomie und waren bestrebt, Rekrutierung und Lehrlingsausbildung unter ihrer Kontrolle zu halten. Aber weil sie als Arbeiterindividuen ersetzbar waren – für einen Schlosser etwa konnte jederzeit ein anderer einspringen –, war die berufliche Qualifikation nur eine kollektiv einsetzbare Ressource, und ihr Einsatz in einem Arbeitskampf setzte die aufwendige Solidarisierung der Gesamtbelegschaft einer Werkstatt voraus. Appelle an die berufliche Ehre spielten daher eine wichtige Rolle; es waren solche Berufe, die ehemals zünftige Selbstbeschreibungen der eigenen Gruppe an diese neue betriebliche Konstellation anpassten und für die Herstellung betrieblicher Solidarität mobilisierten. Anders als bei den Berufsgewerkschaften des ersten Typs war bei diesen – ebenfalls oft eng berufsbezogenen – Verbänden formale Organisation auch am Arbeitsplatz zentral. Es waren die Facharbeiter solcher Werkstattindustrien und die Gesellen und Meister in großen Werkstätten, die das System des „closed shop" oder des „union shop" durchsetzten, wobei in „closed shops" die Vereinbarung mit dem Arbeitgeber galt, nur Gewerkschaftsangehörige einzustellen, während in „union shops" Unorganisierte Beschäftigung fanden, aber gezwungen wurden, sich umgehend der Organisation anzuschließen. Im Kontrast zu den Berufsgewerkschaften des ersten Typs lässt sich dieser Organisationstypus als *Betriebssolidaritätsgewerkschaft* charakterisieren. Beide Organisationstypen bildeten ähnliche institutionelle Strukturen heraus. Die Organisationsmacht beider wurzelte hauptsächlich im Betrieb. Beides waren in erster Linie Arbeitskampforganisationen. Um die Schlagkraft dieser Berufsorganisationen nicht zu gefährden, hielten sie sich zumeist – *als Organisationen* – von parteipolitischen Affiliationen fern.

Ein gut ausgebautes System von Hilfs- und Unterstützungskassen konnte für solche Gewerkschaften zu einem wertvollen zweiten Standbein werden, weil es Solidarität durch eine Loyalität stärkte, die auf materiellen Anrechten basierte. Zudem erhöhte die Akkumulation materieller Ressourcen die „Wartemacht" in Arbeitskämpfen. Daneben aber ließ sich mit einem funktionierenden Unterstützungssystem der lokale Arbeitsmarkt beeinflussen. Die Instrumente hierfür waren Arbeitslosen- und Wanderunterstützungskassen. Sie hielten arbeitslose Berufskollegen zumindest auf Zeit vom Arbeitsmarkt fern und förderten den Abzug mobiler Berufsgenossen im Konfliktfall. Die englischen *new model unions* der 1860er Jahre repräsentierten diesen Typus der *Betriebssolidaritätsgewerkschaft* mit hoher betrieblicher Kampfkraft, einflussreicher Arbeitsmarktkontrolle und ausgebautem Unterstützungssystem vorbildhaft.[17]

Qualifizierte Arbeiter in kleinen Werkstattbetrieben und dezentralisierten Fertigungssystemen waren stärker als die Vertreter der beiden ersten Typen auf außerbetriebliche Koordination und zentrale Infrastrukturen angewiesen. Ihre Qualifikation war weder individuell noch kollektiv im Betrieb als Machtressource nutzbar, weil entweder der Arbeitgeber selber in der Werkstatt mitarbeitete, die lockere Abhängigkeit von Verlagskapitalisten keinen betrieblichen Kontext für industrielle Beziehungen entstehen ließ oder weil – in kleinen Werkstätten – nicht genügend Berufsgenossen zusammenarbeiten, um eine betriebliche Kollektivität als Basis für solidarisches Handeln zu erzeugen. Arbeiter in solchen Konstellationen waren auf die Herstellung überbetrieblicher Solidaritätsbeziehungen angewiesen, um arbeitskampffähig zu werden. Sie bildeten quasi Lohn- und Arbeitszeitkartelle auf dem lokalen Arbeitsmarkt. Die Kontrolle des Arbeitsmarktes war hier ungleich wichtiger als für die Vertreter der ersten beiden Typen. Die Herstellung beruflicher Solidarität verlagerte sich in den überbetrieblichen Bereich. Stärker noch als die Facharbeiter zentralisierter Werkstattbetriebe waren die Gesellen dezentralisierter Gewerke gezwungen, symbolische Formen des Zusammenhalts und der gemeinsamen Identität zu bemühen, die großenteils aus der Zunftzeit stammten, denn weitgehend entfiel der Betrieb als Kristallisationskern für die Gruppenbildung. Das Kassenwesen besaß für diesen Arbeitertypus höchste Priorität, gerade als verkappte Arbeitskampfressource und als Steuerungsinstrument für Bewegungen auf dem Arbeitsmarkt. Auch außerbetriebliche Treffpunkte, Kommunikationsforen und Informationssysteme waren unerlässlich, da Arbeitskämpfe nicht nur überbetrieblich, sondern zuweilen überregional koordiniert werden mussten. Das *idealiter* funktionierende Zusammenspiel von Streik, Wanderung, Herberge oder Verein, Arbeitsvermittlung in eigener Regie und Informationsvermittlung über Korrespondenzen oder eine eigene Verbandspresse bildete das Hauptinstrumentarium solcher *Arbeitsmarktmachtgewerkschaften*.[18]

Um sich als kampfkräftige Berufsorganisation zu bewähren, kam es für solche Verbände darauf an, einen hohen und möglichst flächendeckenden Organisationsgrad zu erreichen, was auch für *Betriebssolidaritätsgewerkschaften* eine Notwendigkeit darstellte. Gelang das nicht, blieb das Unterstützungskassensystem materiell unwirksam. Die Arbeitskampffähigkeit reduzierte sich empfindlich, vor allem, wenn man mit den Infrastrukturen und Kommunikationsinstrumenten nur einen Bruchteil der Berufskollegen erreichte, deren solidarisches Verhalten man zur Durchführung erfolgreicher Streiks benötigte. *Arbeitsmarktmachtgewerkschaften* entstanden nicht selten aus lokalen Organisationsansätzen, die sich ihr Machtpotential durch

---

[17] Vgl. dazu eingehend: *Christiane Eisenberg:* Deutsche und englische Gewerkschaften. Entstehung und Entwicklung bis 1878 im Vergleich. Göttingen 1986.

[18] Vgl. *Friedhelm Boll:* Arbeitskämpfe und Gewerkschaften in Deutschland, England und Frankreich. Ihre Entwicklung vom 19. zum 20. Jahrhundert. Bonn 1992, 305.

Mitgliederwerbung und überlokale Vernetzung erst schaffen mussten. Sie blieben lange Zeit *Arbeitsmarktsolidaritätsgewerkschaften* ohne wirklichen Einfluss auf die Bewegungen des Arbeitsmarktes. Bei solchen schwachen Organisationsansätzen rückte das Führen von Arbeitskämpfen gegenüber dem Ausbau des Kassenwesens und der Agitation für die Mitgliederrekrutierung in den Hintergrund. Daher hat man Berufsorganisationen dieser Art auch treffend als *Agitationsgewerkschaften* bezeichnet. Charakteristisch für diesen Organisationstypus ist, dass er – anders als die oben vorgestellten Typen – auf eine enge berufsbezogene Exklusivität verzichten konnte, zum Teil wegen der Priorität der Mittelakkumulation Berufsgrenzen sogar überspringen musste, ohne aber auf die Berufsbezogenheit gänzlich zu verzichten, da die Kassenorganisationen *prinzipiell* an den Arbeitskampf gebunden blieben. *Arbeitsmarktsolidaritätsgewerkschaften* umfassten aus diesen Gründen in der Regel Koalitionen von Berufsgruppen verwandter Gewerke, die zumindest auf Branchenebene gleichartige Interessen verfolgten. Ihr Prinzip des Organisationsausbaus um jeden Preis machte sie also nicht selten zu *Berufsgruppengewerkschaften*, die sich um ein gemeinsames Kassenwesen und um gemeinsame Infrastrukturen kristallisierten, aber kein betriebliches Standbein besaßen.

Eine letzte Gruppe von Berufen konnte ebenfalls nicht auf ein betriebszentriertes Solidarnetzwerk zurückgreifen, musste aber wegen der regionalen Konzentration der entsprechenden Gewerbe auch die Arbeitsmarktkontrolle nicht zwingend hoch auf ihrer Prioritätenliste ansiedeln. Für sie stand das Kassenwesen eindeutig im Vordergrund. Das hatte oft eine lange Tradition. Jeweils begrenzt auf einzelne Berufe, die in der Zunft korporative Sondergruppen bildeten, waren bereits in der Zunftzeit Unterstützungskassen zur Absicherung von Lebensrisiken entstanden. Sie wurden durch Vereine verwaltet, welche darüber hinaus wichtige Geselligkeitsfunktionen ausfüllten und zünftige Vorstellungen von Berufsidentität sogar in die frühen Fabriken transportierten. Gewerkschaftsbildung hieß in einer solchen Konstellation nicht die Gründung neuer, sondern die *Zentralisation vorhandener* Kassen.[19] Solche Vereinigungen, die immer zu *Berufsgruppengewerkschaften* heranwuchsen, mussten deshalb nicht exklusiv sein, weil das jeweilige regionale Produktionssystem die Zahl der infrage kommenden Berufe ohnehin begrenzte. Ihr sozialer Ort waren weder Betrieb noch Herberge, sondern der Verein. Solche Organisationen lassen sich als *Kassen-* oder *Vereinsgewerkschaften* bezeichnen. Sie stellten die am deutlichsten außerbetrieblich geprägte Variante von Gewerkschaften dar, obwohl die Zentralisation des Kassenwesens auch seine Fokussierung auf die Unterstützung möglicher Arbeitskämpfe bezweckte. Diese nahmen typischerweise die Form des

---

[19] *Rudolf Boch*: Zunfttradition und frühe Gewerkschaftsbewegung. Ein Beitrag zu einer beginnenden Diskussion mit besonderer Berücksichtigung des Handwerks im Verlagssystem. In: Ulrich Wengenroth (Hrsg.): Prekäre Selbständigkeit. Zur Standortbestimmung von Handwerk, Hausindustrie und Kleingewerbe im Industrialisierungsprozess. Stuttgart 1989, 37–69 [wieder in: *Ders.:* Arbeiter – Wirtschaftsbürger – Staat. Abhandlungen zur Industriellen Welt Hrsg. von Frank-Lothar Kroll, Berlin 2017, 18–55]; *Ders.:* Handwerker-Sozialisten gegen Fabrikgesellschaft. Lokale Fachvereine, Massengewerkschaft und industrielle Rationalisierung in Solingen 1870 bis 1914. Göttingen 1985.

Ausstands einer geschlossenen Produktionsregion gegen ein nicht betrieblich gebundenes Verlegerkapital an.[20] Auch die Arbeitsmarktregulierung über die „Beaufsichtigung des Lehrlingswesens" sahen solche Gewerkschaften durchaus vor, obwohl gerade in diesem Punkt die außerbetriebliche Verankerung dieser Organisationsform deutlich wurde. So konnte man sich nicht auf autoritative „restrictive practices" von Werkstatt- und Betriebsbelegschaften verlassen, die sich in stärkeren Berufsgewerkschaften schlicht weigerten, mit Lehrlingen zusammenzuarbeiten, deren Einstellung sie nicht zustimmten. Die *Internationale Gewerksgenossenschaft der Manufaktur- und Handarbeiter* zum Beispiel konnte nur auf moralischen Druck setzen: Lokal- und Zentralvorstand „haben im Falle einer drohenden oder bereits vorhandenen Überfüllung des Gewerks durch Lehrlinge alle erlaubten Mittel: wie öffentliche Warnung, Vorstellung bei den Eltern, Vormündern und Arbeitgebern u.s.w., gegen Annahme neuer Lehrlinge in Anwendung zu bringen".[21] Die regionale Konzentration der entsprechenden Gewerbe ließ solche Gewerkschaften trotz begrenzter Mitgliederzahl recht durchsetzungsfähig wirken.

In den zwölf Jahren des „Sozialistengesetzes" (1878–1890) erzeugte die fortschreitende Industrialisierung strukturelle Veränderungen an der potentiellen sozialen Basis der Gewerkschaftsbewegung, ohne dass dies – wegen der Bedingungen des Ausnahmegesetzes mit vielen Verboten auch von gewerkschaftsähnlichen Zusammenschlüssen – zunächst einen organisatorischen Niederschlag in Zusammensetzung und Funktionsweise der Verbände fand. Gegen Ende der 1880er Jahre entstand eine sozialdemokratisch orientierte Gewerkschaftsbewegung „von unten" neu, und zwar zunächst in der Gestalt sich vordergründig unpolitisch gebender Fachvereine. Dass diese auf lokaler Grundlage organisierte Fachvereinsbewegung schnell an Umfang und Stärke gewann, signalisierte, dass sich erst jetzt auf breiter Front lebensfähige Berufsmilieus als soziale Basis der Gewerkschaften herausgebildet hatten. Neben den Gesellen-Arbeitern der Handwerke bildeten nun zunehmend die handwerklich sozialisierten Facharbeiter in kleinen und mittleren Fabrikbetrieben das soziale Unterfutter der Gewerkschaften und ihr größtes Wachstumspotential. Und neben die Bauarbeiter traten nun die Arbeiter der Metall verarbeitenden Betriebe, vor allem in Südwestdeutschland, als wachstumsträchtigste Berufsgruppe.

Trotzdem konnte man erst in der zweiten Hälfte der 1890er Jahre vom Durchbruch der deutschen Gewerkschaften zu einer Massenbewegung sprechen. Zwischen 1899 und 1910 gelang es alleine den *Freien Gewerkschaften*, ihre Mitgliederzahlen in jedem Jahrfünft ungefähr zu verdoppeln. Seit ihrer Gründung im Jahre 1895 wuchsen daneben auch die *Christlichen Gewerkschaften* – mit gehörigem Abstand – auf rund 300.000 Mitglieder an, während die liberalen *Hirsch-Dunckerschen* bei 100.000

---

[20] Vgl. AdsD, Friedrich-Ebert-Stiftung, Bonn, A 5, Nr. 366: Statuten der Internationalen Gewerksgenossenschaft der Manufactur-, Fabrik- und Handarbeiter (beiderlei Geschlechts) (der Weber, Tuch-, Buckskin- und Zeugmacher, Wirker und Posamentirer, Spinerei-, Appretur- und Färbereiarbeiter, sowie Fachverwandter jeglicher Stellung.), § 2.

[21] Ebd., § 44.

Mitgliedern stagnierten. 1904 überschritten die *Freien Gewerkschaften* die Millionengrenze; 1913 waren bereits zweieinhalb Millionen Berufsgenossen organisiert.[22]

Wenn hier auf die Mitgliederentwicklung so viel Wert gelegt wird, dann liegt das daran, dass das organisatorische Wachstum der Gewerkschaftsbewegung in dieser Zeit in der Tat ihren wichtigsten Machtfaktor darstellte. Organisationserfolg und Streikerfolg hingen wie auf einer nach oben verlaufenden Spirale direkt voneinander ab. Mitgliederzuwachs und Kräftigung der Finanzen waren gleichbedeutend, und letztere war ausschlaggebend für die Fähigkeit, organisierte Arbeitskämpfe gezielt durchzuführen. Und nur die Aussicht auf Erfolg bei diesen zog neue Beitrittskandidaten an. Gerade in diesen Jahrzehnten festigte sich die für die deutschen Verhältnisse typische gewerkschaftliche Organisationsstruktur, die sowohl von einer relativ großen Arbeitsplatz- bzw. Betriebsferne als auch von der alles beherrschenden Tendenz zum nationalen Zusammenschluss in Zentralverbänden gekennzeichnet war. Das Zentralverbandsprinzip setzte sich in den 1890er Jahren gegen den Lokalismus der Fachvereine letztlich durch. Es war zunächst eine organisatorische Antwort auf das dezentrale Städtenetz in Deutschland. Das machte eine Organisation in der Fläche zwingend notwendig, ursprünglich, um das Wandernetz der Gesellen unter Kontrolle zu halten, und nun zunehmend, um auf regionale Arbeitsmärkte Einfluss zu nehmen. Den gleichsam „natürlichen" Fokus einer Metropole wie Paris oder London ersetzte die deutsche Gewerkschaftsbewegung durch die Installation einer strategischen Zentrale – zunächst auf der Ebene der Einzelgewerkschaften und dann durch die Bildung der *Generalkommission der Gewerkschaften Deutschlands* (1890) als politischer Schaltzentrale.

Für die Arbeitskampfpolitik der Gewerkschaften machte eine solche Zusammenballung organisatorischer und finanzieller Ressourcen unmittelbar Sinn; auch auf lokaler Ebene begannen sich die sog. „Zahlstellen" der Einzelgewerkschaften zu „Ortskartellen" zusammenzuschließen, was die berufliche Gliederung der einzelnen Verbände intakt ließ, die Betriebsabgewandtheit der Gewerkschaften jedoch förderte. Organisationswachstum und finanzielle Ressourcenakkumulation ließen die deutschen Gewerkschaften seit der zweiten Hälfte der 1890er Jahre zu einer sozialen Gegenmacht avancieren, die auf Seiten der Arbeitgeber ebenfalls Organisations- und Zentralisierungsanstrengungen auslöste. Die Schwerindustrie erwies sich dabei als ein vor dem Weltkrieg unüberwindbares Bollwerk; in den stärker dezentralen klein- und mittelbetrieblichen Verarbeitungs- und Exportindustrien gelang dagegen der Einbruch in die Phalanx der Arbeitgeber im Zuge wohl organisierter Streikbewegungen. Die seit Mitte der 1890er Jahre geradezu abhebende Konjunktur, die die Arbeitslosenquote über die meisten Jahre bis 1914 auf unter zwei Prozent drückte, bot zudem materielle Verteilungsmasse und steigerte die Arbeitsmarktmacht. So entwickelte sich trotz vieler Rückschläge auch in großem Maßstab – wie beim gescheiterten Crimmitschauer Textilarbeiterstreik von 1903/1904 – in einigen Bereichen der

---

[22] *Klaus Schönhoven:* Expansion und Konzentration. Studien zur Entwicklung der Freien Gewerkschaften im Wilhelminischen Deutschland 1890–1914. Stuttgart 1980.

deutschen Industrie aus dem wechselseitigen Kampf mittels Streik und Aussperrung, der tendenziell immer ein Vernichtungskampf war, das Wechselspiel von Ausstand und Tarifvertrag. Damit wurde die Streikwaffe zugleich effektiver gemacht und geschont. Mit der Durchsetzung von Tarifverträgen sicherten sich die Gewerkschaften in der Fläche ihre Anerkennung als Interessenvertreter der Arbeiterschaft. Vor allem seit der Jahrhundertwende entwickelte sich das Tarifvertragswesen überaus rasch: Die Zahl solcher Übereinkommen zwischen den Arbeitsmarktparteien stieg von rund 3.000 im Jahre 1906 auf 13.500 im Jahre 1913. Zu diesem Zeitpunkt erfassten die Tarife über zwei Millionen Arbeitnehmer; ein gutes Drittel der Mitglieder *Freier Gewerkschaften* arbeitete bereits unter tariflich ausgehandelten Bedingungen.[23]

Zwar blieben die Arbeitsmarkt- und Organisationsmachtfunktionen der deutschen Gewerkschaften vor 1914 beherrschend. Daneben aber wurden sie zu Kristallisationskernen zusätzlicher, weit verzweigter Milieuorganisationen wie verschiedenster Kassen, Kultureinrichtungen und vor allem der Konsumgenossenschaftsbewegung. Auch legte sich die Gewerkschaftsbewegung erstmals sozialpolitische Kompetenz zu, obwohl ihre Mitwirkungsmöglichkeiten im gesellschaftlich-politischen System des *Kaiserreichs* begrenzt blieben. Die Einrichtung hauptberuflicher *Arbeitersekretariate* zum Beispiel, Anlaufstellen für die Arbeiter eines Bezirks in arbeitsrechtlichen und sozialpolitischen Fragen, diente diesem Zweck. Sie waren in gewissem Sinne die ersten „Dienstleister" für eine in behördlichen und rechtlichen Dingen notwendig unerfahrene Gewerkschaftsklientel. Gleiches galt für die gewerkschaftlichen Delegierten in den örtlichen Verwaltungen der Krankenkassen.

Mit allen diesen strukturellen Entwicklungen wuchs die deutsche Gewerkschaftsbewegung – und darunter auch deren sozialdemokratische Mehrheit – in die Gesellschaft des *Kaiserreichs* hinein. Ihre Zentralisierung und Aufgabenvervielfachung schufen dabei durch die Herausbildung einer zunehmend gewichtigen hauptamtlichen Gewerkschaftsbürokratie ein weiteres Element der Massenträgheit und Basisferne; die stark anwachsende Zahl der Gewerkschaftsmitglieder bei einer fortgesetzt horrenden Fluktuationsrate wollte verwaltet sein – allein beim *Deutschen Metallarbeiterverein*, der um die Jahrhundertwende mit 500.000 Mitgliedern zur stärksten Einzelgewerkschaft der Welt aufstieg, standen in den Jahren 1892 bis 1913 2,1 Millionen Neueintritte 1,6 Millionen Austritten gegenüber.[24]

Der Massenträgheit des basisfernen Apparats entsprach eine ausgesprochene strukturelle Trägheit. Die *Freien Gewerkschaften* blieben eine Organisation der gelernten Facharbeiter; die Arbeiterschaft in neuartigen Beschäftigungsverhältnissen zu erschließen, wie sie sich in der Eisen- und Stahlindustrie entwickelten oder den

---

[23] Vgl. *Thomas Welskopp:* Transatlantische Bünde. Eine vergleichende Geschichte der Gewerkschaften in Deutschland und den USA im 19. und 20. Jahrhundert. In: Ursula Bitzegeio / Anja Kruke / Meik Woyke (Hrsg.): Solidargemeinschaft und Erinnerungskultur im 20. Jahrhundert. Beiträge zu Gewerkschaften, Nationalsozialismus und Geschichtspolitik. Bonn 2009, 89–121, hier: 102.

[24] Vgl. ebd.

Bergbau bereits länger prägten, gelang vor 1914 nur ansatzweise. Auch der Trend zur berufsübergreifenden Industriegewerkschaft, die auf solche Beschäftigungsverhältnisse mit der Devise: „ein Betrieb – eine Gewerkschaft" eine Antwort versprach, kam noch nicht zum Durchbruch. Selbst der ausdrücklich als Industrieverband gegründete DMV blieb eine Gewerkschaft, die ihre Basis in Berufs*gruppen* – und nicht wirklich branchenweit – organisierte. Erst langsam setzte sich auch die Tendenz durch, die exklusive Organisation *gegen* andere Arbeitnehmergruppen – gegen weibliche Arbeiter, Ungelernte und auch Angestellte – zugunsten einer inklusiven Umarmungsstrategie aufzugeben. Und alle diese zögerlichen Veränderungen vollzogen sich vor dem Hintergrund einer fortgesetzten weltanschaulichen Spaltung und eines weiterhin massiven Stadt-Land-Gefälles, das der Gewerkschaft den Zugriff auf die Landbevölkerung fast völlig verschloss.

Der sächsische Arbeitsmarkt während der Industrialisierung bis 1914

Von *Karlheinz Schaller*

In der vorindustriellen Zeit gab es zwei große Gruppen von Arbeitsuchenden, zum einen „doppelt freie" Frauen und Männer der untersten Schichten, die sich als Mägde, Knechte, Diener oder Tagelöhner verdingten, zum anderen Handwerksgesellen. Erstere gelangten durch persönliche Vorsprache oder informelle Beziehungen in ihre Stellungen. Gelang das nicht, konnten sie sich in den Städten an eine Arbeitsvermittlung wenden. Zeitgenossen nannten diese Einrichtungen treffend „Mägdeschickerinnen" oder „Gesindeverdinger". Sie waren unverzichtbar, aber ebenso unbeliebt. Arbeitgeber und Arbeitnehmer hatten einen bestimmten Betrag für jede erfolgreiche Vermittlung zu entrichten. Im Interesse dieser Einrichtungen lag daher ein häufiger Arbeitsplatzwechsel, den sie oft selbst stimulierten. So beschwerte sich beispielsweise der Rat der Stadt Leipzig am 6. August 1616 darüber, „daß die Gesindemakler das Gesinde so verhetzten, daß es alle Vierteljahre, ja alle Monate, seinen Dienst wechsele"[1]. Bei dieser Gruppe kann man schon von einem freien Arbeitsmarkt sprechen, wenn dieser auch sehr begrenzt war.

Im Gegensatz dazu war die Vermittlung der Handwerksgesellen in den Zunftordnungen streng geregelt. Beauftragte der Zünfte konnten Viermeister, Meister, Herbergsväter, Altgesellen oder Trinkstubengesellen sein. Sie waren dafür verantwortlich, dass der Zuwandernde rasch eine Arbeit erhielt und der Arbeitskräftebedarf der Meister gedeckt wurde. War kein freier Arbeitsplatz vorhanden, erhielt der Geselle eine Übernachtungsmöglichkeit und einen Zehrpfennig, um sein Glück im nächsten Ort zu versuchen. Die Regelungen zur Arbeitsvermittlung waren zwischen Gesellen und Meistern sowie städtischer und/oder landesherrlicher Obrigkeit stets heftig umstritten. Es handelte sich nach Bräuer damals schon „um ein ungewöhnlich zentrales Problem, das im Schnittpunkt von Ökonomie und Politik stand"[2]. Freilich wurde die Entwicklung des Arbeitsmarktes erst seit dem 20. Jahrhundert zu einer der Kernfragen westlicher Gesellschaften, die erheblichen Einfluss auf deren Stabilität ausübte.

Ende des 18. /Anfang des 19. Jahrhunderts entstanden in Sachsen Großbetriebe, die den Arbeitskräftebedarf jedes Handwerksmeisters bei weitem übertrafen, zunächst Kattundruckereien als Manufakturen und später Spinnfabriken. 1795 gab

---

[1] *Erdmann Graack:* Die Arbeitsvermittlung in Deutschland. Stuttgart 1926, 9.

[2] *Helmut Bräuer:* Gesellen im sächsischen Zunfthandwerk des 15. und 16. Jahrhunderts. Weimar 1989, 33.

es neben vielen kleineren in Chemnitz vier große Kattundruckereien mit mehr als 100 Beschäftigten.³ 1803 arbeiteten in der Bernhardschen Spinnerei in Chemnitz 114 Personen.⁴ Die Kattundruckerei war eine komplizierte Arbeit, die handwerkliches Geschick erforderte. Sie bedurfte einer mehrjährigen Lehrzeit. Das heißt, die erste Generation der Kattundrucker stammte nicht aus Chemnitz, sie war international. Die Frage, wie innerhalb weniger Jahre viele hundert Arbeitskräfte angeworben wurden, ist nicht zu beantworten. Die erste Kohorte dürfte gezielt von den Chemnitzer Arbeitgebern aus anderen Städten Sachsens, aus Berlin, Schlesien, der Schweiz und Frankreich angeworben worden sein. Danach wird es sich herumgesprochen haben, dass in Chemnitz für Fachkräfte gut bezahlte Arbeit zu bekommen war. Anders in den Spinnereien. Die Spinnereibelegschaften, ca. je ein Drittel Frauen, Männer und Kinder, waren für ihre schlecht bezahlte Arbeit nur angelernt. Die Städte Sachsens und ihre Umgebung hielten ein Überangebot an solchen Arbeitskräften bereit. Freilich gab kein Handspinner, Heimweber oder Strumpfwirker die Selbständigkeit freiwillig auf, mochte sie auch noch so prekär sein. In die „Spinnmühle" begab sich nur, wer aus der materiellen Not überhaupt keinen anderen Ausweg sah.

Zwei Begleiterscheinungen des kapitalistischen Arbeitsmarktes, die später immer wiederkehrten, zeichneten sich in dieser Frühphase der Industrialisierung bereits ab, Arbeitskräftemangel und Arbeitslosigkeit. Als während der Kontinentalsperre eine sehr große Nachfrage nach Textilprodukten entstand und sogar die Handspinnerei einen letzten kurzen Aufschwung nahm, verließen Spinnereiarbeiter in großer Zahl die Fabriken. Die Obrigkeit griff ein, um die Arbeitsfähigkeit der Fabriken zu erhalten. Der Chemnitzer Amtmann und der Rat der Stadt veröffentlichten im Dezember 1810 ein „Publicandum" gegen das „Entlaufen" der Spinnereiarbeiter.⁵ Arbeitslosigkeit einer größeren Zahl von Fabrikarbeitern trat in Sachsen erstmal in der Krise von 1816/17 auf. Der aufmerksame Beobachter C. G. Kretzschmar erkannte, dass die Krise sich von den bisher üblichen Hungersnöten unterschied. Er meinte der „Stillstand selbst der größten hiesigen Spinn- und Druckfabriken" drohe „mit einem weit größeren Übel, der Brotlosigkeit einer Menge Fabrikarbeiter"⁶. Die Großbetriebe waren in dieser Frühzeit allerdings noch einsame Inseln in einem Meer von bäuerlicher und handwerklicher Arbeit. Das änderte sich zunächst langsam, seit dem letzten Drittel des 19. Jahrhunderts aber in immer rascherem Tempo. Bis 1861 nahm ca. ein Drittel der nach Chemnitz zuwandernden Gesellen Arbeit in Fabriken

---

³ Vgl. *Volker Scholz:* Zur Herausbildung und Entwicklung der Kattundruckereiarbeiter in Chemnitz an der Wende vom 18. Zum 19. Jahrhundert. In: Mitteilungen des Chemnitzer Geschichtsvereins 69, Neue Folge 8 (1999), 145.

⁴ Vgl. *Arno Kunze:* Vom Frühkapitalismus zur industriellen Revolution. Karl-Marx-Stadt 1965, 31.

⁵ Das „Publicandum" ist abgedruckt in: Chemnitzer Anzeiger, Nr. 49, 1810.

⁶ *C. G. Kretzschmar:* Chemnitz, wie es war und wie es ist. Chemnitz 1822, 222.

auf, die übrigen bei Handwerksmeistern. Um die Jahrhundertwende dürfte kaum noch ein Viertel ins Handwerk gegangen sein.[7]

In den 1840er Jahren kam in Deutschland der Gedanke auf, die Kommunen müssten sich des Arbeitsmarktes durch die Gründung von Arbeitsvermittlungen annehmen. Im September 1840 entstand die erste aus öffentlichen Mitteln finanzierte und unentgeltliche Arbeitsvermittlung Deutschlands, der Dresdener „Verein für Arbeiter- und Arbeit-Nachweisung". Gründerin war Henriette Heber, die bis dahin eine Armenarbeitsanstalt leitete. Die Idee lag nahe: Wenn die städtische Armenkasse die Kosten für aufwendige Armenarbeitsanstalten trug, warum sollte sie das nicht für eine Einrichtung tun, die Arbeitskräfte an Privatpersonen vermittelte und dadurch die Kommune finanziell entlastete? Die Gründung des Dresdener Nachweises hatte eine gewisse Signalwirkung. Im Februar 1844 entstand in Leipzig die „Städtische Anstalt für Arbeitsnachweisung", dann folgten bis 1848 im Deutschen Bund zehn weitere Großstädte, alle außerhalb Sachsens.[8] Fünf dieser Einrichtungen wurden von Vereinen geführt, sieben unterstanden direkt dem Armenamt der jeweiligen Stadt. In den beiden verallgemeinernden Schriften, die aus dieser Zeit zur Verfügung stehen, vertreten die Autoren Hannsen und Hasemann, ersterer war Professor an der Leipziger Universität, zweiter Diakon in Halle und beide an der Gründung der Arbeitsvermittlung ihrer Stadt beteiligt, die Auffassung, die Trägerschaft durch die Kommune sei günstiger als durch einen Verein. Das Neue bestand darin, dass Menschen in Arbeit vermittelt werden sollten. Bisher bekannte Einrichtungen wie Arbeitshäuser dienten dazu, bettelnde und vagabundierende Personen unter Zwang zu beschäftigen.

Man darf sich keine Illusionen über die Wirksamkeit dieser ersten öffentlichen Arbeitsvermittlungen hingeben. Sie waren in jedem Fall eng an die Armenämter der Städte gebunden, damit auch an das Prinzip der Ortsansässigkeit. Der Dresdener Verein vermittelte bis zu seiner Auflösung im Jahre 1912 384 233 Personen, davon 95 % Frauen. Um ein Jahr herauszugreifen: 1847 waren es 408 Männer, fast nur ungelernte Hilfsarbeiter. Oft ging es nur um stunden- oder tageweise Beschäftigungen, so dass die Zahl der Vermittlungen weit höher war, als die der vermittelten Personen. Immerhin standen 1847 auch sieben in Arbeit gebrachte Fabrikarbeiter zu Buche.[9] Qualifizierte Arbeiter mieden die Vermittlungen schon deshalb, weil sie mit dem Geruch

---

[7] Geschätzt nach Berechnungen von *Max Flinzer*: Die Bewegung der Bevölkerung in Chemnitz 1730–1870. Chemnitz 1872; *Georg Froehner*: Wanderungsergebnisse im erzgebirgischen Industriegebiet und in der Stadt Chemnitz. Chemnitz 1909; *Helmut Bräuer*: Gesellenmigration in der Zeit der industriellen Revolution. Karl-Marx-Stadt 1982.

[8] Vgl. *Georg Hannsen*: Über öffentliche Arbeitsnachweisungs-Anstalten. In: Archiv für politische Ökonomie und Polizeiwissenschaften. Bd. 4 Neue Folge, Heidelberg 1846, 296–323; *Julius Hasemann*: Die in Deutschland und auswärts zum Besten der bedürftigen Volksklassen bestehenden Einrichtungen. In: Zeitschrift des Vereins für deutsche Statistik. 2. (1848), 259–264, 340–346. Der Dresdener Nachweis existierte bis 1912, der Leipziger bis 1903. Beide verloren seit den 1880er Jahren völlig an Bedeutung.

[9] Vgl. *Rudolf Forberger*: Die öffentliche Arbeitsvermittlung in Dresden. Dresden 1940, 19.

der Armut behaftet waren. Die Unternehmer brauchten einen Arbeitertyp, der die modernen Maschinen beherrschte und sich dem Produktionsablauf diszipliniert unterordnete. Sie lehnten es ab, sich der Hilfe der Nachweise zu bedienen, da, wie es in ihren Kreisen immer wieder hieß, „dort nur Bettler, Unbekannte, günstigenfalls bloße Handlanger verkehrten".[10] Unter den deutschlandweit zwölf Arbeitsnachweisen gab es eine Ausnahme, die den Bedürfnissen der Industrie näher kam, das im Februar 1847 gegründete Düsseldorfer „Adreß-Kontor für die arbeitende Klasse". Die Anstalt hob das Prinzip der Ortsansässigkeit auf, betreute also auch Zuwanderer. Zudem stellte sie sich das Ziel, nicht nur zu vermitteln, sondern auch für eine „größere Befähigung der Arbeitsuchenden"[11] zu sorgen. Daher war eine Weiterbildungseinrichtung angeschlossen, die im Gründungsjahr 60 Schüler hatte. Erstmals wurde hier versucht, Arbeitslosigkeit durch Qualifizierung zu bekämpfen, eine Praxis, die erst in der Weimarer Republik in größerem Maßstab gepflegt wurde.

Nach dem Aufwärtstrend in den vierziger Jahren kam die Entwicklung der öffentlichen Arbeitsnachweise zum Erliegen. Eine herausragende Neugründung gab es erst im Jahr 1865 in Stuttgart. Faust, der allerdings die noch existierenden Vorläufer aus den vierziger Jahren nicht berücksichtigt, erfasst in einer Übersicht zu den Gründungsjahren der Arbeitsnachweise vor dem Jahr 1890 nur vier öffentliche.[12] Die Ursachen für die Stagnation sind schwer erkennbar. Eine Rolle mag gespielt haben, dass die sozialreformerischen Ansätze des Vormärz nach der Niederlage der 48er Revolution zurückgedrängt wurden und erst seit den achtziger Jahren in neuem Gewand wieder auflebten. Mit dem raschen Voranschreiten der Industrialisierung nahm der Bedarf an Arbeitskräften gewaltige Ausmaße an, gleichzeitig drängten Millionen auf den Arbeitsmarkt. In Deutschland erfolgten im Jahr 1912 ca. 9,5 Millionen Einstellungen.[13]

Wie fanden unter damaligen Bedingungen ohne reichsweite Arbeitsverwaltung und ohne die Kommunikationsmittel der heutigen Zeit Unternehmer und Arbeiter zusammen, um ihren Kontrakt abzuschließen? Sehr viele Arbeitsplätze wurden durch die „Umschau" besetzt. Zu Hunderten fluteten Tag für Tag wandernde Handwerksburschen, landlose Bauernsöhne und gescheiterte Selbständige sowie deren Nachkommen, darunter auch immer mehr junge Frauen, in die prosperierenden sächsischen Industriestädte, gingen von Fabrik zu Fabrik und fragten um Arbeit nach. Damit war eine ausufernde Wanderungswelle verbunden. 1907 lebte kaum noch die Hälfte der Deutschen an ihrem Geburtsort und 14,5 Prozent hatten an der Fernwanderung teilgenommen.[14] Allein in die sächsische Industriestadt par excellence, Chemnitz, wanderten in einem einzigen Monat, im Mai 1905, 5 673 Personen zu,

---

[10] *Erdmann Graack:* Ein deutscher Arbeitsnachweis in seiner geschichtlichen Entwicklung. Dresden o.J. [1915], 19.

[11] *Hasemann:* Volksklassen (wie Anm. 8), 263.

[12] Vgl. *Anselm Faust:* Arbeitsmarktpolitik im Deutschen Kaiserreich. Stuttgart 1986, 292.

[13] Vgl. ebd., 51.

[14] Vgl. ebd., 12.

ca. die Hälfte davon gelernte Facharbeiter.[15] Für die Unternehmer, noch mehr aber für die Arbeiter, war die „Umschau" eine belastende Angelegenheit. Paul Göhre und Minna Wettstein-Adelt schildern eindrucksvoll die Bitternis vergeblicher Arbeitsuche, die sie 1890 bzw. 1892 erlebten. Göhre fasst zusammen: „Jedenfalls kann ich nach meinen Erfahrungen es aussagen, wie unsäglich deprimierend es ist, erfolglos von Fabrik zu Fabrik wandern zu müssen, immer von neuem seine Kraft anbietend, mit bittenden Worten, und immer wieder erfolglos."[16] Wettstein-Adelt schildert, wie besonders Frauen oft schon an den Fabriktoren abgewiesen wurden und schweren Beleidigungen ausgesetzt waren.[17] Beide boten ihre Arbeitskraft als Hilfskräfte an. Facharbeiter hatten weitaus größere Chancen, konnten aber auch in Schwierigkeiten geraten. Paul Thierfelder aus Harthau bei Chemnitz, einer der viel gesuchten Metallarbeiter mit Berufserfahrung im Drehen, Hobeln und sogar als Schlosser, hatte 1892 Pech. Er hatte seine Dienstzeit beim Heer abgeleistet. Als er nach Hause zurückkehrte, waren alle Stellen bereits mit Soldaten anderer Regimenter besetzt, die früher entlassen worden waren. Er fand zwar bald Arbeit, aber diese Schmach kurzer Erwerbslosigkeit hatte er dem Kaiserreich, das sich seiner Meinung nach nicht um das Schicksal jener kümmerte, die ihm treu gedient hatten, auch vier Jahrzehnte später noch nicht verziehen.[18]

Wichtig für die Arbeitsplatzsuche waren informelle und verwandtschaftliche Beziehungen. Verwandte und teilweise auch Bekannte von angesehenen Meistern und Vorarbeitern wurden bereitwillig eingestellt. Für die Unternehmer war das durchaus eine günstige Art der Arbeitskräfterekrutierung. So waren in den Belegschaften der großen sächsischen Firmen ganze Familienverbände zu finden.

Einen Boom ohnegleichen erlebten gewerbliche Arbeitsvermittlungen. Im Reich dürften etwa 7 000 bestanden haben. Wie schon die „Gesindeverdinger" in der vorindustriellen Zeit waren auch die privaten Arbeitsvermittlungen heftig umstritten. Die Argumente der Gegner waren kaum verändert. Sie würden „dauernd Gebühren erhöhen und täuschen"[19], meinte beispielsweise das Leipziger Gewerkschaftskartell. Bei aller berechtigten Kritik an den privaten Arbeitsnachweisen muss man aber auch bedenken, dass die großen und soliden unter ihnen im mehr oder weniger chaotischen Arbeitsmarkt einen gewissen Ordnungsfaktor darstellten. Sie vermochten die spontane Fernwanderung in eine gezielte – durch einen Vertrag abgesicherte – umzuwandeln. Die Harthauer Kammgarnspinnerei bespielweise rekrutierte über eine solche Vermittlung viele Arbeitskräfte aus Schlesien. Wenn diese eingestellt waren, wurden

---

[15] Vgl. *Froehner:* Wanderungsergebnisse (wie Anm. 7), 41.
[16] *Paul Göhre:* Drei Monate Fabrikarbeiter und Handwerksbursche. Leipzig 1891, 71.
[17] Vgl. *Minna Wettstein-Adelt:* 3 1/2 Monate Fabrikarbeiterin. Berlin 1893, 94/95.
[18] Vgl. *Paul Thierfelder:* Aus meinem Leben. Heft 3, Harthau [1939], 16.
[19] Stadtarchiv Leipzig, StV, Akt A 12, I Bl. 326/7.

Teile des Lohnes einbehalten, bis die finanziellen Forderungen der Agentur erfüllt waren.[20]

Die gewerbliche Vermittlung hatte allerdings auch eine Schattenseite. In den Großstädten gab es eine zahlenmäßig nicht überschaubare Gruppe von Personen, die illegale Vermittlungsgeschäfte betrieb. Diese hatten Beziehungen zu jenen Plätzen, an denen sich in die Stadt strömende Arbeitsuchende sammelten, und zu unteren Leitungschargen in Großbetrieben. Minna Wettstein-Adelt berichtet, wie sie von einer solchen dubiosen „Stellenbesorgerin" mit dem „Aufseher" in einem großen Unternehmen in Kontakt gebracht und als Hofkehrerin eingestellt wurde.

Aus den Vermittlungseinrichtungen der Zünfte wurden in den 1860er Jahren Innungsnachweise. Ihre volkswirtschaftliche Bedeutung war naturgemäß zurückgegangen, da sie nur für die jeweilige Branche, nicht für die Industrie vermittelten. In Sachsen gab es 1914 nur noch 84 Innungsnachweise, von denen 65 immerhin mehr als 200 Vermittlungen tätigten.[21]

Seit den 1880er Jahren entstand in Sachsen eine Vielzahl von Vermittlungen caritativer Vereine. Sie unterschieden sich von den Nachweisen aus den 1840er Jahren, die in Dresden und Leipzig weiter bestanden. Vor allem beanspruchten sie nicht, der Nachweis der Stadt zu sein, sondern zielten darauf ab, bestimmte Gruppen in Arbeit zu bringen, z. B. in Not geratene Frauen oder Bettler. Die Bedingungen dieser Nachweise waren meist miserabel, ihre Lokale schäbig. Vermittlungen konnten nur in schlecht bezahlte Anstellungen, für Hausarbeit oder in befristete Hilfsarbeiten erfolgen.

Unternehmerverbände und Gewerkschaften waren daran interessiert, in dem allgemeinen Chaos des Arbeitsmarktes Regeln zu schaffen, die eine gewisse Verlässlichkeit bei der Beschaffung des Arbeitsplatzes bzw. der Arbeitskraft gewährleisten konnten. Daher gründeten sie seit Ende der 1880er Jahre ihre eigenen Nachweise. Die sächsischen Arbeitgebernachweise erreichten zu keinem Zeitpunkt die Erfolge des Zechennachweises des rheinisch-westfälischen Steinkohlebergbaus, der 1911 über 200 000 Stellen besetzte, waren aber denen der Gewerkschaften in den Vermittlungsergebnissen weit überlegen. Beide Nachweisformen hatten ein Manko. Sie waren auf klassenkämpferische Funktionen angelegt. Bei Streiks und Aussperrungen sollten sie die Positionen der jeweiligen Seite stärken.[22] Arbeiter vermuteten, oft nicht zu Unrecht, die Nachweise der Arbeitgeberverbände würden schwarze Listen über die Zugehörigkeit zu Gewerkschaften und der Sozialdemokratischen Partei führen. Unternehmer ihrerseits wandten sich nur ungern an einen gewerkschaftlichen Nachweis. Einer gedeihlichen Arbeitsmarktpolitik war das kaum dienlich. Noch

---

[20] Vgl. Sächsisches Staatsarchiv Chemnitz, 31128 VEB Kammgarnspinnerei Karl-Marx-Stadt und Vorgänger, Nr. 37.

[21] Vgl. Verzeichnis der Arbeitsnachweise im Deutschen Reich. Im Auftrage des Reichsamtes des Innern bearbeitet vom Kaiserlichen Statistischen Amt. Berlin 1916, 49–67.

[22] Zu den Arbeitgeber- und Arbeitnehmernachweisen vgl. *Graack*: Arbeitsvermittlung in Deutschland (wie Anm. 1), 38–46; *Faust*: Arbeitsmarktpolitik (wie Anm. 12), 55–58.

vor dem Weltkrieg war eine gewisse Aufweichung der Positionen feststellbar. Vor allem in der Metallindustrie mussten die Unternehmer feststellen, dass es ihren Nachweisen bei Streiks nicht gelang, ausreichend „Arbeitswillige" zu finden. Die Gewerkschaften ihrerseits mussten die hoffnungslose Unterlegenheit ihrer Einrichtungen anerkennen. Das war allerdings von Ort zu Ort sehr verschieden.

Alles in allem war das Hauptmerkmal der Arbeitsvermittlung ihre Zersplitterung. Der Arbeitsmarkt war völlig dereguliert. Im Zusammenhang mit den Bismarckschen Sozialreformen rückte die Arbeitslosigkeit in den Blickpunkt von Politikern und Sozialreformern. Diese nahm vor dem Weltkrieg Größenordnungen an, die später als Vollbeschäftigung bezeichnet worden wären. Im Jahr 1899 beispielsweise betrug sie in Dresden während des Sommers 1,73 Prozent (Winter 3,17), in Leipzig 2,03 (3,35) und in Chemnitz 1,62 (2,33).[23] Diese Zahlen erschienen den Zeitgenossen als äußerst bedenklich. Bismarck stellte schon 1884 in einer Reichstagsrede „die Arbeitslosigkeit als Element der Existenzunsicherheit der Arbeiter gleichberechtigt neben Krankheit, Alter und Invalidität."[24] Ideen zur Einführung von Arbeitslosenversicherungen kamen auf und wurden in einigen Städten, darunter in Leipzig, auch verwirklicht.

All diese Umstände lösten eine jahrzehntelange Debatte um die Möglichkeit und die Notwendigkeit wie auch um die Ausgestaltung einer öffentlich-rechtlichen Arbeitsvermittlung aus. Der entscheidende neue Gedanke, der jetzt immer mehr Raum gewann, bestand darin, dass die Kommunen Arbeitsnachweise einrichten sollten, deren Leitungen, neben Vertretern der öffentlichen Hand, aus paritätisch durch Arbeitgeber und Arbeitnehmer besetzten Gremien bestanden. Besondere Bedeutung für den Durchbruch des Gedankens des öffentlich-paritätischen Arbeitsnachweises erlangte der Kongress des Freien Deutschen Hochstiftes in Frankfurt (Main) am 8. und 9. Oktober 1893.[25] Unter den 221 Teilnehmern waren Vertreter von Städten, Gewerbegerichten, Industrie- und Handelskammern und Gewerkschaften, Unternehmer, Bankiers, Reichstagsabgeordnete und Sozialreformer. Auffällig ist, dass Sachsen mit zwei namentlich nicht genannten Vertretern völlig unterrepräsentiert war. Der Kongress entwickelte weitreichende strategische Vorstellungen zur Regulierung des deutschen Arbeitsmarktes, die erst Jahrzehnte später realisiert wurden. Dazu gehörte die Idee „einer interlokalen Verbindung der einzelnen Arbeitsämter, ihre Vereinigung zu provinziellen Arbeitsnachweisen mit einer gemeinsamen Spitze im Reichsarbeitsamt".[26]

---

[23] Vgl. Statistik des Deutschen Reichs. Bd. 111, Neue Folge, Berlin 1899, 261.

[24] *Karl Christian Führer:* Arbeitslosigkeit und Entstehung der Arbeitslosenversicherung in Deutschland 1902 bis 1927. Berlin 1990, 11.

[25] Vgl. Arbeitslosigkeit und Arbeitsvermittlung in Industrie- und Handelsstädten. Bericht über den am 8. und 9. Oktober 1893 vom Freien Deutschen Hochstift zu Frankfurt am Main veranstalteten sozialen Kongreß. Berlin 1894.

[26] Ebd., 144.

Nach dem Frankfurter Kongress entwickelten einige deutsche Länder Initiativen zur Unterstützung der kommunalen Nachweise, vor allem Bayern, Württemberg und Baden. Dort entstanden unter verschiedenen Bezeichnungen Landeszentralen, die den überörtlichen Arbeitsmarktausgleich regeln sollten. In Preußen wurden solche Flächenverbände zur Arbeitsvermittlung in industriell entwickelten Regierungsbezirken geschaffen.[27] Es kam zu einer Gründungswelle von Arbeitsnachweisen, die auf paritätischer Grundlage arbeiteten. Die ersten entstanden 1894 in Erfurt und Eßlingen, Stuttgart folgte 1895. Im Jahr 1904 gab es im Reich 400 kommunale Arbeitsvermittlungen, die 550 500 Stellen vermittelten.[28]

Auch die sächsische Landesregierung ergriff einige Initiativen, musste aber berücksichtigen, dass in der Arbeitsnachweisfrage in vielen Städten des Landes keine Kompromissbereitschaft zwischen Arbeitgeberverbänden und Gewerkschaften bestand. Auch die starke Lobby des Handwerks in den Stadtparlamenten stellte sich dagegen. So ging die allgemeine Entwicklung zunächst an Sachsen vorbei. Das Statistische Reichsamt veröffentlichte 1906 einen Bericht über die in Deutschland bestehenden Arbeitsvermittlungen. Sachsen schnitt am schlechtesten ab. In dem Dokument hieß es: „Die Ergebnisse auf dem Gebiet des öffentlichen Arbeitsnachweises sind daher in Sachsen bisher sehr gering. Nicht nur sind die meisten Städte, das ganze sächsische Industriegebiet, überhaupt ohne jeden öffentlichen gemeinnützigen Arbeitsnachweis, und in den Städten, in denen gemeinnützige Arbeitsnachweise bestehen, sind sie von den Gemeinden sich selbst überlassen."[29] Das war stark übertrieben, aber in der Tendenz richtig.

Der Druck auf Sachsen verstärkte sich immer mehr, je deutlicher sich die Erfolge in anderen Ländern abzeichneten. Am 30. November 1906 schließlich erließ das sächsische Innenministerium eine Verordnung, die das Reichsarbeitsblatt als „Eintritt des Königreichs Sachsen in die Arbeitsnachweisbewegung"[30] bezeichnete. Die Verordnung bezog sich ausdrücklich auf Süddeutschland und gab der Hoffnung Ausdruck, die bestehenden Verbands- und Innungsnachweise würden sich wie dort den öffentlichen anschließen. Als öffentlich gemeinnützige Nachweise wurden nur jene anerkannt, die eine paritätische Verwaltung hatten. Ihre Tätigkeit sollte von Ausschüssen überwacht werden, die – neben Vertretern der öffentlichen Hand – aus gleichviel Arbeitgebern und Arbeitnehmern zusammengesetzt waren. Sie mussten allen zugänglich und unentgeltlich sein. Waren diese Bedingungen erfüllt, konnte der Träger die Kommune oder ein Verein sein. Die sächsische Regierung erklärte sich bereit, die Kosten für den überörtlichen Arbeitsmarktausgleich zu übernehmen. Das Innenministerium wies die Kreishauptmannschaften an, dafür Sorge zu tragen,

---

[27] Zur Entwicklung in den deutschen Ländern vgl. *Faust:* Arbeitsmarktpolitik (wie Anm. 12), 75–79; *Graack:* Arbeitsvermittlung in Deutschland (wie Anm. 1), 30–37.

[28] Vgl. Die bestehenden Einrichtungen zur Versicherung gegen die Folgen der Arbeitslosigkeit im Ausland und im Deutschen Reich. Teil II. Der Stand der gemeinnützigen Arbeitsvermittlung öffentlicher und privater Verbände im Deutschen Reich. Berlin 1906, 207.

[29] Ebd., 65.

[30] Reichsarbeitsblatt 4/2 (1906), 120.

dass in allen Gemeinden mit mehr als 10 000 Einwohnern solche Nachweise entstanden.[31] Entscheidend für die Gründung und Ausgestaltung der Arbeitsvermittlungen blieb allerdings das Verhalten der Abgeordneten in den Stadtparlamenten.

In den vier sächsischen Großstädten Dresden, Leipzig, Chemnitz und Plauen vollzog sich die Entstehung der Nachweise sehr unterschiedlich. In Chemnitz und Plauen übernahmen die Kommunen die Trägerschaft, in Leipzig und Dresden Vereine. Relativ problemlos und für sächsische Verhältnisse frühzeitig einigten sich in Chemnitz Arbeitgeber, Arbeitnehmer und das Stadtparlament auf einen kommunalen, paritätisch geleiteten Nachweis. Er begann seine Tätigkeit am 15. Juni 1900, also immerhin mehr als sechs Jahre vor der Verordnung des sächsischen Innenministeriums. Man bezog zwei Räume in einem zentral gelegenen Gebäude und war mit dem modernsten Kommunikationsmittel der Zeit ausgestattet, einem Telefon. Offensichtlich spielten in Chemnitz die süddeutschen Verhältnisse eine besonders große Rolle. Im Verwaltungsbericht auf das Jahr 1900 hieß es, diese würden einen „nicht zu verkennenden segensreichen Einfluß auf die Arbeitsvermittlung und die Arbeitsverhältnisse" ausüben, „so daß der Gedanke, diese Einrichtung nach Chemnitz zu verpflanzen, wohl der Erwägung werth erscheinen mußte".[32] Da sich Arbeitgeber und Arbeitnehmer kompromissbereit zeigten, wurde in der Stadtverordnetenversammlung ein Statut des Arbeitsnachweises beschlossen und am 30. Oktober 1899 vom Bürgermeister und dem Beauftragten der Stadtverordneten unterzeichnet. Das Statut war auf der Höhe seiner Zeit. Es legte die Leitung des Nachweises in die Hände eines Ausschusses von acht Mitgliedern. Der Stadtrat ernannte den Vorsitzenden und dessen Stellvertreter, die übrigen Mitglieder wurden von den Beisitzern des Gewerbegerichtes, je zur Hälfte Arbeitgeber und Arbeitnehmer, gewählt.

In Plauen nahm man die Angelegenheit acht Jahre später in Angriff. Hier öffnete der paritätische Arbeitsnachweis am 20. Juli 1908, wie auch in Chemnitz in zentraler Lage und mit Telefon ausgestattet. Die Plauener Stadtverordneten und der Rat der Stadt führten zwei für die damalige Zeit sehr ungewöhnliche Neuerungen ein. Seit Mai 1911 mussten sich Unternehmen, die städtische Aufträge ausführten, bei Arbeitskräftebedarf an den kommunalen Arbeitsnachweis wenden. Im November 1912 schloss man dem Nachweis eine Vermittlungsstelle für möblierte Zimmer und Schlafstellen an. Das stärkte die Positionen des kommunalen Nachweises bei Zuwanderern. Wahrscheinlich trugen diese Maßnahmen auch dazu bei, dass der Plauener Nachweis trotz gleicher Struktur erfolgreicher agierte als der Chemnitzer. Im Jahr 1913 vermittelte der Plauener Nachweis 8 484 Personen, der Chemnitzer nur 6 808, obwohl die Stadt etwa das Dreifache an Einwohnern hatte. Vor allem aber war der Plauener Nachweis näher am Kern der Arbeiterschaft. Jahr für Jahr wiederholten die Jahresberichte der beiden Städte folgende gegensätzlichen Einschätzungen. In

---

[31] Die Informationen zur Verordnung vom 30. November 1906 vgl. *Graack:* Arbeitsnachweis (wie Anm. 10), 30/31; *Forberger:* Arbeitsvermittlung in Dresden (wie Anm. 9), 53.

[32] Bericht über die Verwaltung und den Stand der Gemeindeangelegenheiten der Fabrik- und Handelsstadt Chemnitz auf das Jahr 1900. Chemnitz 1901, 176.

Chemnitz hieß es: „In der männlichen Abteilung stehen an erster Stelle wieder die ungelernten Arbeiter."[33] In Plauen dagegen formulierte man mit einem gewissen Stolz: „Die Vermittlungsergebnisse haben gezeigt, daß die Mehrzahl der vermittelten Arbeiter gelernte (sog. qualifizierte) Arbeiter sind."[34]

Die Einrichtungen in Chemnitz und Plauen repräsentierten für damalige Verhältnisse den modernsten Stand der öffentlichen Arbeitsvermittlung. Bei all ihren Schwächen verkörperten sie angesichts der sonstigen Verhältnisse drei tragfähige Elemente: Erstens war die Verbindung zum Armenwesen vollständig gekappt. Zweitens konnten sich alle Arbeitgeber und Arbeitnehmer an die Nachweise wenden. Drittens wahrten sie strikte Neutralität, so dass allmählich eine Vertrauensbasis für beide Arbeitsmarktparteien entstand.

In Leipzig diskutierte man seit Anfang 1895 über die Gründung eines kommunalen Arbeitsnachweises. Wiederholt geriet man aber in eine Sackgasse, da weder die maßgeblichen Unternehmerverbände noch die freien Gewerkschaften bereit waren, sich zu beteiligen. Als Kompromiss konstituierte sich am 7. Dezember 1899 der „Verein für Arbeitsnachweis in Leipzig". Dieser Verein war Träger des öffentlichen Arbeitsnachweises der Stadt Leipzig, der am 1. Juli 1900 seine Tätigkeit mit einer Vermittlungsstelle für Männer aufnahm. Eine solche für Frauen öffnete ein Jahr später. Die Gründer des Nachweises veröffentlichten 1903 eine Geschichte des öffentlichen Arbeitsnachweises in Leipzig.[35] Man fühlte sich den ansonsten weitgehend vergessenen Gründern aus den vierziger Jahren des 19. Jahrhunderts verbunden und wollte ihr Vermächtnis erfüllen. Allerdings wirft die Schrift auch ein bezeichnendes Licht auf den Zustand des Arbeitsnachweiswesens in Sachsen wie auch auf den Stand der Zusammenarbeit zwischen den Städten, der weit hinter der Entwicklung im südwestdeutschen Wirtschaftsraum zurückgeblieben war. Beispielsweise formulierte man voller Stolz, aber auch mit erstaunlicher Ignoranz: „Der Leipziger Arbeitsnachweis ist der erste sächsische auf paritätischer Grundlage. Obgleich er ersichtlich mit Erfolg operiert, hat noch keine andere Stadt bisher den Mut gehabt zu folgen."[36] Die hier beschworene „paritätische Grundlage", zu dieser Zeit in Chemnitz und in den meisten südwestdeutschen Nachweisen konsequent durchgesetzt, blieb in Leipzig unbefriedigend. Zwar hatten je vier Arbeitgeber- und Arbeitnehmervertreter ihren Platz im Vorstand, auf Seiten letzterer aber nur solche der Hirsch – Dunckerschen und der christlichen Gewerkschaften. Die mit Abstand größte Arbeitnehmerorganisation, das Ortskartell der freien Gewerkschaften, lehnte die Beteiligung ab und forderte die Trägerschaft durch die Kommune. Die Ablehnung hatte drei Gründe, die zugleich die Schwächen der Leipziger Einrichtung aufzeigen: Ers-

---

[33] Ebd., 46.

[34] Verwaltungsbericht der Kreisstadt Plauen auf die Jahre 1911, 1912 und 1913. Plauen o. J. [1914], 392.

[35] Der paritätische Arbeitsnachweis in Leipzig. Herausgegeben vom Verein für Arbeitsnachweis in Leipzig. Leipzig 1903.

[36] Ebd., 39.

tens erhob man Einschreibegebühren. Das war eine absolute Ausnahme unter den neu gegründeten öffentlichen Nachweisen dieser Zeit. Zweitens durfte nur Arbeit vermittelt werden, soweit keine „körperschaftlich geordneten Arbeitsnachweise vorhanden sind."[37] Damit beschränkte man die Vermittlung faktisch auf Ungelernte. Drittens hielten die Leipziger an engen Beziehungen zwischen dem Arbeitsnachweis und dem Armenwesen fest, ein unermesslicher Schaden für das Ansehen bei Arbeitgebern und Arbeitnehmern. Zwar gab es in Leipzig bis zum Weltkrieg immer wieder Versuche, einen Arbeitsnachweis zu schaffen, der auf der Höhe der Zeit stand, diese scheiterten allerdings.

Am widersprüchlichsten und am langwierigsten vollzog sich die Entstehung des öffentlich-rechtlichen Arbeitsnachweises in Dresden. Sein Ausgangspunkt war der 1880 gegründete „Verein gegen Armennot und Bettelei". Dieser stand bis 1910 unter Leitung von Victor Böhmert, mit dessen Namen die sächsische Sozial- und Arbeitsmarktpolitik dieser Jahrzehnte untrennbar verbunden ist.[38] Der Verein ging schon in den 1880er Jahren immer wieder in die Offensive, um „eine förmliche Organisation des Arbeitsnachweises für Männer und Frauen in größerem Maßstab zu versuchen."[39] Für Böhmert war klar, dass die Arbeitsvermittlung – in auffälligem Gegensatz zum Namen seines Vereins – strikt vom Armenwesen zu trennen sei. In einem Rechenschaftsbericht des Vereins hieß es, „daß die Arbeitsvermittlung mehr ist als ein bloßer Zweig der Armenpflege, nämlich ein hochwichtiges socialpolitisches Hilfsmittel zur Hebung der Volkswohlfahrt..."[40]. Erklärtes Ziel war es, sich der Industrie zur Verfügung zu stellen und dem Arbeitskräfteausgleich zwischen Stadt und Land zu dienen. Böhmert ergriff in den Jahrzehnten nach der Gründung seines Vereins zahlreiche Initiativen, um Vertreter der beiden Arbeitsmarktparteien, der Stadtverwaltung und sozialer Organisationen an einen Tisch zu bringen. Alle Versuche scheiterten an den verhärteten Fronten zwischen Arbeitgebern und Arbeitnehmern. In der Stadtverordnetenversammlung vom 8. Juli 1908 beispielsweise beschwor ein Vertreter der Innungen das Recht der Arbeitgeber auf die Arbeitsvermittlung. Paritätisch geleitete Nachweise lehnte er ab, weil dort keine Arbeiter, sondern nur „Vertreter einer politischen Partei" sitzen würden. Dieser jedoch dürfe man „kein Stückchen Erde weiter und freiwillig" abtreten, sondern müsse sich gegen sie „stemmen und wehren"[41].

Schließlich ergriffen das sächsische Innenministerium und die Kreishauptmannschaft Dresden die Initiative. Kreishauptmann Anselm Rumpelt schlug gemeinsam mit Böhmert die Bildung eines Zentralarbeitsnachweises für die Kreishauptmannschaft vor. Das Innenministerium winkte mit einem Zuschuss von jährlich 10 000 Mark, wenn die Stadt beitrete und die Leitungsgremien paritätisch besetzt würden.

---

[37] Ebd.
[38] Zur Biographie Böhmerts vgl. *Graack:* Arbeitsnachweis (wie Anm. 10), 24–26.
[39] *Graack:* Arbeitsnachweis (wie Anm. 10), 17.
[40] 9. Rechenschaftsbericht des Vereins gegen Armennot und Bettelei 1888, 13.
[41] Zitiert nach *Forberger:* Arbeitsvermittlung in Dresden (wie Anm. 9), 55.

Erneut lehnten die Stadtverordneten den Beitritt der Großstadt ab. Daraufhin entschloss sich der Kreishauptmann, den Nachweis ohne den Beitritt Dresdens zu gründen, und das Innenministerium zahlte den jährlichen Zuschuss trotz der Abstinenz der Landeshauptstadt. Am 8. Oktober 1909 nahm schließlich der „Zentralarbeitsnachweis für den Bezirk der Kreishauptmannschaft Dresden" seine Tätigkeit auf. Böhmerts Verein gegen Armennot und Bettelei stellte seine Tätigkeit unter diesem Namen ein, setzte sie aber nahtlos als Glied des Zentralarbeitsnachweises fort. Die Stadt Dresden war damit nicht am einflussreichsten Arbeitsnachweis auf ihrem eigenen Territorium beteiligt. Sie sparte zwar den Zuschuss, verlor aber auch jeglichen Einfluss. Die Gegner im Stadtparlament gerieten zusehends in die Defensive. Angesichts der Dominanz des Zentralarbeitsnachweises sahen sie sich von ihrem Ziel, die Arbeitsvermittlung zu beherrschen, weit entfernt. So stimmte schließlich die Dresdener Stadtverordnetenversammlung am 20. Juni 1912 dem Beitritt zum Zentralarbeitsnachweis zu.

Das Statistische Reichsamt erarbeitete zu Kriegsbeginn eine Statistik der nichtgewerblichen Arbeitsvermittlungen im Jahr 1914.[42] Für Sachsen führte es 506 auf. Davon wurden 179 von Arbeitnehmerorganisationen, 35 von caritativen Vereinen, 32 von Arbeitgeberorganisationen und 19 gemeinsam von Arbeitgebern und Arbeitnehmern ohne Beteiligung kommunaler oder staatlicher Institutionen betrieben. Solche der öffentlichen Hand gab das Statistische Amt mit 138 an. Nach einiger Verzögerung hatte das öffentliche Arbeitsnachweiswesen also auch in Sachsen Fuß gefasst. Von einem flächendeckenden System konnte aber auch 1914 noch keine Rede sein. Nachweise auf der Ebene der Kreishauptmannschaft wie in Dresden gab es sonst nicht. Das Statistische Reichsamt führte aber elf Nachweise auf der nächst niedrigen Verwaltungsebene, den Amtshauptmannschaften, an. Diese bestanden meist aus einem Mitarbeiter, der Stellenangebote oder -gesuche aus den angeschlossenen Gemeinden annehmen und weitergeben sollte. Es war der formale Versuch, die Amtshauptmannschaft flächendeckend einzubeziehen, den man gut an das Innenministerium melden konnte, der aber kaum Ergebnisse brachte. Die sächsischen Mittelstädte hatten 1914 fast alle eine öffentliche Arbeitsvermittlung. Träger war meist die Stadt wie z. B. in Zwickau, Glauchau, Pirna, Frankenberg und Zschopau. Einige schlossen sich mit umliegenden Gemeinden zu Bezirksverbänden zusammen, um gemeinsam eine Arbeitsvermittlung zu betreiben wie beispielsweise Aue, Marienberg und Schwarzenberg. In vier dieser Mittelstädte, in Dippoldiswalde, Klingenthal, Oschatz und Leisnig gab es auch 1914 noch keinen öffentlichen Nachweis, sondern nur den des Holzarbeiterverbandes.

Die öffentliche Arbeitsnachweisbewegung blieb in Sachsen vor dem Weltkrieg, im Unterschied zu Bayern, Württemberg, Baden und einigen preußischen Provinzen, relativ isoliert und zersplittert. Am 24. Januar 1911 entstand der „Verband der öffent-

---

[42] Die Ergebnisse in: Bundesarchiv, Abt. Potsdam: Statistisches Reichsamt, Nr. 6313.

lichen gemeinnützigen Arbeitsnachweise des Königreiches Sachsen"[43]. In anderen deutschen Ländern griffen ähnliche Einrichtungen schon lange vorher in den Gang der Dinge ein und sorgten dafür, dass die den kommunalen Nachweisen unvermeidlich anhaftende lokale Begrenztheit teilweise überwunden wurde. In Sachsen paralysierten Auseinandersetzungen zwischen Vertretern Leipzigs und Dresdens, die jeweils ihr Modell durchsetzen wollten, den Verband. Er erwies sich als völlig handlungsunfähig.

Otto Michalke verglich die Entwicklung der Arbeitsnachweise in Deutschland in einer 1912 erschienenen Arbeit mit einem Rennen, dessen Ausgang noch niemand kenne.[44] Auch in Sachsen waren Ansätze einer öffentlichen Arbeitsvermittlung entstanden. Während man aber in anderen Ländern, um an Michalke anzuknüpfen, in dem Rennen bedenkenlos auf die öffentlichen, paritätisch geleiteten Nachweise als Sieger setzen konnte, hatten diese in Sachsen gerade erst die Startlöcher verlassen. Die Zwänge des Krieges und der Nachkriegszeit führten dann in rasantem Tempo zur reichsweiten Zentralisierung der Arbeitsvermittlung, letztendlich „mit einer gemeinsamen Spitze im Reichsarbeitsamt", wie es bereits 1893 auf dem Kongress des Freien Deutschen Hochstiftes erhofft worden war.

---

[43] Die „Niederschriften über die I. bis V. Verbandsversammlung des Verbandes der öffentlichen gemeinnützigen Arbeitsnachweise des Königreiches Sachsen" konnten in der Sächsischen Landesbibliothek (heute SLUB) eingesehen werden.

[44] Vgl. *Otto Michalke:* Die Arbeitsnachweise der Gewerkschaften im Deutschen Reich. Berlin 1912, 1.

Der Crimmitschauer Textilarbeiterstreik im internationalen Vergleich

Von *Manuel Schramm*

I. Einleitung

Am 11. Januar 1904 wurde in Crimmitschau ein Flugblatt verteilt, das einen dramatischen Durchhalteappell an die seit mehreren Monaten streikenden Textilarbeiter richtete.[1] Zitiert wurde darin Alice Salomon, eine Vertreterin der bürgerlichen Frauenbewegung, die schrieb, der elfstündige Arbeitstag zerstöre das Familienleben: Die Arbeiterin könne ihren Kindern nicht Mutter sein, sie habe eine Wohnung, aber kein Heim, einen Lebensunterhalt, aber führe kein Leben. Bisher sei der Streik ein Heldenkampf gewesen, jetzt werde er ein Verzweiflungskampf. Die „ganze Welt" blicke auf die Streikenden.

Obwohl rhetorisch geschickt formuliert, erwies sich das Flugblatt letztlich als ungeeignet, die Niederlage der Streikenden in Crimmitschau aufzuhalten. Der Streik musste nur eine Woche später abgebrochen werden. Dennoch ist es interessant, dass die (natürlich übertriebene) Behauptung aufgestellt wurde, die ganze Welt blicke auf Crimmitschau. Inwiefern war der Crimmitschauer Textilarbeiterstreik ein Vorläufer oder Nachzügler anderer Streikbewegungen? Oder handelte es sich um ein singuläres Ereignis? In der Forschung ist bisher nur die Parallele zu einem Streik in der westfälischen Textilindustrie (in Bocholt 1913) aufgezeigt worden.[2] Die internationale Dimension, bisher völlig vernachlässigt, soll hier durch den Vergleich mit anderen großen Arbeitskämpfen in der Textilindustrie in dieser Zeit zumindest in einer ersten Annäherung thematisiert werden.

Kompliziert wird ein solches Unterfangen dadurch, dass Streiks komplexe Phänomene sind, die sich nicht auf eine einzige Ursache (z. B. Reallohnbewegungen) zurückführen lassen.[3] Während die ältere Streikforschung vorwiegend politische (Syndikalismus) oder ökonomische (Deprivation) Motive in den Vordergrund stellte, verschob sich die Interpretation in den Jahrzehnten nach dem Zweiten Weltkrieg zu so-

---

[1] Sächsisches Staatsarchiv Chemnitz, Kreishauptmannschaft Zwickau Nr. 2723, fol. 338.

[2] *Arnold Lassotta* (Hrsg.): Streik Crimmitschau 1903 – Bocholt 1913. Ein Lesebuch zu den Arbeitskämpfen in der Crimmitschauer und Bocholter Textilindustrie. Essen 1993.

[3] *Joseph L. White:* The Limits of Trade Union Militancy. The Lancashire Textile Workers, 1910–1914. Westport / Conn. 1978, 7; *Klaus Tenfelde / Heinrich Volkmann:* Zur Geschichte des Streiks in Deutschland. In: Dies. (Hrsg.): Streik. Zur Geschichte des Arbeitskampfes in Deutschland während der Industrialisierung. München 1981, 9–30, 26.

ziologischen Faktoren wie Organisation oder Urbanisierung.[4] Im Gefolge der in der Sozialgeschichte zeitweise beliebten Modernisierungstheorie wurde auch die These von der langfristigen Rationalisierung des Streikverhaltens vertreten. In dieser Sicht erschien der Streik mehr und mehr als ultima ratio, und die Gewerkschaften eher als Streikvermeidungsvereine denn Streikvereine.[5] Dieser evolutionistischen Sicht ist jedoch schon 1992 von Friedhelm Boll widersprochen worden, der unter Bezug auf die französische Diskussion konstatierte, dass Streikwellen „keinem allgemeinen evolutionistischen Entwicklungsschema" folgen.[6] Unterschiede sah Boll in den Streiks vor 1914 auf der nationalen Ebene, vor allem bedingt durch die Unterschiede in der Gewerkschaftsorganisation und der industriellen Beziehungen. In Frankreich habe ein organisatorisch schwaches, kaum zentralisiertes Gewerkschaftswesen Arbeitskämpfe von beträchtlichem Ausmaß, aber nur geringer Dauer organisieren können. Das mitgliederstarke und hoch zentralisierte deutsche Gewerkschaftswesen habe dagegen nur relativ kleine und sektoral begrenzte Arbeitskämpfe geführt. In Großbritannien schließlich habe das gut ausgebaute und nur partiell zentralisierte Gewerkschaftswesen seltene, dafür aber intensive, also sowohl umfangreiche als auch lang andauernde Streiks hervorgebracht.[7]

Die vergleichende Streikforschung bleibt aber die Ausnahme. Das überrascht, denn gerade in der Zeit vor dem Ersten Weltkrieg kam es in mehreren Ländern wie Großbritannien, Frankreich, Deutschland oder den USA zu großen Streiks. Im Folgenden soll ein vergleichender Blick auf die Arbeitskämpfe in der Textilindustrie zwischen 1900 und 1914 geworfen werden.

II. Verlaufsskizzen der großen Textilarbeiterstreiks 1900–1914

1. Troyes 1900

Der erste der großen Textilarbeiterstreiks fand in Nordost-Frankreich in der Kleinstadt Troyes statt, wo von ca. 50.000 Einwohnern 8.000 in den 27 Unternehmen der Wirkwarenindustrie arbeiteten.[8] Die meisten dieser Fabriken waren allerdings eher klein und beschäftigten zwischen 20 und 250 Arbeiter. Nur ein Unternehmen (Mauchauffée) war ein Großbetrieb mit über 1.000 Beschäftigten. Die Wirkwarenindustrie war aus dem Verlagswesen hervorgegangen, und neben der Arbeit in den Fabriken hielt sich auch die Heimarbeit hartnäckig. In den 1880er und 1890er Jahren war die Konzentration vorangeschritten, und viele Unternehmer hatten neue Wirkstühle

---

[4] *White:* Limits (wie Anm. 3), 8–9.

[5] *Tenfelde / Volkmann:* Streik (wie Anm. 3), 20–21, 26.

[6] *Friedhelm Boll:* Arbeitskämpfe und Gewerkschaften in Deutschland, England und Frankreich. Ihre Entwicklung vom 19. zum 20. Jahrhundert. Bonn 1992, 97.

[7] Ebd., 110–111.

[8] *Helen Harden Chenut:* The Fabric of Gender. Working-Class Culture in Third Republic France. University Park, PA 2005, 97.

angeschafft. Die wirtschaftliche Entwicklung der Industrie in der zweiten Hälfte des 19. Jahrhunderts war ordentlich, aber nicht herausragend.[9] An den Wirkstühlen arbeiteten um 1900 fast ausschließlich Männer, während bis ca. 1870 auch die Arbeit von Frauen an solchen Stühlen nicht ungewöhnlich gewesen war. Mit dem Aufkommen neuer, komplizierterer Cotton-Wirkstühle wurde die Frauenarbeit aber mehr und mehr in Nebenprozesse wie Nähen und Ausbessern gedrängt.[10]

Der Arbeitskonflikt entzündete sich an Lohnfragen. Die erste streikende Gruppe waren die jungen Männer, die als Gehilfen in den Wirkwarenfabriken eingesetzt waren („rebrousseurs"). Mehr als 100 von ihnen legten am 16. Februar 1900 in der Mauchauffée-Fabrik die Arbeit nieder, zunächst ohne konkrete Forderungen zu formulieren. Später forderten sie 15% mehr Lohn und die direkte Bezahlung durch die Fabrikbesitzer. Bis dahin waren sie bei den Wirkern angestellt gewesen.[11] Der Streik weitete sich in den folgenden Tagen rasch aus. Andere Textilarbeiter griffen die Forderung nach mehr Lohn auf und ergänzten sie durch ihre eigenen. Zum Beispiel forderten die Wirker einheitliche Stücklöhne in den Fabriken der Stadt, während die Näherinnen einer Fabrik gegen willkürliche Lohnkürzungen protestierten. Am Ende einigten sich die Arbeiter auf eine allgemeine Lohnerhöhung um 15% als Hauptforderung.[12]

Die Arbeitgeber wollten darauf nicht eingehen und griffen am 27. Februar zum Mittel der Aussperrung. Mitte März waren nach zeitgenössischen Schätzungen 12.000 Arbeiterinnen und Arbeiter entweder im Streik oder ausgesperrt. Das war ein Viertel der Bevölkerung von Troyes.[13] Die Arbeitgeber einigten sich auf eine harte Linie und weigerten sich, mit dem Streikkomitee zu verhandeln oder auf Vermittlungsvorschläge des Bürgermeisters und des Präfekten einzugehen, was die öffentliche Meinung mehr und mehr auf die Seite der Streikenden brachte.[14] Dazu trug auch bei, dass der Streik ruhig und ohne Ausschreitungen verlief. Am 27. März eröffneten die Unternehmer ihre Fabriken wieder, zunächst ohne Konzessionen zu machen. In der Folge machten sie kleinere Zugeständnisse bei den Lohnabzügen. Mehr und mehr Arbeiter kehrten in die Fabriken zurück. Am längsten weigerten sich die „rebrousseurs", die Arbeit wiederaufzunehmen. Am 18. April wurde der Streik offiziell für beendet erklärt, ohne dass die Arbeiter wesentliche Forderungen hätten durchsetzen können.[15]

---

[9] *Colin Heywood:* Cotton Hosiery in Troyes c. 1860–1914. In: Textile History 25 (1994), 167–184, 169.

[10] *Chenut:* Fabric (wie Anm. 8), 100–101.

[11] Ebd., 23–25.

[12] Ebd., 28–29.

[13] Ebd., 35.

[14] Ebd., 36–37.

[15] Ebd., 45.

2. Crimmitschau 1903/04

Das Produktionsprofil in der westsächsischen Stadt Crimmitschau war geprägt von der Vigognespinnerei einerseits und der Herstellung von Buckskin-Stoffen für die Herrenoberbekleidung andererseits. Es dominierte seit den 1890er Jahren der industrielle Betrieb. Die Handweberei spielte kaum noch eine Rolle. Die Firmen waren allerdings nicht sehr groß mit im Schnitt 27 Webstühlen pro Fabrik in der Weberei (1894) bzw. knapp 7.200 Spindeln in der Spinnerei (1892).[16] Seit der Jahrhundertwende fand in Teilen der Buckskin-Weberei eine Umstellung auf Kammgarnstoffe statt, die eine Intensivierung der Produktion nach sich zog.[17]

Der Auslöser für den Textilarbeiterstreik in Crimmitschau waren nicht Lohnfragen, sondern die Forderung nach dem Zehnstundentag. Am 25. Juli beschlossen zwei große Textilarbeiterversammlungen, diese Forderung den Arbeitgebern vorzulegen in Verbindung mit der Forderung nach einer Lohnerhöhung um 10% für Akkordarbeiter. Die Arbeiter waren siegesgewiss: Sie lehnten Verhandlungen ab und drohten den Arbeitgebern mit einem Generalstreik.[18] Anfang August fanden dennoch Gespräche zwischen Vertretern der Arbeitgeber und des Textilarbeiterverbandes statt. Am 7. August kündigten die Unternehmer in sämtlichen 83 Textilfabriken Crimmitschaus und Umgebung ihren Arbeitern. Aufgrund der 14 tägigen Kündigungsfrist wurde diese erst zum 22. August wirksam. Letztlich war die Kündigung ein Ultimatum an die Arbeiter. Die Arbeitgeber boten an, die Kündigung zurückzunehmen und sich beim Verband der Arbeitgeber der sächsischen Textilindustrie für eine einheitliche Regulierung der Arbeitszeit einzusetzen.[19] Zu weitergehenden Zugeständnissen waren sie nicht bereit.

Somit brach am 22. August der Streik aus, der eigentlich eine Aussperrung war. Am 27. August beschlossen die Arbeitgeber in einer internen Sitzung, der Vertreter der Kreishauptmannschaft beiwohnten, den Arbeitern kein neues Angebot zu machen. Im Falle eines Streikabbruchs würden sie prüfen, ob nicht eine Reduktion der Arbeitszeit auf 10,5 Stunden möglich sei, aber sie wollten sich aus Furcht vor weitergehenden Forderungen nichts abtrotzen lassen.[20] Damit waren die Fronten verhärtet, und in den nächsten Monaten ereignete sich nicht viel, außer dass die Polizei gegen den „Terrorismus des Streikpostenstehens"[21] vorging. Von der Aussperrung betroffen waren ca. 7–8.000 Arbeiter, die Unterstützung aus der Streikkasse des Textilarbeiterverbandes erhielten. Am 17. Oktober appellierten die Arbeitgeber an Arbeiter, die bereit waren, zu den alten Bedingungen die Arbeit wiederaufzunehmen,

---

[16] *Woldemar Wagner:* Der Crimmitschauer Textilarbeiterstreik in den Jahren 1903/04. Leipzig 1960, 29.

[17] Ebd., 38–39.

[18] Sächsisches Staatsarchiv Chemnitz, Kreishauptmannschaft Zwickau, Nr. 2720, fol. 3–4.

[19] Ebd., fol. 12.

[20] Ebd., fol. 28–29.

[21] Ebd., fol. 55–56.

sich bei ihnen zu melden. Die Resonanz war wohl recht gering. Erst Ende Oktober lief in einzelnen Fabriken mit 10% der Belegschaft die Produktion wieder an.[22]

Mit der Wiederaufnahme der Arbeit wurde die Stimmung im Ort zunehmend gereizt. Insbesondere kam es zu Versammlungen Streikender vor den Fabriken und zu Belästigungen von Streikbrechern.[23] Ende November begannen die Arbeitgeber, Streikbrecher aus Böhmen und Bayern anzuwerben, was ihnen von den Streikenden als „unpatriotisch" angekreidet wurde.[24] Abgesehen von einzelnen Rangeleien zwischen Gendarmen und Streikposten blieb der Streik jedoch friedlich.[25] Durch die lange Dauer des Streiks bröckelte jedoch allmählich die anfangs bemerkenswert geschlossene Streikfront. Mitte Januar waren bereits 2.624 Arbeiter wieder in den Fabriken beschäftigt, wovon nur 470 von auswärts zugezogen waren. Am 18. Januar wurde der Streik bedingungslos abgebrochen.[26] Er endete mit einer vollständigen Niederlage der Arbeiter.

3. Lawrence, Massachusetts 1912

Die Textilindustrie in Neuengland konnte um 1900 bereits auf eine lange Tradition zurückblicken. Bereits 1790 war in Rhode Island die erste Baumwollspinnerei Nordamerikas eröffnet worden. Der Unternehmer Francis Lowell gründete 1813 eine erste Fabrik in Waltham, Massachusetts, die alle Stufen der Textilherstellung integrierte.[27] Lawrence entwickelte sich später als andere Städte in der Region, aber löste um die Jahrhundertwende Bradford in England als Wollhauptstadt der Welt ab. In dem Jahrzehnt nach 1899 verdoppelte sich die Anzahl der Textilarbeiter in der Stadt auf ca. 30.000. Beherrscht wurde die Stadt von großen Fabriken, insbesondere der 1906 gegründeten Wood Mill der American Woolen Company, die mit über 7.000 Arbeitern die größte Kammgarnfabrik der Welt war. 1909 waren knapp 75% der Textilarbeiter von Lawrence im Ausland geboren. Die meisten von ihnen kamen aus Süd- und Osteuropa.[28]

Der Anlass für den Streik von 1912 war ein Gesetz, das die wöchentliche Arbeitszeit von 56 auf 54 Stunden reduzierte. Die Arbeiter wurden über die Auswirkungen der Arbeitszeitverkürzung auf ihre Löhne bewusst im Unklaren gelassen. Als sie dann am ersten Zahltag, dem 11. bzw. 12. Januar, weniger Geld erhielten, traten viele von ihnen spontan in den Streik, insbesondere in der Weberei der Everett

---

[22] Ebd., Nr. 2721, fol. 26, 41.
[23] Ebd., fol. 89–90., 99, 113–115.
[24] Ebd., Nr. 2722, fol. 34–36.
[25] Ebd., fol. 103–104; Nr. 2724, fol. 56–57.
[26] Ebd., Nr. 2724, fol. 66, 74.
[27] *Thomas Dublin:* Women at Work. The Transformation of Work and Community in Lowell, Massachusetts 1826–1860. 2. Aufl. New York 1993, 15–17.
[28] *Ardis Cameron:* Radicals of the Worst Sort. Laboring Women in Lawrence, Massachusetts, 1860–1912. Urbana Ill. 1993, 75–77.

Mill und der Spinnerei der Arlington Mill.[29] Der Beginn des Streiks war zunächst ruhig. Zu Ausschreitungen kam es erst am 13. Januar, als Streikende in die Washington Mill und die Wood Mill eindrangen und dort Maschinen stoppten und Arbeiter an der Arbeit hinderten. Es kam zu Zusammenstößen mit der herbeigerufenen Polizei.[30] Der Streik weitete sich rasch aus. Auf dem Höhepunkt der Bewegung waren nach Schätzungen 23.000 Arbeiter im Streik, die meisten davon Italiener oder Polen. Die Streikführer dagegen waren meist englischsprachige Arbeiter oder Franko-Belgier.[31] Die Arbeiter waren überwiegend unorganisiert. Die Facharbeiter in den Textilfabriken gehörten zwar meist den „United Textile Workers" an. Getragen wurde der Streik aber ganz überwiegend von den unorganisierten und ungelernten Arbeitern, die zumeist Einwanderer der ersten Generation waren und nur schlecht englisch sprachen.[32]

Die Forderungen des Streiks wurden erst am 14. Januar formuliert. Die Arbeiter gaben sich nicht mit einer Rücknahme der Lohnkürzung zufrieden, sondern verlangten 15 % mehr Lohn, doppelten Lohn für Überstunden und die Abschaffung des verhassten Prämiensystems.[33] Vermittlungsversuche des Stadtrats scheiterten an der unnachgiebigen Haltung der Arbeitgeber, die nur mit Delegationen ihrer jeweiligen Belegschaften, aber nicht mit dem Streikkomitee verhandeln wollten.[34] Bis Anfang März blieben die Fronten verhärtet. Es kam am Rande von Demonstrationen der Streikenden immer wieder zu Zusammenstößen mit der Polizei, bei denen Ende Januar zwei Arbeiter getötet wurden. Außerdem wurden zwei Streikführer verhaftet.[35]

Erst Anfang März kam Bewegung in die festgefahrene Situation. Am 1. März legte die American Woolen Company als größter Arbeitgeber des Ortes ein Angebot vor, das Lohnerhöhungen von durchschnittlich 7 %, mindestens aber 5 %, vorsah.[36] Dieses Zugeständnis betrachteten die Streikenden aber nicht als ausreichend. Am 12. März legte das Unternehmen daher ein verbessertes Angebot vor, das die Grundlage für das Ende des Streiks bildete. Es sah Lohnerhöhungen zwischen 5 und 20 % vor, dazu die Vergütung von Überstunden mit dem 1 1/4-fachen Lohn und eine Modifikation des Prämiensystems: Die Zeit, in der die Arbeiter nicht fehlen durften, um die Prämie nicht zu verlieren, sollte von vier auf zwei Wochen verringert werden.[37] Obwohl das Angebot nicht alle Forderungen der Streikenden erfüllte, waren damit doch substantielle Zugeständnisse erreicht. Das Streikkomitee akzeptierte diesen

---

[29] *Chas. P. Neill:* Report on Strike of Textile Workers in Lawrence, Mass. in 1912. Washington D.C. 1912, 33–34.
[30] Ebd., 34–35.
[31] Ebd., 32–33.
[32] Ebd., 35–36.
[33] Ebd., 36.
[34] Ebd., 42.
[35] Ebd., 44–45.
[36] Ebd., 56.
[37] Ebd., 58.

Kompromiss, und für die meisten Arbeiter war der Streik am 14. März beendet. In sechs Fabriken blieben die Arbeiter jedoch im Ausstand und hielten noch bis zum 24. März aus, bis auch dort eine Einigung erzielt wurde.[38]

4. Lancashire: Aussperrung der Spinner 1910 und der Weber 1911/12

Lancashire ist bekanntlich die klassische Region der Baumwollindustrie. Hier wurden viele wichtige Erfindungen gemacht wie die „Spinning Jenny" von James Hargreaves oder der „mule" von Samuel Crompton, die für die Industrialisierung der Textilproduktion von entscheidender Bedeutung waren. Die Textilindustrie der Region war auf die Verarbeitung von Baumwolle spezialisiert, während Wolle im benachbarten Yorkshire verarbeitet wurde. Innerhalb Lancashires existierten sowohl Webereien als auch Spinnereien, aber integrierte Fabriken wie in Massachusetts waren selten.[39] Die Region konnte auf eine vorindustrielle Tradition des Textilgewerbes zurückblicken, und die meisten Arbeitskräfte kamen aus der Region oder benachbarten Gebieten.[40]

Die Industrie zeigte sich erstaunlich resistent gegenüber der im 19. Jahrhundert zunehmenden internationalen Konkurrenz, und besonders in den Jahren vor dem Ersten Weltkrieg wurden Produktionsrekorde aufgestellt.[41] Technisch basierte die Spinnerei in Lancashire vor allem auf den Selfaktoren, die das abgesetzte Spinnverfahren (ähnlich wie Crompton's Mule) verwendeten. Die kontinuierlich arbeitenden Ringspinnmaschinen verbreiteten sich gegen Ende des 19. Jahrhunderts, wenn auch langsam. In der Weberei gab es vor dem Ersten Weltkrieg keine spektakulären Innovationen.[42] Zu bemerken ist allerdings, dass nach den Erfahrungen von Migranten die Produktivität in den US-amerikanischen Webereien (etwa in Lawrence) wesentlich höher war als in Lancashire.[43]

Die Arbeiterschaft war nach Status und Entlohnung sehr heterogen. Die Arbeitsbedingungen waren durch Tarifverträge im Wesentlichen fixiert, und die gut bezahlten, meist männlichen Arbeiter (z. B. die Spinner) besaßen eine hohe Arbeitsautono-

---

[38] Ebd., 259; *Bruce Watson:* Bread and Roses. Mills, Migrants, and the Struggle for the American Dream. New York 2005, 213.

[39] *Michael Winstanley:* The Factory Workforce. In: Mary B. Rose (Hrsg.): The Lancashire Cotton Industry. A History since 1700. Preston 1996, 121–153, 130.

[40] Ebd., 147.

[41] *White:* Limits (wie Anm. 3), 17–18.

[42] Ebd., 18–19.; *William Lazonick:* Industrial Relations and Technical Change. The Case of the Self-acting Mule. In: Cambridge Journal of Economics 3 (1979), 231–262, 255.

[43] The Strike at Lawrence, Mass. Hearings before the Committee on Rules of the House of Representatives on House Resolutions 409 and 433. Washington, D.C. 1912, 33.

mie. In den Jahren vor dem Ersten Weltkrieg war der häufigste Grund für Arbeitskonflikte die Verwendung schlechter Rohmaterialien.[44]

Die beiden größten Arbeitskonflikte dieser Zeit waren die Aussperrung der Spinner 1910 und die Aussperrung der Weber 1911/12. Beide dauerten zwar nur eine relativ kurze Zeit (eine bzw. vier Wochen), betrafen aber eine große Zahl von Arbeitern (100.000 bzw. 165.000). Zwischen den beiden Arbeitskämpfen gab es keine unmittelbare Verbindung, sondern es handelte sich um getrennte Arbeitskämpfe mit durchaus verschiedenen Forderungen.

Die Aussperrung der Spinner begann mit einem scheinbar banalen, alltäglichen Konflikt in der Fern Mill in Shaw bei Oldham im Juni 1910. Ein Vorarbeiter wies einen Arbeiter an, eine Kardiermaschine mit einem Pickel oder einer Ahle zu reinigen. Der Arbeiter weigerte sich, wurde entlassen, und aus Protest traten 269 Spinnereiarbeiter ab dem 7. Juni in den Streik. Die Verhandlungen mit der Cardroom Workers Association blieben zunächst ergebnislos, und am 19. September verkündeten die Arbeitgeber eine generelle Aussperrung in den Spinnereien, die am 3. Oktober in Kraft trat.[45] Davon waren 100.000 Arbeiter betroffen. Letztlich blieben die Fabriken aber nur eine Woche geschlossen.[46] Mit Hilfe eines Schlichters wurde ein Kompromiss gefunden, der vorsah, dass der betroffene Arbeiter seinen Platz mit einem Arbeiter aus einer anderen Fabrik tauschte. So konnten beide Seiten ihr Gesicht wahren.[47]

Auf den ersten Blick mutet dieser Arbeitskampf etwas bizarr an, und er ist tatsächlich auch als Ausdruck von Sturheit beschrieben worden.[48] Aber im Kern ging es doch um wesentliche Fragen, nämlich vor allem um den beruflichen Status der Kardierarbeiter. Sie wollten, so Joseph White, „workmen" sein, nicht „jobber" (Gelegenheitsarbeiter).[49] Das Reinigen der Kardiermaschine war offenbar ein Punkt, der durch die bestehenden Tarifverträge wie das Brooklands Agreement von 1893 nicht abgedeckt war, und der somit zu unterschiedlichen Interpretationen führen konnte. Die Spinner waren an dem Streik zunächst nicht beteiligt und wurden erst durch die Aussperrung in die Auseinandersetzung hineingezogen.[50]

Besaß die Spinneraussperrung von 1910 also (aus Sicht der Arbeiter) eher defensiven Charakter, so war das im Fall der Weberaussperrung von 1910 ganz anders. Hier ging die Initiative eindeutig von den gut organisierten Webern aus, die im Dezember 1911 versuchten, in allen Webereien der Region den „closed shop", also den

---

[44] *Lazonick:* Industrial Relations (wie Anm. 42), 253–253; *White:* Limits (wie Anm. 3), 20.
[45] *White:* Limits (wie Anm. 3), 112–113.
[46] Ebd., 124.
[47] Ebd., 115.
[48] Ebd., 112.
[49] Ebd., 115.
[50] Ebd., 124.

gewerkschaftspflichtigen Betrieb, durchzusetzen. Der Arbeitskampf dauerte vier Wochen und betraf insgesamt 165.000 Arbeiter.[51] Zwar hatten die Gewerkschaften (die Northern Counties Textile Trade Federation) eine Taktik gewählt, mit der sie einen großen Arbeitskampf vermeiden wollten: Sie erklärten keinen allgemeinen Streik, sondern gingen Fabrik für Fabrik vor. Die Weigerung eines einzigen Arbeiters (eines gewissen Riley aus Accrington) provozierte dann jedoch geradezu zwangsläufig einen großen Arbeitskampf, in dem die Arbeitgeber zu dem Mittel der allgemeinen Aussperrung griffen. Die Gewerkschaften stellten in dieser Situation eine neue Forderung nach Lohnerhöhung um 5 % auf, wohl um einen gesichtswahrenden Kompromiss zu finden. Die Arbeitgeber jedoch lehnten dies ab, und die Aussperrung endete nach vier Wochen am 22. Januar 1912 mit einer Niederlage der Gewerkschaften. Das einzige Zugeständnis der Arbeitgeber war die Zustimmung dazu, dass eine Untersuchung über die Vor- und Nachteile des gewerkschaftspflichtigen Betriebes eingeleitet werden sollte.[52]

III. Vergleichende Betrachtung

Es ist nicht ganz einfach, die hier beschriebenen Arbeitskämpfe auf einen Nenner zu bringen. Zwar ist die zeitliche Häufung der Auseinandersetzungen zwischen 1900 und 1912 auffällig, aber im Detail unterschieden sich die Arbeitskämpfe nach Anlass, Dauer und Organisationsgrad erheblich. Was die *Streikanlässe* angeht, so waren in zwei Fällen Lohnfragen (Troyes und Lawrence) ausschlaggebend, in einem Fall die Frage der Arbeitszeit (Crimmitschau), in einem Fall die gewerkschaftliche Organisation (Lancashire II) und in einem Fall Statusfragen (Lancashire I). Kompliziert wird diese Vielfalt noch dadurch, dass diese Faktoren natürlich zusammenhingen: In Lawrence war der Anlass für die Lohnkürzungen eine gesetzliche Arbeitszeitverkürzung gewesen, und in Troyes traten zu den Lohnforderungen auch Statusfragen bei den „rebrousseurs" hinzu. Zutreffend ist sicher die Bemerkung Whites, dass sich die Arbeitskämpfe nicht auf reine Lohnbewegungen reduzieren lassen.[53]

Auch die *Dauer* der Arbeitskämpfe war recht verschieden. Am kürzesten war die Aussperrung der Spinner in Lancashire 1910 (eine Woche), der jedoch ebenfalls ein fast viermonatiger Streik voranging. Ansonsten dauerten die Auseinandersetzungen zwischen einem (Lancashire 1911/12) und fünf Monaten (Crimmitschau). Der längste Arbeitskampf war allerdings auch der mit den wenigsten beteiligten Arbeitern (7–8.000), während die Aussperrungen in Lancashire mit 100.000 bzw. 165.000 die höchste *Beteiligung* erreichten, wenn auch unfreiwillig. Uneinheitlich war ebenso die Rolle der Gewerkschaften. Wichtig waren sie in Lancashire und in Sachsen, weitaus weniger dagegen in der Champagne und in Massachusetts. Dieser Befund

---

[51] Ebd., 126.
[52] Ebd., 135–138.
[53] Ebd., 7.

vermag weder die These zu stützen, die Gewerkschaften seien eher Streikvermeidungsvereine gewesen, noch die Gegenthese, wonach Streiks eine Form des Machtkampfes gewesen seien, die mit zunehmender Organisation der Arbeiter häufiger wurden.[54]

Auch eine besonders in der älteren US-amerikanischen Forschung beliebte These, wonach die Streiks vor dem Ersten Weltkrieg (Lawrence) vor allem das Ergebnis von Migrationsprozessen gewesen seien, lässt sich im internationalen Vergleich nicht halten. Dieser These zufolge waren es besonders Arbeiter, die aus der Landwirtschaft oder dem vorindustriellen Gewerbe kamen und die Fabrikarbeit nicht gewöhnt waren, welche in den Streik traten. Nach dieser Interpretation würde es sich um ein Übergangsphänomen handeln.[55] Aber neu war die Fabrikarbeit nur für bestimmte Einwanderer in den USA, und relativ neu war sie auch in der Champagne[56], während sie in Sachsen und Lancashire um 1900 bereits auf eine lange Tradition zurückblicken konnte.

Der *Verlauf* der Streiks unterschied sich naturgemäß von Fall zu Fall. Einige interessante Beobachtungen können dennoch gemacht werden. Zunächst blieben fast alle Streiks friedlich, trotz der oft aufgeheizten Atmosphäre. Zu nennenswerten Ausschreitungen kam es nur in Lawrence, wo sogar Todesopfer zu beklagen waren. Interessant ist ferner die Rolle der städtischen oder staatlichen Behörden, die ambivalent ausfiel: Einerseits bemühten sich Bürgermeister und Stadträte um Vermittlung zwischen den Streikparteien. Andererseits ergriffen sie, je länger der Streik andauerte und je mehr die öffentliche Ordnung bedroht schien, mehr und mehr Partei für die Arbeitgeber, indem sie gegen Streikposten oder öffentliche Aufzüge und Versammlungen vorgingen.[57] Die öffentliche Meinung sympathisierte häufig mit den Streikenden, jedenfalls wenn ihre Forderungen gerechtfertigt erschienen, wie in Troyes oder Crimmitschau. In den USA war die öffentliche Meinung dagegen gespalten, und in Lancashire stieß die Aktion der Weber sogar auf Ablehnung unter Sozialisten.[58]

Unterschiedlich waren schließlich auch die *Ergebnisse:* Größere Zugeständnisse machten die Arbeitgeber nur in Lawrence 1912, kleinere in Troyes 1900. Bei der Spinneraussperrung in Lancashire wurde ein Kompromiss gefunden, der von beiden Seiten als Erfolg verbucht werden konnte. Vollständige Niederlagen mussten die Arbeiter in Crimmitschau und in der Weberaussperrung in Lancashire hinnehmen. Ins-

---

[54] *Tenfelde / Volkmann:* Streik (wie Anm. 3), 20–21; *White:* Limits (wie Anm. 3), 9; *Edward Shorter / Charles Tilly:* Strikes in France 1830–1968. London 1974, 8.

[55] *Cameron:* Radicals (wie Anm. 28), 166–167.

[56] *Chenut:* Fabric (wie Anm. 8), 17.

[57] Ebd. (wie Anm. 8), 38; *Neill:* Report (wie Anm. 29), 35, 39–41, 44–45.; Sächsisches Staatsarchiv Chemnitz, Kreishauptmannschaft Zwickau, Nr. 2720, fol. 20–23.

[58] *Chenut:* Fabric (wie Anm. 8), 37; *O. V.:* Über den Crimmitschauer Streik. Hrsg. vom Vorstand der Ortsgruppe Crimmitschau des Verbandes von Arbeitgebern der Sächsischen Textilindustrie, Crimmitschau 1904, 3; *Watson:* Bread and Roses (wie Anm. 38), 124–128; *White:* Limits (wie Anm. 3), 136.

gesamt war die Bilanz also gemischt. Die Arbeitgeber demonstrierten in diesen Streiks, dass sie auch längere Arbeitsniederlegungen durchhalten konnten und in mehreren Fällen am längeren Hebel saßen. Andererseits waren die Streiks aus Sicht der Arbeiter nicht völlig aussichtslos, da in drei von fünf Fällen gewisse Konzessionen errungen werden konnten.

Worin lagen die *Ursachen* für die häufigen und langen Arbeitskämpfe in der Zeit vor dem Ersten Weltkrieg? Eine Antwort, die in der Literatur gegeben wurde, bezieht sich auf die Inflation in dieser Zeit.[59] Diese war zwar nicht zu vergleichen mit der Inflation der Zwischenkriegszeit, aber sie übte doch einen merklichen Druck auf die Reallöhne aus, und förderte somit die Entstehung von Lohnkonflikten. In der Tat spielte die Inflation in manchen Fällen eine Rolle, z.B. war sie ein Faktor in Lawrence, wo die Arbeiter monierten, die Preise für Wohnung oder Lebensmittel hätten sich in den letzten Jahren vor dem Streik um 50 bis 100% erhöht.[60] In Crimmitschau argumentierte ein Vertreter des Streikkomitees, die Lohnerhöhungen der letzten Jahre seien durch die Inflation aufgezehrt worden.[61] In England und Frankreich dagegen spielte die Inflation keine Rolle. Die Reallöhne der Textilarbeiter in Lancashire gingen trotz moderater Inflation in dieser Zeit nicht zurück, sondern stiegen sogar leicht an.[62] Und in Frankreich kam es erst 1911 zu Protesten wegen gestiegener Lebenshaltungskosten. Für den Streik in Troyes 1900 spielte das Thema keine Rolle.[63]

Eine andere Erklärung wurde von Sven Beckert vorgeschlagen, der in seiner Globalgeschichte der Baumwolle postulierte, dass um 1900 die Profitraten in der Baumwollspinnerei durch die zunehmende Konkurrenz zurückgegangen seien. So zahlten deutsche Spinnereien zwischen 1900 und 1911 nur 4–6% Dividende.[64] Aber auch dies ist wohl bestenfalls eine Teilerklärung. Zutreffend ist, dass dieses Argument von den Arbeitgebern in den Arbeitskonflikten benutzt wurde, um Zugeständnisse für unbezahlbar zu erklären. So verwies William Wood, der Präsident der American Woolen Company, auf die Konkurrenz in anderen US-Bundesstaaten.[65] In den Spinnereien Lancashires gab es zwar Absatzschwierigkeiten bei grobem und mittlerem Garn, aber 1913 war dennoch ein Rekordjahr, was den Umsatz anbetrifft.[66] Die französische Textilindustrie wiederum war durch Zollschranken vor ausländischer Konkurrenz weitgehend geschützt, und überdies war die Geschäftslage seit Mitte der

---

[59] *Eric Taplin:* Near to Revolution. The Liverpool General Transport Strike of 1911. Liverpool 1994, 10.

[60] *Neill:* Report (wie Anm. 29), 41.

[61] Sächsisches Staatsarchiv Chemnitz, Kreishauptmannschaft Zwickau Nr. 2720, fol. 108–109.

[62] *White:* Limits (wie Anm. 3), 23.

[63] *Chenut:* Fabric (wie Anm. 8), 154.

[64] *Sven Beckert:* King Cotton. Eine Globalgeschichte des Kapitalismus. München 2014, 359.

[65] *Neill:* Report (wie Anm. 29), 40.

[66] *White:* Limits (wie Anm. 3), 108.

1890er Jahre gut, auch wenn sich die deutsche und amerikanische Konkurrenz auf den Auslandsmärkten bemerkbar machte.[67] Was die Crimmitschauer Textilindustrie anging, so profitierte sie von der wachsenden Nachfrage nach Stoffen für Konfektionskleidung auf dem Binnenmarkt. Auch die Exportschwierigkeiten in der Vigognespinnerei, die durch zunehmenden Protektionismus bedingt waren, konnten durch vermehrten Absatz auf dem Binnenmarkt kompensiert werden.[68]

Vielleicht ist die Ursache für die zunehmenden Arbeitskonflikte eher im technischen Wandel der Zeit zu suchen. In vielen Zweigen der Textilindustrie wurden um 1900 neue Maschinen eingeführt, die das Arbeitstempo erhöhten. An sich war das natürlich nicht prinzipiell neu. Unternehmer benutzten schon in den 1840er Jahren die Techniken des „speed up" (schnellere Taktung) und „stretch out" (Anschaffung größerer Maschinen), um die Arbeit zu intensivieren.[69] In Troyes war es die Einführung neuer mechanischer Cotton-Wirkstühle, die dazu führte, dass ein Wirker mehr Maschinen beaufsichtigen musste.[70] In Crimmitschau war es die Umstellung von Buckskin- auf Kammgarnweberei und die damit verbundene Intensivierung der Produktion, die Forderungen nach Arbeitszeitverkürzung laut werden ließ. So stieg die durchschnittliche Tourenzahl der Webstühle von ca. 50 auf 80 und mehr pro Minute.[71] In den westsächsischen Vigognespinnereien kam es zwar nicht zu einer vergleichbaren Produktionsänderung, aber es fanden dort vor der Jahrhundertwende Konzentrations- und Intensivierungsprozesse statt, die dazu führten, dass die Zahl der Spindeln pro Betrieb von 7.182 im Jahr 1892 auf 9.875 (1901) zunahm.[72] Die vorherrschenden Maschinen blieben Selfaktoren, aber die Zahl der Maschinen, die ein Arbeiter zu bedienen hatte, stieg von 2–3 auf 6 oder mehr.[73]

Auch in den Spinnereien Lancashire erreichte die Produktivität 1912 einen historischen Höchststand, der sich auf die langsame Verbreitung des Ringspinnens, die Einführung größerer Selfaktoren und schnellere Maschinentaktung zurückführen ließ. Der Ausstoß pro Arbeiter stieg um 38 % von 6.389 Pfund Garn (1907) auf 8.787 (1912). In der Weberei dagegen stieg die Menge des produzierten Materials in demselben Zeitraum nur leicht an (von 3.789 auf 3.868 Pfund pro Arbeiter), der Wert der Produktion dagegen um 19 % von £236,62 auf £280,76.[74] Das bedeutet, dass hier ähnlich wie in der westsächsischen Weberei eine Umstellung auf bessere Qualitäten stattgefunden haben muss. In Massachusetts dagegen wird die Intensivierung der Arbeit vor dem Streik weniger auf die Einführung neuer Webstühle als auf

---

[67] *Chenut*: Fabric (wie Anm. 8), 97; *Heywood*: Cotton Hosiery (wie Anm. 9), 169, 178.

[68] *Michael Schäfer*: Eine andere Industrialisierung. Die Transformation der sächsischen Textilexportgewerbe 1790–1890. Stuttgart 2016, 351–352, 373.

[69] *Dublin*: Women at Work (wie Anm. 27), 109.

[70] *Chenut*: Fabric (wie Anm. 8), 101.

[71] *O. V.*: Der Crimmitschauer Kampf um den Zehnstundentag. Berlin 1905, 17.

[72] *Wagner*: Textilarbeiterstreik (wie Anm. 16), 34.

[73] Ebd., 39.

[74] *White*: Limits (wie Anm. 3), 17–18.

das dort vorhandene und bei vielen Arbeitern verhasste Prämiensystem zurückgeführt. Um ihre Prämien zu steigern, erhöhten vor allem die Stuhleinrichter („loom fixers") die Geschwindigkeit der Webstühle immer weiter.[75]

Technische und arbeitsorganisatorische Veränderungen spielten insgesamt also durchaus eine Rolle, auch wenn sie zum Teil unterschiedlich gelagert waren, also nicht auf eine einzelne Innovation zurückgeführt werden können. Auch führten die Innovationen natürlich nicht zwangsläufig zu einer Intensivierung der Arbeit. Vielmehr kam es darauf an, wie die Maschinen konkret eingesetzt wurden. Dieser Punkt bedarf noch weiterer Forschung, aber nach bisherigem Kenntnisstand erscheint die Intensivierung der Arbeit als Hauptursache für die großen Streikbewegungen vor dem Ersten Weltkrieg.

---

[75] *Cameron:* Radicals (wie Anm. 28), 119.

Handwerker-Arbeiter in der Revolution 1848/49: die Wahlen vom 1. Mai 1848 in Höhscheid (Kreis Solingen)

Von *Ralf Rogge*

I. Einleitung

Die Wahlen im Mai 1848 können als eine der Sternstunden in der demokratischen Geschichte Deutschlands gelten. Dabei überwiegt in der Forschung bei weitem das Interesse für die Nationalversammlung in Frankfurt am Main. Die preußische Verfassungsversammlung in Berlin, die aus den gleichzeitig abgehaltenen Wahlen hervorging, findet deutlich weniger Beachtung, obwohl am 1. Mai 1848 in Preußen die Urwähler zunächst die Wahlmänner für „Berlin" und erst anschließend für „Frankfurt" bestimmten. Die Wahlen selbst werden meist unter den Gesichtspunkten des Wahlkampfes bzw. der Bildung von politischen Parteien betrachtet. Hingegen stehen der Wähler und sein Verhalten am Wahltag auf Grund des Wahlrechts und der Überlieferung viel seltener im Fokus der Historiker.

Man kann es deshalb einen Glücksfall nennen, dass für die Gemeinde Höhscheid im Kreis Solingen von den Wahlen am 1. Mai 1848 die Wählerverzeichnisse aller drei Wahlbezirke Hingenberg, Löhdorf und Widdert sowie die Wahlprotokolle aus zwei Wahlbezirken (Hingenberg und Widdert) erhalten geblieben sind.[1] Die Protokolle enthalten die Namen der gewählten Wahlmänner, Angaben über die Stimmzähler und Protokollführer sowie die Zahl der pro Wahlgang abgegebenen Stimmen. In den Wählerverzeichnissen sind Vor- und Zuname, Alter sowie Wohnort der Wahlberechtigten vermerkt. Weil für die Gemeinde Höhscheid ebenfalls die Aufnahmelisten der Volkszählung des Jahres 1846 erhalten geblieben sind,[2] konnten die dortigen Berufsangaben mit den Wählerverzeichnissen kombiniert werden, um eine soziale Struktur der Wahlberechtigten und Wahlbeteiligten zu entwerfen. Diese einzigartige Quellenlage[3] erlaubt für dieses Gemeinwesen einen genauen Blick auf den Urwähler und das Wahlgeschehen am 1. Mai 1848: Wer durfte in der Gemeinde Höhscheid wählen? Wer ging wählen? Wer wurde von den Urwählern wann und warum zum Wahlmann gewählt?

---

[1] Stadtarchiv Solingen (StAS) Akte H 59.

[2] StAS Akte H 128.

[3] Aus keiner anderen Gemeinde des Oberen Kreises Solingen sind Wählerverzeichnisse und Wahlprotokolle vom Mai 1848 sowie Volkszählungslisten aus dem Jahre 1846 in den Beständen des Stadtarchivs Solingen überliefert.

Die Bürgermeisterei Höhscheid wurde 1808 aus mehreren Honnschaften des Kirchspiels Solingen im Amt Solingen gebildet. 1846 lebten 6301 Einwohner (3348 männlichen Geschlechts) in kleinen Siedlungen („Hofschaften") auf einer Fläche von etwa 21 km². Höhscheid war eines der „Gewerbedörfer" der traditionellen Solinger Schneidwarenherstellung. Im Amt Solingen wurden seit dem späten Mittelalter Schneidwaren hergestellt, im Laufe des 18. Jahrhunderts entwickelte sich daraus ein erfolgreiches Exportgewerbe. Im Solinger Schneidwarengewerbe[4] herrschte noch um 1840 fast uneingeschränkt die im Verlauf des 18. Jahrhunderts herausgebildete Produktionsweise. Formal selbständige „Handwerker-Arbeiter"[5] fertigten arbeitsteilig in ihren Schmieden, Kotten und Werkstätten Messer, Scheren oder Klingen. Organisiert wurde die Produktion durch „Verlags-Kaufleute" bzw. „Fabrikanten", die die Rohwaren kauften, in die einzelnen Bearbeitungsstufen gaben und schließlich die Fertigware auf dem Weltmarkt absetzten. Die Kaufleute des Schneidwarengewerbes bevorzugten die Kreisstadt Solingen als Wohnort und Lebensraum.[6] Die Schneidwaren-Arbeiter hingegen arbeiteten und wohnten mehrheitlich in den anderen Gemeinden des Oberen Kreises Solingen, wie in Höhscheid. Trotz einer fast 60 prozentigen Bevölkerungszunahme zwischen 1816 und 1846 hatten diese ihren Charakter als „Gewerbedörfer" der Schneidwaren-Arbeiter nicht verändert und keine eigenen städtischen Strukturen entwickelt. 1846 gaben bei der Volkszählung mehr als die Hälfte der Höhscheider Männer einen Beruf aus dem Schneidwarengewerbe als ihre Erwerbsquelle an. Schleifer, Messer- und Scherenmacher waren dabei annähernd gleich stark vertreten und stellten knapp 80% der Berufstätigen des Schneidwarengewerbes in Höhscheid, während Schmiede, Gabelmacher und andere Spezialberufe das restliche Fünftel bildeten. Die Verteilung der Schneidwarenberufe auf die einzelnen Wohnplätze variierte hingegen deutlich. Die Gesamtheit der „arbeitenden Klassen" (Schneidwaren-Arbeiter, Weber, städtische Versorgungs-Handwerker, Tagelöhner, Knechte und Gesellen) umfasste in Höhscheid knapp 90% der männlichen Erwerbstätigen. Wirtschafts- und Bildungsbürgertum sowie Kleinhändler und Wirte wiesen zusammen nur einen Anteil von 5% an der männlichen Bevölkerung auf, etwas stärker vertreten waren Landwirte und Bauern.

---

[4] Zur Entwicklung des Solinger Schneidwarengewerbes vgl. *Alphons Thun:* Die Industrie am Niederrhein und ihre Arbeiter. Teil II: Die Industrie des Bergischen Landes. Leipzig 1879; *Rudolf Boch:* Handwerker-Sozialisten gegen Fabrikgesellschaft. Göttingen 1985; *Jochem Putsch:* Vom Handwerk zur Fabrik. Solingen 1985.

[5] Nach Boch, der den Begriff für den in dieser Zeit in Solingen dominanten Arbeitertyp eingeführt hat, war der „Handwerker-Arbeiter" einerseits Arbeiter, weil er freier Lohnarbeiter war, andererseits noch Handwerker, weil er in der eigenen Werkstatt in einer tradierten handwerklichen Arbeitssituation stand; vgl. *Boch*, Handwerker-Sozialisten (wie Anm. 4), 30. Ich verwende diesen Begriff nicht, sondern ersetze diesen durch den Terminus „Schneidwaren-Arbeiter", um den Unterschied zu den „klassischen" städtischen Versorgungs-Handwerkern zu verdeutlichen.

[6] Vgl. *Albert Eßer / Ralf Rogge:* Stadtentwicklungen im Bergischen Land. In: Stefan Gorißen u. a. (Hrsg.): Geschichte des Bergischen Landes. Bd. 2, Bielefeld 2016, 270–278.

II. Die Wahlvorbereitungen[7]

Die Vorbereitungen für die Wahlen begannen für den Höhscheider Bürgermeister Höfer mit dem am 11. April 1848 veröffentlichten Reglement des Wahlgesetzes zur preußischen Nationalversammlung vom 8. April 1848.[8] Danach hatten die Ortsbehörden sofort „ein namentliches Verzeichnis aller stimmberechtigten Wähler" aufzustellen und zu jedermanns Einsicht auszulegen. Als „stimmberechtigter Urwähler" galt für die „Berliner" Wahlen jeder männliche preußische Staatsbürger, „welcher das 24ste Lebensjahr vollendet und nicht den Vollbesitz der bürgerlichen Rechte in Folge rechtskräftigen richterlichen Erkenntnisse verloren" hatte, in der Gemeinde, „worin er seit sechs Monaten seinen Wohnsitz oder Aufenthalt" besaß und „in sofern er nicht aus öffentlichen Mitteln Armenunterstützung" erhielt. Einen Tag später erschienen die ersten amtlichen Anweisungen für die anstehenden Wahlen zur deutschen Nationalversammlung. Die Bürgermeister sollten namentliche Verzeichnisse aller volljährigen und selbständigen männlichen Einwohner anfertigen.[9]

Auf dieser Grundlage erstellte Bürgermeister Höfer seine Wählerverzeichnisse. Als Wahlbezirke legte er die drei Schulbezirke fest. Im ersten Schritt ging Höfer auf der Basis der Volkszählungsliste von 1846 daran, die „selbständigen" Männer ab 21 Jahren in einer Liste pro Wahlbezirk zu erfassen. Als „selbständig" galten alle männlichen „Haushaltsvorstände". Im Haushalt lebende unverheiratete Brüder des Ehemanns oder der Ehefrau und die ledigen Söhne, egal wie alt, waren nach dieser Definition ebenso wenig als „selbständig" anzusehen wie Gesellen, Lehrlinge, Gehilfen, Knechte oder alleinstehende Männer, die als Kostgänger bei Familien wohnten. Auf diese Weise kamen in den drei angelegten Listen 1046 Wahlberechtigte zusammen.

Preußen verzichtete in seinem Wahlgesetz für die deutsche Nationalversammlung vom 11. April 1848 auch für „Frankfurt" auf die Bedingung der „Selbstständigkeit" als Voraussetzung für das aktive Wahlrecht.[10] Als dem Höhscheider Bürgermeister bewusst wurde, dass die „Selbstständigkeit" weder für „Berlin" noch für „Frankfurt" eine Wahlbedingung war, sah er sich gezwungen, seine Wählerverzeichnisse zu ergänzen. Weil er sie nicht neu schreiben wollte, fügte Höfer die nunmehr ebenfalls stimmberechtigten „nicht-selbständigen" Urwähler in den Listen unter ihrem Wohnort zwischen den vorhandenen Eintragungen nach. Dabei unterlief ihm der Fehler, lediglich diejenigen zu ergänzen, die älter als 23 Jahre waren. Damit hatte er zwar den Kreis der für „Berlin" Wahlberechtigten richtig erfasst, die jüngeren „Nicht-selbständigen", die das Frankfurter Parlament mitwählen durften, aber übersehen. Bis zu der vom Landrat als oberstem Wahlverantwortlichen im Kreis Solingen für den

---

[7] Zu den Wahlen im Mai 1848 in Solingen vgl. *Frank Hennes:* Die Wahlen zur preußischen und deutschen Nationalversammlung 1848 in Solingen. In: Zeitschrift des Bergischen Geschichtsvereins. Neustadt 2012, 68–142.

[8] Amtsblatt der Regierung zu Düsseldorf, Nr. 21, 11. April 1848, 171–172.

[9] Amtsblatt, Nr. 22, 12. April 1848, 177.

[10] Amtsblatt, Nr. 25, 22. April 1848, 202.

17. April 1848 angesetzten Wahlvorbereitungskonferenz hatte sich damit die Zahl der Höhscheider Wahlberechtigten auf 1340 erhöht. Auf diesem Treffen muss dem Höhscheider Bürgermeister sein Versehen im Hinblick auf die für Frankfurt Wahlberechtigten klar geworden sein. Anschließend korrigierte er nochmals seine Verzeichnisse und nahm jetzt auch alle noch fehlenden „Nicht-selbständigen" ab 21 Jahren auf, die ihm aus seinen Unterlagen bekannt waren. Damit erhöhte sich die Zahl der Wahlberechtigten in Höhscheid auf insgesamt 1476. Dies entsprach einem Anteil von 23,4 % an der Bevölkerung der Gemeinde Höhscheid.[11] Ein Vergleich mit der Volkszählungsliste des Jahres 1846 ergibt aber, dass von den dort aufgeführten 1752 Männern über 21 Jahren nur 84,2 % für Frankfurt wahlberechtigt gewesen wären. Durch den Fehler des Höhscheider Bürgermeisters, auch für „Frankfurt" die sechs Monate Ortsansässigen in die Wählerverzeichnisse aufzunehmen, erschien fast ein Sechstel der männlichen Bevölkerung Höhscheids über 21 Jahre nicht in den Wahllisten. Es handelt sich bei den von Höfer „vergessenen" Urwählern überwiegend um Tagelöhner, Gesellen und Knechte. Natürlich hätten diese nicht Berücksichtigten am Wahltag selbst auf ihrem Wahlrecht für die deutsche Nationalversammlung bestehen können, aber lediglich fünf Urwähler machten davon tatsächlich Gebrauch.

Zur Bestimmung der Zahl der Wahlberechtigten für das Berliner Parlament genügt es, die 100 in den Listen aufgeführten Höhscheider abzuziehen, die aufgrund ihres Alters zwischen 21 und 24 Jahren nur an den Wahlen für das Frankfurter Parlament teilnehmen durften. Ein Alter von mindestens 24 Jahren wiesen nach der Volkszählungsliste aus dem Jahre 1846 insgesamt 1566 Männer auf, von denen 1376 Urwählern oder 87,9 Prozent für Berlin wahlberechtigt waren.

Die Berufsstruktur der Wahlberechtigten entsprach für die „preußischen" Wahlen weitgehend den Ergebnissen der Volkszählung von 1846. In den einzelnen Wahlbezirken zeigten sich aber große Unterschiede zu diesem Durchschnittswert: In Widdert gehörten über 90 % der Wahlberechtigten zu den „arbeitenden Klassen", aber über 70 % waren Schneidwaren-Arbeiter. Die Schleifer stellten die größte Berufsgruppe mit mehr als 36 % unter den Wahlberechtigten. In Löhdorf lag der Anteil der Schneidwaren-Arbeiter hingegen unter 40 %, die „klassischen" Handwerker wiesen mit fast 20 % eine sehr starke Ausprägung auf, andere Arbeitergruppen (Weber, Tagelöhner, Gesellen und Knechte) stellten zusammen über ein Viertel der Wahlberechtigten. Nur in Hingenberg entsprach die Berufsstruktur der Wahlberechtigten der der Gemeinde Höhscheid. Lediglich die Berufsgruppen der Messer- und Gabelmacher waren hier überdurchschnittlich vertreten.

---

[11] Ähnliche Zahlen wurden auch für Münster und Düsseldorf festgestellt. In Münster lag der Anteil der Wahlberechtigten gegenüber der Bevölkerung von 1846 bei etwa 22 %, vgl. *Karl Obermann:* Die Wahlen zur Frankfurter Nationalversammlung in Westfalen im Frühjahr 1848. In: Beiträge zur Geschichte Dortmunds und der Grafschaft Mark (72) 1980, 81; Repgen schätzt die Zahl der Wahlberechtigten für Düsseldorf auf etwa 25 %, vgl. *Konrad Repgen:* Märzbewegung und Maiwahlen des Revolutionsjahres 1848 im Rheinland. Bonn 1955, 225, Anm. 6.

III. Der Wahltag im Wahlbezirk Hingenberg

Hingenberg bildete sowohl bezogen auf die Bevölkerungszahl als auch auf die Fläche den größten der drei Höhscheider Wahlbezirke. Die Wahlberechtigten (597 für „Berlin", 641 für „Frankfurt") kamen von über 40 kleineren und größeren Hofschaften bzw. Wohnplätzen, die teilweise vier Kilometer vom Wahllokal entfernt lagen. Zwischen 200 und 250 Männern dürften sich an diesem Montag, dem 1. Mai 1848, um sieben Uhr morgens vor der Schule Hingenberg versammelt haben. Bürgermeister Höfer eröffnete als Wahlkommissar das Procedere.[12] Vor der ersten Wahlentscheidung für „Berlin" musste Höfer fast 600 Namen aus seinem Wählerverzeichnis vorlesen und jeden Anwesenden gemäß den Vorschriften in der Liste mit einem roten Häkchen kennzeichnen. Als Höfer dies zum Abschluss gebracht hatte, meldeten sich diejenigen, die nicht im Wählerverzeichnis aufgeführt waren. Diese Urwähler mussten nun nachgetragen werden, wenn sie denn das Wahlrecht besaßen. Wer zu recht nicht in den Listen aufgeführt war, musste das Wahllokal verlassen. Während der Verlesung des Wählerverzeichnisses dürften weitere Wähler ins Schulgebäude gekommen sein, auch von diesen hätte jetzt die Anwesenheit vermerkt werden müssen. Höfer, so ist zu vermuten, unterließ es. Es ist kaum verwunderlich, dass er, immerhin schon 75 Jahre alt, hier den Überblick verloren hat bzw. das Verfahren abkürzen und endlich mit dem ersten Wahlgang beginnen wollte. Schließlich mussten an diesem Tag noch je fünf Wahlmänner für Berlin und Frankfurt gewählt werden. So blieb das Hingenberger Wählerverzeichnis mit nur 194 Anwesenheitsvermerken unvollständig und ist deshalb für die Analyse der Wahlbeteiligung nur eingeschränkt nutzbar.

Nach der ersten Überprüfung der Anwesenheit hatte der Wahlkommissar Höfer einen Protokollführer und vier Stimmzähler aus der Mitte der anwesenden Wahlberechtigten zu benennen und durch Handschlag zu verpflichten. Danach erhielten die Urwähler aus der Hand der Stimmzähler die gestempelten Stimmzettel für den ersten Wahlgang. Aber welchen Namen sollte der Urwähler auf den Stimmzettel schreiben? Kandidatenvorschläge waren innerhalb der Versammlungen nicht vorgesehen. Eine Vorstellung einzelner Interessenten war ebenso wenig beabsichtigt. Das Wahlvolk sollte ohne Beeinflussung seine Wahlmänner wählen, so die Intention des Gesetzgebers. Prinzipiell konnte jeder Wahlberechtigte nur in dem Wahlbezirk zum Wahlmann bestimmt werden, in dem er als Urwähler stimmberechtigt war. Ob er bei der Urwahl auch anwesend sein musste, ist in den Richtlinien nicht klar geregelt. Faktisch reduzierte sich die Auswahl auf die im Wahllokal Anwesenden, wo die Blicke auf sie gelenkt werden konnten bzw. sich durch die Dynamik der Wahlhandlungen Kandidaten für die folgenden Abstimmungen ergaben.

Gab es aber in den Wahlbezirken überhaupt ausreichend bekannte Persönlichkeiten? Wen kannte der „Urwähler" außerhalb seiner Familie, der Nachbarschaft und

---

[12] Zum Ablauf der Wahlhandlung vgl. Reglement des Wahlgesetzes zur preußischen Nationalversammlung vom 8. April 1848, abgedruckt in: Amtsblatt der Regierung zu Düsseldorf, Nr. 21, 11. April 1848, 171–172.

seinen Arbeitskollegen? Sicherlich die Kaufleute und Fabrikanten, für die viele der Schneidwaren-Arbeiter schon gearbeitet hatten. Dann den Bürgermeister, die Pfarrer, die Lehrer aus dem eigenen Schulbezirk, vielleicht Ärzte und Einzelhändler, sicherlich aber die Gastwirte. Die Gemeinderatsmitglieder waren vermutlich nur teilweise geläufig, bestenfalls die aus der näheren Nachbarschaft und nicht aus dem gesamten Wahlbezirk. Schon eher bekannt waren da die Presbyter und Repräsentanten der Kirchengemeinden vom sonntäglichen Kirchgang. 29 Hingenberger Urwähler übten eines dieser Ehrenämter in den evangelischen Solinger Kirchengemeinden aus. Mindestens 16 waren bei der Wahl am 1. Mai 1848 anwesend, bei den anderen können wir dies wegen der nur unvollständig erfassten Anwesenheit nicht mit Sicherheit sagen. 14 Höhscheider Gemeinderäte wohnten im Wahlbezirk Hingenberg. Von ihnen waren acht bei der Wahl anwesend, sechs waren möglicherweise fern geblieben. Somit standen im Hingenberger Wahllokal mindestens 20 prädestinierte Kandidaten für die zehn zu vergebenden Wahlmänner-Ämter zur Verfügung. Dazu kamen die im Wahllokal in amtlicher Funktion tätigen Wahlkommissare, Protokollführer und Stimmzähler. Sie waren im wahrsten Sinne des Wortes von den Urwählern nicht zu übersehen.

289 Urwähler des Wahlbezirks Hingenberg schrieben oder ließen den Namen ihres Favoriten für das Amt des ersten Wahlmannes auf den gestempelten Stimmzettel schreiben. Von welchen Überlegungen ließen sie sich dabei leiten? Kein politisches Wahlkomitee hatte öffentlich für einzelne Kandidaten geworben, weder in Höhscheid noch in einer anderen Gemeinde des Solinger Schneidwarenbezirks. Natürlich schließt dies nicht aus, dass vor den Urwahlen in der Nachbarschaft über Kandidaten gesprochen wurde, Einzelne ins Gespräch gebracht wurden, sich selber ins Gespräch brachten oder ins Gespräch bringen ließen. Diese Vorabsprachen und Verständigungen über einzelne Kandidaten, begrenzt auf das nähere Wohnumfeld, sind nicht nachweisbar, jedoch aus dem Abstimmungsverhalten zu erschließen.

Die Urwähler übergaben ihre gefalteten Stimmzettel den Stimmzählern, diese legten sie „in das vor dem Wahlkommissar und dem Protokollführer stehende Gefäß". Die „uneröffneten Stimmzettel" mussten nach Wahlreglement aus der Wahlurne genommen und laut gezählt werden, um auf diese Weise die Zahl der abgebenen Stimmen zu ermitteln. Dann sollte jeder der 289 Stimmzettel von einem Stimmzähler geöffnet, den anderen Stimmzählern gezeigt und entschieden werden, ob die Stimme als ungültig angesehen werden musste. Handelte es sich um einen gültigen Stimmzettel, musste der Name des Kandidaten laut vorgelesen werden. Anschließend vermerkte der Protokollführer jede für einen Kandidaten abgegebene Stimme in einer Übersicht und verkündete jedes Mal laut die Zahl der bisher für diesen Kandidaten schon ausgezählten Stimmen, damit die gesamte Versammlung jedes Detail des Votums verfolgen konnte. Das laute und für alle sichtbare Zählen der Stimmzettel, das laute Verlesen der Namen der gewählten Kandidaten und die für die Urwähler leicht nachvollziehbare Ansammlung von Stimmen bei einzelnen Kandidaten dienten als Kontrollmechanismen für einen korrekten Wahlverlauf bei einem von Oralität geprägten Wahlvolk, das auch keine institutionalisierten Stellvertreter für diese Aufgabe kannte. Und es führte dazu, dass durch die häufige Wiederholung des Namens eines mehrfach gewählten Kandidaten dieser in der gesamten Versammlung immer bekannter wurde. In dieser Macht der Gewöhnung liegt die spezifische Dynamik dieser Art von Wahlverfahren.

Nach dem ersten Wahlgang wurde 135 mal der Name des Schneidwaren-Kaufmanns Friedrich Herder (31 Jahre alt, wohnhaft in Oben-Pilghausen) laut verlesen, 71 mal hörten die Urwähler den Namen des Seidenwebers Peter Daniel Kuhn (60) aus der Hofschaft Hingenberg. Kaufmann Peter Daniel Berger (44, Kirschheide) erhielt in diesem ersten Wahlgang 16 Stimmen, dann folgten der Messermacher Karl Dinger (33, Oben-Pilghausen) mit 11 sowie der Gabelmacher Ferdinand Schmidt (36, Platzhof) mit sieben Stimmen. In der Summe waren dies 240 gültige Stimmen. Drei Stimmzettel wurden als ungültig gewertet, womit 46 Voten für weitere Kandidaten blieben. Der Protokollführer begnügte sich damit, die Namen der fünf Kandidaten mit den höchsten Stimmenzahlen für die Stichwahl im offiziellen Schriftstück zu vermerken. Auf mindestens acht weitere Kandidaten müssen in Hingenberg im ersten Wahlgang Stimmen entfallen sein, es könnten aber auch bis zu vierzig gewesen sein. Es dürfte keine unrealistische Annahme sein, dass im ersten Wahlgang jeder zehnte anwesende Urwähler mindestens eine Stimme erhielt.

Da keine Vorschläge in der Versammlung selbst gemacht werden durften, verwundert dieses Ergebnis nicht. Bemerkenswert sind nicht die wenigen Stimmen für eine Vielzahl verschiedener, sondern die großen Stimmenblöcke für zwei Kandidaten. Diese Resonanz ist nicht aus der Versammlung selbst zu erklären; hier muss es im Vorfeld der Urwahl entsprechende Vorbereitungen gegeben haben. In den Quellen ist dazu nichts überliefert, das Ergebnis der Wahl lässt aber folgenden Schluss zu: Vermutlich versuchten Urwähler aus der Nachbarschaft die anderen Wähler vor oder im Wahllokal vom Votum für Friedrich Herder, den jungen Kaufmann aus „altem Schneidwarenhandwerkergeschlecht", auf dem Katternberger Höhenrücken wohnhaft, der auch Mitglied im Höhscheider Gemeinderat und Repräsentant der reformierten Solinger Kirchengemeinde war, zu überzeugen. Die Urwähler aber, die – aus welchen Gründen auch immer – mit der Wahl von Herder nicht einverstanden waren, suchten nach einer Alternative, um den Vorsprung der Herder-Aktivisten bei der Werbung für ihren Kandidaten einzuholen. Wer war bekannt genug unter den versammelten Urwählern, um eine Vielzahl von Stimmen auf sich zu vereinigen? Eine von allen Seiten anerkannte Persönlichkeit scheint es nicht gegeben zu haben, weshalb man auf die durch die Wahlhandlung selbst herausgehobenen Personen zurückgriff: Wahlkommissar, Protokollführer und Stimmzähler.

Dies waren Bürgermeister Höfer (75), der Kaufmann und Beigeordnete P.D. Berger, der Rentier und Gemeinderat Carl Platte (42), der Schleifer Samuel Neuhaus (43), der Seidenweber Peter Daniel Kuhn und der Protokollführer und Lehrer Gottfried Holthausen (58). Mit P.D. Kuhn erwies sich der alte Nicht-Schneidwarenhandwerker vom Höhscheider Höhenrücken bei den Wählern als stärkste Alternative zu Friedrich Herder. Warum votierten die Urwähler für Kuhn und nicht für die anderen

Offiziellen des Wahlaktes? Der beamtete Bürgermeister schien im ersten Wahlgang ebenso wenig wahlfähig gewesen zu sein wie der Lehrer Holthausen, obwohl beide schon Jahrzehnte auf dem Höhscheider Höhenrücken lebten. Berger war mit Mitte vierzig „in den besten Jahren", wie Herder Schneidwaren-Kaufmann und ebenfalls Höhscheider Gemeinderat sowie Repräsentant der reformierten Solinger Kirchengemeinde, daneben noch Mitglied der Handelskammer zu Solingen, ehemaliges Mitglied des Gewerbegerichts Solingen, ein hervorragender Akteur in der „Kommission zur Verbesserung der Lage der Arbeiter" und in Berlin für die Belange des Schneidwarengewerbes aktiv gewesen. Berger kann als der Hingenberger Notable schlechthin gelten, stammte aber ursprünglich aus der Hofschaft Oben-Katternberg, aus der unmittelbaren Nachbarschaft zum Wohnort von Friedrich Herder. Carl Platte war erst seit wenigen Jahren in der Gemeinde Höhscheid ansässig und schied wohl deshalb für den ersten Wahlgang aus. Der Schleifer Samuel Neuhaus hatte kein kommunales oder kirchliches Ehrenamt inne und lebte auch zwischen Pilghauser und Nacker Bach, wie Friedrich Herder. P.D. Kuhn war – wie Herder – seit Geburt in Höhscheid ansässig. In jeder anderen Hinsicht war er aber das genaue Gegenteil; doppelt so alt, kein Ehrenamt in weltlicher und kirchlicher Gemeinde, nicht im Schneidwarengewerbe beschäftigt, Handwerker-Arbeiter und südlich des Pilghauser Bachs auf dem Höhscheider Höhenrücken lebend.

Da keiner der Kandidaten im ersten Wahlgang die erforderliche absolute Mehrheit der gültigen Stimmen auf sich vereinigen konnte, musste nach dem Wahlreglement nun eine engere Wahl mit den „5 Kandidaten, welche die meisten Stimmen erhalten haben", durchgeführt werden. Wiederum notierte der Protokollführer nicht alle für die einzelnen Kandidaten abgegebenen Stimmen, sondern nur die auf den Sieger dieser Stichwahl, Friedrich Herder, entfallenen 235 Stimmzettel und die Gesamtzahl der abgegebenen gültigen Stimmen (286). Kuhn war es demnach nicht mal gelungen, in der Stichwahl die Zustimmung all der Urwähler auf sich zu vereinigen, die im ersten Wahlgang für ihn gestimmt hatten. Vor die Alternative gestellt, einen jungen Schneidwarenkaufmann vom Katternberger oder einen alten Seidenweber vom Höhscheider Höhenrücken zu wählen, gab vermutlich der Faktor Schneidwarengewerbe den Ausschlag. Im Zweifelsfall entschieden sich die südlich des Pilghauser Baches wohnenden Schneidwaren-Arbeiter eher für den Kaufmann ihres Gewerbes, auch wenn er nördlich des Baches beheimatet war, als für den Seidenweber aus ihrer Nachbarschaft.

Mindestens zwei Stunden werden in der Schule Hingenberg vergangen sein, bis der erste Wahlmann feststand. Trotzdem beteiligten sich am zweiten Wahlgang für Berlin wiederum 287 Urwähler. Auf die fünf Kandidaten mit den meisten Stimmen entfielen nunmehr 268 Stimmen, nur noch 19 Voten waren für andere Kandidaten abgegeben worden. Die Urwähler hatten schnell gelernt, das Wahlverfahren „effizienter" zu gestalten. Erneut konzentrierte sich die Zustimmung der Urwähler auf zwei Kandidaten aus den beiden konkurrierenden Wohngebieten. Der im ersten Wahlgang unterlegene Seidenweber Kuhn erhielt jetzt 131 Stimmen und scheiterte damit nur knapp an der erforderlichen absoluten Mehrheit von 144 Stimmen. Auf den zweiten

Platz in der Wählergunst kam mit 90 Stimmen Karl Hartkopf (42), ein Gastwirt und Schmied aus der Hofschaft Oben-Katternberg, der im ersten Wahlgang nicht unter den Kandidaten mit den fünf meisten Stimmen gewesen war, keinerlei Ehrenämter innehatte und auch nicht während der Wahlhandlungen offizielle Funktionen ausübte. In der notwendigen Stichwahl siegte Kuhn genauso überlegen mit 192 von 287 Stimmen wie beim ersten Mal Herder. Der zweite ernstzunehmende Mitbewerber Hartkopf konnte auch nicht sein gesamtes Potential aus dem ersten Wahlgang ausschöpfen. Auch diesmal wandte sich die Gunst der Urwähler demjenigen Kandidaten zu, der zuvor die meisten Stimmen erhalten hatte.

Weil auch der dritte Wahlgang wieder zu einer Abstimmung zwischen Kandidaten der Wohngebiete „Höhscheid" und „Katternberg" wurde, muss man, trotz offiziellem Diskussionsverbot während der Wahlversammlung, von einer massiven Regie bei der Werbung um die Urwähler ausgehen. Als „zufällig" oder aus der Dynamik des Wahlgeschehens entsprungen, ist das Ergebnis nicht zu erklären. 251 von 267 abgegebenen und gültigen Stimmen entfielen auf die beiden Exponenten dieser Wohngebiete, ganze 16 Urwähler votierten für insgesamt acht andere Kandidaten. Der denkbar knappe Ausgang – 129 Stimmen für den Gabelmacher Schmidt, 122 für den zweitplatzierten Hartkopf – machte erneut eine Stichwahl notwendig. Und jetzt geschah das Verblüffende: Trotz dieser Zuspitzung war für dreißig Urwähler die kommende Stichwahl so wenig interessant, dass sie es vorzogen, zu dieser Mittagsstunde das Wahllokal zu verlassen. Schmidt setzte sich bei der Stichwahl mit 130 von 237 Stimmen lange nicht so deutlich durch, wie dies den siegreichen Kandidaten in den beiden ersten Entscheidungswahlen gelungen war.

Vor dem anstehenden vierten Wahlgang verließ ein weiteres knappes Viertel der Urwähler das Wahllokal, vermutlich um zum Mittagessen zu gehen. Nur noch 184 Anwesende gaben ihre Stimme ab, mit einem irritierenden Ergebnis: Mit Karl Benninghoven (39) setzte sich mit der absoluten Mehrheit von 86 Stimmen ein bis dahin bei der Wahl nicht in Erscheinung getretener Landwirt aus dem „Höhscheider" Gebiet, der gleichzeitig Gemeinderat und Repräsentant der reformierten Solinger Kirchengemeinde war, knapp gegen den nunmehr zum dritten Mal unterlegenen Hartkopf durch (78 Stimmen). Erstaunlicherweise waren aber 15 Stimmzettel ungültig. Unerfahrenheit im siebten Wahlakt ist eine sehr unwahrscheinliche Erklärung, auch wenn vielleicht einige neue Urwähler erst jetzt zur Wahl gegangen waren. Man kann nur vermuten, dass dieser Teil der „Höhscheider" Urwähler mit dem Vorschlag Benninghoven nicht einverstanden war, aber auch nicht bereit war, den Kandidaten vom „Katternberg" zu unterstützen. Die Regie bei der Wahlversammlung funktionierte mittlerweile so perfekt, dass die Wahl anderer Kandidaten auch nicht mehr in Frage kam.

Nach drei gewählten „Höhscheider" Kandidaten schien nach dem Empfinden der Urwähler nun wiederum ein „Katternberger" am Zuge zu sein. Denn im fünften und letzten Wahlgang für „Berlin" erhielt überraschend der bisher dreimal unterlegene Karl Hartkopf auf Anhieb mit 145 knapp 60 % der abgegebenen Stimmen und überflügelte den zweitplatzierten Bürgermeister Höfer (61 Stimmen) mehr als deutlich. Insgesamt beteiligten sich an diesem Wahlgang wieder 243 Wähler, und es wurde keine ungültige Stimme abgegeben. Damit war die Hälfte der Wahlen erfolgreich beendet.

Beim zweiten Teil des Wahlgeschehens ging es um die Bestimmung der Wahlmänner für die Wahl des Abgeordneten des Kreises Solingen in die deutsche Nationalversammlung nach Frankfurt. Darüber haben sich leider keine Protokolle erhalten, Stimmenverhältnisse zu einzelnen Wahlgängen und Kandidaten sind nicht überliefert. Keine Details, nur die gewählten Namen der Wahlmänner sind uns bekannt. Diese „deutschen" Wahlen ergaben ein ganz anderes Bild als die vorherigen „preußischen". Alle fünf „Frankfurter" Wahlmänner (Kaufmann Peter Daniel Berger, Bürgermeister Peter Höfer, Messermacher Samuel Dültgen (63), Rentier Carl Platte sowie der Landwirt Franz Daniel Weyler (39)) übten ein kommunales oder kirchliches Ehrenamt aus. Neben dem Bürgermeister Höfer wurden vier weitere Gemeinderäte gewählt. Drei von ihnen hatten auch Ehrenämter in den beiden evangelischen (ehemals reformierten bzw. lutherischen) Kirchengemeinden Solingens inne. Drei müssen zur kleinen Wirtschaftselite des Ortes gerechnet werden, nur einer war ein bessergestellter Messermacher; alle fünf wohnten südlich des Pilghauser Baches. Zwei waren über 60 Jahre alt, nur einer unter vierzig. Mit durchschnittlich 52,6 Jahren waren in Hingenberg die „Frankfurter" mehr als ein Jahrzehnt älter als die „Berliner" Wahlmänner. Mit gutem Gewissen kann man die „Frankfurter" Wahlmänner als lokale Honoratioren bezeichnen. Gut möglich, dass nach der stundenlang andauernden Wahlprozedur für „Berlin" Ausdauer und Interesse der Urwähler drastisch gesunken waren und deshalb die letzten Wahlen nur noch „pflichtgemäß" über die Runde gebracht wurden, ohne das die Konkurrenz der Wohngebiete am Schluss noch eine Rolle spielte.

IV. Die Wahlbeteiligung

Für den Wahlbezirk Hingenberg waren im Wählerverzeichnis 597 Stimmberechtigte für die Wahlen zur preußischen Verfassungsversammlung (mindestens 24 Jahre alte Männer) erfasst. Aus den Wahlprotokollen lassen sich für die einzelnen Wahlgänge maximal 289 abgegebene Stimmen ermitteln. Daraus ergäbe sich in diesem Wahlbezirk eine Wahlbeteiligung von gut 48 %. Es war aber für die Urwähler jederzeit möglich, das Wahllokal zu verlassen. Ebenso konnten an jedem weiteren Wahlgang neue Urwähler hinzukommen. Die Zahlen aus den Wahlprotokollen von Hingenberg zeigen also lediglich die relative Wahlbeteiligung an dem einzelnen Wahlgang. Daraus lässt sich für die absolute Wahlbeteiligung des Hingenberger Wahlvolks nur schließen, dass wahrscheinlich mehr als die Hälfte der Urwähler an mindestens einem der insgesamt zehn Wahlgänge teilgenommen hat. Obwohl die genaue Höhe der Wahlbeteiligung für diesen Wahlbezirk nicht zu ermitteln ist, weil im Wählerverzeichnis die Anwesenheit nicht einwandfrei vermerkt wurde, lassen sich gewisse Rückschlüsse ziehen. Tagelöhner, Gesellen und Knechte nahmen in Hingenberg nahezu gar nicht an den Wahlen teil. Die städtischen Versorgungs-Handwerker kamen nur in geringem Maße in das Wahllokal, während das Schneidwarengewerbe (Kaufleute, Fabrikanten und Arbeiter) die aktivste Wählerschaft stellte. Bei den Schneidwaren-Arbeitern beteiligten sich Schleifer, Messer- und Gabelmacher am stärksten an der Wahl, während Schmiede und Scherenmacher ihr überdurchschnittlich fern blieben.

Im Wahlbezirk Widdert waren nach dem Wählerverzeichnis 409 Wähler für „Berlin" stimmberechtigt und insgesamt 157 Anwesende vermerkt. Dies entspricht einer Wahlbeteiligung von gut 38 % an den „Berlin-Wahlen". Die Wahlbeteiligung lag damit in Widdert mindestens 10 Prozentpunkte unter derjenigen im Wahlbezirk Hingenberg.

Im Wahlbezirk Löhdorf waren 368 Wähler für die „Preußenwahl" stimmberechtigt. Im Wählerverzeichnis wurde die Anwesenheit von 212 Wahlbeteiligten vermerkt. Dies entspricht einer Beteiligung von knapp 58 % an den preußischen Wahlen und stellt den höchsten Wert der drei Höhscheider Wahlbezirke dar. Insgesamt lag in Höhscheid die Beteiligung an den Wahlen zur preußischen Verfassungsversammlung bei mindestens knapp 48 %.

Trotz der deutlichen Differenz der Wahlbeteiligung in den Wahlbezirken Widdert und Löhdorf gehe ich in beiden Fällen von korrekt geführten Wählerverzeichnissen aus. Somit kann auf dieser Basis eine Analyse der Wählerschaft für die Bezirke Widdert und Löhdorf versucht werden, was für Hingenberg nur annähernd möglich ist. Die Berufsstruktur zeigt erhebliche Unterschiede zwischen den beiden Wahlbezirken auf. In Widdert waren fast drei Viertel der Wahlberechtigten Schneidwaren-Arbeiter, davon wiederum verdiente die Hälfte als Schleifer ihren Lebensunterhalt. Nicht einmal jeder zehnte Wahlberechtigte ging einem städtischen Versorgungs-Handwerk nach und weniger als 10 % waren Tagelöhner, Gesellen und Knechte. Das Schneidwarengewerbe dominierte im Wahlbezirk Widdert. Bei den aktiven Urwählern verschiebt sich dieses Bild noch mehr in Richtung der Schleifer. Ihre Wahlbeteiligung lag mit über 50 % weit über dem Durchschnitt dieses Wahlbezirks. Außer den wenigen Fabrikanten, Bildungsbürgern und Landwirten beteiligten sich alle anderen Berufsgruppen (auch aus dem Schneidwarengewerbe) unterdurchschnittlich an der Wahl. Es scheint fast so, als ob die Dominanz der Schleifer in diesem Bezirk die anderen Bevölkerungsgruppen vom Gang ins Wahllokal abgehalten hätte. Entweder weil sie damit rechneten, keine Chance gegen die Schleiferübermacht zu haben oder weil traditionell die Schleifer hier das Sagen hatten und die anderen dies auch respektierten. Kurz: Die Urwahlen am 1. Mai 1848 waren in Widdert Schleiferwahlen.

Der Wahlbezirk Löhdorf wich in der sozialen Struktur erheblich von Widdert ab. Schleifer wiesen hier nur einen Anteil von unter 3 % an den Wahlberechtigten auf, die Schneidwaren-Arbeiter insgesamt stellten knapp 38 %. Messermacher und Scherenarbeiter waren die größten Berufsgruppen des Schneidwarengewerbes im Wahlbezirk Löhdorf. Hingegen war jeder 11. Wahlberechtigte Landwirt oder Bauer, ein Siebentel der potentiellen Wählerschaft verdiente seinen Lebensunterhalt als Weber im Textilgewerbe und fast 20% waren im städtischen Versorgungs-Handwerk tätig.

In Löhdorf beteiligten sich die „klassischen" Handwerker sowie die Kleinhändler und Wirte überdurchschnittlich an den Wahlen. Messermacher und Scherenarbeiter lagen leicht unter dem Durchschnittswert aller Schneidwaren-Arbeiter, der fast genau der Wahlbeteiligung im gesamten Wahlbezirk entsprach. In Löhdorf ging mehr als jeder zweite Messer- und Scherenmacher zur Wahl, in Widdert nicht einmal jeder Dritte. Kleinhändler, Wirte und (städtische) Versorgungs-Handwerker beteiligten sich in Widdert nur zu einem Drittel an der Urwahl, in Löhdorf übten mehr als 60% von ihnen ihr Wahlrecht aus. Die berufliche und soziale Heterogenität des Wahlbezirks Löhdorf scheint im Vergleich zur Homogenität Widderts für die deutlich höhere Wahlbeteiligung verantwortlich gewesen zu sein.

Kann man nach diesen Befunden schon für die Wahlen vom 1. Mai 1848 von einer „Fundamentalpolitisierung" der Höhscheider Einwohner sprechen? Ungefähr die Hälfte der Stimmberechtigten nahm das für die große Mehrheit von ihnen erstmalige Recht zur Beteiligung an der Wahl einer politischen Vertretung wahr; die andere Hälfte jedoch zeigte sich an dieser Errungenschaft der Märzrevolution desinteressiert. Zumindest im „Schneidwaren-Gewerbedorf" Höhscheid ist demnach eine allgemeine Politisierung bei den Mai-Wahlen mit einem größeren Fragezeichen zu versehen.

V. Die Wahlmänner von Löhdorf und Widdert

Wer fand aus welchem Grunde das Vertrauen der Wählerschaft? Für den Wahlbezirk Hingenberg haben wir das schon skizziert. In Widdert waren am 1. Mai 1848 je vier Wahlmänner für „Berlin" und „Frankfurt" zu wählen gewesen. Über die Hälfte der im Wahllokal versammelten Urwähler übten den Beruf des Schleifers aus. Von 14 anwesenden Inhabern von kommunalen und kirchlichen Ehrenämtern waren acht Schleifer. Bei der Entscheidung für einen Kandidaten war aber – wie im Wahlbezirk Hingenberg – zuallererst der Wohnort ausschlaggebend. Die Urwähler, die auf dem südlichen Hang des Widderter Höhenrückens zur Wupper hin lebten, stimmten für ihre Nachbarn, gegen die Anwohner des Weinsberger Tals. Auf das Alter oder den Beruf des zukünftigen Wahlmannes wurde dabei nur wenig geachtet. Weil die „Widderter" fast doppelt so zahlreich wie die „Weinsberger" im Wahllokal erschienen waren, setzten sie sich in den „Berliner" Wahlen vollkommen durch: In den ersten drei Wahlgängen ohne Stichwahl, im vierten Wahlakt gelang es erst im zweiten Anlauf den „Widderter" Kandidaten „durchzubringen".

Als erster Wahlmann wurde in Widdert am Morgen des 1. Mai 1848 mit dem 69 Jahre alten Scherenmacher Johann Wilhelm Birkendahl eine lebende Legende des Solinger Schneidwarengewerbes gewählt. Birkendahl hatte in jungen Jahren unter Inkaufnahme einer drohenden Gefängnisstrafe für die Verbreitung einer besseren Schleiftechnik gesorgt, die der eigentliche Erfinder und spätere Unternehmer Daniel Peres ursprünglich für sich allein nutzen wollte.[13] Für diese Tat genoss er auch noch ein halbes Jahrhundert später ein großes Maß an Verehrung bei allen traditionsbewussten Schneidwaren-Arbeitern. Außer Birkendahl wurden zwei Schneidwarenfabrikanten, beide ehrenamtliche Vertreter in der Kirchengemeinde, einer davon auch im Gemeinderat engagiert, und ein Schreiner, der das Amt des Stimmenzählers im Wahllokal ausübte, zu Wahlmännern für „Berlin" gewählt. Ihr Alter betrug zwischen 32 und 69 Jahren, im Durchschnitt waren sie knapp 49 Jahre alt.[14]

Auch in Widdert ergaben die anschließenden „deutschen" Wahlen ein anderes Bild als die „preußischen". Mit Peter Abraham Neuhaus, dem späteren Vorstandsmitglied der Messerschleifer-Bruderschaft, wurde endlich der immer wieder unterlegene Kandidat vom Weinsberger Tal gewählt. Insgesamt erhielten drei Schleifer und ein Scherenfabrikant, drei an der Wupper, einer am Weinsberg wohnhaft, das Vertrauen der Urwähler. Alle vier hatten kommunale und kirchliche Ehrenämter inne, zwei saßen im Gemeinderat, drei in der reformierten Kirchengemeinde. Im Durchschnitt waren sie etwas über 44 Jahre alt.[15]

Im dritten und kleinsten Höhscheider Wahlbezirk Löhdorf wurden für „Berlin" ein Schneidwaren-Arbeiter, ein Schreiner und ein Gerber gewählt. Sie hatten weder ein kommunales noch kirchliches Ehrenamt inne und waren zwischen 37 und 55 Jahren alt, im Durchschnitt 44 Jahre.[16] Für „Frankfurt" wurden hingegen ein Scherenfabrikant, ein Schneidwaren-Arbeiter aus einer alteingesessenen Familie sowie ein Holzhändler gewählt. Der Holzhändler, gleichzeitig auch als Wirt tätig, war der nach dem Landrat zweitreichste Mann des Wahlbezirks. Einer von den dreien war im Gemeinderat, ein anderer Repräsentant der reformierten Kirchengemeinde Solingen. Im Durchschnitt waren sie mit 42 Jahren etwas jünger als die „Berliner" Kandidaten.[17]

VI. „Honoratiorenwahlen"?

Zur Charakterisierung der Wahlmänner vom Mai 1848 wird gerne der Begriff der „Honoratiorenwahlen" verwandt. Waren die Urwahlen der insgesamt 24 Wahlmänner in Höhscheid „Honoratiorenwahlen" und wer konnte im „Gewerbedorf" Höh-

---

[13] Vgl. *Albert Weyersberg:* Einiges über die Familie Birkendahl. In: Die Heimat (1925), Nr. 4, 14.

[14] Gewählt wurden neben Birkendahl der Scherenfabrikant Gustav Tillmanns (32, Oben-Widdert), Messerfabrikant Abraham Gräfrath (50, Unten-Widdert) sowie der Schreiner Hermann Baumann (44, Kulle).

[15] Messerschleifer Peter Abraham Neuhaus (57, Hinten-Meiswinkel); Schleifer Nathanael Moll (38, Oben-Widdert); Scherenfabrikant Carl Tillmanns (38, Oben-Widdert) und Schwertschleifer Carl Wilhelm Knecht (39, Unten-Widdert).

[16] Gerber Johann Nikolaus Schwecke (55, Gosse); Scherenmacher Carl Gustav Kronenberg (40, Kotten) und Schreiner Jakob Borsbach (37, Delle).

[17] Scherenfabrikant Daniel Schildmann (35, Brücke); Schwertschmied Nathanael Weyersberg (39, Kotten) und Holzhändler Christian Eckert (52, Höhe).

scheid überhaupt zu den Honoratioren gerechnet werden? Berufsangaben alleine helfen uns hier nicht weiter. Während Landrat, Bürgermeister, Pfarrer und Lehrer als lokale Honoratioren anzusehen sind, gilt dies bei den Berufsangaben „Kaufmann" und „Fabrikant" im Solinger Gewerbebezirk nicht. Bei den Solinger „Fabrikanten" handelte es sich schließlich nicht um Fabrikbesitzer, sondern kleine Verleger, die in der Regel wenig vermögend waren und nur eine geringe Klassensteuer zu entrichten hatten. Und auch bei den „Kaufleuten" verbietet es sich, sie automatisch zu einem Wirtschaftsbürger der Oberschicht zu erklären: Ungefähr ein Viertel der Solinger „Kaufleute" zahlte weniger als 10 Taler Klassensteuer, kann also eher dem Kleinbürgertum zugeordnet werden. Als lokale Honoratioren können hingegen diejenigen bezeichnet werden, die ein kommunales Ehrenamt als gewählter Gemeinderat oder ein kirchliches Ehrenamt als Presbyter oder Repräsentant der evangelischen Kirchengemeinde ausübten.

Der Höhscheider Gemeinderat umfasste 18 ordentliche Mitglieder und neun Stellvertreter. Neun dieser Gemeinderatsmitglieder wurden von den Urwählern auch zu Wahlmännern bestimmt. Nur zwei von ihnen wurden in den ersten Wahlgängen zu Wahlmännern für „Berlin" gewählt, die sieben anderen erhielten das Mandat für „Frankfurt". 18 Gemeinderatsmitglieder erhielten hingegen das Votum der bedeutend vergrößerten Wählerschaft bei den Urwahlen aber nicht. Elf Wahlmänner übten ein Ehrenamt in der evangelischen Kirchengemeinde aus. 22 in Höhscheid wohnende Presbyter und Repräsentanten blieben von den Urwählern allerdings unberücksichtigt. Vier jüngere Kandidaten, die kirchliche Ehrenämter ausübten, wurden in den ersten Wahlgängen zu Wahlmännern für „Berlin" gewählt, sieben andere erhielten das Mandat für „Frankfurt".

Zuspruch bei den Urwählern fanden von den lokalen Honoratioren Schneidwaren-Kaufleute, wenn sie entweder jung waren (Herder) oder sich liberal positioniert hatten (Berger) und vermutlich keine „Warenzahler"[18] waren. Scherenfabrikanten wurden nur dann gewählt, wenn sie jung (G. Tillmanns) waren. Für Schleifer entschieden sich die Urwähler dann nicht, wenn diese zur örtlichen Elite gehörten: Die „etablierten" Schleifermeister Ludwig Ern oder Friedrich Neuhaus hatten keine Chance, gewählt zu werden; Peter Abraham Neuhaus wurde nicht wegen sondern trotz seiner beiden „Ehrenämter" gewählt. Wesentlich leichter hatten es in Höhscheid die außerhalb des Solinger Schneidwarengewerbe Stehenden: Rentier Platte, der sein Vermögen nicht in Solingen gemacht hatte oder der Landwirt Benninghoven, der keine direkten Berührungspunkte mit dem Schneidwarengewerbe aufwies. Das letztlich ausschlaggebende Kriterium bei der Wahlentscheidung scheint das Alter gewesen zu sein: Standen mehrere lokale „Honoratioren" zur Auswahl, votierten die Urwähler für die jüngeren Kandidaten.

---

[18] Diejenigen kleineren und mittleren Verleger, die im „Trucksystem" ihre „Handwerker-Arbeiter" in den 1840er Jahren mit verschiedensten Waren statt mit Bargeld als Lohn bezahlten; vgl. *Boch:* Handwerker-Sozialisten (wie Anm. 4), 86 ff.

Die Urwahlen am 1. Mai 1848 in Höhscheid waren also keine reinen „Honoratiorenwahlen". Lokale Honoratioren wurden eher aus Verlegenheit oder Mangel an geeigneten anderen Kandidaten zum Ende der Wahlhandlung hin für „Frankfurt" gewählt. Die meisten Urwähler, vor allem die Schneidwaren-Arbeiter, entschieden sich für die in ihren Augen „angesehensten Vertreter" ihres Standes oder des „Solinger Handwerks", wenn sie gleichzeitig aus ihrer unmittelbaren Nachbarschaft kamen. Die zentralen Beweggründe für die Wahlentscheidung der Urwähler am 1. Mai 1848 entsprangen in Höhscheid also nicht politischen Erwägungen, sondern dem örtlichen Mikrokosmos und sehr bewussten Überlegungen zu einzelnen Persönlichkeiten, Stand und Wohnort.

Das Vergessen
des sozialdemokratischen Reichsministers
Robert Schmidt (1864–1943)

Ein Beitrag zu den politischen Verkehrsformen
in der Parlamentarisierung des Regierungssystems
in Deutschland seit dem Herbst 1918

Von *Heidrun Homburg*

I.

Worte, aber auch Ungesagtes können wie Widerhaken wirken. Leerstellen, Übergehen, Schweigen zurren sich fest, gehen einem nicht aus dem Kopf. Ein solcher Vorgang wurde bei mir zunächst ausgelöst durch eine flüchtige und doch folgenreiche Bemerkung des kaiserlich-wilhelminischen Karrierebeamten Hans Karl Freiherr von Stein zu Robert Schmidt. Er setzte sich fort bei der – ergebnislosen – Suche nach biographischen Informationen zu dem von dem kaiserlichen Beamten so brüsk abgewiesenen Politiker in den einschlägigen Nachschlagewerken und in den Internet-Portalen derjenigen Einrichtungen und Archive, die am ehesten Auskunft erwarten ließen.[1] Die Suche führte mich schließlich zurück in die Entstehungskonstellation dieses Vergessens in den Umständen und Konflikten der Parlamentarisierung am Ende des Ersten Weltkriegs und in der Revolution.

Aber der Reihe nach. Der studierte Jurist Hans Karl Freiherr von Stein zu Nord- und Ostheim (1867–1942) war ein bayerischer Spitzenbeamter. 1903 wechselte er in den Reichsdienst nach Berlin über.[2] Seit dem Jahr 1903, als der 36-Jährige von der

---

[1] Neue Deutsche Biographie; *Hans Böckler-Stiftung:* Portal „Geschichte der Gewerkschaften". URL: https://www.gewerkschaftsgeschichte.de/biografien_fuehrender_gewerkschafter.html; *Friedrich Ebert-Stiftung:* Internetportal zur Geschichte der deutschen Arbeiterbewegung. URL: https://www.fes.de/hfz/arbeiterbewegung; *Uli Schöler / Thilo Scholle* (Hrsg.): Weltkrieg Spaltung Revolution. Sozialdemokratie 1916–1922. Bonn 2018.

[2] *Stefan Fisch:* Wirtschaftliche Zentralstellen in Deutschland bis zur Gründung eines eigenständigen Reichswirtschaftsamts 1917–27. In: Carl-Ludwig Holtfrerich (Hrsg.): Das Reichswirtschaftsministerium in der Weimarer Republik und seine Vorläufer. Berlin / Boston 2016, 27–95, hier 49, 79; *Stefan Fisch:* Strukturwandel von Reichswirtschaftsamt und Reichswirtschaftsministerium im Übergang zur Weimarer Republik. In: ebd., 96–145, hier 101, 110; Akten der Reichskanzlei. Weimarer Republik. Online. URL: http://www.bundesarchiv.de/aktenreichskanzlei 1919–1933. Biographien Stein, Hans Karl Freiherr von (ohne Seitenzahl); Stein, Hans Karl Rudolf Kurt Frhr. vom [sic!] *28. 2. 1867 Würzburg, †26. 9. 1942

bayerischen Staatsregierung als „Hilfsarbeiter" für das Reichsamt des Innern abgeordnet worden war, hatte er in den Folgejahren eine steile Karriere zurückgelegt. 1905 war er zum Geheimen Regierungsrat und Vortragenden Rat, 1910 zum Geheimen Oberregierungsrat aufgestiegen. Im Januar 1914 wurde er zum Unterstaatssekretär für Landwirtschaft und öffentliche Arbeiten in Elsass-Lothringen bestellt. Im November 1915 kehrte er, nunmehr als Unterstaatssekretär, ins Reichsamt des Innern zurück. Im August 1917 wurde er „als hochgestellter Vertreter des Reichskanzlers zur Obersten Heeresleitung nach Kreuznach" abgeordnet.[3] Die nächste Beförderung brachte ihn an die Spitze der jüngsten, im Oktober 1917 neu eingerichteten obersten Reichsbehörde. Als Nachfolger der ersten Behördenleiters, Dr. Rudolf Schwander, wurde von Stein „unter Verleihung des Charakters als Wirklicher Geheimer Rat mit dem Prädikat ‚Exzellenz'"[4] am 20. November 1917 zum „Staatssekretär des Reichswirtschaftsamts" ernannt. Diese Position sollte er bis zum 13. November 1918 innehaben.[5]

Ohne Zweifel ging der Krieg, je länger er dauerte, für die Armee, die Bevölkerung wie auch alle Regierungsmitglieder in den Bundesländern und im Reich mit ungeahnten, unbekannten Herausforderungen und Belastungen einher. In den letzten Septembertagen des Jahres 1918 erfuhr das alles noch einmal eine Steigerung.[6] Am 29. September 1918 eröffnete die Oberste Heeresleitung (OHL), die Generale Erich Ludendorff und Paul von Hindenburg, ranghohen Offizieren ebenso wie kurz zuvor bereits dem Kaiser und ausgewählten Mitgliedern der Reichsregierung, dass der Krieg „nicht mehr zu gewinnen" sei; „vielmehr stehe die endgültige Niederlage wohl unvermeidbar bevor".[7] Und nun forderte die OHL, vorneweg Ludendorff, der Generalquartiermeister, als Wortführer, brüsk und unvermittelt, die Reichsregierung müsse umgehend einen Waffenstillstand herbeiführen, Friedensverhandlungen auf den Weg bringen und hierzu bei dem US-amerikanischen Präsidenten Woodrow Wilson – gestützt auf dessen 14-Punkte vom 8. Januar 1918 – diplomatisch vorstellig

---

Völkershausen, Post Stockheim / Mainfranken; luth. In: Joachim Lilla: Der Vorläufige Reichswirtschaftsrat 1920 bis 1933/34. Düsseldorf 2012, 513–514.

[3] *Fisch:* Strukturwandel (wie Anm. 2), 79, 110.

[4] *Bundesarchiv Berlin* (= BAB) R 43/1669, Bl. 32.

[5] *Fisch:* Strukturwandel (wie Anm. 2), 101, 107–108, 111.

[6] Zum Folgenden *Ernst Rudolf Huber:* Deutsche Verfassungsgeschichte seit 1789. Bd. 5: Weltkriege, Revolution und Reichserneuerung 1914–1919. Stuttgart u. a. 1978, 528–532; *Lothar Machtan:* Prinz Max von Baden. Der letzte Kanzler des Kaisers. Frankfurt/Main 2013, 374–375, 379–380, 382–383; *Gerhard Hirschfeld / Gerd Krumeich / Irina Renz (Hrsg.):* 1918. Die Deutschen zwischen Weltkrieg und Revolution. Berlin 2018, 157–177. *Mark Jones:* Am Anfang war Gewalt. Die deutsche Revolution 1918/19 und der Beginn der Weimarer Republik (Founding Weimar. Violence and the German Revolution of 1918–19, Cambridge 2016). Berlin 2017, 18–25.

[7] *Albrecht von Thaer:* Generalstabsdienst an der Front und in der O.H.L. Aus Briefen und Tagebuchaufzeichnungen 1915–1919. Hrsg. von Siegfried A. Kaehler, Göttingen 1958, Tagebucheintrag, Spa, 1.10.1918, Wiederabdruck in: *Hirschfeld / Krumeich / Renz (Hrsg.):* 1918 (wie Anm. 6), 171.

werden; zudem solle sie die Reform des konstitutionellen zu einem parlamentarischen Regierungssystem schleunigst vorantreiben und umsetzen (da Ludendorff und Hindenburg sich hiervon bessere Friedensbedingungen erwarteten).[8] Für die bei Ludendorffs Ansprache am Nachmittag des 29. September 1918 anwesenden Generäle tat sich in diesem Moment „ein Abgrund" auf; die Welt, ihre „Kultur des harten Mannestums" geriet für sie – wie Mark Jones festhält – „nach dieser Enthüllung vollkommen aus den Fugen".[9]

In der Verfassung und politischen Landschaft des Reiches und Preußens geriet jetzt vieles, das bis zu diesem Tag Gegenstand zäher, letzten Endes vergeblicher Bemühungen gewesen war, in Bewegung. Die Dynamik des Bruchs und der Freisetzung von tiefgreifenden Veränderungen sprengte alle Erwartungen, die sich aus den Erfahrungen der Vergangenheit gebildet hatten. Reichskanzler Graf Hertling entzog sich nach der Sitzung des Kronrats am 29. September in Spa dem von der OHL aufgebauten, von Kaiser und Auswärtigem Amt auf- bzw. hingenommenen Handlungsdruck durch Rücktritt. Mit Erlass vom 30. September vollzog der Kaiser den Rücktritt des Kanzlers und ordnete zudem den Übergang zum parlamentarischen System an.[10]

Noch am gleichen Tag forderte der im linksliberalen Lager verankerte Vizekanzler Friedrich von Payer (Fortschrittliche Volkspartei = FVP) die zur Mitarbeit an einer parlamentarischen Reform und entsprechenden Regierungsneubildung bereiten Parteien der Reichstagsmehrheit auf, umgehend Vorschläge für die Ämterbesetzung sowie ihr Regierungsprogramm vorzulegen. Unter Rückgriff auf frühere Vorarbeiten legten die drei zu diesem Zeitpunkt im Interfraktionellen Ausschuss kooperierenden Parteien – FVP, Zentrum, SPD – ein Regierungsprogramm vor. Nach weiteren Sondierungen rang sich schließlich auch die Reichstagsfraktion der Nationalliberalen bis zum 4. Oktober 1918 ihre Zustimmung zu dem Programm ab.[11] Die Kanzlersuche, an der sich viele Seiten, vor allem – neben dem Kaiser und dem Kronrat – auch die OHL beteiligten, fand am Abend des 3. Oktober 1918 mit Ausfertigung der Ernennungsurkunde für Prinz Max von Baden zum Reichskanzler durch den Kaiser einen (vorläufigen) Abschluss.[12]

---

[8] *Huber:* Verfassungsgeschichte, Bd. 5 (wie Anm. 6), 528–532; *Machtan:* Prinz Max von Baden (wie Anm. 6), 374–375, 379–380, 382–383; *Hirschfeld / Krumeich / Renz (Hrsg.):* 1918 (wie Anm. 6), 157–177; *Jones:* Anfang (wie Anm. 6), 18–25.

[9] *Jones:* Anfang (wie Anm. 6), 19, gestützt auf *von Thaer:* Generalstabsdienst (wie Anm. 7) u. *Ernst von Eisenhart-Rothe:* Im Banne der Persönlichkeit. Aus den Lebenserinnerungen des Generals der Infanterie a.D. Berlin 1931.

[10] *Huber:* Verfassungsgeschichte, Bd. 5 (wie Anm. 6), 531–532.

[11] Ebd., 541–542. Aus Empörung über das Verhalten der SPD bei den Streiks der Rüstungsarbeiter in Berlin Ende Januar/Anfang Februar 1918 hatten die Nationalliberalen ihre Mitarbeit im Interfraktionellen Ausschuss aufgekündigt. In dem Koordinationsgremium der Reichstagsmehrheit vom Juli 1917 (Friedensresolution) verblieben FVP, Zentrum und SPD (ebd., 436–449); zum Interfraktionellen Ausschuss u. zur Friedensresolution vom 7. Juli 1917 (ebd., 293–296).

[12] *Machtan:* Prinz Max von Baden (wie Anm. 6), 382–383.

Im markanten Unterschied zu diesem schleppenden Aushandlungsprozess nahm unter dem Druck der OHL und der Anforderungen des amerikanischen Präsidenten die Umbildung der Reichsregierung in Richtung auf eine parlamentarische Regierung rasch Konturen an. Das erfolgte sogar bereits seit den ersten Oktobertagen, also Wochen bevor durch den revolutionären Umsturz am 9. November 1918 der Thronverzicht Wilhelms II. besiegelt wurde, Kanzler Max von Baden die Kanzlerbefugnisse in die Hand des SPD-Parteivorsitzenden Ebert übergeben, zusätzlich seinen Amtsverzicht erklärt, kurz darauf Philipp Scheidemann, seines Zeichens Mitglied des SPD-Parteivorstandes, wie kurz darauf auch Karl Liebknecht, die Republik ausgerufen hatte und am 10. November 1918 der – nach intensiven, noch am 9. November zwischen beiden Seiten aufgenommenen Verhandlungen – paritätisch von drei Mitgliedern der USPD und drei Mitgliedern der SPD gebildete Rat der Volksbeauftragten als neue, aus der Revolution hervorgegangene oberste Reichsleitung die Exekutivgewalt übernahm.[13]

Angesichts des bevorstehenden Kanzlerwechsel und von Vizekanzler Friedrich von Payer hierzu in aller Dringlichkeit angehalten, traten die Mehrheitsparteien am 1. und 2. Oktober in Verhandlungen, um ihre Zielvorgaben für ein gemeinsames Regierungsprogramm sowie ihre Vorstellungen über die Bildung einer parlamentarischen Regierung und ihre Vorschläge für die Ämterbesetzung der neu zu bildenden Reichsregierung untereinander abzuklären.[14] Unter den gegebenen Umständen bestand das Einbringen „parlamentarischer Elemente" (Huber) zusätzlich zur Besetzung eines Fachressorts, des Reichsamts des Innern mit Karl Trimborn, einem Mitglied der Reichstagsfraktion des Zentrums, in der Verabredung einer Erweiterung der Reichsleitung durch eine Anzahl neuer Stellen: *zum einen* die Einrichtung eines neuen Fachressorts, des Reichsarbeitsamts, *zum anderen* sogenannte „parlamentarische" Staats- und Unterstaatssekretäre,[15] denen kein Geschäftsbereich (Portefeuille) zugeordnet sein würde. Sie sollten – wie Vizekanzler Payer und der Staatssekretär des Auswärtigen Amts Solf erläuterten – „im englischen Sinne" für die Verbindung zwischen Ressort und Reichstag zuständig sein und – so im Telegrammstil Solf ergänzend – „Laufend über alles unterrichtet [sein]. Daraufhin parlamentarische Reden halten etc. Einsicht in alle Akten".[16]

---

[13] *Huber:* Verfassungsgeschichte, Bd. 5 (wie Anm. 6), 682–710 passim.

[14] Die Regierung des Prinzen Max von Baden (Quellen zur Geschichte des Parlamentarismus und der politischen Parteien, Reihe I, Bd. 2). Düsseldorf 1962, 3–15, 19–36, 41–44, 50–60, Sitzung des Interfraktionellen Ausschusses, 1.10.1918 mit ergänzenden Aufzeichnungen verschiedener Beteiligter zur Entwicklung bis zum 3.10.1918. *Huber:* Verfassungsgeschichte, Bd. 5 (wie Anm. 6), 537–538.

[15] In seinen Aufzeichnungen vom 10.10.1918 hielt Friedrich Graf von Galen (MdR, Zentrum) hierzu kritisch fest: „Wahrlich die Parlamentsherrschaft kommt uns teuer zu stehen."; Regierung Max von Baden (wie Anm. 14), 124–126, 126 (Zitat).

[16] Regierung Max von Baden (wie Anm. 14), 126–131, 128 (Zitat), Sitzung des Kriegskabinetts am 10.10.1918.

Die Entscheidung über die Kabinettsumbildung kam am 3. Oktober 1918 zum Abschluss. Man einigte sich auf die Bildung eines „engeren ‚politischen' Kabinetts" (*Kriegskabinett*) und eines „weiteren Kabinetts" (*Gesamtkabinett*). In beiden Organen sollten inskünftig führende Parlamentarier zu Mitgliedern ernannt werden. In das *Kriegskabinett* hielten zusätzlich zu den Staatssekretären alten Stils an der Spitze der Reichsämter zunächst drei, später vier sogenannte parlamentarische Staatssekretäre, d. h. Staatssekretäre „ohne Geschäftsbereich" Einzug und standen hier dem Kanzler als „politisches Beratungsgremium" (Huber) zur Seite. Dem *Kriegskabinett* gehörten somit acht Amtsträger an: der Reichskanzler Max von Baden, der Vizekanzler Friedrich von Payer (FVP), vier Staatssekretäre neuen Typs (also „ohne Geschäftsbereich") Matthias Erzberger, Adolf Gröber (beide Zentrum), der Sozialdemokrat Philipp Scheidemann sowie – der Mitte Oktober hinzugekommene – Conrad Haußmann (FVP); ferner drei Männer aus der Reihe der Staatssekretäre alten Typs („Fachstaatssekretäre"), Siegfried Graf von Roedern (Reichsschatzamt), Wilhelm Solf (Auswärtiges Amt) und Karl Trimborn (Reichsamt des Innern). Das *Gesamtkabinett* umfasste die Gesamtheit der zwölf Reichs-Staatssekretäre alten Typs (mit Geschäftsbereich), darunter auch Gustav Bauer, der aus den Reihen der Sozialdemokratie an die Spitze des jetzt durch Abspaltung vom Reichswirtschaftsamt neu eingerichteten Reichsarbeitsamts rückte, sowie die vier Staatssekretäre neuen Typs. Das vergleichsweise größere Gewicht in der knapp fünf Wochen amtierenden Regierung Max von Baden wuchs dem Kriegskabinett zu.[17]

Die von den Mehrheitsparteien eingeforderte parlamentarische Einflussnahme auf die Reichsregierung und Mitwirkung in der Reichsleitung erstreckte sich zudem auf eine weitere, den Staatssekretären unmittelbar zu- bzw. ihnen untergeordnete Ebene: die Unterstaatssekretäre. Bereits in den Verhandlungen des Interfraktionellen Ausschusses am 1. Oktober 1918 wurde diese Gruppe – ebenfalls unterteilt in fachlich zugeordnete und parlamentarische Unterstaatssekretäre – mit in die Betrachtungen einbezogen und die dafür anstehenden vier Neueinstellungen eingehend diskutiert. Die Entscheidung über die personelle Besetzung dieser neu zu schaffenden Posten sollte letzten Endes Sache der entsendenden Parteien sein.[18] Die Namensliste der drei neu einzurichtenden „parlamentarischen" Unterstaatssekretärsstellen umfasste nach umständlichen Abklärungsprozessen (Stand 7. Oktober 1918) schließlich folgende Reichstagsabgeordnete: den Schriftsteller Dr. Eduard David (SPD) – Auswärtiges Amt und die beiden Arbeitersekretäre Johann Giesberts (Zentrum) – Reichsarbeitsamt sowie Robert Schmidt (SPD) – Reichswirtschaftsamt.[19]

---

[17] *Huber:* Verfassungsgeschichte, Bd. 5 (wie Anm. 6), 547–550; *Erich Matthias / Rudolf Morsey:* Einleitung. In: Regierung Max von Baden (wie Anm. 14), XI–LXIII, XXXI.

[18] Siehe auch die Sitzungen der SPD-Reichstagsfraktion vom 2.10. u. 3.10.1918, In: *Erich Matthias / Eberhard Pikart* (Bearbeiter): Die Reichstagsfraktion der deutschen Sozialdemokratie 1898 bis 1918 (Quellen zur Geschichte des Parlamentarismus und der politischen Parteien, Reihe I, Bd. 3/I u. II). Bd. 3/II, Düsseldorf 1966, 462–469.

[19] BAB R 43/1670, Bl. 22, 118.

Die innerparteilich beschlossenen Nominierungen leitete Vizekanzler von Payer am 7. Oktober zur weiteren Veranlassung an den Unterstaatssekretär in der Reichskanzlei weiter, beim SPD-Vorschlag von Robert Schmidt versehen mit dem Zusatz „ich nehme an, dass das der Reichstagsabgeordnete ist" und dem von anderer Hand hinzugefügten Vermerk: „Schmidt ist gemäßigter, geschäftlich erfahrener Mann". Seitens der Reichskanzlei wurde der betreffende ‚Fachstaatssekretär' „Exzellenz Freiherr von Stein" am 8. Oktober mündlich benachrichtigt, zudem für den Folgetag in der Sache eine mündliche Besprechung mit dem Reichskanzler Max von Baden vereinbart.[20] Am 9. Oktober erging das förmliche Anschreiben an von Stein: „Der Reichskanzler bittet Exz., Entwurf einer Order vorzulegen, wodurch das Mitglied des Reichstags Robert Schmidt mit der Wahrnehmung der Geschäfte eines Unterstaatssekretärs im Reichswirtschaftsamt beauftragt wird."[21] Noch am gleichen Tag ließ Stein den Reichskanzler schriftlich wissen, er habe „den Vorlagebericht an Se. Majestät den Kaiser und König nicht beigefügt". In einem Fall, der Ernennung von Giesberts zum Unterstaatssekretär im Reichsarbeitsamt, sei er nicht zuständig; „bezüglich des Herrn Schmidt (fehle ihm) die erforderliche persönliche Bekanntschaft, auf Grund deren ich bestätigen könnte, daß er für den ihm zugedachten Posten geeignet ist". Abschließend bat er „wegen der sich daraus ergebenden Folgen für die Amtsleitung um persönliche Rücksprache". Undatiert wurde handschriftlich auf dem Schreiben vermerkt: Stein habe „einen Tausch zwischen Müller und Schmidt vorgeschlagen".[22]

Das war ein Affront. Für Staatssekretär Stein blieb er folgenlos, in der SPD-Reichstagsfraktion sorgte er einmal mehr für Spannungen zwischen dem Parteivorstand und den sonstigen Mitgliedern der Fraktion. Das nächste Schriftstück in der herangezogenen Akte datiert vom 10. Oktober 1918. Darin unterrichtet der Stellvertreter des Reichskanzlers von Payer den Unterstaatssekretär in der Reichskanzlei über das „Resultat der Besprechungen einerseits mit dem Staatssekretär des Reichswirtschaftsamts Stein und andererseits mit Herrn Ebert". Danach hatte der SPD-Partei- und Fraktionsvorsitzende der vorgeschlagenen Rochade: August Müller zum Reichswirtschaftsamt, Robert Schmidt – Unterstaatssekretär im Kriegsernährungsamt zugestimmt. Allerdings sei Müller hierüber noch nicht informiert, so dass Payer anheimgab, „vor der Ernennung noch eine Äußerung desselben herbeizuführen".[23] Am gleichen Tag wurde die Angelegenheit auch im Kriegskabinett verhandelt. Stein – so führte Payer in den Kabinettsrunde aus – sehe „Robert Bauer" (sic!) als „technischen Unterstaatssekretär" an und wisse „ihn nicht zu platzieren", sondern wolle „lieber versierten Aug. Müller haben".[24]

---

[20] BAB R 43/1670, Bl. 22.
[21] Ebd., Bl. 24.
[22] Ebd., Bl. 25.
[23] Ebd., Bl. 26.
[24] Regierung Max von Baden (wie Anm. 14), 126–131, 127 (Zitat).

Die Rochade wurde am 12. Oktober 1918 von der „Sozialdemokratischen Korrespondenz" öffentlich gemacht. Gestützt auf diese Quelle berichtet die *Frankfurter Zeitung* am Sonntag, den 13. Oktober über den Vorgang, nicht ohne hervorzuheben, dass der SPD-Reichstagsabgeordnete Robert Schmidt „seit längerer Zeit dem parlamentarischen Ernährungsbeirat" angehört.[25]

In der SPD-Reichstagsfraktion führte die – vom Parteivorstand eigenmächtig akzeptierte – Rochade zu einem heftigen Nachspiel. Zwar hatte Ebert in der Fraktionssitzung am 3. Oktober erklärt, der Parteivorstand habe sich über die Besetzung des Unterstaatssekretärspostens im Reichswirtschaftsamt „noch nicht schlüssig" werden können und gebeten, die Entscheidung dem Parteivorstand zu überlassen.[26] Dennoch wurde die einsame Entscheidung des Parteivorstandes bzw. des Parteivorsitzenden Ebert nicht ohne Protest hingenommen.[27] Auf der Sitzung der SPD-Reichstagsfraktion am 15. Oktober 1918 rügte Carl Legien das Vorgehen. Als Vorsitzender und im Namen der Generalkommission der Gewerkschaften Deutschlands, deren Vorstand auch Robert Schmidt angehörte, deponierte er eine „schriftliche Erklärung" und erhob „Einspruch" dagegen, „daß Dr. August Müller von der sozialdemokratischen Fraktion zum Unterstaatssekretär im Reichswirtschaftsamt vorgeschlagen wird". Es kam zur Debatte, und Ebert sah sich angesichts der Kritik herausgefordert, „außer-

---

[25] Frankfurter Zeitung, Nr. 294, 1. Morgenblatt, So, 13.10.1918, 2.

[26] *Matthias / Pikart:* Reichstagsfraktion, Bd. 3/II (wie Anm. 18), 469.

[27] In zwei Artikeln ging das Correspondenzblatt der Generalkommission der Gewerkschaften Deutschlands hierauf ein. Der erste Artikel, In: Correspondenzblatt der Generalkommission der Gewerkschaften Deutschlands 28/41 (1918), 381–382 berichtet über die am 4.10.1918 in Berlin abgehaltene *Konferenz der Vertreter der Verbandsvorstände.* Unter dem Zeitdruck der anstehenden „Parlamentarisierung der Regierung" – so führte Carl Legien aus – habe sich die Generalkommission zu personellen Vorschlägen genötigt gesehen. Für die Leitung des Reichsarbeitsamts habe sie Gustav Bauer in Vorschlag gebracht. Nach langen, im Ergebnis zustimmenden Erörterungen über den Entschluss, in die Regierung einzutreten, wandte sich die Konferenz der „Personenfrage" zu. Zwar traten in der Debatte „Abweichungen" zutage, doch am Ende stimmten die Versammelten „einmütig dem Eintritt Bauers in das Reichsarbeitsamt" zu. Der Bericht fährt fort: „Auch die Mitteilung, daß Rob. Schmidt für das Amt eines Unterstaatssekretärs im Reichswirtschaftsamt vorgesehen sei, rief große Befriedigung hervor." Der zweite Artikel *Sozialdemokratische Unterstaatssekretäre.* In: Correspondenzblatt der Generalkommission der Gewerkschaften Deutschlands 28/42 (1918), 389 berichtet, die Generalkommission habe am 15.10.1918 Kenntnis erhalten von der beabsichtigten Ernennung von Robert Schmidt zum Unterstaatssekretär im Kriegsernährungsamt und Dr. August Müller zum Unterstaatssekretär im Reichswirtschaftsamt. Sie habe daraufhin „einstimmig" beschlossen, bei der sozialdemokratischen Reichstagsfraktion dagegen Einspruch zu erheben, allerdings ohne Erfolg. Die Gewerkschaftsführung geißelte dieses Verhalten der Parteiinstanzen als „im höchsten Maße befremdend". In das Ressort des Reichswirtschaftsamts gehörten Fragen, „die den Aufgabenkreis der Gewerkschaften in besonderem Maße berühren". Nach den „Mannheimer Abmachungen" sei die Partei gehalten, auf die von den Gewerkschaften vertretenen Arbeiterinteressen „gebührend Rücksicht" zu nehmen. Doch: „Das ist mit der Wahl des Herrn Dr. August Müller nicht geschehen, der in seiner bisherigen Tätigkeit sich als Gegner der gewerkschaftlichen Forderungen erwiesen und vielfach im Widerspruch mit den Arbeiterinteressen gehandelt hat. […] Die Gewerkschaften stehen diesen Berufungen fern; die Verantwortung fällt ausschließlich auf die Partei-Instanzen."

dem die volkswirtschaftlichen Gründe" darzulegen, „die den Vorstand bewogen haben, Dr. Müller für die komplizierteren Arbeiten des Reichswirtschaftsamts vorzuschlagen". Die gewerkschaftlichen Unterstützer Schmidts konnten sich in der anschließenden Abstimmung nicht durchsetzen. Der „Umrangierung" wurde „mit 35 gegen 12 Stimmen zugestimmt".[28] Damit war auch diese Hürde genommen. Nach Zustimmung des Kaisers und gestützt auf „Allerhöchste Ordern" vom 14. Oktober vollzog Reichskanzler Max von Baden die Ernennung der beiden Sozialdemokraten am 15. Oktober, die Urkunde mit den Unterschriften des Kaisers und des Reichskanzlers über die erfolgte Ernennung von August Müller zum Unterstaatssekretär ins Reichswirtschaftsamt und von Robert Schmidt zum Unterstaatssekretär im Kriegsernährungsamt wurde unter dem Datum des 31. Oktobers 1918 im Großen Hauptquartier ausgestellt.[29]

II.

Die Abweisung Schmidts durch den Staatssekretär des Reichswirtschaftsamtes von Stein bildete in dieser Phase der Parlamentarisierung einen singulären Vorgang und muss deshalb umso mehr irritieren. Wer war dieser Robert Schmidt, von dem von Payer am 7. Oktober vermutete, „dass das der Reichstagsabgeordnete" sei, den der Staatssekretär von Stein – wenngleich diplomatisch verkleidet – für unannehmbar hielt und dessen Person offensichtlich dem Protokollführer bei der Sitzung des Kriegskabinetts am 10. Oktober 1918 so gänzlich unbekannt war, dass er den Phantasienamen „Robert Bauer" eintrug? Für die Akteure, die Reichskanzlei und auch den Staatssekretär des Reichswirtschaftsamts Freiherr von Stein, wäre es ein Leichtes gewesen, sich zu Robert Schmidt kundig zu machen. Sie hätten nur zu dem vom Bureau des Reichstags herausgegebenen „Reichstags-Handbuch. 13. Legislaturperiode", Berlin 1912 greifen müssen und wären hier in dem Abschnitt „Die Mitglieder des Reichstags. Biographische Notizen" auf Seite 363 fündig geworden. Der Eintrag zu Robert Schmidt vermerkt:

> „Schmidt, Robert; Arbeitersekretär in Karlshorst, Bez. Berlin, Auguste Viktoriastr. 29. Wahlkr: 5. Berlin. – Sozialdemokrat –.
>
> Geb. am 15. Mai 1864 in Berlin; Dissident. Besuchte die Volksschule in Berlin und Fortbildungsschule daselbst. Lernte 1879–83 als Klaviermacher, bis 1893 in diesem Beruf tätig. 1895–1903 Redakteur an der Zeitung „Vorwärts". Seit 1903 Sekretär des Zentralarbeitersekretariats in Berlin. Vertreter des 5. Berliner Reichstagswahlkreises von 1893–98, sodann von 1903 ab. – Bild Seite 518; Platz Nr. 145."

Schmidt war, wie dieser „Notiz" zu entnehmen ist, kein Neuling im Reichstag, keiner, der erst jüngst im Zuge des großen Erfolgs der Sozialdemokratie bei den Reichstagswahlen 1912, der die Partei mit 110 Mandaten zur stärksten Fraktion hatte werden lassen, ins Parlament Einzug gehalten hatte. Vielmehr war er ein gestan-

---

[28] *Matthias / Pikart:* Reichstagsfraktion, Bd. 3/II (wie Anm. 18), 475.
[29] BAB R 43/1674, Bl. 118, 126.

dener Parlamentarier. Er hatte das Abgeordnetenmandat für den 5. Berliner Reichstagswahlkreis 1893 erstmals gewonnen, 1898 verloren und 1903 für die SPD zurückerobert. Seitdem hatte er es in zwei weiteren Wahlsiegen 1907 und 1912 behauptet, folglich im Sommer 1918 fünfzehn Jahre ununterbrochen inne gehabt. Zu Schmidts fundamentalen Erfahrungen gehörte der aufhaltsame und dennoch auf die Dauer fulminante Aufstieg der SPD, die bei seinem ersten Einzug in den Reichstag (9. Legislaturperiode = LP) dort mit 43 Abgeordneten, 1898 (10. LP) mit 56, 1903 (11. LP) mit 80, 1907 (12. LP) mit 43 und 1912 (13. LP) mit 110 Abgeordneten vertreten war.[30]

Schmidt war, auch darüber gibt die „Notiz" Auskunft, ein im Klaviermacherhandwerk ausgebildeter, qualifizierter Arbeiter, dessen politische Arbeit, Sachkompetenz, mündliche und schriftliche Ausdrucksfähigkeit in den beiden Hauptorganisationen der deutschen Arbeiterbewegung, in der Sozialdemokratischen Partei Deutschlands und in den Freien Gewerkschaften Deutschlands, gleichermaßen Beachtung und Anerkennung gefunden hatten. Mit 29 Jahren wurde der nebenberufliche „Agitator" für Gewerkschaft und Partei zum Berufspolitiker und zwei Jahre später zum besoldeten Funktionär. Nach seinem Erfolg bei den Reichstagswahlen 1893 wurde Schmidt zunächst bei der Parteileitung tätig. Acht Jahre (1895–1903) war er als besoldeter Redakteur bei dem Zentralorgan der SPD, dem in Berlin redigierten *Vorwärts* beschäftigt. Im Anschluss daran wurde er von der Generalkommission der Gewerkschaften Deutschlands, dem Leitungs- und Koordinationsgremium der Freien Gewerkschaften, 1903 als erster besoldeter Sekretär für das in diesem Jahr neu eingerichtete „Zentralarbeitersekretariat" rekrutiert.[31]

In vieler Hinsicht etablierte sich Schmidt mit dieser Funktion als Führungskraft in den Freien Gewerkschaften. Die anfangs siebenköpfige, später 1902 zunächst auf neun, 1905 auf elf und schließlich 1908 auf dreizehn Mitglieder aufgestockte Generalkommission, der Schmidt seit 1902 angehörte,[32] hatte sich – so Klaus Schönhoven – seit 1899 „zur sozialpolitischen Zentrale der sozialdemokratischen Arbeiter-

---

[30] Amtliches Reichstags-Handbuch. Neunte Legislaturperiode. 1893/98. Hrsg. vom Reichstags-Bureau. Berlin o. J., 265–266; Dass. Zehnte Legislaturperiode. 1898/1903. Berlin 1898, 292, 294; Dass. Elfte Legislaturperiode. 1903/1908. Abgeschlossen am 31. Dezember 1903. Berlin 1903, 362, 364; Reichstags-Handbuch. Zwölfte Legislaturperiode. Abgeschlossen am 3. April 1907. Berlin 1907, 417–418; Dass. 13. Legislaturperiode. Berlin 1912, 419–421.

[31] *Klaus Schönhoven:* Expansion und Konzentration. Studien zur Entwicklung der Freien Gewerkschaften im Wilhelminischen Deutschland 1890–1914. Stuttgart 1980, 283–306, 304, 306. Schmidt war 1902 in Stuttgart auf dem 4. Allgemeinen Gewerkschaftskongress zum Mitglied der Generalkommission gewählt worden. Zur Bedeutung der Arbeitersekretariate und der Tätigkeit als Arbeitersekretär als Etappe einer Karriere innerhalb der Arbeiterbewegung und Aufstiegs in „vollamtliche Positionen": *Klaus Tenfelde:* Arbeitersekretäre. Karrieren in der deutschen Arbeiterbewegung vor 1914. Heidelberg 1993, 11–54.

[32] Vom vierten Kongress der Gewerkschaften Deutschlands [Stuttgart, 16.–21. Juni 1902]. In: Correspondenzblatt der Generalkommission der Gewerkschaften Deutschlands 12/26 (1902), 447–452, 452; *Schönhoven:* Expansion (wie Anm. 31), 306.

bewegung" entwickelt.³³ Der manifeste Bedarf in der Arbeiterschaft an Rechtsberatung in arbeits-, versicherungs- und sonstigen Rechtsfragen führte 1894 in Nürnberg zur Gründung eines ersten Arbeitersekretariats. Dessen positive Annahme durch Ratsuchende zog die Ausbreitung der neuen Einrichtung nach sich. 1902 gab es im Deutschen Reich 32 freigewerkschaftliche Arbeitersekretariate,³⁴ 1905 waren es 67, 1910 = 110, 1913 = 129.³⁵ Den Schwerpunkt der Tätigkeit bildeten Streitfälle aus der Unfallversicherung, „also mit den durch die Arbeitgeber dominierten gewerblichen Berufsgenossenschaften", sodann Rechtsklärungsprobleme in der Invaliditäts-, Alters- und Krankenversicherung, auch privatrechtliche Forderungen und mietrechtliche Angelegenheiten, so dass die Arbeitersekretariate über die Vertretung der Arbeiter in sozialversicherungsrechtlichen Fragen hinaus als „Rechtsbeistände des kleinen Mannes" fungierten.³⁶ Mit Blick auf erst-, zweit- und höchstinstanzliche Rekurse in Streitfällen über die Rentenbemessung bei Berufsunfällen beschlossen die Freien Gewerkschaften im Juni 1902 zudem am künftigen Berliner Sitz der Generalkommission ein „Zentralarbeitersekretariat" einzurichten, das die Rechtsvertretung der Arbeiter gegenüber dem Reichsversicherungsamt übernehmen sollte und den Informationsaustausch mit den Arbeitersekretariaten sowie den seit etwa 1913 hinzukommenden Bezirksarbeitersekretariaten gewährleisten sollte.³⁷ Ergänzend zu den Angaben im Reichstags-Handbuch ist zum innergewerkschaftlichen Werdegang Schmidts hinzuzufügen, dass er seit April 1910 mit der Leitung der „Sozialpolitischen Abteilung" der Gewerkschaften betraut war, die von der Generalkommission in diesem Jahr als weitere zentrale Leitungs- und Koordinationsinstanz neu eingerichtet worden war.³⁸

Wenn der Griff zum Reichstags-Handbuch den Akteuren Anfang Oktober 1918 verwehrt war, so hätte ihnen vielleicht die Erinnerung an die Debattenauftritte Robert Schmidts im Reichstag bei dem Unterfangen zur Seite stehen können, den von der SPD zunächst für das Amt des Unterstaatssekretärs im Reichswirtschaftsamt vorgeschlagenen Kandidaten zu profilieren. Vize-Kanzler Friedrich von Payer hatte nach

---

³³ *Schönhoven:* Expansion (wie Anm. 31), 304–305.

³⁴ *Paul Umbreit:* Die deutschen Arbeitersekretariate im Jahre 1902. In: Correspondenzblatt der Generalkommission der Gewerkschaften Deutschlands 13/26 (1903), 401–408.

³⁵ Die deutschen Arbeitersekretariate im Jahre 1906 (= Statistische Beilage des Correspondenzblatts der Generalkommission der Gewerkschaften Deutschlands, Nr. 1, hrsg. am 29.06.1907), 1; ... *im Jahre 1910* (= ebd., Nr. 5, hrsg. am 17.06.1911); ... *im Jahre 1913* (= ebd., Nr. 7, hrsg. am 14.11.1914, 209–240), 209; *Tenfelde:* Arbeitersekretäre (wie Anm. 31), 27–31.

³⁶ *Tenfelde*, Arbeitersekretäre (wie Anm. 31), 32, 34.

³⁷ Vom vierten Kongress der Gewerkschaften Deutschlands [1902] (wie Anm. 32), 450. *L. Radlof:* Zum Aufbau der Bezirksarbeitersekretariate. In: Correspondenzblatt der Generalkommission der Gewerkschaften Deutschlands 23/42 (1913), 641–643; *Schönhoven:* Expansion (wie Anm. 31), 304; *Karlludwig Rintelen:* Ein undemokratischer Demokrat: Gustav Bauer. Frankfurt/Main 1993, 38–45.

³⁸ Correspondenzblatt der Generalkommission der Gewerkschaften Deutschlands 20/41 (1910), 645.

frühen Mandaten in den Jahren 1877–78 und 1880–1887 dem Reichstag seit 1890 ununterbrochen als Mitglied angehört, und es ist schwer vorstellbar, dass er in all den Jahren der gemeinsamen Parlamentsangehörigkeit überhaupt kein Bild von Schmidt gewonnen hat.[39] Ein vergleichbarer langjähriger politisch-parlamentarischer Erfahrungsraum fehlte im Fall des Karrierebeamten Freiherr von Stein. Aber selbst für den Staatssekretär des Reichswirtschaftsamts und früheren Unterstaatssekretär im Reichsamt des Innern war es doch in jüngster Vergangenheit – im Forum des Reichstags – zu Begegnungen mit Schmidt gekommen, so am Mittwoch, den 24. Mai 1916 in der 79. Sitzung des Haushalts- bzw. Hauptausschusses des Deutschen Reichstags,[40] und am Montag, den 6. Mai 1918 in der „Zweiten Beratung des Reichshaushaltsplans für 1918: Reichswirtschaftsamt (Fortsetzung). Allgemeine Besprechung (Fortsetzung)".[41]

Schmidts Aufstieg innerhalb der sozialdemokratischen Arbeiterbewegung, in der Partei vom namenlosen Agitator zum erfolgreichen Wahlkämpfer um ein Reichstagsmandat, kämpferischen Parlamentarier und besoldeten Redakteur des *Vorwärts* sowie in den Freien Gewerkschaften vom unscheinbaren Delegierten auf den Gewerkschaftskongressen zum Mitglied der Generalkommission der Gewerkschaften Deutschlands (1902), zum ersten Sekretär des Zentralarbeitersekretariats (1903) und ersten Leiter der „Sozialpolitischen Abteilung" der Generalkommission (1910) waren offenbar für den Staatssekretär des Reichswirtschaftsamts Freiherr von Stein keine Empfehlung, die ihn genötigt hätte, sich näher mit diesem Mann auseinanderzusetzen und sich auf ihn einzulassen. Und der Umstand, dass ihm der Sozialdemokrat Robert Schmidt als Parlamentarier persönlich bekannt war, schlug keine Bresche in die mentale Abwehr gegen die sozialdemokratischen Gleichberechtigungs- und Mitgestaltungsforderungen. Die Abwehr hatte Bestand ungeachtet der Notzeiten, die für das Deutsche Kaiserreich angebrochen waren.

III.

Dass man ihn in konservativ-bürgerlichen Kreisen „nicht zu platzieren" wusste, blieb für Robert Schmidt keine einmalige Erfahrung und das obwohl oder gerade weil Schmidt in der Folgezeit seit seiner Ernennung zum Unterstaatssekretär im Kriegsernährungsamt im Oktober 1918 – zusätzlich zu seinem Mandat als Mitglied der

---

[39] Reichstags-Handbuch. 13. Legislaturperiode (wie Anm. 30), 334; *Günther Bradler:* Payer, Friedrich von. In: Neue Deutsche Biographie 20 (2001), 145–146. [Online-Version]; URL: https://www.deutsche-biographie.de/pnd118592300.html#ndbcontent.

[40] Der Hauptausschuß des Deutschen Reichstags 1915–1918. Eingeleitet von Reinhard Schiffers. Bearbeitet von Reinhard Schiffers u. Manfred Koch in Verbindung mit Hans Boldt, 4 Bde. (Quellen zur Geschichte des Parlamentarismus und der politischen Parteien, 1. Reihe, Bd. 9/I–9/IV), Düsseldorf 1981–1983, hier Bd. 9/II, 626–631 (von Stein), 633 (Schmidt).

[41] Verhandlungen des Deutschen Reichstags. URL: http://www.reichstagsprotokolle.de/index.html (= VRT). Bd. 312, 13. LP, 159. Sitzung, Montag, den 6.05.1918, 4955–4985, hier 4964–4968 (von Stein), 4981–4984 (Schmidt).

SPD-Fraktion in der Nationalversammlung und im Reichstag über vier Wahlperioden vom Juni 1920 bis September 1930 – wiederholt hochrangige Posten in der Reichsregierung bekleidete. Nach dem revolutionären Umbruch am 9. November 1918 amtete er zunächst weiter als Unterstaatssekretär im Reichsernährungsamt, dann in der Regierung Scheidemann (13.02. bis 20.06.1919) als erster Reichsernährungsminister. Er behielt dieses Ministerium in der Regierung Bauer (21.06.1919 bis 27.03.1920). Vom Juli 1919 bis März 1920 führte er es zusammen mit dem Reichswirtschaftsministerium, an dessen Spitze er nach dem Rücktritt seines Parteikollegen Rudolf Wissell am 12./15. Juli 1919 berufen wurde. Die Vereinigung des Reichsernährungsministeriums mit dem Reichswirtschaftsministerium unter Leitung Schmidts erfolgte im September 1919,[42] hatte jedoch nicht auf Dauer Bestand. Nach der Ausgliederung der Abteilung Ernährung aus seinem Ministerium im Zuge der neuerlichen Einrichtung eines selbständigen Reichsministeriums für Ernährung und Landwirtschaft[43] durch die Regierung Hermann Müller (28.03. bis 21.06.1920) blieb Schmidt an der Spitze des Reichswirtschaftsministeriums bis zum Rücktritt des Kabinetts. Eine weitere Amtsperiode Schmidts als Reichswirtschaftsminister setzte ein, nachdem sich die SPD nach dem Scheitern des ersten bürgerlichen Kabinetts Fehrenbach (25.06.1920 bis 4.05.1921) Anfang Mai 1921 erneut zur Regierungsbeteiligung durchgerungen hatte. In beiden Kabinetten des Zentrumspolitikers Joseph Wirth (10.05.1921 bis 26.10.1921 und 26.10.1921 bis 22.11.1922) amtete Schmidt als Reichswirtschaftsminister. Knapp dreiviertel Jahr später wurde Schmidt erneut für die kurze Zeitspanne von 2 1/2 Monaten Mitglied der Reichsregierung, diesmal allerdings als Vizekanzler und Wiederaufbauminister und erstmalig in einem Kabinett der großen Koalition (DVP, SPD, DDP, Zentrum). Unter Reichskanzler Gustav Stresemann, DVP (I. Kabinett 13.08.1923 bis 6.10.1923, II. Kabinett 6.10.1923 bis 30.11.1923) gehörte Schmidt dessen Regierungsmannschaft im I. und II. Kabinett an, zuletzt zusammen mit zwei weiteren SPD-Mitgliedern Wilhelm Sollmann (Reichsminister des Innern) und Gustav Radbruch (Reichsjustizminister) bis zu ihrer Demission und dem Rückzug der SPD aus der Regierungsverantwortung am 3. November 1923. Seine letzte Mitwirkung in der Reichsregierung sollte Schmidt gut fünf Jahre später, abermals in einem Kabinett der großen Koalition, jetzt unter Reichskanzler Hermann Müller, SPD (28.06.1928 bis 27.03.1930) am 23.12.1929 noch einmal für gut drei Monate an die Spitze des Reichswirtschaftsministeriums zurückführen.[44]

Ein weiterer Vorgang der ‚Nicht-Platzierung', auf den ich hier eingehen möchte, drang mit zwei Jahren Verspätung aus dem Arkanum der Kabinettsinterna in das Forum des Reichstags und von dort in die Öffentlichkeit. Im Spätsommer 1923 hatte sich die Lage des Deutschen Reichs krisenhaft zugespitzt: Die Inflation galoppierte, nachdem das bürgerliche Kabinett unter Wilhelm Cuno (22.11.1922 bis

---

[42] RGBl. 1919, 1519.
[43] RGBl. 1920, 379.
[44] Zusammensetzung und Amtszeiten der Kabinette nach AdR WR.

12.08.1923) in Reaktion auf die Ruhrbesetzung durch die Franzosen am 11. Januar 1923 den passiven Widerstand ausgerufen und dessen Finanzierung übernommen hatte. Massive soziale Proteste, Gewalt, separatistische Bewegungen an der Ruhr und im Rheinland, dazu die Linksregierung in Sachsen, die Rechtsregierung in Bayern und daraus resultierende Spannungen mit sowie innerhalb der Zentralregierung in Berlin erschütterten das Land. Die wirtschaftliche Basis brach weg, der gesellschaftliche Zusammenhalt, die politische Einheit des Reichs und der Fortbestand der demokratischen Republik waren bedroht. Die neue Regierung der großen Koalition unter dem DVP-Politiker Gustav Stresemann, der zugleich mit der Führung der Geschäfte des Auswärtigen Amts beauftragt war, war sich über zwei Dinge gewiss: Der passive Widerstand konnte nicht fortgeführt werden, und zur Lösung der umstrittenen Reparationsfragen waren neue diplomatische Initiativen, auch Verhandlungen mit Frankreich unumgänglich. Auf beiden Gebieten wurde die Regierung initiativ. Zum 26. September kündigte sie die Einstellung des passiven Widerstands an, obzwar zu diesem Zeitpunkt die diplomatischen Wege, die aus der Reparationskrise hinausführen würden und der dafür benötigte Zeitraum noch ungewiss waren.[45]

In dieser kritischen, unübersichtlichen Lage und angesichts der für die Unternehmen einschneidenden Folgen der französisch-belgischen Besatzung und Kontrolle der Produktionsstätten entwickelten die führenden Großindustriellen im Ruhrbergbau Pläne, eigenständig, d.h. ohne Beteiligung des Reichs, mit der französisch-belgischen Militäradministration und der von ihr eingesetzten Interalliierten Hütten- und Bergwerkskontrollkommission, der Mission Interalliée de Contrôle des Usines et des Mines (Micum), über die Wiederaufnahme der Kohleförderung und Ablieferung von Reparationskohle auf ihre Kosten und ihr eigenes Risiko zu verhandeln. Die Verhandlungsführung übertrugen sie einer aus ihrer Mitte gewählten Sechserkommission mit Hugo Stinnes an der Spitze. Stinnes, der in dieser Zeit wohl einflussreichste und mächtigste deutsche Unternehmer, informierte Reichskanzler Stresemann, seinen Parteifreund, am 7. Oktober 1923 mündlich über diese Pläne und legte ihm noch am Abend des gleichen Tages schriftlich das Gesuch um einen Startkredit des Reichs von 150 bis 200 Mio. Goldmark und einen Fragekatalog vor. Darin ersuchte er zum einen um grünes Licht für die Fortsetzung der eigenständigen Verhandlungen der Ruhrindustriellen mit den Franzosen, zum anderen wünschte er Auskunft, ob das Reich bereit sei, die Ruhrunternehmen für die Wiederaufnahme der Kohlelieferungen zu entschädigen, und zum dritten stellte er eine Wunschliste zusammen, die darauf hinauslief, den Bergbau in Produktion und Absatz von bestehen-

---

[45] *Gerald D. Feldman:* Iron and Steel in the German Inflation 1916–1923. Princeton N.J. 1977, 405–415; *Ders.:* Hugo Stinnes. Biographie eines Industriellen. München 1998, 893–901; *Ders.:* The Great Disorder. Politics, Economics, and Society in the German Inflation 1914–1924. Oxford 1997, 631–802 passim; *Ernst Rudolf Huber:* Deutsche Verfassungsgeschichte seit 1789, Bd. 7: Ausbau, Schutz und Untergang der Weimarer Republik, Stuttgart u. a. 1984, 271–444 passim; *Simon Ebert:* Wilhelm Sollmann. Sozialist – Demokrat – Weltbürger (1881–1951). Bonn 2014, 226–270 passim.

den gesetzlichen Regulierungen und sozialen Auflagen (darunter vorrangig Arbeitszeitverkürzungen) zu befreien.[46]

Durch Indiskretion gelangte der Stinnes-Brief vom 7. Oktober an die Presse, fand in liberalen und sozialdemokratischen Blättern scharfe Ablehnung und wurde in der Folge auch Gegenstand der Kabinettssitzung am 10. Oktober 1923, wo die finanziellen Forderungen und ein einseitiges Vorpreschen der Ruhrindustriellen in der Arbeitszeit- und sonstigen sozialpolitischen Fragen einmütig zurückgewiesen wurden.[47] Stresemann beantwortete die von Stinnes gestellten „Fragen" am 12. Oktober abschlägig.[48]

Nachdem die Auflagen und Forderungen der Micum für die Wiederaufnahme der Produktion in weiteren Verhandlungen Konturen gewonnen hatten, wurden Stinnes und die Sechserkommission am 19. Oktober erneut bei Stresemann vorstellig. Dieses Mal traten sie an den Kanzler mit einem Vorschlag heran, der – wie Stresemann in der zu dessen Beratung anberaumten Kabinettssitzung am 20. Oktober erläuterte – „wenigstens für die nächste Zeit eine gewisse Lösung ermöglichen kann".[49] Der Vorschlag umfasste sieben zentrale Aussagen:

[1)] „[D]ie Bergherren des besetzten Gebietes (werden) versuchen (…), durch Sonderverhandlungen mit den Einbruchsmächten die Wiederaufnahme der Arbeit zu ermöglichen." [2)] „Es sollen Reparationskohlen in einem Umfang von 16 bis 18 % der Förderung und zwar [3)] zunächst auf Kosten der Privatindustrie geliefert werden." [4)] „Die Mittel dazu will sich die Industrie durch ausländische Kredite beschaffen." [5)] „Das Reich anerkennt die Verpflichtung zur Ersatzleistung. Die Ersatzleistung tritt ein, sobald die Reichsfinanzen in Ordnung gebracht sind." [6)] „Das Reich ist damit einverstanden, daß die auf den Betrieben liegenden Steuern auf diese Vorschüsse der Industrie an das Reich angerechnet werden." [7)] „Diesem Vorschlag der Industrie hat sich der Verband der Bergarbeiter Deutschlands angeschlossen."[50]

Anders als der frühere Vorstoß schien Stresemann dieser zweite Vorschlag der Ruhrindustriellen in der Tat einen neuen Bewegungsraum zu erschließen, so dass er sich bei seinen Kabinettskollegen für dessen Annahme einsetzte.

Ungeachtet noch vieler offener Fragen zum weiteren Vorgehen in den besetzten Gebieten, die von verschiedenen Ressortministern im Verlauf der Kabinettssitzung angesprochen worden waren und den Reichskanzler zu dem Vorschlag veranlassten, „in Anbetracht der großen Bedeutung der zu fassenden Beschlüsse eine 2. Lesung

---

[46] *Feldman:* Iron and Steel (wie Anm. 45), 415.

[47] AdR WR, Kabinette Stresemann I und II, Dok. Nr. 125 Kabinettssitzung vom 10.10.1923, 524–525, 528–534.

[48] *Feldman:* Iron and Steel, 421; *ders.:* Hugo Stinnes, 899.

[49] AdR WR, Kabinette Stresemann I und II, Dok. Nr. 156 Kabinettssitzung vom 20.10.1923, 662–673, 666 (Zitat).

[50] Ebd.

vorzunehmen", stellte das Protokoll „auf Grund der Aussprache" jedoch „jetzt schon" fest: „Einmütigkeit bestehe darin, dass er [Stresemann] ermächtigt werde, mit den Bergherren auf der Basis ihres Vorschlages zu verhandeln."[51]

Bis zum 1. November waren die Verhandlungen der Ruhrindustriellen mit den Besatzungsbehörden über die Bedingungen für die Wiederaufnahme der Produktion und die aus der laufenden Förderung abzuliefernde „Reparationskohle" einerseits sowie die Abklärungen mit Stresemann und ausgesuchten Kabinettsmitgliedern (hinzugezogen wurden der Reichsfinanzminister Luther, der Reichswirtschaftsminister Koeth, der Reichsarbeitsminister Brauns und der Reichsminister für die besetzten Gebiete Fuchs) über die sachlichen Inhalte der von den Ruhrindustriellen der „Sechserkommission" ausgehandelten Vereinbarungen sowie deren Forderungen nach einer Arbeitszeitverlängerung und nach einer – wie Stinnes am 31. Oktober 1923 formulierte – „Verpflichtung" der Reichsregierung zur Übernahme der „gesamten Kosten" für die anteilsmäßigen Kohlelieferungen, „die dem Reiche auf Reparationskonto gutgeschrieben würden, und zur Zahlung, sobald die Reichsfinanzlage gestattet" so weit gediehen,[52] dass der gesamte Komplex in einer neuerlichen Sitzung des Gesamtkabinetts am 1. November 1923 zur Diskussion und weiteren Beschlussfassung gestellt werden konnte.[53] Die Sitzung begann um 10.30 Uhr mit einem Bericht des Reichsfinanzministers Luther über die bisherigen Verhandlungen mit Stinnes, dann trug Luther die von ihm vorgeschlagene Beantwortung des Forderungskatalogs der Ruhrindustriellen vor, abschließend ging er dazu über, seine Stellungnahme zu erläutern. Diese begann mit der Feststellung, daß

> „die Finanzlage des Reichs derart (sei), daß die Übernahme irgendwelcher Verpflichtungen [...] grundsätzlich vollkommen ausgeschlossen sei. Anderseits sei zu erwägen, daß bei einem Scheitern der jetzigen Verhandlungen die dadurch bedingte Erwerbslosigkeit solche Anforderungen an die Reichskasse stellen würde, daß eine noch erheblichere unmittelbare Belastung entstehen würde. Aus dieser Erwägung sowie unter dem Vorbehalt, daß der grundsätzlichen Einstellung der Reichspolitik zur Reparationsfrage in keiner Weise vorgegriffen werde, glaube er der Vereinbarung zustimmen zu sollen."[54]

Der Reichsarbeitsminister Brauns versagte seine Zustimmung, zum einen weil er es außenpolitisch für „widersinnig" und „im höchsten Maße schädlich" erachtete, zu diesem Zeitpunkt „Sondervereinbarungen" zu schließen, zum anderen mit Blick auf die Arbeitszeitfrage, in der die Forderungen der Ruhrindustriellen auf das Zugeständnis einer Sonderregelung im besetzten Gebiet und auf eine Sabotage des geplanten neuen Arbeitszeitgesetzes hinausliefen.[55]

---

[51] Ebd., 672.
[52] AdR WR, Kabinette Stresemann I und II, Dok. Nr. 208 Besprechung mit Hugo Stinnes und anschließende Ministerbesprechung vom 31.10.1923, 914–918, 916 (Zitat).
[53] AdR WR, Kabinette Stresemann I und II, Dok. Nr. 212 Kabinettssitzung vom 1.11.1923, 933–940, hier 1. Ruhrindustrie, 933–935.
[54] Ebd., 933–934, 934 (Zitat).
[55] Ebd., 934.

Anders als Brauns sprach sich Stresemann positiv aus.

„Der Reichskanzler bat, dem Antrage zuzustimmen: aus innerpolitischen Gründen, da die Reichsregierung durch die Aufforderung zum passiven Widerstand das besetzte Gebiet in die jetzige Lage gebracht habe und mithin *moralisch verantwortlich* sei nach Möglichkeit zu einer Rückkehr zur normalen Wirtschaft Hilfe zu leisten." (Hervorhebung HH)

Zusätzlich führte er außenpolitische Gründe an, die ihm die Unterlassung einer solchen Hilfeleistung „für die notleidende Bevölkerung" und den Zusammenhalt der besetzten Gebiete mit dem Reich auch und gerade in der jetzigen Situation und angesichts der Vorstöße aus London und Washington zur „Herbeiführung eines Lösung der Reparationsfrage" als „einen verhängnisvollen politischen Fehler" einstufen ließen.[56]

Auch Robert Schmidt, der Reichsminister für Wiederaufbau, ergriff in dieser Kabinettsitzung das Wort. Unmittelbar im Anschluss an die Ausführungen des Kanzlers „bemängelte" er, „daß er an den bisherigen Erörterungen der Angelegenheit nicht beteiligt gewesen und infolgedessen nicht genügend sachlich unterrichtet sei".[57] Seine Intervention blieb unkommentiert. Das Protokoll der Kabinettsitzung fährt fort: „Der Reichsminister des Innern [Sollmann, SPD] bat, die Stellungnahme der sozialdemokratischen Mitglieder des Kabinetts [Schmidt, Sollmann, Radbruch – Justiz] zu dem Antrage als Stimmenthaltung zu betrachten."[58] Auch dies blieb unkommentiert.

Das Protokoll hält als nächstes fest: „Der Reichspostminister erklärte, daß er dem Antrag zustimme." Es verzeichnet dann den Vorschlag des Reichsfinanzministers, „die Redaktion des Antwortschreibens an Herrn Stinnes" einem interministeriellen Ausschuss zu übertragen.[59] Dann endet es abrupt mit dem – nach dem zuvor Mitgeteilten – überraschenden Schlusssatz Stresemanns: „Der Reichskanzler stellte fest, daß das Reichsministerium dem Antrag der Sechserkommission zustimme und die Formulierung des Antwortschreibens dem vom Reichsfinanzministerium vorgeschlagenen Ausschuß übertrage."[60] Das nach dieser Kabinettsitzung aufgesetzte Antwortschreiben des Reichskanzlers an die Sechserkommission des „Bergbaulichen Vereins" vom 1. November 1923 hielt die Hauptpunkte des bisher Verhandelten fest: *zum einen* die Vorleistungen der Ruhrindustriellen, *zum anderen* die ihnen dafür zuerkannte Vergütung durch das Reich, allerdings erst „nach Ordnung der Reichsfinanzen".[61] Die Verhandlungen zwischen der Sechserkommission und der französischen Seite führten am 23. November 1923 zu einem ersten Vertragsabschluss über die Wiederaufnahme der Produktion und Lieferung von Reparationskohle.

---

[56] Ebd., 934–935.

[57] Ebd., 935.

[58] Ebd.

[59] Ebd.

[60] Ebd.

[61] AdR WR, Kabinette Stresemann I und II, Dok. Nr. 213 Der Reichskanzler an die Sechserkommission des „Bergbaulichen Vereins", 1.11.1923, 941–944, 943 (Zitat).

Der erste Micum-Vertrag war bis zum 15. April 1924 befristet. Der Vertrag wurde im Laufe des Jahres 1924 durch fünf Zusatzabkommen ergänzt und zeitlich ausgedehnt.[62]

Der Beschluss des II. Kabinetts Stresemann vom 1. November 1923 schlug lange Wellen. Am 27. Januar 1925 – nach den Reichstagswahlen am 7. Dezember 1924 und der Demission des Kabinetts Marx IV waren die Regierungsgeschäfte inzwischen an das bürgerliche Kabinett Luther (Luther I 15.01.1925 bis 20.01.1926, Luther II 20.01. bis 15.05.1926) übergegangen – richtete der Vorstand der SPD-Reichstagsfraktion ein langes Schreiben an Reichskanzler Luther und bat um Auskunft in Sachen „Entschädigung der rheinisch-westfälischen Großindustriellen aus Anlaß des Ruhrkampfes". Aus Pressemitteilungen habe man entnommen, dass „zwischen den zuständigen Reichsstellen und dem Ruhrbergbau ein Abkommen über den Ersatz der Schäden" zum Abschluss gekommen sei und bereits „größere Abschlagszahlungen" geleistet worden seien. Nach Pressemitteilungen handele es sich um mehrere hundert Millionen Goldmark, allein der Anspruch der rheinisch-westfälischen Großindustrie beziffere sich auf 600 Millionen Goldmark. In der Öffentlichkeit habe dieses Vorgehen „große Beunruhigung" ausgelöst. Die SPD ersuchte die Reichsregierung, die von ihr gegenüber der Ruhrindustrie eingegangenen Zahlungsverpflichtungen bis auf weiteres einzustellen und „dem Reichstage sofort eine Denkschrift über die Vergütung der Ruhrschäden vorzulegen", die Aufschluss über die eingegangenen Verpflichtungen und bereits erfolgte Leistungen gebe auch im Hinblick darauf, dass eine gesetzliche Grundlage fehle und es sich folglich bei den von der Exekutive getätigten Zahlungen um „eine Verletzung des Budgetrechts des Reichstags" handle. „Die beschränkten Mittel des Reichs" – so endete das Anschreiben – „dürfen nicht zur Bereicherung des Großkapitals führen, sondern müssen ausschließlich zur sozialen Fürsorge der Millionen Notleidenden, insbesondere der bedürftigen Opfer der Inflation und des Ruhrkampfes dienen".[63]

Anders als auf das Schreiben des freigewerkschaftlichen Deutschen Bergarbeiterverbands, der bereits Mitte Oktober 1924 eine Anfrage an die Regierung in dieser Sache gerichtet hatte und bis Mitte Januar 1925 ohne Antwort geblieben war,[64] reagierte die Reichsregierung nun rasch. Bereits zwei Tage später, unter dem 29. Januar 1925, ging das Antwortschreiben Luthers an die SPD heraus. Es enthielt keine sachliche Stellungnahme, sondern begnügte sich mit dem Verweis auf die am Vortag vom Reichsfinanzminister Otto von Schlieben (DNVP) vor dem Haushaltsausschuss des

---

[62] *Feldman*, Stinnes (wie Anm. 45), 901; AdR WR, Kabinette Luther I und II, Dok. Nr. 17 Kabinettssitzung vom 7. Februar 1925, hier TOP 1 Denkschrift zur Ruhrentschädigung, 59–62, bes. 60 Anm. 2.

[63] AdR WR, Kabinette Luther I und II, Dok. Nr. 10 Der Vorstand der Sozialdemokratischen Reichstagsfraktion an den Reichskanzler, 27.01.1925, 30–33.

[64] VRT, Bd. 384, 3. Wahlperiode (= WP), 29. Sitzung, 20.02.1925, 807–855, hier 813 ff. TOP „Beratung der Denkschrift über die Reparationslasten und Schäden der Privatwirtschaft des Ruhr- und Rheingebietes und ihre Erstattung durch das Reich", Debattenbeitrag Hertz (SPD), 814–823, 815.

Reichstags zugesicherte „Denkschrift über die Ruhrentschädigung", die in Arbeit sei und demnächst vorliegen werde.[65]

Am Montag, den 2. Februar 1925 berichtete die Berliner Presse in den Abendausgaben über den Vorgang. Während die *Vossische Zeitung* ihre Mitteilung „Die Reichsregierung erklärt" mit dem wörtlichen Abdruck der kurz vor Redaktionsschluss über das *Wolffsche Telegraphenbüro* der Presse zugegangenen „offiziöse[n] Erklärung der Reichsregierung zu dem Ruhrkreditskandal" begann, diese dann nur kurz kommentierte und „restlose Klärung" einforderte, betitelte das *Berliner Tageblatt* seinen Abdruck der Regierungserklärung mit einer eindeutigen Schlagzeile, die schon zu diesem frühen Zeitpunkt keinen Zweifel an der Einschätzung ließ: „Der Skandal der Ruhrentschädigungen". Dabei ging es, wie das Blatt seine Sicht erläuterte, um „den großen Skandal dieser hinter dem Rücken des Reichstags *ausgezahlten fast siebenhundert Goldmillionen*" (Hervorhebung i.O.).[66]

Zwischen der Ankündigung (28. Januar / 2. Februar) und der Veröffentlichung der Denkschrift durch die Regierung gingen allerdings noch lange vierzehn Tage ins Land. Erst am 16./17. Februar 1925 legte der Reichsminister der Finanzen seine „Denkschrift über die Reparationslasten und Schäden der Privatwirtschaft des Ruhr- und Rheingebiets und ihre Erstattung durch das Reich" dem Reichstag vor.[67] Zwar hatten die Vorgänge um die Zahlungen der Reichsregierung an die Ruhrindustrie bereits am 3. und 12. Februar in das Plenum des Reichstags Einzug gehalten,[68] doch erst nach Vorlage der Regierungsdenkschrift setzte die eingehende parlamentarische Beratung ein, zumal die Regierung jetzt den Antrag stellte, „den aus der Denkschrift sich ergebenden Etatsüberschreitungen [...] des ordentlichen Haushalts [...] für das Rechnungsjahr 1924, soweit dieselben bereits vollzogen sind, zuzustimmen und sich mit den noch zu leistenden Ausgaben im Wege der Etatsüberschreitung einverstanden zu erklären".[69]

Die Etappen der Auseinandersetzung und deren Ergebnis seien kurz im Blick darauf vorgestellt, wie in ihnen die Rolle von Robert Schmidt profiliert wurde. Einen

---

[65] Wie oben Anm. 63, bes. 32, Anm. 9 u. 33, Anm. 10.

[66] Vossische Zeitung, Nr. 55/27 Abend-Ausgabe, Mo, 2.2.1925, 1; Berliner Tageblatt und Handels-Zeitung, Nr. 55, Abend-Ausgabe, Mo, 2. 2.1925, 2.

[67] VRT, Bd. 398, 3. WP, Drucksache (= DS) Nr. 568, 26 Seiten (zweispaltig). Zur vorgängigen Diskussion im Kabinett: AdR WR, Kabinette Luther I und II, Dok. Nr. 17 Kabinettssitzung vom 7.02.1925 (wie Anm. 62) u. ebd., Dok. Nr. 21 Kabinettssitzung vom 13.02. 1925, TOP 1, Denkschrift über die Ruhrentschädigung, 81–82.

[68] VRT, Bd. 384, 3. WP, 13. Sitzung, 3.02.1925, 269–304, hier 270–271, 274 Stoecker (KPD) Antrag zur Tagesordnung mit Antrag der KPD auf Einsetzung eines Untersuchungsausschusses des Reichstags und Anklageerhebung vor dem Staatsgerichtshof des Deutschen Reichs gegen die „Reichsregierungen Cuno, Stresemann, Marx und Luther [...] wegen schuldhafter Verletzung des Artikels 85 der Reichsverfassung, wonach Ausgaben des Reichs nur mit Genehmigung des Reichstags vorgenommen werden dürfen" u. Replik Müller-Franken (SPD) sowie Dißmann (SPD); ebd., 22. Sitzung, 12.02.1925, 549–572, hier 567–568. Sollmann (SPD).

[69] VRT, Bd. 398, 3. WP, DS Nr. 568 (wie Anm. 67), 1.

ersten Schlagabtausch zwischen Regierung und Parlament, aber bezeichnenderweise auch zwischen den im Parlament vertretenen Parteien, brachte die Reichstagssitzung am 20. Februar 1925, in deren Zentrum die Beratung der Denkschrift des Reichsfinanzministers, die Verstöße der Regierung gegen die Haushaltsrechte des Reichstags und die verschiedenen, von der KPD, SPD und DDP eingebrachten Anträge auf Einsetzung eines Untersuchungsausschusses standen. In der Sitzung gelangte der diesbezüglich von der DDP eingebrachte Antrag zur Annahme.[70] Er lautete:

> „Für Reparationslasten und andere mit dem Ruhreinbruch in Zusammenhang stehende Schäden wurden ohne Genehmigung des Reichstags Zahlungen geleistet. Gemäß Artikel 34 der Reichsverfassung wird ein Untersuchungsausschuss eingesetzt zur Prüfung aller mit diesen Zahlungen in Zusammenhang stehenden Fragen, insbesondere zur Prüfung der Frage, ob die einzelnen Zahlungen begründet und angemessen waren."

Der Untersuchungsausschuss des Reichstags (21 Mitglieder) konstituierte sich am 7. März 1925 als „23. Ausschuss – Untersuchungsausschuss – Ruhrentschädigung". Nach dreizehn Sitzungen, die sich bis in den Dezember 1926 hinzogen, brachte der Ausschuss unter dem Datum des 5. Juli 1927 seine Arbeit mitsamt seinem „abschließenden Votum" zu Händen des Reichstagsplenums zum Abschluss. Die Drucklegung zog sich allerdings hin. Der insgesamt 263 Seiten umfassende Ausschuss-Bericht ging dem Reichstag erst am 12. September 1927 zu.[71] An die drei Monate später, am 10. Dezember 1927, befasste sich der Reichstag erstmals mit dem „Bericht des Ausschusses über die Feststellung der an die Ruhrindustriellen ausgezahlten Beträge". Weitere Debatten folgten am 12. und 17. Dezember 1927 sowie – abschließend – am 21. Januar 1928.[72] Das Plenum nahm in dieser Sitzung den vom 23. Ausschuss vorgelegten Beschluss mit folgender, von der DDP beantragten Erweiterung an: „Der Reichstag mißbilligt auf das schärfste die von dem Untersuchungsausschuß festgestellten Vorgänge." Die Beschlussvorlage, die damit verabschiedet wurde umfasste fünf Punkte:

> „1. Die Entschädigungszahlungen des Reichs an den Bergbau des besetzten Gebietes beruhen auf dem Schriftwechsel zwischen dem Reichskanzler Dr. Stresemann und Herrn Hugo Stinnes vom 20. Oktober bis 13. November 1923. Dieser Schriftwechsel stellt Abmachungen dar, deren rechtliche Verpflichtung für das Reich im Ausschuß verschieden beurteilt wurden. Der Wille der Beteiligten ging nach den Zeugenaussagen der Herren Dr. Stresemann und Dr. Luther dahin, daß durch den Briefwechsel rechtlich bindende, einklagbare

---

[70] VRT, Bd. 384, III. WP, 29. Sitzung, 20.2.1925, 807–855, hier 813–855, 854–855 (zur Abstimmung); VRT, Bd. 399, III. WP, DS Nr. 478 (KPD, 4.2.1925); ebd., DS Nr. 583 (SPD, 18.2.1925); ebd., DS Nr. 589 (DDP, 20.2.1925).

[71] VRT, Bd. 417, III. WP, DS Nr. 3615.

[72] VRT, Bd. 394, III. WP, 355. Sitzung, 10.12.1927, 11925–11947, hier 11925–11946; ebd., 356. Sitzung, 12.12.1927, 11949–11977, hier 11972–11977; ebd., 361. Sitzung, 17.12.1927, 12191–12230, hier 12220–12223; ebd., 366. Sitzung, 24.1.1928, 12343–12375, hier 12360–12369, 12372–12375 (namentliche Abstimmung über den SPD Antrag, 366 Stimmen insgesamt, 173 Ja-, 193 Nein-Stimmen); dazu die Anträge VRT, Bd. 420, DS Nr. 3763 (KPD vom 8.12.1927); DS Nr. 3809 (SPD vom 13.12.1927); DS Nr. 3845 (DDP vom 16.12.1927) – angenommen.

Verpflichtungen des Reichs entstehen sollten. Unbestritten bleibt der moralische Anspruch, der allen durch den Ruhrkampf geschädigten zugesprochen werden muß."
2. Aufgrund der seitens der Reichsregierung „ohne Wissen des Reichstags vorgenommenen Zahlung" liege „unabhängig davon, ob eine privatrechtliche Bindung vorliegt, [...] eine objektive Verletzung des Etatsrechts des Reichstags" vor. 3. Doppelzahlungen seien nicht erfolgt, wohl aber „Überzahlungen in erheblichem Umfang", allerdings könne „deren Höhe mangels genauer Unterlagen nicht mehr festgestellt werden". 4. Tatsache sei, „daß die Ansprüche derjenigen Geschädigten, mit denen ein Sonderabkommen getroffen war, [...] wesentlich günstiger behandelt wurden als die Ansprüche der übrigen durch die Ruhrbesetzung Geschädigten [...]. 5. Unbestritten sei ferner, „daß eine ausreichende Abgeltung des der Arbeiter- und Angestelltenschaft sowie dem erwerbstätigen Mittelstande des Ruhrgebiets durch den passiven Widerstand und seine Auswirkung zugefügten Schadens bis heute zum Teil noch nicht erfolgt ist." Für „erwünscht" hielt der Ausschuss deshalb ausgleichende Leistungen für „die der Großindustrie des besetzten Gebietes gewährte Begünstigung".[73]

Für den Sozialdemokraten Robert Schmidt, der vom 13. August bis zum 3. November 1923 unter Reichskanzler Stresemann als Reichsminister für Wiederaufbau amtiert hatte, bedeuteten der Bericht des 23. Ausschusses und dessen Beschlussvorlage in vielen Hinsichten eine späte, zumindest partielle Genugtuung. Nach der offiziösen Regierungsbekanntmachung vom 2. Februar 1925 über die Auszahlungen an die Ruhrindustriellen hatten Zeitungen aus dem rechten ebenso wie aus dem linken Lager die sozialdemokratischen Minister im zweiten Kabinett Stresemann und die SPD insgesamt für die als Entschädigungssummen an die Ruhrindustrie erfolgten Zahlungen verantwortlich gemacht. Von links wurde Schmidt zusammen mit den anderen sozialdemokratischen Ministern im zweiten Kabinett Stresemann Sollmann (Inneres) und Radbruch (Justiz) vorgehalten, er habe diesen Leistungen des Reichs an die Ruhrindustrie zugestimmt, damit Arbeiterinteressen verraten, sich als Kapitalistenknecht erwiesen. Von rechts wurde ihm die Mitverantwortung für alle mit den Micum-Verträgen zusammenhängenden Vorgänge und Folgen angehängt.

Den Attacken und massiven Anschuldigungen hatte Schmidts Fraktionskollege Sollmann bereits in der Reichstagssitzung am 12. Februar 1925 entgegengehalten. Er stellte heraus, dass die drei sozialdemokratischen Minister am 20. Oktober 1923 zwar dem Kabinettsbeschluss zugestimmt hätten, durch den Stresemann zu weiteren Verhandlungen mit den Ruhrindustriellen ermächtigt worden sei. Dies sei jedoch selbstredend „auf der Grundlage" erfolgt, „daß das Reich den Industriellen die von diesen an die Franzosen und Belgier wirklich gemachten Leistungen gutschreiben und abtragen werde, wenn die Reichsfinanzen dies erlauben". Zwei Voraussetzungen hätten sie für das weitere Vorgehen als selbstverständlich angenommen: erstens die Vorlage eines Vertrags, „der die Belange des Reiches und die strenge Nachprüfung der späteren Forderungen gewährleistete"; zweitens „daß die Auszah-

---

[73] VRT, Bd. 417, III. WP, DS Nr. 3615, 263.

lung der Summen nicht ohne einen zustimmenden Beschluß der gesetzgebenden Körperschaft vorgenommen werden dürfte". Weiter stellte Sollmann zur Klärung der unterstellten Mitverantwortlichkeit zwei Vorgänge heraus: „[I]n Gegenwart sozialistischer Minister" sei „[n]iemals [...] erwogen worden, der Öffentlichkeit und dem Parlament die Auszahlung von Entschädigungssummen zu verheimlichen"; und er erinnerte, dass nach dem Kabinettsbeschluss vom 20. Oktober 1923 „kein sozialistischer Minister" an den Verhandlungen mit den Ruhrindustriellen beteiligt war. „Mit meinen Kollegen Robert Schmidt und Radbruch kann ich auch heute noch schwer glauben, daß diese Fernhaltung von so wichtigen Verhandlungen ‚nach dem ordentlichen Geschäftsgang' gerechtfertigt war." Was nun die Behandlung der Angelegenheit in der Kabinettssitzung vom 1. November 1923 betraf, in der „das Ergebnis der Verhandlungen" zwischen Stresemann und Stinnes zur Beschlussfassung stand, erinnerte Sollmann, dass „sich die sozialistischen Minister der Stimme enthalten" haben, nicht etwa aus „Ablehnung der Verantwortung", sondern „aus durchaus sachlichen Gründen", da ihnen und insbesondere dem Wiederaufbauminister – wie das Schmidt in der Sitzung selbst zu Protokoll gegebenen habe – die Beteiligung an den Verhandlungen, die erforderliche Vorinformation über die Beschlussvorlage, intraministerielle Vorklärung der Stellungnahme und ein Einblick in die „Tragweite" versagt worden waren.[74]

Schmidt selber bezog zu den Vorgängen insgesamt dreimal Stellung: 1) in der Reichstagssitzung vom 20. Februar 1925, 2) als geladener Zeuge im Untersuchungsausschuss in dessen Sitzung vom 1. Mai 1925 und 3) in der Reichstagssitzung vom 10. Dezember 1927.[75] Seine Darstellung der Ereignisse sowie der von ihm eingenommenen Position enthielt zwei Kernaussagen. Die erste betraf den Inhalt der Beschlussfassung des Kabinetts Stresemann II am 20. Oktober 1923. In dieser Sitzung habe die Ministerrunde – so Schmidt – „allerdings grundsätzlich mit unserer Zustimmung eine Entschädigung für die Ruhrindustrie anerkannt".[76] Für ihn habe es sich dabei um eine „moralische Bindung" der Regierung gehandelt.[77] Das sei auch später von der Sozialdemokratie nie bestritten worden. Aber dieser Beschluss sei im hier und jetzt anstehenden Zusammenhang nicht entscheidend, sondern – wie Schmidt insistierte – vielmehr der Umstand:

„[I]m Kabinett ist nie davon gesprochen worden, daß die Summen an die Ruhrindustrie rein auf dem Verwaltungswege ausgezahlt werden sollten; es ist nie davon gesprochen worden,

---

[74] *Sollmann (SPD):* Erklärung nach § 85 zur Geschäftsordnung, VRT, Bd. 384, III. WP, 22. Sitzung, 12.2.1925, 567.

[75] *Schmidt (SPD):* Persönliche Bemerkung, ebd., 29. Sitzung, 20.2.1925, 850–851; Vernehmung des früheren Reichsministers für Wiederaufbau, Reichstagsabgeordneter Robert Schmidt. Bericht des 23. Ausschusses (Untersuchungsausschuss – Ruhrentschädigung), 6. Sitzung, 1.5.1925, VRT, Bd. 417, III. WP, DS 3615, 202–206; *Schmidt (SPD):* Persönliche Bemerkung, VRT, Bd. 394, III. WP, 355. Sitzung, 10.12.1927, 11945–11946.

[76] VRT, Bd. 384, III. WP, 29. Sitzung, 20.2.1925, 850.

[77] Vernehmung Schmidt, VRT, Bd. 417 (wie Anm. 75), 206; *Schmidt (SPD):* Persönliche Bemerkung, VRT, Bd. 394 (wie Anm. 75), 11945.

daß ohne Zustimmung des Reichstags und ohne Nachprüfung des Reichstags über diese Entschädigung entschieden werde. (hört! hört! links.)"[78]

Die zweite Kernaussage bezog sich auf seine Position und Stellungnahme in der Kabinettssitzung am 1. November 1923. Seine Stellungnahme sei

„im wesentlichen geleitet worden von dem unangenehmen Gefühl, daß an der Chefbesprechung am 31. Oktober das Ministerium, das ich vertrat, das Wiederaufbauministerium, nicht teilgenommen hat, (hört! hört! links) obwohl das Aufbauministerium die gesamten Kohlenlieferungen für die Entente in seinem Ministerium zu verwalten hatte".

Die Vorlage, die am 1. November vor dem Kabinett zur Verhandlung kam, sei ihm und seinen Kollegen vorher nicht schriftlich zur Kenntnis gegeben worden. Unvorbereitet, unzulänglich informiert und überrascht, habe er „die Tragweite" des anstehenden „Entscheides [...] in diesem Augenblick nicht abmessen" können und diese Vorbehalte in der Sitzung selbst auch zu Protokoll gegeben.[79] Vor dem Untersuchungsausschuss ergänzte Schmidt diese Aussage dahingehend:

„Ich kann nur sagen: nach dem flüchtigen Eindruck – denn es ist ja doch eine Sache von riesiger Tragweite – hatte ich nur die sehr großen Bedenken, ob man hier in der Kabinettssitzung, ohne daß den einzelnen Ministerien schriftlich diese ganze Sache unterbreitet war, eine solche Zusage machen konnte. Diese Verantwortung war mir zu groß."

Doch habe er nicht dagegen stimmen wollen, erläuterte Schmidt, „weil ich die ganze Tragweite der Sache nicht übersah und mir andererseits auch daran gelegen war, daß die Industrie im Ruhrgebiet wieder in Gang kam". Die Stimmenthaltung habe für ihn nicht nur wegen der unzulänglichen Vorabinformation in der Sache, sondern gerade auch deshalb angestanden, weil diese ihm und seinen sozialdemokratischen Ministerkollegen die Möglichkeit eröffnete, „daß wir schließlich in einer folgenden Kabinettssitzung nun sehr begründet und eingehend unsere Monita noch vorgebracht hätten. Das war nachher nicht mehr möglich, weil ja dann das Kabinett aufflog, d. h. soweit unsere Mitbeteiligung in Frage kam".[80]

Schmidts „persönliche Bemerkungen" und seine Aussage in der Vernehmung durch den Untersuchungsausschuss waren darüber hinaus ein doppelter Protest. Zum einen setzte er sich zur Wehr gegen die Zuschreibung der Verantwortung für alle Schritte der Regierung im Zusammenhang mit dem Zustandekommen der Micum-Verträge und der Art und Weise, wie in der Folge die Entschädigungsleistungen an die Ruhrindustrie von den bürgerlichen Kabinetten Marx und Luther zur Auszahlung gekommen waren – und das völlig losgelöst und unabhängig davon, ob die sozialdemokratischen Minister im Kabinett Stresemann vollumfänglich in den politischen Entscheidungsprozess eingebunden waren oder nicht. Für Schmidt stand je länger desto mehr fest, dass er als Minister des zumindest in Fragen von Kohleliefe-

---

[78] *Schmidt (SPD):* Persönliche Bemerkung, VRT, Bd. 384, III. WP, 29. Sitzung, 20. 2. 1925, 850.

[79] Ebd.

[80] Vernehmung Schmidt, VRT, Bd. 417 (wie Anm. 75), 202, 203–204 (Zitate).

rungen eigentlich federführenden Ressorts aufgrund „der persönlichen Stellung [...],
die Herr Stinnes damals mir gegenüber eingenommen hat", nicht zu den Vorverhandlungen hinzugezogen worden war und dass dieser Affront von den an den Gesprächen Beteiligten, von Reichskanzler Stresemann, den sonstigen bürgerlichen Ministern und Spitzenbeamten, hingenommen worden war.[81] Der Versicherung von Außenminister Stresemann in der Reichstagsdebatte vom 20. Februar 1925, „Herr Stinnes" sei an ihn „mit einem solchen Wunsch nicht herangetreten" und auch in der Reichskanzlei sei „davon nichts bekannt" gewesen,[82] stand die decouvrierende, kühle Feststellung des DNVP-Abgeordneten und Vorsitzenden des „Untersuchungsausschusses – Ruhrentschädigungen", Hans-Erdmann von Lindeiner-Wildau (1883–1947) gegenüber, ihm sei nicht bekannt, „daß man in die Akten hineinschreibt: ich, Stresemann, habe die Herren nicht mit eingeladen, weil sie Sozialdemokraten sind [...]".[83]

Zum anderen und darüber hinaus setzte Schmidt sich dagegen zur Wehr, dass die (verfassungs)politische Bewertung der von den Regierungen Marx und Luther am Reichstag vorbei an die Ruhrindustrie ausgezahlten Entschädigungsleistungen eine ausschließlich juristischer Klärung vorbehaltene Angelegenheit sei. Auf die Frage, ob seiner Meinung nach aus Stresemanns Brief an Stinnes vom 1. November 1923 „klagbare, bei Gericht verfolgbare Ansprüche erwachsen" seien, hatte Schmidt am 1. Mai 1925 im Untersuchungsausschuss geantwortet: „Ich bin zu wenig Jurist, um mir darüber ein klares Bild zu machen." Jedoch habe er „eine sehr starke moralische Bindung für vorliegend erachtet". Er habe „das politische Gefühl" gehabt [...], daß jemand, der Lieferungen übernimmt, in die er durch die Zwangsverhältnisse hineingekommen ist, die wiederum eine Rückwirkung des Versailler Vertrages sind, natürlich auch grundsätzlich an sich einen gewissen Anspruch erheben kann und dies auch berechtigt ist".[84] Vor dem Reichstagsplenum wurde Schmidt von rechtskonservativer Seite wegen dieses Eingeständnisses seiner unzulänglichen juristischen Kenntnisse für eine umgehende, abschließende juristische Urteilsbildung der Lächerlichkeit preisgegeben. In seinen Bericht über die Ergebnisse des Untersuchungsausschusses flocht der Ausschussvorsitzende von Lindeiner-Wildau (DNVP) ein:

„Wir haben Herrn Kollegen Robert Schmidt im Ausschuss über seine Stellung zu den Fragen sehr eingehend gehört. Es wurde von der Seite der Herren der Linken angeführt, in diesem Abkommen, das durch Bestätigungsbriefe getätigt ist, sei keine rechtliche Bindung, sondern nur eine moralische Bindung, eine Inaussichtstellung späterer Entschädigungen zu sehen. Der Herr Kollege Schmidt führte aus, so genau habe er sich das nicht klar gemacht, (Lachen rechts) dazu sei er auch nicht hinreichend juristisch vorgebildet. Wenn aber nun der Vertreter

---

[81] *Schmidt (SPD):* Persönliche Bemerkung, VRT, Bd. 384 (wie Anm. 75), 850; *Schmidt (SPD):* Persönliche Bemerkung, VRT, Bd. 394 (wie Anm. 75), 11946.

[82] Stresemann, Reichsminister des Auswärtigen, VRT, Bd. 384, III. WP, 29. Sitzung, 20.2.1925, 351.

[83] Bericht des 23. Ausschusses (Untersuchungsausschuss – Ruhrentschädigung), 4. Sitzung, 2.4.1925, VRT, Bd. 417, III. WP, DS 3615, 160 (Zitat).

[84] Vernehmung Schmidt, VRT, Bd. 417 (wie Anm. 78), 206, 205 (Zitate).

Ihrer Partei, meine Herren Sozialdemokraten, die juristischen Konsequenzen nicht hinreichend übersah – ich wage nicht, Ihnen nahezulegen, in anderen Fällen besser vorbereitete Minister in das Kabinett zu entsenden [...]."[85]

In seiner Replik hielt Schmidt fest: Er habe den Untersuchungsausschuss über seine Meinung nicht im Zweifel gelassen, „daß in dem Schreiben des Dr. Stresemann eine moralische Bindung seitens der Regierung vorliege, eine *Entschädigung für die Kohlenlieferungen* zu gewähren" (Hervorhebung i.O.). Auf die daran anschließende Frage, ob Schmidt auch „eine juristische Bindung für vorliegend erachte", habe er sinngemäß sich dahingehend geäußert, er wolle die Antwort darauf „berufeneren Stellen überlassen". Eine weitere Auseinandersetzung mit der Unterstellung von Lindeiner-Wildaus, Schmidt habe den Vorgang „nicht genügend" beurteilen können, erübrige sich.[86]

IV.

Der Gewerkschafter und Sozialdemokrat Robert Schmidt (1864–1943) gehörte der Reichstagsfraktion seiner Partei von 1893 bis 1898 und von 1903 bis 1930 an. Innerhalb seiner Partei hatte er sich von einer linksaußen Position in jungen Jahren mit der Zeit dem rechten Flügel angenähert.[87] Trotz seiner Parteinahme gegen den politischen Massenstreik und für die Politik des Burgfriedens galt Schmidt im bürgerlichen Lager als „Marxist", da er ungeachtet seiner Annäherung an das reformistische und revisionistische Lager den kapitalismuskritischen Positionen des Erfurter Programms seiner Partei verbunden blieb.[88] Im Oktober 1918 hielt Schmidt als Unterstaatssekretär des Kriegsernährungsamtes in die letzte Kaiserliche Reichsregierung unter der Kanzlerschaft Max von Badens Einzug. Nach der Konstituierung der Weimarer Republik diente er in den Kabinetten Scheidemann, Bauer, Müller I, Wirth I und II, Stresemann I und II und schließlich Müller II als Reichsminister, zunächst als Reichsernährungsminister, dann als Reichswirtschaftsminister, als Vizekanzler und Wiederaufbauminister und in seiner letzten Amtszeit noch einmal für wenige Monate als Reichswirtschaftsminister. Von seiner ersten bis zu seiner letzten Entsendung in die Reichsregierung bekleidete er dort das jeweilige Amt auf Vorschlag seiner Partei.

Schmidt war – wie bereits die zeitgenössische Sammelbezeichnung lautete – ein „politischer Minister". Dieser Umstand lässt ihn in vielen Gesamtdarstellungen zur

---

[85] von Lindeneiner-Wildau (DNVP), VRT, Bd. 394, III. WP, 355. Sitzung, 10.12.1927, 11929–11934, 11931 (Zitat).

[86] *Schmidt (SPD):* Persönliche Bemerkung, VRT, Bd. 394 (wie Anm. 75), 11945.

[87] Einblicke in die Aktivitäten und Positionierung Schmidts eröffnet die von der Politischen Polizei veranlasste Observierungsakte Landesarchiv Berlin, A Pr.Br.Rep. Polizeipräsidium Berlin Nr. 13185 Acta betr. den Tischler Hermann Julius Robert Schmidt, 1886–1908.

[88] *Feldman:* Disorder (wie Anm. 45), 145; *Hans Staudinger:* Wirtschaftspolitik im Weimarer Staat. Lebenserinnerungen eines politischen Beamten im Reich und in Preußen 1889–1934. Hrsg. u. eingel. von Hagen Schulze. Bonn 1982, 19–34.

Weimarer Republik und in biographischen Untersuchungen zu deren bürgerlichen Spitzenpolitikern als „Zählkandidaten" erscheinen, als Minister, der durch die SPD in das Amt kam, dem selbst aber kein Profil als Politiker zuerkannt wird. Eine eingehendere Beschäftigung mit seinem Werdegang, seiner Rolle in Gewerkschaften und SPD sowie seiner Stellungnahme zur Regierungsbeteiligung der SPD und seiner Amtsführung als Reichsminister, schließlich auch seiner weiteren Betätigung und seiner Lebensumstände nach dem Abschied aus der aktiven Politik im Herbst 1930 bis zu seinem Tod am 16. September 1943 fehlt.

Als „politischer Minister" wurde Schmidt – wie mit ihm manch anderer – dem Vergessen anheim gegeben. Für ihn gab es im kulturellen Gedächtnisraum keinen Platz, der „soziale Rahmen" fehlt, der „[…] die Verbindung zwischen Individuum und Gesellschaft, als auch die Dynamik des Ineinandergreifens von Erinnern und Vergessen [organisiert]".[89] Selbst das wissenschaftliche biographische Standardnachschlagewerk, die *Neue Deutsche Biographie,* schweigt sich über Schmidt aus, hielt es nicht für notwendig, ihn mit einem Eintrag zu erinnern. Es scheint ganz so, als bereite es bis heute Schwierigkeiten, Robert Schmidt zu ‚platzieren'. Und doch spricht meines Erachtens viel dafür, die immer auch politisch-gesellschaftlich vermittelten Räume des Erinnerns und Vergessens daraufhin auszuloten, wie genau die Bedingungen des Vergessens, des Ausscheidens aus der historischen Erinnerung beschaffen sind. Schmidt war kein Jurist, aber er hatte unbestreitbar ein scharfes politisches Verständnis für die Handlungsspielräume und Verpflichtungen der Reichsregierung in schwierigster Zeit. Dies zumindest legt die obige Darstellung seiner Positionierung bei der wahrlich unorthodoxen Grundsatzentscheidung der Reichsregierung am 20. Oktober / 1. November 1923 über ihr Verhalten zu den Forderungen der Ruhrindustriellen nahe. Diese zielte auf die Wiederingangsetzung der Produktion, die Wiederaufnahme produktiver Arbeit im Ruhrgebiet, die Überwindung von Arbeitslosigkeit und sozialer Not und nahm dafür die Wiederaufnahme der Lieferung von Reparationskohle, also eine Rückkehr zur sogenannten Erfüllungspolitik in Kauf. Angesichts der Zerstörungskraft der galoppierenden Inflation sowie mit festem Blick auf das Doppelziel, die endlich auch von bürgerlich-konservativen Kräften mit angestrebte Währungsstabilisierung *und* grundlegende Neuordnung der Reparationsfrage mit Hilfe internationaler Sachverständiger, hatte die Stunde der Realpolitik geschlagen. Der Sozialdemokrat Robert Schmidt war bereit, diese mit zu wagen und mitzutragen, aber er machte gegenüber dem bürgerlichen Lager auch klar, dass seine Kooperations- und Vermittlungsbereitschaft Grenzen kannte. Schmidt – so hält Hans Staudinger fest – „war ein Politiker des gesunden Menschenverstandes und immer ein entscheidender Machtfaktor als Integrationsfaktor der Gewerkschaften".[90] Noch gilt es, seinen politischen Werdegang, die verschiedenen Felder seines politisch-gewerkschaftlichen Engagements, seine Hoffnungen und Enttäuschungen zu

---

[89] *Aleida Assmann:* Formen des Vergessens. Göttingen 2016, 47.
[90] *Staudinger:* Wirtschaftspolitik (wie Anm. 88), 32.

entdecken und Entdecktes fruchtbar zu machen für ein Verständnis der politischen Kultur der Weimarer Republik.

„War ja alles noch revolutionär damals."
Selbstzeugnisse betrieblichen Arbeiterverhaltens im Ringen um Leistungslohn und Arbeitsnormierung in der Industrie der frühen DDR

Von *Elke Scherstjanoi*

I. Arbeitsnormierung zur Leistungsmotivierung

Das folgende Narrativ entstammt einem Interviewprojekt der 1980er Jahre. Projektiert und durchgeführt hatte es die 1977 in das Transformatorenwerk Oberschöneweide (TRO) in Ostberlin versetzte Philosophin Dagmar Semmelmann. Ihr Aufsatz konnte seinerzeit nicht erscheinen, die Gesprächsaufzeichnungen werden hier erstmals vorgestellt.[1] Das TRO gehörte zu den traditionsreichen Großbetrieben in Berlin. Hervorgegangen aus der Transformatorenfabrik der AEG, die 1920 in die Hallen der ehemaligen Niles-Maschinen-Fabrik in Oberschöneweide umgezogen war, wurde der Betrieb nach Kriegsende 1946/47 als Reparationsgut bis auf 20 Prozent der Anlagen demontiert, 1947 aber als Sowjetische Aktiengesellschaft erneut aufgebaut. 1949 ging das TRO in DDR-Staatseigentum über und wurde ein zentral gelenkter „volkseigener Betrieb". Seit 1950 mit dem Namen VEB Transformatorenwerk „Karl-Liebknecht", wurde es mit gut 3.000 Beschäftigten zum Hauptproduzenten für Schalter und Trafos in der DDR. 1991 übernahm die AEG den Betrieb mit rund 4.000 Beschäftigten; sie schloss ihn 1996.

Der geplante Investitionsschub in der jungen DDR spiegelt sich in Planungen der Warenproduktion wider: Für 1949 war ihr Wert im Vergleich zur Produktion von 1948 um über 70 Prozent höher. Indes, hatte vor dem Krieg etwa die halbe Belegschaft im Akkord gearbeitet, konnte 1948/49 aufgrund heftiger Schwankungen im Produktionsablauf und fehlender Mittel für Leistungsmotivierung nur rund ein Viertel der Arbeiter zu Leistungslohn (Stücklohn) verpflichtet werden.

Der Übergang zu normierter Produktionsarbeit und die leistungsfördernde Lohngestaltung erwiesen sich als ein zentrales Problem nicht nur in diesem Betrieb. Typisch für die frühe Phase der DDR-Wirtschaftspolitik war die volkswirtschaftlich verhängnisvolle Orientierung auf unbedingten Lohnzuwachs. Er war als Motivation

---

[1] Ich danke Frau Dr. Dagmar Semmelmann dafür, dass sie mir das Material überließ. Ihrer unveröffentlichten Studie entnehme ich Details zur Betriebsgeschichte des TRO. Die Texte werden hier, in monologische Form gebracht, gekürzt, leicht redaktionell bearbeitet und mit ihrer Billigung veröffentlicht.

und Identitätsstifter gedacht, doch die Löhne und Sozialleistungen wuchsen in der chronisch unterversorgten Industrie der DDR schneller als die Arbeitsproduktivität. Nachdem der 17. Juni 1953 die SED-Führung gelehrt hatte, dass weder administrative Vorgaben noch landesweite Kampagnen zu mehr Leistungsbereitschaft führten, ging man zur Leistungslohngestaltung mit branchen- und betriebsspezifischer Differenzierung, Normierung und Honorierung über. Konfliktlösungen wurden auf Betriebsebene gesucht, ab den späten 1960er Jahren erwies sich hierbei ideologische Überzeugungsarbeit als kaum noch stimulierend.

Die folgenden Zeitzeugenberichte reflektieren das frühe Geschehen und zeichnen damit ein zentrales Problem der arbeiterlichen Gesellschaft[2] DDR in seinen Anfängen nach: den Konflikt zwischen zentraler Planwirtschaft, dem Arbeiterinteresse dienender Lohngestaltung und individuellen Lebenszielen und Wertebekenntnissen. Dahinter verbirgt sich zum einen der Grundkonflikt jeder modernen Leistungsgesellschaft, die einerseits zu Höchsteinsatz motivieren und Leistungswillen honorieren will, andererseits um sozialen Ausgleich bemüht sein muss. Zum anderen wird die typisch staatssozialistische Ausformung dieses Grundkonfliktes moderner Industriearbeit sichtbar: Die staatlich gelenkte Industrie musste diesen Konflikt – um der ideologisierten Utopie und der politisch vertretenen egalitären Grundwerte willen – mit erklärtermaßen höheren Auflagen für Klassen- und Gesellschaftssolidarität, mit mehr Egalisierung zu bewältigen suchen als eine kapitalistische Gesellschaft.

Die folgenden Aussagen stammen aus den Jahren 1981–1985. Sie bieten das Problem in der subjektiven Verarbeitung durch jene Akteure, die sich mit der sozialistischen Idee verbunden fühlten und sich damit für den heutigen Betrachter als „staatsnah" ausweisen. Sie belegen Positionen, die am aufklärerischen-emanzipatorischen, sozialen Uranspruch der SED angelehnt waren. Wir erkennen die beschwerliche Verbreitung dieser Ideen und ihre problematische Umsetzung in der täglichen Praxis einer staatssozialistischen Industriearbeiter-Interessenentwicklung und -Vertretung. Zu beachten ist, dass diese Rückschau zu einem Zeitpunkt erfolgte, da Industriearbeiter nicht nur als Kern der Arbeiterklasse galten und in der DDR vergleichsweise zahlreich waren, sondern noch immer – im Lichte von „historischer Mission" – Hauptklientel der SED waren. Die Formel der „Diktatur des Proletariats" wird hier nicht speziell hinterfragt, so wie es überhaupt nicht um Formeln und Bekenntnisse geht. Hier erscheinen praxisnahe Stellungnahmen zu dem erwähnten Konflikt, und zwar vor dem Zusammenbruch des Staatssozialismus, am Beginn seiner letzten Phase, der politischen und gesellschaftlichen Agonie.

In der persönlichen Rückschau erscheint hier die Politisierung von einfachen Produktionsarbeitern neben der von Facharbeitern und qualifizierten Arbeitsorganisato-

---

[2] Wolfgang Engler prägte die Bezeichnung „arbeiterliche Gesellschaft" für die DDR, den Blick über die Produktion/Reproduktion, Sozialstruktur und Politik hinaus auf Probleme von Wertebildung und Habitus sozialer Akteure richtend. Anders als *bürgerliche* oder *bäuerliche*, erkenne die „arbeiterliche Gesellschaft" sich „in der Gestalt des Arbeiters, vorzüglich der des Schwerstarbeit leistenden Mannes, am besten wieder". Siehe *Wolfgang Engler:* Die Ostdeutschen. Kunde von einem verlorenen Land. Berlin 1999, 201.

ren – hier „Normern". Es geht um ein traditionelles und um ein angestrebt neues Industriearbeiterverhalten am Arbeitsplatz. Wie sahen Industriearbeiter im erklärten Arbeiter- und Bauern-Staat ihre Rolle als Produzenten und zugleich, wie es hieß, als Eigentümer der Betriebe bzw. wie sollten sie sie begreifen – im Interesse von Höchstleistung und gemeinschaftlicher Verantwortung im Produktionsbereich?

Wir bekommen aus dem Blickwinkel von Arbeitern, die die Utopie teilten, vorgeführt, wie schwierig es war, Arbeitern die inhärente Widersprüchlichkeit ihres Seins als Produzent, Konsument und vermeintlicher Eigentümer der Produktionsstätte klarzumachen; wir lesen, wie hinderlich ideologische Vorgaben sein konnten, und wie in den Betrieben praktikable Kompromisse gesucht wurden – von Arbeitern und Arbeitsorganisatoren, die sich mit der Idee des „Plane mit – arbeite mit – regiere mit" identifizierten. Die Hauptkonfliktlinie zog sich durch die Frage nach Entlohnung, nach lohnbezogener und lohnunabhängiger Leistungsmotivation und dem gesellschaftlichen Aufwand dafür.

II. Helmut K. zur Arbeitsnormierung
Anfang der 1950er Jahre

Helmut K. wurde 1904 in einer Berliner Arbeiterfamilie geboren. 1918 nahm er eine Lehre als Geldschrankschlosser auf, von 1923 bis 1947 arbeitete er bei einem Kleinunternehmer dieser Branche. 1947 bis Mitte der 1970er Jahre war er im TRO überwiegend als Arbeiter eingestellt. Ende 1956 wurde er Mitglied der SED, von 1959 bis 1965 war er Stadtverordneter der Stadtverordnetenversammlung von Groß-Berlin. K. wirkte auch als gewählter Schöffe für das Berliner Stadtgericht. 1961/62 kurzzeitig als zweiter Vorsitzender der Betriebsgewerkschaftsleitung eingesetzt, kehrte er danach in den Produktionsbereich zurück und arbeitete schließlich als Rentner in der Betriebswache.

Ich ging 1947 von dem „Krauter" [umgangssprachlich für „Kleinbetrieb"] weg und fing im TRO an. Es war nicht einfach für mich wegzugehen, denn ich hing ja an meinem Arbeitsplatz. Wenn man 25 Jahre im Beruf war! Und ich habe meinen Beruf gerne gemacht, trotz des vielen Ärgers. Weil ich körperlich völlig danieder war, hatte ich mich dann aber doch mit dem Gedanken getragen, in einen großen Betrieb zu gehen. Man hatte ja gehört, dass es da zumindest ein warmes Mittagessen – Kotikow[3]-Essen – gibt. Das war also zunächst eine rein wirtschaftliche Angelegenheit.

Mein ganzes Leben war damals nur darauf gerichtet, dass ich ein bisschen was zu essen kriegte. Und da, wo ich anfing, in der Apparateschlosserei, waren alle so eingestellt. Jeder machte seine Arbeit so recht und schlecht und versuchte, über die Runden zu kommen. Wir gingen auch immer mal zum Arzt und ließen uns Hustensaft

---

[3] Benannt nach dem damaligen sowjetischen Berliner Stadtkommandanten, unter dem das Betriebsessen an Großbetrieben 1947 verpflichtend eingeführt wurde.

verschreiben, damit wir davon ein bisschen in die Grütze reinmachen konnten, die wir mittags kriegten, damit die ein bisschen süßer schmeckte.

Ja, alles drehte sich damals – jetzt mal stark übertrieben – bloß ums Essen. Ungefähr bis 1950 war das so. Danach wurde ich ein bisschen aufgeschlossener und begann, mich auch für Politik zu interessieren. Die Jahre während des Krieges und auch davor hatte ich mich, ehrlich gesagt, wenig um Politik gekümmert. Da lebte ich tatsächlich nur für meine Familie. Hatte ja meine Frau und meine Kinder. Wir saßen abends zusammen und haben gemacht und getan, ich hab ein bisschen gebastelt und gebaut. Aber dann wurde mir langsam klar, dass das nicht alles sein kann. Das kam ganz allmählich, nicht über Nacht. So um 1948 herum begann doch die Aktivistenzeit[4], und da wollte man mich schon mal zum Aktivisten machen, weil man wohl meine handwerklichen Fähigkeiten schätzte. Ein Großteil im Betrieb war doch [von irgendwoher] zusammengelaufen: Glaser, Müller und Gärtner oder solche, die bloß so [im Industriebetrieb] untergekrochen waren, weil sie irgendwie politisch nicht ganz [gelitten waren[5]], oder die von auswärts kamen, aber hier in Berlin gemeldet waren, damit sie die Berliner Karte[6] kriegten. Aber damals wollte ich mich nicht zum Aktivisten machen lassen, hatte noch gewisse Hemmungen. Ich wollte eben nicht aus der großen Masse herausfallen. Hatte mir vorgenommen: „Du machst hier deine Arbeit; da hast du keine große Verantwortung, und wenn Feierabend ist, brauchst du dir keine Gedanken weiter zu machen." Das war ja recht einfach so.

Es dauerte aber gar nicht lange, da wurde mir doch klar, dass man ein bisschen mehr machen muss, als bloß arbeiten und seine Familie ernähren. Ich fühlte mich dann auch schon direkt so 'n bissel verpflichtet mehr zu tun, und sagte mir: „Na ja, der Betrieb hier ist doch nicht so, wie du das bei dem ‚Krauter' gewohnt warst." Ich war noch gar nicht lange beim TRO, da kriegte ich die Karte I, weil sie sagten, dass ich tüchtig und fleißig wäre.

Zu jener Zeit war im TRO noch ein Kommandant von der sowjetischen Militäradministration. Der kam eines Tages auch an meinen Arbeitsplatz. Ich musste einen großen Hammer nehmen und so auf 'm Blech 'rumhauen. Dann hat der Meister mir einen Stock gegeben, mit dem ich einem Kollegen zeigen musste, wo der hinhauen sollte, woraufhin der Kommandant sagte: „Du Spezialist!", und ich kriegte die Karte I. Fachlich war das natürlich nicht in Ordnung, aber für mich war neu, dass ich im TRO wie ein Mensch behandelt wurde, dass man wirklich schätzte, was ich machte.

Jedenfalls fühlte ich mich im TRO, wie man so schön sagt, wie im Himmel, weil ich mein Essen hatte und auch mal dies und jenes kriegte. Und dann waren ja auch

---

[4] Aktivistenbewegung – eine von der SED gelenkte Kampagne zur gezielten Normüberschreitung in der Industrie, mit dem Ziel, im Wettbewerb unter den Arbeitseinheiten die Arbeitsintensität zu steigern und die Arbeitsorganisation zu optimieren.

[5] Gemeint sind vormalige NS-Belastete, die aus Verwaltungen und Betriebsleitungen 1946–1948 im Zuge der Denazifizierung entlassen worden waren.

[6] Gemeint sind Lebensmittel- und Konsumgüter-Bezugskarten, die in Berlin und anderen Großstädten höhere Zuteilungen sicherten als im ländlichen und Kleinstadtgebiet.

Versammlungen von der Gewerkschaft, wo man die erste Zeit auch recht großzügig war. Da wurde schon auf den Mittag Feierabend gemacht, die Halle wurde ausgeräumt, Tische und Stühle wurden gebracht, und Musike gab's auch. Und 'ne Betriebszeitung hatten wir damals auch schon, die habe ich denn auch immer gelesen. So fing ich langsam an, mich für Politik zu interessieren. Aber zuerst war das rein vom Materiellen her, dass ich mich mit dem Betrieb verbunden fühlte; ich bin erst langsam reingewachsen in die gesellschaftliche Arbeit. Zur Arbeit hatte ich ja auf jeden Fall 'ne saubere Einstellung, war immer pünktlich und so. Bald schon traten sie an mich heran, ob ich nicht zumindest Gewerkschaftsbeiträge kassieren wolle. Na ja, da hab ich denn kassiert. Nach weiteren eineinhalb Jahren kam der Meister wieder und fragte, ob ich nicht die Kolonne übernehmen wolle. Da hab ich denn ja gesagt und den Brigadier gemacht. So fing das an, und seitdem habe ich mich an allem beteiligt. Ich wurde immer öfter zu den Versammlungen eingeladen. Das ging schon so weit, dass ich mich sogar ein bisschen wehren musste, denn überall wurde ich mit hinzugezogen: Wenn der Werkleiter wieder mal einen Trupp Aktivisten zusammengenommen hatte, oder als das Komitee zur Vorbereitung der Lösung der deutschen Frage[7] – oder wie sie das nannten – gegründet wurde, immer war ich dabei und hab auch überall mit offenen Ohren zugehört und meine Meinung gesagt, während der größte Teil eigentlich bloß rumsaß und dachte: „Na ja, wird ja bald zu Ende sein." So war's bei mir nicht! Aber ich hab immer versucht, das richtige Maß zu halten. Man hat mir ja auch öfter angeboten, na, wie soll ich sagen, [politische Funktionen zu übernehmen]. Das wollte ich aber nicht; ich wollte meinen Schraubstock behalten.

Anfang der 1950er Jahre war ich Brigadier. Zu dieser Zeit wuchs die Normerfüllung ins Uferlose. Wir hatten da einen Kollegen, der die Norm mit 200 und 250 Prozent erfüllte. War nicht in Ordnung. Unser Betriebsingenieur, der olle Wilhelm F., der war nun so kompromissbereit, in jeder Form. War auch schon nicht in Ordnung. Aber eines Tages ging der doch mal hin zu dem Kollegen, der so 'ne hohe Normerfüllung hatte, und sprach mit dem: „Sag mal, das ist doch nicht in Ordnung bei dir, 'ne Normerfüllung von 200 Prozent!" – meine Brigade lag immer so bei 140–145 Prozent – „Sieh mal, das macht doch Schule, und dann wollen die anderen das auch machen; übertreib das doch nicht." So ungefähr hat der mit dem gesprochen und versucht, ihm das klarzumachen. Der machte das natürlich verkehrt. Er wollte ihn dafür gewinnen, dass der nicht so viel [Leistung] schreibt. Aber der hatte dann nichts Eiligeres zu tun, als nach oben – weiß nicht, zur Parteileitung oder Werkleitung – zu gehen und das zu erzählen. Da haben sie den Wilhelm unheimlich „verdroschen" dafür, dass er so 'ne Reden führte. Der Werkleiter sagte: „Es kann bei uns jeder die Norm so hoch erfüllen, wie er kann, und wenn einer die Norm mit 500 Prozent erfüllt, wenn er die Arbeit bringt, dann soll er auch das Geld dafür kriegen."

---

[7] Gemeint sind Aktionen der Gewerkschaften zur politischen Positionierung in der Frage der Einheit Deutschlands, Aktionen wie: „Deutsche an einen Tisch".

Ich meine, man hätte das ja überprüfen müssen. Heute würde ich vielleicht selber auf den Gedanken kommen und sagen: „Also hört mal, die Preise[8] sind nicht in Ordnung." Aber damals... Na ja, wenn sie nun alle so 150 und 250 Prozent Normerfüllung abrechneten, dann konntest du ja [als einzelner] nicht bei 100 Prozent bleiben, wa? Schönes Geld hat jeder gerne verdient, das ist heute noch nicht anders. Und bei mir war damals, sagen wir mal, die Frage des Bewusstseins auch noch nicht so klar, und die Arbeit nach Normen war für mich noch neu. Ich kannte bloß die Redensart: „Wer den lieben Gott lässt walten und stellt sich mit dem Kalkulator gut, den wird die Firma stets behalten, auch wenn den Tag er gar nichts tut!" Ja, das kannte ich, aber auch nicht aus direkter Erfahrung. Bei uns hieß es: „Die Kollegen in der Apparateschlosserei machen ihre Pflicht, die brauchen keinen, der ihnen sagt, wie lange sie für die oder die Arbeit brauchen. Wenn die sagen, ‚Das kostet so und so viel', dann stimmt das schon."

Einmal hatte ein Kollege im Beisein des Kalkulators, der die Zeit bei ihm genommen hat, Gewinde geschnitten, und der hat nun bei jedem Mal drehen 'nen Winkel rangehalten. Da hat der F. gesagt: „Den Normbearbeiter können wir einsparen. Die Menschen in der Apparateschlosserei sind schon alle so weit, dass sie sich ihre Normen selber machen können." War natürlich ausgesprochener Unsinn, aber damals bin ich auch so gewesen und hab gesagt. „Nee, den Kalkulator brauchen wir nicht". Weil ich ja auch normal gearbeitet habe. Außerdem hatte ich mitunter recht bescheidene Arbeitskräfte, die ihre Norm wirklich nicht erfüllen konnten. In meiner Brigade waren immer zwei, drei, wo ich wusste, die können was. Und die anderen – je nachdem. Das war denn die Intelligenz des Brigadiers, dass er jeden so einsetzte, wie er fachlich in der Lage war. Da hat sich auch kein Meister drum gekümmert.

Also der Brigadier hat das Geld, das die Brigade erarbeitet hatte, zusammengerechnet und dann auf die Kollegen nach Lohngruppen aufgeteilt. Die gutbezahlten Minuten durfte man natürlich nicht den Hilfsschlossern verrechnen. Das alles war schon recht kompliziert. Wenn ein Brigadier so sechs, acht Mann hatte, dann hat er die Hälfte seiner Arbeitszeit bloß am Tisch gestanden und gerechnet, damit jeder sein Geld kriegt. Nachher war ich schon ganz pfiffig, hab meine Zettel schon vorher sortiert. Ich hatte immer so ein paar Minuten zur Reserve, wenn ich mal bei einem was schneller machen lassen wollte. Gab ja auch keine Kontrolle, damals. Also, ich meine, ich habe mich nicht gesundgestoßen auf Kosten anderer, dadurch dass ich meine kleinen Kniffe hatte [bei der Abrechnung der Brigadeleistung]. Aber manche haben das denn doch übertrieben.

Nun gab es ja zu der Zeit auch viele Ausreden. Z. B. wenn auf dem Arbeitspapier stand: „Nach Lehre so und so anreißen", hieß es oft: „Ja, aber die Lehren sind nicht da; die haben die Russen mitgenommen, da müssen wir das mit der Hand machen, also brauchen wir einen Zuschlag." Das war damals so gang und gäbe. Manchmal

---

[8] Zeitliche Normen für einzelne Arbeitsschritte und Fertigungen wurden in Preisen angegeben.

waren das bloß Kleinigkeiten, aber mitunter waren das auch größere Artikel. Es war auch so, dass ein Teil von uns Brigadieren noch Reserven „im Kasten hatte" – wie wir das nannten. Da war z. B. eine Brigade im Schalterbau, die hatte zwei Monate lang nicht einen Schalter geliefert, doch das Geld stimmte. Eines Tages wurde ihr Brigadier krank und ein anderer übernahm die Brigade. Da musste sein Kasten aufgemacht werden, und da fanden sie denn Hunderttausende von Minuten, die er noch hätte verrechnen können.

Dann versuchte man [gegenzusteuern], indem alle Arbeitspapiere 'nen Stempel kriegten, so dass sie befristet gültig waren. Damals wurde alle zehn Tage [Leistung] abgerechnet. Da kam es wieder auf die Intelligenz des Brigadiers an, dass er immer die noch gültigen Zettel zur Abrechnung gab. Bei manchen Brigadieren kam es vor, dass Zettel gar nicht mehr auftauchten. Ja, und überhaupt, viele Arbeiten waren überhaupt nicht genormt. Und deshalb spitzte sich das dann mit dieser übermäßigen Normerfüllung zu.

Anstatt nun aber mal die Preise ernstlich zu überprüfen, nahmen sie sich bloß einzelne Arbeitsgänge heraus und machten bei ausgewählten Arbeitern Zeitaufnahmen. Der Kalkulator schaute bei einem Arbeiter zu und der hat, nachdem die Arbeit fertig war, gesagt: „So, nun muss ich mir erstmal den Schweiß abwischen." – Aber so ist es ja auch wieder nicht richtig; so kann man doch keine Norm erstellen, dass einer 'ne halbe Stunde rackert und dann kaputt ist, weil er so geschuftet hat.

Man wollte die Normen bereinigen, aber so kamen sie nicht weiter. Und dann kamen sie auf die „freiwillige Normerhöhung": „Hört mal, könnt ihr denn die Norm nicht ein bisschen freiwillig erhöhen?" In die Werkstatt kamen die Papiere mit den alten Preisen – alles in Minuten angegeben –, aber dann wurde ein Stempel draufgemacht: „Freiwillige Normerhöhung 10 Prozent". Das hat ja dem einen oder anderen gar nicht wehgetan, also wurden die Normen freiwillig erhöht. Im TRO gab es deswegen keinen großen Rabatz. Warum nicht? Na, das Geld hat ja trotzdem gestimmt. Auf die Arbeitsintensität wirkte sich das kaum aus. Und es dachte bei uns auch keiner dran, irgendwie Tumult zu machen. Vielleicht in der mechanischen Werkstatt, aber sonst ... Ich habe nie einen getroffen, der damals randaliert hätte oder so. Der eine oder andere hat wohl gesagt: „Mensch, die sind wohl dusslig geworden?! Na ja, das kriegen wir schon wieder hin!" Es hat sich aber – wie gesagt – bei keinem negativ auf den Lohn ausgewirkt, dass wir die Normen erhöht hatten. Und der größte Teil der Brigademitglieder, glaube ich, wusste auch gar nichts von der Normerhöhung. Weil es ja damals auch nicht üblich war, dass da einer vorgerechnet hat, wie viel jeder verdient. Das hat alles der Brigadier alleine ausgerechnet. Mir ist auch erst später bewusst geworden, dass man das mit der Normerhöhung damals am verkehrten Ende angefangen hat.

III. Fritz K. über die Anfänge der TAN-Arbeit

Fritz K. wurde 1926 geboren und wuchs in einer Arbeiterfamilie bei Pflegeeltern nahe Berlins auf. Die 1940 aufgenommene Lehre als Dreher konnte er nicht beenden, da er als Soldat eingezogen wurde. 1948 wurde er aus der französischen Kriegsgefangenschaft entlassen. 1949 ging er nach Berlin, um sich hier eine neue Existenz aufzubauen. Seinen Beruf als Dreher konnte er krankheitsbedingt nicht mehr ausüben. So fing er auf Vermittlung des Arbeitsamtes 1949 im TRO als Isolierer an, wurde aber bald Normer. Für sein Engagement bei der Einführung neuer Normen wurde er 1951 und 1952 als Aktivist ausgezeichnet. K. besuchte verschiedene Fortbildungslehrgänge, nahm schließlich ein Studium auf. Danach arbeitete er im TRO als Ingenieur, als wissenschaftlicher Mitarbeiter im Büro des Werkdirektors und – zum Zeitpunkt des Interviews – kurz vor dem Rentenalter erneut als Technologe in der Produktion.

Also, zuerst habe ich in der Isoliererei gearbeitet, danach als Gütekontrolleur im Großtrafobau, und dann wurde ich vom Leiter der Arbeitsnormung angesprochen, ob ich nicht dort arbeiten wolle. Er meinte: „Komm doch zu uns", und hat mir auch gleich aufgezeigt, welche Perspektive ich dort hätte. Damals sprach man ja die jungen Leute, wenn sie etwas progressiv waren – und das war man ja nun; einfach aus der Mentalität heraus – an, um sie für solche Arbeiten zu gewinnen. An Arbeitsnormern, Technologen und Meistern war ja ein großer Bedarf, weil man eben neue Kräfte wollte. Das war ja in der Industrie so ähnlich wie im Schulwesen mit den Neulehrern. Die andere Seite war ihre mangelhafte Qualifikation, aber alles auf einmal konnte man eben nicht bewältigen. Als man mich ansprach, den Arbeitsnormer zu machen, war ich 23 Jahre alt. Ich hab zugestimmt, obwohl ich in der Produktion als Gütekontrolleur und verantwortlicher Schichtleiter damals schon 600,- DM verdient habe und als Arbeitsnormer nur 400 DM bekam. Das war ja nicht so wie heute, wo man sagt: „Du behältst deinen Lohn." Nein, ich hatte ungefähr 200 Mark weniger, und das war damals nicht wenig, besonders, wenn man wie ich allein gelebt hat. Ich hab's trotzdem gemacht. Na, ich wollte eben weiterkommen und mich weiterbilden. Heute würde ich mit klarem Verstand urteilen und sagen: „Nö, Du bleibst da; hier kommst Du auch voran und hast es besser." Aber damals entschied ich mich eben anders und ging in die Arbeitsnormung.

Fachliche Anleitung bekam ich von älteren Leuten, die schon unter der REFA[9] gearbeitet hatten, und im Übrigen musste man sich eben einarbeiten. Viel geholfen hat mir der damalige Parteisekretär in TRO. Werde ich nie vergessen. Das war nicht nur ein ganz feiner Mensch, sondern ein Vorbild. War im KZ gewesen. Von Beruf war er, glaube ich, Bäcker, aber das ist ja nicht entscheidend. Er war eine Persönlichkeit,

---

[9] REFA – Verband für Arbeitsgestaltung, Betriebsorganisation und Unternehmensentwicklung. Gegründet 1924 als „Reichsausschuss für Arbeitszeitermittlung", heute eine gemeinnützige Organisation zur Entwicklung von Methoden der Arbeits- und Betriebsorganisation und der optimalen Gestaltung von Arbeitsabläufen. Sie war von Arbeitern gefürchtet wegen der Datenermittlung und Firmenberatung zwecks Arbeitsintensivierung.

der jeder Achtung entgegenbringen musste. Er scheute sich vor keiner Diskussion und war von großer Offenheit, er sagte was ist, und sagte auch mir seine Meinung. Man war ja als junger Mensch mitunter in der „Sturm-und-Drang-Periode" und hat manchmal auch daneben diskutiert. Dann rückte er das immer gerade: „Junger Freund, so geht das nicht, das sind hier alles altverdiente Arbeiter, und wenn Du jetzt kommst ...". Ja, das hat mir sehr geholfen. Aber das Entscheidende war, wie er das zu einem sagte.

Jedenfalls ging die Arbeit gut voran, ich übernahm die Verantwortung für die Arbeitsnormung in der Vormontage und in der Wickelei. Da gab es natürlich bei der Einführung neuer Normen harte Auseinandersetzungen, denn jeder wollte sein Geld behalten und glaubte, möglichst viele Reserven behalten zu müssen. Es ging also damals im Grundsatz überhaupt erst einmal darum, von der vorherrschenden Einstellung „Erst mehr essen, dann mehr arbeiten!" wegzukommen.

Nun gab es ja beim Übergang vom Stunden- zum Leistungslohn Ende der 1940er Jahre ziemlich große Vorbehalte, da viele Arbeiter den Leistungslohn mit dem kapitalistischen Akkordlohn gleichsetzten. Ja, das war eine Erfahrung, die ich gleich zu Anfang machte, da war ich noch gar nicht in der Arbeitsnormung. Es hieß: „Wir arbeiten im progressiven Leistungslohn!" Plötzlich kletterten kurzzeitig die Löhne sonst wohin, weil man eben nicht bedacht hatte, dass der geistige Überbau ja noch gar nicht da war, für das, was man wollte. Man hatte ja zu Anfang gesagt: „Wir brauchen überhaupt keine Stoppuhren; das ist REFA, und das muss alles weg; die Arbeiter machen ihre Normen alleine." Aber dann hat man doch ganz schnell wieder die Uhren hervor geholt. Wie sollten denn die Arbeiter auch so weit sein, von heute auf morgen? Bloß, weil es nun nicht mehr AEG TRO, sondern VEB TRO hieß? Jeder sagte doch erst einmal: Ich will verdienen! Man hat das mit dem progressiven Leistungslohn dann schnell wieder sein lassen und gesagt: Was wir brauchen, sind technisch begründete Arbeitsnormen, sogenannte TAN. Diese Erfahrung musste erst gesammelt werden. Dass das anders nicht ging, hat nichts mit dem einzelnen Arbeitern zu tun. Ein Teil der Arbeiter sieht ja auch heute nicht die Relationen; ihn interessiert nur sein Verdienst. Deswegen ist es ja auch nach wie vor eine Frage der Auseinandersetzung, die man führen muss, auch politisch. Und man muss sie heute noch weit mehr führen. Es geht im Grunde darum, die Arbeiter zum Mitmachen zu gewinnen, dann kommt auch was raus.

Natürlich haben auch wir nicht alle Reserven erschlossen, aber das war ja auch nicht unser Ziel. Denn wer macht das schon – um Himmelswillen! – entblößt sich bis aufs Hemd? Aber es war ein erster Schritt, ein großer Schritt vorwärts. Dass auch nach der Einführung neuer Normen immer noch Reserven sind, das wusste man. Entscheidend war, diese Sache überhaupt erstmal zu praktizieren. Man musste den Kollegen beweisen, dass sie auch nach der Einführung neuer Normen nicht weniger verdienen, zugleich aber der ganze Arbeitsablauf ein bisschen geordneter ist.

Für die Tätigkeit als Arbeitsnormer muss man natürlich Voraussetzungen mitbringen, Voraussetzungen, die zu jeder Leitungstätigkeit gehören. Zum einen muss man eine gewisse Kontaktfreudigkeit haben, muss sich über alles Mögliche unterhalten können, muss auch eingehen auf das, was der Kollege gerade erzählt, und wenn's eben sein Garten oder seine Kaninchenzucht ist. Also, ein bestimmtes pädagogisches Wissen muss man sich schon erarbeiten, sonst scheitert man sehr schnell. Und zum anderen braucht man eine entsprechende Kenntnis der jeweiligen Arbeit, also fachliche Kenntnisse. Es ist notwendig, dass man selbst in die jeweilige Arbeit, für die man eine Norm erstellen soll, gewissermaßen reinriecht, so dass man sie geistig ablaufen lassen kann, sie in ihre Teile zerlegen und deren Wiederholbarkeit erkennen kann. Das war ein Gesichtspunkt, den ich von meinen älteren Kollegen aus der Arbeitsnormung mitbekommen habe. Es geht eben darum, Arbeitszeiten nicht schlechthin aufzunehmen, sich also mit der Uhr hinzustellen und die Zeit zu stoppen, sondern den ganzen Arbeitsablauf zu analysieren, ihn in seine Griffelemente aufzuteilen, wodurch man sie vergleichen kann. Nur so kann man nachweisen, wenn jemand bei Zeitaufnahmen Leistung zurückhält. Nur so kann man auch einem Kollegen, der über die Zeiten jammert, nachweisen, dass er nicht die Wahrheit spricht. Man hat die Fakten und kann sagen: „Also, was ist? Willst Du das nun anerkennen, oder wollen wir hier eine ganz große Versammlung machen, wo wir ganz offen diskutieren? Dann wollen wir doch mal sehen …".

Ja, es ging oft hart her, wenn über die Normen diskutiert wurde. Und wenn es gar nicht anders ging, wurden auch mal die Löhne und die Normerfüllung zu Rate gezogen, und dann haben wir gesagt: „Na, liebe Freunde, was wollt ihr denn noch; wo soll das denn hingehen? Guckt euch das doch mal an!" Und manchmal war das auch ein Handel – ich will das gar nicht leugnen, aber ein Handel, um zu neuen Normen zu kommen. Man musste die Normenarbeit ja immer zusammen mit den Kollegen machen, nur so kam letztlich was bei raus. Ein Gegeneinander hat eher bewirkt, dass abgeblockt wurde; das brachte nicht den Erfolg.

Natürlich gehörte immer die gesellschaftliche Diskussion dazu, aber man konnte nicht nur politisch argumentieren. Es gab ja mal eine Zeit, da wollte man das Fachliche und Politische voneinander trennen. Ein Kollege sollte nur den politischen Teil der Normenfrage behandeln, und wir Arbeitsnormer machten dann bloß noch den fachlichen Teil. Das hat man aber gleich wieder sein lassen. Man kann nicht mit den Kollegen politisch über die Normenfrage diskutieren, wenn man gar nicht weiß, um was es inhaltlich geht. Den haben sie gar nicht ernst genommen. Aber solche Erfahrungen musste man erst sammeln.

Im [Strom]Wandlerbau war die Normenarbeit nicht so schwierig wie in der Wickelei. Es gab nämlich in der Vormontage sehr progressive Kollegen, mit denen haben wir das Ganze gemeinsam zu einem guten Ergebnis geführt. Ganz anders sah es dagegen in der Wickelei aus. Die Wickelei, speziell die Isoliererei, wurde mir übergeben, nachdem sich im Wandlerbau dieser durchschlagende Erfolg – diese Brigade wurde ja auch als die beste Brigade Berlins ausgezeichnet – in wirklich kollektiver Zusammenarbeit ergeben hatte. In der Wickelei jedoch bestanden große Vorbehalte gegen die Normenarbeit. Es war auch kein Genosse da, es war überhaupt keiner da, der irgendwie Willen gezeigt hätte, mitzumachen. Man hatte mir gesagt: „Da kommst Du nicht durch, bei denen haben das schon so viele versucht." Die in der Wickelei waren ganz verknöchert; nicht die Leute, aber ihr alter Schieber[10], der war von vornherein dagegen. Und deshalb habe ich, als ich dorthin kam, auch keine Unterstützung gehabt. Die sagten: „Also, bei uns nicht! Da spielt sich gar nichts ab!" Und weil es diese geschlossene Wand gab, war meine Arbeit dort auch ungleich schwerer als im Wandlerbau.

Zu dieser Zeit war gerade die Regelung eingeführt worden, dass die Operativtechnologen oder Arbeitsnormer in der Werkstatt ihren Arbeitsplatz haben. Da saß ich also unten beim Meister. Das war Frau Linke. Sie war ja eine sehr gute Arbeiterin, die alles kannte, was Wickeltechnik für kleine Spulen anging (vom Isolieren verstand sie weniger). Aber sie hatte natürlich – das war damals so – bei Weitem nicht das Sagen bei den Männern. Da saß ich nun, und sie konnte mir nicht helfen, obwohl sie es gerne getan hätte. Aber eine Kollision „Meisterin gegen alle anderen" hätte ja auch nichts gebracht. So musste ich erst nach und nach das Vertrauen der Kollegen gewinnen. Ich hab zwar gleich zu Anfang einige gefunden, die mir wohlwollend die Hand gaben, aber Normen wollten die auch nicht.

Also habe ich erstmal ein paar Tage nur zugeguckt. Natürlich kam: „Was steht denn der hier schon wieder rum?" Ja, ich stand dort ohne Uhr, hab erstmal den Arbeitsablauf studiert und habe mir Unterlagen geschaffen: Was wird hier alles isoliert, welche Abmessungen kommen bei welchen Geräten vor usw.? Habe also die gesamten Arbeiten, die dort anfielen, auf ein Tableau gezeichnet, Messpunkte bestimmt, die Arbeitsabläufe unterteilt. So drei bis vier Wochen lang. Und dann bin ich zu einigen Leuten gegangen und hab mich mit ihnen unterhalten: „Guck mal, das ist doch das gleiche, wie das, und dieser Arbeitsgang doch auch, dann kann man das ja auch so machen, nicht wahr? Und können wir denn nicht bestimmte Dinge günstiger gestalten, dass Du Dich gar nicht mehr quälen musst?" Sie merkten, dass ich über ihre Arbeit Bescheid wusste, zumal ich ja dort auch als Isolierer gearbeitet hatte. Es gab auch Misstrauen: „Ja, früher hast Du hier gearbeitet, und jetzt kommst Du zu uns und willst [uns Druck machen]." Also musste ich dieses Misstrauen abbauen, und das konnte ich eben dadurch, dass ich bestimmte organisatorische Änderungen vorschlug, und indem ich immer wieder gesagt habe: „Ich geb Euch Brief und Siegel, es kommt nicht infrage, dass jemand weniger verdient; am Verdienst soll überhaupt nicht gedreht werden, das ist nicht Sinn der Sache, sondern wir wollen die Reserven finden, die Totzeiten und alles das, was ihr immer noch im Kasten habt, weil ihr das so gewöhnt seid von früher her; wir wollen uns also gemeinsam darüber unterhalten, wie wir höhere Arbeitsproduktivität erreichen können, denn ohne eine höhere Arbeitsproduktivität kommen wir nicht weiter. Also wie machen wir das nun gemeinsam? Was sagst Du dazu?" – Sagte der: „Ich hab überhaupt keine Reserven", während ein anderer meinte: „Na ja, das ist so 'ne Sache …". Und ich dann wieder: „Na ja, gut, es will Dir ja keiner an den Lohn; geh doch mal davon aus. Wenn Du krank-

---

[10] Umgangssprachlich für Vorarbeiter.

geschrieben bist, dann kriegst Du ja auch Dein Geld weiter. Wo hast Du denn mal weniger verdient? Bitteschön, frag die Leute aus dem Wandlerbau, ob die jetzt weniger Lohn verdienen. Das kann ich Dir zeigen, die verdienen nicht weniger."

Und nach und nach sahen es dann manche ein; zuerst die Kollegen, die schon aufgeschlossener der neuen Politik gegenüberstanden, die zwar auch ihr Geld behalten wollten, dann aber doch einsahen, dass sie auch bei neuen Normen gut verdienen können. Und so wurde die Gruppe der Kollegen, die Veränderungen wollten und bewusst mitarbeiteten, immer größer, und zuletzt gab es keine ernsthaften Widerstände mehr.

Misstrauen abbauen ging zunächst in Einzelgesprächen. Nun hat man in der Isoliererei einen großen Vorteil in Bezug auf die Arbeit selbst: Hier ist die Unterteilung der Arbeit in einzelne Elemente weit weniger schwierig als in der Montage, und durch diese Unterteilung der Arbeitsgänge in einzelne Griffelemente usw. konnte man dann auch nachweisen, wenn etwas nicht in Ordnung war. Zu einem Kollegen sagte ich – ich hatte ja alles sauber aufgezeichnet und systematisiert: „Sieh mal, das ist 'ne alte Norm und das auch; die stimmen doch schon gar nicht mehr, wenn Du Dir das überlegst. Das hat irgendeiner irgendwann mal festgelegt, aber das stimmt doch gar nicht. Guck doch mal, was Du hier zu tun hast, und was Du da zu tun hast." – „Ja", sagte der, „jetzt müsste ich aber da ooch mehr kriegen." – „Ne", sagte ich, „wem willst Du das denn zeigen? Das geht doch nicht, guck dir das doch an, und das willst Du vertreten? Na, Mensch, Du bist doch nicht so dumm, das weiß ich doch!" So haben wir erst 'ne ganze Weile miteinander gearbeitet, um überhaupt eine Grundlage zu schaffen. Man musste sich auch einen Überblick auch über die das Lohngefüge verschaffen.

Nun hat man ja als Arbeitsnormer auch noch eine andere Funktion als die, mit der Stoppuhr die Zeiten zu ermitteln. Es gab immer wieder auch Nachforderungen seitens der Kollegen, und denen hat man zugestimmt oder sie auch abgelehnt. Dadurch gewöhnten sich die Leute an einen, und nach und nach fassten sie Vertrauen, sodass dann auch bald Einzelne aus der Brigade mit ihren Klagen kamen. Da beschwerten sie sich dann über ihren Schieber: „Weeßte, der macht ja alles alleene, das ist nicht in Ordnung. Mir hat er so viel geschrieben und dem so viel." Das war noch so 'n alter Kolonnenschieber, der sich überhaupt nicht reingucken ließ in seine Abrechnung. Das passte den Arbeitern auch nicht. Da damals gerade Brigaden eingeführt wurden, wurde hier und da auch offen über diese Dinge gesprochen. Aber in der Wickelei herrschte noch der alte Kolonnengeist, obwohl sie ja auf dem Papier auch eine Brigade waren. Und die Arbeiter beschwerten sich bei mir über den Schieber. Oder sie sagten: „Guck mal, die kriegt für das bisschen so viel, und von mir willst Du was haben und willst hier 'ne Norm machen. Guck doch erstmal, was die da verdient." „Gut", sagte ich, „dann gucken wir mal bei der, was die verdient." – So hat man erstmal überall die Meinungen zu hören bekommen. Ich durfte das natürlich nicht weitererzählen und den Einen gegen den Anderen ausspielen, sonst wäre ich untendurch gewesen; sie merkten, dem kannst Du was erzählen, der sagt nicht alles gleich weiter.

– Und bei Gelegenheit hat man, wenn sie mal alle beisammen waren, das angesprochen: „Nun seht doch mal, wenn ich mir das [Entlohnungsverhältnis] hier betrachte: Das gibt's dafür und das dafür. Ist doch kein Verhältnis, nicht wahr?" Da mussten sie mir zustimmen: „Ja, das ist wirklich nicht in Ordnung." Das musste sogar der Schieber zugeben. So kam die Sache langsam in Bewegung.

Die Kunst bestand darin, die Mehrheit der Kollegen für die neuen Normen zu gewinnen. Wenn das geschafft war, dann rollte der Zug, und nachher wollte keiner mehr den Zug verpassen. Dann hat man nur noch mit der Uhr die Zeiten aufgenommen und hat sie natürlich nachher entsprechend ausgewertet in der Brigade.

Ich merke natürlich auch, dass sich Einzelne mit ihrer Leistung zurückhielten. Aber wenn man den Arbeitsprozess vorher analysiert hat, dann kann man schon beweisen, dass die Zeit nicht stimmen kann, und dieser Logik muss auch ein Kollege, der erst nicht zustimmte, schließlich folgen. Und manchmal hat man gesagt: „Nun guck Dir das doch mal an: Das hat der gemacht und das Du. Wie kommt denn das?!" – „Ja ..." – „Komm, hör doch auf, wir wollen das doch nicht im Großen diskutieren, und mit dem Meister schon gar nicht. Das machen wir unter uns aus. Also den Punkt streiche ich, biste einverstanden?" – „Na ja, gut." So sind hat man das geklärt. Allerdings, nur mit Reden geht so was nicht. Man musste das immer beweisen können.

Ich hab mir zuerst immer die Leute genommen, wo der Kontakt am besten war. Zu einem solchen Kollegen hab ich gesagt: „Komm, Mensch, willst Du denn nicht mal den Anfang machen?" Ich hab zuerst die zu gewinnen versucht, die etwas ... na, progressiv nicht, aber eben empfänglich waren. Mit denen habe ich angefangen. Damals musste man ja sowieso wie die Engländer im Großen rangehen: „Teile und herrsche!" Teile, ja, jeden Teil erstmal für sich, und das strahlt aus. Das Herrschen fällt hier ja weg.

Man konnte ja nur die ansprechen, die nicht schon von vornherein, wie der alte Schieber, gesagt haben: „Ich brauche keine neuen Normen. Ihr könnt mich mal. Mich interessiert Euer Sozialismus überhaupt nicht." Und wenn ich dann bei einigen den Anfang gemacht hatte, dann ging das auch. Zuletzt die, die größte Vorbehalte hatten. Man musste ja möglichst viele erfassen und auch von vielen bestimmte Messpunkte ermitteln, den einen Arbeitsgang von vier fünf verschiedenen Leuten machen lassen, um aus unterschiedlichen Messungen den Mittelwert herauszufinden. Nachdem alle Zeiten aufgenommen waren, habe ich 14 Tage oder drei Wochen nur gesessen und die Auswertung gemacht. Und als die fertig war, haben wir sie dann unten in der Werkstatt durchgesprochen. Weil man nun die Zeiten der verschiedenen Kollegen aufgezeichnet hatte, konnte man auch sagen: „Seht mal, das sind sämtliche Punkte, und jetzt nehmen wir hier das Mittel. Das ist die neue Norm, würde ich sagen. Was sagt ihr dazu?" – Das hat sie überzeugt. Anders ging das nicht. Nur so haben sie gemerkt: „Halt, ohne uns passiert ja nichts." Und dann haben wir auch immer wieder in den Vordergrund gestellt: Die Kollegen haben die neuen Normen erarbeitet. Sie sollten auch sehen: Jawohl, das wird anerkannt. Dann wurde die Brigade auch noch ausgezeichnet. Damals waren die Kollegen ja noch empfänglicher für Auszeichnungen, auch moralischer Art. Und es war einfach notwendig, den Hauptverdienst an dieser Entwicklung auf die Kollektive zu beziehen. Das Kollektiv hat neue Normen anerkannt und führt sie ein und arbeitet danach. So sahen die Kollegen, es geht hier nicht darum, dass sich ein Einzelner ganz gewaltig nach oben schleudert, sondern es geht einmal um die Sache und zum anderen auch um die Anerkennung des Kollektivs. Als sie lobend hervorgehoben wurden, waren alle sehr stolz, zumal sie ja weiter das Geld verdienten, was sie vorher hatten, denn da waren ja noch Reserven drin – gerade in der Wickelei.

Heute würde man zur Normierung ingenieurmäßig ausgebildete Kader nehmen, aber die hatte man damals nicht. Und die alten REFA-Leute...[11] Da war ein Älterer, der zwar eine bessere Ausbildung hatte, jedoch immer wieder Schwierigkeiten mit dem Kollegen aus der Werkstatt bekam. Er war auch nicht etwa gegen die Gesellschaftsordnung hier, aber er hatte doch immer Not, weil er den alten Anzug nicht abstreifen konnte. Da hat man uns Junge, wenn wir mit offenem Visier kämpften, doch eher respektiert. Natürlich gab es auch Schwierigkeiten und harte Auseinandersetzungen. Aber da alle aus dem Krieg gekommen waren und was mitgemacht hatten, war doch etwas hängen geblieben an Erfahrung, so dass jeder erstmal gesagt hat: „Nur das nicht mehr!", und darauf konnte man sich einigen und sagen: „Ja, also wenn wir das nicht mehr wiederhaben wollen, dann müssen wir uns aber auch irgendwie bekennen." In manchen Köpfen spukten noch lange Sprüche rum wie: „Akkord ist Mord" und „Arbeitsnormer sind Lohndrücker". Aber das waren meistens auch die Leute, die immer einen großen Bückling machten, wenn jemand von der Technologie oder aus der Arbeitsnormung kam. Also auf der einen Seite schimpften, und auf der anderen Seite dienern. Das waren sie so gewöhnt, denn die Normeningenieure früher haben die Normen einfach festgelegt, und wenn's nicht im Guten ging, dann haben sie sie eben rechnerisch festgelegt. Wir haben dagegen versucht, mit den Arbeitern zusammenzuarbeiten, und da ist das Gefühl, als Lohndrücker zu wirken, gar nicht aufgetreten. Ich hatte nicht das Gefühl, den Kollegen in den Rücken zu fallen. Natürlich sind auch mir gegenüber solche Worte wie „Halsabschneider" gefallen. Aber ich muss sagen, später waren das meine besten Freunde.

IV. Wolfgang S. über seine Tätigkeit als Normer
1953 bis Anfang der 1960er Jahre

Wolfgang S. wurde 1923 geboren. Seine Eltern waren KPD-Mitglieder, er selbst trat 1930 der Kinderorganisation der KPD bei. Er war in der Schule als einziger Junge seiner Klasse nicht in der Hitlerjugend organisiert. Seine Lehre als Mechaniker beendete er während des Zweiten Weltkrieges. Danach besuchte er eine Ingenieur-Abendschule, die er jedoch nicht abschließen konnte, da er zur Wehrmacht eingezogen wurde. Nach der Entlassung aus der Kriegsgefangenschaft im Herbst 1945

---

[11] Siehe Anm. 9.

trat er sofort der KPD bei und beteiligte sich aktiv am politischen Leben in Ostdeutschland. Er war Mitbegründer der Antifa-Jugend seines Heimatortes und übte in der KPD/SED verschiedene Funktionen aus. Außerdem nutzte er diverse Möglichkeiten der politischen Bildung. S. ging zur Volkspolizei und hatte in ihr auch politische Ämter inne. Im März 1953 wechselte er auf eigenen Wunsch ins TRO, um in seinem ursprünglichen Beruf arbeiten zu können. Hier sah man ihn sofort für eine Leitungstätigkeit auf dem Gebiet der Arbeitsnormung oder Technologie vor, doch ließ er sich erst einmal als Fräser einstellen, um seine praktischen Kenntnisse aufzufrischen. Am 18. Juni 1953, unmittelbar nach dem DDR-weiten Aufstand, der auf Unzufriedenheit unter Arbeitern mit der Normierung und Leistungsentlohnung beruhte, wurde er als Arbeitsnormer im TRO eingesetzt. Seit 1954 leitete er die Abteilung Arbeitsnormung. 1964 wurde er – nach entsprechenden Qualifizierungen – Leiter der Hauptabteilung Arbeit. Anfang der 1970er Jahre wechselte er in die hauptamtliche politische Arbeit und fungierte viele Jahre als Sekretär der SED-Betriebsparteiorganisation.

Ich bin am 1. März 1953 im TRO eingestellt worden. Man machte mir das Angebot, mich entweder in der Technologie oder in der Arbeitsnormung zu beschäftigen. Meine Bedenken, dass ich von beidem keine Ahnung hätte, zerstreuten die Genossen: „Du hast ja selbst darum gebeten, erstmal praktisch zu arbeiten; gut, so wirst du wieder das Gefühl für die Arbeit bekommen, und das andere kann man lernen. Es gibt hier im Betrieb sogar einen Lehrgang, der nicht nur für Arbeitsnormer eingerichtet ist, sondern an dem sich auch Brigadiere und Facharbeiter beteiligen können. An dem nimmst du teil." Dann drückte mir der damalige Arbeitsdirektor auch gleich noch so ein sowjetisches Werk über die technische Arbeitsnormung von Lyslow[12] in die Hand mit dem Kommentar: „Das kannst du lesen, auch wenn du jetzt Schicht arbeitest. Da lernst du erstmal kennen, um was es geht. Wir orientieren uns natürlich voll auf die sowjetischen Erfahrungen, denn alles das, was aus der kapitalistischen Zeit hier in Deutschland vorhanden ist, nützt uns nichts mehr. Das waren ja Akkordmethoden, die von den sogenannten REFA-Ingenieuren erarbeitet worden waren. Mit denen wirst du zwar noch zusammenarbeiten müssen, weil wir auf ihre Erfahrungen und ihr Fachwissen nicht verzichten können, aber wir müssen aus ihnen Normeningenieure im sozialistischen Sinne machen."

Damit war meine Perspektive vorgegeben. Ich selber stand dem damals noch mit sehr gemischten Gefühlen gegenüber, weil ich mir eigentlich nicht so richtig vorstellen konnte, wie das vor sich gehen sollte – Normierung. Zunächst einmal begann ich in der mechanischen Werkstatt als Universalfräser. Allerdings auch nur einige Wochen, bis zum 18. Juni 1953. Dann musste ich schon in die Abteilung Arbeitsnormung wechseln, und ab 1954 leitete ich die Abteilung. Das ging sehr, sehr schnell.

In der mechanischen Werkstatt war ich für die Kollegen einfach ein junger Kollege, der keine Ahnung hatte. Das haben sie sehr schnell gemerkt, zumal ich ja an solchen großen Maschinen vorher noch nie gearbeitet hatte. Im letzten Jahr meiner

---

[12] *B. M. Lyslow:* Grundfragen der technischen Normung. Berlin 1952, 171.

Lehrzeit war ich im Vorrichtungsbau tätig gewesen, aber da gab es ja nicht solche Riesenbrocken. Ich musste mich an die großen Maschinen erst gewöhnen. Ich habe also die Hilfe der älteren Kollegen gebraucht. Und die haben sie mir auch gegeben, was die Bearbeitung der Werkstücke anbelangt. Die haben sie mir nicht gegeben, was Kniffe und Handwerkszeug angeht. Das war damals doch noch so: Die alten Hasen wollten natürlich sehen: Wie stellt der sich denn so an? Nun, sie haben uns Junge nicht verrauchen lassen – auf gut Deutsch gesagt. Wenn wir irgendwas verkehrt gemacht haben, sagte der Kollege vielleicht: „Na, das kannst du so nicht machen! Das fliegt dir doch um die Ohren!" Mehr hat er nicht gesagt, aber allein das reichte ja schon, dass man überlegt hat: Das geht ja wirklich nicht; du brauchst ja noch Spannschrauben. – „Spannschrauben? Na, die musst du dir machen", sagte der Kollege dann und ging weg. Also musste ich mir eben Spannschrauben suchen oder erst mühsam zurechtfeilen und zurechtfräsen, obwohl sie die alle, wie ich dann gesehen habe, in ihren Kästen hatten. Dieses Verhalten entsprach damals noch völlig ihrer Lebenserfahrung vom Kapitalismus her. Alles, was du besser hast oder kannst als der andere, das behalte schön für dich; denn wenn irgendwo und irgendwann mal welche rausgeschmissen werden, dann werden immer die Schwächeren rausgeschmissen, und wenn du nun alles hast, dann bist du der Bessere und bleibst. Das waren noch alles Lebensmaximen von früher. Die haben sie doch nicht von heute auf morgen ablegen können. Von 1945 bis 1953, das war ja keine lange Zeit. Es dauert viel länger, bis sowas aus den Köpfen raus ist.

Es gab natürlich zwischen mir und den Kollegen ein paar Reibepunkte sicherlich auch dadurch, dass in den Pausen diskutiert wurde und dabei auch die hanebüchensten politischen Dinge erzählt wurden. Da sagte ich dann schon am ersten oder zweiten Tag: „Nun rede doch nicht so 'n Unsinn, Mensch. Denk doch erstmal drüber nach." – „Wieso? Was bist denn du für einer?", meinte der dann. – „Was ich für einer bin? Ein ganz Normaler. Das siehst du doch, dass ich hier Fräser bin." – „Bist du etwa in der SED?! – „Ja."

Und da haben sie sicherlich erstmal nicht verstanden, dass man sich nach dieser Politik [in Nationalsozialismus und Krieg] nun gleich wieder ins politische Abenteuer stürzt; das war denen unbegreiflich. Man hat schon gespürt, dass da eine gewisse Distanz war. Wenn ich vielleicht mit ihnen zusammen rumgeschimpft hätte auf alles Mögliche, dann hätte ich's sicher leichter gehabt, wobei ich auch nicht alles gutgeheißen habe. Ich hatte zum Beispiel mal einen großen Streit mit dem Abteilungsleiter, weil der sich meiner Ansicht nach viel zu wenig gekümmert hat. Da hab ich denn eines Tages zu ihm gesagt: „Pass mal auf, warum bist du überhaupt hier, Mensch? Das Geld für dich können wir uns doch sparen. Statt dass du das hier organisierst, muss jeder alleine pfriemeln." – „Was bist du denn für 'n Grünschnabel, was wagst du dir hier!?", fuhr der mich an. Aber meine Kollegen haben das irgendwie honoriert, dass ich dem da ans Schienenbein getreten bin und gefordert habe, er soll seiner Funktion als Abteilungsleiter entsprechend auftreten und arbeiten. Sowas zu sagen hätten sie sich selber nicht getraut, weil sie Angst hatten. Sie fürchteten, dass sie vielleicht nicht mehr die [guten] Arbeiten kriegen würden.

Es gab ja Arbeiten, da konnte man sein Geld im Schlaf verdienen – auf gut Deutsch gesagt. Da hast du von vier Stunden vielleicht zwei gearbeitet und hast deine Norm [trotzdem] dicke übererfüllt. Und es gab Arbeiten, da hast du acht Stunden mit der Nase an der Maschine geklebt und bist nicht auf deine Norm gekommen. Deshalb habe ich mir dann später, als ich in der Abteilung Arbeitsnormung tätig war, die persönliche Aufgabe gestellt, diese Situation zu bereinigen.

Die Ereignisse des 17. Juni 1953 kamen für mich eigentlich ein bisschen überraschend, vor allen Dingen, weil ich nicht wusste, was auf den Baustellen geschehen war. Ich hatte lediglich für nicht richtig empfunden, dass man für die Gewerbetreibenden die Lebensmittelkarten abgeschafft hatte. [...] Ich habe die Situation am Anfang auch nicht verstanden und habe eigentlich erst 'ne richtige Position gehabt, als am Werktor vorne die ersten Ohrfeigen ausgeteilt wurden. Da kam nämlich ein riesiger Demonstrationszug vom Kabelwerk Oberspree (KWO) hier durch die Wilhelminenhofstraße gezogen, und einige von denen stürmten dann auch – wir hatten unsere beiden Tore vorn zugemacht – ein Tor. Und von diesen Typen, die offensichtlich keine KWO-Arbeiter waren, was man schon an ihrem Äußeren erkannte, wurden nun unsere [SED]Agitatoren, die natürlich sofort [am 17. Juni] dort eingesetzt worden waren, geohrfeigt. Da habe ich mir gesagt: Was ist denn das? Das hat doch mit Empörung überhaupt nichts zu tun!

Von der Tragweite war erstmal noch gar nichts zu spüren, hier im Betrieb. Überhaupt nicht. Es wurden bloß immer weniger, immer mehr Arbeiter gingen nach Hause. Ich habe gefragt: „Warum gehst du denn nach Hause? Es gibt doch gar keinen Grund." – „Na, die hören doch alle auf!" – „Wenn alle ins Wasser springen, dann springst du doch auch nicht mit. Wieso jetzt eigentlich?" – „Na ja, in der Stadt ist was los."

Nun hatte sich ja die Partei auch sofort gemeldet und die Genossen eingeteilt. Ich musste mich am Nachmittag aber doch abmelden [vom Einsatz], weil meine Frau und ich nicht wussten, was mit den Kindern war. Da bin ich von hier bis nach Hause im Prenzlauer Berg gelaufen, und unterwegs erlebte ich natürlich Einiges. Da erst wurde mir die Sache klar, und dann hat man ja auch aus dem Radio das Entsprechende mitgekriegt. Am nächsten Morgen habe ich Stein und Bein geflucht, denn ich kam nur auf abenteuerliche Weise bis Oberschöneweide. Es fuhr ja nichts. Ich fuhr schließlich mit 'nem Dampfzug und war erst vormittags hier im Werk. War alles blöd. Der Erkenntnisprozess setzte also bei mir mit dem Erstauntsein ein: Was ist denn hier eigentlich los, sind die alle verrückt, was sind denn das für Typen, die hier deine Genossen schlagen? [...]

Ich muss aber sagen, dass im TRO ein bestimmter Kern [an Beschäftigten] im Wesentlichen seine Aufgabe wahrgenommen hat; der hat gestanden! Es hat hier keine Sabotageakte gegeben, wie in manchen anderen Betrieben. Einige Genossen sind auch schon in der Nacht vom 17. zum 18. Juni im Werk geblieben und haben

Wache gestanden. Auch im Stadtbezirk [Oberschöneweide[13]] hat sich nichts weiter abgespielt.

[Der SED-Aufruf zur der freiwilligen Normerhöhung vom Frühjahr 1953] hatte bei uns keinerlei Empörung hervorgerufen. Als die paar Leute von der Demonstration in unser Werk eindrangen, brüllten einige: „Weg mit den Arbeitsnormen und dem Akkord!" Die absoluten Stimmungsmacher – davon bin ich überzeugt – waren jedoch keine KWO-Arbeiter. Und unser Betrieb hat ja am nächsten Tag auch schon wieder gearbeitet, wenngleich mit sehr verminderter Arbeiter- und Angestelltenzahl.

Die Ereignisse waren der eigentliche Grund dafür, dass ich meine Fräserei aufgeben musste. In der Abteilung, wo ich dann als Arbeitsnormer eingesetzt wurde, war nämlich ein Westberliner Kollege als Normer tätig, als Technologe und Arbeitsnormer. Der kam am 18. Juni aber nicht rüber. Der Arbeitsdirektor wies mich an, in dieser Abteilung den Arbeitsnormer zu machen. Der Meister empfing mich mit den Worten. „Was willst du denn hier?" – „Ich soll hier den Arbeitsnormer machen." – „Na ja, gut, aber wo ist denn der alte?" – „Weiß ich nicht, der kann wahrscheinlich nicht kommen." Dann hat er mir den Schreibtisch des Kollegen aufgeschlossen, und ich konnte mich dort einrichten.

Ich zog erst einmal los und unterhielt mich mit den Kollegen der Abteilung. Die haben geguckt. „Was wollen Sie denn hier?" – „Den Kollegen Sowieso ersetzen." – „Ach, du lieber Gott, noch so'n Blutsauger!" – „Was heißt hier Blutsauger?! Habe ich Ihnen schon was getan?" – „Na, so weit käme es noch. Wir sollen wohl wieder auf die Straße gehen?!" ... Also wir haben sofort diskutiert. Manche sagten auch, lass den doch quatschen, und gingen weg. Andere hatten Gegenargumente. „Was ist denn nun mit den Lebensmittelkarten?" Daraufhin meinte ich: „Das ist nicht in Ordnung." – „Ja, aber Sie sind doch in der SED!" – „Ja, aber ich habe den Beschluss nicht gefasst, und ich muss auch nicht unbedingt dafür sein, wenn ich der Meinung bin, dass er falsch ist." Jedenfalls bildete sich in der Abteilung sehr schnell eine kleine Gruppe, mit der man reden konnte, ohne dass man sofort einer Meinung war. Die haben erstmal akzeptiert, dass einer von der SED sagte, das mit den Lebensmittelkarten war nicht in Ordnung.

Das ist ja immer so bei den Menschen: Schlecht [angesehen] ist immer der, der alles gutheißt oder zudeckt. Das habe ich nicht gemacht. Vielleicht haben sie mich akzeptiert, weil ich ja – obwohl ich ein bisschen politisch „vorbelastet" war – genauso wie alle im Krieg mitmarschiert war. Ich konnte mir gut vorstellen, wenn ich schon auf viele Dinge der Faschisten hereingefallen bin oder keinen Ausweg bzw. keine Antwort wusste, wie sollte die dann einer haben, der in seiner Kindheit und Jugendzeit überhaupt keine Gelegenheit hatte, mit Politik in Berührung zu kommen oder eben nur mit der falschen Politik.

---

[13] Der Forschung sind Marschzüge aus Schöneweide und Köpenick in Richtung Berliner Zentrum bekannt.

So wurde ich also Arbeitsnormer. Ich habe eigentlich Sorge gehabt vor diesem Berg an Arbeit, um aus den Gehirnen der ganz normalen Menschen das ganze falsche Gedankengut herauszubekommen. Und deshalb habe ich auch später, als ich Leiter der Abteilung Arbeitsnormung geworden war, sehr viel Zeit aufgewendet und jede Gelegenheit genutzt, mich mit den alten Fachleuten auf dem Gebiet der Ausarbeitung der Normen zu beraten. Schließlich sind wir dann eine recht gute Mannschaft geworden.

Das ging nachher eigentlich recht gut, bis auf Ausnahmen. Dann gab's zum Beispiel den Franz L., ein hervorragender Fachmann der Arbeitsnormung. Der kam aber mit den Arbeitern nicht zurecht, weil die in ihm natürlich nicht den Arbeitsnormer gesehen haben, sondern nur den REFA-Mann. Und noch so große Erklärungen wie: „Der handelt ja heute in einem ganz anderen Sinn!", nützten nichts. Die haben sie weggewischt. Es war außerordentlich kompliziert für ihn, mit den Arbeitern zusammenzuarbeiten. Deshalb haben wir ihn dann auch in die Technologie rübergegeben. Dort hatte er zwar auch mit Arbeitszeiten zu tun, konnte aber sagen: „Die habe ich nicht ausgearbeitet, bitteschön." Ich glaube, der Franz war nicht unfroh, als er das Rentenalter endlich erreicht hatte und ausscheiden konnte, denn mit diesem Zwiespalt wurde er sehr schlecht fertig.

Oder der Kollege S. – auch ein guter Fachmann. Sein Fehler – in Gänsefüßchen – bestand darin, dass er nicht verstanden hat, vielleicht zuerst auch nicht verstehen konnte, dass man jetzt nicht die gleichen Anforderungen an die Arbeiter wie vor dem Krieg stellen konnte. Denn nach dem Krieg waren doch viele Leute neu in die Industrie gekommen, die vorher noch nie in der Industrie gearbeitet hatten. Dennoch stellte er die gleichen Anforderungen an sie. Und wenn sich solch ein Kollege bei ihm über eine Zeitnorm beschwerte, sagte er: „Also, dann geh mal beiseite; ich mach dir das vor." Aber dieses Vormachen nützt ja nichts, wenn der andere noch nie in dieser Industrie gearbeitet hat. Dieser Kollege Normer musste begreifen, dass Normen nicht sofort als [allgemein] verbindlich rausgehen können, sondern vorher nochmals überprüft werden müssen. Denn eine „technisch begründete Arbeitsnorm" unterschied sich damals – ich will's mal ganz einfach sagen – allein schon aus politischen Gründen von einer technischen Norm, die nur abstrakt [ermittelt wurde]. Ich muss ja von den konkreten Gegebenheiten [im Betrieb und am Arbeitsplatz] ausgehen. Nebensächlichkeiten oder scheinbare Nebensächlichkeiten konnten die Normerfüllung sehr beeinflussen, z. B. wenn das passende Werkzeug fehlte, weil es davon nicht genügend gab. Es geht ja nicht, dass der Arbeiter nur die Zeit zugebilligt kriegt, die er brauchen würde, wenn alles optimal ist. In einem solchen Fall muss ich mich als Normer unter Umständen an den Arbeitsplatz begeben und mit dem Kollegen sprechen, möglichst im guten Einvernehmen: „Pass mal auf, du könntest hierfür eigentlich nur so und so viel Zeit [zugebilligt] bekommen, aber ich weiß, dass du das und das nicht hast, sondern mühselig zu suchen anfängst. Also da muss ich dir diese Zeit irgendwie bezahlen. Das ist zwar schade für die Entwicklung unseres jungen Staates, aber es hilft alles nichts. Und nun kann ich dich eigentlich nur bitten, und ich appelliere an dich: Nutze das nicht noch aus!"

Denn die andere Seite war ja natürlich, dass das viele Arbeiter – genau so, wie sie im Kapitalismus geschult waren – die [missliche] Lage [im Betrieb] ausnutzten. Und so ist das bis zum heutigen Tag, es hat sich an der Grundhaltung [der Arbeiter] in dieser Beziehung eigentlich nichts geändert. Ursprünglich war das sogar noch viel, viel schlimmer. Für viele war der Normer der Halsabschneider, der den Arbeitern – eben jetzt im Auftrage der SED – an den Kragen wollte.

In den ersten Jahren nach Kriegsende war die Normenarbeit sehr kompliziert. Es gab damals bei einer größeren Zahl der Arbeiter die Vorstellung: Jeder hält sich solange an einem Teil fest, solange er möchte. Dass so keiner existieren kann, das hat sich erstmal keiner überlegt. Und als dann Hennecke[14] da unten in Sachsen anfing zu zeigen, was möglich ist, da hieß es: Das ist ein Verräter an der Arbeiterklasse! Was mit ihm geschehen ist, wissen wir ja: dass sie ihm die Fenster eingeschmissen haben, und wie er Spießruten gelaufen ist bei seinen eigenen Kumpels. Und erst hunderte Kilometer weiter weg hat sein Beispiel [positiv] gewirkt, in der Metallbranche. Am Anfang ist doch das Wort Henneckes überhaupt nicht gehört worden.

1955/56 gab es dann einen gewissen Generationswechsel [unter den Normern]. Da kamen junge Leute in die Abteilung Arbeitsnormung, und die alten Kollegen wurden rausgenommen, in andere Positionen gebracht, wo man ihre Erfahrungen nutzen konnte, wo sie aber nicht mehr die Normen bestimmten.

Im TRO war das Problem vielleicht auch noch dadurch ein bisschen besonders gelagert, weil wir hier viele Jahre lang eine außerordentlich starke sozialdemokratische Betriebsgruppe hatten. Die erhielt unmittelbar von drüben [aus Westberlin und Westdeutschland] ihre Anleitung. Diese Kollegen fuhren regelmäßig zu Schulungen nach Westberlin und wurden auch zu Exkursionen nach Westdeutschland eingeladen, z. B. in die Opelwerke nach Rüsselsheim. Das war ein Werk, das mit amerikanischer Hilfe sehr schnell wieder voll funktionsfähig geworden war. Und wenn die Kollegen nun von einer solchen Exkursion zurückkamen, sagten sie: „Jawohl, Normen müssen sein; aber schaut mal, in Oberrüsselsheim, da kann man ja solche Normen auch wirklich anwenden. Da braucht der Kollege nur zu pfeifen, dann kommt schon einer und bringt ihm alles; und der braucht auch nur in seinen Werkzeugkasten zu greifen oder in die Werkzeugausgabe zu gehen, dort ist alles da. Aber hier, in diesem Armenhaus ..." – Also, hier bei uns hatte diese sozialdemokratische Gruppe ihre Hand im Spiel.

Aber ich will das gar nicht nur auf sie abschieben, sondern meine, hier schlug sich eben das ganz normale Gedankengut, was im Kapitalismus und Faschismus geprägt worden war, nieder. Jeder wollte irgendeine Freiheit haben, eine imaginäre. Darunter verstand er, er kann tun und lassen, was er will, und kann gehen und kommen, wann er will. Man wollte existieren, und dazu brauchte man einen möglichst sicheren und guten Verdienst. Und wenn das Werk eben noch nicht in der Lage war, das zu garan-

---

[14] Adolf Hennecke (1905–1975) – Bergmann im Zwickauer Steinkohlebergbau. Er sollte mit einer spektakulären „Höchstleistungsschicht" im Oktober 1948 massenweise Normübererfüllung anstoßen, in einer nach ihm benannten „Hennecke-Bewegung".

tieren, na, dann mussten eben auch unlautere Mittel benutzt werden. Ja, das war zweifelsohne die größte Gruppe innerhalb der Arbeiterschaft. In deren Gedankenwelt kam die kleine Gruppe von sozialdemokratisch geschulten Arbeitern und Meistern mit ihrer Propaganda hinein und die fand dort natürlich offene Ohren: „Was die im Westen schon alles haben und können. Und dagegen wir im Armenhaus hier ...".

Daneben gab es dann die noch kleinere Gruppe von, na sagen wir mal: Entwurzelten. Darunter waren ehemalige aktive Nazis, die untergetaucht waren. Ich selbst habe hier im TRO einen ehemaligen Hauptmann der faschistischen Luftwaffe wiedergetroffen, der kriegte einen Todes- oder Heidenschreck, als er mich erkannte. Der hatte hier im Betrieb als Kontrollkraft gearbeitet, weil er ja die entsprechende Qualifikation besaß. Andere waren als Schieber und Spekulanten aufgegriffen und dann in den Betrieb verpflichtet worden; wir mussten sie ja irgendwie umerziehen, und wo ging das besser als im Prozess der Arbeit? Und all diesen Leuten, die noch im alten Denken befangen waren, kamen natürlich solche Auseinandersetzungen in den Betrieben gelegen. Vielfach provozierten die Arbeiter in ihren Kollektiven, wiegelten andere auf, die sollten sich nichts bieten lassen. „Akkord ist Mord!" – und dagegen hätten sie gekämpft. In Wirklichkeit hatten die nie gekämpft, aber sie taten nun so. Diese Leute zu entlarven, war nicht ganz einfach.

Und dann gab es noch die kleine Gruppe klassenbewusster früherer Mitglieder der KPD oder auch Sozialdemokraten, die Lehren aus der Geschichte gezogen hatten: „Kinder, so kann's doch nicht gehen. Wenn wir aus dem Schlamassel rauskommen wollen, dann müssen wir vor allen Dingen erstmal fleißig und ehrlich arbeiten und uns nicht gegenseitig betrügen. Heute ist hier doch keiner, der sich das in die eigene Tasche stecken kann; hier sind wir doch bloß selber." Mit denen konnte man natürlich zusammenarbeiten. Das schloss freilich nicht aus, dass auch sie viele Unklarheiten hatten. Auch sie kamen teilweise mit dem alten REFA-Mann[15] nicht zurecht. Da waren alte AEG-Arbeiter, wie der Emil K., ein Meister, alter Kommunist. Es gab keine Mitgliederversammlung, wo der nicht vom Leder zog, eigentlich immer im richtigen Sinne: „Wenn wir vorankommen wollen, müssen wir Ordnung haben in unserer Produktion." Und manchmal hat er noch gesagt: „Nun schnippelt doch nicht an den Normen rum, sondern helft mit, dass Ordnung geschaffen wird." Das war richtig, aber wir mussten ihn dann immer wieder umstimmen: „Emil, pass mal auf. Wir müssen Ordnung schaffen, ja, aber zugleich auch Normen haben, sonst hält sich der eine oder andere Kollege ewig an einem Teil auf." Der Normer Jakob T. hat das einmal auf einer Vertrauensleutevollversammlung sehr schön an einem Bild klargemacht: „Wenn du die machen lassen wolltest, dann würde der Deen" – das war so 'n Ausdruck von ihm – „sechs Stunden an einer Mutter rumfeilen. Und wenn du nun so 'ne Mutter brauchst, weil du in deiner Stube etwas reparieren willst, dann kannst du die gar nicht kaufen, so teuer ist die [wegen der Lohnkosten], als wäre sie aus reinem Gold."

---

[15] Siehe Anm. 9.

Also die Normenarbeit damals war zu vier Fünfteln politische Propaganda im wahrsten Sinne des Wortes und zu einem Fünftel eigentliche [technische] Normenarbeit. Wenn wir's anders versucht hätten, wäre die Norm nicht funktionsfähig gewesen. Denn es hat ja keinen Zweck, jemandem Normen vorzugeben, der sie absolut ablehnt. Es musste den Arbeitern doch erstmal klargemacht werden, wie sich eine Norm aufbaut. Deswegen hatten wir ja auch damals diese TAN-Lehrgänge, wo ich mich selbst auch erstmal auf die Schulbank gesetzt habe. Natürlich blieben Fehler nicht aus. Uns ging's nicht schnell genug. Wir wollten vorankommen, und da haben wir manchmal geglaubt, die Arbeiter hätten das verstanden, was wir ihnen erläutert hatten, und sind drauflosmarschiert. Aber in Wirklichkeit hatten sie das eben noch nicht verstanden.

So war das beispielsweise in der Wickelei gewesen. Es wird 1955/56 oder 1957 gewesen sein, als wir neue Erzeugnisse einführten und es notwendig war, die Normen zu überarbeiten. Da machten wir eine richtige große Normenausarbeitung. Zuerst führten wir mit den Wicklern und ihren Helfern Schulungen durch, erklärten ihnen ganz genau – mit Tafel und Kreide –, wie sich eine Norm errechnet. Und danach sagten wir zu einem der Wickler: „Hier hast du deine Zeichnung, und jetzt schreibst du mal in aller Ruhe alle Handgriffe auf, die du ausführen musst, wenn du diese Spule fertigst, vom Einspannen des Zylinders zum Drahtauflegen und weiter. Schreib alles genau auf, und wenn du dir im Zweifel bist, schreib lieber etwas zu viel auf." Nachher stellten wir fest: Wenn wir die Normen nach dem, was der Wickler aufgeschrieben hatte, errechnet hätten, hätten wir nur zwei Drittel der Zeit bezahlt, die der Wickler wirklich hätten kriegen müssen. [...] Wir ermittelten mit Engelsgeduld, aber wir sahen nicht, dass wir den Kollegen Wickler überforderten hatten. Und dann mussten wir doch noch in den sauren Apfel beißen und alle Zeiten selbst aufnehmen. Da stellten wir rund um die Uhr, weil dort dreischichtig gearbeitet wurde, einen Arbeitsnormer hin, obwohl wir alles hatten errechnen können (wir hatten ja Unterlagen). Aber mit diesen Berechnungen kamen wir bei den Kollegen nicht an, das war für sie „schwarze Kunst". Unsere Zeitstudien brachten uns bei den Kollegen nicht weiter, die waren für sie unverständlich. Deshalb führten wir an einer einzigen Maschine über Wochen rund um die Uhr Zeitstudien durch.

Nun war es aber auch so, dass uns die Mitglieder der kleinen SED-Parteigruppe in der Wickelei nicht etwa unterstützten, bloß weil sie in der Partei waren. „Nee", haben die gesagt, „ihr seid Halsabschneider." – Da gibt es dann doch eine spezifische Klassensolidarität: Der Genosse Wickler ist in dieser Frage in erster Linie solidarisch mit seinen Wicklern. „Hier soll etwas geschehen, was wir nicht überblicken können, also ist es Unrecht." Oder wenn ich an die endlosen Streitigkeiten in der Betriebsgewerkschaftsleitung denke! Wir gingen uns manchmal fast an die Wäsche. Wir dachten, der Vorsitzende der Kommission hat ja FDGB-Schulungen genossen; da ist er doch genauso klug wie wir, die wir das berufsmäßig machen. Weit gefehlt! Der hatte in den Schulungen teils gar nicht mitbekommen, um was es ging. Der musste auch behutsam an die Normierung herangeführt werden, damit wir mit ihm einen Propagandisten für die Einführung neuer Normen gewannen. Anfangs hatte er immer erklärt: „Also, ich lehne kategorisch ab, dass hier und dort neue Normen eingeführt werden."

Oder die Auseinandersetzungen im Mitteltrafobau mit dem Brigadier Walter S. – dem Schrecken aller Arbeitsnormer damals. Das gab sich erst, als wir ihn zu einer Arbeitsgruppentagung im Trafo- und Röntgenwerk Dresden mitgenommen hatten. Von ihm war zuvor immer wieder zu hören gewesen: „Die brüten irgendwo was aus!" In dieser Arbeitsgruppe wurden nämlich Normativwerte ausgetauscht. Es ist doch klar, wenn absolut gleiche Arbeiten stattfinden – technisch gesehen –, dass wir nicht alles selbst ermitteln müssen. Da können wir doch Werte [aus anderen Betrieben] übernehmen. Und so haben wir damals auch aus Dresden Normative übernommen. Haben uns natürlich genau analysieren lassen, unter welchen Bedingungen sie produzieren, wie die Maschine aussieht, welche Motorstärke dahinter steckt usw. Das erlebte nun der Walter S. zwei Tage lang mit. Und hinterher sagte er: „Ich habe zwar nur die Hälfte verstanden, aber jetzt weiß ich wenigstens, dass das eine harte Arbeit ist, was ihr macht." So haben wir ihn für unser Anliegen der Normierung gewonnen. Nachher wurde er sogar in seiner Abteilungs-Gewerkschaftsleitung für Arbeits- und Lohnfragen zuständig, – und da hatten wir wieder gesiegt.

Also, es geht nur über den Weg der Überzeugung, und so bis zum heutigen Tag. Wir haben das seinerzeit zwar nicht immer so wissenschaftlich gesehen wie heute. Man konnte uns ja auch nicht so viel Hilfe und Anleitung geben. Wir standen als Normer mehr oder weniger allein. Die zuständigen Gewerkschafter im FDGB-Kreis- oder Bezirksvorstand hatten weniger Ahnung als wir, die wir's berufsmäßig ausführten. Also standen sie uns skeptisch gegenüber. Ich hab mich mal mit einer Genossin, der Sekretärin für Arbeit und Löhne vom Berliner Bezirksvorstand des FDGB, heftig gestritten. Sie war der Meinung, wir machen das falsch im TRO. Solche Normativblätter aufzustellen sei doch alles Schwindel. Wir haben uns mächtig angefeindet; später sind wir gute Freunde geworden. Das mit den Normativen kannte sie nicht.

Wir waren im TRO eigentlich sehr früh in der Lage, die Arbeitsnormen auf der Grundlage von Zeitnormativen, die wissenschaftlich erarbeitet worden waren, auszurechnen. Das gab es in den anderen Betrieben noch lange nicht. Und die Gewerkschafterin war der Meinung, Normenerarbeitung würde nur mit der Uhr in der Hand am Arbeitsplatz gemacht.

Es ist eben so: Man lernt nur aus seinen Erfahrungen und Fehlern. So war das auch Ende der 1950er, Anfang der 1960er Jahre mit der Bewegung der freiwilligen Normrückgabe. Da haben wir vielleicht Sachen erlebt! Der damalige Werkleiter vom TRO rief auf einer Versammlung zur freiwilligen Rückgabe von [zu großzügigen] Zeitvorgaben auf. Der Saal war voller Kumpels. Der Leiter der Technologie stieg auf einen Stuhl und fing eine Rede an: „Liebe Kollegen, ich weiß genau ..." Na, das war schon wie ein rotes Tuch für die Arbeiter. „Woher denn?", brüllte der erste, „Spitzel!", der zweite, und so ging das weiter, bis sie ihn mit Pfiffen von seinem Stuhl runtergeholt hatten. Der Mann kriegte dabei einen halben Herzinfarkt. Na ja, war ja alles noch revolutionär damals. Die Versammlung wurde hinterher ausgewertet. Und sofort waren auch wieder alle Arbeitsnormer in Verdacht: Die laufen auch immer bloß und gucken, wo wir [Arbeitszeit vergeuden]. Wir sagten: „Man kann doch da nicht einen Mann reden lassen, der in den Augen der Kollegen sowieso der Halsabschneider ist. Schlimm genug, dass wir den noch als Abteilungsleiter lassen müssen, weil wir keinen anderen haben. Aber dann bringt den Mann auch nicht in eine solche Lage ... in einen ganzen Saal voller Kumpels. Den schlagen sie doch hinterher draußen zum Krüppel als Verräter oder irgend sowas."

Wir wollten gemeinsam mit den Kollegen jene Normen berichten, die viel zu knapp bemessen waren. Das hatte ich ja selbst in der mechanischen Werkstatt erlebt. Es kam vor, dass ich wie ein Verrückter acht Stunden hintereinander geackert hatte und trotzdem meine Norm nicht erfüllte. Na, dann ist doch da etwas nicht in Ordnung! Sowas hat zwar den Kapitalisten sicherlich überhaupt nicht interessiert, aber uns musste das doch interessieren!

Bloß, beides [die überhöhten und die „weichen" Normen] zu berichten, war ungemein kompliziert, weil einfach das Misstrauen da war. Die Kollegen waren ja ehrlich. Sie sagten: „Pass mal auf, die Schweinebraten [versteckte Zeitpolster für bestimmte Arbeitsgänge], die brauch ich. Kriege ich wieder mal so'nen Hundeknochen [harte Zeitvorgabe für bestimmte Arbeitsgänge], dann muss ich ja was zulegen können." Das alles war aber nicht auf Betriebsebene als Kampagne zu machen, wir konnten das nur abschnittsweise, brigaden- oder maschinenweise machen. Sie haben uns natürlich die „Schweinebraten" nicht genannt, die mussten wir selber suchen, sind vom Augenschein ausgegangen. Denn es gab gute Arbeiter, die kamen immer nur auf 110 Prozent, obwohl sie wirklich hart gearbeitet haben. Aber weil sie noch nicht so lange im Bereich waren, kriegten sie eben auch nicht solche (günstigen) Arbeiten. Und es gab andere, wo man genau wusste: Na, Mensch, das ist doch ein ganz großes Faultier und der hatte trotzdem eine Normerfüllung von 200 Prozent. In dem Fall haben wir uns erstmal seine Arbeit ein bissel genauer angesehen.

Mitunter lag eine hohe Normerfüllung auch an Zufällen: Je nachdem, wie das Produktionssortiment war, konnte es passieren, dass der Arbeiter überwiegend Arbeiten kriegte, die durch ihn leicht zu erfüllen waren. Da hatte er also einen Schweineverdienst und konnte gar nichts dafür. Die gefertigten Stücke hat er manchmal heimlich gestapelt, für den Fall, dass der nächste Monat schlechter ausfiel.

Mehr und mehr merkten die Arbeiter aber, das ist ja hier wirklich nicht mehr Kapitalismus und REFA, als bei erfolgter Normerfüllung sofort die REFA-Leute kamen – und runter mit der Normerfüllung! Jetzt bei uns konnten sie sich steigern, – da kam niemand. Sie steigerten sich noch ein bisschen, da kam immer noch keiner. Und plötzlich wurden alle mutig, und dann fielen die Normen weg! In so einem Betrieb wie TRO kannst du ohne die Kollegen doch auch gar nicht alle Normen immer auf dem Laufenden haben. Wir hatten damals in TRO etwa 400.000 Arbeitsnormen, die aktiv in Anwendung waren. Die kannst du ja gar nicht alle exakt ermitteln, du hättest dafür einen ganzen Stab TAN-Bearbeiter gebraucht, der aber unökonomisch gewesen wäre. Also ging das nur mit den Kollegen gemeinsam.

Zur Technologie haben wir gesagt: „Ihr müsst die Arbeiten anders vorbereiten." – Wir verlangten: Dem Arbeiter ist die Aufgabe zusammen mit dem Werkzeug und dem Lohnschein anzuliefern. Das war fast bis zuletzt unser großer Kampf hier. Der Technologe meinte dann: „Ja, aber die Arbeit ist eilig!" – „Das nützt dir ja sowieso nichts; auch wenn sie hundertmal eilig ist, wenn der nicht das Werkzeug hat, dann ...". „Na, der hilft sich schon", hieß es. Da haben wir uns denn manchmal geprügelt mit ihnen, wo die Arbeiter voll auf unserer Seite standen. sagten: „Jawoll, gebt's ihnen!"

Einmal hab ich selbst große Prügel von den Leitungen gekriegt, weil wir meinten: „Das hat ja gar keinen Zweck mit den Normen; solange die Produktionsorganisation nicht verbessert wird, brauchen wir überhaupt keine Normen auszuarbeiten. Denn wir können sie noch so exakt machen, sie werden doch beeinträchtigt durch Warte- und Stillstandzeiten." Nach Rücksprache mit der damaligen Hauptverwaltung des Ministeriums ließen wir in allen mechanischen Werkstätten einen ganzen Monat lang Arbeitsablaufstudien durchführen. Und weil wir das nicht alleine machen konnten, hat das Ministerium dafür gesorgt, dass wir aus anderen Betrieben die besten Arbeitsnormer hierher kriegten. Bei einem Produktionsabteilungsleiter kam heraus, dass er de facto fast gar nicht arbeitete, sondern nur im Betrieb umherging. Diese Sache hat uns bei den Arbeitern viel Sympathie eingebracht, aber wir wollten auch Obacht geben, dass dabei nicht etwa ein jugoslawischer Weg rauskam. Wir wollten die Leiter nicht diskriminieren. Denn das hatte sich ja schon rumgesprochen: Es sollte nicht so sein, dass – wie in Jugoslawien – die Betriebskomitees ihre Leiter absetzen und ernennen können, wie sie wollen. Wir wollten erreichen, dass jeder auf seinem Platz eine qualifizierte Arbeit macht.

V. Resümee

Was unter den Bedingungen einer investitionsschwachen Volkswirtschaft das „Interesse der Arbeiterklasse" im Sozialismus denn nun eigentlich darstellte, war schon in der DDR strittig, wenngleich nie öffentlich diskutiert. Zeitweise debattierten Volkswirte oder Philosophen in intellektuellen Zirkeln darüber. Es dürfte eine der Ursachen des Scheiterns des Experiments „Staatssozialismus" gewesen sein, dass letzten Endes immer eine ökonomisch unzureichend gebildete Politbürokratie mit anmaßend agierendem Funktionärsmittelbau bestimmte, was das Arbeiterinteresse ist, auch und besonders im Hinblick auf die Arbeitsvergütung. Nach dem Aufstand vom 17. Juni 1953 erkannte die SED-Führung, dass Lohn- und Konsumprobleme angesichts der volkswirtschaftlichen Spannungen immer nur für Teile der Arbeiterschaft, also auf Betriebsebene und in noch kleineren Strukturen, zu deren zeitweiliger und partieller Zufriedenheit behoben werden konnten. Da gesamtgesellschaftliche Anliegen von großen Teile der Arbeiterschaft aber nie als die eigenen angenommen wurden und seit den 1960er Jahren das private Wohlstandsdenken auch die DDR dominierte, konnte eine partielle Zufriedenstellung verschiedener Gruppen lange Zeit politisch greifen. Als das volkswirtschaftlich nicht mehr durchzuhalten war, wollte die Masse der DDR-Arbeiter kein „Eigentümer von Produktionsmitteln" mehr sein und auch nicht in gewohnter Weise „mitregieren"; kapitalistische, sozial-marktwirtschaftliche, nicht staatssozialistische Verhältnisse verhießen den gewünschten Wohlstand.

Rudolf Bahro zufolge hatten nicht etwa nur doktrinäre Marxisten-Leninisten, sondern grundsätzlich marxistische Intellektuelle „stets ein idealisiertes Bild ‚des Arbeiters'", den sie „ zum Repräsentanten der ganzen vorschreitenden Menschheit" beriefen". Aber „es ist eines, die Arbeiter zum vollen Bewusstsein ihres ökonomischen Klassengegensatzes zu den Bourgeois zu führen, ein ganz anderes, ihnen ihre ‚universellen' Interessen bewusst machen zu wollen".[16] Einzelne Lebenswege wie die hier zitierten konnten eine Idealisierung der Arbeiterklasse durchaus bekräftigen, indes, was diese Arbeiter über ihre Klasse als Ganze widergeben, hätte die Formel von deren „historischer Rolle" ganz tief erschüttern müssen.

---

[16] *Rudolf Bahro:* Die Alternative. Zur Kritik des real existierenden Sozialismus. Köln 1977, 226–227, 229.

Prekäre internationale Solidarität –
„Gastarbeiter" in der DDR

Von *Christoph Kleßmann*

I. Einleitung: Schwierigkeiten mit der Wahrheitsfindung

Das Problem war viel älter als die DDR und beschäftigte bereits seit Ende des 19. Jahrhunderts die gesamte Arbeiterbewegung. In den „Sozialistischen Monatsheften" von 1904 schrieb beispielsweise der sozialdemokratische Publizist und spätere Reichstagsabgeordnete Franz Laufkötter:

> „Abgesehen von der Frage eines internationalen Arbeiterrechts respective eines internationalen Arbeiterschutzes gibt es wohl nichts, was den gewerkschaftlich organisierten Arbeiter auf internationalem Gebiet so sehr interessiert, wie das Verhältnis der einheimischen und fremden Arbeiter zueinander [...]. Besonders aber wirkt der Zufluss von aussen verhängnisvoll, wenn es sich um Arbeiter handelt, die aus Ländern mit niedriger Cultur kommen und mit ihrer jämmerlichen Lebenshaltung auf die Lebenshaltung der höher stehenden Arbeiter drücken."[1]

So hätte das später wohl kein Funktionär aus der Arbeiterbewegung mehr formuliert, aber weder die zugrunde liegende Mentalität noch das Problem waren rund ein Jahrhundert später verschwunden.

„Gastarbeiter" gab es in der DDR nicht, obwohl es sie hätte geben können und sollen. Denn sie wurden gebraucht und regulär vom Staat angeworben, als „ausländische Werktätige" sollten sie als Gäste das Land aber auch nach einer vereinbarten Zeit wieder verlassen. „Gastarbeiter" hießen sie nur jenseits der Grenze, in der „imperialistischen BRD". Der Begriff „Fremdarbeiter" aus der (gemeinsamen) Vergangenheit verbot sich dagegen in beiden Staaten, weil er auf das düstere Kapitel der Zwangsarbeit in der NS-Zeit verwies. Von beiden Systemen wollte und musste sich die DDR abgrenzen. Das geschah demonstrativ und in mancher Hinsicht nicht ohne Erfolg. Dennoch bleibt die Frage, wie jenseits der neuen politischen und ökonomischen Strukturen die sozialen Realitäten in der Lebens- und Arbeitswelt von ausländischen Arbeitskräften im „Arbeiter-und-Bauern-Staat" tatsächlich aussahen. „Völkerfreundschaft nach Bedarf" lautet der etwas süffisante Titel einer Dissertation, die sich jüngst diesem Thema gewidmet hat.[2] Denn die Völkerfreundschaft

---

[1] *Franz Laufkötter:* Das Verhältnis zwischen den einheimischen und den fremden Arbeitern. In: Sozialistische Monatshefte 2 (1904), 801–806.

[2] *Ann-Judith Rabenschlag:* Völkerfreundschaft nach Bedarf. Ausländische Arbeitskräfte in der Wahrnehmung von Staat und Bevölkerung der DDR. Stockholm 2014.

gehörte in der DDR zwar im Rahmen des antifaschistischen Gründungsmythos und der 1961 geschaffenen gleichnamigen Liga als Ideal zum Kernbestandteil des offiziellen Selbstverständnisses der SED, aber die Realität sah meist anders aus. Die proklamierte Freundschaft war für die Außenpolitik in den Entwicklungsländern nicht ohne Relevanz, die Probleme betrafen jedoch vor allem die Lage in der Arbeits- und Lebenswelt in der DDR. Denn die SED steckte in der Ausländerpolitik einen sehr restriktiven Rahmen für die vergleichsweise wenigen „Gastarbeiter" ab (1989 waren rd. 91.000 ausländische Arbeiter in den Betrieben beschäftigt).

Eva-Maria Elsner, einschlägige Forscherin zum Thema „Fremdarbeiterpolitik des Imperialismus", beschrieb die Differenz zwischen DDR und „Imperialismus" 1986 noch selbstgewiss, „dass die Beschäftigung ausländischer Werktätiger unter dem Einfluss veränderter gesellschaftlicher Verhältnisse sich hinsichtlich des Inhalts, der Ursachen, Triebkräfte und Wirkungen von der Migration in kapitalistischen Staaten grundsätzlich unterscheidet; auf den Positionen des proletarischen Internationalismus beruhend, entwickeln sich andere Formen."[3] Diese Aussage bezog sich im Einzelnen vor allem auf die bilateralen Verträge, auf die Befristung des Einsatzes, die damit verbundene Qualifizierung (meist zum Facharbeiter oder Teilfacharbeiter), die arbeits- und sozialrechtliche Gleichstellung, den obligatorischen Deutschunterricht, die Integration ins Arbeitskollektiv. Ohne Frage ließen sich einige dieser Ziele in der DDR leichter als in der Bundesrepublik realisieren und wurden auch realisiert. Insgesamt aber sah ein realistisches Bild eher düster aus.

Das Arbeitskräfteproblem gehörte zu den dauerhaften Herausforderungen der DDR-Wirtschaft. Der weiteren Erschließung der weiblichen Arbeitskraftreserven waren Grenzen gesetzt und auch der Mauerbau 1961 hatte den Arbeitskräftemangel nicht völlig beheben können. Insofern musste sich die Staats- und Parteiführung über die Rekrutierung ausländischer Arbeitskräfte Gedanken machen. Das geschah zunächst mit dem Blick nach Bulgarien, Polen und Ungarn. In größerem Umfang bekam aber die DDR erst in den siebziger und achtziger Jahren mit der Anwerbung von Vietnamesen, Afrikanern und Kubanern ihr „Gastarbeiterproblem". Dieses gehörte zwar nicht zu den zeitgenössisch intensiv diskutierten Fragen in der DDR, aber mittlerweile ist das durchaus brisante Thema vielfach bearbeitet worden.[4] Es bietet Parallelen und Kontraste zur Debatte in Westdeutschland und es gibt auch Aufschlüsse über den Zustand der Gesellschaft in und nach der Zeit der SED-Herrschaft. Fremdenfeindlichkeit und Rechtsradikalismus in Ostdeutschland sind die beliebten Stichworte. Dennoch lässt sich das Problem mit dieser Etikettierung nicht hinreichend erfassen. Denn hier überlagern sich zwei Trends, die wohl in fast allen modernen Gesellschaften zu beobachten sind und die durchaus zusammengehören (können), aber

---

[3] *Eva-Maria Elsner:* Zur Situation ausländischer Arbeitskräfte in der DDR. In: Fremdarbeiterpolitik des Imperialismus Heft 17 (1986), 90.

[4] Einen guten Gesamtüberblick über die Rahmenbedingungen bietet *Sandra Gruner-Domic:* Zur Geschichte der Arbeitskräftemigration in die DDR. Die bilateralen Verträge zur Beschäftigung ausländischer Arbeiter (1961–1989). In: Internationale wissenschaftliche Korrespondenz zur Geschichte der deutschen Arbeiterbewegung 32 (1996), 204–230.

nicht deckungsgleich sind: eine aus unterschiedlichen Motiven gespeiste diffuse Ausländerfeindlichkeit sowie aggressive rechtsradikale und neofaschistische Tendenzen, die besonders in Krisensituationen ans Licht kommen. In der DDR, die aus Sicht der SED internationalistisch und (in einem eng definierten Rahmen) auch national sein sollte, bekamen ausländische Arbeiter beide Trends vor allem in der Endphase des Staates und nach seinem Ende zu spüren.

Auch wenn allzu wohlfeile und verkürzte Interpretationen aus den frühen 1990er Jahren nicht mehr greifen, weil Xenophobie und dumpfer Radikalismus der rechten Szene ein durchaus gesamtdeutsches (und gesamteuropäisches) Problem waren und sind, ist die Frage nach spezifischen Zusammenhängen mit der DDR-Geschichte bis in die Gegenwart unvermindert aktuell geblieben. Manches trat erst offen zu Tage, als es die DDR nicht mehr gab und damit auch die Kontrollmechanismen der SED-Diktatur nicht mehr existierten. Die Exzesse von Hoyerswerda im September 1991 und Rostock-Lichtenhagen im August 1992, als ein aufgebrachter Mob ein Wohnheim von Vietnamesen und Asylbewerbern stürmte und in Brand steckte, waren sicher besonders spektakuläre Beispiele.[5] Wieweit die im Umfang weniger dramatischen, in der Zielrichtung aber ähnlichen rechtsradikalen Aktionen in Heidenau, Freital, Bautzen und die Pegida-Demonstrationen in Dresden seit 2015/16 als Fortsetzung der Exzesse der 1990er Jahre in diese Kontinuität gehören, kann hier nicht erörtert werden.

Beim Blick in die neuere Fachliteratur bietet sich ein durchaus differenziertes Bild des „Gastarbeiterproblems" ohne pauschale Charakterisierungen, wie sie noch bald nach der „Wende" verbreitet waren. Die Beschäftigung ausländischer Arbeitskräfte, ihre Wahrnehmung und ihr Leben in der DDR lassen sich mittlerweile zumindest in den groben Konturen und in einigen Fallstudien relativ genau erfassen. Maßstab des Urteils können dabei nicht primär die volltönenden Zielsetzungen, politischen Regelungen und sozialen Maßnahmen sein, welche die Gesamtentwicklung in der DDR bestimmen und dabei einen deutlichen Kontrast zur Bundesrepublik bieten sollten. Denn die „Schatten auf der Völkerfreundschaft" – so der Titel einer kritischen ARD-Dokumentation vom 10. April 2017 – waren nicht erst in den letzten Jahren und nach dem Ende des „Arbeiter-und-Bauern-Staates" unübersehbar.

Während der SED-Herrschaft gab es kaum Möglichkeiten, an originales Quellenmaterial zu kommen. Nach der Öffnung der Archive hat sich das rasch verändert, mit der Wiedervereinigung sind aber auch die politischen Probleme der Langzeitwirkung eines überwiegend historischen Sachverhalts viel stärker ins Blickfeld getreten. Auch ehemalige DDR-Forscher boten jetzt ein durchaus neues, um Differenzierung

---

[5] Zu Hoyerswerda gibt es eine gründliche Dissertation, die sich durch eine umfassende sozial- und wirtschaftsgeschichtliche Perspektive auszeichnet und so beliebte Kurzschlüsse vermeidet: *Christoph Wowtscherk:* Was wird, wenn die Zeitbombe hochgeht? Eine sozialgeschichtliche Analyse der fremdenfeindlichen Ausschreitungen in Hoyerswerda im September 1991. Göttingen 2014. Jochen Schmidt war als Hospitant der ZDF-Sendung „Kennzeichen D" Zeitzeuge und Mitinitiator einer Dokumentation der Vorgänge im „Sonnenblumenhaus" in Rostock. Ein Bericht dazu in: *Karsten Krampitz u.a.* (Hrsg.): Kaltland. Eine Sammlung. Berlin 2011, 116–126.

bemühtes Bild.⁶ Zu den ersten offiziellen Quellensammlungen gehörte eine von der Beauftragten der Bundesregierung für die Belange der Ausländer initiierte Publikation von Andreas Müggenburg.⁷ Eine wichtige wissenschaftliche Basispublikation mit erweiterter Perspektive war der 2003 erschienene und mit einem breit rezipierten Thesenpapier verbundene Sammelband „Fremde und Fremd-Sein in der DDR. Zu historischen Ursachen der Fremdenfeindlichkeit in Ostdeutschland".⁸ Der Geschichte der „ausländischen Werktätigen" ist hier nur ein kleiner, aber bedeutsamer Teil gewidmet, der in den breiteren generellen Horizont von Abschottung und nicht gewünschter Integration von Ausländern eingeordnet wird. Die Beiträge darin über die Vertragsarbeiter aus Vietnam und aus Schwarzafrika sowie aus Polen im Bezirk Frankfurt/Oder⁹ lassen neben gemeinsamen Aspekten auch die beträchtlichen Unterschiede in der politisch-rechtlichen Ausgestaltung der Arbeitsverhältnisse und in der Wahrnehmung der Vertragsarbeiter durch die DDR-Bevölkerung erkennen, so schwierig es auch ist, betriebliche Fallstudien zu generalisieren. Neben weiteren Arbeiten aus dem Umfeld des Potsdamer Zentrums für Zeithistorische Forschung¹⁰ hat das Thema, das in Überblicksdarstellungen zur DDR-Geschichte kaum zu finden war, gebührenden Niederschlag gefunden in den (insgesamt elf) Bänden der „Geschichte der Sozialpolitik in Deutschland seit 1945", hier insbesondere durch die von Jörg Roesler verfassten Beiträge in den die DDR betreffenden Bänden 9 und 10 (vom Mauerbau bis 1989).¹¹ In den Folgejahren hat sich eine Gruppe junger Wissenschaftlerinnen und Wissenschaftler erneut intensiv mit verschiedenen zu wenig erforschten Aspekten der Migration in die DDR beschäftigt und um ein ausdifferen-

---

⁶ *Eva-Maria Elsner / Lothar Elsner:* Zwischen Nationalismus und Internationalismus. Über Ausländer und Ausländerpolitik in der DDR 1949–1990. Rostock 1994.

⁷ *Andreas Müggenburg:* Die ausländischen Arbeitnehmer in der ehemaligen DDR. Darstellung und Dokumentation. Berlin / Bonn 1996.

⁸ *Jan C. Behrends / Thomas Lindenberger / Patrice G. Poutrus* (Hrsg.): Fremde und Fremd-Sein in der DDR. Zu historischen Ursachen der Fremdenfeindlichkeit in Ostdeutschland. Berlin 2003.

⁹ *Dennis Kuck:* „Für den sozialistischen Aufbau ihrer Heimat"? Ausländische Vertragsarbeiter in der DDR; *Rita Röhr:* Ideologie, Planwirtschaft und Akzeptanz. Die Beschäftigung polnischer Arbeiter in Betrieben des Bezirks Frankfurt/Oder; *Annegret Schüle:* „Die ham se sozusagen aus dem Busch geholt." Die Wahrnehmung der Vertragsarbeiter aus Schwarzafrika und Vietnam durch Deutsche im VEB Leipziger Baumwollspinnerei. Alle in: *Behrends / Lindenberger / Poutrus* (Hrsg.): Fremde und Fremd-Sein.

¹⁰ *Christian Th. Müller / Patrice G. Poutrus* (Hrsg.): Ankunft – Alltag – Ausreise. Migration und interkulturelle Begegnung in der DDR-Gesellschaft. Köln 2005.

¹¹ *Bundesministerium für Arbeit und Soziales und Bundesarchiv* (Hrsg.): Geschichte der Sozialpolitik in Deutschland. Baden-Baden 2001–2008. Der von Ulrich Herbert und Karin Hunn im letzten Band verfasste ausführliche Abschnitt über „Beschäftigung, soziale Sicherung und soziale Integration von Ausländern" für den Zeitraum von 1989 bis 1994 muss hier außer Betracht bleiben wegen der komplizierten Überlappung des „Gastarbeiter"-Themas mit den rasant an politischer Brisanz gewinnenden Asylsuchenden und Bürgerkriegsflüchtlingen aus Ex-Jugoslawien.

ziertes Gesamtbild bemüht.[12] Parallel erschien ein Sammelband, der mit ähnlicher Zielsetzung die soziale Lage und die betrieblichen und gesellschaftlichen Kontexte beleuchten will.[13] Eine kompakte Darstellung zur Lage asiatischer und afrikanischer Vertragsarbeiter findet sich in einem englischen Band zur spezifischen Situation von Minderheiten in der DDR.[14] Die neueste, gründliche Arbeit stammt aus Stockholm, bietet eine breite Palette relevanter Untersuchungsaspekte und hat vor allem mit Eingaben und kirchlicher Presse neue Quellen erschlossen.[15]

Aber auch an Kritik der Kritik hat es nicht gefehlt – ein weiterer Beleg für die Brisanz des Themas, nachdem die Schranken der ideologischen Zensur gefallen sind.[16] Besonders heftig fällt die penetrant selbstgefällig formulierte Polemik der Herausgeber eines speziellen Sammelbandes über mosambikanische Vertragsarbeiter (aber mit thematisch breiterem Anspruch) aus. Der an einem differenzierten Gesamtbild interessierte Leser fällt hier in einigen Beiträgen vom Regen der düsteren Schwarzmalerei in die ideologische Traufe der Klassenkampfrhetorik und Verklärung der DDR-Politik.[17] Andererseits mag man diese teils polemische teils politisch geglättete Sammlung auch als Aufforderung lesen, sich über populäre Klischees hinaus auch mit unbequemen und widersprüchlichen Befunden intensiver auseinanderzusetzen. Künftig nötig und möglich wäre eine Korrektur der von ideologischen Vorgaben und politischen Stereotypen geprägten Einseitigkeiten im Urteil, ohne Weichzeichnung der repressiven Seiten der SED-Herrschaft, aber auch ohne pauschale Generalisierungen und verkürzte Zusammenhänge. Die Wahrheit liegt jedoch nicht einfach in der Mitte zwischen harscher Kritik und (zumindest verdeckter) Apologie. Das Gelände ist also schwierig zu vermessen.

Vorrangig müsste es darum gehen, die Vertragsarbeiter nicht als mehr oder minder einheitliche Gruppe von Ausländern zu verstehen. Arbeitskräfte aus den sozialistischen „Bruderstaaten" Europas wie Polen und Ungarn fanden zumindest teilweise andere Bedingungen und Möglichkeiten vor als Algerier, Kubaner, Angolaner, Mosambikaner und Vietnamesen. Sie kamen zu verschiedenen Zeiten mit unterschiedlichen Motiven nach Deutschland, als Facharbeiter oder Angelernte, für die es mo-

---

[12] *Kim Christian Priemel* (Hrsg.): Transit/Transfer. Politik und Praxis der Einwanderung in die DDR 1945–1990. Berlin-Brandenburg 2011.

[13] *Almut Zwengel* (Hrsg.): Die „Gastarbeiter" der DDR. Politischer Kontext und Lebenswelt. Münster 2011.

[14] *Mike Dennis:* Asian and African Workers in the Niches of Society. In: Ders. / Norman La Porte (Hrsg.): State and Minorities in Communist East Germany. Oxford 2011, 87–123.

[15] *Rabenschlag:* Völkerfreundschaft (wie Anm. 2).

[16] Deutliche Kritik wird eingangs von Rita Röhr in dem genannten Sammelband (wie Anm. 9) formuliert, ebenso andeutungsweise von *Jörg Roesler:* Geschichte der Sozialpolitik (wie Anm. 11), Bd. 10, 612–613. Ferner die Einleitung von Eva-Maria und Lothar Elsner (wie Anm. 6). In diesem Band ist nicht zuletzt die handliche Zusammenstellung einschlägiger Dokumente hervorzuheben.

[17] *Ulrich van der Heyden / Wolfgang Semmler / Ralf Straßburg* (Hrsg.): Mosambikanische Vertragsarbeiter in der DDR-Wirtschaft. Hintergründe – Verlauf – Folgen. Münster 2014.

mentan im eigenen Land keine ausreichende Arbeit gab, als Ungelernte aus Entwicklungsländern ohne entwickelte Infrastruktur mit vorrangigem Interesse der Entsendeländer an Ausbildung und Qualifikation. Fast alle arbeiteten in verschiedenen Branchen, aber oft auf wenig attraktiven Arbeitsplätzen. Über deutsche Sprachkenntnisse verfügten die allerwenigsten, Sprachkurse wurden zwar obligatorisch in allen Arbeitsverträgen vorgesehen, erwiesen sich aber zumeist als unzureichend. Die zeitliche Begrenzung des Aufenthalts auf 3 bis 5 Jahre (mit Ausnahmen unter bestimmten Bedingungen) gehörte ebenfalls zu den allgemeinen Vorgaben. Eine von der deutschen Bevölkerung abgeschottete Unterbringung in großen Wohnheimen (oft als „Arbeiterhotels" kritisiert) in der Nähe der Betriebe, nicht jedoch in Baracken, war in der Regel vorgesehen, eine einheitliche Belegung ließ sich jedoch keineswegs durchweg realisieren.[18]

Allein diese Rahmenbedingungen führten zu erheblichen Unterschieden. Auch die DDR-Bevölkerung verhielt sich keineswegs einheitlich. Engagierte „Internationalisten" mochten sich ebenso wie christliche Kirchengemeinden für die Fremden einsetzten und für wenigstens minimale Kontakte sorgen. Andere sahen in den „Gastarbeitern" vor allem Konkurrenten um knappen Wohnraum und Konsumgüter. Hautfarbe, Herkunft und individuelles Verhalten spielten eine wichtige, aber kaum zu generalisierende Rolle für die Wahrnehmung des durchschnittlichen DDR-Bürgers. Wie die Kommunikation in den Betrieben, in der Brigade oder Gewerkschaftsgruppe ablief, ist kaum bekannt und nur mit wenigen Beispielen, und zwar sowohl positiven wie negativen, aus den vorhandenen Quellen ansatzweise zu rekonstruieren.[19] Die normativen Texte der Verträge und Richtlinien lassen sich natürlich nicht einfach zum Nennwert nehmen, aber man kann sie auch nicht rundheraus als pure Propaganda ignorieren. Das Feld ist also ziemlich kompliziert, besonders angesichts der zeitgenössischen und vor allem der nachträglichen politischen Aufladung. Wenn das Urteil über ein vages und unverbindliches einerseits – andererseits hinausgehen soll, ist deshalb eine Vielzahl von Faktoren für eine komplexe Analyse zu berücksichtigen. Auch die subjektiven (nachträglichen) Einschätzungen der unmittelbar Betroffenen müssen angemessen berücksichtigt werden. Bemerkenswert ist hier insbesondere eine im Auftrag des Bundesministeriums für Arbeit und Sozialordnung im Dezember 1990 durchgeführte Umfrage unter ehemaligen Vertragsarbeitern, deren Ergebnisse keineswegs zu populären Stereotypen passen.[20] So bezeichneten sich fast zwei Drittel der befragten Ausländer als „im Großen und Ganzen zufrieden". Ähnlich wurde das Verhalten der Deutschen am Arbeitsplatz als „eher kollegial" eingeschätzt. Und auch unter den befragten Deutschen gab etwa ein Drittel an, auch außerhalb der Arbeit

---

[18] Vgl. zu den einzelnen Aspekten *Roesler:* Geschichte der Sozialpolitik (wie Anm. 16), 615 ff.

[19] Z. B. *Annegret Schüle:* „Proletarischer Internationalismus" oder „ökonomischer Vorteil für die DDR"? Mosambikanische, angolanische und vietnamesische Arbeitskräfte im VEB Leipziger Baumwollspinnerei (1980–1089). In: Archiv für Sozialgeschichte 42 (2002), 191–210.

[20] Vgl. *Elsner / Elsner:* Nationalismus und Internationalismus (wie Anm. 6), 61–62.

persönliche Kontakte zu Ausländern zu unterhalten. Solche Befunde sind dehnbar, aber legen doch Warnungen vor allzu einfachen Bildern nahe.

II. Vorgaben der SED und Wandel der Perspektiven

Die Beschäftigung ausländischer Arbeitskräfte in die DDR-Wirtschaft war nicht nur vom akuten Mangel bestimmt, sondern die Motive und Ziele veränderten sich auch erkennbar innerhalb der knapp drei Jahrzehnte, in denen der Einsatz eine relevante Rolle spielte. Außen- und entwicklungspolitische Aspekte traten durchaus ins Blickfeld, aber erst relativ spät, vor allem nachdem die lange Zeit qualvollen Anerkennungsprobleme der DDR durch den Grundlagenvertrag mit der Bundesrepublik 1972 halbwegs gelöst waren. Kuba und Mosambik und später vor allem Vietnam müssen hier hervorgehoben werden, da sie als sozialistische Staaten außerhalb des Warschauer Paktes einen besonderen Stellenwert hatten. Die gerade für afrikanische Staaten maßgeblichen Motive der Entwicklungshilfe und der Kompensation für gewährte Kredite waren ohne Frage wichtig, dürften aber kaum dauerhaft gegenüber der Rekrutierung von Arbeitskräften ausschlaggebend für die generelle Arbeitsmarktpolitik der SED gewesen sein.[21]

Erste Planungen zum Einsatz ausländischer Vertragsarbeiter stammten noch aus der Zeit vor dem Mauerbau. Karl Mewis, der Vorsitzende der Staatlichen Plankommission ging für 1962 von einer voraussichtlichen Deckungslücke von rund 70.000 Arbeitskräften aus. Solche Größenordnungen waren jedoch zunächst irreal, nicht zuletzt, weil die Vorstellungen der DDR bei den Partnern (Bulgarien, Polen, Ungarn) auf große Zurückhaltung oder Ablehnung stießen. Neuansätze fielen deutlich bescheidener aus und konzentrierten sich auf leichter auszuhandelnde Qualifikations- und Pendlerabkommen auf regionaler Ebene. Am einfachsten war das mit dem Nachbarn Polen zu realisieren, und zwar sowohl mit Pendlern in den Grenzregionen wie in Form zwischenstaatlicher Abkommen. Erleichtert wurden solche Vereinbarungen zeitweise durch die wachsende Zahl polnischer Jugendlicher im arbeitsfähigen Alter, für die es gerade in den wenig industrialisierten Gebieten entlang der Oder zu wenig Arbeitsplatzangebote gab, so dass der polnische Staat am Angebot der DDR Interesse haben musste.[22]

Die erste Vereinbarung mit Polen für die beiderseitigen Grenzbezirke von 1966 bildete die Grundlage für Abkommen mit anderen Ländern. Für die nichteuropäischen sozialistischen Staaten wurde 1980 eine einheitliche Rahmenrichtlinie zur

---

[21] Zu den ökonomischen und politischen Motiven der „Entwicklungshilfe" vgl. *Roesler:* Geschichte der Sozialpolitik (wie Anm. 16), 624.

[22] Vgl. zur ersten Phase das Kapitel V 9 in meinem Buch „Arbeiter im ‚Arbeiterstaat' DDR. Deutsche Traditionen, sowjetisches Modell, westdeutsches Magnetfeld (1945 bis 1971). Bonn 2014.

Durchführung der länderspezifischen Regierungsabkommen erlassen.[23] Allein diese oft sehr detaillierten Texte geben einen plastischen Eindruck von der Regelungsdichte, die man vom Wortlaut her als hochbürokratisch und auf enge Kontrolle orientiert, aber auch als Schutz vor Diskriminierung und Willkür lesen kann. Zudem sind für die Beurteilung nicht nur die wirtschaftlichen und sozialen Rahmenbedingungen in der DDR (insbesondere in der Wohnungspolitik), sondern auch das Entwicklungsniveau und die Erwartungen der Entsendeländer zu berücksichtigen. Die oft wohlformulierten Normen allein ergeben ein sehr gefälliges Gesamtbild der Anwerbungsmodalitäten und der Lebens- und Arbeitssituation der „ausländischen Werktätigen". Etliche Autoren weisen in Abwehr vor allem westdeutscher Kritik nachdrücklich und teilweise auch in naiver Ostalgie auf diese positiven Elemente hin.[24] Das ist nicht einfach falsch, reicht aber ganz und gar nicht.

Zufriedenheit und Ärger gab es naturgemäß immer wieder. Zumindest bei den Pendlerinnen aus Polen im Halbleiterwerk Frankfurt/Oder und im Textilfaserkombinat Guben lässt sich eine deutliche Zufriedenheit feststellen. Der Anteil der polnischen Pendlerinnen an den Produktionsarbeiterinnen in diesen Betrieben war hoch, im Chemiefaserwerk Guben stieg er 1970 auf 40 Prozent. Eine solch hohe Quote war völlig untypisch. Hier ist die Ausländerbeschäftigung durchaus als eine Erfolgsgeschichte zu verstehen. Die polnischen Arbeiterinnen schätzten den guten Verdienst und die zunehmend verbesserte soziale Absicherung, für die DDR ergaben sich erhebliche Vorteile, weil zusätzliche Investitionen für Wohnungen und Kinderbetreuung entfielen.[25] Dieser Teil muss aber für die Gesamtgeschichte wohl eher als Ausnahme beurteilt werden.

Die insgesamt relativ geringe Größenordnung sowohl der polnischen wie ungarischen Arbeiter und Arbeiterinnen, der spezifische Zuschnitt des Arbeitseinsatzes und die strikte staatliche Steuerung einschließlich der zeitlichen Begrenzung verdeckten zunächst Probleme der Akzeptanz bei der Bevölkerung und der sozialen Integration in den Betrieben und in der Gesellschaft insgesamt, wie sie später massiv auftraten. Dennoch lassen sich angesichts nationaler Vorbehalte und Sprachbarrieren charakteristische Schwierigkeiten, Konflikte, aber auch Chancen dieser staatssozialistischen Variante von „Gastarbeiterbeschäftigung" bereits in den sechziger Jahren beobachten. Analysen anhand ausgewählter Betriebsbeispiele, aber auch die interne Berichterstattung der staatlichen Stellen und des Ministeriums für Staatssicherheit (MfS) geben darüber interessante Aufschlüsse.

---

[23] Alle wichtigen Texte sind im Dokumentenanhang bei *Elsner / Elsner:* Nationalismus und Internationalismus (wie Anm. 6), wiedergegeben, hier: 107 ff.

[24] Die oben erwähnte allzu grobschlächtige Kritik *van der Heydens:* Mosambikanische Vertragsarbeiter (wie Anm. 17).

[25] *Dagmar Jajesniak-Quast:* „Proletarische Internationalität" ohne Gleichheit. Ausländische Arbeitskräfte in ausgewählten sozialistischen Großbetrieben. In: Müller / Poutrus (Hrsg.): Ankunft – Alltag – Ausreise (wie Anm. 10), 267–294.

Ein spätes Beispiel ist die von der Hauptabteilung XVIII des MfS im September 1986 zusammengestellte „Jahreseinschätzung zur politisch-operativen Lage unter den ausländischen Werktätigen in der DDR".[26] In dieser punktuellen Bilanz finden sich einige bemerkenswerte Beurteilungen über die Lage, die unterschiedlichen Verhaltensweisen der Ausländer und über ihre Wahrnehmung in der DDR-Bevölkerung. Da der größte Teil der Vietnamesen erst seit 1987 in die DDR kam, rangierten zu diesem Zeitpunkt noch die Polen an der Spitze der zu dieser Zeit ca. 85.500 ausländischen Arbeitskräfte. „Mit einer Gesamtzahl von ca. 31.600 bilden sie mehr als ein Drittel aller in der DDR anwesenden Ausländer", stellte das MfS fest. Hervorgehoben wurde das vergleichsweise hohe Qualifikationsniveau.

„Das Gesamtverhalten der polnischen Arbeitskräfte ist geprägt durch das Interesse am Erhalt des Arbeitsplatzes und der damit verbundenen guten Verdienst- und Einkaufsmöglichkeiten. Schmuggel- und Spekulationshandlungen im grenzüberschreitenden Verkehr sind damit im Zusammenhang zu sehen."

Bei den polnischen Pendlern traten demnach in der Regel seltener diejenigen typischen Konflikte auf, die für die ungarischen und später vor allem für die nichteuropäischen Ausländer registriert wurden. So hat Rita Röhr ohne Anspruch auf Generalisierbarkeit in ihrer detaillierten Untersuchung für Frankfurt/Oder und Guben bilanziert:

„Ungeachtet der besonderen Probleme der polnischen Beschäftigten zielte das betriebliche Vorgehen auf eine weitest gehende Angleichung ihres beruflichen Status an den ihrer deutschen Kollegen. Die bestehenden betrieblichen Sozialbeziehungen sollten durch ihren Einsatz erweitert reproduziert, nicht aber verändert werden. Von einer ‚Unterschichtung' durch die polnischen Arbeitskräfte kann daher keine Rede sein. Nicht nur der Einsatz in generell gemischten Brigaden, die Ausbildungsprogramme und die entsprechende Eingruppierung in den Tarif, auch die Einbeziehung der Beschäftigten in die betrieblichen Sozialleistungen sprechen dagegen."[27]

Eher gegenteilig lautet das Urteil der Studie von Annegret Schüle zu Leipzig.[28]

Für andere ausländische Arbeitergruppen war die Bilanz ebenfalls gemischt. Anfang 1970 wies der Ministerrat der DDR in einer Zwischenbilanz im gewundenen Jargon eines offiziellen Beschlusses auf „Komplikationen im gesellschaftlichen Leben" hin, insbesondere dort, „wo zentrale Gemeinschaftsunterkünfte in Neubaugebieten geschaffen wurden und durch das Fehlen gesellschaftlicher Leitungen in diesen Gebieten die erforderliche politisch-ideologische Vorbereitung unserer Bevölkerung auf diesen Einsatz unterblieb."[29] Ähnlich stellte das MfS fest, dass die Ge-

---

[26] BStU Zentralarchiv, MfS – HA XVIII Nr. 2670, Bl. 1–13.

[27] *Rita Röhr:* Polnische Arbeitskräfte in der DDR 1960–1970. In: Peter Hübner / Klaus Tenfelde (Hrsg.): Arbeiter in der SBZ-DDR. Essen 1999, 185–204, hier: 201.

[28] *Schüle:* Internationalismus (wie Anm. 19), 209.

[29] Zit. bei *Gruner-Domic:* Geschichte (wie Anm. 4), 209 („Beschluß über den Bericht der bisherigen Erfahrungen und Ergebnisse aus dem Einsatz ungarischer und polnische Werktätiger" vom 7.1.1970).

währleistung von „Ordnung, Sicherheit und Disziplin" bei den Kubanern offenbar ein besonderes Problem war. Vielfacher Aufenthalt außerhalb der Gemeinschaftsunterkünfte und „Mängel bei den Kontrollprozessen in den Wohnheimen" erschwerten die Überwachung. Bemerkenswert ist die Feststellung, die Kubaner zeigten in ihrem Verhalten „ein hohes Selbstbewusstsein. Sie vertreten die Ideale ihres Landes und des gesellschaftlichen Fortschritts. Ihr Benehmen erweckt des öfteren den Anschein der Überheblichkeit und findet nicht immer Zustimmung unter der DDR-Bevölkerung."[30]

Für die Vietnamesen registrierte das MfS insbesondere diverse Schmuggel- und Zollvergehen mit Heimelektronik, Uhren und Bekleidung. Eine offenbar einträgliche Nebenbeschäftigung vietnamesischer Frauen war die Anfertigung der in der DDR begehrten Jeans. Bei mosambikanischen und angolanischen Arbeitskräften sah das MfS Ähnlichkeiten: „Sensibles Reagieren auf vermeintliche Diskriminierungen und impulsive tätliche Reaktionen bei charakteristischen Anlässen sind charakteristisch für ihr Auftreten."

Dass die Stasi, auch wenn sie naturgemäß besonders an der Erfassung „wunder Punkte" interessiert war, nicht grundsätzlich übertrieb, wenn es um die fehlende Akzeptanz ausländischer Arbeiter bei der Bevölkerung ging, lag zum großen Teil an der Wohnsituation, die eines der gravierenden Probleme sowohl für die betroffenen Arbeiter wie für die deutsche Bevölkerung war. Das vom MfS gezeichnete Bild unterschied sich in seinen Konturen, selbst wenn es dramatisiert war, oft kaum substantiell von Reportagen der Volkspolizei über jugendliches „Rowdytum"[31]. Es bediente sicherlich gewisse traditionelle Stereotype, zeigte aber ebenfalls, wie schwierig auch in einem ganz anders strukturierten politischen System Ausländerbeschäftigung in der Praxis umzusetzen war.

Schwerpunkte des Einsatzes ausländischer Arbeitskräfte lagen neben Berlin in den Industrieregionen Dresden, Karl-Marx-Stadt, Halle und Leipzig. Nicht untypisch für die Situation wenig integrierter und stark isolierter Ausländergruppen in einem nach außen abgeschotteten Staat wie der DDR dürften die sozialen Konflikte gewesen sein, die neben den „zunehmenden Verletzungen sozialistischer Rechtsnormen" vom MfS registriert wurden.[32] Besonders betroffen waren die großen Gemeinschaftsunterkünfte in den Industriebezirken. Das MfS führte als ein markantes Beispiel das Neubaugebiet „Hans Beimler" in Karl-Marx-Stadt an, wo ein Wohnblock ausschließlich mit ca. 900 ungarischen Facharbeitern belegt war. „In diesem Wohnblock wurde eine Funkstreife der VP bei der Durchführung polizeilicher Aufgaben beschimpft und mit leeren Getränkeflaschen beworfen. Im Zusammenhang mit der

---

[30] Siehe Anm. 26.

[31] Vgl. *Thomas Lindenberger:* Volkspolizei. Herrschaftspraxis und öffentliche Ordnung im SED-Staat 1952–1969. Köln 2003, Kapitel 9 (Volkspolizei und „Rowdytum").

[32] Das Folgende nach der – ebenso wie der vorangegangene Bericht – nur an die Parteispitze gerichteten „Information über einige negative Erscheinungen unter ausländischen Arbeitskräften in der DDR" vom 14. 8. 1969, BStU, MfS ZAIG 1722, Bl. 1–8.

Belästigung einer Frau durch ungarische Arbeitskräfte wurden ein hilfeleistender Volkspolizist sowie die Besatzung von zwei Funkstreifenwagen zusammengeschlagen." Die Folgen waren u. a. erregte Auseinandersetzungen bei der Bevölkerung und Unterschriftensammlungen von DDR-Bürgern, die den Auszug der ungarischen Arbeiter forderten.

Allerdings ist auch hier vor allzu simplen Generalisierungen zu warnen. Für die große Gruppe der Vietnamesen hat z. B. bezogen auf Ostberlin eine genaue Analyse neuer Materialien gezeigt, dass sich die oft behauptete ethnisch geschlossene Unterbringung allein schon wegen der Größe der Wohnheime nicht generell aufrechterhalten lässt.[33] Noch schwieriger sind allgemeine Aussagen über innerbetriebliche Integration.

III. 1990 – der große Bruch?

Es spricht viel dafür, dass es zwar zu allen Zeiten – nicht zuletzt auf Grund der Abgeschlossenheit des Staates und auch der gewollten relativen Isolierung der Vertragsarbeiter – eine latente Ausländerfeindlichkeit in der DDR gab, dass sich aber ein signifikanter und gewalttätiger Hass erst in der Umbruchsituation nach 1989/90 entfalten konnte, als mit der total unerwarteten und in ihrem Tempo überstürzten Wiedervereinigung die Karten völlig neu gemischt wurden. Dass nun möglicherweise noch aus betrieblichen Erfahrungen resultierende Restbestände von Solidarität mit ausländischen Kollegen zugunsten einer vorrangigen nationalen Orientierung auf individuelle Überlebenssicherung verschwanden, ist kaum verwunderlich. Daher sollten die beiden Phasen vor und nach 1989/90 in einem Gesamtbild nicht zu nah aneinandergerückt werden. Es gibt genügend schlimme Einzelbeispiele von Hass und Gewalt, die spektakuläres Interesse in den Medien fanden, aber nicht immer zu Recht das öffentliche Urteil besonders im Westen geprägt haben.

In der ZEIT erschien am 18. Mai 1990 ein Artikel unter dem plakativen Titel „verhasste Helfer".[34] Er war symptomatisch für große Teile der westdeutschen Berichterstattung über ein ost- und gesamtdeutsches Problem, das zumindest in dieser Schärfe neu erschien. Ausgehend von der Jagd einer jugendlichen Gruppe auf einen Mosambikaner in einer sächsischen Kleinstadt wurden hier die fatalen Folgen der überhasteten wirtschaftlichen Vereinigung für die ausländischen Arbeiter dargestellt. Noch im August 1989 hatte die Zeitung *Neue Zeit* gejubelt, dass „Vietnamesen einen wesentlichen Beitrag zur Versorgung der Bevölkerung mit moderner Bekleidung leisten", Mosambikaner im Braunkohletagebau „eine stabile Versorgung bei jedem Wetter sichern" und Angolaner und Kubaner Lastkraftwagen montieren,

---

[33] *Maria Klessmann:* „Wohnen-Arbeiten". Zu den Wohnbedingungen vietnamesischer Vertragsarbeiter in Ost-Berlin. In: Priemel: Transit (wie Anm. 12), 188–210.

[34] *Christian Tenbrock:* Verhasste Helfer. Mit der Sorge um die eigenen Arbeitsplätze wächst der Zorn gegen ausländische Werktätige. In: Die ZEIT 18.5.1990. Die folgenden Zitate aus diesem Artikel.

„von denen sie nicht wenige später in ihrer Heimat wiedersehen werden". Das sollte oder konnte nun offenbar nicht mehr gelten, und zwar für Tausende der Vertragsarbeiter. Die „dicke, klebrige Soße der internationalen Solidarität und Völkerfreundschaft, die das SED-Regime über alle ausländerfeindlichen Regungen goss, wird jetzt sehr schnell dünn", formulierte ein Ostberliner IG-Metall-Sprecher. „Wo Arbeitsplätze in Gefahr sind, will von Solidarität niemand mehr etwas wissen." Es gab Entlassungs- und Auflösungsanträge für Arbeitsverträge und Formen von „Selbsthilfe". Plötzliche Arbeitslosigkeit oder Rückkehr in die Heimat drohten nun prinzipiell und vorrangig allen „ausländischen Werktätigen". Diese Probleme wurden massiv verschärft durch die sich abzeichnende Massenarbeitslosigkeit unter den Ostdeutschen.

Es fehlte aber nach der Wiedervereinigung auch keineswegs an gesellschaftlichen Initiativen zum Schutz und zur Hilfe insbesondere für Vietnamesen in Ostberlin. Die Ausländerbeauftragten sowie kirchliche Gruppen und Selbsthilfeorganisationen sorgten zumindest dafür, dass die ohnehin belastete Geschichte nicht im Fiasko endete.[35] Da viele Verträge gekündigt wurden, gestaltete sich die soziale Situation der ehemaligen Vertragsarbeiter oft sehr prekär. Ein präziser Überblick zur Lage nach dem Ende der DDR ist aus der vorhandenen Literatur nur in Ansätzen zu gewinnen.[36]

Eins der Hauptprobleme bei der Frage nach Zusammenhängen von Rechtsradikalismus und Ausländerbeschäftigung liegt in der Vermischung der beiden oben genannten Ebenen. Es ist sehr schwierig, die keineswegs durchweg negativen Erfahrungen von Vertragsarbeitern im Betrieb von den ganz überwiegend diskriminierenden Erlebnissen in der Umbruchsituation zu trennen. In welche Richtung sich das Urteil bei einer sorgfältigen Abwägung neigt, hängt stark vom Einzelfall, von der Staatsangehörigkeit, der Hautfarbe, der Region, dem Betrieb, der wirtschaftlichen Situation der Branche und dem Qualifikationsniveau der Betroffenen ab. Die überraschenden Befunde der erwähnten frühesten empirischen Erhebung vom Dezember 1990 sind zwar sicherlich in ihrer auffällig positiven Tendenz insofern zu relativieren,

---

[35] Hier sind vor allem zu nennen: *Helga Marburger* (Hrsg.): „Und wir haben unseren Beitrags zur Volkswirtschaft geleistet." Eine aktuelle Bestandsaufnahme der Situation der Vertragsarbeiter der ehemaligen DDR vor und nach der Wende. Werkstatt-Berichte. Berlin 1993; *Karin Weiss / Mike Dennis* (Hrsg.): Erfolg in der Nische? Die Vietnamesen in der DDR und in Ostdeutschland. Münster 2005; *Zwengel:* Gastarbeiter (wie Anm. 13).

[36] Zeugnisse von Betroffenen sind nicht sehr zahlreich. Sie lassen sich daher leicht zum Beleg für die eine oder andere These heranziehen und das geschieht in der oben genannten Literatur häufig. Zu den wenigen ausführlichen Selbstzeugnissen gehört der 2007 (im Karl Dietz-Verlag) publizierte Erinnerungsbericht von *Leone R. Cala Fuentes:* Kubaner im realen Paradies. Ausländer-Alltag in der DDR. Eine Erinnerung. Berlin 2007. Er bietet offensichtlich – und soll das wohl auch – einen bewussten Kontrast zu negativ konnotierten Darstellungen, ist passagenweise amüsant, sprachlich sehr einfach im nur leicht überarbeiteten Stil, aber vermutlich auch politisch geglättet. Deutlich wird nicht zuletzt, dass die zahlreichen Amouren einen wesentlichen Teil der Erinnerung des Autors ausmachten und dass die Unterbringung und Überwachung im Wohnheim kaum effektiv funktionierte. Ferner einige der bruchstückhaften, aber auch weniger geglätteten Berichte in dem Sammelband von *van der Heyden:* Mosambikanische Vertragsarbeiter (wie Anm. 17).

als das ökonomische und soziale Chaos oder zumindest die Sorge davor sich nach der Wiedervereinigung bereits unübersehbar abzeichneten, so dass die autoritäre und auch diskriminierende Regelungsdichte der DDR-Zeit in einem individuell helleren Licht erscheinen mochte. Gleichwohl zeigen diese Daten sowohl für die früheren Vertragsarbeiter wie für die davon in irgendeiner Form betroffene ostdeutsche Bevölkerung, dass die gewünschte Solidarität zwar aus verschiedenen Gründen ein Wunschbild war und sein musste, dass sich aber ein im Osten und Westen gleichermaßen schwieriges, mit langfristigen Lernprozessen verbundenes Problem nicht mit einfachen Etiketten hinreichend erfassen lässt.

„Sozialismus" im 20. Jahrhundert.
Ein Rückblick

Von *Josef Mooser*

I.

„Was ist Sozialismus?" fragte ein Leitartikel im Jahr 1878. „Aus der großen Verschiedenheit der Antworten" zog der Verfasser den Schluss, „dass man durch Freilassung der Diskussion und durch ernste Reformgesetzgebung den Sozialismus als Sekte lahmlegen und den Frieden unter den Klassen wiederherstellen könne. Wir stecken bereits tief im wirtschaftlichen Sozialismus [...], und nur das Ob?, Wie? Und Wie viel? steht noch in Frage. Aber Bismarck bekämpft in der Sozialdemokratie auch gar nicht den Sozialismus, sondern die Demokratie: [...] Eine Ironie des Schicksals ist es, dass er von denselben Liberalen, die gerade die *sozialistische* Seite der Sozialdemokratie bekämpfen, das Unterdrückungsgesetz als Vertrauensvotum verlangt und trotzdem *praktische sozialistische Experimente* mittels Staatshilfe in Aussicht stellt"[1].

So konnte man es in der Frankfurter Zeitung lesen, im Vorfeld der Abstimmung über das „Gesetz gegen die gemeingefährlichen Bestrebungen der Sozialdemokratie" vom Oktober 1878. Die linksliberale Zeitung verweist darauf, dass Fragen, die wir heute stellen, schon alte Fragen sind – und auch manche Antworten klingen vertraut: die Vielschichtigkeit und der amorphe Charakter des Sozialismus, die staatliche Sozialpolitik und die Kollateralschäden bei seiner Bekämpfung. Was der Sozialismus sei, blieb schon 1878 offen, ja sollte in der „freizulassenden Diskussion" ausdrücklich offen bleiben. Das Zitat ist insofern kein schlechtes Motto. Ich habe den Begriff „Sozialismus" im Titel der Vorlesung, die dem vorliegenden Essay zugrunde liegt, in distanzierende Anführungszeichen gesetzt. Diese sollen die Gewissheit vom Ende des Sozialismus seit 1989 in eine historische Frage umwandeln. Die einzelnen, im Rahmen der Vorlesung behandelten Themen haben die Frage allerdings nicht eindeutig beantwortet. Ich lasse sie auch hier offen, versuche keine Zusammenfassung der Vorlesung und keine Aussicht auf den Sozialismus im 21. Jahrhundert, von dem angesichts der heutigen Kapitalismuskritik nicht wenige reden. Wer solche Erwar-

---

[1] Geschichte der Frankfurter Zeitung 1856 bis 1906. Hrsg. vom Verlag der Frankfurter Zeitung. Frankfurt/Main 1906, 277 (In der Volksausgabe des Buches von 1911, 306) – Hervorhebungen im Original. Dieses Essay fußt auf meiner Vorlesung mit gleichem Titel im Herbstsemester 2011 an der Universität Basel. Der Vortragsstil ist beibehalten. Auf ausführliche Belege verzichte ich wegen des essayistischen Charakters der Ausführungen.

tungen hat, möge sich eher an die deutsche Bundeskanzlerin Angela Merkel wenden bei ihrem Projekt der Sozialdemokratisierung einer großen bürgerlichen Partei.

Mein „Rückblick" versucht vielmehr zu umreißen, was mir faszinierend erscheint. Es geht darum, wie der Sozialismus sich in die Geschichte des 20. Jahrhunderts eingeschrieben hat: als soziale Bewegung und als Staatsmacht, als politische Bewegung, die sich gespalten und sich im Kommunismus zum Schreckbild einer terroristischen und dann stagnierenden Diktatur verwandelt hat, dann auch als politische Bewegung, die nach Niederlagen lernfähig gewesen ist. Es ist nicht selbstverständlich, dass eine soziale und politische Bewegung aus den unteren Schichten wie die sozialistische Arbeiterbewegung sich über mehrere Generationen erhält und reproduziert, dass sie mehr ist als eine vorübergehende Protestbewegung.

Drei Themenkreise werde ich ansprechen mit einem Fokus auf Deutschland und am Rande auch Russland:

1. Sozialismus als soziale Bewegung bis 1914

2. Staatswerdung des Sozialismus nach dem Ersten Weltkrieg und in der Spaltung zwischen sozialdemokratischem und kommunistischem Sozialismus

3. Lernprozesse auf den Wegen zum demokratischen Sozialismus.

II.

1. Sozialismus als soziale Bewegung bis 1914

Man könnte sagen: Alles begann mit einem Kommentar in einer Petition ländlicher Unterschichten in Preußen zu den Wahlen in der Revolution von 1848, der intuitiv den Historischen Materialismus intoniert: „Was hilft uns das alles, wir müssen erst Gänseweide haben"[2]. Die Arbeiterbewegung des späten 19. Jahrhunderts war nicht die Erweckung durch das Kommunistische Manifest von 1848 – es wurde erst später gelesen; gemessen an der langen Geschichte von Unterordnung und Armut war sie die unwahrscheinliche Anstrengung von Gruppen der unteren Schichten, aus eigener Kraft sich auseinanderzusetzen mit den existenziellen Folgen der kapitalistischen Industrialisierung. Die strukturellen Veränderungen der Industrialisierung und Urbanisierung – besonders die konjunkturabhängige Lohnarbeit – haben viele Gruppen der Unterschichten als eine fundamentale Unsicherheit erfahren, die durch genossenschaftliche und gewerkschaftliche Organisation bekämpft werden sollte. Die „Proletarier" waren zwar arm, aber keine Armen, die in traditioneller Weise auf Fürsorge von Anderen hofften. Insofern steht – politikgeschichtlich gesprochen – die Demokratie am Anfang der Arbeiterbewegung, zum Beispiel in der englischen Wahlrechtsbewegung der Chartisten oder deutschen Arbeiterverbrü-

---

[2] Zitiert nach dem Motto zu meiner Dissertation *Josef Mooser*: Ländliche Klassengesellschaft 1770–1848. Bauern und Unterschichten, Landwirtschaft und Gewerbe im östlichen Westfalen. Göttingen 1984, 17.

derung 1848/49. Zu einer *sozialistischen* Bewegung aber wurde sie durch eine historische Konstruktion, eine Deutung, die den ökonomischen Wandel der Industrialisierung als einen fundamentalen, irreversiblen, auf alle sozialen und kulturellen Existenzbereiche ausstrahlenden Wandel zu einer Geschichtsdeutung integrierte. Sie setzte der sozialen Bewegung ein (angeblich notwendiges) Ziel: die „Überwindung des Kapitalismus". Das ist bekanntlich am umfassendsten, in schärfster und messianisch inspirierter Zuspitzung im Marxismus geschehen. Er hat dem Sozialismus der sozialen Bewegung der Arbeiter eine geschichtliche Legitimität und ein Zukunftsbewusstsein zugeschrieben wie keine andere Begründung des Sozialismus. Genannt seien nur die Begründungen des eingangs erwähnten patriarchalischen Staatssozialismus Bismarcks oder des christlich-sozialen und „ethischen Sozialismus". Dennoch wäre es in meiner Urteilsbildung ein Missverständnis, die sozialistische Bewegung bis zum Ersten Weltkrieg als erfolgreiches pädagogisches Experiment von Marx und Engels zu verstehen. Ihre sozialistische Deutung der Industrialisierungsgeschichte wurde angeeignet von der demokratischen Bewegung der Arbeiter. Bezeichnend dafür ist der Namenswechsel der deutschen Sozialdemokratie im Jahr 1891. In diesem Jahr feierte sie ihren Triumph über das fehlgeschlagene Sozialistengesetz und fixierte mit dem Erfurter Programm ihr marxistisches Selbstverständnis. Gleichzeitig wurde die Partei von der „sozialistischen" in „sozialdemokratische Partei" umgetauft, weil das der klaren Unterscheidung von „allerlei" anderen Sozialismen diene: „Sozial*demokratisch* wagte sich" – wie August Bebel rückblickend sagte – „niemand zu nennen"[3].

Die ökonomisch und politisch so begründete soziale Bewegung hat sich bis zum Ersten Weltkrieg bekanntlich – nicht nur in Deutschland – zu einer Massenbewegung entwickelt, auch wenn sie weit davon entfernt blieb, die Gesamtheit der Arbeiter hinter sich zu bringen. Es war eine Bewegung von Männern, oft handwerklich gebildeten Facharbeitern, zu denen Intellektuelle bürgerlicher Herkunft, nach der Jahrhundertwende auch zunehmend Frauen stießen. In vielfältigen Organisationen, in Gewerkschaften, Konsumgenossenschaften, der politischen Partei und kulturellen Vereinen formierte sich eine politisierte gegenseitige Hilfs- und Gesinnungsgemeinschaft. Die historisch wirkungsmächtigste Folge davon für den Sozialismus im 20. Jahrhundert war die Herausbildung von Führungspersönlichkeiten und Führungsgruppen in der Arbeiterbewegung, die diese politisch handlungsfähig und fähig zur Reproduktion und Dauerhaftigkeit der Bewegung machte – trotz innerer Spannungen. Diese Langfristigkeit resultierte aus dem Charakter der sozialen Bewegung auch als einer „Kulturbewegung" oder Bildungsbewegung. Organisationen erforderten Kompetenzen wie Kenntnisse, Planung, Abwägung von Möglichkeiten, Motivierung von anderen usw. Das wurde in der Organisationsbildung gelernt und gefördert und prägte eine politische Kultur des Sozialismus im Zeichen von Disziplin

---

[3] *August Bebel:* Die soziale Zusammensetzung der sozialdemokratischen Wählerschaft Deutschlands (1904/1905). In: Peter Friedemann (Hrsg.): Materialien zum politischen Richtungsstreit in der deutschen Sozialdemokratie 1890–1917. Mit einer Einleitung von Hans Mommsen. 2 Bde., Berlin 1978, hier Bd. 1, 485–500, 494 (Zitat). Hervorhebung JM.

und Pflichtethik. Der Marxismus, genauer: der Historische Materialismus war dabei ein gestrenger Lehrer und stiftete ein Zugehörigkeitsgefühl von hohem Pathos, das lange auch innere Spannungen überwölbte, wie Rosa Luxemburg im Jahr 1914 erkennen lässt. Nach der Zustimmung der SPD-Reichstagsfraktion zu den Kriegskrediten reagierte sie auf die Frage Clara Zetkins, ob sie als Gegnerin der Zustimmung nicht aus der Partei austreten sollte, mit der Gegenfrage: „Willst du aus der Menschheit austreten?"[4]

In Stichworten kann man sagen: Das Erbe des Sozialismus als sozialer Bewegung im späten 19. Jahrhundert hieß: Hoffnung auf eine andere Gesellschaft durch Selbstorganisation. In diesen Organisationen kristallisierten sich demokratische Selbstbestimmung und Solidarität. Es war ein Sozialismus mit kritischem Geist gegenüber der Umwelt, einer mehr oder weniger ausgeprägten politischen Fundamentalopposition, der die Ausgrenzung der „Bürger zweiter Klasse" gegenüberstand. Dieser Geist ist im 20. Jahrhundert nicht verlorengegangen. Der ‚Jungbrunnen der Opposition' war (und ist) auch bei den staatstragenden sozialdemokratischen Parteien nicht ausgetrocknet.

2. Spaltung und Staatswerdung des Sozialismus

Die Bildung politischer Fähigkeiten heißt nicht, dass auch alle politischen Herausforderungen bestanden werden. Es gibt ein politisches Scheitern trotz aller Fähigkeiten. Mit dieser Erfahrung wurde die Arbeiterbewegung im Ersten Weltkrieg konfrontiert. Er führte bekanntlich zur Spaltung der Bewegung und verschaffte ihr mit dem Zusammenbruch der Monarchien in Deutschland, im Habsburger Reich und in Russland dennoch eine Chance, dem Traum der marxistisch-sozialistischen Programmatik nahezukommen: dem Traum der „Erringung der politischen Macht".

Beide Momente: das Scheitern bei der Verhinderung des Krieges und die Staatswerdung nach dem Krieg bilden eine tiefe Zäsur in der Geschichte des Sozialismus. Denn sie konfrontierte die sozialistische Bewegung mit der Herausforderung zur staatlichen Politik, also der Anwendung von staatlicher Macht in der Innen- und Außenpolitik. Als Oppositionsbewegung war sie bis 1914 staats- und machtfern, internationalistisch gesinnt und doch von den Gegebenheiten der Nationalstaaten geprägt. Nun wurde eine Bewegung mit dem Paradox konfrontiert, staatliche Macht zu gebrauchen, obwohl zu ihren Traditionen die Machtkritik und zu ihren Visionen das sogenannte Absterben des Staates zählte. (Sehr charakteristisch hatte Wilhelm Liebknecht einmal gesagt: Die beste Außenpolitik ist keine Außenpolitik.) Die Antworten auf diese Konstellation waren bekanntlich die parlamentarische liberale Republik, in die sich die Sozialdemokratie einfügte, oder die kommunistische Diktatur des Proletariats. Diese Polarität hat die im Krieg entstandene Spaltung der sozialis-

---

[4] Zit. n. *Helga Grebing:* Geschichte der deutschen Arbeiterbewegung. Von der Revolution 1848 bis ins 21. Jahrhundert. Berlin 2007, 42; vgl. auch *Annelies Laschitza:* Im Lebensrausch, trotz alledem. Rosa Luxemburg. Eine Biographie. Berlin 2000, 465.

tischen Bewegung auf Dauer gestellt und schließlich zwei gegensätzliche Sozialismusmodelle geschaffen: einerseits den „Staatssozialismus" mit der weitgehenden Aufhebung des Privateigentums und unter Führung der Parteidiktatur und andererseits den demokratischen Sozialismus im Rahmen einer Republik und kapitalistischen Wirtschaftsordnung. Das war die Konstellation zwischen 1917 und 1990. Zu ihrer Geschichte gehören noch die Niederlagen von Sozialdemokraten *und* Kommunisten gegenüber den faschistischen Bewegungen in der Zwischenkriegszeit, die besonders demütigende Vergewaltigung der sozialistischen Bewegung im Namen des „nationalen Sozialismus" und der Vernichtungskrieg von Nazi-Deutschland gegen die Sowjetunion, dann noch der Kalte Krieg und der Mauerbau 1961. Aus der Perspektive der Jahre vor 1914 ist die Geschichte des Sozialismus im 20. Jahrhundert zunächst eine Geschichte der Verwüstung.

Ich möchte aus dieser sehr komplexen Geschichte nicht den Dualismus von ökonomischer Reform oder Revolution, sondern unter demokratiegeschichtlichem Aspekt folgenden Punkt hervorheben. Die „revolutionäre Diktatur des Proletariats" war auch hausgemacht, obwohl diese Formel bei Marx nicht sehr prominent war. Sie kam den Versuchungen der revolutionären Mentalität entgegen und war nicht nur den „russischen" Zuständen geschuldet. Im Geist des Historischen Materialismus war die Diktatur eine mögliche Antwort der sozialistischen Kritik an der bloß „formalen" Demokratie, die mit ihrer rechtlichen Gleichheit nach einem oft herumgereichten Wort dem Millionär ebenso wie dem Clochard das Schlafen unter den Brücken verbietet. Die Arbeiter und Unterschichten, so die Kritik im 19. Jahrhundert, haben infolge der sozialen Ungleichheit keine Chancen in einer liberalen Demokratie. Man sollte jedoch nicht verschweigen, dass dies die umgekehrte Seite des zähen Widerstands der bürgerlichen Liberalen in vielen Ländern gegen das allgemeine und gleiche Männerwahlrecht war, weil Arbeiter und Unterschichten als politisch unreif galten. Die Diktatur des Proletariats sollte die gesellschaftlichen Voraussetzungen für demokratische Partizipation erst schaffen und so die „wahre" Demokratie herstellen. Mit großem Pathos hat die Verfassung der Sowjetunion vom Jahr 1918 in diesem Sinne und in Analogie zur Menschenrechtserklärung der Französischen Revolution die „Rechte des werktätigen und ausgebeuteten Volkes" proklamiert und von den „wahren Menschenrechten" gesprochen, die erst durch den Sozialismus gewährleistet seien.[5]

Die sozialdemokratischen Sozialisten haben sich bekanntlich gegen den Bolschewismus bzw. Leninismus gewandt, am folgenreichsten in der Entscheidung gegen die Verallgemeinerung des Leninismus auf alle sozialistischen Parteien in der und durch die Dritte bzw. Kommunistische Internationale. Die Sozialdemokraten zählen zu den ersten und hartnäckigsten Antikommunisten im 20. Jahrhundert und haben sich in Deutschland in die liberale Demokratie der Weimarer Republik eingefügt. Das Scheitern dieser Republik haben nicht sie zu verantworten. In der Perspektive einer Geschichte des Sozialismus ist jedoch auch festzuhalten, dass das demokrati-

---

[5] Vgl. *Manfred Hellmann* (Hrsg.): Die russische Revolution 1917. München 1964, 357 ff.

sche Erbe der sozialen Bewegung des Sozialismus sich nicht umstandslos und glatt mit dem liberalen Institutionengefüge der demokratischen Staatlichkeit deckte. Die Vorstellung demokratischer Selbstbestimmung des Volkes sollte sich im sozialdemokratischen Horizont weiter erstrecken als auf die politische Ordnung und besonders die Wirtschaft erfassen. In diesem Sinne wurde von der „Wirtschaftsdemokratie" gesprochen oder auf dem linken Flügel der Spruch geprägt: „Republik, das ist nicht viel, Sozialismus ist das Ziel". Auf dem Weg dahin entwickelte man eine weit positivere Wertschätzung der Sozialpolitik als vor 1914 und – mit dem Interventionsstaat – den strategischen Gedanken des „organisierten Kapitalismus" (Rudolf Hilferding) in Form des Zusammenwirkens von demokratischem Staat, Wirtschaftsverbänden und Gewerkschaften. Das waren allerdings noch Suchbewegungen eines „demokratischen Sozialismus", die in Deutschland 1933 abrupt zerstört wurden.

3. Lernprozesse auf den Wegen
zum demokratischen Sozialismus

Der „demokratische Sozialismus" nach dem Zweiten Weltkrieg bildete sich nicht auf geraden Wegen, sondern formte sich auf krummen und leidvollen Wegen. Es waren Lernprozesse im Konflikt zwischen Sozialdemokraten und Kommunisten, in der Verarbeitung von Niederlagen, unter dem Druck der Verfolgung und mit den Chancen des Neuanfangs nach dem militärischen Sieg der Alliierten über das Deutsche Reich. Die Spaltung des Sozialismus als sozialer Bewegung hatte auch einen Gewinn: Sie hat Klarheit geschaffen über den Stellenwert von Demokratie oder Diktatur für den Sozialismus. In den Kontroversen über den Marxismus, den Auseinandersetzungen zwischen dem ‚östlichen' Marxismus-Leninismus und den Formen des ‚westlichen' Marxismus wurden die theoretischen Schwächen des Marxismus offengelegt und Raum geschaffen für die Aneignung liberaler Traditionen. Unter der Diktatur des Proletariats hingegen waren Lernprozesse nicht möglich. Sie setzte die Geschichtstheologie des Marxismus fort in einem Dogmatismus, der sich gegen Erfahrungen abkapselte. Das kritische Potential des Marxismus degenerierte zur Herrschaftslegitimation einer Partei, die ein politisches System der Selbstzerstörung geschaffen hat, mit einem eingebauten universellen Misstrauen, so dass die Geheimdienste zu ihrem wichtigsten Herrschaftsmittel werden mussten. Damit wurden selbst noch die diejenigen „Reform"ansätze abgewürgt, die innerhalb des Systems möglich schienen. Die Geschichte des Kommunismus im 20. Jahrhundert war so immer auch die Geschichte gescheiterter Reformen, und auch sein Ende resultierte aus dem Scheitern des Reformers Gorbatschow.

Die Lernprozesse der demokratischen Sozialisten im Konflikt mit dem Kommunismus verweisen aber auch auf eine relative Einheit zwischen den Kontrahenten in der sozialen Bewegung des Sozialismus. Die gemeinsame Herkunft hat die Themen der Auseinandersetzung bestimmt, und die Akteure zehrten gleichsam von der Leistung des Sozialismus im späten 19. Jahrhundert, politisch handlungsfähige Führungsgruppen zu ermöglichen. Das wiederholte sich jetzt gerade auch im Konflikt, wie nicht nur die ‚große' Spaltung, sondern auch die ‚kleinen' Abspaltungen von der Kommunistischen Partei einerseits, der Sozialdemokratie andererseits zeigen. Insofern trugen auch nicht wenige Ex-Kommunisten zur Profilierung des demokratischen Sozialismus bei.

Viele Namen führender westdeutscher Sozialdemokraten seit den 1950er Jahren ließen sich nennen, die diese gewundenen Wege seit den 1920er Jahren gegangen sind. Ich nenne nur Willy Brandt, der aus den Gruppen zwischen SPD und KPD kam, und den Ex-Kommunisten Herbert Wehner. Beide repräsentieren auch noch weitere Faktoren in der Formierung des demokratischen Sozialismus: den Widerstand gegen den Nationalsozialismus und – das gilt nur für Brandt – die Erfahrung des Exils in den westlichen Staaten, die nicht dem Faschismus erlegen sind. Das Exil gehörte angesichts der politischen Unterdrückung auch im 19. Jahrhundert schon zu den Erfahrungen der aufstrebenden sozialistischen Bewegung. Nun aber war es ein Exil nach der fundamentalen Niederlage im Jahr 1933 – wobei ich jetzt nur das westliche Exil betrachte, denn das östliche Exil in der Sowjetunion löste keine Lernprozesse aus.

Der wichtigste Effekt dieses Drucks der Niederlagen war eine neue Besinnung auf das Verhältnis zwischen Demokratie und Sozialismus, eine Abkehr vom Sozialismus als einem „Endziel", für das die Demokratie nur ein Mittel und eine Übergangsphase bilden sollte. Man dachte nach über Synthesen zwischen Liberalismus, Demokratie und Sozialismus mit dem Ziel, wie Brandt später einmal formulierte, dass „Demokratie im Sozialismus groß geschrieben" werden solle.[6] Diese Neubesinnung wurde in den 1950/60er Jahren als „Entideologisierung", als Befreiung vom „Ballast" des dogmatischen Marxismus verstanden. Die demokratischen Traditionen in den Exilländern, insbesondere auch die Arbeiterbewegungen in England und in den skandinavischen Ländern haben dies stark unterstützt.

Das ermöglichte einen neuen Blick auf die Geschichte der sozialistischen Bewegung. Die Geschichte der Arbeiterbewegung wurde wiederentdeckt als eine Geschichte der Demokratie, zum Beispiel in Schriften des (Alt-)Historikers Arthur Rosenberg, der bis 1928 in der KPD aktiv gewesen war. Er kritisierte die marxistische Deutung der Geschichte mit der privilegierten „Mission" der Arbeiterklasse als eine Engführung der vielfältigeren demokratischen Bewegungen des arbeitenden Volkes. Auch der Blick auf den Nationalsozialismus änderte sich. Der Nationalsozialismus erschien nicht mehr allein als Resultat des Klassenkampfes zwischen Kapital und Arbeit, sondern als ein „Generalangriff auf die Grundlagen der europäischen Zivilisation, die zugleich die Grundlagen der sozialistischen Partei sind". So formulierte es

---

[6] Vgl. hierzu und zum Folgenden mit Nachweisen *Josef Mooser:* Erinnerung und Neubeginn im politischen Handeln. Die sozialistischen Emigranten im Exil und im westdeutschen Wiederaufbau nach 1945. In: Joachim Küchenhoff (Hrsg.): Erinnerung und Neubeginn. Gießen 2002, 132–147.

Curt Geyer 1939, damals Mitglied im Parteivorstand der Exil-SPD, in einer Schrift, die die Sozialdemokratie als „Partei der Freiheit" proklamierte[7].

Die Schlussfolgerungen aus diesem Lernen für das programmatische Selbstverständnis und die Handlungsorientierung der Sozialdemokratischen Partei Deutschlands wurden 1959 im Godesberger Programm gezogen. Die Partei sollte von der Klassenpartei der Arbeiterschaft zur Volkspartei werden. Ihre politische Zielsetzung wurde nicht mehr mit einer Geschichtstheologie begründet, sondern mit Werten: individuelle Freiheit, Gerechtigkeit und Solidarität. Der Marxismus wurde in den Hintergrund geschoben als bloße Methode für die Analyse des Zusammenhangs von Wirtschaft und politischer Macht. Die Auflösung oder zumindest Eingrenzung dieses Zusammenhangs blieb aber weiter das Ziel. Für dieses Ziel wurde nun die Demokratie weit gefasst, nicht nur als eine Staatsform, sondern als „Lebensordnung". In dieser sollte die politische Beteiligung ausgeweitet sowie die Selbst- und Mitbestimmung in einem Prozess der „Demokratisierung" der Gesellschaft in vielen Bereichen auch institutionell ermöglicht werden, insbesondere in der Mitbestimmung in der Wirtschaft. Die alte Gestalt des klassenbewussten Arbeiters wurde als „mündiger Bürger" gedacht. Dass wenig von den Bürgerinnen die Rede war, verweist darauf, dass im „demokratischen Sozialismus" der 1950/60er Jahre doch nicht alles neu war. Die Einheit von Frauen- und Arbeiterbewegung hatte nämlich trotz Bebels Buch „Die Frau und der Sozialismus" (zuerst 1878, dann viele weitere Auflagen) keine tiefen Wurzeln geschlagen. Es dauerte noch, bis der demokratische Sozialismus Anschluss an die neue Frauenbewegung fand.

Aber was sollte das Sozialistische im demokratischen Sozialismus sein? Es wurde als soziale Sicherheit ausbuchstabiert, als Sozialpolitik im Wohlfahrtstaat. Die Pointe ist allerdings, dass der Sozialismus im demokratischen Sozialismus mehr sein soll als die Summe der Sozialpolitik. Letztere sollte vielmehr die Voraussetzungen und Mittel für die „mündigen" Bürger und Bürgerinnen schaffen und ihre Fähigkeiten fördern, die Demokratie als Lebensordnung zu gestalten. Die Grundrechte wurden nicht mehr nur als Schutz- und Abwehrrechte gegen den Staat verstanden, sondern auch als Partizipationsrechte. Zur Aufgabe des Gesetzgebers sollte es werden, den Bürgern die Wahrnehmung ihrer Grundrechte zu ermöglichen, indem er ihre materielle Existenz sichert. Das war eine tiefgreifende Veränderung des Staatsverständnisses, die man auch in die Formel kleidete, dass der Rechtsstaat ein sozialstaatliches Fundament brauche.

III.

Womöglich erscheinen diese Überlegungen als eine sehr idealisierende Sicht auf den Wohlfahrtstaat und als eine einseitige, weil an dessen Modellierung nicht nur die Sozialdemokraten beteiligt waren. Gegenüber dieser wichtigen Kritik sollte die hier

---

[7] *Curt Geyer:* Die Partei der Freiheit (Paris 1939). In: Kurt Klotzbach (Hrsg.): Drei Schriften aus dem Exil. Berlin 1974, 299–356, 354 (Zitat).

vorgelegte Erörterung eine Erinnerung fixieren. Abgesehen von den neoliberal-fundamentalistischen Kritikern des demokratischen Wohlfahrtstaates nehmen wir diesen Staat kaum mehr als Form des demokratischen Sozialismus wahr. Die Geschichte der Sozialpolitik und des Sozialstaates ist von viel Vergessen geprägt. Das hat mit seinen vielen Problemen zu tun, und zwar nicht nur mit seinen Finanzierungsproblemen. Die *Staatlichkeit* des Wohlfahrtstaates greift ja im notwendig bürokratischen Handeln des Staates dessen *demokratische* Seiten an. Die aktive Partizipation als Form der Freiheit wird verdrängt durch das Handeln der Verbände und Funktionseliten. Eine Form, dem entgegen zu wirken ist – so hoffe ich – die Erinnerung: eine Vorstellung davon, dass es in der Formierung des Wohlfahrtsstaates um die Einheit von Demokratie und Sozialpolitik gegangen ist. Der „Sozialismus" hat daran geschichtsmächtig mitgewirkt, mit seinen Leistungen und Niederlagen, Irrwegen und Lernprozessen. Wenn wir das vergessen, vergessen wir auch, um was es dabei gegangen ist. Es ist um sehr viel gegangen. Und davon zu wissen ist wichtig, denn mit den möglichen Erkenntnissen aus der Geschichte von Sozialismus und Demokratie ist auch zu lernen, dass nichts, auch nicht die Demokratie, selbstverständlich ist.

III. Industriekultur, Märkte und Städte

Märkte im Herzen der Finsternis.
Die Ethnologie und die Vermarktlichung des (post-)kolonialen Denkens

Von *Timo Luks*

I.

Zwei Dinge sind unendlich, das Universum und die menschliche Dummheit. Von Güternachfrage und Absatzmärkten ist in diesem Bonmot Albert Einsteins nicht die Rede. Nun mag man geteilter Meinung sein, wie klug es ist, auf eine Wirtschaftsweise zu setzen, die – wie der Kapitalismus – nicht nur die Eroberung der unendlichen Weiten zumindest der Erde verspricht, sondern deren Existenz von der Möglichkeit fortgesetzter Expansion abhängt. Wie ungeheuerlich die Vorstellung *grenzenlosen Wachstums* noch im ersten Drittel des neunzehnten Jahrhunderts war, welch publizistischer Suchbewegungen und harter Konflikte es bedurfte, um diese Vorstellung auch nur in den Köpfen „einer marktbedingten Erwerbs- und Leistungsklasse von Kaufleuten, Verlegern, Manufakturisten und Bankiers" zu verankern, hat Rudolf Boch in seiner Studie über die Industrialisierungsdebatte im Rheinland mit feinem Gespür für die oft nur in Nuancen sichtbaren Verschiebungen herausbearbeitet.[1] In der Umbruchsituation nach dem Ende der Kontinentalsperre, so lässt sich da nachlesen, gingen die rheinischen Großkaufleute von einer *Begrenzung* des Binnenmarkts aus und räsonierten über den *Abbau* bestehender Produktionskapazitäten. Selbst Verleger und Fabrikbesitzer kündigten, auch wenn sich ihre konkreten wirtschaftspolitischen Forderungen aufgrund anders gelagerter Interessen von denen der Großkaufleute unterschieden, den Konsens einer vorsichtigen und gemäßigten gewerblich-industriellen Entwicklung bis zum Beginn der 1840er Jahre nicht auf. Stattdessen setzte das rheinische Wirtschaftsbürgertum mehrheitlich darauf, die in Folge der Umwälzungen der Französischen Revolution verlorenen Absatzgebiete vor allem Lateinamerikas wiederzugewinnen. Ausdruck fand dieses Bemühen etwa in der kurzlebigen *Rheinisch-Westindischen Kompagnie*, die das Ziel verfolgte, das Quasi-Monopol englischen und niederländischen Handelskapitals in Übersee mittels Zusammenfassung einheimischen Kapitals zu brechen. Die Konzeption der *Kompagnie* „kreiste allein um die Restrukturierung und Intensivierung der alten kolonialen Austauschbeziehungen, wie sie sich im 18. Jahrhundert herausgebildet hatten. Eine

---

[1] Dazu und zum Folgenden: *Rudolf Boch:* Grenzenloses Wachstum? Das rheinische Wirtschaftsbürgertum und seine Industrialisierungsdebatte von 1814 bis 1857. Göttingen 1991.

gezielte Förderung des Warenexports in Staaten mit entwickelter Gewerbewirtschaft kam [...] nicht in Betracht."[2] Nach anfänglichen Erfolgen mit Niederlassungen auf Kuba, in Mexiko, Argentinien und Brasilien machte sich freilich bereits Ende 1825 die begrenzte Aufnahmefähigkeit der lateinamerikanischen Märkte bemerkbar. Versuche, der sich anbahnenden Krise durch weitere Expansion an die südamerikanische Pazifikküste, nach Singapur und Batavia zu entgehen, scheiterten – nicht zuletzt aufgrund der mangelnden Absatzorganisation, die gegenüber den Beziehungen und dem Einfluss englischer und niederländischer Handelsagenten vor Ort nicht konkurrenzfähig war. 1832 wurde die *Rheinisch-Westindische Kompagnie* liquidiert. In der Kaufmannschaft setzte sich danach rasch die Deutung durch, dass sie scheitern *musste*, weil ihr Operieren nach dem Modell des nicht mehr zeitgemäßen überseeischen Kompagniehandels „nicht kapitalistisch genug" war. Der Umstand, dass die Akteure die Aufnahmefähigkeit der jeweiligen Märkte erheblich über- und die Anforderungen der Absatzorganisation erheblich unterschätzt hatten, spielte in der Ursachenforschung keine Rolle. Vielleicht, so ließe sich spekulieren, lag das Problem aber auch auf einer fundamentaleren Ebene: dem Umstand, dass die Konzeption des Markts und des vermeintlichen Normalfalls marktförmig organisierten, Marktgesetzen folgenden Absatzes, also der nationalökonomische Common Sense der Zeit, in der überseeischen Expansion an Grenzen stieß, die nicht zuletzt konzeptionelle Grenzen waren.

Darum soll es im Folgenden gehen: die Suche nach neuen Märkten an Orten, an denen man bisher keine entdeckt hatte (oder zu denen man bisher keinen Zugang hatte), die man aber zu benötigen glaubte, um einer befürchteten Überproduktionskrise zu entgehen und *grenzenloses Wachstum auf Dauer zu stellen*. Das Schicksal der *Rheinisch-Westindischen Kompagnie* zeigt freilich, dass die potentiellen überseeischen Absatzgebiete keineswegs immer *als Märkte* im engeren Sinn imaginiert wurden – und schon gar nicht als solche, deren institutionelle Voraussetzungen zuallererst auch gegen erhebliche soziale und kulturelle Widerstände durchgesetzt werden mussten. Teile der rheinischen Kaufmannschaft jedenfalls scheinen davon ausgegangen zu sein, dass Güter, wenn man sie bloß verschifft, in Übersee auf magische Weise gleichsam automatisch ‚aufgenommen' werden; und zwar in Form eines profitablen *Verkaufs* und nicht als großherzige Befriedigung lokaler Bedürfnisse in Form von Care-Paketen. Da man selbst *Waren* produzierte, setzte man wohl voraus, dass andere die produzierten Güter auch als Waren akzeptieren werden und einen angemessenen *Preis* zu zahlen bereit und in der Lage waren. Märkte als Garant dafür, dass Waren Waren bleiben und Geldgewinn abwerfen (und sich nicht de-kommodifizieren und etwa in Gaben verwandeln), waren tatsächlich aber – und das entdeckten spätere Ethnologen immer und überall in den mehr oder weniger finsteren Herzen der Finsternis – *keine* Selbstverständlichkeit.

Im Folgenden soll es nicht um eine Wirtschaftsgeschichte des (kolonialen) Überseehandels gehen, auch wenn bestimmte Facetten dieses Themas eine Rolle spielen.

---

[2] Ebd., 62.

Stattdessen werden einige Szenen aus der Geschichte der ökonomisch-ethnologischen Vorstellungskraft skizziert, die sich vor allem auf die Frage des Vorhandenseins von Märkten an den Rändern des kapitalistischen Weltsystems beziehen. An der Schnittstelle von Ökonomie und Ethnologie wurden Märkte entweder als universeller Mechanismus der Distribution und des Absatzes vorausgesetzt, oder sie dienten als Unterscheidungsmerkmal ‚fortgeschrittener', ‚zivilisierter' Gesellschaften mit Märkten auf der einen Seite und ‚rückständigen', ‚primitiven' – marktlosen – Gesellschaften auf der anderen. Der folgende Essay wird einige der möglichen Zuschreibungen (bei Karl Marx, bei Joseph Conrad, bei Karl Polanyi und der von ihm inspirierten Schule der Wirtschaftsanthropologie) skizzieren und ihren Implikationen nachgehen.

II. Karl Marx und der „jungfräuliche Boden" Nordamerikas

Als Karl Marx und Friedrich Engels im *Kommunistischen Manifest* mit großer narrativer Suggestivkraft die Grundzüge einer Dampfwalzentheorie des Kapitalismus entwarfen, bestand für sie kein Zweifel, dass die „Exploitation des Weltmarkts" auf dem Spiel stand, würden die industriellen Fabrikate doch „in allen Weltteilen zugleich verbraucht":

> „Das Bedürfnis nach einem stets ausgedehnteren Absatz für ihre Produkte jagt die Bourgeoisie über die ganze Erdkugel. [...] Die wohlfeilen Preise ihrer Waren sind die schwere Artillerie, mit der sie alle chinesischen Mauern in den Grund schießt, mit der sie den hartnäckigsten Fremdenhaß der Barbaren zur Kapitulation zwingt."[3]

Kapitalistische Expansion erscheint hier als Verwandlung der Welt in einen *Weltmarkt*, der im Grundsatz als Verlängerung des einheimischen Markts vorgestellt wird. Dass die Vermarktlichung der Welt Grenzen haben oder der Warenabsatz trotz wohlfeiler Preise auf *dauerhafte* Schwierigkeiten etwa organisatorischer oder institutioneller Natur stoßen könnte, kommt in diesem Szenario nicht vor. Zwanzig Jahre nach dem *Manifest* sah das anders aus. Ausgehend von Überlegungen zur „sogenannten ursprünglichen Akkumulation" widmete sich Marx nun dem Problem der „modernen Kolonisationstheorie" (Mit diesen beiden etwas erratisch wirkenden Kapiteln endet *Das Kapital. Erster Band* (1867), also die letzte von Marx selbst erreichte Zwischenetappe dieses Großprojekts.).

Im Kapitel zur „sogenannten ursprünglichen Akkumulation" bietet Marx am Beispiel der englischen Geschichte seit dem sechzehnten Jahrhundert eine detaillierte Rekonstruktion des Ausgangspunkts und der Voraussetzungen der späteren kapitalistischen Akkumulation: des langwierigen und oft genug gewaltförmigen Prozesses der Verwandlung der Produktions- und Lebensmittel (namentlich des Bodens) in Kapital und der Herausbildung zweier Gruppen von „Warenbesitzern" – derjenigen, die

---

[3] *Karl Marx / Friedrich Engels:* Manifest der Kommunistischen Partei [1847]. Berlin 1977 (= Marx-Engels-Werke (MEW), Bd. 4), 459–493, Zitat: 465–466.

über Eigentum an Produktionsmitteln verfügten und derjenigen, die von allen Arbeitsmitteln, außer ihrer eigenen Arbeitskraft, getrennt wurden.[4] In diesem Prozess wurden erstens große Menschenmassen als „vogelfreie Proletarier" auf den Arbeitsmarkt geschleudert, zweitens ein innerer Markt für industrielles Kapital hergestellt und drittens die Nahrungsmittel, die zuvor für Versorgungszwecke reserviert und gebunden waren, freigesetzt, so dass sie von nun an in Form von Arbeitslohn erkauft werden mussten. Die ursprüngliche Akkumulation ist also in dreifacher Hinsicht ein Prozess der Vermarktlichung. Arbeitsmarkt, Kapitalmarkt und Markt für Lebensmittel, das ist der entscheidende Punkt dieser Analyse, verstehen sich als Organisationsform menschlicher Geschichte und Gesellschaft nicht von selbst, sondern sie müssen hergestellt werden – und sie wurden hergestellt.

Marx' Diskussion der „modernen Kolonisationstheorie", die im Kern eine Rezension der zweibändigen Abhandlung *England and America. A Comparison of the Social and Political State of Both Nations (1833)* des britischen Kolonialpolitikers Edward Gibbon Wakefield (1796–1862) ist, geht von der Annahme aus, dass der Prozess der ursprünglichen Akkumulation im Westen Europas „mehr oder minder vollbracht" war, in den Kolonien aber nach wie vor auf erhebliche Hindernisse stoße. In Anerkenntnis dieses Problems, so Marx,

„erstrebt Wakefields Kolonisationstheorie, welche England eine Zeitlang gesetzlich ins Werk zu setzen suchte, die Fabrikation von Lohnarbeitern in den Kolonien. Das nennt er ‚systematic colonization' (systematische Kolonisation). Zunächst entdeckte Wakefield in den Kolonien, daß das Eigentum an Geld, Lebensmitteln, Maschinen und anderen Produktionsmitteln einen Menschen noch nicht zum Kapitalisten stempelt, wenn die Ergänzung fehlt, der Lohnarbeiter, der andre Mensch, der sich selbst freiwillig zu verkaufen gezwungen ist. Er entdeckte, daß das Kapital nicht eine Sache ist, sondern ein durch Sachen vermitteltes gesellschaftliches Verhältnis zwischen Personen. Herr Peel, jammert er uns vor, nahm Lebensmittel und Produktionsmittel zum Belauf von 50.000 Pfd. St. aus England nach dem Swan River, Neuholland, mit. Herr Peel war so vorsichtig, außerdem 3.000 Personen der arbeitenden Klasse, Männer, Weiber und Kinder mitzubringen. Einmal am Bestimmungsplatz angelangt, ‚blieb Herr Peel, ohne einen Diener, sein Bett zu machen oder ihm Wasser aus dem Fluß zu schöpfen'. Unglücklicher Herr Peel, der alles vorsah, nur nicht den Export der englischen Produktionsverhältnisse nach dem Swan River!"[5]

Dieses Wegdriften der Arbeitskräfte, so Marx, sei in den Kolonien kaum zu verhindern, weshalb der politischen Ökonomie à la Wakefield nichts übrig bleibe, als die Scheidung des Arbeiters von den Arbeitsbedingungen, vor allem vom Grund und Boden, in den Kolonien zu wiederholen – und so einen Arbeitsmarkt zu etablieren. Wenn das (noch) nicht gelungen und zudem die „ländlich häusliche Industrie" noch nicht vernichtet sei: „wo soll da der innere Markt für das Kapital herkommen?"[6] Die Lösung bestand darin, „von Regierungs wegen der jungfräulichen Erde einen vom

---

[4] Vgl. *Karl Marx:* Das Kapital. Kritik der politischen Ökonomie. Erster Band [1867]. Berlin 1979 (= Marx-Engels-Werke (MEW), Bd. 23), 742.

[5] Ebd., 793–794.

[6] Vgl. ebd., 796–797.

Gesetz der Nachfrage und Zufuhr unabhängigen, einen künstlichen Preis" zu geben, „welcher den Einwandrer zwingt, längere Zeit zu lohnarbeiten, bis er genug Geld verdienen kann, um Grund und Boden zu kaufen und sich in einen unabhängigen Bauern zu verwandeln", während die durch Verkauf der Ländereien gewonnenen Mittel verwendet werden, um „Habenichtse aus Europa in die Kolonien zu importieren und so dem Herrn Kapitalisten seinen Lohnarbeitsmarkt vollzuhalten".[7]

Was Marx' sarkastischen Spott auslöste und Kolonisierungstheoretiker wie Wakefield umtrieb, war der Umstand, dass man in den Kolonien keine Märkte fand, wenn man sie nicht als politökonomisches Reisegepäck und kapitalistischen Proviant mitbrachte und unter erheblichem Aufwand implementierte. Die Ironie besteht darin, dass die *nordamerikanischen Kolonien* nicht das Problem aufwarfen, eine *vor*kapitalistische Wirtschaft in eine kapitalistische zu verwandeln, sondern umgekehrt der bereits erreichte Entwicklungsstand der kapitalistischen Produktionsweise im *englischen Mutterland* – die Kommodifizierung von Arbeit und Boden – verlorenzugehen, das heißt kapitalistische Verhältnisse sich in vorkapitalistische Verhältnisse rückzuverwandeln drohten. Marx interessierte sich in dieser Perspektive nicht für die Kolonien als potentielle Absatzmärkte der in den Fabriken Westeuropas erzeugten Güter. Für ihn war kapitalistische Expansion keine Suche nach Märkten im Herzen der Finsternis, auf denen ein Angebot europäischer Waren auf eine potentielle indigene Nachfrage traf, sondern sie war gleichbedeutend mit dem Export kapitalistischer Produktionsverhältnisse, der stets auch die Perspektive einer Vermarktlichung, also der Implementierung des Markts als soziale, politische und ökonomische Institution, beinhaltete.

Was Marx tatsächlich *nicht* diskutierte, war die Möglichkeit, in den Kolonien auf Menschen, Gesellschaften und Wirtschaften – marktförmig oder nicht – zu treffen, an die der Kapitalismus anschließen kann oder die er überformen muss. Diese Perspektive scheint in erster Linie den in ökonomischer Hinsicht greifbaren Spezifika des nordamerikanischen Falls und seiner Wahrnehmung als *jungfräulicher Boden* geschuldet zu sein.[8] Für die *primitive economy* der Native Americans interessierte Marx sich erst spät, dokumentiert in den ethnologischen Exzerptheften der Jahre 1880–82. Der Kritiker der politischen Ökonomie und nun auch eifrige und kundige Leser von Frühgeschichte und Ethnologie zog systematisch Parallelen zwischen den indigenen Gesellschaften, denen er bei der Lektüre begegnete, verglich sie mit der bürgerlichen Gesellschaft, ergänzte das Gelesene um zusätzliches Material usw.[9]

---

[7] Ebd., 800.

[8] Auch *Adam Smith*: Der Wohlstand der Nationen. Eine Untersuchung seiner Natur und seiner Ursachen. München 1978 [1776], 496–541, diskutierte die ökonomische Bedeutung der Kolonien für Europa im Wesentlichen an diesem Fall.

[9] Dazu und zum Folgenden: *Erhard Lucas:* Die Rezeption Lewis H. Morgans durch Marx und Engels. In: Saeculum 15 (1964), 153–176; *Ders.:* Marx' Studien zur Frühgeschichte und Ethnologie 1880–1882. Nach unveröffentlichten Exzerpten. In: Saeculum 15 (1964), 327–343; sowie: *Lawrence Krader:* Ethnologie und Anthropologie bei Karl Marx. München 1973; *Ders.* (Hrsg.): Karl Marx – die ethnologischen Exzerpthefte. Frankfurt/Main 1976. Für eine

Zu einem Zeitpunkt, den viele seiner Zeitgenossen als glanzvolle Hochphase des
„Age of Empire" (Eric J. Hobsbawm) wahrnahmen, arbeitete Marx nicht an einer
Theorie des Imperialismus oder wandte den Blick in die britischen Kolonien (sein
Interesse für aktuelle Probleme Britisch-Indiens lag zu diesem Zeitpunkt Jahrzehnte
zurück), sondern für Familienstruktur und Eigentumsverhältnisse – unter anderem –
bei den Irokesen. Marx' Aufmerksamkeit kreiste um eine mögliche Kopplung des
technischen Fortschritts, der Vermehrung materieller Besitztümer und der Herausbildung gesellschaftlicher Institutionen (Eigentum, Vererbung, Familie usw.). Daraus
erklärt sich, dass er durchaus exzessiv die dort vorhandenen Wertgegenstände und
Werkzeuge inventarisierte, Formen des Güteraustauschs in ‚primitiven' Gesellschaften aber an keiner Stelle problematisierte. Während der Kolonialismustheoretiker
Marx den Export kapitalistischer Produktionsverhältnisse – und damit auch die Implementierung marktförmiger Güterdistribution – als kritischen Punkt jeder Kolonisierung identifizierte, entwickelte der Amateurethnologe Marx kein besonderes Interesse an so etwas wie ‚primitiven' Märkten. Ein stückweit reflektiert das den Erkenntnisstand und das Erkenntnisinteresse der damaligen materialistisch und evolutionistisch orientierten Ethnologie etwa Lewis H. Morgans, dessen Arbeiten für Marx
einer der wichtigsten Bezugspunkte waren.[10]

III. Joseph Conrad und die Handelsvertreter in den „Tiefen des afrikanischen Kontinents"

Als Joseph Conrad seine Erzählung *Herz der Finsternis* (1899) veröffentlichte,
waren die europäische Expansion und das Nachdenken über die wirtschaftliche Bedeutung der Kolonien bereits seit einiger Zeit nicht mehr mit dem Problem der Implementierung kapitalistischer Produktionsverhältnisse auf jungfräulichem Boden
(etwa Nordamerikas) beschäftigt. Conrads Erzählung verlagerte den Schauplatz
an den neuen Brennpunkt des Kolonialismus: Äquatorialafrika, namentlich den
Kongo. Ende des neunzehnten Jahrhunderts war diese Weltgegend, so ließ Conrad
seinen Erzähler sich erinnern,

---

detaillierte und scharfe Kritik der editorischen Mängel dieser Ausgabe vgl. *Erhard Lucas:* Der
späte Marx und die Ethnologie. Zu Lawrence Kraders Edition der Exzerpte 1880–1882. In:
Saeculum 26 (1975), 386–402.

[10] Das Problem der Distribution unterschiedlicher Güter sowie der Formen des Umgangs
mit Reichtümern, etwa der berühmte Potlatch, wird erst seit der Wende zum zwanzigsten
Jahrhundert intensiv und hoch kontrovers diskutiert. In einer jüngeren Arbeit wurde das explizit zu einer Frage nach dem *kapitalistischen* Charakter *indigener* Ökonomie, die Marx
durchaus fremd gewesen wäre: „The aboriginals of North America did not have capitalist
economies in the sense of accumulating significant levels of capital; nevertheless, their societies had market features including barter trade and, for a few groups, trade that was facilitated by money. More importantly, they institutionalized gift-giving, which provided a capital market, in that it allowed for borrowing and lending" (*Ann M. Carlos / Frank D. Lewis:*
Native Americans and Exchange: Strategies and Interactions Before 1800. In: Larry Neal /
Jeffrey G. Williamson (Hrsg.): The Cambridge History of Capitalism. Bd. 1, Cambridge 2014,
455–489, Zitat: 456–457).

"längst kein weißer Fleck mehr. Er hatte sich seit meiner Jugend mit Flüssen und Seen und Namen gefüllt. Er hatte aufgehört, ein leerer Raum köstlicher Geheimnisse zu sein – ein weißer Fleck, über dem ein Junge sich in glorreiche Träume verlieren konnte. Er war zu einem Ort der Finsternis geworden. Doch gab es darin vor allem einen Fluß, einen gewaltig großen Fluß, den man auf der Landkarte sehen konnte und der einer riesigen, sich aufringelnden Schlange glich, deren Kopf im Meer, deren Leib über eine weite Fläche hingelagert war und deren Schwanz sich in den Tiefen des Kontinents verlor. [...] Dann erinnerte ich mich, daß es einen großen Konzern gab, eine Gesellschaft, die Handel auf diesem Fluß trieb. Zum Kuckuck! dachte ich, die können doch auf all diesem Süßwasser keinen Handel treiben ohne irgendwelche Fahrzeuge – Dampfboote! Warum sollte ich nicht versuchen, den Befehl über solch ein Dampfboot zu erlangen?"[11]

Die afrikanischen Kolonien waren zu diesem Zeitpunkt in unterschiedlichem Umfang und auf unterschiedlichen Wegen Objekt einer zunehmenden kapitalistischen Transformation und Integration in den kapitalistischen Weltmarkt. Rohstoffvorkommen hatten die ökonomische Bedeutung einiger Regionen erheblich gesteigert. Dabei wurde auch deutlich, dass der koloniale Kapitalismus durchaus, wenn auch nicht überall, an lokale Entwicklungen anknüpfen konnte. Flankiert und forciert von kolonialpolitischen Maßnahmen (Infrastrukturausbau, Zollpolitik, Währungsregulierung usw.) entstand, etwa in Westafrika, eine Art „indigener Kapitalismus". Das Ausmaß des Kapitalexports in die Kolonien blieb freilich selbst auf dem Höhepunkt dieser Entwicklung (1870–1914) eher bescheiden und konzentrierte sich auf die weißen Siedlerkolonien oder im Bereich der extraktiven Industrien.[12] Vor diesem Hintergrund ist ‚Afrika' bei Conrad vor allem Verheißung von Handelsgelegenheiten und Handelsgewinnen. Der Plot der Erzählung – die Suche nach dem Handelsvertreter Kurtz, von dem in der Niederlassung zunächst immer spärlichere und dann, je näher man ihm kommt, immer obskurere Nachrichten kursieren – spiegelt diese Perspektive: Die stets realistische Möglichkeit der Krankheit, des Todes oder des Verrücktwerdens eines im Herzen der Finsternis agierenden und verschollenen Handelsagenten wird nämlich erst dann zum Problem, als die Elfenbeinlieferungen ausbleiben. Dass Kurtz zwischen Bergen aus verrottendem Elfenbein sitzt, statt es in die Handelsstation zu schicken, ist das sichere Zeichen seines Wahnsinns. Dass er, nachdem ihm zuerst die Tauschwaren und dann die Patronen ausgingen, die Einheimischen dazu brachte, ihm auf kultische Weise Gefolgschaft zu leisten, ist so lange akzeptabel, wie es dem Erwerb dienlich ist.

Abgesehen von Kurtz treffen im Herzen der Finsternis immer wieder große Hoffnungen – mit dem „Handel Geld wie Heu zu verdienen" – auf den läppischen Umfang der Tauschgeschäfte vor Ort, die Enttäuschungen hervorrufen und tragisch enden können. Conrads Erzähler etwa kommt bei einer Handelsgesellschaft deshalb unter, weil ein Schiffer der Gesellschaft von den Eingeborenen getötet worden war. Monate später erfuhr sein Nachfolger,

---

[11] *Joseph Conrad:* Herz der Finsternis. Zürich 1977 [1899], 16–17.
[12] Als Überblick: *Gareth Austin:* Capitalism and the Colonies. In: Larry Neal / Jeffrey G. Williamson (Hrsg.): The Cambridge History of Capitalism. Bd. 1, Cambridge 2014, 301–347.

„daß der ursprüngliche Streit aus einem Mißverständnis über ein paar Hühner entstanden war. Fresleven – so hieß der Mann, ein Däne – war der Meinung gewesen, er sei bei dem Handel übervorteilt worden. [...] Was aus den Hühnern wurde, weiß ich auch nicht. Ich möchte annehmen, sie fielen dennoch der Sache des Fortschritts zu."[13]

Das Herz der Finsternis ist in dieser Perspektive zuallererst eine Kette von Häfen und Handelsplätzen, an denen „der flotte Tanz des Todes und des Handels in einer lastenden und fahlen Atmosphäre gleich der einer überhitzen Katakombe weiterging"; „ein Strom von Fabrikwaren, Baumwollzeug, Glasperlen und Messingdraht ergoß sich in die Tiefen der Finsternis, und dafür sickerte von dort ein kostbares Elfenbeinrinnsal zurück."[14] All der „Plunder" auf der einen und all die Reichtümer auf der anderen Seite konnten freilich nicht verhindern, dass es immer wieder an trivialen Dingen wie Nieten zur Reparatur des Schiffs fehlte.

„An der Küste gab es sie kistenweise – Kisten – gestapelt – aufgebrochen – zerschlagen! Auf dem Gelände jener Station am Berghang war man alle zwei Schritt gegen eine Niete gestoßen. Nieten waren in den Hain des Todes gerollt. Man konnte sich die Taschen mit Nieten füllen, wenn man sich die Mühe machte, sie aufzuheben – und keine Niete war dort zu finden, wo sie gebraucht wurde. Wir besaßen hinreichend Eisenplatten, aber nichts, um sie anzubringen. Und jede Woche brach der Bote, ein Neger, den Postsack geschultert und einen Stab in der Hand, zu seinem einsamen Marsch von unserer Station zur Küste auf. Und mehrmals jede Woche trafen Küstenkarawanen mit Handelsgütern ein – scheußlich bedrucktes Kaliko, das einen erschauern ließ, wenn man nur hinsah, Glasperlen, die einen Penny das Pfund wert sein mochten, verdammte getupfte Baumwolltaschentücher. Und keine Nieten."[15]

Das sind dann wohl die Tücken einer kolonialen Ökonomie *ohne funktionierende Märkte* – einer Ökonomie, die auf betrügerischem Gütertausch sowie ruchlosem Raub der Schätze des Landes beruht und die darüber hinausgehende Allokation von Gütern einer quasi-militärischen Nachschublogik zu überlassen scheint. Es sind die Tücken einer Ökonomie *ohne funktionierende Währung*. Die Messingdrahtstücke etwa, die den einheimischen Trägern, Helfern und Arbeitern als Bezahlung in die Hand gedrückt werden („sie sollten sich mit dieser Währung in den Dörfern am Fluß die notwendigen Nahrungsmittel beschaffen"[16]), mochten vor Ort tatsächlich Geldfunktionen ausgeübt haben, nur stieß das an Grenzen, wenn sich niemand fand, der etwas für dieses Geld zu ‚verkaufen' bereit war.[17] Die bittere Ironie des Gan-

---

[13] *Conrad:* Herz der Finsternis (wie Anm. 11), 18–20.

[14] Ebd., 31, 41.

[15] Ebd., 64–65.

[16] Ebd., 96.

[17] Messingstäbe, *brass rods*, hatten im Kongo freilich eine längere, auch vorkoloniale Tradition als Währung. Ursprünglich durch das Einschmelzen ornamentaler Schmuckstücke lokal hergestellt, wurden sie seit Ende des neunzehnten Jahrhunderts in großer Stückzahl aus Europa eingeführt. „European traders, travelers and missionaries carried with them coils of thick brass wire which were cut into small pieces according to requirements" (*Paul Einzig:* Primitive Money in its Ethnological, Historical and Economic Aspects, 2., überarb. u. erw. Aufl. London 1966 [1948], 151). In der ethnographischen Beschäftigung mit Geld galten sie

zen besteht darin, dass die mit dem Kauf und Verkauf von Waren gegen Geld vertrauten Europäer die Einheimischen zwangen, sich unter unmöglichen Bedingungen auf diese Logik der Versorgung mit lebensnotwendigen Gütern einzulassen, während sie selbst sich genau darauf nicht verließen. Die europäischen Dampfschiffer und Handelsagenten traten ihre Reise in das Herz der Finsternis mit einem – für sie selbst – ausreichenden Vorrat an Proviant an, während ihre indigenen Begleiter, reichlich ausgestattet mit Messingdrahtwährung, dem Verhungern preisgegeben wurden.

IV. Karl Polanyi und die „Märkte in Afrika"

Karl Polanyis *The Great Transformation* (1944) ist die analytisch schärfste und einflussreichste historisch-theoretische Studie zum Problem der Vermarktlichung. Polanyis Interesse galt der Ausbreitung der Marktwirtschaft, die in seinen Augen nicht Verkörperung einer vermeintlich natürlichen Neigung des Menschen zum Tausch war, sondern historisch-politischer Kampfplatz:

„Wir vertreten die These, daß die Idee eines selbstregulierenden Marktes eine krasse Utopie bedeutete. Eine solche Institution konnte über längere Zeiträume nicht bestehen, ohne die menschliche und natürliche Substanz der Gesellschaft zu vernichten; sie hätte den Menschen physisch zerstört und seine Umwelt in eine Wildnis verwandelt. Die Gesellschaft ergriff zwangsläufig Maßnahmen zum eigenen Schutz, aber alle diese Maßnahmen beeinträchtigten die selbstregulierende Funktion des Marktes nicht."[18]

Die Marktwirtschaft, so Polanyi, sei etwas „extrem Künstliches", das auf der Durchsetzung der „Warenfiktion" beruhe, sich Schritt für Schritt in alle gesellschaftlichen Institutionen einschreibe und ein spezifisches Menschenbild propagiere. Polanyi unterfütterte diese Thesen nicht nur am Beispiel der englischen Geschichte des neunzehnten Jahrhunderts, sondern auch mittels Rückgriff auf die Ergebnisse der damals jungen Disziplin der Wirtschaftsanthropologie. So konnte er behaupten, in archaischen Gesellschaften, die nicht vom Marktprinzip durchdrungen seien, „ist der Profitgedanke ausgeschlossen, Schachern und Feilschen sind verpönt, großzügiges

---

als hervorstechendes Beispiel für „currency debasement and inflation in a primitive community"; verursacht einerseits durch den massiven Zufluss aus Europa, andererseits durch den Umgang mit dieser Währung seitens der Bevölkerung des Kongo selbst. Wann immer ein Kongolese einen der Stäbe in die Hand bekam, so beschrieb der Ethnologe Paul Einzig eines der zentralen Merkmale der kongolesischen Geldgeschichte, knappste man etwas von ihnen ab. So wurden die Stäbe mit jeder Transaktion kürzer und man ‚gewann' das Rohmaterial zur Herstellung neuer *rods* oder verschiedener Ornamente (vgl. ebd., 152). *Diese* Praxis ist freilich alles andere als exotisch. Das *clipping* war vielmehr integraler Bestandteil jedes edelmetallbasierten Geldsystems, in dem sich der Wert einer ‚Münze' aus dem intrinsischen Wert des gemünzten Materials ergibt (vgl. *Debra Glassman / Angela Redish:* Currency Depreciation in Early Modern England and France. In: Explorations in Economic History 25 (1988), 75–97; *Craig Muldrew:* „Hard Food for Midas". Cash and Its Social Value in Early Modern England. In: Past & Present 170 (2001), 78–120).

[18] *Karl Polanyi:* The Great Transformation. Politische und ökonomische Ursprünge von Gesellschaften und Wirtschaftssystemen. Frankfurt/Main 1973 [1944], 19–20.

Geben wird als Tugend betrachtet, die angebliche Neigung zu Tausch, Tauschhandel und Tauschgeschäften tritt nicht in Erscheinung".[19] Für Polanyi wie auch diejenigen Ökonomen, Ethnologen, Soziologen und Historiker, die in den fünfziger und sechziger Jahren seine Überlegungen in ein kohärentes Forschungsprogramm überführten, wurde die Frage nach Voraussetzungen, Funktionsweise und Folgen des Markts als Organisationsprinzip sozialer und ökonomischer Beziehungen – nach der „Allgemeingültigkeit eines Marktsystems im Bereich der empirischen Fakten" – zum drängendsten Problem einer vergleichenden Wirtschaftsforschung.

> „Der Anspruch der formalen Nationalökonomie auf eine historisch allgemeingültige Anwendbarkeit bejaht diese Frage. Damit wird praktisch das wesensmäßige Vorhandensein eines Marktsystems in jeder Gesellschaft behauptet, gleichgültig, ob ein solches System empirisch vorhanden ist oder nicht. Jegliche menschliche ökonomische Tätigkeit könnte somit als ein potentielles System von Angebot, Nachfrage und Preis angesehen werden, und die wirklichen Prozesse, wie immer sie beschaffen sein mögen, im Sinne dieser Hypothese erklärt werden."[20]

Nachdem Polanyi und seine Mitstreiter sich 1957 in dem einflussreichen Band *Trade and Market in the Early Empires* dem Problem der allgemeinen Anwendbarkeit ökonomischer Theorien aus historischer, soziologischer und anthropologischer Perspektive gewidmet und dabei Ausbreitung, Bedeutung und Funktion von Handelsplätzen, also konkret: der jeweiligen Institutionalisierung von Märkten, unter anderem in Mesopotamien, im Maya- und Aztekenreich oder dem westafrikanischen Königreich Dahomey rekonstruiert hatten[21], widmete sich der 1962 von den Polanyi-Schülern Paul Bohannan und George Dalton herausgegebene Band *Markets in Africa* der Frage, ob das Konzept des Markts auf ‚primitive' Gesellschaften – in der Anlage des Bands hieß das: nicht mehr frühgeschichtliche, sondern zeitgenössische Gesellschaften – angewandt werden könne. Zentral war dabei die Unterscheidung von Markt*plätzen* und Markt*prinzip*.

> „The market place is a specific site where a group of buyers and a group of sellers meet. The market principle is the determination of prices by the forces of supply and demand regardless of the site of transactions. It is important to understand that the market principle can and often does operate outside the market place [...]. When most of our contributors use the term ‚markets', they mean market places and not the diffuse interaction of suppliers and demanders whose activities determine prices. The two, of course, overlap in many instances, but not by any means in all."[22]

Der Band ging von der zu diesem Zeitpunkt in der Wirtschaftsanthropologie etablierten Annahme aus, ‚primitive' Gesellschaften verfügten über *multizentrische*

---

[19] Ebd., 79–80.

[20] *Ders.:* Die Rolle der Volkswirtschaft in Gesellschaften. In: Ders., Ökonomie und Gesellschaft. Frankfurt/Main 1979, 186–208, Zitat: 187.

[21] Vgl. *Ders. / Conrad M. Arensberg / Harry W. Pearson* (Hrsg.): Trade and Market in the Early Empires. Economies in History and Theory. Glencoe/Ill. 1957.

[22] *Paul Bohannan / George Dalton:* Introduction. In: Dies. (Hrsg.): Markets in Africa. Evanston 1962, 1–26, Zitat: 1.

Ökonomien, die durch die Existenz *getrennt voneinander institutionalisierter* und *hierarchisch angeordneter Tauschsphären* – mit jeweils eigenen materiellen Gütern (Gebrauchsgegenstände, rituelle Gegenstände, Prestigegüter, Schätze), Tauschprinzipien (Handel und Tausch, Gabe und Gegengabe) und Wertvorstellungen (Bedarfsorientierung, Gewinnstreben, soziale Verpflichtung und Gegenseitigkeit, Rivalität und Prestige) – gekennzeichnet seien. Während die *Übertragung* von Gütern *innerhalb einer Sphäre* in der Regel unproblematisch und tatsächlich mit Begriffen des Tauschs zu fassen sei, so Franz Steiner, der 1954 als erster den Versuch einer Formalisierung dieses Wirtschaftstyps unternahm, folge die *Übersetzung* von Gütern *aus der einen ein eine andere Sphäre* einem hochkomplexen Regelwerk, das mit der Logik des Äquivalenztauschs nur wenig zu tun habe.[23]

Markets in Africa arbeitete in den verschiedenen Fallstudien heraus, dass in afrikanischen Gesellschaften diejenige Sphäre, in der sich marktförmige Transaktionen abspielten, in der Regel eine marginale und untergeordnete Stellung einnahm. Auf diesen peripheren Märkten sei zwar eine Preisbildung entlang von Angebot und Nachfrage am Werk, der Preisbildungsmechanismus werde aber durch moralische und soziale Faktoren überlagert. Zudem wirkten Preise – im Unterschied zur westlichen Marktwirtschaft – *nicht* auf Produktionsentscheidungen zurück, lenkten also nicht die Allokation produktiver Ressourcen. Das Problem der Märkte und (Markt-) Preise wurde vor diesem Hintergrund systematisch auf das Problem des Vorhandenseins und der Funktion(en) von Geld bezogen. Mit der Einführung von Geld als universellem Tauschmittel, so Bohannan und Dalton, begannen sich die Grenzen der Tauschsphären aufzulösen und zu vermarktlichen, und es entstand eine *Sphäre der für Geld kaufbaren Dinge*. Die aktuelle Situation, resümierten die beiden Polanyi-Schüler, sei in weiten Teilen Afrikas durch eine Ausdehnung des Marktprinzips in Folge westlichen Einflusses gekennzeichnet. Diese Dynamik, die Ausdehnung desjenigen Sektors, der vom Marktprinzip beherrscht wird, so prognostizierten sie, werde sich fortsetzen und afrikanische Ökonomien in Marktwirtschaften westlichen Typs verwandeln. Das zunächst empirische – historische und anthropologische – Interesse an marktlosen Gesellschaften wurde so zunehmend zu einer auch entwicklungspolitisch grundierten Problematisierung von Prozessen der Vermarktlichung im (post-)kolonialen Kontext, also der Verwandlung redistributiver und reziproker Formen des Umgangs mit Gütern in eine marktförmige Organisation. Und einer der entscheidenden Faktoren war eben das Geld.

> „Hence, if there is any item which carries out any of the functions of money (and there may not be), the money item must vary from one sphere to another, or else it must have different money use in the two spheres. A single item used for the same money purpose in two spheres is either institutionalized so as to create a means of conversation or else it destroys the separation between the spheres. In Africa, this process has occurred by the expansion of the market into spheres formerly characterized by other transactional principles. The use of

---

[23] Vgl. *Franz Steiner:* Notiz zur vergleichenden Ökonomie [1954]. In: Fritz Kramer / Christian Sigrist (Hrsg.): Gesellschaften ohne Staat: Gleichheit und Gegenseitigkeit. Frankfurt/Main 1978, 85–100.

money earned in the market place or through the market principle for bridewealth or cult membership has sullied the brides and the cults with market morality."[24]

Die Einzelbeiträge in *Markets in Africa* folgen alle dem skizzierten Zuschnitt. David W. Ames zeigte auf, dass die Ökonomie der Wolof in Gambia ohne komplexe Tauschmechanismen auskam, Märkte weitgehend abwesend waren und der Einsatz von Geld erst seit der Ankunft der Europäer belegt ist. Erst im späten neunzehnten Jahrhundert übernahm das traditionelle, in der Ethnologie berühmte *cloth money* tatsächlich die Funktion eines universellen Tauschmittels westlichen Typs, freilich mit einem entscheidenden Unterschied: Neben seiner Funktion als Geld hatte es einen konkreten Gebrauchswert. Es war Konsumartikel, ökonomische Notwendigkeit, handwerklich erzeugtes Gut und – vor allem – nicht nur Symbol für Reichtum, sondern „real wealth of a most valuable kind".[25] Dass es im Prozess der Kolonisierung zu einem allgemeinen Wertstandard und universellem Tauschmedium wurde, so Ames, lag vor allem an der mangelnden Verfügbarkeit europäischer Währungen vor Ort. Der Einsatz von *cloth money* als Substitut und „derivative invention", also der Einsatz von „commodities as money (money-barter)", markiere ein typisches, sich aus dem Kontakt mit europäischen Handlern und deren Geldsystem ergebendes Übergangsstadium – wobei oft freilich, anders als bei den Wolof, eine bestimmte europäische Ware die Geldfunktion übernahm.

Andere Fallstudien kamen zu dem Ergebnis, dass Geld in vielen afrikanischen Gesellschaften, etwa bei den marktlosen und nomadischen Fulani im Nigergebiet oder im nördlichen Somaliland, in Verwendung sei, allerdings in einer gewissermaßen eingehegten Form nur über begrenzte Austauschbarkeit verfügte, das heißt: nur bei bestimmten, in der Regel unbedeutenderen Transaktionen zum Einsatz kam.[26]

---

[24] *Bohannan / Dalton:* Introduction (wie Anm. 22), 6–7. Ausgangspunkt dieser Argumentation war die von *Karl Polanyi:* Die Semantik und Verwendung von Geld [1957]. In: Ders.: Ökonomie und Gesellschaft (wie Anm. 20), 317–345, eingeführte Unterscheidung von „general purpose money" als westlich-moderner, einer Marktwirtschaft gemäßer Typus von Geld, in dem die Funktionen als Zahlungsmittel, Maßeinheit und Tauschmittel ineinandergriffen, und „special purpose money" als in ‚primitiven' Gesellschaften mit getrennten Tauschsphären dominierender Typus, in dem diese Funktionen auseinanderfielen. Die Behauptung, archaische Gesellschaften seien geldlose Gesellschaften, so Polanyi, ließe sich nur dann aufrechterhalten, wenn man einer ökonomistischen und modernistischen Verallgemeinerung des ersten Geldbegriffs folge, die „die Schuld an der noch immer andauernden Verwirrung hinsichtlich der Merkmale primitiver Geldformen" trage. Kritisch gegenüber dieser Position: *Jacques Melitz:* The Polanyi School of Anthropology on Money. An Economist's View. In: American Anthropologist 72 (1970), 1020–1040.

[25] Dazu und zum Folgenden: *David W. Ames:* The Rural Wolof of the Gambia. In: Bohannan / Dalton: Markets in Africa (wie Anm. 22), 29–60; *Ders.:* The Use of a Transitional Cloth-Money Token among the Wolof. In: American Anthropologist 57 (1955), 1016–1024.

[26] Vgl. *Marguerite Dupire:* Trade and Markets in the Economy of the Nomadic Fulani of Niger (Bororo). In: Bohannan / Dalton: Markets in Africa (wie Anm. 22), 335–362; *I.M. Lewis:* Lineage Continuity and Modern Commerce in Northern Somaliland. In: Bohannan / Dalton: Markets in Africa (wie Anm. 22), 365–385. Die Mossi im heutigen Burkina Faso wickelten dagegen die meisten ihrer kommerziellen Aktivitäten seit langem über Märkte ab. In

Über die sudanesischen Azande – eine Gesellschaft, die seit vorkolonialer Zeit zwar mit dem Prinzip des Tauschs vertraut war, aber ohne formelle Marktplätze auskam – schrieb Conrad C. Reining:

> „Nonetheless, the Azande have been using money for about 40 years and they were universally familiar with it as a medium of exchange. Virtually all economic transactions among themselves, as well as those with the outside world, involve money. But money had a different role, or more accurately, a different set of roles, than it does in industrialized societies. The Azande saw money primarily as a special item necessary to acquire in shops certain commodities which could not be manufactured in their subsistence economy – clothing, blankets, various household utensils, bicycles, and guns. These things were not indispensable, but they had been part of the Zande life for a long time. They invariably answer questions as to why food and other articles were being sold in the markets or why individuals were working for money wages in terms of the need for money to obtain desirable imported goods. [...] Despite the preoccupation with money and imported goods, these goods satisfied only a small part of a family's total needs. The subsistence economy was still extremely important and the productive activities of the individual household had changed relatively little in contrast to pervasive changes in the political organization and the territorial distribution of the Azande. By far the greatest portion of the subsistence goods consumed by any family today was produced by its members, and most of Zande productive economy was not involved in any exchange, or money transactions. Since the subsistence economy still produced most of the things required for daily life, we can say that the Azande had a ‚pin-money' economy. They wanted money primarily to buy extras, not to live on. A consistent characteristic of Zande cash expenditures is that almost nothing was spent for daily subsistence, even among the families with members earning regular wages. This principle was verbalized by the Azande, who stated that they did not like to spend money on food or shelter. Even town laborers regarded money spent merely to live as ‚wasted'."[27]

Insgesamt übernahm Geld eine Doppelfunktion: einerseits als besondere, mit Importgütern verbundene Ware; andererseits als Tauschmittel und Äquivalent nicht für Subsistenzgüter, sondern zur Begleichung sozialer Verpflichtungen – auch wenn der zweite Aspekt, so Reining, den Azande selbst nicht immer klar sei. Überraschenderweise führte das in diesem Fall aber *nicht* zu einer Implosion der Tauschsphären, sondern zur Integration von Geld in diese Ordnung, die stets nur eine Konvertierung in Güter einer höheren Klasse erstrebenswert erscheinen ließ (Nahrungsmittel zu Geld, aber nicht umgekehrt; Geld zu Importgütern, aber nicht zu Nahrungsmitteln usw.).

---

ihren eigenen Geschichten und Erklärungen meinten sie, Märkte seien quasi von selbst entstanden, weil Menschen miteinander Güter austauschen wollten. Unter Markt verstanden sie dabei einen Ort, an den Menschen gehen, um Dinge zu kaufen und zu verkaufen, aber auch um Freunde zu treffen, zu plaudern, zu trinken. Zu einer Monetarisierung im engeren Sinn sei es freilich – wie in anderen Fällen auch – erst durch die Initiative der in diesem Fall französischen Kolonialherren gekommen, die darauf drängten, dass Steuern in Franc zu bezahlen waren (vgl. *Elliott P. Skinner:* Trade and Markets Among the Mossi People. In: Bohannan / Dalton: Markets in Africa (wie Anm. 22), 237–278).

[27] *Conrad C. Reining:* Zande Markets and Commerce. In: Bohannan / Dalton: Markets in Africa (wie Anm. 22), 537–560, Zitat: 551–552; vgl. auch: *Ders.:* The Role of Money in the Zande Economy. In: American Anthropologist 61 (1959), 39–43.

Die ‚Taschengeldökonomie' der Azande wurde nicht zu einer vollausgebildeten Geldwirtschaft.

Die konsequenteste und materialreichste ethnologische Ausbuchstabierung des Konzepts der multizentrischen Ökonomie findet sich in Paul Bohannans Studien zu den nigerianischen Tiv. Die Tiv unterschieden strikt zwischen der Sphäre der Handels- und Tauschgüter (lokale Nahrungsmittel, Haushaltsutensilien, handwerkliche Erzeugnisse, einige Werkzeuge und Rohmaterialien – alles in der Regel mit Subsistenzbezug), derjenigen der Prestigegüter (Sklaven, Rinder, rituelle Ämter, Medizin und Magie, *brass rods* – Kupfer- beziehungsweise Messingstücke, die bereits bei Joseph Conrad zu einer gewissen Prominenz gekommen waren) und der Sphäre der ‚höchsten Werte', die ausschließlich Rechte an Frauen und Kindern beinhaltete. Es sei also keineswegs erstrebenswert, „ein Gut gegen jedes beliebige andere zu tauschen".[28] Die hierarchische Anordnung der Sphären habe nun zur Folge, dass aus Perspektive des Einzelnen Investitionen von Reichtum nur lohnend und möglich seien, wenn die Reichtümer in eine höhere Kategorie umgewandelt werden (Subsistenzgüter in Prestigegüter und beide in Frauen). Ein ‚Verkauf nach unten', also etwa Töchter für Subsistenzmittel, werde abgelehnt und gelte als moralisch verwerflich. Das korrelierte, so Bohannans zentrale Erkenntnis, mit dem Fehlen eines universellen Tauschmittels. Das, was Geld am Nächsten komme und in der Tiv-Ökonomie tatsächlich eine besondere Rolle spielte, waren die bereits erwähnten *brass rods*, an denen Bohannan die Spezifika eines „special purpose money" verdeutlichte:

> „For conveyances within the prestige sphere brass rods were used as a standard of equivalence, and they were a medium of exchange; they were also a mode for storing wealth and were used as payment. But brass rods were a general-purpose currency *only within the prestige sphere*. Brass rods sometimes entered into conversions, when they fulfilled only one of the functions of money – that of payment – and cannot be considered a general-purpose currency. […] Finally, there were no items or commodities (including brass rods) used as a means of exchange for conveyance within either the subsistence sphere or the kinship sphere. Therefore, outside the prestige sphere, brass rods were in exceptional circumstances used as a means of payment in conversions. They did not serve any other money uses in conversions."[29]

---

[28] Dazu und zum Folgenden: *Paul Bohannan:* Über Tausch und Investition bei den Tiv [1955]. In: Fritz Kramer / Christian Sigrist (Hrsg.): Gesellschaften ohne Staat. Gleichheit und Gegenseitigkeit. Frankfurt/Main 1978, 70–84; *Ders.:* The Impact of Money on an African Subsistence Economy. In: Journal of Economic History 19 (1959), 491–503; *Ders. / Laura Bohannan:* Tiv Economy. London 1968. Kritisch: *D.C. Dorward:* Precolonial Tiv Trade and Cloth Currency. In: International Journal of African Historical Studies 9 (1976), 576–591. Dowards Kritik gründet auf einer detaillierten Rekonstruktion des präkolonialen Handels wie auch der handwerklichen Produktion von Handelsgütern, deren Ausmaß und Bedeutung, so der Einwand, Paul und Laura Bohannan systematisch zugunsten des Subsistenz- und Prestigegütersektors unterschätzten. Die Auswirkungen des Kolonialismus lägen daher auch nicht auf der Ebene der Einführung von Geld als universellem Tauschmittel oder der Aufhebung der Trennung verschiedener Sphären im Sinne einer Vermarktlichung, sondern in der Zerschlagung der „socio-political organization of indigenous commerce in Tivland" (ebd., 591).

[29] *Bohannan / Bohannan:* Tiv Economy (wie Anm. 28), 237.

Die Einführung eines tatsächlichen „general purpose money" an Stelle der von der Kolonialverwaltung irrtümlich dafür gehaltenen *brass rods* verwandelte eine multizentrische in eine unizentrische Ökonomie. Die Logik der Marktsphäre hielt Einzug in die anderen Tauschsphären. Geld wurde zum Maßstab für *alle* Werte, die nun erstmals in *einem einzigen* Standard ausgedrückt und dadurch als beliebig austauschbar gedacht werden konnten. Damit, so Bohannan, geriet die Ökonomie in einen immer stärkeren Widerspruch mit den weiterhin bestehenden Wertvorstellungen.

> „General-purpose currency has reduced all the various spheres of exchange to a single sphere; it has homogenized, so to speak, the separate transactional spheres. The resulting institutional arrangement has taken many of its characteristics from the market. [...] The market has become pervasive; it is no longer merely an institution – it threatens to become a way of life. [...] To generalize, every institution is held in check by other institutions or activities within the society in which it is found. When that system of checks and boundaries is disturbed, the institution is likely either to be swamped or to spread to cultural spheres from which it was formerly excluded. In the impact of Western culture on Tivland indigenous checks on the market institution were nullified, the market institution itself reinforced."[30]

All die zitierten Fallbeispiele zeugen davon, dass Wirtschaftsanthropologen in den fünfziger und sechziger Jahren es für eher unwahrscheinlich hielten, im Herzen der Finsternis vollausgebildete Markt- und Geldwirtschaften zu finden. Womit zu rechnen war, war das Vorhandensein mehr oder weniger peripherer Märkte und eines eingehegten Tauschhandels. Die Wirtschaftsanthropologie im Anschluss an Karl Polanyi konnte an der Behauptung substanzieller Unterschiede von Wirtschaftsweisen ihr begriffliches Instrumentarium schärfen. Marx zeigte klammheimliche Freude über das Stolpern (wenn auch nicht den Sturz) der britischen Kolonialpolitik, die vergaß, den Markt ins Marschgepäck aufzunehmen. Joseph Conrads Handelsvertreter behalfen sich mit brutalem Raub und kleinem Betrug – und verfielen dem Wahnsinn, wenn der Widerspruch von Markthandeln und den Bedingungen marktloser Gesellschaften unerträglich wurde. So zeigen alle Schlaglichter auf ihre Weise, wie sehr die Auseinandersetzung mit der Ökonomie der Anderen die Versuche, *den Markt zu denken*, in Bewegung brachte.

---

[30] Ebd., 348–349.

Industrie-Kultur-Management

Von *Jörg Feldkamp*

I.

Rudolf Boch wurde auf einer Gesellschaft fälschlicherweise als der Inhaber des Lehrstuhls für Industriekultur an der TU Chemnitz vorgestellt. Da war er wieder, der Begriff Industriekultur, der so unscharf ist wie die ungenaue Benennung des gemeinten Lehrstuhls für Wirtschafts- und Sozialgeschichte.

In der Sprachwissenschaft bedeuten Neologismen in den allgemeinen Gebrauch übergegangene sprachliche Neuprägungen. Eine Eigenart der deutschen Sprache sind dazu Determinativkomposita, die Wortbildungsprodukte der Komposition, d. h. der Zusammensetzung zweier, auch Doppelwort genannt, oder sogar mehrerer bereits vorhandener Wörter. Verwaltung und Politik nutzen gerne Wortschöpfungen, um Ereignisse und Sachverhalte, Vorschriften oder Stimmungen sprachlich in den Griff zu bekommen, zu benennen, aber auch zu verharmlosen oder aufzuwerten. Mehrwertsteuer, Ozonloch, Flüchtlingsfrage, Dieselskandal, wobei für letzteres auch die Schreibweise Diesel-Skandal anzutreffen ist. Die erste Einheit, das Bestimmungswort oder Determinans, grenzt die Bedeutung der zweiten, des Grundwortes oder Determinatum ein. Es geht also in den oben genannten beliebigen Beispielen nicht um einen Mehrwert für den Verbraucher, sondern eine Steuer auf den Verbrauch von Waren und Dienstleistungen, einen Skandal im Umgang mit Abgaswerten, ein Loch in der Ozonschicht oder um eine als Frage umschriebene Problemlage, wobei dieses Determinatum harmloser daherkommt, als es angesichts der Flüchtlingskrise in Wirklichkeit ist. Es gibt keine Flüchtlingsfrage, sondern nur viele unbeantwortete Fragen, wie mit der neuen Völkerwanderung umzugehen ist.

II. Kultur

Von der Flüchtlingsfrage zur Willkommenskultur, dem vom CDU-Politiker Friedrich Merz bereits vor 20 Jahren aufgebrachten Begriff, ist es nicht weit und der vormalige Innenminister Thomas de Maizière hat ihn vor dem Hintergrund der Flüchtlingsströme und Massenzuwanderung wieder einmal aufgegriffen. Und jetzt hat es diese nicht mehr ganz so neue Neuprägung in den Duden geschafft, in dessen um 5.000 Wörter erweiterte 27. Auflage. Dabei hinterlässt die politische Debatte der vergangenen Jahre deutliche Sprachspuren und neben der Willkommenskultur finden aktuell auch Flüchtlingskrise, Schmähgedicht und postfaktisch Aufnahme in den

Duden.[1] Nach dem zuvor Ausgeführten geht es bei der Willkommenskultur also in erster Linie um Kultur. Bemüht man eine bekannte Suchmaschine nach Kultur zu suchen, ergeben sich im ersten Anlauf ungefähr 259 Millionen Verweise.[2]

Bemerkenswert ist, dass im Grundgesetz der Bundesrepublik Deutschland der Begriff Kultur nur ein einziges Mal im Artikel 23, Abs. 6 vorkommt, wo von den „Gesetzgebungsbefugnisse[n] der Länder auf den Gebieten der schulischen Bildung, der Kultur oder des Rundfunks"[3] die Rede ist. Es wird also vorausgesetzt, dass jedermann verbindlich weiß, was mit Kultur gemeint ist. Zuvor heißt es im Absatz 3 des Artikel 5. „Kunst und Wissenschaft, Forschung und Lehre sind frei." Immerhin sind diese Elemente als Kulturbestandteile unstritig. Und dann findet in Artikel 73, Abs. 5a noch das Determinativkompositum Kulturgut Anwendung im Zusammenhang mit der ausschließlichen Gesetzgebungsbefugnis des Bundes über den Schutz deutschen Kulturgutes gegen Abwanderung ins Ausland.[4]

Die Bundeszentrale für politische Bildung weiß, dass das Wort Kultur zu den Begriffen gehört,

„die in der Gesellschaft sowie den Geistes- und Sozialwissenschaften am häufigsten gebraucht werden. Dennoch bleibt es im alltäglichen Sprachgebrauch meist ohne feste Bestimmung. Im Zuge der Weiterentwicklung der Geistes- zu den Kulturwissenschaften ist zwar eine Hochkonjunktur und ‚geradezu triumphale Rückkehr des Kulturbegriffs[1]' zu beobachten, aber die unterschiedlichen Definitionen dieses Begriffs in verschiedenen Disziplinen haben dazu geführt, dass seine Verwendung zunehmend unübersichtlich geworden ist".[5]

Neben der Hochkultur gibt es auch die Alltagskultur, die aber gar nicht kulturvoll sein muss.

Und es heißt auf der Homepage der Bundeszentrale für politische Bildung weiter:

„Im Alltag wird das Wort ‚Kultur' in so unterschiedlichen Bedeutungen und Kontexten verwendet, dass es zu einer Bedeutungserweiterung bis hin zu einer Sinnentleerung gekommen ist. Letzteres zeigt sich schon daran, dass ‚Kultur' zu einem idiomatischen Bestandteil zahlloser Komposita geworden ist – wie Alltagskultur, Diskussionskultur, Esskultur, Fankultur, Firmenkultur, Fußballkultur, Populärkultur, Subkultur und vieler weiterer Zusammensetzungen (z. B. Kulturlandschaft, Kulturtechniken, politische Kultur)".[6]

Oder eben Willkommenskultur ebenso wie Streitkultur oder Industriekultur.

---

[1] *Jens Kalaene / dpa:* Willkommenskultur landet im Duden. 7. August 2017, http://www.zeit.de/kultur/2017-08/neuauflage-duden-neue-woerter-postfaktisch-fluechtlingskrise.

[2] Kultur. 26. September 2017, www.google.de.

[3] Grundgesetz der Bundesrepublik Deutschland, Hrsg. vom Deutschen Bundestag, Berlin 2016, 30.

[4] Ebd., 59.

[5] http://www.bpb.de/gesellschaft/kultur/kulturelle-bildung/59917/kulturbegriffe?p=all.

[6] Ebd.

III. Industriekultur, Industriemuseen

In kulturaffinen Kreisen sind die Begriffe Industriekultur und Kulturmanagement im selbstverständlichen Gebrauch. Die Suchmaschine Google verzeichnet im ersten Durchlauf etwa 874.000 Treffer zum Stichwort Industriekultur.[7] Zu Kulturmanagement[8] findet sie immerhin noch 459.000 Treffer.

Dabei ist schon der Begriff Industrie unscharf und nicht allumfassend zu begreifen. Was ist dann erst Industriekultur? Das Determinatum dieses Determinativkompositums ist also der Begriff Kultur, abgeleitet vom lateinischen *cultura* bzw. *cultus*: Bearbeitung, Anbau, Pflege, aber auch Lebensweise, Bildung, Erziehung, Verehrung oder Huldigung.[9] Und das lateinische *industria* meint ursprünglich Betriebsamkeit und Fleiß, also Eigenschaften des Menschen. Der Große Brockhaus[10] erklärte 1979 Industrie als „die gewerbliche Verarbeitung von Rohstoffen und Halbfabrikaten zu Produktions- und Verbrauchsgütern, soweit sie in Fabrikbetrieben oder im Verlagssystem vor sich geht. Die Grenzen zwischen Industrie und Handwerk sind fließend und statistisch schwer zu erfassen."

Den Begriff Industriekultur kannte der Große Brockhaus von 1979 noch gar nicht, obwohl zu dieser Zeit in Deutschland im Zuge der Gründung der Rheinischen und Westfälischen Industriemuseen auch der Begriff Industriekultur Furore machte. Und erst recht schlägt man im damaligen Brockhaus den derzeitigen Modebegriff Industrie 4.0 vergeblich nach.[11]

---

[7] www.google.de/search?q=Industriekultur&rlz=1C1ASUM_enDE523DE523&oq=Industriekultur&aqs=chrome..69i57j0l5.5333j0j8&sourceid=chrome&ie=UTF-8, Zugriff am 27.09.2017.

[8] www.google.de/search?newwindow=1&rlz=1C1ASUM_enDE523DE523&q=Kulturmanagement&oq=Kulturmanagement&gs_l=psy-ab.3..0i131k1j0l3.192383.196679.0.198047.16.15.0.0.0.0.217.1930.1j13j1.15.0...0...1.1.64.psy-ab..1.15.1915....0.H9GfRhMIKko, Zugriff am 27.09.2017.

[9] Langenscheidts Taschenwörterbuch der lateinischen und deutschen Sprache. 3. Aufl. Berlin 1960.

[10] Der Große Brockhaus in zwölf Bänden. 18. Aufl. Wiesbaden 1979.

[11] Interessant ist es allenthalben, woher der Begriff Industrie 4.0 kommt und was er besagt. Kagermann, Lukas und Wahlster publizierten in den VDI-Nachrichten vom April 2011 einen Beitrag mit dem Titel: *Industrie 4.0: Mit dem Internet der Dinge auf dem Weg zur 4. industriellen Revolution* und bezogen sich auf Ergebnisse der Forschungsunion Wirtschaft – Wissenschaft der Bundesregierung aus den Jahren 2006 bis 2013. Die Bundesministerien für Wirtschaft und Energie sowie für Bildung und Forschung unterhalten eine eigene Website „Plattform Industrie 4.0" (http://www.plattform-i40.de). Dort heißt es: „In der Industrie 4.0 verzahnt sich die Produktion mit modernster Informations- und Kommunikationstechnik. Treibende Kraft dieser Entwicklung ist die rasant zunehmende Digitalisierung von Wirtschaft und Gesellschaft. Sie verändert nachhaltig die Art und Weise, wie zukünftig in Deutschland produziert und gearbeitet wird: Nach Dampfmaschine, Fließband, Elektronik und IT bestimmen nun intelligente Fabriken (sogenannte „Smart Factories") die vierte industrielle Revolution. Technische Grundlage hierfür sind intelligente, digital vernetzte Systeme, mit deren Hilfe eine weitestgehend selbstorganisierte Produktion möglich wird: Menschen, Maschinen, Anlagen, Logistik und Produkte kommunizieren und kooperieren in der Industrie 4.0 direkt

Industriekultur wurde vom ehemaligen Nürnberger Kulturdezernenten Hermann Glaser populär gemacht und in vielen seiner Veröffentlichungen verbreitet.[12] So war es auch folgerichtig, dass in seiner Amtszeit Nürnberg mit dem Museum Industriekultur im ehemaligen Eisenwerk von Julius Tafel 1988 eines der frühen Industriemuseen in Deutschland erhielt. Von Anfang an wurde hier die Verbindung von Technik, Kultur- und Sozialgeschichte gesucht. Reine Technikmuseen hatten zu diesem Zeitpunkt bereits Tradition. Es sei nur an das Deutsche Museum in München erinnert, das 1925 eröffnet wurde und seither die Vermittlung von Naturwissenschaft und Technik zum Ziel hat.

Museen zur Industrie bzw. Industriegeschichte kamen erst im letzten Drittel des vergangenen Jahrhunderts auf, z. B. das Westfälische Industriemuseum, gegründet 1979, heute an acht Standorten mit seiner Zentrale in Dortmund, oder das Rheinische Industriemuseum in Oberhausen mit sechs weiteren Standorten und zusätzlichen Schauplätzen, Gründung 1984, das Museum der Arbeit Hamburg mit der Gründung eines entsprechenden Museumsvereins 1980 und andere mehr. Und immer mehr Museen wandten sich der Sozialgeschichte und damit auch der Industriegeschichte ihres Einzugsgebietes oder einer jeweiligen Branche zu. Beispielsweise eröffnete 1993 der Märkische Kreis in Altena das Deutsche Drahtmuseum als branchenspezifisches Museum für die deutsche Drahtindustrie. Inzwischen gibt es kaum noch einen Industriebereich, der nicht in einem Museum vertreten ist, von A wie Automobil bis Z wie Zeppelin.

Als Vorläufer der Industriemuseen des modernen Typs sind die im Gefolge der Weltausstellungen, aber auch der Gewerbe- und Industrieausstellungen des 19. Jahrhunderts aufkommenden Kunstgewerbemuseen anzusehen. Diese sollten vor allem die ästhetische Seite der Kunst-, Gewerbe- und Handwerksprodukte in vorbildlicher Weise fördern. Dabei lag die Idee zu einem Museum der Industrie bereits um die Mitte des 19. Jahrhunderts in der Luft, und das im frühindustrialisierten und aufstrebenden Chemnitz.[13] Am 27. März 1859 konnte man im Chemnitzer Tageblatt einen Aufruf zur Gründung eines Gewerbemuseums lesen:

„Man erschrecke nicht über diesen Vorschlag, denn wir haben nicht ein Museum in der gewöhnlichen Bedeutung des Wortes im Sinne, so daß darunter eine Sammlung seltener Ge-

---

miteinander. Produktions- und Logistikprozesse zwischen Unternehmen im selben Produktionsprozess werden intelligent miteinander verzahnt, um die Produktion noch effizienter und flexibler zu gestalten" (Zugriff am 02.08.2017). Im Gegensatz zu den Bezeichnungen „Erste –, Zweite – und Dritte Industrielle Revolution", die von Historikern im Nachhinein geprägt wurden, ist es bemerkenswert, dass „erstmalig eine industrielle Revolution ausgerufen wird, noch bevor sie stattgefunden hat", so Rainer Draht in Industrie 4.0 – eine Einführung: http://www.openautomation.de/detailseite/industrie-40-eine-einfuehrung.html.

[12] *Hermann Glaser:* Industriekultur und Alltagsleben. Vom Biedermeier zur Postmoderne. Frankfurt/Main 1994; *Ders.:* Die Kulturstadt und die Zukunft der Industriegesellschaft. Wien 1991.

[13] *Jörg Feldkamp / Wolfgang Uhlmann:* Das Industriemuseum Chemnitz am Ende eines langen Weges. Vorgeschichte – gegenwärtiger Stand – Perspektiven. In: Beiträge zur Geschichte von Technik und technischer Bildung 11 (1995), 76–88.

genstände aus dem Gebiet der Kunst zu verstehen ist ... sondern wir meinen ein Museum der Industrie. Darunter verstehen wir eine, in ein angemessenes Gebäude gebrachte Sammlung anziehender Erzeugnisse aus dem industriellen Gebiete, welche zur Belehrung für Schüler und Meister, zur Ansicht für Kenner und zur Freude für Freunde der Industrie aufgestellt werden. Denke man sich, daß wir seit 25 Jahren ein solches Museum besäßen, in welches irgend wichtige Erzeugnisse unserer Arbeitsstätten gebracht worden, wie anziehend müsste dies für alle sein, welche an technischen Operationen Interesse und Freude finden. Wie lehrreich würde dies sein für strebsame Jünger der Industrie."[14]

Wenn auch an dieser Stelle von einem „Museum der Industrie" die Rede war, so hatte die Idee dazu mit dem heutigen Verständnis von einem Industriemuseum nur wenig gemein. Und in der Stadt Chemnitz sollte erst 1991 der Weg zu ihrem Industriemuseum freigemacht werden, dessen klares Bekenntnis zur Industriegeschichte als Sozialgeschichte mit der Eröffnung 2003 am erweiterten Standort mit dem Europäischen Museumspreis des Jahres 2005 gewürdigt wurde. Die Gliederung der Abteilungen nach den Rezipienten der Industrialisierung, „die Unternehmer", „die Arbeiter", „die Familie", „die Kreativen", „die Sachsen" und „die Europäer" wie „die Karl-Marx-Städter" als Synonym für die 40 Jahre sozialistischer Planwirtschaft auf dem ehemaligen Gebiet der DDR, sprach eine klare Sprache. Auch die Gruppe der „Konsumenten" und damit der Konsum als bedenkliches Mittel der Sicherung des sozialen Friedens in der Kapitalgesellschaft wurde nicht ausgespart. 2014 wurde das Haus geschlossen und 2015 mit einer neuen Dauerausstellung wiedereröffnet, die nach politischem Willen nun sehr viel mehr den ursprünglichen Intentionen der frühindustriellen Museumsbefürworter folgt und schwerpunktmäßig eine Leistungsschau der aktuellen sächsischen Industrie darbieten soll.

Und was ist Industriekultur genau? Die Sächsische Staatsministerin für Wissenschaft und Kunst gibt eine Antwort:

„Industriekultur findet ihren Ausdruck in Sachzeugnissen und Denkmalen, in Landschaften und Stadtarchitektur, aber auch in Wissen, sozialen Prägungen und Mentalitäten – eben Kultur. Pflege und Vermittlung des in der Industriekultur begründeten Erbes werden in Sachsen im wachsenden Maße als eine gesamtgesellschaftliche Aufgabe angesehen. Mit der Landesausstellung 2020 und dem Jahr der Industriekultur soll dieser Verantwortung Rechnung getragen werden. Das industriekulturelle Erbe soll geschützt, vermittelt und als Ressource – zum Beispiel für das Entstehen zeitgemäßer Arbeitskulturen, für die Stadtentwicklung oder den Tourismus – begriffen und genutzt werden. Industriekultur ist auch ein Schlüssel für die Bewältigung von Entwicklungs- und Transformationsprozessen. Die Beschäftigung mit Industriekultur deckt Kontinuitätslinien in der Entwicklung Sachsens als Industrieland auf und stärkt damit die Attraktivität des Freistaates als innovativer Wirtschaftsstandort mit Tradition. Viele Akteure, vom einzelnen Bürger über Vereine im Ehrenamt bis zur professionellen Museumsinstitution, ebenso Unternehmen und Forschungseinrichtungen bewahren unser einmaliges Erbe und sind mit ihren Aktivitäten sichtbar. Industriekultur bedeutet auch

---

[14] Ebd., 77.

den Blick in die Gegenwart und Zukunft industrieller Entwicklung und kulturellen Wandels (z. B. Industrie 4.0) zu richten."[15]

Das ist eine akzeptable Umschreibung des Begriffs Industriekultur. Dabei wäre es so einfach, Industriekultur als die Kultur der Industriegesellschaft mit all ihren Stärken und Schwächen zu begreifen. Wo diese herkommt, was sie ausmacht und wo sie hingeht, darüber machen sich Philosophen und Historiker, Wirtschafts- und Sozialwissenschaftler schon lange Gedanken. Nicht von ungefähr gibt es an den sächsischen Universitäten die Lehrstühle für Technik- und Technikwissenschaftsgeschichte mit einer Schnittmenge zur Industriegeschichte in Dresden, für Technikgeschichte und Industriearchäologie an der TU Bergakademie Freiberg, für Sozial- und Wirtschaftsgeschichte an der Universität Leipzig und – noch – den Lehrstuhl für Wirtschafts- und Sozialgeschichte an der Technischen Universität Chemnitz.

Besonders interessant ist in diesem Zusammenhang die neue Begriffsschöpfung von der Industriekultur-Industrie, die eine Entwicklung meint, die eher kommerzielle Unterhaltung und Belustigung denn Bildung im Sinne hat und mehr mit Freizeitparks als mit Bildungsstätten gemein hat.[16] Natürlich lässt sich das materielle Erbe in die Jahre gekommener Industriezweige auch von der Freizeitindustrie nutzen. Im Landschaftspark Duisburg Nord wird beispielsweise unter dem Namen TauchRevierGasometer nach den Angaben des Betreibers das größte Indoor Tauch- und Ausbildungszentrum Europas angeboten. In Brandenburg zog in die gigantische Luftschiffhalle des gescheiterten Cargolifter-Projektes 2004 ein tropischer Freizeitpark mit dem Namen Tropical Island. Auch das Kernwasser-Wunderland, heute Wunderland Kalkar, in der Anlage des nie in Betrieb genommenen Atomkraftwerks vom Typ des Schnellen Brüters hat sich seit 1995 zu einem gigantischen Familien-Freizeitpark mit Fahrgeschäften und Kletterwänden entwickelt. Es geht auch andernorts in kleineren Dimensionen, aber der Fantasie der Freizeitindustrie im Umgang mit aufgelassener Industriearchitektur oder ehemaligen Industriebrachen sind keine Grenzen gesetzt. So gehen die Engländer mit ihrem Black Country Living Museum in Dudley, mitten im historischen Black Country, einem ehemaligen Kohlerevier, eigene Wege und spielen dort in einer Art Freilichtmuseum das Leben der Bewohner im 19. und frühen 20. Jahrhundert nach.

Und da es immer mehr Mutationen von Industriemuseen gibt, vom ehemaligen Heimatmuseum nunmehr mit Produkten oder ganzen Produktionszweigen aus der ortsansässigen Industrie bis hin zu technischen Schauanlagen und Firmenmuseen als Mittel des Marketings, schleicht sich gerade der Begriff vom Industriekulturmuseum ein, zu dem auch das Industriemuseum Chemnitz gezählt wird.[17] Der neue Begriff meint das ursprüngliche Industriemuseum wie das der Stadt Rüsselsheim von

---

[15] *Eva-Maria Stange:* Grußwort. In: Oliver Brehm / Jürgen Kabus (Hrsg.): 25 Jahre Industriemuseum Chemnitz. Industrie im Wandel erleben. Chemnitz 2016, 8–9.

[16] *Dirk Schaal:* Vom Ausstellen zum Mitgestalten. Überlegungen zur Industriekultur im Museum. In: Ebd., 16–26, 20–21.

[17] Ebd., 20.

1976, ein Pionier in Deutschland für diesen Museumstyp, das Rheinische wie das Westfälische Industriemuseum oder eben das Chemnitzer. Alle verbindet das Interesse an der Entwicklung der Industrialisierung bestimmter Regionen oder Orte in technologischer, aber ganz besonders auch in sozialer wie wirtschaftlicher Hinsicht. Die Alltagskultur bekam Aufmerksamkeit auch dadurch, dass sie ins Museum einziehen konnte. Das war eine ganz neue Art industrieller Revolution, für Schöngeister geradezu ein Kulturschock, von dem das gestörte Verhältnis zwischen der langjährigen Leitung der Kunstsammlungen und dem Industriemuseum in Chemnitz beredte Zeugnisse abgeben kann.

Mit der Kluft, die sich angeblich mit dem Aufkommen des industriellen Zeitalters vor gut zweihundert Jahren zwischen der literarisch-künstlerischen Hochkultur und der naturwissenschaftlich-technischen Kultur eigener Art ausgebildet hat, beschäftigt sich Susan Sontag in einem lesenswerten Essay. Dort schreibt sie:

„Dieser Diagnose zufolge gehört ein intelligenter und konsequent denkender moderner Mensch stets nur einer der beiden an, und zwar so, dass sich die andere für ihn damit grundsätzlich ausschließt. Er hat mit anderen Dokumenten zu tun als der in der anderen Kultur beheimatete, mit anderen Methoden und mit anderen Problemen; und er spricht eine andere Sprache. Vor allem aber sind die Wege, die zur Beherrschung dieser beiden Kulturen führen, außerordentlich verschieden. Denn die literarisch-künstlerische Kultur wird als eine allgemeine Kultur verstanden. Sie betrifft den Menschen als menschliches Wesen; sie ist Kultur – oder vielmehr: sie fördert Kultur – im Sinne eines Kulturbegriffes, wie ihn Ortega y Gasset definiert, wenn er sagt, Kultur sei das, was der Mensch besäße, wenn es alles vergessen habe, was ihm je in Büchern begegnet sei. Im Gegensatz dazu ist die naturwissenschaftliche Kultur eine Kultur der Spezialisten; sie basiert auf der Erinnerung und erfordert äußerstes Bemühen um ein Verstehen. Während die literarisch-künstlerische Kultur auf Verinnerlichung, Einverleibung – mit anderen Worten, auf eine geistige Bildung – abzielt, zielt die naturwissenschaftliche Kultur auf Akkumulation und Verkörperung in komplizierten Instrumenten zur Lösung von Problemen und in spezifischen Methoden zur Bewältigung der gestellten Aufgaben ab".[18]

Die Kulturdefinition, wie sie von der UNESCO vorgeschlagen wird, ist weit weniger polarisierend und versucht zu integrieren. Im Schlussbericht der Weltkonferenz über Kulturpolitik in Mexiko-Stadt aus dem Jahr 1982 heißt es:

„In den letzten Jahren haben sich in der Welt tief greifende Veränderungen vollzogen. Die Fortschritte in Wissenschaft und Technik haben die Stellung des Menschen in der Welt und die Art seiner sozialen Beziehungen verändert. Bildung und Kultur, deren Bedeutung und Umfang beträchtlich zugenommen haben, sind eine unerlässliche Voraussetzung für die wahrhafte Entwicklung des Menschen und der Gesellschaft. (–) Deshalb stimmt die Konferenz im Vertrauen auf die letztendliche Übereinstimmung der kulturellen und geistigen Ziele der Menschheit darin überein:

– dass die Kultur in ihrem weitesten Sinne als die Gesamtheit der einzigartigen geistigen, materiellen, intellektuellen und emotionalen Aspekte angesehen werden kann, die eine Ge-

---

[18] *Susan Sontag:* Die Einheit der Kultur und die neue Erlebnisweise. In: Kunst und Antikunst. 24 literarische Analysen. 10. Aufl. Frankfurt/Main 2012, 342 ff.

sellschaft oder eine soziale Gruppe kennzeichnen. Dies schließt nicht nur Kunst und Literatur ein, sondern auch Lebensformen, die Grundrechte des Menschen, Wertsysteme, Traditionen und Glaubensrichtungen".[19]

Es sind ja nicht die Begriffe, die bewegen. Diese sind nur die Versuche, Geschichtliches, Zustände und Veränderungen sprachlich in den Griff zu bekommen, um sich darüber verständigen zu können. Veränderungen im Begrifflichen können oftmals als Symptome einer Entwicklung von Inhalten verstanden werden. Wenn also schon von der Industrie 4.0 die Rede war, die in die Zukunft weist, so scheint es angebracht, für den derzeitigen Stand der Industrie wie den Zustand der Industriegesellschaft(en) einen neuen Begriff zu finden, der sich vom herkömmlichen, wie auch immer unscharfen Industriekulturbegriff absetzt.

Bemerkenswert ist der Vorschlag in der Lausitzer Streitschrift zur Aktualisierung eines Begriffs von der „Neuen Industriekultur"[20] zu sprechen. Die Autoren begründen ihren Vorschlag aus dem Unbehagen der permanenten Begriffsunschärfe heraus folgendermaßen.

„Was bedeutet ‚Industriekultur' heute? Der Anspruch des aktuellen Denkansatzes ist Abschied und Erhalt zugleich. Im Kern geht es um den Schutzanspruch der postindustriellen Gegenwartskultur auf die historischen Zeugnisse der Industrialisierung. Doch während man sich in einem Teil der Welt vom Industriezeitalter zu verabschieden scheint, wächst die Industrialisierung in anderen Teilen der globalisierten Welt mit rasantem Tempo an. Die industrielle Wirklichkeit hat die rückwärtsgewandte Deutung des Begriffs Industriekultur eingeholt. (–) Das Begriff-Update Neue Industriekultur soll zunächst der existierenden Dynamik des sich weiterentwickelnden Industrialismus Rechnung tragen.

'Neue Industriekultur' sieht kein Ende der industriellen Entwicklung, sondern deren Veränderung. Es geht darum, sowohl die historische Dimension als auch den Wandel der Industriekultur sichtbar zu machen. Dieser Wandel hat zwei Perspektiven, die zu unterscheiden sinnvoll erscheint: (1) die durch das Industriezeitalter geprägte Kultur (bspw. Technik, Arbeit, Arbeitsorganisation, Wohlstandsgewinn) und (2) die Beschäftigung mit Industriekultur selbst (bspw. Lost Places, kulturtouristische Routen, Nachnutzung industrieller Anlagen)".[21]

Kann es sein – um zu der selbstbenannten Streitschrift in Widerspruch zu gehen – dass hier ein unscharfer Begriff durch einen anderen unscharfen Begriff ersetzt bzw. ergänzt werden soll? Das Anliegen der Autoren ist nachvollziehbar. Für den Nutzen des um das Adjektiv „neu" erweiterten Begriffs Industriekultur wird es aber unerlässlich sein, dass der neue Terminus allumfassend erklärt und verbreitet wird, bis seine Benutzung nicht nur selbstverständlich ist, sondern ganz besonders seine Bedeutung von jedermann auch verstanden wird.

---

[19] http://www.unesco.de/infothek/dokumente/konferenzbeschluesse/erklaerung-von-mexiko.html.

[20] *Sebastian Hettchen / Heidi Pinkepank / Lars Scharnholz* (Hrsg.): Neue Industriekultur. Lausitzer Streitschrift zur Aktualisierung eines Begriffs. Cottbus 2016.

[21] Ebd., 2.

Brauchen wir ein Begriffsmarketing? Die in der Aufmachung einer Zeitung, modern layoutet und aufwändig illustrierte Lausitzer Streitschrift zur Aktualisierung eines Begriffes tut genau das, indem sie versucht, einen neuen Begriff einzuführen und zu vermarkten.

IV. Kulturmanagement

Wir müssen uns daran gewöhnen, dass die Sprache der Wirtschaftswelt und Betriebswirtschaftslehre, der Shareholder und CEOs[22], der Finanzwelt und der Aktionäre auch in die Kulturbetriebe Einzug findet. Aus kulturellen Ereignissen werden Produkte, aus Besuchern Kunden, aus Kulturamtsleitern Betriebsleiter und aus Museumsdirektoren und Intendanten Kulturmanager, aus Gönnern und Mäzenen Sponsoren.

„Industriekultur als Produkt" war dann auch folgerichtig der Titel der 1. Fachtagung Industriekultur des Zweckverbandes Sächsisches Industriemuseum zusammen mit der Kulturstiftung Sachsen.[23] U. a. wurde der Frage nachgegangen, welche Produkte die Industriekultur brauche.

Und was für Produkte und Dienstleistungen gilt, was für Begriffe möglich ist, das ist auch in der Kultur inzwischen angekommen: das Kulturmarketing als Kategorie des Kulturmanagements.

„Während noch Mitte der neunziger Jahre der Kompetenzbereich Kulturmanagement um Anerkennung zu kämpfen hatte und auch die Berufsbezeichnung Kulturmanager mancherorts auf Vorbehalte stieß, hat sich die Situation heute grundlegend gewandelt. Ganz selbstverständlich findet man inzwischen Stellenanzeigen für Kulturmanager, und selbst solche Feuilletonjournalisten, die einem vom kommerziellen Zwängen freien Kunstschaffen besonders verbunden sind, verwenden nun den ehemals gescholtenen Begriff".[24]

Man lese beispielsweise nur die Vorstellung des Lehrstuhls für BWL an der Universität Lüneburg, der sich auch mit Kulturmanagement befasst. Dort heißt es:

„Unsere Forschungsschwerpunkte liegen im Bereich des Kommunikationsmanagements und reichen von Kommunikation im Wandel, Unternehmenswahrnehmung und Reputation, Markenbildung bis hin zu Fragen des Kommunikationsmanagements in Kulturbetrieben, die derzeit angesichts der aktuellen Dynamik in der Kulturlandschaft an besonderer Relevanz gewinnen. Grundlage unserer Forschung ist eine interdisziplinär ausgerichtete Theoriebil-

---

[22] CEO ist die US-amerikanische Bezeichnung für ein geschäftsführendes Vorstandsmitglied, einen Vorstandsvorsitzenden oder Generaldirektor.

[23] Tagung im Industriemuseum Chemnitz am 22. Juni 2017. Hier sei besonders auf den Beitrag von Fritz Straub, Geschäftsführender Gesellschafter der Deutschen Werkstätten Dresden, verwiesen mit dem Titel *Welche Produkte braucht die Industriekultur?*.

[24] *Werner Heinrichs / Armin Klein:* Kulturmanagement von A bis Z. 2. Aufl. München 2001, Vorwort.

dung, die wirtschafts-, sozialkommunikations- und verhaltenswissenschaftliche Erkenntnisse wie auch interdisziplinäre Aspekte der Kulturwissenschaften einbezieht".²⁵

Kommunikationskultur ist zu hinterfragen. Wie kann es sein, dass eine Oberbürgermeisterin die mit Bedacht, mühsam und mit Leidenschaft gesammelten Kulturgüter und Exponate eines Industriemuseums als „Asche" bezeichnet, die es nicht zu bewahren gilt, und lieber das „Feuer" der aktuellen Industrie des Bundeslandes ausgestellt sehen möchte? Wie kann es sein, dass eine Bundeskanzlerin aktuell in der letzten Bundestagssitzung vor der Wahl am 24. September 2017 mit Blick auf den digitalen Fortschritt verkündet: „Wir wollen nicht im Technikmuseum enden mit Deutschland"?²⁶ Damit unterstellt sie per se, dass Museen und speziell die Technikmuseen etwas Schlechtes, nicht Erstrebenswertes und Rückständiges sind.

Inzwischen gibt es Studiengänge für onlinevermittelte Kommunikation, so auch an der TU Chemnitz mit dem Masterstudiengang Digitale Medien- und Kommunikationskulturen. Ein sicherlich wichtiger Forschungs- und Ausbildungsbereich im Zeitalter von Facebook, Twitter, WhatsApp und Co. Doch was hilft es, wenn wir unterschiedliche Sprachen sprechen oder die falschen und unpassenden Begriffe verwenden?

Heinrichs/Klein konstatieren im Vorwort zur 2. Auflage ihres Handbuches Kulturmanagement von A bis Z, dass Kultur

„heute mehr als je zuvor im Kontext von Rahmenbedingungen gesehen [wird], die primär ökonomisch und allgemein politisch bestimmt sind. Nicht mehr von Kulturarbeit als einer gesellschaftspolitischen Aufgabe ist die Rede, sondern vom besucherorientierten Kulturbetrieb, dessen nutzenschaffende Intension – gemeinnützig oder kommerziell – zweitrangig geworden ist. Gemeint ist vielmehr eine Organisation (welcher Art auch immer), die kulturpolitische, kulturelle und künstlerische Ziele in einem Kontext politischer und ökonomischer Nutzenkonkurrenz operational umsetzt und die sich dazu einer managerialen Steuerung, eben das Kulturmanagements, bedient".²⁷

Und so nimmt die 2. Auflage des Begriffslexikons für das Kulturmanagement zum eigenen Erstaunen der Autoren mehr als 100 neue Sachbegriffe auf, die in der Mehrzahl aus der Betriebs- und Verwaltungswirtschaft stammen. Es wurden aber „auch Termini aus dem Medienbereich aufgenommen, weil die Überlagerungen von Kultur- und Medienmanagement , vor allem im Bereich der sogenannten Neuen Medien, immer dichter werden".²⁸

Aber nicht nur die Kultur und hier speziell die kulturschaffenden Bereiche unterliegen primär ökonomischen und allgemein politischen Rahmenbedingungen. Das

---

²⁵ http://www.leuphana.de/professuren/bwl-insbesondere-kommunikations-und-kulturmanagement.html.

²⁶ http://www.zeit.de/politik/deutschland/2017-09/bundestag-angela-merkel-letzte-debatte, Zugriff am 05.09.2017.

²⁷ *Heinrichs / Klein:* Kulturmanagement (wie Anm. 24).

²⁸ Ebd.

gilt ebenso für die Lehre und Ausbildung an Universitäten und Hochschulen. Und da kann es passieren, dass Lehrstühle auf der Strecke bleiben, weil deren Drittmittelakquise nicht den Vorgaben oder Vorstellungen der Universitätsleitung entsprechen sollen. Das ist fatal, wenn Hochschulpolitik und damit die Angebote der jeweiligen Einrichtung nach primär ökonomischen Gesichtspunkten entschieden werden.

Gerade in Sachsen und speziell in Chemnitz ist ein Lehrstuhl für Wirtschafts- und Sozialgeschichte an der Technischen Universität aus dem Selbstverständnis der Stadt und der Universität heraus sinnvoll und unverzichtbar. Die Bedeutung der Industriekultur hatte die sächsische Landesregierung verstanden und sich an der Gründung und Finanzierung des Sächsischen Industriemuseums mit seiner Zentrale in Chemnitz beteiligt. Sie finanziert diese Einrichtung bis heute mit. Und mit der Ausrichtung der 4. Sächsischen Landesausstellung, diesmal zum Thema Industriekultur, bekennt sich der Freistaat Sachsen zur Industriekultur als eines der „landestypischen Kulturthemen". Auf der Homepage der Landesregierung heißt es dazu:

> „Die 4. Sächsische Landesausstellung zum Thema Industriekultur wird vom 25. April 2020 bis zum 1. November 2020 in einer europäischen Kernregion der Industrialisierung, in Südwestsachsen, durchgeführt. Die Landesausstellung besteht aus einer branchenneutralen Leitausstellung und sechs branchenspezifischen Zusatzausstellungen an authentischen Schauplätzen der Industriekultur. – Die Leitausstellung wird als Ausstellung auf Zeit im sogenannten Audi-Bau in der Audistraße 9 in Zwickau durchgeführt. Sie bildet das konzeptionelle Zentrum der Landesausstellung mit großzügiger Ausstellungsfläche in einer früheren Produktionshalle auf dem ehemaligen Audi-Gelände in Zwickau. – Die Leitausstellung wird sich mit den tiefgreifenden technischen, gesellschaftlichen und sozialen Änderungen beschäftigen, die die Industrialisierung seit Anfang des 19. Jahrhunderts für die Menschen und ihr Zusammenleben bewirkt hat. Sie nimmt Bezug auf Grundfragen des Lebens in der Moderne, im Industriezeitalter, auf das Verhältnis des Menschen zur Natur, zur Technik und zur Wissenschaft. Überregionale Strahlkraft, Perfektion bei Ästhetik, Publikumsnähe, Spannung, didaktischer Vermittlung und wissenschaftlicher Grundlage – das sind die Ansprüche an die Leitausstellung, deren inhaltliche Vorbereitung Ende 2016 begonnen hat".[29]

Auf welche wissenschaftlichen Grundlagen sollten sich die Ausstellungsmacher in den Industriemuseen stützen, wären da nicht die Historiker und hier speziell die der Wirtschafts- und Sozialgeschichte. Deren Aufmerksamkeit

> „gilt neben ökonomischen Determinanten gesellschaftlicher Entwicklung sowohl langfristigen Strukturveränderungen (soziale Klassenformierung, Ungleichheit) Konflikt- und Protestbewegungen (Entstehung, Verlauf, Organisation), der Konstituierung und dem Wandel sozialer Gruppen, Schichten und Eliten (nach Herkunft, Bildung, Beruf, Alter, Vermögen), als auch der Konstruktion sozialer Identität im Spannungsfeld von Interessen, Erfahrungen, kulturellen Normen und Deutungsmustern. Die Untersuchung der engen Wechselbeziehungen von Wirtschaft, Sozialem und Kultur auf Basis der entwickelten handwerklichen Standards der Geschichtswissenschaft (wie Genauigkeit, Quellen- und Sprachkritik, Bilder- und Symbolanalyse) bewahrt die WSG vor einer vorschnellen Abstraktion und Ideologisierung

---

[29] www.kulturland.sachsen.de/saechsische-landesausstellungen-3993.html, Zugriff am 11.09.2017.

der Ökonomie, wie vor einer losgelösten, freischwebenden Kulturalisierung der Gesellschaften der vergangenen drei Jahrhunderte".[30]

Und sie können auf der Grundlage ihrer Forschungsarbeiten vor Mythenbildung und vorschneller Idealisierung schützen.

Dem ist nichts weiter hinzuzufügen, es sei denn, Industriekultur wird auch zum Gegenstand der um sich greifenden Sozial- und Kulturanthropologie, der modernen Erweiterung der klassischen Ethnologie, wenn die Grenzen zwischen den Sozialwissenschaften verschwimmen.

---

[30] www.tu-chemnitz.de/phil/geschichte/wsg/lehre.php.

Bauanleitung für ein Weltwunder.
Das Astrarium des Giovanni Dondi dall'Orologio aus Padua

Von *Gerhard Dohrn-van Rossum*

Mit der Bitte um Gottes Beistand beginnt Giovanni Dondi, Bürger von Padua, seinen Bericht (1348–1364) von der Konstruktion eines mittelalterlichen Weltwunders. Astrarium ist der von ihm neu geprägte Name für einen äußerst komplizierten Automaten, an dem man jederzeit die Position der damals bekannten sieben Planeten, die Tageszeit und die Daten des Kirchenkalenders ablesen konnte. Dondis mechanischer Planetenhimmel wurde in ganz Europa bekannt und Reiseziel für Gelehrte und hohe Herren. In den Kriegen, die Italien am Beginn der Neuzeit erschütterten, sind seine Überreste und die Erinnerung daran verloren gegangen. Erst in unserem Jahrhundert sind die in Bibliotheken erhaltenen Werkstattberichte wieder gelesen worden. Moderne Rekonstruktionen zeigen, dass ein Meilenstein der Geschichte der Konstruktionen astronomischer Instrumente wiederentdeckt worden ist. Hans Magnus Enzenzberger würdigt Dondis Astrarium in einer historisch nicht fehlerfreien Ballade zur Geschichte des Fortschritts und bezieht es auf Francesco Petrarcas etwa gleichzeitiges und auf die frühmoderne Zeitreflexion und Zeitikonographie sehr einflussreiche Poem ‚Trionfo del Tempo'.[1]

Die genaue Tageszeit zeigt heute jede billige Uhr; handwerklich gefertigte mechanische Simulationen der Himmelsbewegungen am Handgelenk haben aber trotz enormer Preise Hochkonjunktur. Je einfacher die Technik alltäglicher Zeitmessung geworden ist, desto mehr faszinieren mechanische Komplikationen. Kalenderwerke, die den Ostertag bis in die fernere Zukunft angeben und das mithilfe von Zahnrädern, die sich in 400 Jahren nur einmal drehen, sind unbestreitbar interessanter als programmierte Chips vielfacher Leistungsfähigkeit. Die Geschichte dieser Faszination führt zurück in die Kultur der oberitalienischen Städte am Ende des 14. Jahrhunderts.

Das Astrarium war nicht einfach eine mechanische Uhr mit astronomischen Indikationen, wie sie in der ersten Hälfte des 14. Jahrhunderts in einigen Städten installiert wurden. Mit seiner ‚Himmelsmaschine' wollte Giovanni Dondi weit mehr, nämlich das nach seiner Ansicht beschädigte Ansehen der Astronomie, damals von der Astrologie noch nicht getrennt, wiederherstellen und Kritiker an der Ptolemäischen

---

[1] *Hans Magnus Enzenzberger:* Mausoleum. Siebenunddreißig Balladen aus der Geschichte des Fortschritts. Frankfurt/Main 1975, 8–9.

Abbildung 1: Rekonstruktion des Astrariums, Mailand, Museo Nazionale della Scienza e della Tecnologia „Leonardo da Vinci"

Planetentheorie durch eine mechanisierte Simulation dieser Theorie zum Schweigen bringen.

Von der Erde aus erscheint der sichtbare Sternhimmel wie eine Kugel mit leuchtenden Punkten, die sich langsam um die Erde drehen. Längere Beobachtungen zeigen dann, dass sich einige Himmelskörper ungleichmäßig, schneller oder langsamer, bewegen, und dass sich ihre relative Lage ständig verändert. Das führt auf den Gedanken zusätzlicher transparenter Kugeln bzw. Sphären, die sich auf Bahnen innerhalb einer äußersten Kugel mit verschiedenen Geschwindigkeiten drehen. Soweit sind die Beobachtungen und Erklärungen der Astronomen in den alten Hochkulturen gut nachzuvollziehen. Große Schwierigkeiten boten jedoch die Bewegungen der Sterne, die sich nicht nur ungleich schnell bewegten, sondern die zuweilen auch scheinbar stillstanden, ihre Größe änderten und teilweise rückwärtsführende Bahnen nahmen. Man nannte sie umherirrende, Vaganten- oder Wandelsterne. Um ihre Bewegungen zu begreifen, hatte der in Alexandria lehrende griechische Astronom Ptolemäus im zweiten Jahrhundert nach Christus ältere Beobachtungen und Theorien zu einem System vereinigt. Nach dem ptolemäischen Weltbild ruht die Erde im Mittelpunkt eines Fixsternhimmels. Für die übrigen damals bekannten sieben Planeten Sonne, Venus, Merkur, Mond, Saturn, Jupiter und Mars geht Ptolemäus zwar von vollkommenen Kreisbewegungen – die man Revolutionen nannte – aus, führt dann aber zur Erklärung der unregelmäßigen Bewegungen Kreisbahnen, deren Mittelpunkte sich auf anderen Kreisbahnen bewegen (Epizykel), und für einige Planeten auch gegen die Bahn versetzte Mittelpunkte (Exzenter) ein. Schon der Ausgang von einer in der Mitte des Universums ruhenden Erde macht in unseren Augen diese Theorie schlicht falsch. Sie ist für uns auch unnötig kompliziert. Seit Kopernikus und Newton kommt man mit weit einfacheren Annahmen aus. Bis in den Beginn der Neuzeit entsprach die ptolemäische Theorie jedoch nicht nur den allgemeinen philosophischen und religiösen Grundüberzeugungen; viel wichtiger: Sie machte die damals vorhandenen Beobachtungsdaten erklärbar und ermöglichte die Vorhersage astronomischer Konstellationen mit erstaunlicher Genauigkeit.

In Giovanni Dondis Augen war nun ein Dilemma entstanden. Die ptolemäische Astronomie war samt der dazugehörigen Lehren vom Einfluss der Planeten- und Fixsternkonstellationen auf das irdische Leben und insbesondere auf den Menschen durch arabische Übersetzungen nach Europa zurückgekommen. Das allgemeine Interesse an der Astrologie, aber auch ihr wissenschaftlicher Rang nahmen ständig zu. Aber kaum jemand war in der Lage oder bereit, sich mit der grundlegenden, aber schwierigen Theorie der Bewegungen am Himmel zu befassen. Zu unbegabt oder auch zu faul zu förmlichen Widerlegungen, denunzierten daher nach seiner Ansicht viele Gelehrte die wunderbare antike Theorie und erklären sie zu einem Phantasieprodukt, das außerdem nach blasphemischer Schnüffelei in Gottes unerkennbarem Wirken rieche. Auch die praktischen Astrologen versuchten den theoretischen Teil zu überspringen, tappten daher wie Blinde im Dunkeln und betrögen ihre Kunden mit falschen Gutachten und Prognosen.

Als mechanische Simulation sollte das Astrarium eine Theorie plausibel machen, für sie werben und die Weisheit des Schöpfergottes demonstrieren. Aber Dondi verfolgte auch praktische Absichten. Das Astrarium sollte wie ein Computerprogramm mühsame Kalkulationen mit Tabellen für Positionen und Konstellationen von Planeten ersetzen. Die Geschichte der modernen Editionen und Übersetzungen seiner Bauanleitung ist kompliziert.[2]

---

[2] Von den 11 bekannten Mss. des Tractatus Astrarii ist nur der älteste mehrmals ediert: *A. Barzon / E. Morpurgo / A. Petrucci / G. Francescaco:* Giovanni Dondi dall'Orologio. Tractatus Astrarii (Biblioceca Capitolare di Padova, Cod. D. 39). Città del Vaticano 1960. Eine freie Übersetzung ins Englische, die sich lose auf zwei Codices (Venedig, Marciana Cod 85, Cl. Lat. VIII, 17 und Oxford Bodl. Ms. Laud. misc. 620) stützt und Illustrationen aus einem dritten (Eton College, Ms. 172) enthält: *G. H. Baillie / H. A. Lloyd / F. A. B. Ward:* The Planetarium of Giovanni de Dondi. Citizen of Padua. London 1974; zur Kritik: *A. J. Turner:* The Tragical History of Giovanni de Dondi. In: Journal for the History of Astronomy 6 (1975), 126–131. Zusammenstellung der Quellen zur Geschichte des Astrariums im 14. u. 15. Jahrhundert in: *S. A. Bedini / F. R. Maddison:* Mechanical Universe. The Astrarium of Giovanni de' Dondi. In: Transactions of the American Philosophical Society 56/5 (1966), 1–69; Em-

Mechanische Kalkulationshilfen aus Metall oder Pappe waren damals für den Universitätsunterricht durchaus geläufig. Dondi baute darauf ausdrücklich auf, ging aber mehrere Schritte weiter. Er mechanisierte in einem Instrument verschiedene Kalkulationen gleichzeitig und er versah das Gerät mit einem damals noch recht neuartigen Uhrwerkantrieb. Dieser mechanische Himmel bewegte sich selbst, er war ein Automat. Weil der Name eines Gegenstands seine Bestimmung ausdrücken sollte, änderte Dondi in späteren Fassungen seines Werkstattberichts die Bezeichnung und nannte es Planetarium. Echte Planetarien, nicht zu verwechseln mit den sog. astronomischen Uhren, waren im Spätmittelalter äußerst selten.[3] Giovanni Dondis astronomischer Automat war ein früher Prototyp all der Planetarien, mit denen heutige technischen Museen ihre Besucher faszinieren. Die Frage nach der Herkunft seiner wissenschaftlichen und technischen Kompetenz führt nach Padua im 14. Jahrhundert und in die Geschichte von Vater und Sohn Jacopo und Giovanni Dondi dell'Orologio und ihrer wissenschaftlichen Werke auf verschiedenen Gebieten.[4]

Sein Vater Jacopo, Sohn des Arztes Isaac de Dondi, hatte in Padua studiert. Noch als junger Mann wurde er im Jahr 1313 von einem zweiten Listenplatz aus zum Stadtarzt von Chioggia im Süden der Lagune gewählt. Die Stadt stellte ihm ein Wohnhaus und eine Apotheke, und dafür sollte er die Einwohner kostenlos versorgen. Einige Jahre später wird sein Salär erhöht, um dem Arzt die Haltung eines Bootes zu ermöglichen. Jacopo Dondi heiratete in eine gute Familie, machte sich als Arzt in den Orten der Lagune einen Namen und erhielt wohl deshalb nach den üblichen 15 Jahren Wartezeit auch das Bürgerrecht der Republik Venedig.[5] Über seine Person lässt sich den dürren Akten der Universität und einiger Notare kaum etwas entnehmen. Seine Vielseitigkeit und Geschäftstüchtigkeit fallen jedoch sofort ins Auge. Mit einem Partner aus dem venezianischen Adel lässt er sich von der Republik das Recht bestätigen, auf umfangreichem Grundbesitz zwischen den Flüssen Brenta und Etsch mit Wasserkraft Getreide zu mahlen und Tuche walken zu lassen.

In Oberitalien hatten sich im 14. Jahrhundert städtische Despoten durchgesetzt, die nach oft blutigen Auseinandersetzungen innerhalb der Stadtkommunen um des inneren Friedens willen von militärischen Anführern zu kleinen Erbkönigen erhoben wurden. Trotz aller mörderischer Familienfehden kümmerten sich diese mo-

---

manuel Poulle (Hrsg.): Opera omnia Jacobi et Johannis de Dondis. Astrarium [1]. Facsimile du ms. de Padoue et trad. française, Astrarium [2]: Edition critique de la version A. Padua (Ed. 1+1) / Paris 1987 / 1988 u. zweisprachig: Genf 2003.

[3] *Emmanuel Poulle:* Équatoires et Horlogerie planétaire du XIIIe au XVIe siècle. 2 Bde., Genf / Paris 1980.

[4] *Giampero Bozzolato:* Le opere edite e inedite, le fonti e la bibliografia su Jacopo e Giovanni Dondi dall'Orologio. In: Centro Internazionale di storia dello Spazio e del tempo. Bolletino 2 (1984), 75–102; Biographisches: *Tiziana Pesenti:* Iacopo Dondi dall'Orologio. In: Dizionario Biografico degli Italiani 41 (1992), 104–111; *Dies.:* Giovanni Dondi dall'Orologio. In: Ebd., 96–104.

[5] *Giovanni Astegiano:* La cittadinanza veneta a Jacopo de Dondi. In: Rivista di Storia delle Scienze Mediche e Naturali 16/11–12 (1925), 3–12.

dernen Stadtfürsten um die Blüte der bürgerlichen Geschäfte und Gewerbe, um die Künste ebenso wie um Kirchen, Klöster und Universitäten. Die seit 1308 (bis 1405) in Padua und dem Umland herrschende Dynastie der Carrara beließen der Universität ihre Freiheiten und unterstützten die Berufung berühmter Juristen und Mediziner. Studenten aus ganz Europa strömten in die Stadt. 1363 erhält die Universität von Papst Urban V. eine Theologische Fakultät, ein Privileg, das bis dahin nur Paris und Bologna hatten. Eine damals intellektuell beherrschende Figur war der Philosoph, Arzt und Astronom Pietro d'Abano, der versuchte, natürliche Phänomene, persönliche Dispositionen und Krankheiten aus natürlichen Ursachen zu erklären, und natürliche Ursachen waren eben auch Sternkonstellationen. Von der Kirche mehrfach wegen Häresie, Astrologie und Magie angeklagt, war er in Padua vor Verfolgung sicher. Auf seine Lehren geht der reiche Freskenschmuck mit astrologischen Motiven im Palazzo della Ragione in Padua zurück. Jacopo und sein Sohn Giovanni Dondi sind von dieser astrologisch orientierten Medizin beeinflusst worden. Jacopo wird in den dreißiger Jahren des 14. Jahrhunderts nach Padua berufen, arbeitet dort aber nicht nur als Wissenschaftler, sondern machte sich für die Stadt und den Hof der Carrara vielfältig nützlich.[6]

Die Stadt Venedig war in den letzten Jahrhunderten allmählich aus befestigten flachen Inselchen und künstlichen Fundamenten aus zwischen Plankenwänden aufgefülltem Schutt zusammengewachsen. Die Wasser der Lagune ersetzten die schützenden Mauern. Salz und Fische boten Nahrung und Erwerb. Auf den Flüssen des Hinterlandes wurden Getreide, Holz und alle anderen Rohstoffe für fast hunderttausend Einwohner herangebracht. Der Warenumschlag zwischen den mittelmeerischen Küsten und den oberitalienischen Zentren begründete Venedigs Wohlstand. In der Mitte des 14. Jahrhunderts war ungefähr die heutige Stadtgestalt erreicht. In dieser Zeit entdeckten die Venezianer, dass sie ihr Überleben und ihr Wohlergehen einem großräumigen, äußerst empfindlichen und in seinem Funktionieren nur sehr schwer zu durchschauenden Ökosystem verdanken. Es begannen öffentliche Erörterungen, die nie wieder aufhören sollten und auch noch heute unter Titeln wie „Ist Venedig zu retten?" verhandelt werden. Zugleich begannen die städtischen Behörden sich um die Sicherung der langen Landzungen, der Lidi, die die Lagune vom Meer trennen, zu kümmern. Durch Sachverständige ließen sie die Verlandung der Flussmündungen beobachten, weil man sich um den Süßwasserstand sorgte und die Verkehrswege sichern musste. Sie erließen auch die ersten Vorschriften zur regelmäßigen Ausbaggerung der Kanäle. Als Entsorgungswege konnten die städtischen Wasserstraßen nur funktionieren, wenn die Gezeitenströmungen die Stadt auch erreichten. Nur in Venedig musste die Politik die vitalen städtischen Interessen auf einen so weiten geographischen Raum beziehen. An diesen Erörterungen beteiligte sich Jacopo Dondi, als Professor für Astronomie, mit einem Traktat über die Gezeitenbewegungen, der

---

[6] *Aust-Kat:* „Padua sidus preclarum". I Dondi dall'Orologio e la Padova dei Carraresi. Padua (Edizioni 1+1) 1985.

Abbildung 2: Wappen der Carrara in Padua
(aus: Angelo Maria da Bologna O.F.M., Araldo ne quale si vedono delineate
e colorite le armi de' potentati e sovrani d'Europa..., Ms. ca. 1715; Modena,
Biblioteca Estense Universitaria, http://bibliotecaestense.beniculturali.it)

als erste geschlossene Abhandlung zu diesem Thema gerühmt wird.[7] Das ohnehin schwierige theoretische Problem wird unter den besonderen Bedingungen der Lagune noch komplizierter. Wie lassen sich scheinbar unregelmäßige Phänomene zu den regelmäßigen Himmelsbewegungen so ins Verhältnis setzen, dass Ebbe und Flut erklärbar und voraussagbar werden? Jacopo Dondi wiederholt antike Autoren, die auch schon wussten, „dass der Mond die Wasser beherrscht". Ob aber die Gestirne allein wirksam sind, oder ob nicht etwa auch die Erde selber „atmet", war nicht recht klar. Für den modernen Leser ist Dondis Gezeitenschrift eine Enttäuschung. Sie ist ein akademisches Buch aus Büchern und enthält keinerlei Hinweise, ob und wie die Gezeiten an der Lagune beobachtet und registriert worden sind.

Auch an den Abhängen des euganeischen Gebirges hatte Jacopo Dondi Ländereien erworben. Die seit der Antike berühmten Heilbäder bei Abano und Montegrotto

---

[7] *Paolo Revelli:* Il trattato della marea di Jacopo Dondi. Introduzione – Testo latino e versione italiana – Appendice.In: Rivista Geografica Italiana 19 (1912), 200–83.

(Montagnone) waren noch in Betrieb, aber der rührige Professor versuchte, das Wasser aus den Vulkankegeln auch anders zu nutzen und daraus Speisesalz zu gewinnen.[8] Das Vorhaben ist erstaunlich genug. Venedig war der größte Salzimporteur am Mittelmeer und produzierte selbst in Salzgärten an der ganzen Lagune. Sein Vorhaben, für das er um ein Privileg in Venedig nachsuchte, war wohl, das Salz nach Padua zu verkaufen, das mit Venedig in ständigem Streit um Gewinnungsrechte und Preise lag. Dondis Produkt war nicht unumstritten. Neider behaupteten, sein Salz sei zu schwefelig und verursache Brustkrankheiten und Schwindsucht. Wütend verteidigte er nicht nur sein Geschäft, sondern auch sein Ansehen als Erfinder des neuen Verfahrens. Sein Salz sei besser und auch gesünder als das von Chioggia. Seit über drei Jahren gebrauche er es mit seiner Familie, und alle erfreuten sich bester Gesundheit. Spätere Erneuerungen des Privilegs, Salz zu gewinnen und in Padua frei zu verkaufen, beweisen, dass sich die Familie eine solide Einkommensquelle geschaffen hatte.

Als Erfinder und nicht nur als einen um die Stadt verdienten Gelehrten rühmt ihn auch eine, heute an der Außenmauer des Baptisteriums in Padua angebrachte, Grabinschrift. Der Verstorbene lässt den werten Leser wissen, dass es seine, Jacopo Dondis Erfindung sei, dass er die Zeit und die wechselnde Zahl der Stunden von der fernen Spitze des Turms feststellen könne. Da geht es offenbar um eine Uhr, und die städtischen Chroniken melden auch, Ubertino von Carrara habe im Jahre 1344 auf seinem im Bau befindlichen Palast, der Reggia Carrarese, ein Uhrwerk, das die vierundzwanzig Stunden des Tages und der Nacht schlug und mit astronomischen Indikationen versehen war, anbringen lassen.[9] Diese eigenartigen Automaten, die ‚sich von selbst schlugen', waren damals noch sensationell und auch in Oberitalien noch sehr selten.

Die Ablösung der antiken Tagesteilung mit ihren mit der Tageshelligkeit wechselnd langen Stunden durch die abstrakte, von natürlichen Rhythmen unabhängige Sequenz gleichlanger Stunden wären ohne diese technische Innovation undenkbar. Jacopo Dondi hat diese Technik jedoch sicher nicht erfunden. Es gab sie längst in Mailand, in Orvieto und anderswo. Aber vielleicht hat er zusätzliche, vom Uhrwerk mitbewegte astronomische Indikationen wie den Kreis mit den zwölf Sternzeichen oder den Stand des Mondes dafür entworfen. Das öffentliche Aufsehen muss beträchtlich gewesen sein. Jacopo Dondi wird in der in Marmor gemeißelten Erinnerung nicht nur zum Schöpfer der Uhr. Seine Mitbürger ehren ihn in seinen letzten Lebensjahren auch durch den Beinamen „dall'Orologio"; er heißt jetzt gelegentlich

---

[8] *O. V.:* Tractatus de causa salsedinis aquarum et modo conficiendi salis ex eis. In: De balneis omnia quae extant apud Graecos, Latinos, et Arabas, tam medicos quam quoscunque ceterarum artium probatos scriptores ..., Venedig 1553, f 109rv.

[9] *Andrea Gloria:* L'orologio di Jacopo Dondi nella Piazza dei Signori in Padova. Modello agli orologi più rinomati in Europa. In: Reale Accademia di scienze, lettere ed belle arti (Padua) Atti e memorie n.s. 1 (1884/5), 233–93; *Ders.:* I due orologi meravigliosi inventati da Jacopo e Giovanni Dondi. Nota documentaria. In: Atti del Reale Istituto Veneto di Scienze. Lettere ed Arti 7/VII (1895/6), 676–735.

Abbildung 3: Uhr am Palazzo del Capitano, Padua
(Wikipedia, Public domain)

„Jacob von der Uhr".[10] Herausragende Konstrukteure von Schiffen oder Mühlen oder Orgelbauer mit solch schmückenden Hinweisen auf ihre Fähigkeiten zu versehen war nicht ungewöhnlich. Ungewöhnlich ist hier, dass der Zusatz bei den Dondis auf alle Familienmitglieder, auch auf die Nachkommen übertragen wird. Mit diesem Namen wurde die Familie später in den venezianischen Adel erhoben, und sie führt ihn bis auf den heutigen Tag.

Merkwürdig, dass der weit berühmtere Sohn Giovanni Dondi dall'Orologio niemals erwähnt, dass sich sein Vater mit Uhren oder astronomischen Geräten beschäftigt hat. Der Ruhm des Sohnes könnte also auch Ansehen und Beinamen des noch lebenden Vaters beeinflusst haben. Francesco Petrarca zum Beispiel bezeichnet Giovanni trotz seiner notorischen Aversion gegen den Ärztestand als einen Fürsten unter den Astronomen, der den Beinamen wegen des Planetariums erhalten habe. Der mit Giovanni eng befreundete Dichter empfindet diese Bezeichnung aber als eher

---

[10] Jacopo oder Giovanni als Konstrukteur?, vgl. *Vincenzo Bellemo:* Jacopo e Giovanni de' Dondi dall'Orologio. Note critiche con le rime edite e inedite di Giovanni Dondi e altre aggiunte. Chioggia 1894; *Maria Chiara Billanovich:* La vicenda dell'Orologio di Piazza dei Signori a Padova. Committenti, esecutori, modalità di costruzione- In: Archivio Veneto 5. ser., 133 (1989), 39–66.

herabsetzend; nur das ungebildete Volk könne dieses Wunderwerk als bloße Uhr bezeichnen.[11]

Geburtsdaten wurden damals auch in Astronomenfamilien noch selten aufgezeichnet, und die Nachrichten über den wohl um 1330 geborenen Giovanni setzen erst spät ein. 1354, fünf Jahre vor dem Tod des Vaters, war Giovanni, in seinen späten Zwanzigern, schon Mitglied des Universitätskollegiums der Doktoren der Medizin in Padua. Die medizinische Universitätslehre bestand vor allem in Vortrag und Kommentierung der Texte der Autoritäten, v. a. Hippokrates und Galen.[12] Im Jahr 1354 wurde er aus der väterlichen Gewalt emanzipiert und heiratete. Der junge Professor machte rasch Karriere. Wegen seiner außerordentlichen Fähigkeiten durfte er in Padua außer Medizin und Astrologie auch Logik lehren. Die Serie der Einladungen zu auswärtigen Vorlesungen und Disputationen wurde gekrönt von einem mit insgesamt sechshundert Golddukaten dotierten Angebot der Universität Florenz, dort für zwei Jahre zu lehren. Dondi klagte über die Belastungen eines Spagatprofessors, zu denen noch vielfältige politische und repräsentative Verpflichtungen am Hof der Carrara in Padua hinzukommen.

Ohne es jemals zu erwähnen, hat Giovanni Dondi in diesen Jahren Zeit gefunden, an den Plänen für sein Astrarium zu arbeiten. Die vorweg nötigen astronomischen Kalkulationen beziehen sich auf das Jahr 1365. Einem französischen Reisenden erzählte er später, er habe für die Fertigstellung seiner Himmelsmaschine insgesamt sechzehn Jahre gebraucht und – wenig glaubwürdig – alle Metallarbeiten eigenhändig ausgeführt.

Vielleicht durch Petrarcas Vermittlung hatte Giovanni Dondi Kontakte zu den Visconti in Mailand geknüpft. Deren Stadtherrschaft, die bei weitem bedeutendste in Oberitalien, war auf dem Weg zu einem frühmodernen Staat mit zentraler Finanzverwaltung, Söldnerheeren, modernen Behörden und Nachrichtensystemen. Nach der Unterwerfung der meisten lombardischen Städte besaßen sie zeitweise sogar Genua und Bologna. Bei aller Härte in den innerfamiliären Machtkämpfen waren auch sie große Gönner der Künste und Wissenschaften. Unter Galeazzo II. und Giangaleazzo erreichten die Visconti den Höhepunkt ihrer Macht, und diese Macht auch darzustellen, dazu gehörte einfach ein umfangreiches Kultur- und Bauprogramm. Pavia sollte zur Residenzstadt ausgebaut werden. Straßen und Kanäle wurden angelegt. Eine neue, gedeckte Brücke überspannte den Fluss Tessin, und am

---

[11] In einer umstrittenen Passage in Petracas Testament (1370): „Magistrum Johannem de Dundis, Physicum, Astronomorum facile Principem, dictum ab Horologio, propter illud admirandum Planetarii Opus ab eo confectum, quod Vulgus ignotum Horologium esse arbitratur."; *Theodor E. Mommsen* bezweifelt die Echtheit dieses Passus im Testament, der in der Editio princeps (1499–1500), nicht aber in den Mss. auftaucht: Petrarch's Testament. Ithaca 1957, 34–35, 84–85; für im Kontext plausibel hält sie *Paul Lawrence Rose:* Petrarch, Giovanni de' Dondi and the Humanist Myth of Archimedes. In: Olschki, Leo S. (Hrsg.): Petrarca, Venzia e il Veneto. A cura di Giorgio Padoan. Florenz 1976, 102.

[12] *Nancy G. Siraisi:* Medieval and Early Renaissance Medicine. An Introduction to Knowledge and Practice. Chicago 1990.

Rande der Stadt begann der Bau eines gewaltigen befestigten Schlosses, das auch eine Bibliothek beherbergen sollte. Für die neugegründete Universität wurden die berühmtesten Professoren zusammengerufen, und von Anfang an findet sich Giovanni Dondi wenigstens zeitweise unter den Mitgliedern des Lehrkörpers und unter den Ärzten und Astrologen der Herrscherfamilie.

Während der Pestwelle im Sommer 1371 machte Giovanni Dondi sein Testament. Allen vier Töchtern wurden hohe Mitgiften ausgesetzt. Neben die übliche Formel, dass er bei guter Gesundheit und klarem Verstand sei, setzte er dann die Bemerkung, dass er in die Lombardei ziehen wolle. Nicht alle Brücken nach Padua wurden abgebrochen: Seine Grabstätte soll im Dom von Padua neben der des Vaters errichtet werden. Umstritten ist, warum er nun endgültig nach Pavia gegangen ist. Sollte es ein Versuch gewesen sein, vor der Pest zu fliehen, ist er misslungen. Schon im Herbst beklagte Dondi gegenüber Petrarca den Verlust mehrerer Familienmitglieder. Nach anderen Berichten hatte sich Dondi mit den Carrara überworfen. Die andauernden Konflikte zwischen Padua und Venedig hatten sich im Frühsommer 1372 erneut an eher kleinlichen Streitigkeiten um einen Damm und versetzte Grenzsteine entzündet. Der Papst wurde um Vermittlung bemüht und erreichte die Einsetzung einer Schiedskommission mit je fünf Vertretern aus beiden Städten. Unter den Vertretern Paduas wird „Magister Iohannes ab Horologio Physicus" genannt.[13] Giovanni hat bei dieser Gelegenheit seinem Stadtherrn eine von seinem Vater angefertigte Karte des Gebiets südlich von Padua, dort wo Jacopo Besitzungen und Mühlen hatte, vorgelegt. Nach der Überlieferung gab die – verlorene – Karte alle Wasserläufe, Sümpfe, Deiche und Flussmündungen getreu wieder.[14] Die ausführliche Beschreibung der sehr frühen, aber verlorenen Karte macht die große ökonomische und strategische Bedeutung der Gewässer, der Flussläufe, der Flussregulierungen und der Zugänge zur Lagune im Mündungsbereich des Po deutlich. Flussumleitungen und Flutungen gehörten damals zum militärischen Repertoire. Vergleichbare Karten sind erst wieder aus dem 15. Jahrhundert bekannt. Die Karte zeigte wohl auch, dass die Ansprüche der Venezianer teilweise berechtigt waren. Francesco Carrara habe höchst ungehalten

---

[13] *Rafaino Caresinis:* Raphayni de Caresinis Chronica. In: Muratori RIS 2, t XII-pt. II. Hrsg. von E. Pastorello, Bologna 1922, 20.

[14] „Ora, perch'io ne [ho] facta mention dela carta de maistro Çuanne dei Dondi, voio che vui sapià, che ogni lector serave dubio in cognosser alguna cosa per la dicta carta, se 'l no se fesse altra description, perchè un general parlar no solve cosi i errori et i dubii, como fa un particulare. Questa si fo una carta per man de Iacomo der Dondi, fisico, el qual fo subtilissimo homo in l'arte de depinger, e così questa carta era facta in description con pentura con lo terren de Pava, con i fiumi et con i discursi dele aque et con i paludi et con le aque da mare et con i argeri sui dicti paludi, et era a questo modo assai ben facta, et specialmente ale confine de Chiogia et de Cavarçere, o' che ello era sta gran tempo et di quali luoghi alora era question, benchè ella fosse contra l'intention del signor meser Francesco da Carrara. L'animo del qual pur se mosse contra el mostraor dela dicta carta, perchè la nose più che la no çovo al Comun de Pava." *Nicoletto d'Alessio:* La storia della guerra per i confini. Hrsg. von Roberto Cessi, RIS 2 XVII, I,3, Bologna1965, 40–41; vgl. *Vittorio Lazzarini:* Di una carta di Jacopo Dondi e di altre carte del padovano nel quattrocento [1930/31]. In: Ders. (Hrsg.): Scritti di Paleografia e Diplomatica. 2. Aufl. Padua 1969, 117–22.

reagiert. Der Konflikt eskalierte und endete ein Jahr später mit einem demütigenden militärischen Sieg der Venezianer im Juni 1373. Die Verstimmung kann nicht sehr schwer gewesen sein. Dondi nahm auch später immer in Padua wieder universitäre und politisch-repräsentative Verpflichtungen wahr. Aus Pavia muss ein Angebot gekommen sein, das er nicht ausschlagen konnte. Man erzählte, er habe für seine Tätigkeit in Pavia und für das Astrarium als Prunkstück der dortigen Bibliothek jährlich etwa zweitausend Goldflorin erhalten. Das war doppelt soviel wie die Stadt Novara monatlich an die Visconti zu überweisen hatte.

Die Bauanleitung für das Astrarium ist ein merkwürdiger Text, der Erfahrung und Sprache der Werkstatt in ein etwas bemühtes Latein übersetzt. Damit wendet er sich an Gelehrte, die die Kalkulationen für die Zahnradkombinationen vielleicht auf dem Papier nachvollziehen können. Der Text bleibt aber Handwerkern, die Messingscheiben zu schneiden und die Zähne einzeln auszusägen hatten, verschlossen. Sie konnten sich allenfalls an den zahlreichen und sorgfältig beschrifteten Skizzen orientieren. Nur für uns befremdlich sind die Maßangaben. Neben verbreiteten Größen wie Fuß, Ringfinger und Daumen, kommen für kleine Bohrlöcher auch schwer nachzuvollziehende Angaben wie Feder der Gans, des Huhns oder des Kranichs vor. Für die Rekonstruktion kommt es jedoch vor allem auf die Über- und Untersetzungen durch Zahnradgetriebe an, und da lässt der Text keine Zweifel.

Die etwa ein Meter hohe Konstruktion ruht auf einem siebeneckigen Untergestell, dem sog. Käfig, aus Messingschienen. Hier befindet sich der Antrieb und ein Stundenzifferblatt. Dondi redet von einem allseits bekannten, gewöhnlichen gewichtsgetriebenen Uhrwerk, dessen Konstruktion auf vielerlei Weise möglich und daher nicht weiter zu beschreiben sei. Wer das nicht beherrsche, brauche sich in die folgenden Ausführungen nicht weiter zu vertiefen. Immerhin finden wir hier die älteste erhaltene Skizze einer elementaren Uhrwerkhemmung mit Kronrad, Lappenspindel und radförmiger Unruhe. Dazu ein Zifferblatt zur Indikation der 24 gleichlangen Stunden.[15]

Das Uhrwerk treibt ein großes, horizontal gelagertes Jahresrad mit 365 Zähnen. Nach einigen Manuskripten war im unteren Teil auch ein durch Gliederketten bewegtes Kalenderwerk zur Anzeige des Ostertermins und der beweglichen Feste angebracht.[16] Im oberen Teil des Gehäuses befinden sich die sieben Zifferblätter für die Planetenorte. Das Jahresrad bewegt sich einmal während der Nacht und setzt dadurch die planetarischen Mechanismen in Bewegung. Die Umlaufzeiten einzelner

---

[15] „Huius vero horrologii constructionem particulariter sicut alia non describam, quoniam composicio eius multiformis ac comunis est et qualitercumque fiat non est in intentio huic operi fine; diverssitas dum tantum deveniatur ad rotam que in 24 horarum equalium spatio precise perficiat cursum suum, que in horrologiis communibus horraria nuncupantur." *Poulle:* Astrarium [2] (wie Anm. 2), 8; zweisprachige Ausgabe 2003, 52; vgl. *Gerhard Dohrn-van-Rossum:* Geschichte der Stunde. Uhren und moderne Zeitordnungen. München 1992, c. 4, 52 ff.

[16] *Guido Dresti / Rosario Mosello:* Il meccanismo per il calcolo delle feste mobili nell'astrario di Giovanni Dondi. In: La Voce di Hora 40 (2016), 29–46.

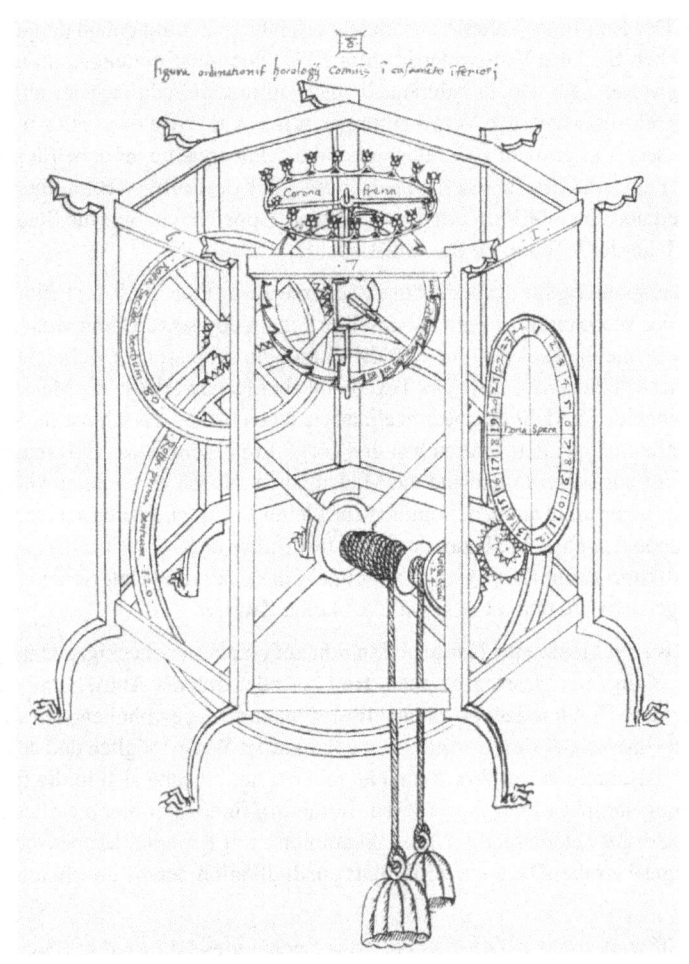

Abbildung 4: Giovanni Dondi dall' Orologio, „Astrarium", Skizze des unteren Uhrwerk käfigs; Überschrift: „figura ordinationis horologii communis in casamento inferioris" mit Hemmungsrad „corona freni" und Stundenzifferblatt „horia spera"; an der Seite: „rotta prima, dentium 120, rotta secunda , dentium 80"; unten „rotta diali, 24", Windsor, Eton College Ms. 172 (Wikipedia, Public domain)

Räder und Triebe betrugen zum Teil mehrere Jahre, und für die Darstellung der Planetenorte musste Dondi auch ovale und unregelmäßige Zahnräder, Pleuel und Führungsschienen entwickeln.

Seine Zahnradkalkulationen gelten als gut, aber in den Augen heutiger Gelehrter nicht als exzellent. Die Abweichungen betragen bis zu einem halben Prozent, d. h. z. B. für den Saturn fast zwei Tage im Jahr. Eine mechanische Simulation kann

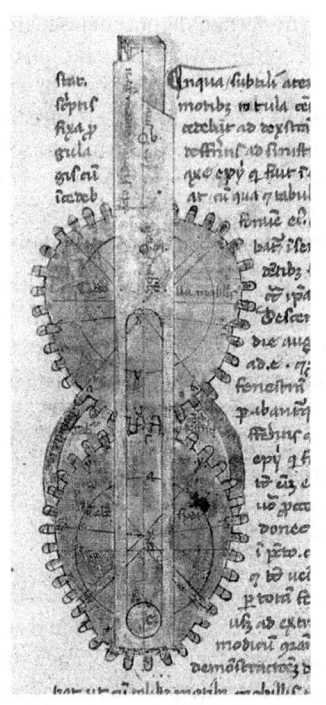

Abbildung 5: Elliptische Zahnräder, n. d. Facsimili: Padua, Biblioteca Capitolare, ms. D. 39, f22v; Paris (École des Chartes), 1998

aber die astronomische Realität auch nie vollkommen abbilden. Dondi wusste natürlich, dass das Sonnenjahr etwas länger als 365 Tage dauert; er beschreibt daher in einem abschließenden Abschnitt primitive Vorgehensweisen bei den in bestimmten Abständen fälligen Korrekturen. Auch ganz grundsätzliche Zweifel an der Funktionstüchtigkeit des Mechanismus sind geäußert worden. Kann das verhältnismäßig kleine Uhrwerk den schweren Mechanismus mit allen seinen Reibungswiderständen überhaupt bewegen? Erlauben die primitiven Zahnformen, ausgeführt in nicht sehr hartem Messing, überhaupt den kontinuierlichen Betrieb?

Während des jahrelangen Aufenthalts in Pavia hat Giovanni Dondi nicht an der neuen, 1361 gegründeten Universität unterrichtet, sondern auch Verbesserungen einzelner Mechanismen des Astrariums vorgenommen und die Bauanleitung überarbeitet. Das Gerät bedurfte sorgfältiger Wartung, und dafür mussten Mitarbeiter angelernt werden. Einer davon hat jahrelang mit im Haus der Dondis gelebt: Andrea degli Organi aus einer Familie von Mailänder Ingenieuren. Die Bibliothek und das Astrarium zogen zahlreiche Besucher an, und schon um 1385 beschreibt der französische Diplomat Philippe de Mézières das Astrarium und preist es als ein Weltwunder.[17] Den meisten Besuchern dürften die mechanischen Raffinessen verborgen geblieben sein. Für das große Publikum war das Astrarium eine Maschine im Dienst der Astrologie. Dondi selbst, sicher von den Mächtigen in wichtigen Fragen konsultiert, hat sich darüber nie öffentlich geäußert. Er gehörte offenbar zu denjenigen, die einen grundsätzlichen Zusammenhang zwischen den himmlischen und den irdischen Phänomenen nicht bestritten hätten, wohl aber die Möglichkeit, die sogenannten kleinen Ereignisse und Einzelschicksale vorherzusagen. Die wissenschaftliche Astronomie trennte sich allmählich von der praktischen Astrologie.

Der Stellung als Leibarzt des Herzogs von Mailand erzwang auch Unterbrechungen des akademischen Wanderlebens. Freunde in Padua lässt er leicht verärgert wissen, dass er am Hof des Gian Galeazzo zwar sehr gut behandelt werde, dass ihn aber eine schwere Krankheit des herzoglichen Sohns Azzone mehr als ein Jahr in Pavia festgehalten habe. Giovanni nutzte die erzwungene Muße, um wie schon sein Vater eine Abhandlung über Thermalquellen zu verfassen.[18] Neben den altmodischen und rein akademischen Erörterungen, ob und wie die alten Autoritäten in diesen Fragen übereinstimmen, finden sich jetzt schon recht anschauliche Beobachtungen über die Quellen von Abano und St. Helena, die geräuschvoll blubbern wie ein unregelmäßig geformtes Glasgefäß auf einem Kochtopf. Der Vergleich verschiedener italienischer Heilquellen ergibt für Dondi, dass die heimischen Quellen besonders wirksam seien zur Bekämpfung heißer und kalter Leidenschaften und zur Behandlung von Potenzschwäche. Abano, wo der alte Paduaner Adel aber auch wohlhabende Gelehrte Landgüter hatten, beginnt sich zu einem internationalen Badeort zu entwickeln. Schon im 14. Jahrhundert gab es offenbar zahlreiche deutsche Besucher. Ein Spion mit dem Auftrag, die Pläne der Signoren von Padua zu erforschen, kleidete sich und sprach wie ein Teutschländer und umgab sich mit deutschem Gefolge. Er wurde trotzdem erwischt und in Padua zu einer hohen Geldstrafe verurteilt. Sein Testament zeigt Giovanni Dondi als einen der reichsten Rentiers der Gegend, und noch heute erinnert der Name des führenden Hauses am Platze an die Familie: ‚Grand Hotel Orologio'.

Im historischen Rückblick sieht man Giovanni Dondi heute als genialen Techniker, aber kaum mehr als einen führenden Kopf der Frührenaissance. Ohne das Astrarium wäre er heute als Astronom und als Arzt vergessen. Im Vergleich mit den großen Vorbildern Petrarca und Boccaccio gelten seine von ihm selbst sorgfältig gesammelten Briefe ebenso wie seine Gedichte als eher schwache und epigonale Erzeugnisse. Für die Zeitgenossen war Dondi jedoch nicht nur ein Astronom und Techniker, dessen Sterne bei der Geburt glücklich standen, sondern auch ein Teilnehmer und Förderer kultureller Erneuerung. Lange bevor es Mode wurde, soll er nach Rom gereist sein und Ruinen vermessen und Inschriften gesammelt haben.[19] Aber die neuen

---

[17] *Philippe de Mézierès:* Le Songe du Vieil Pelerin. 2 Bde. Hrsg. von W. G. Coopland, Cambridge 1969, Bd. 2, 148, Bd.1, 605–7.

[18] *O. V.:* De fontibus calidis agri Patavini consideratio. In: De balneis (wie Anm. 8), 94–108.

[19] Iter Romanum. In: Codice topografico della città di Roma IV. Hrsg. von R. Valentini / G. Zucchetti, Rom 1953, 68–73; Zweifel an der Zuschreibung: *Giulia Perucchi:* Appunti

kulturellen Bewegungen waren auf die längst entschwundene Vergangenheit gerichtet. Paradoxerweise hat sich Dondi bei allem Selbstbewusstsein von seiner technischen Leistung nie als der Neuerer empfunden, den wir heute in ihm sehen. Im Gegenteil: Dondi zog die Vergangenheit der Gegenwart vor. Wie Petrarca und der ganze Freundeskreis kann er gegenüber den künstlerischen und technischen Errungenschaften der römischen Antike in seiner Zeit nur Verfall und Mangel sehen. Moralische Schwäche und militärische Schlappheit kennzeichnen die Gegenwart. Dabei werden auch absurde Argumente angeführt: Krankheiten und Epidemien hätte es auch früher gegeben; dennoch seien die Völker der alten Welt kraftvoller und an Köpfen zahlreicher gewesen. Auch bei den Bevölkerungszahlen verdrängt die Autorität der klassischen Autoren die eigenen Erfahrungen mit der Pest. Bei aller Wertschätzung, selbst auf dem Feld der Poesie kann für ihn auch Petrarca den Vergleich mit den alten Vorbildern nicht bestehen. Wo die alten Wissenschaften in der Tiefe geschürft haben, kratzen die modernen für ihn nur an der Oberfläche. Ausgerechnet den gelehrten Freund Guglielmo Centueri greift er als Vertreter der Moderne – damals in manchen Kreisen noch eine herabsetzende Bezeichnung – an.[20] Seine Argumente sind nicht originell, vielleicht auch wenig modisch. Die pessimistische Grundeinstellung der gebildeten Schichten entspricht im Rückblick sogar nicht den kreativen und innovativen Leistungen Einzelner wie Giovanni Dondi.

Auch als Mediziner stand Dondi nicht anders als seine Kollegen der schockierendsten Erfahrung seiner Generation ratlos gegenüber. Im Januar 1348 hatte die aus Asien nach Europa eingeschleppte schwarze Pest Venedig erreicht; im April wütete sie in Padua. Damals erzählte man sich, ein Venezianer sei vor der Krankheit nach Padua geflohen und hätte die ganze Stadt angesteckt. Auf ihrem Zug durch Europa tötete die Epidemie ein Drittel, in manchen Städten die Hälfte der Bevölkerung. In unregelmäßigen, aber schwächeren Wellen kehrte sie in den nächsten Jahrzehnten immer wieder zurück. Wie ansteckend die Krankheit war, hatte sich schnell herumgesprochen, unerkannt blieb aber der Übertragungsweg von den Ratten über die Flöhe auf den Menschen. Anders als bei der Aidsseuche wusste man einfach nicht, wie man sich wirksam schützen könnte. Wohlhabende, auch die Dondis, versuchten vor den Pestwellen aufs Land zu fliehen, aber auch das half wenig. Sie waren schon mehrfach von der Pest geschlagen worden; dann aber löschte die Epidemie des Jahres 1383 die Familie fast aus. Giovanni verlor den älteren Bruder Gabriele, inzwischen Stadtarzt in Venedig mit sieben Kindern, den jüngeren Bruder Isaac mit Frau und drei Kindern, eine Schwester Lucia, zwei Söhne und die Eltern seiner zweiten Frau. Auf Bitten des befreundeten Bischofs von Piacenza Guglielmo Centueri ver-

---

antiquari medievali. L'Iter romanum attribuito a Giovanni Dondi dall'Orologio. In: Elisa Tinelli (Hrsg.): Petrarca, l'Italia, l'Europa. Sulla varia fortuna di Petrarca. Bari 2016, 131–139.

[20] *Neal W. Gilbert:* A Letter of Giovanni Dondi dell'Orologio to Fra'Guglielmo Centueri. A Fourteenth-Century Episode in the Quarrel of the Ancients and the Moderns. In: Viator 8 (1977), 299–346.

fasst er eine kleine Schrift über Abwehrmittel gegen die Pest.[21] Besonders originelle Ratschläge hat der Leibarzt des Herzogs von Mailand jedoch auch nicht. Die vermuteten Gefahren aus der Luft, aus dem Wasser und durch körperliche Berührung seien durch Diät, durch maßvolles Leben, durch starkes Räucherwerk und reichliche Anwendung von Essig zu bekämpfen. Gegen das Leiden selbst werden altbekannte Mittel empfohlen: eine Pille aus Aloe, Safran und Myrrhe und die Universalarznei Theriak, ein verfestigter Brei aus siebzig verschiedenen Substanzen darunter Opium, Extrakt von Schlangenschwänzen, Baldrian und Vitriol.

Giovanni Dondi stirbt im Jahre 1388 in Abbiategrasso, einer befestigten Siedlung im Mailänder Gebiet, angeblich auf dem Weg zum befreundeten Dogen von Genua, Antoniotto Adorno. Im gleichen Jahr setzte sich Gian Galeazzo in den Besitz von Padua und bereichert mit der Büchersammlung der Carrara die Bibliothek in Pavia. Dort stand das Astrarium noch während des ganzen 15. Jahrhunderts, aber, obwohl die Sforza sich um das Astrarium nicht weniger kümmerten als die Visconti, sprechen alle Nachrichten dafür, dass das Gerät nach dem Tod des Konstrukteurs nie mehr richtig funktioniert hat. Die Bauanleitung wird verliehen und zurückgefordert, gelegentlich mussten Teile ersetzt werden, aber meistens fehlte es an Uhrmachern, die sowohl die handwerklichen Fähigkeiten wie die entsprechenden theoretischen Kenntnisse besaßen. Im Jahr 1495 wurde der Baumeister und Maler Donato Bramante im Dienst des Herzogs Lodovico Sforza („nostro ingegnero") beauftragt, in Pavia im Schloss Skizzen vom Astrarium als Anregung für Fresken zu nehmen.[22] Vielleicht hat Leonardo da Vinci ein Astrarium-Manuskript gesehen, denn in seinen Heften finden sich Skizzen astronomischer Getriebe von verblüffender Ähnlichkeit mit Dondis Aufzeichnungen.[23] Die letzten Nachrichten, nach denen Kaiser Karl V., ein großer Uhrennarr, die Überreste des Astrariums noch in Pavia gesehen und danach ein neues Astrarium habe bauen und nach Spanien ins Kloster San Yuste bringen lassen, gehören schon in den Bereich der Legenden.

---

[21] ‚Modus vivendi tempore pestilentiali'. Lebensregeln für Pestzeiten von Giovanni Dondi. In: Archiv für Geschichte der Medizin 5 (1911). Hrsg. von Karl Sudhoff, 351–354; dt. Übers. in: Klaus Bergdolt: Die Pest in Italien 1348. Heidelberg 1989, 163–166.

[22] *Bedini / Maddison:* Mechanical Universe (wie Anm. 2), 34–36 u. Doc. XXXIV–XXXVI; *Giampero Bozzolato / Massimo Rinaldi:* Leonardo di fronte al'astrario di Giovanni Dondi. In: Rosaria Campioni (Hrsg.): Leonardo artista delle macchine e cartografo. Florenz 1994, 23–28.

[23] *Bedini / Maddison:* Mechanical Universe (wie Anm. 2), 30–33 u. Doc. XX–XXI.

Politik als Beruf?
Arbeit, Freizeit und politische Partizipation in der Moderne

Von *Marian Nebelin*

I.

Der politische Charakter von Zeit, Zeiterfahrungen und Zeitvorstellungen ist evident; so kann Zeit in Form von „Zeitstrafen" der Sanktionierung und Disziplinierung dienen:[1] Zeit ist nämlich, wie Achim Landwehr zu Recht konstatiert hat, „auch deswegen ein hervorragendes Herrschaftssymbol, weil sie sich nicht ersetzen lässt, wenn sie einmal verloren ist".[2] Es ist mithin auch die durch Macht gespeiste politische Dimension der Zeit, die in der Moderne ihren „Fetischcharakter" (Norbert Elias) ausmacht.[3] In demokratischen Gemeinwesen, die ihren Bürgerinnen und Bürgern Möglichkeiten zur politischen Partizipation in Form von Mitentscheidungschancen bieten, ist deshalb Zeit auch ein besonders wichtiger Faktor des Politischen. Denn wesentliche Voraussetzung für die politische Betätigung von Bürgerinnen und Bürgern sind die entsprechenden finanziellen und zeitlichen Freiräume. Die dafür notwendigen Voraussetzungen sind komplex; vielfältige Faktoren müssen zum Erreichen eines hohen Partizipationsgrades zusammenwirken. Vor diesem Hintergrund wird im folgenden Beitrag skizzenhaft untersucht, wie sich in der Moderne Arbeit, Freizeit und politische Partizipation zueinander verhalten. Zugrunde gelegt wird dabei ein intuitiver Modernebegriff, der auf demokratische Gemeinwesen fokussiert ist,[4] dessen mithin notwendig einseitiger und idealtypischer Charakter dennoch nicht

---

[1] *Achim Landwehr:* Geburt der Gegenwart. Eine Geschichte der Zeit im 17. Jahrhundert. Frankfurt/Main 2014, 289 (Hervorhebung nicht übernommen).

[2] Ebd.

[3] *Norbert Elias:* Über die Zeit. Arbeiten zur Wissenssoziologie II. Hrsg. von Michael Schröter. 9. Aufl. Frankfurt/Main 2005, 79.

[4] In diesem Zusammenhang fungiert der Modernebegriff als zeitlicher wie kulturräumlicher Abgrenzungsbegriff. Zur Entwicklung des Modernebegriffs vgl. *Hans Ulrich Gumbrecht:* Modern, Modernität, Moderne. In: Geschichtliche Grundbegriffe 4 (1978), 93–131; zu seiner Problematik als Epochenbezeichnung vgl. *Thorsten Bonacker / Andreas Reckwitz:* Das Problem der Moderne: Modernisierungstheorien und Kulturtheorien. In: Dies. (Hrsg.): Kulturen der Moderne. Soziologische Perspektiven der Gegenwart. Frankfurt/Main 2007, 7–18.

gegen die Erkenntnis gerichtet ist, dass Moderne nur im Plural zu denken ist – als jene ‚multiple modernities', von denen Shmuel N. Eisenstadt gesprochen hat.[5]

These des Beitrags ist, dass in der Moderne eine paradoxe Situation entstand: Moderne Gesellschaften setzen grundsätzlich das Vorhandensein eines gewissen Maßes an Zeit bei potentiell all ihren Bürgerinnen und Bürgern für politische Partizipation voraus, um daran anknüpfend verstärkt nach einer Privatisierung der Freizeit zu streben. Denn das Zeitregime der Moderne ist zutiefst auf die Arbeitswelt zurückbezogen, wobei Lohn- und Erwerbsarbeit gemeinhin als die keinesfalls einzige, jedoch bevorzugte Voraussetzung für jede Form freier Zeit gilt. Diese Zeit jedoch ist wahrhaftig freie Zeit und steht ihren Inhaberinnen und Inhabern mithin relativ frei zur Verfügung. Da zugleich Politik im Unterschied etwa zu antiken Gemeinwesen nicht mehr als der unbestritten vorherrschende, prestigereichste gesellschaftliche Teilbereich gilt,[6] ist eine Nutzung dieser freien Zeit als Freizeit jenseits der Politik möglich. Politische Partizipation ist mithin keine Pflicht mehr; sie beruht daher auf einer freiwilligen Entscheidung des Individuums.

II.

Leitende Vorannahme der These von der modernen Paradoxie im Verhältnis von freier Zeit und politischer Partizipation ist, dass das jeweils spezifische Zeitregime die entscheidende Voraussetzung für jedwede politische Partizipation ist, weil, wie Hartmut Rosa zurecht betont hat, „[d]ie Art und Weise unseres In-der-Welt-Seins […] in hohem Maße von den Zeitstrukturen der Gesellschaft ab[hängt], in der wir leben".[7] Unter einem *Zeitregime* wird die Form der kulturellen und sozialen Institutionalisierung von Zeit verstanden, innerhalb deren sich die Individuen bewegen;[8] unter *Partizipation* die Teilhabe einerseits – konkret – an der Politik durch die Mit-

---

[5] Vgl. *Shmuel N. Eisenstadt:* Multiple modernities: Analyserahmen und Problemstellung. In: Thorsten Bonacker / Andreas Reckwitz (Hrsg.): Kulturen der Moderne. Soziologische Perspektiven der Gegenwart. Frankfurt/Main 2007, 19–45. Das eisenstadtsche Modell besitzt den Vorzug, die Pluralität innerhalb der – dann nur als in sich heterogen und widersprüchlich zu verstehenden – Einheit der Moderne hervorzuheben, ohne dabei (notwendig) in antagonistische Binnendifferenzierungen umzuschlagen, die anhand von Graduierungen von Modernität auch eine qualitative Bewertung von Gesellschaften vornehmen.

[6] Zu Bedeutung und Form des Politischen im klassischen Athen und der römischen Republik vgl. *Jochen Martin:* Aspekte antiker Staatlichkeit [1990]. In: Ders.: Bedingungen menschlichen Handelns in der Antike. Gesammelte Beiträge zur Historischen Anthropologie. Hrsg. von Winfried Schmitz, Stuttgart 2009, 277–289.

[7] *Hartmut Rosa:* Beschleunigung. Die Veränderung der Zeitstrukturen in der Moderne. 5. Aufl. Frankfurt/Main 2008, 15.

[8] Vgl. *Andreas Deußer / Marian Nebelin:* Einleitung: Die Vieldimensionalität der vierten Dimension. In: Dies. (Hrsg. unt. Mitarb. v. Katarina Barthel): Was ist Zeit? Philosophische und geschichtstheoretische Aufsätze. Berlin 2009, 7–18, hier 8 zum verwandten Konzept der ‚Zeitpraxis'.

wirkung am politischen Entscheiden und andererseits – abstrakter – an der Gestaltung der Positivseite des Politischen (also der Binnenassoziation von Menschen).[9]

Die Erörterung der partizipatorischen Dimension der Moderne lässt einen Möglichkeitsraum erkennen,[10] innerhalb dessen solcherart verfasste Gesellschaften das Verhältnis von Zeit und politischer Partizipation konzeptualisieren, praktizieren und regulieren können. Dabei wird die konkrete Struktur eines Zeitregimes nicht allein und isoliert durch die Verfasstheit und die Konfigurationen der Institutionen der jeweiligen politischen Sphäre bestimmt, sondern die sozialen Rahmenbedingungen und die kulturellen Gepflogenheiten besitzen eine grundlegende Bedeutung für die Ausgestaltung dieser Sphäre und das jeweilige Zeitregime.[11] Denn einerseits gibt es eine institutionelle Ebene im Bereich des Politischen, auf der der formalrechtliche Zugang zu den Institutionen und eine unmittelbare verfahrenstechnische Beteiligung geregelt werden müssen; andererseits aber entscheiden soziale und kulturelle Faktoren darüber, ob und wie es den Bürgerinnen und Bürgern überhaupt möglich ist, sich politisch zu beteiligen: Hier wirken Mechanismen der sozialen Schließung sowie im lebensweltlichen Hintergrund verankerte kulturelle Traditionen und Codes, die nicht notwendig verrechtlicht sein müssen, jedoch de facto Zwingkraft entfalten und über die konkreten Formen und Chancen der Partizipation der einzelnen Bürgerinnen und Bürger entscheiden können.[12]

---

[9] Vgl. zu Konzepten, Praktiken und Kulturen der Partizipation *Hansjörg Reinau / Jürgen von Ungern-Sternberg* (Hrsg.): Politische Partizipation. Idee und Wirklichkeit von der Antike bis in die Gegenwart. Berlin / Boston 2013, wobei die enthaltenen Beiträge einen Partizipationsbegriff zugrunde legen, der tendenziell auf die erste Hälfte der hier vorgeschlagenen Definition beschränkt ist.

[10] Zum Konzept des Möglichkeitsraums vgl. an einem konkreten Beispiel *Marian Nebelin:* Aristokratische Konkurrenz in der römischen Republik. Möglichkeitsraum – Soziale Schließung – Transformation. In: Ralf Jessen (Hrsg.): Konkurrenz in der Geschichte. Praktiken – Werte – Institutionalisierungen. Frankfurt/Main 2014, 141–174, hier 149–150.

[11] Die letztgenannte Perspektive zeichnete bereits Nobert Elias' soziales Zeitkonzept aus; vgl. *Elias:* Zeit (wie Anm. 3), dazu *Marian Nebelin:* Zeit und Geschichte. Historische Zeit in geschichtswissenschaftlichen Theorien. In: Andreas Deußer / Marian Mebelin: Was ist Zeit? (wie Anm. 8), 51–93, hier 51 f.

[12] Zum auf Max Weber zurückgehenden und von Randall Collins und Raymond Murphy weiterentwickelten Konzept Sozialer Schließung vgl. die verdichtende Rekonstruktion von *Hristina Markova:* Die politische Elite in Bulgarien. Reproduktions- und Schließungsmechanismen sechzehn Jahre nach dem Systemumbruch. In: Michael Meißner / Katarina Nebelin / Marian Nebelin (Hrsg.): Eliten nach dem Machtverlust? Fallstudien zur Transformation von Eliten in Krisenzeiten. Berlin 2012, 275–294, hier 276–279; *Dies.:* Regeln sozialer Schließung im Zeitalter gesellschaftspolitischer Transformation. Eine empirische Untersuchung über die Zusammensetzung und Rekrutierung der politischen Elite in Bulgarien. Berlin 2013, 43–61; zur geschichtswissenschaftlichen Adaptierbarkeit exemplarisch *Nebelin:* Konkurrenz (wie Anm. 10), 153–158. Zum auf Überlegungen von Edmund Husserl, Alfred Schütz und Ludwig Wittgenstein aufbauenden Konzept des lebensweltlichen Hintergrunds von Jürgen Habermas vgl. *Jürgen Habermas:* Handlungen, Sprechakte, sprachlich vermittelte Interaktionen und Lebenswelt. In: Ders.: Nachmetaphysisches Denken. Philosophische Aufsätze. 3. Aufl. Frankfurt a. Main 2001, 63–104, hier 85–95; *Ders.:* Theorie des kommunikativen Handelns. 2 Bde., 5. Aufl. Frankfurt a. Main 2004, hier Bd. 1, 449–452, Bd. 2, 182–

Dass sich in modernen demokratischen Gesellschaften das Verhältnis von Zeit und politischer Partizipation beispielsweise gegenüber den Konstellationen der direkten Demokratie des antiken Athen verändert hat, hängt mit gewandelten Zeitvorstellungen wie -erfahrungen zusammen, die maßgeblich durch die Entwicklung der Arbeitsgesellschaft und -kultur bestimmt wurden.[13] Weil Arbeit, wie exemplarisch Karl Marx betonte, vornehmlich über aufgewandte Arbeitszeit bestimmt wurde,[14] wurden Zeitmesstechnologien verfeinert, neu- und weiterentwickelt.[15] Damit stiegen zugleich die Anforderungen an die Taktung und Rhythmisierung der Arbeitswelt wie auch des Alltagslebens; insofern führte „die klassische Mechanik [...] zur Entsubjektivierung der Zeit".[16] Technologische und soziale Entwicklung blieben in der Moderne eng aneinander gekoppelt: Entwicklungen der Arbeitswelt – wie etwa die aus-

---

228; sowie mit weiterführender Literatur exemplarisch *Nebelin*, Konkurrenz (wie Anm. 10), 158–159.

[13] Zum antiken Arbeitsverständnis vgl. *Wilfried Nippel:* Erwerbsarbeit in der Antike. In: Jürgen Kocka / Claus Offe (Hrsg. unt. Mitarb. v. Beate Redslob): Geschichte und Zukunft der Arbeit. Frankfurt/Main 2000, 54–66; *Hans Kloft:* Arbeit und Fest. Antike, und zum modernen *Andreas Wirsching:* Arbeit und Fest. Neuzeit, beide in: Peter Dinzelbacher (Hrsg.): Europäische Mentalitätsgeschichte. Hauptthemen in Einzeldarstellungen. 2. Aufl. Stuttgart 2008, 375–386 und 401–414 (mit weiterführender Literatur); kultur- und epochenübergreifend zur Begriffsgeschichte *Werner Conze:* Arbeit. In: Geschichtliche Grundbegriffe 1 (1972), 154–215 und *Jörn Leonhard / Willibald Steinmetz* (Hrsg.): Semantiken von Arbeit: Diachrone und vergleichende Perspektiven. Köln u. a. 2016 sowie die auf die Arbeitspraxis fokussierten Beiträge in *Arne Eggebrecht u. a.:* Geschichte der Arbeit. Vom Alten Ägypten bis zur Gegenwart. Köln 1980. Zu den unterschiedlichen Zeitvorstellungen vgl. die Überblicke von *Rudolf Wendorff:* Zeit und Kultur. Geschichte des Zeitbewußtseins in Europa. 2. Aufl. Opladen 1980 und *Alexander Demandt:* Zeit. Eine Kulturgeschichte. Berlin 2015.

[14] Vgl. zum Verhältnis von Arbeit und Zeit bei Marx *Michael Heinrich:* Grundbegriffe der Kritik der politischen Ökonomie. In: Michael Quante / David P. Schweikard (Hrsg. unt. Mitarb. v. Matthias Hoesch): Marx-Handbuch. Leben – Werk – Wirkung. Stuttgart 2016, 173–193, bes. 173, 175–176, 178–179, 192; exemplarisch *Marx-Engels-Werke*. Bd. 23, 187, Bd. 26.3, 253 und passim, bes. aber *Marx-Engels-Werke*, Bd. 23, 53: „Ein Gebrauchswert oder Gut hat also nur einen Wert, weil abstrakt menschliche Arbeit in ihm vergegenständlicht oder materialisiert ist. Wie nun die Größe des Werts messen? Durch das Quantum der in ihm enthaltenen ‚wert-bildenden Substanz', der Arbeit. Die Quantität der Arbeit selbst mißt sich an ihrer Zeitdauer, und die Arbeitszeit besitzt wieder ihren Maßstab an bestimmten Zeitteilen, wie Stunde, Tag usw.".

[15] Vgl. dazu *Gerhard Dohrn-van Rossum:* Die Geschichte der Stunde. Uhren und moderne Zeitordnungen. Köln 2007 [1992]; *Gert Grübler:* Was ist Zeit? Zeit als Bühne und Zeit als Schicksal. In: Andreas Deußer / Marian Nebelin: Was ist Zeit? (wie Anm. 8), 39–50, hier 46–50. Zur mechanischen Zeitmetapher und dem Zusammenhang von Uhrenmetapher und Uhrenmechanik vgl. *Alexander Demandt:* Technik und Zeit [1980/1986] sowie Die Welt als Uhr [1991], beide in: Ders.: Zeit und Unzeit. Geschichtsphilosophische Essays. Köln 2002, 39–56 und 147–153.

[16] *Herbert Hörz:* Zeit. In: Hans J. Sandkühler (Hrsg.): Enzyklopädie Philosophie. Bd. 1, Hamburg 1999, 1803–1806, Zitat 1804[a]. Allerdings blieb noch die Zeitsemantik des 17. und 18. Jahrhunderts durch Einschlüsse „einer ursprünglich kosmischen Zeiterfahrung" gekennzeichnet *(Manfred Riedel:* Historischer, metaphysischer und transzendentaler Zeitbegriff. Zum Verhältnis von Geschichte und Chronologie im 18. Jahrhundert. In: Reinhart Koselleck (Hrsg.): Studien zum Beginn der modernen Welt. Stuttgart 1977, 300–316, Zitat 303).

geweitete Arbeitsteilung oder die zunehmend aufeinander abgestimmten Teilfertigungsprozesse – machten die immer kleinteiligere Messung und Unterteilung der Zeit erforderlich;[17] zugleich konnte dies genutzt werden, um Zeiträume im Alltags- wie Berufsleben genauer und nunmehr auch weitgehend unabhängig von Naturphänomenen zu bestimmen – und zu verplanen. Dieser doppelte Vorgang mitsamt seinen kulturellen und sozialpsychologischen Auswirkungen lässt sich als der einer umfassenden ‚Beschleunigung' (Hartmut Rosa) beschreiben – wenngleich auch die vermeintliche Einheitlichkeit und Globalität dieses Vorgangs kulturräumlich durch verschiedene Formen des ‚Lebenstempos' (Robert Levine) gebrochen wird.[18]

Zugleich durchdrangen zeitliche Vorstellungen zunehmend die Weltwahrnehmung und politische wie historische Diskurse:[19] War die Moderne zunächst auch ihrem Selbstverständnis nach ein Kind der Antike gewesen,[20] so verschob sich die ursprünglich vornehmlich affirmative Rezeption der vorgängigen Epoche bald über die Abgrenzung zur Idee einer gänzlichen Neuartigkeit der eigenen Zeit (‚Neuzeit').[21] Erfahrungsprägend waren die politischen Revolutionen, deren Zeiterfahrung Reinhart Koselleck zufolge in einem Zusammenfall von ‚Erfahrungsraum' und ‚Erwartungshorizont' bestand, wobei, wie Wolfgang Kruse weiterführend postulierte,

---

[17] *Hermann Lübbe:* Zeit. VIII Gesellschaft; Kultur; Literatur. A. Zeiterfahrung, Zeitnutzung, Zeitorganisation, subjektive Zeit und Zeitkultur. In: Historisches Wörterbuch der Philosophie 12 (2005), 1249–1254, hier 1249 spricht in diesem Zusammenhang im Anschluss an Max Weber von „Zeitnutzungsrationalität". Ein ebenso frühes wie prominentes Beispiel dieser Tendenz sind die Bemühungen Frederick Taylors, über die zeitliche Sequenzierung und Regulierung von Handlungsabläufen in Fabriken Effizienz- und mithin auch Ertragssteigerungen zu erreichen; dazu vgl. beispielsweise *Robert Levine:* Eine Landkarte der Zeit. Wie Kulturen mit Zeit umgehen. 12. Aufl. München 2006, 109–111.

[18] Zum Thema Beschleunigung vgl. vor allem *Rosa:* Beschleunigung (wie Anm. 7) und *Ders.:* Beschleunigung und Entfremdung. Entwurf einer Kritischen Theorie spätmoderner Zeitlichkeit. 5. Aufl. Berlin 2010, außerdem *Aleida Assmann:* Ist die Zeit aus den Fugen geraten? Aufstieg und Fall des Zeitregimes der Moderne. München 2013, 192–207; zu den räumlich unterschiedlichen Geschwindigkeiten und Zeiterfahrungen vgl. *Levine:* Landkarte der Zeit (wie Anm. 17).

[19] Die Veränderungen im Verhältnis zu den Themen Zeit und Zeitlichkeit veranschaulicht exemplarisch die in der Moderne stetig angewachsene Zahl der künstlerischen Auseinandersetzungen mit ihnen; vgl. dazu *Anne Souriau / Marina Scriabine:* Temps. In: Anne Souriau (dir.): Vocabulaire d'esthétique. 2. Aufl. Paris 1999, 1338–1341.

[20] Vgl. *Marian Nebelin:* „Wir und die Anderen". Überlegungen zu Genese und Struktur der Europaideologie in Antike und Moderne. In: Michael Meißner / Martin Teplý (Hrsg.): Das Europäische Geschichtsbild als Instrument zur Identitätsstiftung? Anspruch und Wirklichkeit einer Idee. Hamburg 2006, 41–85.

[21] Zum Konzept der ‚Neuzeit' grundlegend *Reinhart Koselleck:* Vergangene Zukunft der frühen Neuzeit. In: Ders.: Vergangene Zukunft. Zur Semantik geschichtlicher Zeiten. 5. Aufl. Frankfurt/Main 2003, 17–37; vgl. nun die Beiträge in *Achim Landwehr* (Hrsg.): Frühe Neue Zeiten. Zeitwissen zwischen Reformation und Revolution. Bielefeld 2012 mit weiterführender Literatur sowie die Problematisierung des Epochenbegriffs durch *Friedrich Jaego:* Neuzeit als kulturelles Sinnkonzept. In: Ders. / Burkhard Liebsch (Hrsg.): Handbuch Kulturwissenschaften. Band 1. Grundlagen und Schlüsselbegriffe. Stuttgart 2011, 506–531.

dieser Zusammenfall auch zeitweilig perpetuiert wurde:²² Vergangenheit und Gegenwart wurden beständig in eine neue Zukunft gerissen. Diese Wahrnehmung verband sich mit der Vorstellung einer Machbarkeit der – an diesem Punkt im Singular begriffenen – Geschichte, die damit nicht nur von den Menschen selbst aktiv gestaltet werden, sondern ihnen auch eine fortgesetzt positive Weiterentwicklung ermöglichen sollte (‚Fortschritt‘).²³ Dass im Verlauf der Moderne die Idee der Machbarkeit durch die der Sachzwänge und die Idee des ungebremsten und positiven Fortschritts durch die Frage nach dem Preis des Fortschritts relativiert und korrigiert wurden,²⁴ ändert nichts an der grundsätzlichen ‚Verzeitlichung‘ der Mentalität moderner Menschen.²⁵

III.

Vor dem Hintergrund von ‚Verzeitlichung‘ und ‚Beschleunigung‘ ringen in der Moderne drei bis heute unabgeschlossene und einander teils ergänzende, teils widersprechende Diskursstränge, die sich mit dem Verhältnis von Arbeit und freier Zeit befassen, um die diskursive Vorherrschaft:

1. Der älteste ist das Ergebnis der *Entdeckung der Wertschätzung von Arbeit und insbesondere von (abhängiger) Lohnarbeit*. Spätestens als Konsequenz der emanzipatorischen Praxis der Arbeiterbewegungen und als Folge der Entdeckung des Wertschöpfungscharakters von Arbeit wurde Lohnarbeit in der breiten Öffentlichkeit zunehmend positiver konnotiert. Natürlich gab es immer positive Darstellungen körperlicher und lohnorientierter, insbesondere handwerklicher Tätigkeiten, wie antike

---

²² Vgl. *Wolfgang Kruse:* Der historische Ort der Utopie. Beschleunigte Zeiterfahrungen, neuartige Zukunftsperspektiven und experimentelle Gestaltungsformen als Strukturelemente moderner Revolutionen. In: Zeitschrift für Geschichtswissenschaften 61 (2013) 101–122. Zu Kosellecks Revolutionsverständnis vgl. *Reinhart Koselleck:* Historische Kriterien des neuzeitlichen Revolutionsbegriffs [1969]. In: Ders.: Vergangene Zukunft (wie Anm. 21), 67–86; *Ders.:* Revolution. Rebellion, Aufruhr, Bürgerkrieg. [I.; IV. – VII.]. In: Geschichtliche Grundbegriffe 5 (1984), 653–656, 689–788; *Ders.:* Revolution als Begriff und Metapher. Zur Semantik eines einst emphatischen Wortes [1985]. In: Ders.: Begriffsgeschichten. Studien zur Semantik und Pragmatik der politischen und sozialen Sprache. Frankfurt/Main 2006, 240–251 sowie Kosellecks Wortmeldungen im Sammelband *Reinhart Koselleck / Rolf Reichardt* (Hrsg.): Die Französische Revolution als Bruch des gesellschaftlichen Bewußtseins. München 1988; zu ‚Erfahrungsraum‘ und ‚Erwartungsraum‘ als Teil einer ‚Theorie historischer Zeiten‘ vgl. *Reinhart Koselleck:* ‚Erfahrungsraum‘ und ‚Erwartungshorizont‘ – zwei historische Kategorien [1976]. In: Ders.: Vergangene Zukunft (wie Anm. 21), 349–375 (dazu *Nebelin*, Zeit und Geschichte [wie Anm. 11], 67–69).

²³ Vgl. zur Geschichte im Singular *Reinhart Koselleck:* Geschichte, Historie. I. & V.–VII. In: Geschichtliche Grundbegriffe 2 (1975), 593–595, 647–717; zum Fortschritt *Reinhart Koselleck / Christian Meier:* Fortschritt. In: Geschichtliche Grundbegriffe 2 (wie Anm. 23), 351–423 und jüngst *Assmann:* Zeit aus den Fugen (wie Anm. 18), 58–69.

²⁴ Vgl. *Koselleck / Meier:* Fortschritt (wie Anm. 23), 421–423.

²⁵ Vgl. *Johannes Rohbeck:* Verzeitlichung. In: Historisches Wörterbuch der Philosophie 11 (2001), 1026–1028.

Grabsteine von (erfolgreichen) Handwerker verdeutlichen;[26] und bereits Max Weber hat – wie noch gezeigt werden wird – angenommen, dass seit der Reformation der Berufsbegriff eine massive positive Aufwertung erfahren hat.[27] Andererseits scheint bei Martin Luther wie auch in der Antike gerade die autonome handwerkliche Tätigkeit und nicht die abhängige Lohnarbeit im engeren Sinne im Vordergrund gestanden zu haben. Denn ungeachtet der hohen Wertschätzung handwerklicher Tätigkeiten, die immer in einem Spannungsverhältnis zu Formen der abhängigen Lohnarbeit und des Handels stehen, blieb gerade in der Antike die Bewertung von Arbeit und Berufstätigkeit immer ambivalent, ja – vielleicht mit Ausnahme der athenischen Demokratie – tendenziell negativ;[28] zudem wurde sie gesamtgesellschaftlich eindeutig dem Ideal politischer Betätigung untergeordnet,[29] wobei die höchsten Ehrstufen dieser Betätigung und mithin auch der Kern dieser Lebensform freilich in einem aristokratischen System wie dem Roms unbestritten den Angehörigen der Aristokratie (und denjenigen, denen es gelang, zu ihnen aufzuschließen) vorbehalten blieben. Erst angesichts dieser Differenz von Ideal und Möglichkeit konnte die eigene lohnabhängige Betätigung von den Angehörigen der nicht-aristokratischen ‚Schichten' als Merkmal der eigenen Biographie und der eigenen Person hervorgehoben werden.

Bedeutete die positive Neubewertung von Berufstätigkeit und Lohnarbeit in der Moderne vor diesem Hintergrund allein schon in der longue durée der europäischen Mentalitätsgeschichte einen erheblichen Bruch mit hergebrachten Vorstellungen über den Un- oder Nicht-Wert von (Lohn-)Arbeit,[30] so fand schließlich auch ein weiterer Bruch mit bis dahin vorherrschenden traditionellen Konzeptualisierungen des Verhältnisses von Arbeitszeit und Rest-Zeit statt, der zunehmend auch das Primat der Arbeit infrage stellte:

2. *Freizeit als eine dem Individuum völlig zur eigenmächtigen Gestaltung überlassene Form von Zeit* gewinnt zunehmend den Vorrang gegenüber allen anderen For-

---

[26] Ein besonders eindrückliches Beispiel dieser Neigung ist das – zwar in seiner Bauform ungewöhnliche, im Ausdruck des Stolzes auf den eigenen Beruf und den dadurch erworbenen Reichtum jedoch paradigmatische – Grabmal, das der Großbäcker Marcus Vergilius Eurysaces irgendwann in den Jahren 30 bis 20 v. Chr. für sich und seine Familie in Rom errichten ließ. Vgl. dazu *Joachim Fugmann / Anne Kolb:* Tod in Rom. Grabinschriften als Spiegel römischen Lebens. Mainz/Rhein 2008, Nr. 29, 119–124 (mit weiterführender Literatur).

[27] Vgl. *Max Weber:* Die protestantische Ethik und der Geist des Kapitalismus [1904/1905]. In: Ders., Gesammelte Aufsätze zur Religionssoziologie I. 9. Aufl. Tübingen 1988, 17–236, hier 63–79.

[28] Vgl. zu dieser Ausnahme etwa *Christian Meier:* Griechische Arbeitsauffassungen in archaischer und klassischer Zeit. Praxis. Ideologie. Philosophie. Weiterer Zusammenhang. In: Manfred Bierwisch (Hrsg.): Die Rolle der Arbeit in verschiedenen Epochen und Kulturen. Berlin 2003, 19–76, hier 59.

[29] Vgl. die konzisen Darlegungen von Wilfried *Nippel:* Erwerbsarbeit (wie Anm. 13) zur negativen Konnotation der Erwerbsarbeit in der Antike.

[30] Vgl. hier *Wirsching:* Arbeit und Fest (wie Anm. 13), bes. 401–403.

men der Zeitgestaltung.³¹ Grundlegend ist dabei zunächst die Unterscheidung zwischen Arbeits- und Freizeit, wobei die positive Konnotation der letztgenannten Vorstellung exemplarisch anhand der von Oskar Negt in einer – 1983 für die IG Metall entwickelten und im Folgejahr als Monographie veröffentlichten – kämpferischen „Analyse"³² gewählten Differenzierung von „fremdbestimmter, *enteigneter Zeit*" und „*eigener Zeit*",³³ von „Arbeitszeit" und „Lebenszeit" deutlich wird:³⁴ Nur in der Phase der ‚eigenen Zeit' – jenseits von Arbeitszeit und Schlafphase – findet sich ein „*Zeitanteil für das Menschsein*".³⁵ Das erfordere, ‚Freizeit' nicht als – realiter ja durch die Regenerationsbedürfnisse nach den Belastungen der Arbeitszeit erzwungene – ‚Faulheit' misszuverstehen.³⁶ Gelänge es darüber hinaus, „Freizeit von der Arbeitszeit vollständig ab[zu]koppel[n]",³⁷ so wäre den Arbeitnehmern ihre volle „Zeitsouveränität" gegeben, die sie dazu nutzen könnten, „sich ihre *eigenen* Gedanken [zu] machen, *Freizeit* vielleicht sogar in *praktische Freiheit* um[zu]setzen".³⁸ Damit gewänne Freizeit eine politische Dimension: Sie würde „ihren Charakter" „veränder[n]" und „die in ihr liegenden Chancen, als Emanzipations- und gesellschaftliche Orientierungszeit wirklich angeeignet zur werden", realisieren – ohne dass Negt freilich konkretisierte, wie diese Chancen umgesetzt werden könnten.³⁹ Die jüngere empirische Soziologie sieht in der modernen Freizeit denn auch konkreter einen „Raum, in dem sich wesentliche Bereiche der sozialen Integration vollziehen (Familie, Partnerschaft, Freundschaft), innerhalb deren man Neigungen und Interessen ausbilden und vertiefen kann und in dem nicht zuletzt gesellschaftliche Teilhabe stattfindet".⁴⁰

---

³¹ Zum modernen Ideal der Freizeit vgl. *Stefan Immerfall / Barbara Wasner:* Freizeit. Opladen/Farming Hills 2011, Kap. 1 & 2 sowie *Horst W. Opaschowski:* Einführung in die Freizeitwissenschaft. 5. Aufl. Wiesbaden 2008, Kap. A.I. Auffällig ist auch, dass es eine schichtenspezifische Differenzierung der Bewertung von Freizeitvergnügungen gab (und wahrscheinlich bis heute gibt). Vgl. dazu exemplarisch *Angelika Hoelger:* Die Reglementierung öffentlicher Lustbarkeiten in Berlin um 1900. In: Tobias Becker / Anna Littmann / Johanna Niedbalski (Hrsg.): Die tausend Freuden der Metropole. Vergnügungskultur um 1900. Bielefeld 2011, 23–42 (bes. 23–25, 40–42) zur Freizeitgestaltung in Berlin um 1900 und ihre unterschiedlichen Reglementierungsformen sowie die zugrundeliegenden Auffassungen über das Verhalten der Angehörigen verschiedener ‚Klassen'.
³² *Oskar Negt:* Lebendige Arbeit, enteignete Zeit. Politische und kulturelle Dimensionen des Kampfes um die Arbeitszeit. 3. Aufl. Frankfurt/Main 1987, 17.
³³ Ebd., 33.
³⁴ Ebd., 32 und passim.
³⁵ Ebd. 33.
³⁶ Vgl. ebd., 177–178. Die Erholungsfunktion von Freizeit betonen auch *Ingo Leven / Ulrich Schneekloth:* Freizeit und Internet: Zwischen klassischem „Offline" und neuem Sozialraum. In: Shell Deutschland Holding (Hrsg.): Jugend 2015. Eine pragmatische Generation im Aufbruch. Bonn 2016, 111–151, hier 111.
³⁷ *Negt:* Lebendige Arbeit (wie Anm. 32), 178.
³⁸ Ebd., 177.
³⁹ Ebd., 178.
⁴⁰ *Leven / Schneekloth:* Freizeit und Internet (wie Anm. 36), 111.

3. Der jüngste der drei Großtrends des Zeitdiskurses der Moderne insistiert nun gerade auf der bereits von Negt betonten Trennung von *Arbeits- und Lebenszeit*, behauptet jedoch, dass in der Arbeitswelt der jüngeren Moderne diese Differenz zunehmend infrage gestellt werde; „*Ambivalenzkonflikte*" tun sich auf:[41] Bereits die modernen Maschinen und Roboter erleichtern und verkürzen Arbeitsprozesse, so dass der Einzelne für die hergebrachte Arbeit nicht mehr dieselbe Zeit wie früher aufwenden muss; dadurch entsteht freie Zeit. Zugleich jedoch kann der Bedarf an Arbeitskräften sinken, weil deren Tätigkeit ganz oder teilweise nun von Maschinen übernommen wird. Die Folgen sind der Verlust von Arbeitsplätzen,[42] sofern dieser nicht durch die Entstehung neuer Arbeitsplätze kompensiert wird (was jedoch selten vollumfänglich geschieht). Schließlich haben auch die modernen Kommunikations- und Digitaltechnologien bei Arbeitnehmern zu permanenter Erreichbarkeit geführt, wobei dieser Form permanenter beruflicher Erreichbarkeit auch im rein privaten Bereich eine Entsprechung findet. Diesem Trend korrespondiert sozialgeschichtlich eine gelegentlich euphemistisch als ‚Flexibilisierung' bezeichnete Aufweichung – innerhalb der einzelnen Tage wie auch der Wochenstundenzahl – starr fixierter Arbeitszeiten und eindeutiger Beschäftigungsformen. Es entsteht eine Gesellschaft permanenter Gegenwärtigkeit, in der Arbeits- und Freizeit nicht mehr voneinander getrennt werden können.[43] In Hinblick auf die private Nutzung der Neuen Medien, insbesondere von Online-Angeboten und hier vor allem der Sozialen Netzwerke, zeigen auf der anderen Seite allerdings gerade Untersuchungen zu den Einstellungen gegenwärtig Jugendlicher, dass diese generationsbedingt mit einer besonderen, geradezu selbstverständlichen Involviertheit in das Internet als „interaktiv angelegte[m] ‚Mitmach-Netz', dem sogenannten Web 2.0" ausgezeichnet sind[44] und sich diesem „neuen sozialen (Möglichkeits-)Raum [...] kaum noch entziehen können oder wollen".[45] Allerdings ist den jugendlichen Nutzerinnen und Nutzern diese Ambivalenz ihrer Mediennutzung zumeist bewusst.[46]

---

[41] *Negt*, Lebendige Arbeit (wie Anm. 32), 238.
[42] Vgl. zum bisherigen ebd., 250–251. Der von Negt identifizierte „Ambivalenzkonflikt" (ebd., 238) besteht dann darin, dass Maschinen „die Chancen des Zeitgewinns allseitig vergrößern", dabei jedoch „gleichzeitig" eine „Zeitenteignung" vornehmen, vor allem weil sie nicht nur bisherige Arbeit übernehmen, sondern auch die verbleibende Arbeit herabstufen und entwerten können (vgl. ebd., 250). Zudem zeige insbesondere der durch moderne Medien- und Digitaltechnologie ausgelöste Wandel ambivalente, nicht vollständig zu überblickende Folgen: „Emanzipative Möglichkeiten und Gefahren bei solchen offenen, der Aneignung in alltäglichen Lebenszusammenhängen zugänglichen Technologien liegen so nahe beieinander, daß Kriterien für ihre Bewertung häufig aus dem sozialen Kontext zu gewinnen sind, in dem sie Verwendung finden" (ebd., 251–252). Insgesamt fürchtete Negt „ein Überwachungs-, Unterdrückungs- und Vernichtungspotential, das es in der ganzen bisherigen Geschichte noch nicht gegeben hat" (ebd., 250).
[43] Vgl. *Rosa:* Beschleunigung (wie Anm. 7), 269–270.
[44] *Leven / Schneekloth:* Freizeit und Internet (wie Anm. 35), 111.
[45] Ebd.
[46] Die *17 Shell Jugendstudie* zum Jahr 2015 konstatiert bei deutschen Jugendlichen „Vollversorgung" (99%) in Hinblick auf den „Zugang zum Internet", der damit „bei Jugend-

Welche Folgen haben nun diese drei Tendenzen des modernen Zeitdiskurses für die Konzeptualisierung des Verhältnisses von Zeit und Politik? Das Ergebnis ist paradox: Zwar können Menschen in modernen Gesellschaften potentiell über mehr freie Zeit verfügen, doch hat dies nicht notwendig ein höheres Maß an politischer Beteiligung zur Folge. Denn zum einen können die Grenzen zwischen Arbeit und Freizeit dergestalt verschwimmen, dass sich am Ende dennoch ein effektiver Verlust an freier Zeit ergibt. Und zum anderen besitzt die politische Betätigung nicht mehr dieselbe unangefochtene Bedeutung für die Lebenspraxis des Einzelnen; Politiker-Sein ist nicht mehr das Ideal jedweder legitimer Tätigkeit. Darin unterscheiden sich moderne Demokratien von der des antiken Athen. Doch worin liegen die Ursprünge dieses Wandels?

IV.

Eine Antwort auf diese Frage lässt sich ausgehend von dem kategorialen System gewinnen, entlang dessen Max Weber 1918/19 vor dem Freistudentischen Bund in München seinen – 1919 erstmals publizierten – Vortrag *Politik als Beruf* entfaltete.[47] Zu dessen Voraussetzungen gehört allerdings eine Beobachtung, die Weber bereits in seiner wirkungsmächtigen Schrift *Die protestantische Ethik und der Geist des Kapi-*

---

lichen Werte erreicht, die über den für 2013 ermittelten Quoten von Waschmaschinen und Fernsehern (je 95 %) auf Haushaltsebene in Deutschland liegen" (ebd., 120). Bevorzugt ist „mit dem Smartphone (81 %) der mobile und nicht an einen Ort gebundene Zugangsweg" (ebd., 123), wobei die soziale Herkunft über die Gesamtanzahl der „Zugänge" ins Internet entscheidet (ebd., 124; vgl. ebd., 123–126). Im Jahr 2015 wurde von 52 % der befragten Jugendlichen die Tätigkeit „‚Im Internet surfen' als eine von bis zu fünf Freizeitaktivitäten benannt, denen sie in ihrer Freizeit am häufigsten nachgehen", wobei noch „die im Jahr 2015 zusätzlich und gesondert abgefragte Aktivität ‚Soziale Medien nutzen (Facebook, Twitter, Chat Foren usw)' mit 35 % Nennungen" hinzukommt (ebd., 112), während 2002 noch die Aktivität ‚Im Internet surfen' von lediglich einem Viertel (26 %) der Jugendlichen als eine der häufigsten Freizeitaktivitäten benannt wurde. Vgl. ebd., 127–137 zu den Einstellungen gegenüber Onlineangeboten und ebd., 138–151 zur Nutzung. Wesentlich ist der Befund, dass die Jugendlichen im Rahmen der Befragung „[m]it der geringsten Zustimmung […] die Aussage" versahen, „dass ihnen für andere Dinge im Leben keine Zeit mehr bleibt, da sie so oft im Internet sind. Fast zwei Drittel (65 %) der Jugendlichen stimmen dem nicht zu" (ebd., 128), wobei schichtabhängige Unterschiede messbar sind (ebd., 130); allerdings konstatierten immerhin 39 % der Jugendlichen, „dass man bei sozialen Netzwerken dabei sein muss, weil man sonst nicht mitbekommt, was die anderen machen" (ebd., 128). Im Fazit wird konstatiert: „Gemeinsam ist allen Jugendlichen, im Sozialraum Internet mit dabei sein zu wollen. Wer hier keinen Zugang hat, der wäre aus der Sicht der Jugendlichen in einem wesentlichen Teil des Alltags ausgegrenzt. Mögliche Risiken sind den Jugendlichen durchaus bewusst, und die Haltung gegenüber dem ‚Social Web' ist durchaus kritisch. Ob es allerdings auch immer gelingt, sein eigenes Nutzerverhalten so zu gestalten, dass mögliche ‚Fallen im Internet' umgangen werden können, ist dann eine andere Frage" (ebd. 151).

[47] Zu diesem Vortrag (*Max Weber:* Politik als Beruf [1919]. In: Ders., Gesammelte Politische Schriften. Hrsg. von Johannes Winckelmann. 5. Aufl. Tübingen 1988, 505–560) und zum Folgenden vgl. die Rekonstruktion von *Gregor Fitzi:* Max Webers politisches Denken. Konstanz 2004, 269–282.

talismus (1904/1905) gemacht hatte.[48] Seit der Reformation habe, behauptete Weber dort, der Berufsbegriff eine zusätzliche Bedeutungsdimension gewonnen, die im Deutschen seither immer „mitklingt":[49] Damals – und konkret infolge der Begriffsverwendung in der Bibelübersetzung Martin Luthers – sei mit dem Begriff des ‚Berufs' neben der Tätigkeitsdimension auch „eine religiöse Vorstellung" verbunden worden,[50] die sich fortan konkret in der Idee eines „Sichhingeben an die Berufsarbeit" geäußert habe.[51] Über den Protestantismus und seine spezifische Ethik sei dies dann Teil des modernen „‚Rationalismus'" und jener „Welt von Gegensätzen" geworden, die dieser „historische Begriff" Weber zufolge „in sich schließt"; infolgedessen ‚war und sei' die Hingabe an den Beruf „noch immer" „eine[r] der charakteristischsten Bestandteile unserer kapitalistischen Kultur".[52]

Webers Verständnis von Beruf war also ein doppeltes: Auf der einen Seite bestimmte er den Kern des Begriffs in einer kompetenz-, tätigkeits- und erwerbsorientierten Weise, die sich in § 24 von *Wirtschaft und Gesellschaft* niederschlug; dort definierte Weber Beruf als „jene Spezifizierung, Spezialisierung und Kombination von Leistungen einer Person", „welche für sie Grundlage einer kontinuierlichen Versorgungs- oder Erwerbschance ist".[53] Auf der anderen Seite jedoch enthielt der Berufsbegriff für ihn auch die Vorstellung des sich zu einer Tätigkeit berufen Fühlens, also einer positiv nicht nur umgedeuteten, sondern auch überhöhten Form der Arbeit als schöpferischem Tun, in dem sich das Individuum vor sich selbst und der Welt verwirklicht.[54] Diese Doppeldeutigkeit des Berufsbegriffs griff Weber in seinem Politik-Vortrag auf: „Es gibt zwei Arten, aus der Politik seinen Beruf zu machen. Entweder: man lebt ‚für' die Politik, – oder aber: ‚von' der Politik".[55]

Weber verband diese Differenzierung jedoch zugleich mit einer simplen soziologischen („ökonomischen"[56]) Beobachtung: „‚Von' der Politik als Beruf lebt, wer danach strebt, daraus eine dauernde *Einnahme*quelle zu machen, – ‚für' die Politik der, bei dem dies nicht der Fall ist".[57] Politiker müssen ihren Lebensunterhalt und gegebenenfalls auch ihre politische Tätigkeit finanzieren; das bedeutete aus Webers Sicht, dass eine Tätigkeit als Berufspolitiker ‚finanzielle Unabhängigkeit' und ökonomi-

---

[48] Vgl. auch die kurze Notiz in ebd., 269.

[49] *Weber:* Geist des Kapitalismus (wie Anm. 27), 63; im Original vorhandene Hervorhebung durch gesperrten Druck nicht übernommen.

[50] Ebd., 63–79, Zitat 63. Zur Ergänzung dieser These in der jüngeren Forschung vgl. *Wirsching:* Arbeit und Fest (wie Anm. 13), 403 (mit weiterführender Literatur).

[51] *Weber:* Geist des Kapitalismus (wie Anm. 27), 62.

[52] Ebd.

[53] *Max Weber:* Wirtschaft und Gesellschaft. Grundriss der verstehenden Soziologie. 5., rev. Aufl. 1972, bes. v. Johannes Winckelmann. 7. Aufl. Tübingen 2002, 80.

[54] Vgl. *Weber:* Politik als Beruf (wie Anm. 47), 508.

[55] Ebd., 513.

[56] Ebd.

[57] Ebd.

sche ‚Abkömmlichkeit' voraussetzte.[58] Es gäbe nun zwei mögliche Formen, das Finanzierungsproblem zu lösen: Zum einen die „‚plutokratische'" Variante, in welcher Politiker diese Mittel aus ihrem Privatbesitz selbst aufbringen können, weshalb ihre „Rekrutierung" notwendig auf vermögende „Schichten" beschränkt bleiben müsse;[59] zum anderen aber die Variante der „*nicht* plutokratische[n] Rekrutierung der politischen Interessenten, der Führerschaft und ihrer Gefolgschaft", wobei die Politiker dann „an die selbstverständliche Voraussetzung gebunden" sind, „daß diesen Interessenten aus dem Betrieb der Politik regelmäßige oder verläßliche Einnahmen zufließen."[60]

Aus diesen Vorüberlegungen resultierte bei Weber eine Differenzierung zwischen drei Typen von Politikern: den „‚Gelegenheits'politiker[n]", den „‚[n]ebenberufliche[n]' Politiker[n]'"[61] sowie den „‚*haupt*beruflichen' Politiker[n]".[62] Gelegenheitspolitiker sind nach Auffassung von Weber „wir alle, wenn wir unseren Wahlzettel abgeben oder eine ähnliche Willensäußerung" tätigen; nebenberufliche Politiker wiederum „alle jene", die ihre politische Tätigkeit „nur im Bedarfsfalle ausüben und weder materiell noch ideell in *erster* Linie daraus ‚ihr Leben machen'".[63] Hauptberufliche Politiker seien hingegen diejenigen, für welche die Politik der vorrangige Beruf ist – als Erwerbstätigkeit und/oder als Berufung.[64] Was die grundsätzliche Möglichkeit zur (besonderen) Befähigung für diese Tätigkeit anbelangt, gab es nach Webers Auffassung dabei keinen qualitativen Unterschied zwischen vermögenden und mittellosen Politikern;[65] die antiken Vorbehalte gegen die politische Partizipation Besitzloser fehlen bei ihm also völlig.[66]

---

[58] So ebd., 513–514.

[59] Ebd., 514. Weber erkannte freilich völlig zurecht, dass der Umstand, dass jemand genügend Geld besaß, um eine politische Karriere zu verwirklichen, keinesfalls auch notwendig zur Folge hatte, dass er nicht auch – bewusst oder unbewusst, direkt oder indirekt – versuchen würde, aus seiner politischen Tätigkeit finanziellen Profit zu schlagen: Mit der „‚plutokratische[n]' Rekrutierung der politisch führenden Schichten [...] ist freilich nicht auch das Umgekehrte gesagt: daß eine solche plutokratische Leitung auch zugleich bedeutete, daß die politisch herrschende Schicht *nicht* auch ‚von' der Politik zu leben trachtete, also ihre politische Herrschaft nicht auch für ihre privaten ökonomischen Interessen auszunutzen pflegte. Davon ist natürlich gar keine Rede. Es hat keine Schicht gegeben, die das nicht irgendwie getan hätte. Nur dies bedeutet es: daß die Berufspolitiker nicht unmittelbar *für* ihre politische Leistung Entgelt zu suchen genötigt sind, wie das jeder Mittellose schlechthin in Anspruch nehmen muß" (ebd.).

[60] Ebd., 515.

[61] Ebd., 512.

[62] Ebd., 513.

[63] Ebd., 512.

[64] Vgl. ebd., 512–513.

[65] Vgl. ebd., 514–515. Es sind eher unterschiedliche Sensibilitäten, die er ebd., 515 den Angehörigen der beiden Vermögensgruppen zuschrieb und aus deren ökonomischem Hintergrund ableitete.

V.

Weber charakterisierte die politische Tätigkeit als eine Form der Arbeit, die in modernen Demokratien potentiell allen Bürgerinnen und Bürgern offenstand. Die (bei Weber immer männlichen) Politikertypen wurden dabei anhand der jeweils für die ausgeübten politischen Tätigkeiten aufgewendeten Zeit differenziert, wobei dieser mögliche Zeitaufwand zum einen auf die Vermögens- und Versorgungslage und zum anderen auf die Passion des Politikers zurückgeführt wurde. Aus dem von Weber konstatierten Vorhandensein einer Gruppe hauptberuflicher Politiker lässt sich jedoch auch das für viele moderne Demokratien charakteristische reduzierte Verpflichtungsgefühl Einzelner, sich politisch zu betätigen, ableiten: Weil es aufgrund des Engagements und der beruflichen Tätigkeit anderer in Politik und (politischer) Verwaltung nicht unbedingt notwendig ist, für den Erhalt des Gemeinwesens selbst tätig zu werden, kann der Einzelne darauf verzichten, ohne dass dies strukturell gefährlich wird.[67]

Erst das Vorhandensein von Berufspolitikern macht es also in modernen Gemeinwesen für den Rest der Bevölkerung möglich, sich als Gelegenheitspolitiker zu verstehen und mithin Freizeit nicht verpflichtend für die Gemeinschaft oder die Selbstbildung zu verbringen, sondern als wahrhaft freie Zeit eigenständig zu gestalten. Hierin liegt eine Form gewissermaßen politischer Arbeitsteilung zwischen Berufs- und Gelegenheitspolitikern. Insofern ist der finale Befund zum Verhältnis von Zeit und Partizipation in modernen Demokratien ambivalent einzuschätzen: Einerseits indiziert die durchschnittliche Reduzierung politisch verbrachter Zeit auch einen Verlust an politischen Partizipationsmöglichkeiten; andererseits aber gewinnt das Individuum durch die Aufwertung der freien Zeit auch eine Form der Autonomie – obwohl sich natürlich auch in der Moderne Formen erwartungsgesteuerter und homogenisierter Freizeitgestaltung ausmachen lassen.[68]

---

[66] Vgl. exemplarisch für die entsprechenden Diskurse im klassischen Athen *Thomas Morawetz:* Der Demos als Tyrann und Banause. Aspekte antidemokratischer Polemik im Athen des 5. und 4. Jahrhunderts v. Chr. Frankfurt/Main 2000.

[67] Dazu vgl. bspw. die Überlegungen Otto Depenheuers zur ‚schweigenden Mehrheit‘, die ihm als „Normalität der repräsentativen Demokratie" erscheint und insbesondere als „Bewegungspotential in der Demokratie" Bedeutung besitzt: „Wahlkämpfe werde um die schweigende Mehrheit geführt; dort werden Wahlen gewonnen und verloren" (*Otto Depenheuer:* Lob auf die schweigende Mehrheit. Verfassungstheoretische Überlegungen zu einem demoskopischen Begriff [1997]. In: Ders.: Selbstdarstellung in der Politik. Studien zum Öffentlichkeitsanspruch der Demokratie. Paderborn 2002, 33–55, Zitate 52).

[68] Kritisch wird in diesem Zusammenhang häufig auf den massenmedialen Konsum verwiesen; vgl. exemplarisch *Karl Anton Prinz Rohan:* Mensch und Musse. Probleme der Freizeitgestaltung. Vortrag gehalten in der Festsitzung der Bibliophilen e.V. anläßlich ihrer 62. Jahresversammlung am 28. Mai 1961 zu Konstanz am Bodensee. o.O. o.J. [verm. Konstanz 1961], bes. 10–11. Vgl. grundsätzlich *Immerfall / Wasner:* Freizeit (wie Anm. 31), 23–24 und *Opaschowski:* Freizeitwissenschaft (wie Anm. 31), 42–53 zur „Freizeit als Medienzeit" (ebd., 42; ohne Hervorhebungen). Gegenüber der kritischen Position ist jedoch zu fragen, ob nicht jede Form gemeinschaftlich vollzogener Tätigkeit – und massenmedialer Kon-

Die Idee temporaler Autonomie des Individuums, die für moderne Freizeitregimes charakteristisch ist, muss jedoch nicht notwendig im Gegensatz zur Partizipation stehen, schließlich steht es in modernen Demokratien jedem frei, seine Freizeit auch durch ein Mehr an politischer Betätigung (und mithin auch: Partizipation) zu füllen.[69] Was moderne Demokratien von den antiken Gesellschaften Athens wie Roms unterscheidet, ist vor allem die erheblich verringerte Rechenschaftspflicht für die Wahl der Form verbrachter freier Zeit gegenüber der Gemeinschaft.[70] Insofern kann Freizeit im Zeitregime der Moderne auch ein Stück weit Freiheit bedeuten – sofern nicht Arbeits- und Freizeit soweit miteinander identifiziert werden, dass am Ende die Arbeitszeit die Freizeit absorbiert.[71] In einem solchen Fall bliebe natürlich keinerlei freie Zeit für politische Partizipation, die demnach in der Moderne zuvorderst von der Struktur der Beschäftigungsverhältnisse und hierbei vor allem von den ihnen eigenen Arbeitszeitregelungen abhängt. Bei deren Gestaltung wiederum haben moderne Gesellschaften und ihre wirtschaftspolitischen Akteure wesentlich mehr Freiräume als die antiken, immerhin sind sie kaum mehr auf natürliche und mithin außermenschliche Rahmenvorgaben angewiesen.

---

sum ist eine Form der gemeinschaftlichen Tätigkeit, weil er zwar räumlich versetzt, aber realiter diskursiv und mithin nie allein vollzogen wird – eine homogenisierende Wirkung ausübt.

[69] Insofern geht die Einschätzung von *Karl Mannheim* (Freedom, Power & Democratic Planning. Hrsg. von H. Gerth u. E. K. Bramstedt. 3. Aufl. London 1968, 254 – „Thus, leisure may be integrated into the democratic plan like work and education.") von einer erheblich zu zentralistischen Vorstellung demokratischer Steuerung aus – zumal Politik in diesem Plan nur als Rahmen, nicht als Teil der Lebenszeit und einer Lebensform vorkommt.

[70] Zu antiken Mußekonzepten (und den ihnen innewohnenden Vorstellungen von legitimer und illegitimer Zeitgestaltung) vgl. den konzisen Überblick von *Detlef Fechner / Peter Scholz:* Schole und Otium in der griechischen und römischen Antike. Eine Einführung in die Thematik und ein historischer Überblick anhand ausgewählter Texte. In: Elisabeth Erdmann / Hans Kloft (Hrsg.): Mensch – Natur – Technik. Perspektiven aus der Antike für das dritte Jahrtausend. Münster 2002, 83–148.

[71] Dass Zeitgestaltung sinnhaft erfahren und bewertet wird, hängt damit zusammen, dass, wie Jörn Rüsen betont hat, Sinn die *„vierte Dimension der Zeit"* darstellt, ohne welche *„die drei anderen menschlich nicht gelebt werden können"* (*Jörn Rüsen:* Typen des Zeitbewußtseins – Sinnkonzepte geschichtlichen Wandels. In: Friedrich Jaeger / Burkhard Liebsch: Handbuch der Kulturwissenschaften. Bd. 1 [wie Anm. 21], 365–384, Zitat 366).

Leipzig als bedeutender Industriestandort im Kaiserreich[1]

Von *Susanne Schötz*

I.

Leipzig vollzog in der zweiten Hälfte des 19. Jahrhunderts die Metamorphose von einer stark durch den Handel geprägten Mittelstadt hin zur industrialisierten Großstadt, in der dem Handel gleichwohl große Bedeutung zukam. „Mit Riesenschritten", so 1913 der Volkswirt Karl Juckenburg, nahm die gewerbliche Produktion seit den 1860er Jahren einen Aufschwung und „zauberte" eine „vielgestaltige, blühende Industrie" hervor.[2] Die Stadt war nach der Wende zum 20. Jahrhundert das Zentrum der mitteldeutschen Industrieregion und zählte zu den bedeutendsten Industriestädten des Deutschen Reiches. 1914 lag sie in der Zahl der Großbetriebe mit mehr als 1.000 Beschäftigten an zweiter Stelle hinter Berlin.[3] Da Leipzig weiterhin ein national und international bedeutsamer Messeplatz war,[4] wies es vor dem Ersten Weltkrieg den *Doppelcharakter* einer *bedeutenden Industrie- und Handelsstadt* auf – in dieser Gleichzeitigkeit[5] wohl einzigartig in Europa. Leipzig besaß zudem als Universitätsstadt einen beträchtlichen Ruf.[6]

Die folgende Skizze zielt auf eine überblicksartige Beschreibung des *Industriestandorts* Leipzig ab. Sie möchte sein besonderes Potential im Kaiserreich verdeutlichen und wirtschaftsgeschichtliche Forschungen anregen.[7] Denn obgleich zur Ge-

---

[1] Siehe hierzu meinen Text *Industriestandort*, innerhalb von Kapitel 3: Leipzig im Kaiserreich 1871–1914. In: Susanne Schötz (Hrsg.): Geschichte der Stadt Leipzig. Von den Anfängen bis zur Gegenwart. Bd. 3: Vom Wiener Kongress bis zum Ersten Weltkrieg. Leipzig 2018, 572–585, auf dem der vorliegende Beitrag beruht.

[2] Vgl. *Karl Juckenburg:* Das Aufkommen der Großindustrie in Leipzig. Leipzig 1913, 9.

[3] So *Ursula Oehme / Fritz Staude:* Leipzigs Aufstieg zur Großstadt (1871–1918). In: Klaus Sohl (Hrsg.): Neues Leipzigisches Geschicht-Buch. Leipzig 1990, 180–225, hier: 183.

[4] Vgl. *Markus A. Denzel:* Messe- und Finanzplatz Leipzig. In: Schötz: Geschichte der Stadt Leipzig (wie Anm. 1), 561–572.

[5] Vgl. zu konkreten Zahlen und prozentualen Anteilen der Erwerbstätigen Leipzigs nach Wirtschaftsabteilungen: *Susanne Schötz:* Wirtschaftsstruktur, Erwerbstätigkeit, Frauen- und Kinderarbeit. In: Dies.: Geschichte der Stadt Leipzig (wie Anm. 1), 624–633, hier: 626.

[6] Vgl. u. a. *Jens Blecher:* Universität Leipzig. In: Schötz: Geschichte der Stadt Leipzig (wie Anm. 1), 703–711.

[7] Diese Forschungen wären auf den Handels-, Dienstleistungs- und Finanzsektor auszudehnen, für den neuere Untersuchungen ebenfalls rar sind. Vgl. aktuelle Zusammenfassungen

schichte einzelner Leipziger Industrieunternehmen und -unternehmer eine kaum überschaubare Fülle an hagiografisch gefärbten Darstellungen existiert, fehlt es an neueren Studien mit wissenschaftlichem Anspruch,[8] die moderne Fragestellungen und Theorieangebote zur Unternehmensgeschichte und zur Geschichte der Industrialisierung aufgreifen.[9] Das gilt sowohl im Hinblick auf fundierte Branchengeschichten und die konjunkturelle Entwicklung, als auch für die Erforschung einzelner Unternehmen.

II. Allgemeine Entwicklung

Der zeitgenössischen Statistik zufolge erfuhr die Ansiedelung von Gewerbebetrieben nach der Reichsgründung eine bedeutende Steigerung. Sie betraf fast alle Branchen,[10] beschleunigte sich in den 1890er Jahren und hielt bis zum Ersten Weltkrieg an. Deutschland war nach 1880 in die Phase der Hochindustrialisierung eingetreten, an der die Leipziger Wirtschaft mit bedeutenden Ressourcen teilhatte und in deren Verlauf sie ein spezifisches Profil ausbildete, das bis weit ins 20. Jahrhundert hinein trug. Grundlegende Merkmale dieser Phase werden auch in Leipzig fassbar – so der Trend zum Großbetrieb mit einer gewaltigen Konzentration von Kapital und Arbeitskräften und der Zunahme von Aktienunternehmen. Damit kam es stärker zur Trennung von Besitz und Leitung des Unternehmens und zur Ausbildung eines differenzierten Managements. Doch ob Aktien- oder Familienunternehmen – die Wichtigkeit eines kaufmännisch und technisch hochqualifizierten Führungspersonals, das möglichst über Auslandserfahrungen und Auslandskontakte verfügte, nahm in Großbetrieben zu, drängte man doch auf globale Märkte. Weil Großbetriebe versuchten, Funktionen von der Rohstoffbeschaffung, über den Transport bis zum Absatz der Produkte in eigener Hand zu konzentrieren, war Fachpersonal auf allen Ebenen gefragt. Schließlich lässt sich auch die enge Verbindung von wissenschaftlicher Forschung und industrieller Produktion, sichtbar an der Einrichtung eigener Versuchs-

---

auf der Basis des vorhandenen, zum Teil wesentlich älteren Wissens von *Markus A. Denzel* und *Susanne Schötz* in: Schötz: Geschichte der Stadt Leipzig (wie Anm. 1).

[8] Vgl. detailliert *Michael Schäfer:* Forschungen zur Geschichte der Stadt Leipzig 1830–1990. Literaturbericht. In: Markus Cottin / Detlef Döring / Michael Schäfer (Hrsg.): 1000 Jahre Leipzig. Forschungsstand zur Stadtgeschichte im Vorfeld des Jubiläums der Ersterwähnung von 1015. Beucha 2009, 79–118, hier: 82–83. Zu den hier noch nicht aufgeführten wissenschaftlichen Studien zählt ebenfalls die demnächst abgeschlossene Dissertation von *Alexander Walther:* Die Entwicklung der Wirtschafts-, Bevölkerungs- und Berufsstruktur während der Industrialisierung in Leipzig. Ein Betrag zur Geschichte der Stadt im 19. und frühen 20. Jahrhundert. Unveröffentlichtes Manuskript 2016.

[9] Vgl. beispielsweise *Rudolf Boch u.a.* (Hrsg.): Unternehmensgeschichte heute. Theorieangebote, Quellen, Forschungstrends. Leipzig 2005.

[10] Angaben zu krisenhaften Entwicklungen in einigen Bereichen bei *Juckenburg:* Leipzigs Großindustrie (wie Anm. 2). Eine detaillierte Untersuchung der konjunkturellen wirtschaftlichen Entwicklungszyklen liegt für Leipzig nicht vor, auch keine Studie zu den Auswirkungen der Gründerkrise von 1873 bis 1879, zu denen des Übergangs zur Schutzzollpolitik oder zur Kartellbewegung.

stationen und Forschungslabore, beobachten. Hier drückt sich das Bestreben nach planvoller Entwicklung und rascher Markteinführung rationellerer Produktionsverfahren und diversifizierter Produktlinien aus.[11]

Den amtlichen Gewerbezählungen zufolge stieg in Leipzig zwischen 1875 und 1907 die Zahl der gewerblichen Unternehmen im sekundären Sektor von Industrie, Handwerk, Hausindustrie und Baugewerbe von 4.551 auf 21.382, vergleiche Tabelle 1. Während 1875 erst 123 Betriebe Motorkraft, also Antriebs- bzw. Werkzeugmaschinen, nutzten und sich als neuartige Fabriken oder Industriebetriebe identifizieren lassen, waren es 1907 bereits 1.748. Damit war die Zahl der Industriebetriebe besonders rasant gestiegen, fast auf das 15-Fache, gegenüber der knapp 5-fachen Zunahme sämtlicher gewerblicher Unternehmen. Noch stärker, nämlich auf das 45-Fache, hatte sich die Leistung der eingesetzten Motoren in Pferdestärken (PS) erhöht: von 1.378 PS im Jahr 1875 auf 61.779 PS im Jahr 1907. 1875 waren 127 Dampfmaschinen im Einsatz, 1.181 im Jahr 1910. Hier widerspiegeln sich gleichermaßen die Verbreitung des technischen Fortschritts bei gewachsener Leistungsfähigkeit der Kraftmaschinen wie eine insgesamt beträchtlich gewachsene Wirtschaftskraft.[12]

Tabelle 1
Gewerbebetriebe und Beschäftigte im sekundären Sektor in Leipzig 1875–1907[13]

Jahr	Zahl der Betriebe	Zahl der Beschäftigten (B)	Betriebe mit 10–50 B	Betriebe mit 51–200 B	Betriebe mit 201–1.000 B	Betriebe mit über 1.000 B	Betriebe mit motorischer Kraft
1875	4.551	25.161	345	58	4	-	123
1882	10.516	42.360	465	100	11	-	264
1895	18.156	96.102	1.015	232	50	-	902
1907	21.382	146.569	1.365	409	82	7	1.748

Existierte 1882 noch kein einziger Betrieb mit mehr als 1.000 Beschäftigten in Leipzig, waren es 1895 schon einige, doch wurden diese neuartigen Riesenunterneh-

---

[11] Vgl. grundlegend *Rolf Walter:* Wirtschaftsgeschichte. Vom Merkantilismus bis zur Gegenwart. 5. Aufl. Köln / Weimar / Wien 2011, 117–136; *Dieter Ziegler:* Das Zeitalter der Industrialisierung (1815–1914). In: Michael North (Hrsg.): Deutsche Wirtschaftsgeschichte. Ein Jahrtausend im Überblick. 2., völlig überarbeitete und aktualisierte Aufl. München 2005, 197–286, hier: 221–252; *Hans-Ulrich Wehler:* Deutsche Gesellschaftsgeschichte. Bd. 3: Von der „Deutschen Doppelrevolution" bis zum Beginn des Ersten Weltkrieges 1849–1914. München 1995, 547–699.

[12] Dies gilt umso mehr, als Elektromotoren zu diesem Zeitpunkt noch keinen Eingang in die Bilanz gefunden hatten, ihre Verwendung der zeitgenössischen Untersuchung Juckenburgs zufolge aber *schon sehr beträchtlich* war. Vgl. *Ders.:* Großindustrie (wie Anm. 2), 15.

[13] Tabelle nach *Juckenburg:* Großindustrie (wie Anm. 2), 152. Juckenburg spricht von „gewerbtätigen Personen" ohne weiter nach Arbeitern, Angestellten und Führungspersonal zu differenzieren, weshalb hier die Bezeichnung „Beschäftigte" als Sammelkategorie bevorzugt wird.

men von der Gewerbestatistik noch nicht gesondert erfasst, vergleiche Tabelle 1.[14] Sie hatten sich vor allem in den stadtnahen, zwischen 1889 und 1891 eingemeindeten, Dörfern herausgebildet. Für das Jahr 1910 nennt Ernst Kroker die folgenden elf, vorwiegend in der Textilindustrie und im Maschinenbau tätigen, Großunternehmen mit mehr als 1.000 Arbeitern in Leipzig:[15]

- die Kammgarnspinnerei Stöhr und Comp., 1880 in Leipzig-Kleinzschocher gegründet, mit 3.000 Arbeitern,
- die Leipziger Wollkämmerei Aktien-Gesellschaft, 1872 gegründet, mit 1.700 Arbeitern in Leipzig und 400 Arbeitern in Hoboken bei Antwerpen,
- die Lampenfabrik von Hugo Schneider in Leipzig-Paunsdorf, 1863 in Leipzig-Reudnitz gegründet, mit 1.800 Arbeitern,
- die Fabrik landwirtschaftlicher Maschinen von Rudolf Sack, 1863 in Leipzig-Plagwitz gegründet, mit 1.700 Arbeitern,
- die Sächsische Wollgarnfabrik, vormals Tittel und Krüger, 1867 in Leipzig-Plagwitz gegründet, mit 1.600 Arbeitern,
- Leipziger Baumwollspinnerei, 1884 in Leipzig-Lindenau gegründet, mit 1.600 Arbeitern,
- die Eisen- und Stahlwerke von Meier und Weichelt, 1874 in Leipzig-Lindenau gegründet, mit Zweigbetrieb in Leipzig-Großzschocher, mit 1.500 Arbeitern,
- die Drahtseilbahnfabrik von Adolf Bleichert & Co. in Leipzig-Gohlis, gegründet 1876 in Leipzig-Neuschönefeld, mit 1.500 Arbeitern,
- die Fabrik buchgewerblicher Maschinen von Karl Krause, 1855 in Leipzig gegründet, seit 1873/74 in Anger-Crottendorf, mit 1.350 Arbeitern,
- die Deutschamerikanische Maschinenfabrik von Ernst Kirchner und Comp., 1878 in Leipzig-Sellerhausen gegründet, mit 1.200 Arbeitern,
- die Kammgarnspinnerei Leipzig, 1830 im Vorwerk Pfaffendorf gegründet, mit über 1.000 Arbeitern.

Doch nicht nur größere Unternehmen siedelten sich außerhalb von Alt-Leipzig während des gesamten Zeitraums an. Moderate Grundstückspreise, Baufreiheit

---

[14] Paul Hirschfeld porträtierte bereits 1887 einige Großunternehmen mit mehr als 1.000 Beschäftigten, so die Leipziger Wollkämmerei Aktien-Gesellschaft mit 1.400 Beschäftigten sowie die Sächsische Wollgarnfabrik, vormals Tittel & Krüger, und die Papier- und Stoffwäschefabrik- mit Versandhandel Mey & Edlich mit jeweils etwa 1.000 Beschäftigten. Die Letztgenannten befanden sich im damals noch nicht eingemeindeten, doch immer stärker mit Alt-Leipzig verflochtenen Vorort Plagwitz. Vgl. *Paul Hirschfeld:* Leipzigs Großindustrie und Großhandel in ihrer Kulturbedeutung. Mit einem Vorwort von Dr. Rudolf Wachsmuth, Vorsitzendem der Handelskammer zu Leipzig. Leipzig 1887, 71–73, 81–83, 159–162.

[15] Vgl. *Ernst Kroker:* Handelsgeschichte der Stadt Leipzig. Die Entwicklung des Leipziger Handels und der Leipziger Messen von der Gründung der Stadt bis auf die Gegenwart. Leipzig 1925, 258–268.

und vor allem die Nähe zum zielstrebig ausgebauten Leipziger Ferneisenbahnsystem begünstigten ein kräftiges industrielles Wachstum im nahen Umland. Indem das Fernbahnsystem im Großraum Leipzig durch kleine Verbindungsstücke und gesonderte Güterstrecken zu einem hocheffizienten Eisenbahnring ausgebaut wurde, verfügten die Unternehmen über ein kosten- und zeitsparendes Verkehrsmittel zum Gütertransport.[16] Das betraf gleichermaßen den überregionalen Absatz ihrer Produkte wie den Bezug von Rohstoffen und insbesondere von Kohle, ohne die der vermehrte Einsatz von Dampfmaschinen nicht möglich gewesen wäre. Das europaweit dichteste Industriegleisnetz erstreckte sich dabei über Plagwitz, Lindenau und Kleinzschocher und war Karl Heine zu verdanken.[17] 1888 besaßen hier bereits 68 Fabriken direkte Gleisanschlüsse, daneben bestanden drei öffentliche Verladestationen für kleine Unternehmen, die sich einen direkten Gleisanschluss nicht leisten konnten.[18]

Das gewerbereichste Dorf im Leipziger Umland war 1875 Reudnitz, in dem sich allein 58 Betriebe im Bereich des Maschinenbaus und der Metallverarbeitung, 10 Buchdruckereien, 7 Buchbindereien, 13 Unternehmen der Tabak- und Zigarrenherstellung und eine Reihe weiterer kleiner Betriebe befanden.[19] Daneben waren Gohlis, Plagwitz und Lindenau besonders stark wachsende Standorte der gewerblichen Produktion. Neben diversen Einzelbetrieben hatten sich hier vor allem Unternehmen der Metallverarbeitung und des Maschinenbaus angesiedelt, nämlich 24 in Gohlis, 37 in Plagwitz und 35 in Lindenau; hinzu kamen in Plagwitz 4 Eisengießereien und 2 Papierfabriken und in Lindenau 7 Chemiefabriken sowie 8 Betriebe zur Herstellung von Lacken, Farben und Ölen.[20] Einer Fabriken- und Fabrikarbeiterzählung aus dem Jahre 1884 zufolge existierten in Leipzig 483 Fabriken, in den nahen Dörfern 242. Dabei wurden als Fabriken alle Betriebe mit mehr als 10 Arbeiter/-innen sowie alle, die Motorkraft einsetzen, gezählt.[21] Besonders viele waren es wie schon 1875 in Reudnitz (62), Lindenau (52), Plagwitz (35) und Gohlis (27), hinzu traten mit mindestens 10 Fabriken Eutritzsch (11) und Connewitz (10).[22] Mit den Eingemeindungen von 1889/91 wurden sie Teil der Leipziger Wirtschaft.

Um die Mitte der 1890er Jahre erfolgte ein weiterer Wachstumsschub, der in ein lang anhaltendes Wachstum einmündete. So stieg allein zwischen 1895 und 1897 die Zahl der industriellen Arbeitskräfte von etwa 50.000 auf mehr als 60.000 an; 1907

---

[16] Vgl. *Alexandra Sroka:* „Wohlfeil und schnell" – Das Leipziger Eisenbahn- und Industriegleissystem. In: Thomas Topfstedt / Hartmut Zwahr (Hrsg.): Industriekultur – Stadtentwicklung – soziale Milieus. Leipzig im 19. und 20. Jahrhundert. Leipzig 2005, 77–106.

[17] Vgl. *Helge-Heinz Heinker:* Carl Heine – Wegbereiter für die Industriestadt Leipzig. In: Schötz: Geschichte der Stadt Leipzig (wie Anm. 1), 586–592; *Ulrich Krüger:* Carl Heine. Der Mann, der Leipzig zur Industriestadt machte. Erfurt 2008.

[18] Vgl. Sroka: Leipziger Eisenbahn- und Industriegleissystem (wie Anm. 16), 104.

[19] Vgl. *Walther:* Manuskript Entwicklung (wie Anm. 8), 314. Zu Recht verweist der Autor auf die bisher von der Forschung vernachlässigte Bedeutung von Reudnitz.

[20] Zahlen nach ebd., 315.

[21] Ebd., 295.

[22] Ebd., 317–318.

waren rund 80.000 Menschen in Leipziger Industriebetrieben tätig[23] – mithin mehr als die Hälfte der rund 147.000 Erwerbstätigen des sekundären Sektors. Damit hatte die Fabrikindustrie nach der Zahl der Beschäftigten das Handwerk und die Hausindustrie überflügelt.[24] Umso frappierender erscheint es, dass der Anteil industrieller, mit Motorkraft arbeitender, Unternehmen innerhalb des gewerblichen Sektors 1907 erst bei 8,2 Prozent gegenüber 2,7 Prozent im Jahr 1875 lag. Bei der übergroßen Mehrheit der gewerblichen Betriebe Leipzigs handelte es sich demnach auch im ersten Jahrzehnt des 20. Jahrhunderts um kleine und mittlere Handwerksbetriebe oder um Manufakturen und hausindustrielle Produzenten. Doch das Neuartige und geradezu Revolutionäre im sekundären Sektor der Stadt bestand zwischen 1895 und 1910 in der Verdopplung mittlerer (51–200 Beschäftigte) und großer Betriebe (mehr als 201 Beschäftigte), vergleiche Tabelle 1.

Wir wissen wenig über die Kapitalausstattung, die Finanzierungs- und Wachstumsstrategien von Leipziger Großunternehmen unter den Bedingungen wechselnder Handels- und Zollpolitik und fortschreitender ökonomischer Globalisierung. Am Ende des 19. Jahrhunderts sind die zunehmende Verbreitung von Aktiengesellschaften und der Drang nach Expansion auf globale Märkte unverkennbar. In der Leipziger Textilindustrie[25] waren Aktiengesellschaften gang und gäbe. Das 1911 mit 3.000 Arbeitskräften größte Unternehmen der Stadt, die Kammgarnspinnerei Stöhr & Comp., war 1880 bereits als Aktiengesellschaft gegründet worden. Es hatte sein Kapital im Laufe der Jahre von 1,4 Millionen Mark auf 12 Millionen Mark erhöht. Außer der Spinnerei waren eine eigene Wollkämmerei, -wäscherei und -sortiererei sowie eine große Färberei und Druckerei für Kammzeug hinzugekommen. Hergestellt wurden bunte Webgarne, Teppich- und Strickgarne und Melangen, von denen ein bedeutender Teil auf dem nordamerikanischen Markt Absatz fand. Als sich Exporte aufgrund hoher Zölle nicht mehr lohnten, erwarb die Kammgarnspinnerei Stöhr & Comp. Unternehmensanteile an den Worsted Mills in Passaic (USA, New Jersey). Sie besaß auch Anteile an der Sächsischen Kunstweberei Claviez AG in Adorf sowie ein Tochterunternehmen in Böhmen, das den Warenabsatz in Österreich erleichtern sollte.[26] Auch die Leipziger Baumwollspinnerei war 1884 als Aktienunternehmen mit einem Kapital von 1,5 Millionen Mark gegründet worden. Sie baute seit 1908 am Wami-Fluss im damaligen Deutsch-Ostafrika (Tansania) auf einer Fläche von 30.000 Hektar Baumwolle für den eigenen Bedarf an. Zu diesem Zeitpunkt war sie die größte Baumwollspinnerei Kontinentaleuropas.[27]

---

[23] Ebd., Tabelle 60, 301.

[24] Zu konkreten Zahlenangaben: *Schötz:* Industriestandort (wie Anm. 1).

[25] Zur Leipziger Textilindustrie gehörten vergleichsweise wenige, jedoch bedeutende Unternehmen, so die beiden größten Kammgarnspinnereien Sachsens. Siehe *Juckenburg:* Großindustrie (wie Anm. 2), 69.

[26] Geplant waren Juckenburg zufolge weitere Erwerbungen, vgl. ebd., 70.

[27] Das Unternehmen besaß zudem die Leipziger Baumwollweberei in Wolkenburg. Vgl. ebd., 72.

Andere Unternehmen akkumulierten mit der Umwandlung in Aktiengesellschaften das notwendige Kapital für weiteres Wachstum, das passierte vor allem um die Wende zum 20. Jahrhundert. So erneuerte die Leipziger Pianofortefabrik Gebr. Zimmermann in Leipzig-Mölkau ihre gesamte maschinelle Ausstattung und erweiterte die Fabrik durch einen bedeutenden Anbau, nachdem sie 1895 in eine Aktiengesellschaft mit einem Kapital von 1,4 Millionen Mark umgewandelt worden war. 1904 errichtete die Gesellschaft dann ein noch größeres Werk in Eilenburg.[28] Ein Beispiel aus der Chemie-Branche ist die von Friedrich Adolph Schulz gegründete Firma Fritz Schulz jun., die zunächst in gemieteten Räumen mit wenigen Arbeitern die von Schulz erfundene Brillant-Glanzstärke herstellte. Nach dem Firmeneintritt seines Schwagers erfolgte der erste Fabrikbau 1882 in der Hardenbergstraße; bereits 15 Jahre später wurde er durch ein wesentlich größeres Fabrikgebäude in Leipzig-Kleinzschocher ersetzt. Das Unternehmen war inzwischen in der Fabrikation von chemisch-technischen Gebrauchsgegenständen, insbesondere von Metallputzmitteln, führend. Es hatte ein Lager mit Bergwerksbetrieb zum Abbau von Kieselkreide in Bayern sowie eine Zweigfabrik für den österreichisch-ungarischen Markt in Böhmen erworben. Wenige Jahre nach der 1900 erfolgten Umwandlung in eine Aktiengesellschaft mit einem Kapital von mehr als 5 Millionen Mark errichtete die Firma einen weiteren Zweigbetrieb in Lincoln (USA, New Jersey).[29] Verglichen mit dem Kapitalbesitz der Firma Krupp, dem Magnaten der deutschen Schwerindustrie, von 180 Millionen Mark im Jahr 1907, oder dem der drei größten Chemie-Firmen, Hoechst, BASF und Bayer, mit jeweils mehr als 20 Millionen Mark war der Kapitalbesitz der hier genannten Leipziger Firmen deutlich geringer.[30]

III. Branchenspezifik der Leipziger Industrie

Tabelle 2 gibt näheren Aufschluss über die Branchen-Spezifik der Leipziger Industrie und ihre Entwicklung zwischen 1875 und 1907.

---

[28] Die Fabriken besaßen eigene Dampfsägewerke. Ebd., 47.

[29] Zum Unternehmen gehörte auch ein Betrieb zur maschinellen Herstellung von Verpackungen mit mehr als 800 Beschäftigten. Vgl. *Juckenburg:* Großindustrie (wie Anm. 2), 57–58.

[30] Zahlenangaben nach *Wehler:* Deutsche Gesellschaftsgeschichte (wie Anm. 11), 623–625.

Tabelle 2
Großbetriebe mit mehr als 50 Beschäftigten in der Stadt Leipzig nach Branchen zwischen den Jahren 1875 und 1907[31]

Branche	Anzahl der Großbetriebe im Jahr			
	1875 (Rang)	1882 (Rang)	1895 (Rang)	1907 (Rang)
Maschinenbau, Werkzeugmaschinenbau, Bau von Instrumenten und Apparaten	6 (4)	13 (4)	52 (2)	104 (1)
Polygrafische Gewerbe	18 (1)	31 (1)	56 (1)	91 (2)
Baugewerbe	10 (3)	17 (2)	39 (3)	86 (3)
Papierindustrie	5 (5)	10 (5)	30 (4)	45 (4)
Bekleidungs- und Reinigungsgewerbe	3 (6)	16 (3)	23 (5)	35 (5)
Metallverarbeitung	2 (7)	2 (9)	16 (6)	35 (5)
Nahrungs- und Genussmittelindustrie	11 (2)	9 (6)	11 (9)	26 (7)
Textilindustrie	2 (7)	4 (7)	16 (6)	23 (8)
Holzindustrie	1 (10)	2 (9)	13 (8)	23 (9)
Lederindustrie	2 (7)	3 (8)	8 (10)	7 (10)
Forstwirtschaftliche Nebenprodukte	1 (10)	1 (11)	4 (11)	7 (10)
Chemische Industrie	- (12)	- (13)	4 (11)	7 (10)
Kunstgewerbe	- (12)	1 (11)	2 (13)	3 (13)
insgesamt	**61**	**109**	**274**	**492**

Danach bildete Leipzig im Kaiserreich eine vielgestaltige Industrie aus. Die beiden Hauptindustriezweige waren der Maschinen-, Werkzeugmaschinen-, Instrumente- und Apparatebau sowie die polygrafischen Gewerbe, gefolgt vom Baugewerbe und der Papierindustrie. Diese Branchen kennzeichnete großes Wachstum, dabei löste um die Wende zum 20. Jahrhundert erstmals der Maschinen- und Werkzeugmaschinenbau die das ganze 19. Jahrhundert über dominierenden polygrafischen Gewerbe der Druckerei- und Schriftgießereibetriebe ab. Das gilt nicht nur im Hinblick auf die Anzahl der Großbetriebe, sondern auch auf die der Beschäftigten, der Betriebe mit Motoren und der Leistung der Kraftmaschinen.[32] Die Industrie der Maschinen, Werkzeugmaschinen, Instrumente und Apparate war zum Führungssektor der Leipziger Industriewirtschaft geworden.

Ihr wichtigster Zweig bestand im Bau von Maschinen für die polygrafischen Gewerbe und für die Papierindustrie.[33] Hier wurden Schnellpressen und automatische Anlegeapparate für den Buchdruck, Maschinen für Stein- und Kupferdruckereien, Buchbindereimaschinen, Papier-, Karton- und Pappschneidemaschinen, Maschinen für die Kartonagenherstellung und anderes mehr produziert. Dieser Spezialmaschi-

---

[31] Tabelle nach *Walther:* Manuskript Entwicklung (wie Anm. 8), 304.
[32] *Juckenburg:* Großindustrie (wie Anm. 2), 16.
[33] Ebd., 29.

nenbau bildete sich in Leipzig, dem Hauptsitz des deutschen Buchgewerbes, allmählich seit den 1850er Jahren heraus, erlangte seine große Blüte aber erst mit der fortschreitenden Mechanisierung der Buchherstellung im Kaiserreich. In der Stadt konzentrierte sich nun die gesamte technologische Kette vom polygrafischen Maschinenbau über die Papier- und Buchproduktion bis hin zu Verlagswesen und Buchhandel. Inwieweit daraus eine besondere Stärkung des Leipziger Buchgewerbes resultierte, lässt sich schwer sagen, denn trotz weiteren Aufblühens verlor es gegenüber seinem Hauptkonkurrenten Berlin an Boden.[34] Grundsätzlich erhöhten verbesserte Maschinen die Produktivität der polygrafischen Gewerbe, was wiederum eine vergrößerte Nachfrage nach Erzeugnissen der Papierindustrie hervorrief und deren Wachstum förderte. Zunehmende Produktion von Büchern und Presseerzeugnissen aber bedeuteten gesteigerte Absatzmöglichkeiten für Buchhandels- und Verlagsunternehmen.

Eine Reihe der in Leipzig konstruierten Maschinen für die Polygrafie und Papierindustrie waren die modernsten der Welt. Sie wurden auf internationalen Ausstellungen vielfach prämiert und entwickelten sich zu Exportschlagern. Besonders erwähnenswert sind die weltweit agierenden Firmen von Karl Krause (1823 – 1902) und der Gebrüder Brehmer. Die Firma Karl Krause war Hersteller von Maschinen für alle mit der Papierbearbeitung zusammenhängenden Zweige, für Buchdruck, Buchbinderei und weiteres. Sie produzierte 1910 in einer modernen, nach neuesten technischen Grundsätzen eingerichteten Betriebsstätte mit hunderten von Werkzeugmaschinen, angetrieben von Elektromotoren und Dampfkraft. Aufgrund der ständigen Vervollkommnung ihrer Produkte war sie im Besitz von mehr als 50 Patenten und über 60 weltweit errungenen Preisen.[35] Mehr als die Hälfte der Produktion wurde exportiert, vor allem nach Russland und Österreich. Die in die USA ausgewanderten Brüder Hugo und August Brehmer betrieben zunächst in Philadelphia ihre Maschinenfabrik Brehmer Brothers. Seit 1875/76 revolutionierten sie mit der Erfindung der Drahtheftmaschine die Buchbinderei. Da ihre Exporte vor allem nach Deutschland gingen, übersiedelte Hugo Brehmer (1844 – 1891) 1879 nach Leipzig-Plagwitz, um hier die Firma Gebrüder Brehmer zu gründen. Sie galt in ihrer Fabrikation *als erste und größte der ganzen Welt* und beschäftigte 1910 etwa 650 Arbeiter.[36] Mehr als die Hälfte ihrer Produktion ging in den Export, unter anderem nach England, Frankreich, Russland und Südamerika.

Leipzig unterschied sich von Chemnitz, Berlin oder Magdeburg in seinem Maschinen-, Instrumente- und Apparatebau weiterhin durch große Mannigfaltigkeit und die Herstellung zumeist leichterer Maschinen. Riesige Dampfmaschinen oder Lokomotiven wurden hier kaum hergestellt.[37] Charakteristisch war ein hohes Maß

---

[34] Vgl. *Thomas Keiderling:* Buchstadt auf dem Höhepunkt. In: Schötz: Geschichte der Stadt Leipzig (wie Anm. 1), 592 – 599.
[35] Vgl. *Juckenburg:* Großindustrie (wie Anm. 2), 31 – 32.
[36] Ebd., 32 – 33. sowie *Horst Riedel:* Stadtlexikon Leipzig von A bis Z. Leipzig 2012, 65.
[37] So *Juckenburg:* Großindustrie (wie Anm. 2), 29.

an Spezialisierung, das es einigen Unternehmen ermöglichte, nicht nur eine Vormachtstellung in Deutschland, sondern führende Positionen auf dem Weltmarkt zu erlangen. Neben Maschinen für die Polygrafie wurden besonders erfolgreich Landmaschinen, Holzbearbeitungsmaschinen, Drahtseilbahnen und Musikinstrumente produziert. Hier waren es zumeist dynamische Unternehmer, die zugleich als Konstrukteure, Erfinder und Organisatoren der industriellen Herstellung ihrer Produkte in Erscheinung traten. Im Landmaschinenbau dominierte um 1900 die Firma von Rudolf Sack in Leipzig-Plagwitz die gesamte Branche in Sachsen.[38] Ihre Bodenbearbeitungsgeräte gingen in in viele Länder. Neukonstruktionen wurden auf der 1878 eigens geschaffenen Versuchsstation in Kleinzschocher/Schönau getestet. Hier leitete Rudolf Sack (1824–1900) in Zusammenarbeit mit dem landwirtschaftlichen Institut der Universität Leipzig auch praktische Demonstrationen für Studenten.[39]

Holzbearbeitungsmaschinen wurden zum Metier von Ernst Kirchner (1850–1826), der in Chemnitz eine Schlosserlehre und die Werkmeisterschule absolviert hatte und seit 1871 als Konstrukteur von Werkzeugmaschinen tätig war. Die auf USA-Reisen kennengelernten Holzbearbeitungsmaschinen begeisterten ihn derart, dass er mit dem Aufbau dieser Branche in Deutschland begann. Seit 1878 stellte seine Firma in Leipzig-Sellerhausen Hobel- und Fräsmaschinen, Nut- und Spundmaschinen, Kreis- und andere Sägen, schließlich komplette Sägewerkseinrichtungen nach eigenen Patenten her; 1896 erfolgte der Schritt zur Aktiengesellschaft. Bis 1913 produzierte das Unternehmen mehr als 180.000 Maschinen und erhielt rund 100 Auszeichnungen im In- und Ausland, es exportierte seine Maschinen *nach allen kultivierten Ländern.*[40] Auch die Spezialfabrik für Drahtseilmaschinen des Maschinenbauingenieurs Adolf Bleichert (1845–1901) war ein weltweit bekanntes und agierendes Unternehmen.[41] Bleichert war die Erfindung einer Drahtseilbahn gelungen, die als Lastseilbahn in der Rohstoff- und Schwerindustrie nicht nur in Deutschland auf reges Interesse stieß. Berühmt war beispielsweise die im Auftrag der argentinischen Regierung errichtete Drahtseilbahn in den Kordilleren zur Verbindung der Famatina-Minen mit der Bahnstation Chilecito. Sie hatte eine Länge von 34 Kilometern und überwand einen Höhenunterschied von 3.600 Metern.[42] Adolf Bleichert war stark an der technischen Weiterentwicklung von Drahtseilbahnen und anderen Transportanlagen interessiert. Das Unternehmen diversifizierte seine Produktpalette, es

---

[38] Vgl. *Ulrich Krüger:* „Catros und Co. geben Hoffnung. Wie Leipzigs Landmaschinenbau überlebte. In: Leipziger Blätter 46 (2005), 86–88, hier: 87.

[39] Vgl. *Oehme / Staude:* Leipzigs Aufstieg (wie Anm. 3), 212–213 sowie *Riedel:* Stadtlexikon (wie Anm. 36), 519.

[40] Vgl. *Juckenburg:* Großindustrie (wie Anm. 2), 36, sowie *Riedel:* Stadtlexikon (wie Anm. 36), 291–292.

[41] Vgl. *Manfred Hötzel:* Biographisches zu Adolf Bleichert (1845–1901). In: Manfred Hötzel / Stefan W. Krieg (Hrsg.): Adolf Bleichert und sein Werk. Unternehmerbiografie, Industriearchitektur, Firmengeschichte. 3., korrigierte Aufl. Beucha / Markkleeberg 2012, 17–52.

[42] Vgl. *Juckenburg:* Großindustrie (wie Anm. 2), 38.

richtete 1898 zusätzlich eine Abteilung für die Fabrikation von Hebezeugen und Kranen ein und brachte 1902 *eine weitere epochemachende Erfindung auf den Markt – die Elektrohängebahn*.[43] Es besaß Büros in Brüssel, Paris und London, unterhielt eine Filiale in Charkow in Russland und hatte Lizenzen zum Bau seiner Drahtseilbahnen in Nordamerika an die Trenton Iron Co. (New Jersey) vergeben.[44] 1907 beschäftigte Bleichert 700 Arbeiter und 800 „Beamte", das heißt Techniker, Konstrukteure und Kaufleute, die für die Realisierung der Aufträge fern vom Leipziger Werk im In- und Ausland zuständig waren. In den eigenen Werkstätten wurden nur die patentierten, speziellen Elemente der Seilbahnkonstruktionen hergestellt, alles andere aber eingekauft, was die notwendige Arbeiterzahl stark reduzierte.[45]

Auch die Musikinstrumentenproduktion war eine Spezialität Leipzigs, die Pianofortefabrik von Julius Blüthner (1824–1910) in Leipzig-Plagwitz zählte zu den bedeutendsten.[46] Blüthner gelangen mehrere Erfindungen zur Verbesserung der Pianomechanik, die ihm eine Reihe von Ehrungen und ersten Preisen auf Weltausstellungen einbrachten und dafür sorgten, dass die Hälfte der Produktion in den Export ging.[47] Ebenfalls für Leipzig bedeutsam war die Herstellung von Harmoniums, hier galt 1913 die Firma Mannborg mit 130 Beschäftigten als größtes Unternehmen des Kontinents.[48] Seit den 1870er Jahren trat die Produktion mechanischer Musikinstrumente hinzu, bei der es in rascher Folge zu Verbesserungen und Veränderungen kam. So wurden Spieluhren mit Walzenbetrieb, Wandspielschränke, sogenannte Orchestrions, die den Klang eines Salonorchesters imitierten, elektrische Klaviere und sogenannte Sprechmaschinen mit Schallplatten hergestellt; einige dieser Produkte fanden rasch internationalen Absatz.[49] Um 1900 bestritt die 1895 gegründete Polyphon Musikwerke AG in Leipzig-Wahren fast 90 Prozent der weltweiten Musikautomatenproduktion.[50] Als bedeutendste Fabrik für Klavierspielapparate galt 1913 die Ludwig Hupfeld AG mit 1.500 Arbeitskräften, ihre letzte Neuheit war eine selbstspielende Geige.[51]

---

[43] So ebd.

[44] Ebd. 39.

[45] *Ulrich Krüger:* Bleicherts Drahtseilbahnen. Adolf Bleichert & Co., Spezialfabrik für den Bau von Drahtseilbahnen in Leipzig-Gohlis. In: Hötzel / Krieg: Adolf Bleichert und sein Werk (wie Anm. 41), 9–16.

[46] Vgl. *Sabine Knopf:* Blüthner. Bekannt in aller Welt. Zum hundertfünfzigjährigen Jubiläum der Julius Blüthner Pianofortefabrik. In: Leipziger Blätter 43 (2003), 26–28, sowie *Riedel:* Stadtlexikon (wie Anm. 36), 53–54.

[47] Vgl. *Juckenburg:* Großindustrie (wie Anm. 2), 46.

[48] Ebd., 48.

[49] Vgl. *Kroker:* Handelsgeschichte (wie Anm. 15), 261–262; *Juckenburg:* Großindustrie (wie Anm. 2), 48–52.

[50] So *Claus Fischer:* „Polyphones Pleiße-Rauschen". Schallplattenaufnahmen aus Leipzig zwischen 1910 und 1948. In: Leipziger Blätter 51 (2007), 25–28, hier: 25.

[51] Vgl. *Juckenburg:* Großindustrie (wie Anm. 2), 51–52.

Die vielgliedrige Leipziger Industrie bestand vor dem Ersten Weltkrieg aus einer Reihe weiterer Unternehmen mit zum Teil weit über die Stadt hinausgehender Bedeutung. Stellvertretend seien lediglich einige aus bislang nicht erwähnten Branchen genannt. So aus der Nahrungs- und Genussmittelindustrie die Leipziger Bierbrauerei zu Reudnitz Riebeck & Co. AG, 1913 das größte Brauunternehmen Sachsens und viertgrößte Deutschlands,[52] sodann die Schokoladen- und Kakaofabriken von Wilhelm Felsche (1798–1867) in Leipzig-Gohlis, die Firmen Riquet & Co. und F. O. Richter in Leipzig-Schleußig[53] sowie die Zuckerraffinerie, Kandis- und Konfekturenfabrik von Sachsenröder und Gottfried als *eine der ersten ihrer Art in Deutschland*.[54] Aus dem Bekleidungsgewerbe, wo sich Konfektions- und Rüschenfabriken sowie Fabriken zur Herstellung von künstlichen Blumen und Federschmuck mit hausindustrieller Fertigung ergänzten, ist die Firma August Polich mit mehr als 500 Beschäftigten 1913 zu erwähnen.[55] Als bedeutendster Zweig dieses Gewerbes galt jedoch die Rauchwarenindustrie mit ihren Zurichtereien und Färbereien zur Veredelung von Pelzen.[56] Die 1883 von Theodor Thorer (1828–1894) gegründete Zurichterei mit mehr als 100 Beschäftigten war die erste der Stadt in dieser Größenordnung.[57] Bedeutende Unternehmen im Bereich der Lederindustrie und Herstellung lederartiger Stoffe waren die Kofferfabrik von Moritz Mädler (1883–1965) in Leipzig-Lindenau mit Filialen in Berlin, Hamburg und Frankfurt am Main,[58] sowie die Gummiwarenfabrik Phil. Penin AG in Leipzig-Plagwitz mit 700 Arbeitern.[59] Die stark von der Nachfrage der Pianofortefabriken profitierende Holzbearbeitungsindustrie brachte als größten Betrieb die mit einer Großhandlung von in- und ausländischen Nutzhölzern verbundenen Säge- und Fournierwerke von Franz Schlobach (1824–1907) in Böhlitz-Ehrenberg hervor.[60] Daneben existierten auch größere Papier- und Kartonhersteller, wie die Chromo-Papier- und Kartonfabrik Fr. Harrazim, sowie Produzenten feinmechanischer, optischer und chirurgischer Instrumente, so

---

[52] *Birgit Lönne:* Als das Reudnitzer noch Riebeck-Bier war. In: Leipziger Blätter 37 (2000), 77–79, hier: 78.

[53] Diese Fabriken waren die drei größten in Leipzig, das in dieser Produktion nach Dresden an zweiter Stelle in Sachsen stand. Vgl. *Kerstin Langwagen:* Süßes Leben. Die Schokoladenfabrik F. O. Richter in Leipzig-Schleußig ist saniert worden. In: Leipziger Blätter 38 (2001), 41–43, hier: 43. Siehe auch *Susanne Buhl:* Wer nicht strebt, der nicht lebt! Wilhelm Felsches Schokoladenimperium in Gohlis. In: Leipziger Blätter 45 (2004), 83–86; sowie *Sabine Bauermeister:* Die Firma „Riquet & Co." im Spiegel ihrer Anzeigen bis 1910. In: Leipziger Kalender 39 (2002), 181–187.

[54] So *Kroker:* Handelsgeschichte (wie Anm. 15), 264.

[55] *Juckenburg:* Großindustrie (wie Anm. 2), 101.

[56] Vgl. *Walter Fellmann:* Schlaufüchse und Blaufüchse vom Brühl. In: Hartmut Zwahr / Thomas Topfstedt / Günter Bentele (Hrsg.): Leipzigs Messen 1497–1997. Bd. 1: 1497–1914. Köln / Weimar / Wien 1999, 439–447.

[57] Ebd., 444.

[58] *Juckenburg:* Großindustrie (wie Anm. 2), 83.

[59] Ebd., 84–85.

[60] *Kroker:* Handelsgeschichte (wie Anm. 15), 267.

die Meßstabfabriken der Gebr. Leistner.[61] Das größte Unternehmen der Metallverarbeitung war 1913 die Eisengießerei von Meier & Weichelt in Leipzig-Lindenau.[62] Im Baugewerbe, dessen dynamische Entwicklung angesichts der Errichtung zahlreicher öffentlicher Gebäude, Geschäftshäuser und Fabriken nicht verwundern kann, beschäftigten 1907 schon 10 Betriebe mehr als 200 Arbeitskräfte, an erster Stelle stand das Betonbaugeschäft Rudolf Wolle (1864–1933).[63]

IV. Neue Industrien

Neben dem Maschinenbau gelten die neuen Zweige der Elektroindustrie und der chemischen Industrie als eigentliche Wachstumsmotoren der deutschen Hochindustrialisierung.[64] 1895 existierten im Bereich der Elektrizitätserzeugung und der Herstellung elektrischer Maschinen und Anlagen erst etwa 20 Betriebe, 1907 waren es bereits um die 80.[65] Die bedeutendsten Unternehmen waren die Körting & Mathiesen AG in Leipzig-Leutzsch mit 850 Beschäftigten, die zunächst elektrotechnische Artikel aller Art produzierte, sich dann auf Bogenlampen spezialisierte und schließlich die Fabrikation von Elektrizitätszählern aufnahm. Auch Schumanns Elektrizitätswerk in Leipzig-Plagwitz und die Elektrizitätsgesellschaft Sirius beschäftigten einige hundert Arbeiter mit der Herstellung von Elektromotoren und Dynamomaschinen.[66] Insgesamt waren 1907 aber erst knapp 2.300 Beschäftigte in der Leipziger Elektroindustrie tätig.[67] Welche Impulse allerdings aus dem Einsatz von Elektromotoren auf die Leipziger Wirtschaft resultierten, wäre zu untersuchen. Karl Juckenburg erwähnt, dass ihr Aufkommen zur *weitestgehenden Verwendung der Holzbearbeitungsmaschinen* geführt habe.[68]

Die chemische Industrie war im Kaiserreich in Leipzig keine ganz neue Industrie, erste Unternehmen entstanden schon um die Mitte des 19. Jahrhunderts.[69] Ihre Produktion erstreckte sich auf mannigfache Zweige, auf Leuchtstoffe, Fette, Öle, Seifen und anderes mehr. Besondere Bedeutung erlangte jedoch die Fabrikation ätherischer Öle und Parfüms, auf diesem Gebiet agierten um 1900 mit Schimmel & Co. und der Heine & Co. AG zwei Weltfirmen.[70] Die Firma Schimmel & Co. existierte seit 1829

---

[61] Ebd., 266.

[62] *Juckenburg:* Großindustrie (wie Anm. 2), 25.

[63] *Kroker:* Handelsgeschichte (wie Anm. 15), 268.

[64] Vgl. zu den neuen Industrien unter anderem *Ziegler:* Industrialisierung (wie Anm. 11), 239–247; *Walter:* Wirtschaftsgeschichte (wie Anm. 11), 128–131; *Wehler:* Deutsche Gesellschaftsgeschichte (wie Anm. 11), 610–618.

[65] Zahlen nach *Juckenburg:* Großindustrie (wie Anm. 2), 162–163.

[66] Ebd., 55–56.

[67] Ebd., 162–163.

[68] Ebd., 36.

[69] Ebd., 57.

[70] Ebd., 63–65.

unter unterschiedlichen Namen als Handel für Kräuter und ätherische Öle in Leipzig.[71] Mit der Übernahme durch den Seifensieder Hermann Traugott Fritsche (1809–1897) 1854 begann die Konzentration auf die Erstellung ätherischer Öle, die als Aromen und Duftstoffe bei der Herstellung von Likör und Limonade, Parfüm und Seife an Bedeutung gewannen. 1869 erfolgte mit dem Einsatz von Dampfmaschinen der Übergang zur industriellen Verarbeitung von Wurzeln, Hölzern, Rinden, Kräutern, Blättern und Blüten aus aller Welt. Der mit dem Firmeneintritt der Söhne Hermann Traugott jun. und Ernst Traugott verbundene Aufschwung der Firma führte nicht nur zur Erweiterung und technischen Erneuerung der Produktionskapazitäten, sondern 1879 auch zur Einrichtung eines eigenen, hochmodernen Forschungslabors, dem ersten in diesem Industriezweig.[72] Schimmel & Co. erlangte mit der technologischen Umsetzung neuester Erkenntnisse der Chemie eine Marktführerschaft bei ätherischen Ölen, synthetischen Produkten und aromatischen Mischungen. Die Firma produzierte seit 1884 als erste in Mitteleuropa Rosenöl, das aus eigenen Pflanzungen gewonnen wurde. 1895 gelang es ihren Chemikern, synthetisches Orangenöl auf den Markt zu bringen, andere Öle folgten. Die Firma besaß Filialen in New York, Prag, London, Berlin und Hamburg sowie eine eigene Destillationsanlage für Lavendelöl in Südfrankreich.[73] Sie verlegte ab 1901 ihren Firmensitz vor die Tore der Stadt nach Miltitz. Hier errichtete sie neben der modernen Werksanlage eine Wohnsiedlung für Arbeiter und Angestellte in gartenstädtischem Gepräge – mit Postgebäude, Bahnhof, Casino und Kegelbahn.[74]

Weitere neue Industrien, deren Anfänge in Leipzig vor dem Ersten Weltkrieg lagen, waren im Bereich der modernen Massenmedien des 20. Jahrhunderts die Herstellung von Sprechmaschinen (Grammophonen) und Schallplatten, so durch die Polyphon-Werke[75] und die ISI-Werke[76], sowie von Kinematographen. Als Konstrukteur von Filmprojektoren machte sich Johannes Nitzsche (1879–1947) einen Namen, der mit eigenen, ständig verbesserten Apparaten auf internationalen Kinematographen-Ausstellungen Goldmedaillen gewann. Er kombinierte die Herstellung von Filmprojektoren mit dem Filmverleih und war darin so erfolgreich, dass er lange Zeit das

---

[71] *Ronald Piech:* Von der Seifensiederei zur Weltfirma. Die Wechselschicksale der Schimmel & Co. AG Miltitz. In: Leipziger Blätter 48 (2006), 72–73, hier: 72.

[72] *Peter Guth:* Rosen erobern den Weltmarkt. Die einstige Firma Schimmel & Co. in Miltitz zwischen Vergangenheit und Zukunft. In: Leipziger Blätter 42 (2003), 89–91, hier: 89.

[73] Ebd., 90.

[74] Ebd., 90–91. Die Firmeninhaber betätigten sich auch über die eigene Belegschaft hinaus sozial, beispielsweise 1894 durch Stiftung eines Heims für alleinstehende Wöchnerinnen. Vgl. *Piech:* Weltfirma (wie Anm. 71), 73.

[75] *Juckenburg:* Großindustrie (wie Anm. 2), 51.

[76] Die 1910 gegründeten ISI-Werke in der Dessauer Straße 22 wurden zum bedeutendsten Leipziger Schallplattenhersteller in der Weimarer Republik. Vgl. *Fischer:* „Polyphones Pleiße-Rauschen" (wie Anm. 50), 25.

größte Filmverleihunternehmen Mitteldeutschlands und das drittgrößte Deutschlands betrieb, seit 1911 mit Filialen in Breslau und Prag.[77]

Für die Revolutionierung des Verkehrswesens wurden im 20. Jahrhundert Automobile und Flugzeuge entscheidend, auch auf diesem Gebiet liegen Leipziger Ursprünge vor 1914. Wiederum spielten die Polyphon-Werke in Leipzig-Wahren eine entscheidende Rolle, die 1904 zusätzlich in die Automobilproduktion einstiegen.[78] Sie stellten zunächst Lizenzbauten der Old-Motor-Company in Detroit her. Mit der Verpflichtung des Fahrzeugkonstrukteurs Gustav Schürmann 1908 brachte die Firma dann eigene Autokonstruktionen der Markenbezeichnung DUX auf den Markt. Um 1912 liefen in Leipzig etwa hundert DUX-Autos, auch Leipzigs Oberbürgermeister Rudolph Dittrich (1855–1929) nutzte eine DUX-Limousine als Dienstwagen. Erste Reparaturwerkstätten, Tankstellen, Batterieladestationen, Garagen und Autohäuser entstanden, ihre Betreiber kamen häufig aus der Fahrradbranche.[79]

Eine der ersten deutschen Flugzeugfabriken wurde 1911 in Leipzig als Sächsische Flugzeugwerke GmbH vom Ingenieur und Motorsportflieger Erich Thiele (1884–1929) und Verleger und Buchdruckereibesitzer Bernhard Meyer (1860–1917) mit einem Stammkapital von 500.000 Mark gegründet. 1912 umbenannt in Deutsche Flugzeugwerke GmbH (DFW), nutzte das Unternehmen zuerst Flugzeugschuppen vom Flugplatzverein Leipzig-Lindenthal und errichtete dort später eigene Werksanlagen. Das Hauptinteresse der Werkseigner bestand in der Produktion von Militärflugzeugen, die als Mars-Doppeldecker bekannt wurden.[80] Während des Ersten Weltkrieges wurden etwa 2.230 Flugzeuge gebaut.[81] Auch der vom Fliegen begeisterte Architekt Oswald Kahnt (1883–1915) eröffnete 1911 eine kleine, nur kurzzeitig bestehende, Flugzeubaufirma in Leipzig-Lindenthal, in der er seinen selbst konstruierten Eindecker „Falke" herstellte. Kahnt betrieb zugleich eine private Flugschule und bildete auf dem Exerzierplatz Lindenthal sächsische Offiziere zu Flugzeugführern aus. Mit Kriegsbeginn wurde der Flugzeugbau zu einer wichtigen Rüstungsindustrie, Oswald Kahnt starb 1915 bei der Erprobung neuentwickelter Maschinen.[82] Die meisten Militärmaschinen bauten in Leipzig die Flugzeugwerke Rahtjen und Co. aus Johannisthal bei Berlin, die sich im Dezember 1914 auf dem Gelände des Luftschiff-

---

[77] *Ralph Nünthel:* Johannes Nitzsche, Kinematographen und Films. In: Leipziger Kalender Jg.? (1996), 215–248.

[78] *Juckenburg:* Großindustrie (wie Anm. 2), 51.

[79] *Ulrich Krüger:* Von der Pferdekutsche zum „Torpedo-Doppelphaeton". Die Frühzeit der Autoproduktion in Leipzig. In: Leipziger Blätter 47 (2005), 22–25, hier: 22.

[80] Vgl. *Wolfram Sturm:* Leipzig geht in die Luft. Die Leipziger Luftfahrt von den Anfängen bis zur Gegenwart. Leipzig 2011, 59–61.

[81] Ebd., 61. Die Umstellung auf zivile Produktion gelang 1919 aus unterschiedlichen Gründen nicht. Ebd., 63.

[82] *Ulrich Krüger:* Oswald Kahnt (1883–1915) – ein Pionier des Motorflugsports in Sachsen. In: Leipziger Kalender Jg.?(1998), 251–255.

hafens Mockau ansiedelten und in der Folgezeit als Germania Flugzeugwerke G. m. b. H. Leipzig firmierten.[83]

V. Fazit und Perspektiven

Mit dem Ersten Weltkrieg endete eine einzigartige Blütezeit der gewerblichen Wirtschaft Leipzigs, die in der Friedensperiode zwischen 1871 und 1914 eine beachtliche Aufwärtsbewegung genommen hatte. Dabei erhöhte sich zwischen 1895 und 1907 vor allem die Zahl mittlerer und größerer Unternehmen des Maschinen-, Werkzeugmaschinen-, Instrumente- und Apparatebaus; diese vielgestaltige, in sich differenzierte Branche löste nun die polygrafischen Gewerbe in ihrer Spitzenposition ab. Sie brachte eine Reihe flexibel spezialisierter Industrieunternehmen hervor, die sich mit innovativen Produkten erfolgreich auf globalen Märkten behaupteten. Worauf sich ihr Erfolg wie auch insgesamt der bedeutende Fortschritt des Industriestandorts Leipzig gründete, muss weiter erforscht werden. Es ist anzunehmen, dass die hochmoderne Verkehrs- und Kommunikationsinfrastruktur der Stadt ebenso begünstigend wirkten wie die Impulse, die von Leipzig als bedeutendem Messeplatz, als Veranstaltungsort großer, überregionaler Fach- und Gewerbeausstellungen und als Finanz- und Versicherungszentrum ausgingen. Aber wie das im einzelnen funktionierte, welche Unternehmen von welchen Wechselwirkungen profitieren, vor allem aber, welche weiteren Bedingungsfaktoren das besondere Wachstum der führenden Branchen und ihre internationale Konkurrenzfähigkeit beförderten, sind offene Fragen.

Für vergleichende, theorieorientierte unternehmensgeschichtliche Forschungen, die ökonomische, sozial- oder kulturwissenschaftliche Ansätze aufgreifen, bietet sich ein breites Betätigungsfeld – sei es zu Leipziger Unternehmen als mikroökonomischen Akteuren, als sozialen Interaktionsfeldern, als kulturschaffenden Institutionen oder als politischen Akteuren.[84] Im Hinblick auf die im reichsweiten Vergleich zahlreichen Großbetriebe Leipzigs wäre zu untersuchen, welche Faktoren ihre Konstituierung unterstützten. Auch eine vergleichende Analyse ihrer auf globale Märkte zielenden Expansionsstrategien, die die Teilnahme an der kolonialen Expansion ebenso umfassten, wie die Errichtung von Filialbetrieben oder Tochterunternehmen in Amerika und Europa oder die Beteiligung an ausländischen Unternehmen, steht an.

Vor allem aber bieten sich die besonders erfolgreichen Zweige des Leipziger Maschinen-, Werkzeugmaschinen-, Instrumente- und Apparatebaus wie der Bau von Spezialmaschinen für die polygrafischen Gewerbe und die Papierindustrie oder die Musikinstrumentenproduktion und ihre Zulieferer zur Untersuchung geradezu an, wenn man davon ausgeht, dass die ökonomische Entwicklung durch Innovatio-

---

[83] *Sturm:* Leipziger Luftfahrt (wie Anm. 80), 68–77.

[84] So zu den grundlegenden Funktionen der Unternehmensgeschichte: *Hartmut Berghoff:* Grundfragen und Theorieangebote der Unternehmens- und Unternehmergeschichte. In: Boch u. a.: Unternehmensgeschichte heute (wie Anm. 9), 15–28, hier: 18–20.

nen vorangetrieben wird und anhaltende Neuerungstätigkeit für den längerfristigen Erfolg und die internationale Wettbewerbsfähigkeit von Unternehmen und Branchen entscheidend ist. In Anknüpfung an Cluster- und Netzwerkkonzepte der Innovationsforschung könnte geprüft werden, welche informellen und formellen Formen der zwischenbetrieblichen Zusammenarbeit und des Wissensaustausches zwischen den im Leipziger Raum in engster räumlicher Nähe konzentrierten jeweiligen Ansammlungen verwandter Unternehmen existierten und welche Rolle der Interaktion mit nichtbetrieblichen Institutionen wie Messen und Fachausstellungen sowie mit dem lokalen Großhandel zukam. Damit kämen Branchennetzwerke im Spannungsfeld von Kooperation und Konkurrenz in den Blick, deren Potential gemeinhin in einer hohen Flexibilität und Neuerungsbereitschaft der einzelnen Netzwerkunternehmen gesehen wird.[85] Zu erforschen wäre hierzu die konkrete Geschäftswelt in Form der Akteursbeziehungen in den Unternehmen, in der Region, in der Branche und darüber hinaus.

Von Interesse wären auch – neben vielem anderen – vergleichende Untersuchungen zu unternehmerischem Habitus und unternehmerischen Idealen, Unternehmensführung, Unternehmenskultur und Unternehmenskommunikation. Zudem stehen für Leipzig angesichts der hier starken Sozialdemokratie, Gewerkschafts- und Frauenbewegung Fragen und Probleme der betrieblichen Sozial- und Geschlechterpolitik mit Nachdruck auf der Forschungsagenda. Schließlich wäre auch der Strukturwandel und Anpassungsprozess des Handwerks in der Hochindustrialisierung präzise zu erforschen.

---

[85] Vgl. u.a. *Ralf Richter:* Netzwerke und ihre Innovationskraft im internationalen Vergleich. Die Cluster der Werkzeugmaschinenbau-Industrie in Chemnitz (Deutschland) und Cincinnati (USA), 1870–1930. In: Boch u.a.: Unternehmensgeschichte heute (wie Anm. 9), 119–132, sowie *Eva Susanne Franke:* Netzwerke, Innovationen und Wirtschaftssystem. Eine Untersuchung am Beispiel des Druckmaschinenbaus im geteilten Deutschland (1945–1990). Stuttgart 1999.

Die landesherrliche Bleiche in Chemnitz (1358–1478)

Von *Martin Clauss*

I.

Im Jahr 2018 feiert die Stadt Chemnitz das 875jährige Jubiläum der Ersterwähnung des ‚locus kamenitz' in einem Marktrechtsprivileg König Konrads III. von 1143 und bedauert das Ausscheiden Rudolf Bochs aus der Professur für Wirtschafts- und Sozialgeschichte an der Technischen Universität Chemnitz; ihm sind die Beiträge des vorliegenden Sammelbandes gewidmet. 2018 könnte man in Chemnitz ein weiteres Jubiläum feiern, das auf eine für die Entwicklung der Stadt und ihrer Industriekultur wesentliche Einrichtung verweist: 660 Jahre Bleiche in Chemnitz.[1] Aus einer Urkunde vom 14. November 1358 erfahren wir zum ersten Mal von einer Bleiche auf einer städtischen Viehweide.[2] Dieser Beitrag ist der mittelalterlichen Bleiche in der Zeit von 1358 bis 1478 gewidmet, mithin der Anfangsphase bis zum Übergang der Bleiche in den Besitz des Stadtrates von Chemnitz.[3] Er fragt nach dem Entstehungskontext, der Struktur und Funktion der Einrichtung, in der Leinwand durch den Bleichvorgang aufgehellt und veredelt wurde.[4]

---

[1] Dieser Beitrag geht auf ein Hauptseminar und eine Übung am Institut für Europäische Geschichte im WiSe 2014/15 bzw. 2018/19 zurück und untersucht die Bleiche zu Chemnitz auf Grundlage der im Urkundenbuch der Stadt Chemnitz gedruckten Texte. Vgl. *Hubert Ermisch* (Hrsg.): Urkundenbuch der Stadt Chemnitz und ihrer Klöster (Codex Diplomaticus Saxoniae Regiae, zweiter Haupttheil, Band 6). Leipzig 1879. (künftig UB Chemnitz). Die für eine umfassende Analyse erforderlichen Archivarbeiten und weitergehenden Quellenerschließungen müssen anderen Studien vorbehalten bleiben. Zum Chemnitzer Urkundenbuch vgl. auch *Fedor Bech:* Zum Wortschatz des Chemnitzer Urkundenbuches. In: Germania. Vierteljahresschrift für Deutsche Alterthumskunde 27 (1882), 159–188.

Für Anregungen und Korrekturen danke ich Antonia Krüger und Sebastian Schaarschmidt (beide Chemnitz).

[2] Vgl. UB Chemnitz Nr. 24, 21–22.

[3] Vgl. zum Kauf der Bleiche durch den Stadtrat am 4. Mai 1478 UB Chemnitz Nr. 269, 234–235.

[4] Vgl. zur Bleiche von Chemnitz etwa *Wolfgang Uhlmann:* Vor 650 Jahren erhielt Chemnitz ein Bleichprivileg. Aus der Geschichte der Chemnitzer Bleiche. In: Sächsische Heimatblätter 53 (2007), 351–354; *Gabriele Viertel / Stephan Weingart:* Geschichte der Stadt Chemnitz. Vom „locus Kameniz" zur Industriestadt. Gudensberg-Gleichen 2002, zur Bleiche 20; *Helmut Bräuer:* Handwerk im alten Chemnitz. Studien zur Sozial- und Wirtschaftsgeschichte des Chemnitzer Handwerks von den Anfängen bis zum Beginn der industriellen Revolution. Chemnitz 1992, zur Bleiche 13, 20, 29. *Helmut Bräuer / Gert Richter:* Karl-Marx-

II. Entstehung der Bleiche

Am 14. November 1358 urkunden die Markgrafen von Meißen Friedrich und Balthasar, dass die jährliche Abgabenlast (Jahrbete) der Stadt Chemnitz um 15 Schock Groschen gemindert werden solle;[5] dafür überlässt die Stadt ihre Viehweide der landesherrlichen Bleiche.[6] Die den Wettiner unterstehende Landstadt wird hier erstmals als Ort der landesherrlichen Bleiche greifbar: Die städtische Wiese wird in eine Bleiche umfunktioniert und dafür der Stadt gleichsam abgemietet. Dies geschieht freilich unter dem Vorbehalt, dass die Stadt die Weide zurücknehmen und die volle Jahressteuer zu entrichten hat, falls die Bleiche wieder geschlossen werden sollte („daz die bleiche wider abginge"). Die wettinischen Stadt- und Landesherren sichern sich gegen wirtschaftlichen Verlust im Zusammenhang mit der Bleiche ab – dieses Vorgehen ist für ihr Verhältnis zur Bleiche in den kommenden 120 Jahren typisch.

Knapp ein Jahr vor der Wiesen-Anmietung, am 14. Dezember 1357, haben die gleichen Markgrafen ein Bleichprivileg erlassen, das in der Forschung oftmals auf Chemnitz bezogen und zum Ursprung der Bleiche erklärt wird.[7] Es ist zweifelsohne richtig, dass das Privileg von 1357 den Grundstein für die Bleiche in Chemnitz bildet; bislang aber wurde dem Umstand zu wenig Aufmerksamkeit geschenkt, dass diese Urkunde keinen Ort für die Bleiche bestimmt und auch Chemnitz in diesem Kontext nicht erwähnt. Das Kopfregest in der maßgeblichen Edition von Hubert Ermisch aus dem Jahr 1879 ist hier irreführend, weil es spätere Entwicklungen rückprojiziert: „Die Markgrafen Friedrich und Balthasar gestatten dem Nickel Manhoubt, Nikel Schultheiß, Mathis Malzmeister und Hentzel Randecke die Anlegung einer Bleiche zu Chemnitz".[8] Auch wenn die Bleiche etwa ein Jahr später in Chemnitz angesiedelt wurde, benennt das Privileg keinen Ort, sondern lediglich vier Personen. Das wettinische Privileg ist in seiner Zeit nicht singulär: 1347 erlaubt Kaiser Ludwig IV. der Reichsstadt Memmingen eine Bleiche einzurichten,[9] 1359 privilegiert Kaiser

---

Stadt. Geschichte der Stadt in Wort und Bild. Berlin 1988, zur Bleiche 24–26, 31. Zum Aufbau und zur Kapazität der Bleiche vgl. *Gerhard Heitz:* Gründung, Kapazität und Eigentumsverhältnisse der Chemnitzer Bleiche (1357–1471). In: Helmut Kretzschmar (Hrsg.): Vom Mittelalter zur Neuzeit. Zum 65. Geburtstag von Heinrich Sproemberg. Berlin 1956 (mit Hinweisen auf ältere Literatur).

[5] Die monetären Aspekte des Themas können hier nicht in Detail gewürdigt werden. Vgl. hierzu etwa *Gerard Krug:* Die meißnisch-sächsischen Groschen 1338 bis 1550. Berlin 1974 oder *Walther Haupt:* Kleine sächsische Münzkunde. Berlin 1968.

[6] Vgl. UB Chemnitz Nr. 24, 21: „Dorumbe sollen sie uns irre gemeine und viehweide abtreten und ane hindernisse volgen lazen zeu unser bleiche."

[7] Vgl. etwa *Uhlmann:* Bleichprivileg (wie Anm. 4), der seine Jubiläumsberechnungen auf das Jahr 1357 bezieht.

[8] UB Chemnitz Nr. 23, 20. Ähnlich auch *Uhlmann:* Bleichprivileg (wie Anm. 4), 351: „in Chemnitz am gleichnamigem Fluss eine Landesbleiche [...] einzurichten", *Viertel / Weingart:* Geschichte (wie Anm. 4), 20: „einer Bleiche am Chemnitzfluss" oder *Bräuer:* Handwerk (wie Anm. 4), 13: „am Chemnitzfluss eine Bleiche anzulegen".

[9] Vgl. *Michael Menzel* (Hrsg.): Regesten Kaiser Ludwigs des Bayern, Heft 5. Die Urkunden aus den Archiven und Bibliotheken im Regierungsbezirk Schwaben (Bayern). Köln u. a.

Karl IV. die böhmische Königstadt Breslau in ähnlicher Weise.[10] Alle drei Urkunden betreffen die Einrichtung einer Leinwand-Bleiche und verweisen damit auf die grundsätzliche Bedeutung dieses Veredlungsschrittes in der Leinwandproduktion des 14. Jahrhunderts. Auffällig und für das Verständnis des sächsischen Falles aufschlussreich sind aber die Unterschiede: Während Ludwig IV. und Karl IV. jeweils die Stadt und ihre Institutionen (Stadtrat und Amtsträger) privilegieren, das Bleichrecht auf Dauer vergeben und keinerlei Abgaben einfordern, gehen die wettinischen Landesherren anders vor. Sie begünstigen vier Männer, erheben Anspruch auf Abgaben und setzen ein Bleichmonopol für diese Bleiche in ihrem Herrschaftsbereich fest. Anders als bei Ludwig und Karl geht es hier nicht darum, eine dem jeweiligen Urkundenaussteller unterstehende Stadt für geleistete Dienste zu begünstigen und ihr ökonomische Vorteile zu verschaffen. Vielmehr stehen beim wettinischen Privileg die ökonomischen Interessen der Landesherren im Vordergrund – und diese haben zunächst, im Jahr 1357, noch nichts mit Chemnitz zu tun. Die Bleiche, die ein Jahr später in Chemnitz angesiedelt werden sollte, war eine landesherrliche, keine städtische.

Gerhard Heitz hat die Beziehungen der vier 1357 privilegierten Bürger zu den Landesherren untersucht. Nickel Monhaupt und Nikel Schultheiß sind als Gläubiger der Landesherren nachweisbar, über die beiden anderen liegen vergleichsweise wenige Informationen vor.[11] Heitz deutet die Entstehung der Bleiche vor diesem Hintergrund: „Es ist vor allem die Finanzpolitik der Landesherren, im Verein mit den genannten Bürgern, der die Bleiche ihre Entstehung verdankt."[12] Nimmt man diesen Befund und den Umstand, dass für die Bleiche kein Ort bestimmt wird, zusammen, so zeigt sich, dass am Anfang der Bleiche in Chemnitz keine Standortüberlegungen, sondern ökonomische Interessen standen. Hierzu passen auch die landesherrlichen Bestimmungen zum Bleichmonopol (es soll im Umkreis von zehn Meilen keine andere Bleiche geben und niemand soll Garn, Leinwand, Barchent oder Flachszwirn außer Landes bringen, ohne dass es auf der zu errichtenden Bleiche gebleicht wurde)[13] zu den Abgaben an die Landesherren (zwei breiten Groschen pro Stück gebleichter Leinwand)[14] und zur Ernennung eines der vier Privilegierten zum Bleich-

---

1998, Nr. 332, 155–156 und den Text ediert in: *J. Miedel:* Kaiser Ludwig der Baier und die Reichsstadt Memmingen (Fortsetzung). In: Memminger Geschichts-Blätter 2 (1933), 9–16, hier: 14.

[10] Vgl. Regesta Imperii Regg. Karl IV. (Diplome) Nr. 4331. In: Regesta Imperii online, Zugriff am 08.11.2017, und den Text ediert in *Georg Korn* (Hrsg.): Breslauer Urkundenbuch. Breslau 1870, Nr. 217, 192.

[11] Vgl. *Heitz:* Gründung (wie Anm. 4), 241–245.

[12] Ebd., 245.

[13] Vgl. UB Chemnitz Nr. 23, 21: „unde daz nymant mer denne sie alumbe by zehen milen in unsern landen keine bleiche haben sal. Ouch sal derselben bleiche zeu nutze nymant keinerleige linyn garn, smale linwant, rohen goltzsch, zewirn nach flachs zu unsern landen furen."

[14] Ebd.: „von iglichem stücke linwat, daz ubir hundert ellen nicht sal behalden, zwene breite grosschin eweglichen geben und reichen."

richter mit landesherrlicher Zustimmung.[15] Anders als Ludwig und Karl greifen die wettinischen Landesherren von Anfang an in die Struktur und Organisation der Bleiche ein, um ihre ökonomischen Interessen zu wahren.

Zwischen dem 14. Dezember 1356 und dem 14. November 1358 müssen für uns nicht mehr nachvollziehbare Überlegungen zum Standort der Bleiche angestellt worden sein. Da sich unter den vier Besitzern der neu zu errichtenden Bleiche auch Chemnitzer Bürger befinden – Nickel Schultheiß ist 1367 als Bürgermeister, Mathis Maltzmeister 1324 als Ratsmitglied belegt[16] – liegt die Vermutung nahe, hier den Ursprung für die Standortbestimmung zu sehen. Die technisch-topographischen Voraussetzungen für den Betrieb einer Bleiche sind eher gering zu veranschlagen: eine ausreichend große Wiese und Wasser.[17] Hinzu tritt die Verkehrsanbindung innerhalb des wettinischen Herrschaftsraumes, um die durch die Monopolstellung nötigen Tuchtransporte abwickeln zu können.[18] Dies mag den Ausschlag für Chemnitz gegenüber Freiberg, der Stadt, aus der die anderen beiden Bleichinhaber stammen, gegeben haben. Die Ausführungen zur Anmietung der Viehweide lassen nicht erkennen, dass es in Chemnitz schon eine gewerbliche Bleiche vor 1358 gegeben hat. Vielmehr entsteht der Eindruck, dass hier im Wortsinne auf der grünen Wiese ein Handwerk neu angesiedelt wird.

Ab 1358 ist die wettinische Landesbleiche in Chemnitz belegt; es folgt eine Phase des Auf- und Ausbaus. Im März 1367 wird die Bleiche erweitert: Die Markgrafen beurkunden Zinsabtretungen an die Stadt Chemnitz im Ausgleich für die Gärten der Pfarrkirche St. Jakob, die an die Bleiche übertragen wurden.[19] Ebenfalls aus dem Jahr 1367 stammt der erste Hinweis darauf, dass die Bleiche Profite abgeworfen hat. Hentzel und Nickel von Pegau, Chemnitzer Bürger, stiften aus ihrem Anteil an der Bleiche zu Chemnitz sieben breite Schock für eine Seelmesse im Gedenken an ihre Eltern.[20]

III. Struktur

Aus der Seelmessstiftung von 1367 können wir ersehen, dass sich die Besitzstruktur der Bleiche in den ersten zehn Jahren ihres Bestehens verändert hat. 1357 werden vier Empfänger des Bleichprivilegs als Besitzer der Bleiche genannt und ihnen das Vorkaufrecht an allen Leinwänden im Herrschaftsbereich der Wettiner eingeräumt.[21] Sie müssen also unter beträchtlichem Kapitaleinsatz die Leinwand erwerben, um sie

---

[15] Ebd.: „under den obgenannten firen einen zeu richter setzen. [...] Der richter sal der bleichen ir recht unde gerichte mit unserem wizsin und willen bestellen."
[16] Vgl. *Heitz:* Gründung (wie Anm. 4), 242–244.
[17] Vgl. *Bräuer:* Handwerk (wie Anm. 4), 13.
[18] So auch *Uhlmann:* Bleichprivileg (wie Anm. 4), 351.
[19] Vgl. UB Chemnitz Nr. 30, 26–27.
[20] Vgl. UB Chemnitz Nr. 32, 28–29.
[21] Vgl. UB Chemnitz Nr. 23, 21 und die Ausführungen von *Heitz:* Gründung (wie Anm. 4).

dann gebleicht mit Gewinn weiterzuverkaufen. Die Landesherren kassieren festgesetzte Bleichabgaben pro Stück und haben keinen Anteil am unternehmerischen Risiko. 1367 greifen wir erstmals eine andere Struktur, in der die Bleiche bis zum ausgehenden 15. Jahrhundert bestehen sollte. Hentzel und Nickel von Pegau sind Anteilseigner, die Abgaben von der Bleiche beziehen.[22] Die jährlichen Einnahmen der Brüder sind offenbar Schwankungen unterworfen, so dass sie festlegen, eventuell auftretende Fehlbeträge zwischen ihren Einnahmen aus der Bleiche und der Seelmessstiftung aus anderen Quellen zu begleichen. Darüber hinaus beurkunden sie, ihren Anteil der Bleiche nach Maßgaben des Bleichmeisters in Stand zu halten. Die hier erkennbaren Bestandteile der Struktur der Bleiche finden wir in verschiedenen Bleichordnungen bestätigt, welche die Landesherren zwischen 1390 und 1471 erlassen haben.[23]

Besitzer der Bleiche sind demnach die Gewerke, genossenschaftlich organisierte Anteilseigner;[24] in einem Bericht über den Zustand der Bleiche aus der Zeit um 1449 ist von 32 nach Bergrecht geteilten Gewerken die Rede.[25] Die Bleiche wird als Lohnbleiche betrieben; im Unterschied zu den 1357 erkennbaren Strukturen erwerben die Gewerke nun nicht mehr das Bleichgut, sondern erheben von dessen Besitzern einen Stücklohn für den Bleichvorgang. Von diesem Stücklohn geht ein Teil an die Landesherren, ein Teil an die Gewerke und ein Teil an den Bleichmeister. Die Investitionen für die Instandhaltung der Bleiche sind von den Gewerken zu tragen, die Lohnkosten für das Personal, das den Bleichvorgang durchführt, vom Bleichmeister. Auch hier zeigt sich erneut, dass die Landesherren kein bzw. ein sehr geringes unternehmerisches Risiko tragen.

Zum Personal der Bleiche gehören ein Bleichmeister, ein Bleichrichter und ein Baumeister. Der Bleichmeister organisiert die Anlage der Bleiche, stellt die notwendigen Arbeitskräfte ein und überwacht den Bleichvorgang. Er haftet für verlorenes oder beschädigtes Bleichgut und muss von seinem Anteil am Bleichlohn die Arbeiter auf der Bleiche bezahlen; dies sind am Ende des 15. Jahrhunderts ein Schreiber, acht bis zehn Bleichknechte und ein Pferdeknecht. Dem Bleichrichter obliegt die Schlichtung aller Rechtsstreitigkeiten rund um die Bleiche; sein Aufkommen müssen die Gewerke finanzieren. Auch die baulichen Investitionen, die der Baumeister der Bleiche durchführt, müssen von den Gewerken getragen werden. Hierzu zählen Dämme, Gräben, Wehre, Walkmühlen, Laugenhäuser, Tore und Zäune.

---

[22] Vgl. UB Chemnitz Nr. 32, 28: „ierliches czinses ane unßerm teile uff der bleyche alhy czu Kempniez".

[23] Vgl. die Bleichordnungen: UB Chemnitz Nr. 58, 49–50 (zu 1390), Nr. 145, 115–116 (zu 1449), Nr. 157, 126–129 (zu 1451) und Nr. 224, 200–202 (zu 1471). Im Folgenden liegt der Fokus auf den Gemeinsamkeiten der Bleichordnungen und damit der überdauernden Struktur der Bleiche. Auf Einzelnachweise wird verzichtet.

[24] Zu Gewerke vgl. *K.-H. Ludwig:* Art. Gewerken. In: Lexikon des Mittelalters 4 (1989), 1421–1422.

[25] Vgl. UB Chemnitz Nr. 152, 123.

Aus den Bleichordnungen lässt sich der Bleichvorgang auf der Bleiche in Chemnitz in Grundzügen nachvollziehen:[26] Das Tuch – verschiedene Arten von Leinwand und Barchent – wird in Wasser eingeweicht, gewalkt und dann auf der Bleichwiese ausgelegt; anschließend wird das Tuch mit Lauge behandelt, wieder gewalkt und aufgelegt. Diese Vorgänge können – auch mehrfach – wiederholt werden und dauern je nach Wetterlage unterschiedlich lang. Die Bleiche besteht aus der Bleichwiese, Laugenhütten, Gräben und Wehren zur Wasserversorgung und für den Antrieb der Mühlen. Neben der Walkmühle greifen wir 1471 auch eine Mehlmühle, deren Einnahmen zur Hälfte dem Bleichmeister zufallen sollen.[27] Offenbar waren beide Mühlen von einer Antriebskraft abhängig, da explizit festgehalten wird, dass die Mehlmühle zu Gunsten der Walkmühle ruhen müsse.[28] Zäune und Tore sollen das Bleichgut schützen.

Zum Jahr 1471 liegt für die Bleiche zu Chemnitz ein interessantes Schriftstück vor: Der Bleichrichter Nickel Eckart berichtet den Landesherren von den Zuständen der Bleiche und macht Verbesserungsvorschläge zu deren Organisation.[29] Auch wenn diese Vorschläge nicht umgesetzt werden und sicherlich zugunsten des Bleichrichters und zuungunsten der Bleichgewerke parteiisch sind, bieten sie doch interessante Einblicke. Der Kern der Kritik richtet sich gegen die Gewerke-Struktur: Die Anteilseigner hätten nur ihren Profit vor Augen und entzögen der Bleiche das für Instandhaltungsarbeiten und Verbesserungen notwendige Kapital: „Das dye gewerckenn alles verachtenn unnd zugehenn lassen unnde zu keynem dinge thun, das not were zu der bleyche."[30] Hinzu käme, dass die Gewerke nichts vom Bleichen verstünden und so etliche handwerkliche Unzulänglichkeiten aufwiesen oder zuließen. Dies beträfe etwa die eingesetzte Lauge oder die Reinheit des Wassers. Die Gräben der Bleiche seien eingetreten, das Wasser verunreinigt und das Bleichgut durch Huftritte beschmutzt. Das Walken zerstöre das Tuch, beim Laugen würden durch Fehler nicht alle Tuchpartien nass. Nickel Eckart hat auch eine Lösung für alle angesprochenen Probleme: Die Struktur der Bleiche müsse verändert und mehr Kompetenzen (und Einnahmen) in seine fähigen Hände gelegt werden.

---

[26] Von anderen spätmittelalterlichen und frühneuzeitlichen Bleichen liegen uns vergleichbare Angaben vor, die einen mehr oder weniger ähnlichen Ablauf erkennen lassen. Vgl. *Thomas Max Safley:* Production, Transaction, and Proletarianization. The Textile Industry in Upper Swabia, 1580–1660. In: Thomas Max Safley / Leonard N. Rosenband (Hrsg.): The Workplace before the Factory. Artisans and Proletarians. Ithaka 1993, 118–145, hier: 129–133 zur Bleiche in Memmingen und *Hans Conrad Peyer:* Leinwandgewerbe und Fernhandel der Stadt St. Gallen von den Anfängen bis 1520. Bd. 2. St. Gallen 1960, 16–17 zur Bleiche in St. Gallen.

[27] Vgl. UB Chemnitz Nr. 223, 198.

[28] Ebd.: „und so danne zcu walcken gewest ist, hat die melemole mussen ruhen." Zum Zeitpunkt der Aufzeichnung war diese Walkmühle nicht mehr vorhanden.

[29] Vgl. UB Chemnitz Nr. 220, 190–195 und *Bräuer:* Handwerk (wie Anm. 4), 29.

[30] UB Chemnitz Nr. 220, 192.

Die Gewerke reagieren auf diese Analyse wenig später auf einem Tag zu Zwickau mit einer Gegendarstellung.[31] Diese legt nun ihrerseits dem Bleichrichter Fehler zur Last: Unter anderem habe er mit Frauen und „anderm leichtfertigen volcke" gebleicht.[32] Gewerke und Bleichrichter schenken sich also nichts, letztlich scheitert Nickel Eckart mit seinen Vorschlägen.[33] Die Anfeindungen zwischen Bleichrichter und Gewerken gewähren uns aber Einblicke in den Bleichvorgang und dessen Komplexität. Das Bleichen zu Chemnitz ist im 15. Jahrhundert ein aufwändiges und kompliziertes Geschäft, das weit mehr beinhaltet, als einfach nur nasses Tuch in die Sonne zu legen. Wir haben es mit einem wohl durchdachten und vielschichtigen Prozess zu tun, der neben einer gewissen Infrastruktur auch vom Wetter abhängig ist.

Das Bleichen beginnt im Frühling nach der Schneeschmelze und geht bis zum ersten Schnee im Winter. Die Ordnung von 1471 legt fest, dass der Bleichmeister alle vier Wochen oder eher das Bleichgut geweißt an die Kunden zurückgeben soll.[34] Die Veredlung des Tuches für die Weiterverarbeitung oder den Verkauf ist ein Termingeschäft, für die Besitzer das auf der Bleiche liegende Tuch gebundenes Kapital und der Bleichmeister hat ein Interesse daran, die begrenzte Bleichzeit möglichst effizient zu nutzen. Mehrfach werden die Bleichmeister angehalten, die fertige Ware unverzüglich auszuhändigen oder auf bestimmte Markttermine verwiesen, Beschwerden über die Bleiche zielen neben der Bleichqualität auf die Zeit.[35] In der Ordnung von 1451 werden drei Fertigstellungstermine benannt: 24. Juni zum Jahrmarkt in Nürnberg, 18. Juli zum Jahrmarkt in Chemnitz und 29. September zum Jahrmarkt in Leipzig.[36] Hier offenbart sich, in welchem Rahmen in Chemnitz gebleichtes Tuch verkauft wird: vor Ort, in Sachsen und im angrenzenden Nürnberg. Die Bleiche hat somit eine überregionale, wenn auch keine reichsweite Bedeutung.

Wenn die Abgaben in der Chemnitzer Bleiche nach der Stückzahl des behandelten Tuches erfolgen, stellt sich die Frage nach der Größe eines Stückes Tuch. In den Urkunden zur mittelalterlichen Bleiche finden sich hierzu zwei Längenangaben: „nicht über 100 Ellen" (1357) und „106 Ellen" (1471).[37] Legt man eine Elle von 57 cm zu Grunde,[38] ergibt dies eine Stofflänge von 57 bzw. 60,42 m. Angaben zur Breite der

---

[31] Vgl. UB Chemnitz Nr. 223, 197–200.

[32] Ebd., 199: „mit weybern nemlich kemmerin und anderm leichtfertigem volcke".

[33] Im Februar 1471 legten die Kurfürsten Ernst und Albrecht in einer Bleichordnung die alte Gewohnheit fest. Vgl. UB Chemnitz Nr. 224, 200–202.

[34] Vgl. UB Chemnitz Nr. 224, 201.

[35] Vgl. etwa UB Chemnitz Nr. 144, 114 (zu c. 1449). Durch Verzögerungen im Bleichvorgang seien Markttermine verpasst worden.

[36] Vgl. UB Chemnitz Nr. 157, 126–127: „zu rechter zeiit herabe geben uff drie zeiit im iare, also nemlich uff sand Johanns tag des touffers umb des iarmarckts willen zu Nuemburg, uff sant Arnolffs tag umb des iarmarckts willen zcu Kempnicz, uff sand Michels tag umb des iarmarckts willen zu Liptzk."

[37] Vgl. UB Chemnitz Nr. 23, 21 und Nr. 223, 197.

[38] Wie lang im mittelalterlichen Chemnitz genau eine ‚Elle' war, lässt sich nur näherungsweise bestimmen. Dieses Längenmaß umfasste im Mittelalter lokal unterschiedliche

Stoffe finden sich nur indirekt, wenn die Weber in einer Bleichordnung von 1451 angehalten werden, den Stoff so breit zu machen wie von alters her üblich ist.[39] Die Breite einer am Trittwebstuhl hergestellten Stoffbahn ist durch die Arm-Reichweite des Webers bestimmt, der das Schiffchen zwischen seinen Händen hin- und herwerfen muss, und beträgt in der Regel etwa 70 cm.[40] Da dieser Wert bei einem von einem Weber bedienten Stuhl gleichsam natürlich standardisiert ist, wird er in der Regel nicht normativ fixiert. Der Länge des gewebten Stoffes sind hingegen kaum technische Grenzen gesetzt. Bei Abrechnung nach Stückzahl haben die Kunden der Bleiche ein Interesse an möglichst großen (und damit wenigen) Stücken; die wettinischen Landesherren und Profiteure der Bleichabgaben setzen dem konkrete Längen- und auf Tradition verweisende Breitenbegrenzungen entgegen. Ein Stück Bleichware soll mithin circa 60 m lang und 70 cm breit sein, misst also 42 qm; die Bleiche zu Chemnitz ist eindeutig nicht auf den Hausgebrauch ausgerichtet, sondern auf die Serienproduktion und den kommerziellen Vertrieb. Die Größe der Stoffbahnen erklärt auch die Anzahl der Bleichknechte, welche die großen Stoffbahnen bewegen, wenden und wässern. Gerard Heitz hat die Kapazitäten der Bleiche zu Chemnitz aus diversen Abgabe- und Preisverordnungen berechnet und für 1471 die höchste Kapazität mit 4.800 Stück im Jahr ermittelt.[41] Diese entspricht einer Fläche gebleichter Leinwand pro Jahr von über 200.000 qm (oder 28,24 Fußballfeldern).[42] Geht man von einer vierwöchigen Bleichzeit und einer bleichfähigen Witterungszeit von sieben Monaten (April bis Oktober) aus, so muss die Bleichwiese in Chemnitz Platz für 28.800 qm Leinwand geboten haben (etwas über vier Fußballfelder). In einem Chemnitzer Schulbuchtext aus dem 15. Jahrhundert, mit dem der Leiter der Lateinschule Paulus Niavis seinen Schülern die lateinische Alltagssprache näherbringen will, finden wir die Bleiche als Ort der Ruhe. Ein Schüler schlägt dem anderen einen Spaziergang vor die Tore der Stadt vor: „Komm also mit! Gehen wir zu einem Ort, an dem uns gewiß kein Lärm stört und wo wir endlich erfreuliche Ruhe bekommen! [...] Zuerst werden wir vor dem Tor spazieren und uns auf der Blei-

---

Maße zwischen 37 und 84 cm. Vgl. *H. Witthöft:* Art. Elle. In: Lexikon des Mittelalters 3 (1986), 1845–1846. Hier wurde ein mittlerer Wert von 57 cm angenommen; dieser ist entnommen: Verordnung des Ministeriums des Innern, die Umrechnung der in Sachsen geltenden Maaße und Gewichte [...] vom 17. August 1868, 150 (vgl. http://digital.slub-dresden.de/werkansicht/dlf/8337/194/, Zugriff am 19.12.2017).

[39] Vgl. UB Chemnitz Nr. 157, 127: „das eyn iezlich lynwat [...] sine breite haben in massen also das vor alder gewest ist."

[40] Vgl. *Almut Bohnsack:* Spinnen und Weben. Entwicklung von Technik und Arbeit im Textilgewerbe. Reinbek bei Hamburg 1989, 84.

[41] Vgl. *Heitz:* Gründung (wie Anm. 4), mit den Ergebnissen in Anlage IV, 273.

[42] *Viertel / Weingart:* Geschichte (wie Anm. 4), 20 kommt zu einer anderen Zahl und gibt für 1400 130.000 qm an. Diesem folgt die Homepage der Stadt Chemnitz. Vgl. http://www.chemnitz.de/chemnitz/de/die-stadt-chemnitz/geschichte/besondere-stadtgeschichte/bleichprivileg/. Zugriff am 19.12.2017. *Bräuer:* Handwerk (wie Anm. 4), 31 gibt für das 16. Jahrhundert eine Fläche von 11 Hektar und ein Bleichgut von 306.000 qm.
Zur Umrechnung von qm in Fußballfelder vgl. https://der-umrechner.de/flaechen/quadratmeter-in-fussballfeld/28800/, Zugriff am 19.12.2017.

che unter den Weiden ins Gras legen, weil dies jetzt ein reizvoller und erfreulicher Ort ist."[43] Die große Fläche der Bleiche verbunden mit einer geräuscharmen und wenig hektischen Verarbeitungsmethode lassen die Bleiche hier als Gegenpool zu städtischem Lärm und städtischer Betriebsamkeit erscheinen. Die Bleiche ist offensichtlich frei zugänglich, der Schülerdialog geht jedenfalls davon aus, dass die Schüler sich dort ungestört aufhalten können.[44]

IV. Funktion

Warum gibt es eine Bleiche zu Chemnitz? Schon bevor die Bleiche nach Chemnitz gekommen ist, legen die Markgrafen 1357 fest, dass sie und ihre Erben von jedem gebleichten Stück eine Abgabe erhalten sollen.[45] Das Bleichprivileg und die Bleiche zu Chemnitz entstehen aus den ökonomischen Interessen der Landesherren. Dies manifestiert sich in den begünstigten Personen und den zahlreichen Regelungen zu den Profiten aus der Bleiche. Da schriftliche Quellen immer da entstehen, wo es Streit gibt oder finanzielle Interessen tangiert sind (oder beides), nimmt es nicht Wunder, dass wir in zahlreichen Dokumenten von finanziellen Aspekten der Bleiche aus der Perspektive der Landesherren erfahren. Hier mögen einige Beispiele genügen: 1361 erhält Franz von Meidenburg 100 Schock Groschen aus den landesherrlichen Einkünften der Bleiche, 1363 Johan Hosang ebenfalls 100 Schock, allerdings nachrangig zu den Zahlungen an Franz von Meidenburg.[46] 1368 verpfänden die Markgrafen Friedrich und Balthasar ihrem Bruder Wilhelm 26 Schock an der Bleiche zu Chemnitz, 1369 noch einmal 50 Schock;[47] zwischen 1369 und 1372 weißt Markgraf Wilhelm einigen Dresdner Bürgern 26 Schock Groschen aus der Bleiche zu[48], 1457 überweist Kurfürst Friedrich II. alle Einnahmen der Bleiche an die Gebrüder Harras zur Tilgung einer Schuld von 1393 rheinischen Gulden, und 1478 beurkunden Kurfürst Ernst und Herzog Albrecht den Verkauf der Bleiche von den Gewerken an den Rat der Stadt, behalten sich aber ein Rückkaufrecht vor und die bisherigen Abgaberegelungen bei.[49] Für die Landesherren ist die Bleiche von Anfang an eine Einnahmequelle und diese sind sie auch bereit zu schützen und zu fördern. Dies ge-

---

[43] *Andrea Kramarczyk* (Hrsg.): Paulus Niavis. Spätmittelalterliche Schülerdialoge. Lateinisch und deutsch: drei Chemnitzer Dialogsammlungen mit Einführungen zur Person des Autors, zu seinen Schülerdialogen und zu den Möglichkeiten ihres Einsatzes im Unterricht heute. Chemnitz 2013, 217.

[44] Auf einer solch großen Rasenfläche konnte auch Gras geerntet werden; dieses sprechen die Ordnungen den Gewerken zu. Vgl. etwa die Ordnung von 1471 UB Chemnitz Nr. 224, 201.

[45] Vgl. oben Anm. 14.

[46] Vgl. UB Chemnitz, Nr. 20, 18 und die Auflistung der Assignaten bei *Heitz:* Gründung (wie Anm. 4), 272, Beilage III.

[47] Vgl. UB Chemnitz Nr. 35, 31 und Nr. 40, 35.

[48] Vgl. UB Chemnitz Nr. 41, 35.

[49] Vgl. UB Chemnitz Nr. 269, 234.

schieht vor allem durch regulative Eingriffe in die Leinwandproduktion in ihrem Herrschaftsgebiet. Die Bleiche zu Chemnitz ist mit einem Monopol ausgestattet und wird mehrfach entsprechend gefördert.[50] Nach 1357 wird dieses Monopol 1390 in der ersten Bleichordnung bestätigt: innerhalb von 10 Meilen rund um Chemnitz darf es keine Bleiche geben und bestimmte Tuchsorten dürfen nicht zum Schaden der Bleiche – also ungebleicht – außer Landes gebracht werden.[51] Ab der Mitte des 15. Jahrhunderts häufen sich dann Schutzmaßnahmen der Landesherren und Beschwerden über Beeinträchtigungen der Bleiche, die alle mit den Einnahmen für die Wettiner begründet werden. So berichtet 1445 der Bleichmeister, dass die Abgaben aus der Bleiche um etwa 100 Schock Groschen niedriger ausfallen, weil weniger Gut zum Bleichen aufgelegt werde.[52] 1449 tragen dann die Gewerke ihrem Landesherren Beschwerden zu diversen Beeinträchtigungen der Bleiche vor, die alle dazu führen, dass „euwer furstlichen gnaden ouch viel abgehet und abgegangen ist".[53] Die Gründe für die Beeinträchtigungen sind in dem hier untersuchten Zeitraum ziemlich konstant und lauten: Konkurrenz durch andere Bleichen, vornehmlich einer zu Rochlitz; diese Konkurrenzbleichen, deren Betrieb gegen das Monopol für Chemnitz verstieß, werden aus Chemnitzer Perspektive in der Literatur als ‚Winkelbleichen' bezeichnet.[54] Weiterhin schadet der Export ungebleichten Gutes der Bleiche zu Chemnitz. Auf diese im Juli aufgezeichneten Beschwerden reagieren die beklagten Städte Mittweida, Leisnig, Colditz, Rochlitz und Grimma umgehend, indem sie auf Terminversäumnisse der Chemnitzer Bleiche hinweisen und damit die Notwendigkeit des Bleichens in Rochlitz rechtfertigen.[55] Strittig ist hierbei immer nur das Bleichen zu Handelszwecken, nicht die Privatbleiche für den Eigenbedarf. In diesem Sinne bitten ebenfalls 1449 die Gewerke zu Chemnitz den Landesherren, der Bleiche in Rochlitz das Bleichen von fremden, also nicht vor Ort in Rochlitz hergestelltem, Tuch zu verbieten, ebenso wie den Färbern in Chemnitz das Schwarzfärben. Beides wird als Konkurrenz und Geschäftsschädigung angesehen.[56] Als Reaktion auf diese Be-

---

[50] Stephan Pfalzer benutzt in diesem Kontext zu Recht den Begriff „Wirtschaftsförderung" und stellt das Bleichmonopol in einer Reihe mit ähnlichen Maßnahmen der Landesherren, wie etwa die Privilegierung des Salzhandels oder der Saigerhütte. Vgl. *Stephan Pfalzer:* Landesherrliche Privilegierungen als eine Form der Wirtschaftsförderung. Das Beispiel Chemnitz. In: Uwe Fiedler / Hendrik Thoß / Enno Bünz (Hrsg.): Des Himmels Fundgrube. Chemnitz und das sächsisch-böhmische Gebirge im 15. Jahrhundert. Chemnitz 2012, 156–165.

[51] Vgl. UB Chemnitz Nr. 58, 50.

[52] Vgl. UB Chemnitz Nr. 137, 110.

[53] UB Chemnitz Nr. 143, 113.

[54] So etwa *Bräuer:* Handwerk (wie Anm. 4), 20. Dieser Terminus erinnert an die Quellenbegriffe ‚Winkelpredigt' und ‚Winkelprediger', die im Reformationskontext belegt sind. Vgl. http://www.woerterbuchnetz.de/cgi-bin/WBNetz/wbgui_py?sigle=DWB&lemid=GW22542 zu Winkelpredigt und http://www.woerterbuchnetz.de/cgi-bin/WBNetz/wbgui_py?sigle=DWB&lemid=GW22541 zum Winkelprediger, Zugriff auf beide am 21.12.2017).

[55] Vgl. UB Chemnitz Nr. 144, 114–115.

[56] Vgl. UB Chemnitz Nr. 146, 116–117.

schwerden erlässt Kurfürst Friedrich II. 1451 eine Bleichordnung.[57] Der Kurfürst bestätigt hier die Existenz anderer Bleichen in der Umgebung von Chemnitz und erlaubt etwa den Rochlitzern, vor Ort produziertes Tuch zu bleichen. Das private Bleichen auf Wiesen und Gärten soll verboten bleiben, neue Bleichen dürfen nicht entstehen. Der Chemnitzer Bleiche verordnet der Landesherr eine deutliche Qualitätsverbesserung: Termine seien einzuhalten, eine hohe Bleichqualität zu gewährleisten, zahlungsunfähige Gewerke müssen sich von ihren Bleichanteilen trennen und fremdes und eigenes Bleichgut müsse gleich behandelt werden. Offenbar sind die Konkurrenzbleichen auch eine Reaktion auf Qualitätsprobleme der Bleiche zu Chemnitz. 1451 und 1452 folgen dann eine Reihe landesherrlicher Maßnahmen zur Umsetzung des Chemnitzer Monopols.[58]

1470, 1472 und 1473 greifen wir dann erneut vergleichbare Bemühungen, Konkurrenzbleichen zugunsten des Standortes in Chemnitz auszuschalten.[59] Dies richtet sich interessanter Weise auch gegen Chemnitzer Privatbleichen, die in Gärten von Chemnitzern betrieben werden, die keine Bleich-Gewerke sind;[60] 1475 wird bestimmt, dass auch für privat gebleichtes Gut die Bleichgebühr zu entrichten ist.[61] Mitunter erhalten wir Einblicke in die Tricks, mit denen Weber das Bleichprivileg umgehen wollen: Da das Bleichen für den eigenen Bedarf – nicht den Handel – erlaubt ist, schneiden die Weber die langen, handelsfähigen Tuchbahnen durch, bringen sie legal auf die lokalen Bleichen, um sie anschließend gebleicht wieder zu handelsfertigen langen Stücken zusammenzunähen.[62] Man gewinnt den Eindruck, dass im ausgehenden 15. Jahrhundert mit viel Aufwand um das Bleichprivileg gerungen wird. Hierbei stehen die ökonomischen Interessen des Landesherren und der Gewerke zu Chemnitz dem Interesse der sächsischen Leinwandhersteller, die an ortsnahen, billigen und qualitativ hochwertigen Bleichvorgängen interessiert sind, gegenüber. Die Monopolisierung des Bleichvorganges in Sachsen im Interesse der landesherrlichen Einnahmen bringt offenbar im Produktionsablauf Nachteile mit sich: Neben den langen Transportwegen und hohen Preisen sind dies terminliche Engpässe und das stete Klagen über die Ungleichbehandlung von auswärtigem und einheimischem Bleichgut. Offenbar trägt die Monopolstellung der Bleiche in Chemnitz nicht zu einer Qualitätssteigerung bei.

Am Ende dieser Entwicklung steht der Verkauf der Bleiche an den Rat der Stadt Chemnitz 1478 für 1000 rheinische Gulden.[63] Die Gewerke sehen offenkundig keine

---

[57] Vgl. UB Chemnitz Nr. 157, 126–129.
[58] Vgl. UB Chemnitz Nr. 159, 129–130, Nr. 160, 130–131, Nr. 161, 131 und 162, 131–132.
[59] Vgl. UB Chemnitz, Nr. 211, 183, Nr. 213, 184–185 (zu 1470); Nr. 233, 206–208, Nr. 236, 209, Nr. 237, 209–210 (zu 1472); Nr. 241, 212 (zu 1473).
[60] Vgl. UB Chemnitz Nr. 212, 183–184.
[61] Vgl. UB Chemnitz Nr. 257, 224.
[62] So in UB Chemnitz Nr. 241, 212.
[63] Vgl. UB Chemnitz Nr. 269, 234.

ökonomische Zukunft für die Bleiche und ziehen die einmalige Zahlung unsicheren Jahresabgaben vor. Wie im ganzen 14. und 15. Jahrhundert nehmen die Landesherren eine risikoferne Position ein, indem sie an der Abgabenstruktur festhalten und ein Rückkaufrecht festschreiben. Erst am Ende des 15. Jahrhunderts wird die Bleiche zu Chemnitz eine städtische Einrichtung, die aber nach wie vor unter landesherrlicher Kontrolle bleibt und von der Monopolgesetzgebung der Landesherren abhängig ist.

V. Ausblick

Die landesherrliche Monopolbleiche hatte große Auswirkungen auf die Entwicklung des Handwerks in Chemnitz und damit auf die historische Entwicklung der Stadt. Sie beförderte die Leinenerzeugung und machte Chemnitz zu einem Zentrum der Leinenweberei in Sachsen.[64] 1456 erklärt Kurfürst Friedrich II., dass die Zünfte der Leinweber in Chemnitz, Rochlitz, Mittweida und ganz Sachsen „uns und unseren landen wwie furstenthumb zcu gute" anderen Innungen und Zünften gleichgestellt sein sollen.[65] Im ausgehenden 15. Jahrhundert gibt es 66 Leinweber-Meister in Chemnitz, 1529 schon 129.[66] Die Tuchverarbeitung sollte der für die weitere wirtschaftliche Entwicklung der Stadt entscheidende Wirtschaftszeig werden.[67] Der Maschinenbau in Chemnitz hat seinen Ursprung in der Mechanisierung des Textilgewerbes, wie etwa der Maschinenspinnerei. Damit lässt sich ein weiter Bogen von den Anfängen der Bleiche in Chemnitz zur Industrie- und Universitätsstadt Chemnitz heute schlagen:[68] Die Ursprünge der Technischen Universität liegen in der königlichen Gewerbeschule zu Chemnitz, die 1836 für das „praktische Gewerbsleben im Bereiche des Handwerks- und Fabrikbedarfs" gegründet wurde.[69] Am Anfang der Technischen Universität Chemnitz steht also – im Sinne einer sehr langen longue durée – die landesherrliche Bleiche zu Chemnitz.

---

[64] Vgl. *Bräuer:* Handwerk (wie Anm. 4), 29.

[65] Vgl. UB Chemnitz Nr. 174, 139–141, Zitat: 140.

[66] Vgl. *Bräuer:* Handwerk (wie Anm. 4), 31.

[67] Vgl. hierzu etwa *Viertel / Weingart:* Geschichte (wie Anm. 4). 52–57.

[68] So – schon im Titel programmatisch – auch eine Stadtteilgeschichte zu Altchemnitz: Von der Wolfsjägersiedlung zum Hightech Standort. Eine Chemnitzer Stadtteilgeschichte zu Altchemnitz und Umgebung. Chemnitz 2001, etwa 27.

[69] Vgl. hierzu die Homepage der TU Chemnitz mit Hinweisen auf die Geschichte der Universität und einem Zitat aus der Satzung der Gewerbeschule: https://www.tu-chemnitz.de/tu/geschichte/geschichte.php#1836, Zugriff am 20.12.2017. Vgl. *Stephan Luther* (Hrsg.): Von der königlichen Gewerbeschule zur Technischen Universität. Die Entwicklung der höheren technischen Bildung in Chemnitz. Chemnitz 2003.

Initiativen reformorientierter Bürger für eine Bürgerschule in Chemnitz[1]

Von *Gabriele Viertel*

I.

Die Stadt Chemnitz hatte sich auf Grund günstiger Voraussetzungen zu einem Zentrum der beginnenden Manufaktur- und Fabrikepoche in Sachsen entwickelt. Um die Wende zum 19. Jahrhundert entstanden die ersten Baumwollmaschinenspinnereien, im Jahre 1812 befanden sich hier über die Hälfte aller sächsischen Spinnereien.[2] Im gleichen Jahr gab es in Chemnitz sechs Maschinenbauwerkstätten. Schon bald zeichnete sich dort ein Mangel an qualifiziertem Personal ab, so dass die Unternehmer den Bedarf nach technischer Bildung als unabdingbare Notwendigkeit weiterer wirtschaftlicher Entwicklung erkannten.

Auf Grund der rasanten Veränderungen des Wirtschaftsprofils wurden aber in der Stadt selbst auch innerkommunale Widersprüche besonders deutlich. Der Amtshauptmann stellte um 1820 gegenseitiges Misstrauen zwischen der alten bürgerlichen Führungsschicht, die jedoch meist nicht zur neuen wirtschaftlichen Elite gehörte, und den Unternehmer-Bürgern fest und unterrichtete die sächsische Regierung darüber.[3] Es handelte sich also nicht mehr nur um temporäre Differenzen, sondern um grundsätzliche Interessenskonflikte. Die noch im ersten Drittel des 19. Jahrhunderts bestehenden frühneuzeitlichen Strukturen der Ratsverfassung und der Verwal-

---

[1] Dieser Aufsatz ist ein Auszug aus der in Vorbereitung befindlichen Dissertation der Verfasserin.

[2] Vgl. u.a.: *Wolfgang Uhlmann:* Chemnitzer Unternehmer während der Frühindustrialisierung 1800–1871. Markkleeberg 2010; *Ders.:* Die Konstituierung der Chemnitzer Bourgeoisie während der Zeit der bürgerlichen Umwälzung von 1800 bis 1871. Dresden 1988, 18–23; *Reiner Groß:* Geschichte Sachsens. Berlin 2001, 172–175; *Friedrich Georg Wieck:* Sachsen in Bildern. 1. Bd., Chemnitz 1841/42, Reprint Leipzig 1990, 29; *Herbert Pönicke:* Wirtschaftskrise in Sachsen vor hundert Jahren. Ein Beitrag zur sächsischen Wirtschaftgeschichte. Herrnhut 1933, 17–26; *Hans Münch u.a.:* Auf den Spuren der Vergangenheit – Chemnitzer Geschichte. Erste Fabriken an der Chemnitz. Darstellungen und Dokumente. Chemnitz 1998; *Chemnitzer Geschichtsverein e. V. in Zusammenarbeit mit dem Stadtarchiv Chemnitz* (Hrsg.): Zu den Anfängen der Baumwollmaschinenspinnerei in Chemnitz und seinem Umland. Mitteilungen des Chemnitzer Geschichtsvereins, Neue Folge XIX, 80. Jb, Chemnitz 2016; *Rudolf Forberger:* Die Industrielle Revolution in Sachsen 1800–1861. Bd. 1.1–2.2., Berlin 1982–2003; *Rudolph Strauß:* Die Lage und Bewegung der Chemnitzer Arbeiter in der ersten Hälfte des 19. Jahrhunderts. Berlin 1960, bes. 41; StadtA Chemnitz, RA V, II, 70.

[3] StadtA Chemnitz, RA III, VII b, 276, bes. Bl. 40, 41.

tung sicherten den Einfluss dieser alteingesessenen Familien auf die Stadtpolitik.[4] Dagegen wäre aber die Einbeziehung der Bürgerschaft in städtische Angelegenheiten notwendig geworden, besonders was die Umverteilung der Steuerbelastungen sowie die Regulierung der Ein- und Ausgaben betraf. Die innerstädtischen Auseinandersetzungen um die Einrichtung einer Bürgerschule mit Realschulbildung im Verbund mit weiteren Fortbildungsanstalten standen damit im engen Zusammenhang. Auch die Entwicklung in Chemnitz spiegelt die generelle Tendenz, dass im 19. Jahrhundert Bildung zu einer wesentlichen Voraussetzung und Bedingung für wirtschaftliche und soziale Daseinsverbesserungen wurde.[5]

II. Schulverwaltung in Chemnitz bis 1826

Noch im ersten Drittel des 19. Jahrhunderts verwaltete in Chemnitz die so genannte Schulinspektion in ihrer tradierten Aufgabenverteilung das Schulwesen. Danach waren der Stadtrat für die Bereitstellung von Schulräumen und Lehrern, der Superintendent für die inhaltliche Überprüfung des Unterrichts zuständig. Beiden gelang es nicht, die sächsische Schulgesetzgebung von 1773 bis 1816 mit den beabsichtigten Reformen umzusetzen.[6] Das betraf in erster Linie die Gewährleistung der Schulpflicht. Die Schulinspektion hatte die gesetzliche Verpflichtung, die Kinder zum Schulbesuch und zur Bezahlung des Schulgeldes aufzufordern, systematisch zu erfassen und Schulversäumnisse, verbunden mit Strafgelderhebungen, zu vermerken. Das erfolgte aber ebenso wenig wie regelmäßige Visitationen des Unterrichts durch den Superintendenten. Das Schulgeld sammelten nach wie vor die Lehrer unkontrolliert und direkt von den Kindern ein. Die Entrichtung des Schulgeldes war ohnehin für existentiell schwache Bevölkerungsteile problematisch. Zunehmende Verarmung stellte die Chemnitzer Schulinspektion vor Herausforderungen, die der Superintendent mit Hilfe einer Armenschule zu regulieren beabsichtigte, ein Vorhaben, für das Vertreter der alteingesessenen Familien (Kommunrepräsentanten und Ausschusspersonen) ebenfalls keine Mittel bereitstellen wollten. Gelegentliche Stif-

---

[4] StadtA Chemnitz, RA III, VII b, 269, bes. Bl. 29, 30.

[5] Vgl. *Jens Bruning u. a.*: Art. Schule. In: Enzyklopädie der Neuzeit. Bd. 11, Stuttgart / Weimar 2010, 915–926; *Karl-Ernst Jeismann*: Zur Bedeutung der „Bildung" im 19. Jahrhundert. In: Ders. (Hrsg.): Handbuch der deutschen Bildungsgeschichte. Bd. 3, München 1987, 1–21; *Hans-Georg Herrlitz*: Deutsche Schulgeschichte von 1800 bis zur Gegenwart. Eine Einführung. 5. Aufl. Weinheim 2009; *Gert Geissler*: Schulgeschichte in Deutschland. 2. erw. Aufl. Frankfurt/Main 2013.

[6] Codex Augusteus (C. A. III, 1; C. A. IV, 1); Besonders: Reskript, die Aufsicht über den Schulunterricht betr. vom 04.03.1805 (C. A. IV, 1, Sp. 58–63); Reskript, die Schulvisitationen betr. vom 17.05.1816 (C. A. IV, 1, Sp. 94–97); Vgl. u. a. zur Thematik: *Thomas Töpfer*: Die „Freyheit" der Kinder. Territoriale Politik, Schule und Bildungsvermittlung in der vormodernen Stadtgesellschaft. Das Kurfürstentum und Königreich Sachsen 1600–1815. Bd. 78, Stuttgart 2012; *Hans-Martin Moderow*: Volksschule zwischen Staat und Kirche. Das Beispiel Sachsen im 18. und 19. Jahrhundert. Köln / Weimar / Wien 2007.

tungen von Bürgern für die Schulen konnten den tatsächlichen Bedarf auch nicht decken.

Für Chemnitz bestand das Dilemma aber vor allem im Mangel an notwendigen Schulräumen für eine ständig wachsende Anzahl von Kindern. Bis um 1820 erfolgten lediglich Einrichtungen von Privatschulen sowie kleiner öffentlicher Schulen in den Vororten. Wenn überhaupt, so erhielten viele Kinder mangelhaften Unterricht von Winkelschullehrern, die ohne Genehmigung der Schulinspektion einfachsten elementaren Unterricht erteilten. Der Stadtrat bildete keine aus weiteren Bürgervertretern bestehende Schuldeputation zur Bewältigung der Probleme und kommunizierte nicht mit der Bevölkerung, obwohl ihm die Schwierigkeiten der Unternehmer und Handwerker in Bezug auf den Mangel an qualifizierten Arbeitskräften bekannt waren.[7] Damit unterschied sich die Handlungsweise der Chemnitzer Schulinspektion wesentlich zum Beispiel von der in Leipzig.[8]

Die zuständige vorgesetzte Behörde, das Oberkonsistorium in Dresden, reagierte nur auf Anzeigen. Es verwies dann zwar auf die Einhaltung gesetzlicher Bestimmungen und antwortete mit Reskripten und Aufforderungen, verfügte aber nicht über entsprechende Finanzmittel, um Lösungen einzuleiten.

III. Bildung als Wirtschaftsfaktor

Im Jahr 1826 erhielt das Schulwesen der Stadt wesentliche Impulse. Erstmals in der Geschichte von Chemnitz entstanden in breiten Kreisen der Bevölkerung umfassende Initiativen zur Behebung der lokalen Schulmisere auf der Basis privaten Engagements. Es erfolgte eine Bündelung von Kräften außerhalb von Stadtrat und Superintendentur in bislang ungekanntem Umfang, die mit Enthusiasmus vorgingen und über Kenntnisse moderner Entwicklungen im Schulwesen verfügten. Der größte Teil dieser Personen stammte aus dem sich in Chemnitz und Umgebung ausbreitenden Manufaktur- und Fabrikwesen sowie dem Handwerk. Einige dieser Unternehmer wiesen die sächsische Regierung mehrfach darauf hin, dass qualifizierte Arbeitskräfte wesentliche Voraussetzung für wirtschaftlichen Erfolg seien. Die in Chemnitz bestehenden Schulen, vor allem die Lateinschule, besaßen weder entsprechend gebil-

---

[7] Der Stadtrat war zum Beispiel verantwortlich für die Abfassung der jährlichen Berichte an die Kommerziendeputation (Nahrungsstandstabellen) über die wirtschaftliche Situation vor Ort.

[8] Dazu u. a.: *Thomas Töpfer:* Die Differenzierung des städtischen Schulwesens um 1800 in sozialgeschichtlichem Kontext. Die Leipziger Ratsfreischule im ersten Jahrzehnt ihres Bestehens. In: Detlef Döring / Jonas Flöter (Hrsg.): Schule in Leipzig. Aspekte einer achthundertjährigen Geschichte. Leipzig 2011, 119–144; *Hans-Martin Moderow:* Das Leipziger Volksschulwesen im 19. Jahrhundert. In: Detlef Döring / Jonas Flöter (Hrsg.): Schule in Leipzig. Aspekte einer achthundertjährigen Geschichte. Leipzig 2011, 163–180; *Töpfer:* Die „Freyheit" der Kinder (wie Anm. 6), 293–352, bes. 326, 327; *Otto Kaemel:* Geschichte des Leipziger Schulwesens. Vom Anfange des 13. bis gegen die Mitte des 19. Jahrhunderts (1214–1846). Leipzig und Berlin 1909, 510–528.

detes Personal noch Ausstattungen, um notwendiges technisches und kaufmännisches Fachwissen zu vermitteln.

Als im Jahre 1827 von der sächsischen Landesregierung Erkundigungen über die Wirtschaftslage der Chemnitzer Unternehmer eingeholt wurden, berichteten diese über die seit dem Wegfall der Kontinentalsperre vorhandenen wirtschaftlichen Schwierigkeiten.[9] Die Ursachen der Unrentabilität Chemnitzer Spinnereien und Druckereien lägen neben der viel günstigeren englischen Garnpreise im Ausbildungsstand der Arbeitskräfte. Mit dem vorhandenen Personal sei es nicht möglich, auf Modetrends zu reagieren. Neben der Aufhebung der Handelssperren innerhalb Deutschlands sahen sie vor allem in der Förderung technischer Bildung eine wesentliche Voraussetzung zur Verbesserung der Wirtschaftslage. Darüber hinaus wurde auch die Forderung nach fortschreitender Ausbildung der erwachsenen Arbeitskräfte in der Industrie erhoben, da für diese der Bildungsbedarf ebenfalls groß war. Der zuständige Kreishauptmann stellte 1827 fest, dass die Handwerker kaum eine Dampfmaschine bedienen und ausbessern, noch weniger anfertigen könnten. 1827 forderte er von der sächsischen Regierung weitere Schritte zur industriellen Entwicklung des Landes, so auch den Ausbau von Gewerbeschulen.

Was verstand man in der ersten Hälfte des 19. Jahrhunderts unter einer Bürgerschule? Das Pierersche Lexikon definierte 1841 Bürgerschulen als:

„Stadtschulen, in denen die Kinder der Bürger in den, für Menschen überhaupt und künftige Bürger besonders, nötigen Kenntnissen Unterricht erhalten. Sie zerfallen in niedere Bürgerschule und höhere. a) Die niedere(n) Bürgerschule(n), für Kinder gewöhnlicher Bürger, gehören zu den Volksschulen, unterrichten aber, außer den gewöhnlichen Elementargegenständen, auch in Kenntnissen, die für die etwas bessere Bildung, die u. a. für die Betreibung der niederen bürgerlichen Gewerbe nötig sind, als etwas Geschichte, Geographie, Naturgeschichte, die Anfangsgründe der Geometrie, Physik und Technologie, Zeichnen und besonders Arithmetik und deutsche Sprache.

b) Die höheren Bürgerschulen sind für die Kinder aus dem höhern Bürgerstande bestimmt, um sie sowohl in den, für jeden wahrhaft Gebildeten, als auch in den für die höheren bürgerlichen Gewerbe, Künste und alle die Ämter, wozu eine gelehrte Schulbildung nicht nötig

---

[9] StadtA Chemnitz, VfChG, Hd 25. Es handelte sich um die Firmen: Ackermann und Co. (Spinnerei), Becker und Schraps (Spinnerei und Kattunfabrik), Friedrich Borcherdt (Grossogeschäft Fa. Preußer und Co. in Fabrikmaterial), Firma Bürger und Gechter (Grossohandel mit bundgewebten Zeugen), Ernst Iselin Clauß und Peter Otto Clauß von der Firma Benjamin Gottlob Pflugbeil und Co. (Spinnerei- und Kattunmanufaktur), Firma G. Hecker und Söhne (Strumpfgeschäft), Spinnfabrikanten Gottlob Ferdinand Heymann und E. M. Müller, Gebrüder Krause, Schmaltz und Richter (Grossohandel mit Fabrikwaren) Weisbach und Sohn (Spinnerei), Friedrich Georg Wieck und Co. (Manufakturgeschäft) und Ludwig Fritsch (Strumpfgeschäft); Vgl. dazu: *Pönicke:* Wirtschaftskrise in Sachsen vor hundert Jahren (wie Anm. 2), 17–26; *Wolfgang Uhlmann:* Fragen und Antworten zum Zustand der Chemnitzer Industrie 1827. In: Kathrin Keller (Hrsg.): Stadt, Handwerk, Armut: eine kommentierte Quellensammlung zur Geschichte der Frühen Neuzeit. Leipzig 2008, 213–221; *Reiner Groß:* Zur Lage des Fabrikwesens in Sachsen 1827. In: Michael Gockel / Volker Wahl (Hrsg.): Thüringische Forschungen. Festschrift für Hans Eberhardt zum 85. Geburtstag am 25. September 1993. Weimar u. a. 1993, 387–403.

ist, notwendigen Kenntnisse zu unterrichten. Sie zerfallen in Rücksicht auf den künftigen Beruf in Real-, Handels-, Kunst-, Forst-, Berg- und andre Schulen."[10]

In Chemnitz nahm sich der Verein zur Gründung einer allgemeinen Bürgerschule dieser Aufgabe an. Er wurde damit der erste in Chemnitz wirksame Verein zur Durchsetzung von bürgerlichen Bildungs- und Wirtschaftsinteressen. Später folgten der Industrieverein zur Förderung des sächsischen Unternehmertums, der bereits im August 1828 die erste Industrieausstellung durchführte, und 1829 der Handwerkerverein.

IV. Die Gründung des Vereins

Schon ein Aufsatz aus dem Jahre 1801 im „Chemnitzer Anzeiger" des sechs Jahre später verstorbenen ehemaligen Superintendenten Merkel, der sich vehement, aber ohne die Unterstützung des Stadtrates für Verbesserungen des Schulwesens eingesetzt hatte, endete mit dem Vorschlag einer Reform der hiesigen Stadtschule und der Einrichtung einer Bürgerschule im Verbund mit der Lateinschule.[11] Für dieses Projekt gab es auch ideelle Unterstützung durch den gebürtigen Chemnitzer, den Philologen und Schulreformer Christian Gottlieb Heyne.[12] Die Anregungen des damaligen Superintendenten wurden aber nicht aufgegriffen, lediglich der deutsche Unterricht an der Lateinschule in den unteren Klassen intensiviert.

Fünfundzwanzig Jahre später, am 7. Januar 1826, erschien im „Chemnitzer Anzeiger" ein Aufsatz, der den Aufruf nach einer zeitgemäßen und zweckmäßigen Bürger- oder Elementarschule für die Stadt enthielt. Der ungenannte Verfasser begründete seine Initiative damit, dass für die Entwicklung der vorwiegend von der Industrie lebenden Stadt eine Schule erforderlich sei, in der „alle Fähigkeiten des Geistes und alle Eigenschaften des Herzens in den Kindern beiderlei Geschlechts schnell und

---

[10] *H. A Pierer:* Universallexikon der Gegenwart und Vergangenheit oder neuestes encyclopädisches Wörterbuch der Wissenschaften, Künste und Gewerbe. Bd. 5, Altenburg 1841, 469.

[11] Chemnitzer Anzeiger 44 (1801); vgl. dazu: *Walter Goram:* Die Geschichte des Chemnitzer Elementarschulwesens von der Einführung der Reformation bis zur Gründung der „Allgemeinen Bürgerschule" (1539–1831). Leipzig 1933, 115–122.

[12] Vgl.: *Jens: Bruning:* Das protestantische Gelehrtenschulwesen im 18. Jahrhundert: Pietismus – Aufklärung – Neuhumanismus. In: Notker Hammerstein / Ulrich Herrmann (Hrsg.): Handbuch der deutschen Bildungsgeschichte. Bd. 2: 18. Jahrhundert. Vom späten 17. Jahrhundert bis zur Neuordnung Deutschlands um 1800. München 2005, 278–323, bes. 298; *Friedrich Paulsen:* Geschichte des gelehrten Unterrichts auf den deutschen Schulen und Universitäten. 2. Bd., Leipzig o. J., 34–42; *C. Kirchner:* Johann Theophilus Lessing und das Chemnitzer Lyceum zum Ende des vorigen und zu Anfang dieses Jahrhunderts. In: Mitteilungen des Vereins für Chemnitzer Geschichte. Bd. 3, Chemnitz 1882, 161; *Monika Reum:* Heyne, Prof. Christian Gottlob. In: Von André bis Zöllner. 125 Biografien zur Chemnitzer Geschichte. Heft 2, Radebeul 1998, 46.

vollständig entwickelt und gebildet werden."[13] Das wäre für die Stadt die wesentlichste Grundlage ihres Glücks und Wohlstandes. Der sogenannte deutsche Unterricht in den unteren Klassen der Gelehrtenschule reiche für die männliche Stadtjugend nicht aus. Das ergäbe bereits der Vergleich zwischen der Masse der Jugend und der geringen Anzahl der Lehrer. Der Verfasser kritisierte auch die „ganz unnötige und größtenteil ganz nutzlose Einmischung des Lateinischen." Die Trennung von der Gelehrtenschule sei deshalb erforderlich, weil diese nur Jünglinge für die Wissenschaften heranziehe. Andererseits müssten aber auch alle Winkelschulen verdrängt werden.

Da Knaben und Mädchen getrennt unterrichtet werden müssten, sollte die künftige Elementarschule aus der Knaben- und Mädchenschule bestehen. Voraussetzung sei allerdings, dass man ermittle, wie viel schulbesuchende Kinder es in Chemnitz gäbe, wie viele Lehrer zu deren vollständiger Unterrichtung notwendig seien und wovon diese Lehrer und das ganze Schulinstitut bezahlt werden könnte. Der Verfasser schätzte ein, dass etwa 2.800 bis 3.000 schulfähige Kinder in der Stadt lebten.

Deshalb benötige man zur Durchführung des Unterrichtes mindestens 18 Lehrer, davon einen Direktor, einen Vizedirektor, außerdem einen Schreib-, einen Rechen-, einen Zeichen- und einen Musiklehrer. Die in der Stadt vorhandenen Elementarschullehrer sollten einbezogen und die darüber hinaus erforderlichen Lehrkräfte durch Kollaboratoren (Hilfslehrer) ergänzt werden. Für den Unterricht der Mädchen in weiblichen Arbeiten wären weitere drei Lehrerinnen notwendig. Die übrigen Lehrer sollten den Elementarunterricht aufteilen und gleichermaßen die Knaben und Mädchen betreuen, damit wöchentlich 480 bis 500 Stunden Unterricht erteilt werden könnte.

Weiterhin wurden Veränderungen bei der Einnahme des Schulgeldes vorgeschlagen. Wie bislang sollte zwar das Schulgeld die Grundlage für die Bezahlung der Lehrer bilden, grundsätzlich aber die Einnahme auf andere Weise erfolgen. Es läge etwas Unwürdiges für den Lehrerstand darin, jeweils individuell das Schulgeld einzusammeln. Das wäre auch lästig für Eltern und Kinder. Eine Behörde solle geschaffen und eine Schulsteuer durch einen Kassierer monatlich oder vierteljährlich erhoben werden. Daraus sowie aus einem möglichen Straflegat und anderen Geldern sei ein allgemeiner Schulfonds der Stadt zu formieren, aus dem die Lehrer besoldet und die sonstigen Ausgaben, so für Schulräume und deren Unterhaltung sowie die Beschaffung von Lehrmaterialien, finanziert werden könnten.

Auch für die etwa 500 armen Kinder, „denen das Himmelreich auch zuteil werden soll" und eigentlich das Schulgeld aus der Armenkasse zur Verfügung gestellt werden müsse, könne stattdessen diese Zahlung direkt aus dem Schulfonds erfolgen. Dieser Fonds betrüge etwa 16.700 Taler und hätte sicher nach Abzug der Lehrerbesoldungen noch einen Überschuss zur Verfügung. Darüber hinaus hielt man es für

---

[13] Chemnitzer Anzeiger 1 (1826); StadtA Chemnitz, RA IV, IV, 10, Bl. 4. Aus späteren Quellen geht hervor, dass es sich bei dem Verfasser des Aufsatzes um den Advokaten Moritz August Richter handelte.

erforderlich, einen Pensionsfonds für über 60jährige Lehrer oder deren Witwen und Waisen einzurichten.

Ein weiterer Vorschlag betraf die Einbeziehung von Elternvertretern. Künftig sollten von ihnen Schulbesuche durchgeführt, darüber Protokolle angefertigt und vierteljährlich der Schulinspektion ein zusammengefasster Bericht vorgelegt werden, um dieser damit die Arbeit zu erleichtern. Danach könne die Schulinspektion unter Hinzuziehung des Direktors Beschlüsse fassen. Der Autor des Aufsatzes betonte, dass sich diese Einrichtung schon in anderen Städten bewährt hätte.

Der Neujahrswunsch endete mit dem Appell, dazu dienen zu wollen,

„in recht vielen würdigen Bewohnern dieser Stadt, welche das Traurige in seiner ganzen Größe fühlen, wenn sie sehen, dass viele Kinder die Schule wenig oder gar nicht besuchen, viele in ganz ärmlich bestellte Winkelschulen, andere wieder kaum in die Schulen wegen Mangel an Raum können, oder wenn sie sich überhaupt überzeugen, dass kein Kind hiesiger Stadt so vollständigen Unterricht an einer Schule genießt, wie ihn die in nur ganz allgemeinen Umrissen geschilderte und in vielen Städten bereits vollständig ins Leben getretene Elementar- oder Bürgerschule notwendig gewähren muss: so war dieser Wunsch zum neuen Jahr doch mehr als ein Traum."[14]

Auf Grund dieses Aufrufes versammelten sich am 12. Januar 1826 „Bürger aus allen Ständen", um die „Idee für eine Bürgerschule für Chemnitz" zu erörtern.[15] Das über diese erste Sitzung angefertigte Protokoll erhielten Superintendent und Bürgermeister mit der Bemerkung, dass „ein glückliches schönes Gemälde von Gemeinsinnigkeit, Besonnenheit und einsichtsvollem Benehmen" entstanden sei. Die Versammlung fand mit der „stillschweigenden Erlaubnis" des Superintendenten statt. Der „Privatschulverein" für eine Bürgerschule war damit gegründet. Eine reguläre „Mitgliedschaft" wurde erst später festgeschrieben, vorerst verstand man darunter die Teilnehmer an den Beratungen.

Den Verleger des „Chemnitzer Anzeigers", Magister Christian Gottlob Kretzschmar, wählten die Anwesenden zum Vorsitzenden, Kaufmann Borcherdt zum Kassierer und den Verfasser des Aufrufs vom 7. Januar 1826, Advokat Moritz August Richter, zum Schriftführer.[16]

Innerhalb der folgenden vier Monate erbrachten die Aktiven des Bürgervereins großartige Leistungen. Sie setzten sich nicht nur die Erbauung eines modernen Schulgebäudes zum Ziel, sondern erarbeiteten gleichzeitig Vorschläge zur Neugestaltung des Unterrichts. Stadtrat und Superintendent sahen sich gezwungen, zum einen die Initiativen zu begrüßen, weil sie selbst keinerlei Lösungsvorschläge hatten, andererseits aber erstmals außerhalb ihrer Strukturen stehende Kräfte berücksichti-

---

[14] Chemnitzer Anzeiger 1 (1826).

[15] StadtA Chemnitz, RA, IV, IV, 10, Bl. 1, 2.

[16] Bei Kretzschmar handelt sich um den Verfasser der im Jahre 1822 erschienen Stadtchronik, die bereits eine ausführliche Situationsschilderung des Chemnitzer Schulwesens enthielt.

gen zu müssen. Als ersten Schritt beantragten Kretzschmar und Richter bei der Schulinspektion die Durchführung einer Kinderzählung.[17]

V. Arbeitsteilung im Verein

Die zweite Zusammenkunft des Schulvereins, an der etwa 60 Bürger teilnahmen, fand schon am 24. Januar 1826 statt.[18] Kretzschmar leitete die Versammlung und eröffnete die Beratung mit einem Vortrag über die Verfahrensweise bei der Anfertigung eines „Schulplanes" als einen kombinierten Struktur- und Lehrplan. Diese Darlegungen führten zu spontanen Zustimmungen und zu weiterführenden Maßnahmen. Die Anwesenden fassten den Beschluss, aus ihrem Kreis Vertreter für ein Komitee (Arbeitsausschuss) zu wählen, um die Aufgaben arbeitsteilig organisieren zu können. Daraufhin beschäftigte man sich mit dem Schulplan (Kretzschmar) und der Schulverfassung (Borcherdt), sowie mit der Erarbeitung und Prüfung der baulichen Varianten für ein zweckentsprechendes Gebäude der Bürgerschule und der Ermittlung des dafür erforderlichen Finanzbedarfs einschließlich eines Tilgungsplans für diese finanziellen Mittel. Per Los wurde abgestimmt und zunächst zehn Personen für das Komitee gewählt. Wenige Wochen später erweiterte man diese Anzahl. Das Komitee setzte sich daraufhin aus zwölf Kaufleuten und Fabrikbesitzern (Unternehmern) und acht Handwerkern zusammen. Kretzschmar und Richter sollten den Sitzungen zusätzlich beiwohnen.[19]

Am 31. Januar 1826 fand die erste Zusammenkunft dieses Komitees im Gebäude der Harmoniegesellschaft statt.[20] Die Teilnehmer verständigten sich über eine ausgewogene Geschäftsordnung. Die Beschlussfassung sollte jeweils nach Stimmenmehrheit erfolgen, bei Stimmengleichheit die Stimme des Vorsitzenden entscheiden.[21] Entsprechend des Zwecks dieses Komitees befassten sich die Mitglieder mit dem Problem der finanziellen Absicherung des Projektes. Dazu wurden zwei grundlegende Beschlüsse gefasst:

1. Bau eines neuen repräsentativen Gebäudes, „das ein Werk für alle Zeiten" werden sollte.[22] Die künftige Schule erachtete man auch für die Umgegend als wichtig und nützlich. Das Gebäude müsse geräumig und für die Gesundheit der Kinder vorteilhaft sein und aus einem einheitlichen Komplex bestehen. Als Standort wurde ein freier, ruhiger Platz gewählt, der Teil des ehemaligen Zwingers bei der Einmündung der Webergasse gegenüber der Kühgasse erschien geeignet. Zu diesem Zweck müssten Tore und Mauern der ehemaligen Stadtbefestigung abgetragen und die dadurch gewonnenen Steine mit genutzt werden.

---

[17] StadtA Chemnitz, RA IV, IV, 10. Bl. 10.
[18] Ebd., Bl. 13–15.
[19] Ebd., Bl. 34.
[20] Ebd., Bl. 21–23.
[21] Ebd.
[22] Ebd., Bl. 21.

2. Sammlung freiwilliger Beiträge für die künftige Bürgerschule. Die Beratung erfolgte darüber, wie freiwillige Beiträge und Aktienanleihen zu erlangen seien. Alle erklärten sich damit einverstanden, dass umgehend mit der Einsammlung dieser freiwilligen Beiträge begonnen und diese in einem öffentlich einsehbaren Buch dokumentiert werden sollten. Das Komitee verständigte sich darauf, zwei Bücher zu führen, in einem sollten die freiwilligen Beiträge und in dem anderen die Aktiensubskriptionen erfasst werden. Buchbinder Anger fertigte kostenfrei beide Bücher an.[23] Kretzschmar erstellte den Entwurf eines Spendenaufrufes.[24]

Bereits am 14. Februar fand die zweite Versammlung des Komitees statt.[25] Inzwischen war die Information an den Rat und die Superintendentur über das Vorhaben des Vereins erfolgt. Erste Diskrepanzen traten auf, weil der Superintendent erstens einer Trennung der unteren Klassen vom Lyceum nicht zustimmte, und zweitens es für erforderlich hielt, eine gesonderte Schule für arme Kinder einzurichten.[26] Das Komitee beschloss aber daraufhin einstimmig, sich vorerst damit nicht weiter zu beschäftigen, sondern auf dem eingeschlagenen Weg fortzugehen und mit Erlaubnis der zuständigen Behörden (Ämter des Stadtrates) eine öffentliche Mitteilung über das Sammeln zu veranlassen.

Zwischenzeitlich hatten sich 18 Vereinsmitglieder an der Erfassung der Stadtkinder beteiligt. Die Zählung erfolgte durch einen Umgang von Haus zu Haus und erbrachte eine Gesamtzahl von 2.279. Nicht mit erfasst wurden die Vierzehn- und die Fünfjährigen. Eine Dunkelziffer blieb trotzdem. Deswegen schätzte man die tatsächliche Zahl auf etwa 2.500. Unter diesem Gesichtspunkt sollte der zu planende Bau für etwa 3.000 Schüler berechnet werden. Die Abendschüler aus den benachbarten Orten wurden der Rechnung hinzugefügt.[27]

Als eine Woche später, am 21. Februar, der gesamte Verein wieder tagte, wurde nach dem Verlesen der Komiteeprotokolle und deren Genehmigung, das Ergebnis der Kinderaufzeichnung offiziell vorgestellt.[28] Damit bestand erstmals für die Stadt eine nahezu vollständige Übersicht über die in Chemnitz wohnhaften schulbesuchenden 1.629 Kinder. 832 Knaben und 797 Mädchen gingen in öffentliche Schulen, einschließlich der vom Superintendenten genehmigten Privatschulen.[29] Etwa 900 Chemnitzer Kinder, also ca. ein Drittel, besuchten keine öffentliche Schule.[30]

---

[23] Ebd., Bl. 22b, dazu die Bücher unter StadtA Chemnitz, RA IV, IV, 13b und IV, IV, 13a.

[24] StadtA Chemnitz, RA IV, IV, 10, Bl. 18.

[25] Ebd., Bl. 23–35.

[26] Ebd.

[27] Ebd., Bl. 27b. Bemerkenswert ist die bei dieser Gelegenheit von dem Unternehmer Ernst Iselin Claus geäußerte Hoffnung, dass dadurch die Fabrikabendschulen künftig aufgelöst werden könnten.

[28] Ebd., Bl. 29b–35.

[29] Ebd., Bl. 103–108.

[30] Ebd., Bl. 31–32.

VI. Ergebnisse – Bildung eines Schulfonds

Die Vereinsmitglieder fassten den Beschluss zur Sammlung von freiwilligen Beiträgen. Mit Erlaubnis der Behörden sollte eine öffentliche Mitteilung veranlasst, in der nächsten Schulvereinsversammlung die Bücher zur Unterzeichnung eröffnet und die Sammlung mit der Aufnahme der Stiftung Becker[31] begonnen werden. Bezüglich der Finanzierung des Baus durch Aktien wurde beschlossen, dass die niedrigste Summe für den Kauf einer Aktie 25 Taler betragen müsste. Des Weiteren wären 50, 75 und 100 Taler möglich. Diese Aktien sollten mit 4 % verzinst werden. Die Eröffnung der Einzahlungsbücher begann, gedruckte Aufforderungen wurden verteilt und die Öffentlichkeit informiert.[32]

Ende Februar verzeichneten die Subskriptionsbücher bereits 5.244 Taler freiwillige Beiträge und 2.300 Taler über Aktien für die Bürgerschule. Darüber hinaus sollten auch Baufuhren erbracht werden können.[33] Kaufmann Kühn und Kaufmann Borcherdt erklärten sich bereit, die Gelder einzunehmen. Ähnlich der Vorgehensweise bei der Kinderzählung sollte eine Sammlung von Haus zu Haus erfolgen. Weitere Möglichkeiten wurden erörtert. So wollte man die vermögenden Zünfte um Beteiligung bitten. Der Vorschlag für eine zweckbezogene Lotterie wurde zwar für gut befunden, aber seine Realisierung bezweifelt, da dafür „höchste Bestätigung" erforderlich sei.

Wenige Wochen später, am 11. April 1826, waren an freiwilligen Beiträgen schon 9.092 Taler, dazu 140 Taler Bargeld eingegangen, obwohl der „Umgang" noch nicht beendet worden war.[34] Die weitaus höchsten Beträge (ca. 5.000 Taler) spendeten Unternehmer, herausragend die Kattundruckerei- und Spinnereibesitzerfamilie Hübner mit insgesamt ca. 1.000 Talern.

VII. Kommunale Schulsteuer

Der weitreichende und in die bisherige Finanzierung der Kommune eingreifende Vorschlag in Bezug auf eine Schulsteuer („Communschulsteuer statt des Kindergeldes") stand ebenfalls zur Diskussion.[35] Im Interesse der ärmeren Familien sollte jeder Bürger und Einwohner zur Finanzierung der Schule beitragen und nicht wie bislang, das Schulgeld nach „Kinderköpfen" bemessen werden. Die ansonsten erforderliche Anhebung des Schulgeldes hielt man nicht für sinnvoll, weil sie z. B. in Leipzig zu

---

[31] *Gabriele Viertel / Stephan Weingart:* Becker, Christian Gottfried. In: Von André bis Zöllner. 125 Biografien zur Chemnitzer Geschichte. Heft 2, Radebeul 1998, 16. Der 1820 verstorbene Spinnerei- und Kattundruckereibesitzer Becker hatte für Bildungszwecke eine Stiftung hinterlassen.
[32] StadtA Chemnitz, RA IV, IV, 10, Bl. 33, 34.
[33] Ebd., Bl. 106.
[34] Ebd., Bl. 119b–122.
[35] Ebd., Bl. 117.

einem Rückgang der Schülerzahl geführt hätte. Der Vorteil regelmäßiger Einnahmen wurde auch für die Tilgung von Schulden erkannt.[36] Nach erfolgter Abstimmung verblieb das Plenum aber vorerst mehrheitlich bei den schon gefassten Beschlüssen zur anderweitigen Finanzierung.[37] Weiterhin zog man eine mögliche Beihilfe für die Schulen durch den Landtag in Erwägung.

Während der Vorberatungen über die Größe und die Struktur der neu zu errichtenden Bürgerschule verfolgte der Verein auch das Ziel, dass sich noch zusätzlich eine Sonntagsschule und eine „für Chemnitz und die Umgegend höchst wünschenswerthe Gewerb = (polytechnische) Schule, für Zöglinge vom 14. Jahre an anschließen möchte".[38]

VIII. Schulstruktur und Lehrplan

Am 28. Februar 1826 tagte das Komitee wieder.[39] Kretzschmar informierte über den Stand der Arbeiten zum „Schulplan" und über weitere Unterstützung für dieses Projekt, ihm seien Unterlagen über die Dresdner Augustusschule, die Zittauer, die Weimarer und die Eisenacher Bürgerschule übergeben worden.[40]

Der Vereinsvorsitzende erläuterte die Hauptidee für den Unterricht, der darin bestehen sollte, die Kinder durch Abwechslung der Lehrgegenstände, je nachdem, ob sie die Aktivität oder die Rezeptivität der Kinder in Anspruch nehmen, so beschäftigt werden, dass die Unterrichtsgegenstände im Verhältnis mit den Fähigkeiten und dem Alter der Kinder stehen, und dass damit der Unterricht den Anforderungen an eine zeitgemäß eingerichtete Bürgerschule entspricht. Die Schulstuben müssten demnach im neuen Gebäude so eingerichtet werden, dass jeder Klasse (also je für Jungen und Mädchen) zwei Zimmer zur Verfügung stünden.

676 Kinder beiderlei Geschlechts wären für die Elementarschule und die Abendschule gezählt worden, dazu noch 154 Fabrikkinder, deren Zahl sich wohl auf 300 erhöhen könnte. Kretzschmar stellte wieder die Frage, ob die Fabrikkinder auch mit in die neu zu bauenden Schulzimmer, in die „gewöhnlichen Schulstuben", gehen sollten. Die Komiteemitglieder waren sich einstimmig darüber einig, dass auf jeden Fall auf die ungetrennte Unterrichtung sämtlicher Kinder zu orientieren sei.

Am 7. März 1826 fand wieder eine Komiteesitzung statt.[41] Kretzschmar verwies darauf, dass zusätzlich zu den 18 noch zwei weitere Lehrzimmer für den Winter nötig

---

[36] Ebd., Bl. 116b–119.

[37] Ein anonymer Aufsatz zum Schulfonds sei zu den Akten gelegt worden, ist aber nicht vorhanden.

[38] *O. V.*: Entwurf einer allgemeinen Bürgerschule in Chemnitz. Chemnitz 1827, 5.

[39] StadtA Chemnitz, RA IV, IV, 10, Bl. 103–108.

[40] An der Beschaffung von Unterlagen über andere Schulen beteiligten sich auch Unternehmer.

[41] StadtA Chemnitz, RA IV, IV, 10, Bl. 108b–112.

seien. Diese würden für die Abendschule gebraucht, damit sie nicht zu spät am Abend gehalten werden müsse. Aus den Unterlagen über die Weimarer Schule ginge hervor, dass die Einteilung der Klassen fast den hiesigen Vorstellungen entspricht. Besonders interessant wäre aber die Anregung, einen einfachen Saal für Andachtsübungen, Prüfungen und Konfirmationsunterricht oder für sonstige Schulfeierlichkeiten einzuplanen. Das Komitee empfahl, das mit zu berücksichtigen.

Zwei Wochen später, am 21. März, unterrichtete Kretzschmar vorab die Komiteemitglieder über den Entwurf des ersten Teils des „Schulplanes". Hauptzweck seiner Arbeiten sei die bloße Andeutung der Entwicklung der Gegenstände des Lehrplanes, die spezielle Anpassung müsse der künftige Direktor der Bürgerschule übernehmen. Weiterhin legte Borcherdt den von ihm erarbeiteten Schulverfassungsentwurf vor, gegen dessen Inhalt nichts eingewandt wurde.[42]

IX. Der Plan eines Schulgebäudes mit reformorientierten Ansprüchen

Der Chemnitzer Baumeister Johann Traugott Heinig reichte Planungsunterlagen für das Schulgebäude ein, die dem Ziel entsprachen, eine allgemeine Bürgerschule getrennt von der Gelehrtenschule einzurichten.[43] Für jede Klasse war ein eigenes Zimmer vorgesehen. Diese Bauunterlagen fanden die Zustimmung der Vereinsvertreter. Sie fassten den Beschluss, dass das Gebäude mit einer modernen Luft- oder Dampfheizung ausgestattet werden sollte.[44] Hierfür wurden die diesbezüglichen Erfahrungen des Unternehmens Gehrenbeck genutzt. Andere Unternehmer (Kaufmann Borcherdt, Kaufmann Weißbach) übernahmen die Untersuchung des künftigen Baugrundes (auf dem ehemaligen Stadtgraben beim Klostertor), sowie die Erstellung eines Kostenvoranschlages für das Hauptschulgebäude, die Hof- und Nebengebäude. Das Komitee beschloss, dass der Bau der neuen Bürgerschule mit dem von Kretzschmar entwickelten Struktur- und Lehrplan in direktem Zusammenhang gebracht werden sollte.

Als dann in der darauffolgenden Komiteesitzung ein Vorschlag erging, dass wegen Kosteneinsparung nur für 2.000 Kinder gebaut und die übrigen in das Lyzeum und sonstige vorhandenen Schulgebäude geschickt werden sollten, lehnte das der Verein strikt ab.[45] Kretzschmar informierte, dass zum Beispiel in Zittau die räumliche

---

[42] Ebd., 116–119.

[43] *Jens Kassner:* Heinig, Johann Traugott. In: Von Alberti bis Zöppel. 125 Biografien zur Chemnitzer Geschichte. Aus dem Stadtarchiv Chemnitz. Heft 4, Radebeul 2000, 44.

[44] StadtA Chemnitz, RA IV, IV, 10, Bl. 108–119. Kühn jun. wurde vom Komitee ersucht, ein Gutachten über die Luft- oder Dampfheizung des Schulhauses anzufertigen. Luftheizung würde bevorzugt, weil sie preisgünstiger sei und sich vorteilhaft auf die Zimmerluft auswirke. Der Probeapparat zur Ansicht stünde bei Gehrenbeck. Auch andere bestätigten die Vorteile der Luftheizung, so wäre sie schon am Münchener Theater eingesetzt worden. Heinig wollte darüber mit Baurat Vorherr in München korrespondieren.

[45] Ebd., Bl. 114.

Trennung zwischen Bürgerschule und Freischule als Mangel angesehen würde. Dagegen spräche auch noch, dass trotzdem die gleiche Anzahl der Klassen erforderlich sei. Wiederholt wurde von Vereinsmitgliedern betont, dass sie auf ein einheitliches Gebäude für die Bürgerschule orientierten. Sie verwiesen auf den bereits gefassten Beschluss zur Einrichtung einer allgemeinen Bürgerschule in einem neuen zweckentsprechenden Gebäude für alle, auch für die tagsüber in den Fabriken beschäftigten Kinder.

Wegen der Wiederverwendung der Steine von Toren und Mauern wollte man sich an die betreffenden Landesbehörden wenden. Offensichtlich stieß dieser Vorschlag auf breiten Konsens. Einen entsprechenden Antrag richteten Vertreter des Vereins Mitte März 1826 an den Stadtrat.[46] Sie unterstrichen die Dringlichkeit der Entscheidung, weil sie befürchteten, dass ansonsten diese Baumaterialien an den Fiskus übergehen könnten. Es wurde von ihnen nochmals ausdrücklich betont, dass der Bürgerverein den Schulbau leite und dass noch im laufenden Jahr mit den Baumaßnahmen begonnen und der Bau vollendet werden müsste. Sie erwarteten keine unüberwindlichen Hindernisse bei den Landesbehörden, dieser Bemerkung waren offensichtlich persönliche Gespräche vorausgegangen.

X. Kontakte zu Vertretern der Landesbehörden

Einige Kontakte sind nachzuweisen, die Vereinsmitglieder zu den Landesbehörden nutzten, um die Schulangelegenheit zu forcieren. So informierte zum Beispiel Kattundruckerei- und Spinnereibesitzer Clauß, dass sich sowohl der Kreishauptmann als auch der Amtshauptmann zustimmend zur Bürgerschulangelegenheit geäußert hätten und dass Minister Graf von Einsiedel in Kenntnis gesetzt worden sei. Außerdem hätte Kreishauptmann Fischer den Minister von Einsiedel über das Fehlen eines technischen Institutes in Chemnitz unterrichtet.[47] Spinnereibesitzer Clauß, Spinnereibesitzer Krause und Buchbinder Anger übernahmen es, diese Behörden weiterhin persönlich über den Stand der Verhandlungen zu informieren und außerdem das Hohe Finanzkollegium um Überlassung von Bauhölzern zu ersuchen. Keine Kontakte von Vereinsmitgliedern schienen dagegen zum für das Schulwesen verantwortlichen Oberkonsistorium zu bestehen.

XI. Versuche der Zusammenarbeit mit der städtischen Schulinspektion

Im späteren Verlauf der Diskussion wurden Borcherdt, Clauß und Anger im Namen des Komitees und des Vereins beauftragt, den Stadtrat und den Superintendenten persönlich zu informieren. In der Komiteesitzung vom 11. April 1826[48] wurde

---

[46] Ebd., Bl. 36–38.
[47] Ebd., 115b.
[48] Ebd., 119b–120.

beschlossen, der Kirchen- und Schulinspektion den Lehrplan und die Schulverfassung sowie den Plan des Etats zu übergeben.

Eine weitere Überlegung betraf den Druck einer Broschüre über den Stand der Bürgerschulangelegenheit zur Information an die Chemnitzer Bürger. Einen Antrag, dieses als Ersuchen der Schulinspektion vorzutragen, hielt man wegen des Schlussparagraphen der vom Verein bestätigten Verfassung nicht für erforderlich. Mehrere empfahlen, der Schulinspektion vorzuschlagen, die ersten Mitglieder der im Verfassungsentwurf vorgeschlagenen Schulkommission aus dem Schulverein zu wählen, da diese Kenntnis von der Sache und Liebe zu ihr besäßen. Das Komitee erachtete es aber nicht als ratsam, in diesem Punkt der Schulinspektion vorzugreifen.

Mitte April fand die vermeintlich abschließende Vereinssitzung statt, zu der über den „Anzeiger" wiederum in die Räume der Gesellschaft „Harmonie" eingeladen worden war.[49] Die ausgearbeiteten Pläne wurden nun dem Verein zur Genehmigung vorgelegt und bestätigt. Hinsichtlich des Lehrplanes bemerkte Kretzschmar, dass er es aus gewissen Gründen unterlassen hätte, diesen den hiesigen Lehrern vorab zu geben, da seine Arbeit die Auffassung des Komitees und des Vereins zu diesem Gegenstand widerspiegle. Die Vereinsmitglieder befürworteten die Herausgabe der Schrift über den Plan zur Allgemeinen Bürgerschule. Der Vorsitzende erklärte, dass die Versammlung wahrscheinlich die letzte sei. Man dankte Kretzschmar für seine umfangreichen Bemühungen und den anderen Beteiligten sowie der Gesellschaft zur Harmonie für die Überlassung des Lokals.

XII. Einschätzung der Leistungen des Vereins

Innerhalb von vier Monaten wurden von dem aktiven Kern des Vereins zur Begründung einer Bürgerschule bemerkenswerte Ergebnisse vorgelegt. Die Notwendigkeit zur Veränderung des Schulwesens wurde von Vertretern aus Unternehmer- und Handwerkerkreisen erkannt und eine ausgereifte selbständige Lösung gefunden. In der Diskussion um das gemeinsame Anliegen entstanden nicht nur weiterführende Ideen, sondern sofort konkrete Maßnahmen zu ihrer Umsetzung unter Verwendung der Erfahrungen anderer Städte.

Der Zusammenhang von notwendiger Bildung der Arbeitskräfte und Verbesserung der Produktivität bei der Herstellung konkurrenzfähiger Waren, wie er im Ergebnis der Befragung der Chemnitzer Unternehmer im Jahre 1827 zum Ausdruck gebracht wurde, findet sich als Beweggrund für die gesamte Aktion. Es zeigt, dass vor Ort diese Probleme unter ökonomisch-pragmatischer Sicht gesehen worden sind.

Dabei gingen die Vertreter des Vereins strategisch klug vor. Unter Nutzung der Spielräume in Zeiten der Zensurpolitik, unter Verwendung von persönlichen Kontakten zu königlichen Beamten, nutzen sie „kurze Wege". Außerdem erfolgten zuverlässige Informationen an alle Chemnitzer Bürger über den Stand der Arbeiten zur

---

[49] Ebd., Bl. 122–125b.

Bürgerschule. Dafür wurden die Direktkontakte zum „Chemnitzer Anzeiger" genutzt.[50]

Bemerkenswert ist der kurze Zeitraum, in dem die Verständigung über das Ziel erfolgte. Aus den Verlaufsprotokollen wird die konstruktive Arbeitsatmosphäre bei den Prozessen deutlich, ebenso aber auch die gelegentlich angedeutete Kritik der sich unter den Teilnehmern der Vereinssitzungen befindlichen Gegner des Projektes.

Der Verein sammelte Geld für die gemeinsame Sache in bislang nicht gekanntem Umfang und begeisterte viele Stadtbewohner aus allen gesellschaftlichen Schichten. Im Vergleich zur acht Jahre vorher stattgefundenen Sammlung für die Erbauung einer Töchterschule bei St. Johannis, die einen Ertrag von etwa 1.500 Talern für ein Häuschen mit einer Schulstube erbracht hatte, handelte es sich um eine Summe von etwa 11.000 Talern an gezeichneten Beiträgen sowie 2.225 Taler an Aktien und 200 Taler Barzahlungen, gesamt über 13.300 Taler, gegeben von etwa 1.000 Personen.[51] Der Vorschlag zur Bildung eines Schulfonds durch Beteiligung aller Einwohner eröffnete neue Möglichkeiten.

Nach nur vier Monaten lagen nicht nur die hohe Finanzsumme, sondern ein kompletter Plan des Neubaus als Entwurf für einen modernen Schulbau für Mädchen und Jungen inklusive eines Vorschlages zur Gliederung der neuen Einrichtung als Bürgerschule bis hin zur Fortbildung für junge Erwachsene in einer Sonntagsschule und einer Gewerbschule vor. Ein weiteres Verdienst des Vereins bestand in der Erfassung aller schulpflichtigen Kinder sowie der aller legalen und illegalen Schulen, was zwar den gesetzlichen Vorschriften für das Schulwesen entsprach, aber bis zu diesem Zeitpunkt von der Schulinspektion nicht realisiert worden war. Ebenso gelang es in Chemnitz zuvor nicht durchgängig, kostenfreien Unterricht für arme Kinder und Unterricht für Fabrikkinder zu gewährleisten. Nach den Vorstellungen des Vereins sollte nun jedes Kind in Chemnitz die Chance auf eine Schulbildung erhalten. Besonders bemerkenswert ist der Entwurf der Schulverfassung, der von dem Unternehmer Borcherdt erarbeitet worden war. Die Rolle der Schulinspektion wurde darin weitgehend ausgehebelt und ein Mitspracherecht für Eltern eingeräumt. Die Qualität der Lehrer sollte für deren Beschäftigung ausschlaggebend sein und durch halbjährliche öffentliche Prüfungen das Leistungsniveau der Schüler aufgezeigt werden. Die Auswertung verschiedener diesbezüglicher Erfahrungen anderer Städte versetzte die Autoren auf einen hohen Wissensstand.

Nach Überwindung mannigfaltiger Hindernisse entstand in den Folgejahren ein erster öffentlicher Bau auf der ehemaligen Stadtbefestigung, ein äußerlich sichtbarer, symbolischer Bruch mit der alten Stadt. Die städtische Obrigkeit reagierte zunächst überfordert. Es war ein „Zuviel" an Bürgerbeteiligung aus ihrer Sicht. Die Schulinspektion mit ihrem geistigen Kopf, dem Superintendenten, versuchte, sich bei den

---

[50] Chemnitzer Anzeiger 2, 5, 8, 10 (1826).
[51] *O. V.:* Bürgerschule in Chemnitz (wie Anm. 38), 9.

vorgesetzten Behörden abzusichern. Sie sorgte sogar für Verzögerungen des Baubeginnes.[52]

Nachdem diese Vorhaben vor Ort nur schleppend aufgenommen und nicht vollumfänglich unterstützt worden waren, trugen die Vertreter des Vereins die Forderungen in den Folgejahren wiederholt bei den Landesbehörden vor. Die konzentrierten Bemühungen des Vereins führten aber erst nach fünf Jahren zum Erfolg. Aufgrund von konträren Haltungen der etablierten Lehrer, einzelner Viertelsmeister und Ausschusspersonen (Vertreter der alteingesessenen Chemnitzer Familien) sowie des Stadtrates, schob das für die Schulen zuständige Oberkonsistorium in Sachsen das Vorhaben auch auf die lange Bank. Erst im August 1831 konnte die Bürgerschule eröffnet werden.

Trotzdem erfuhr auf Grund der Initiativen des Vereins das Chemnitzer Schulwesen eine moderne Umgestaltung noch Jahre vor dem Inkrafttreten des Sächsischen Volksschulgesetzes (1835).

---

[52] StadtA Chemnitz, RA IV, IV; 10, Bl. 116–119. Am 21. März 1826 wurde im Rahmen einer Sitzung des Komitees mitgeteilt, dass die Schreiben wegen des Holzes und der Baumaterialien an das Geheime Finanzkollegium und die Kreishauptmannschaft sowie an das Geleitskommissariat von der Schulinspektion nicht unterzeichnet worden wären.

Das Vogtland in Berlin.
Bettina von Arnims Kritik der sozialen Verhältnisse in der preußischen Metropole

Von *Gisela Mettele*

I.

Die Romantik wird bis heute häufig mit Restauration und Reaktion gleichgesetzt, bestenfalls erscheinen ihre Vertreter und Vertreterinnen, wie in Günter Grass' Roman „Der Butt", als politikferne Naturschwärmer/innen, die lieber im Wald Maronen und Träume machende Fliegenpilze sammelten, als sich den sozialen und politischen Realitäten ihrer Zeit zu stellen. Diese Bilder halten sich zäh, auch wenn in der Forschung seit langem auf das kritische Potential der Romantik hingewiesen wird.[1] So betont etwa Wolfgang Frühwald, dass die ästhetischen Postulate der deutschen Romantik – entgegen ihrem Ruf – in einem bis dahin unbekannten Ausmaß das Eindringen politischer und gesellschaftlicher Stoffe in die literarische Textproduktion gefördert hätten.[2] Wir sollten uns daher, so jüngst auch Stefan Nienhaus, nicht blenden lassen von Carl Schmitts noch immer einflussreicher These vom unzuverlässigen Okkasionalismus der Romantiker, die in der Beliebigkeit und dem Subjektivismus ihres Handelns zu keiner praktischen Politik fähig gewesen seien. In den Texten der romantischen Bewegung ließen sich „nicht bloß politikferne ‚Kontingenzerfahrungen'" finden, „sondern sehr konkrete Versuche von Einflussnahmen, Beiträge zur politischen Identitäts(er-)findung und sogar von Lenkung der Regierungsentscheidungen".[3]

---

[1] Vgl. *Hartwig Schultz:* Berliner und Wiepersdorfer Romantik. In: Heinz Härtl / Hartwig Schultz (Hrsg.): Die Erfahrung anderer Länder. Beiträge eines Wiepersdorfers Kolloquium zu Achim und Bettina von Arnim. Berlin u. a. 1994, 1–23, sowie die Arbeiten von Heinz Röllecke und Heinz Härtl oder die Darstellung von Christa Wolf in „Kein Ort. Nirgends".

[2] *Wolfgang Frühwald:* Die Not der schlesischen Weber. Zu Bettina von Arnims Armenbuch 1844. In: Christoph Perels (Hrsg.): „Herzhaft in die Dornen der Zeit greifen …". Bettine von Arnim 1785–1859. Frankfurt/Main 1985, 269–280, hier 274.

[3] *Stefan Nienhaus:* Politische Romantik. Nutzen und Missbrauch eines kulturhistorischen Begriffs. In: Bernd Auerochs / Dirk von Petersdorff (Hrsg.): Einheit der Romantik? Zur Transformation frühromantischer Konzepte im 19. Jahrhundert. Paderborn u. a. 2009, 57–66, hier 60.

II. Bettina von Arnim als politische Autorin

Für Bettina von Arnim trifft dies in hohem Maß zu.[4] Dass sie ein leidenschaftlich politischer Mensch war, wurde von der Forschung lange Zeit nicht wahrgenommen. Die meisten Historiographen reduzierten die Motive ihres Engagements auf „frauenhaftes Mitleid" ohne politische Absichten oder warfen ihr aufgrund ihrer angeblich irrationalen Darstellungsformen politische Realitätsferne vor.[5] Neuere Forschungen haben diese entpolitisierende Rezeption von Leben und Werk Bettina von Arnims einer grundlegenden Revision unterzogen.[6] Deutlich wird nun, dass sich von Arnim mit Verve in die gesellschaftlichen Debatten ihrer Zeit einmischte und dabei einen ausgeprägten Willen zeigte, politischen Einfluss auszuüben. In allen ihren Schriften lassen sich politische und soziale Bestrebungen zeigen. „Im Grunde hat sie sich", so auch ein jüngst erschienener Sammelband zum sozialpolitischen Handeln von Arnims, „seit sie an die Öffentlichkeit getreten ist, als politische Autorin begriffen."[7]

Viele der Themen, für die von Arnim aktiv wurde, gehörten zu den Kernanliegen des vormärzlichen Liberalismus, wie etwa ihr Einsatz zugunsten der Brüder Grimm im Zusammenhang mit dem Konflikt um die „Göttinger Sieben" oder ihr Engagement in der Polenfrage. In den 1840er Jahren positionierte sie sich mit ihrer Schrift „Dies Buch gehört dem König" und dessen Anhang „Erfahrungen eines jungen Schweizers im Vogtland" sowie mit ihrem daran anschließenden Armenbuchprojekt deutlich zur sozialen Frage. Ihre scharfe Kritik an den sozialen Verhältnissen in Preußen rückte sie in die Nähe der demokratischen Bewegung, die sich im Vormärz allmählich als eigenständige Kraft neben dem Liberalismus herausbildete. Enge Kontakte unterhielt sie zu namhaften Vertretern des „Jungen Deutschland" und zu einigen frühen Sozialisten. Eindeutig zuordnen lässt sie sich allerdings keiner dieser Richtungen. Bettina von Arnim wollte bewusst überparteilich agieren und sah darin,

---

[4] Vgl. meinen Aufsatz: „Herzhaft in die Dornen der Zeit greifen". Die politische Romantikerin Bettina von Arnim. In: Michael Dreyer / Klaus Ries (Hrsg.): Romantik und Freiheit. Wechselspiele zwischen Ästhetik und Politik. Heidelberg 2014, 115–135, auf dem der vorliegende Text in Teilen beruht.

[5] Zur Rezeptionsgeschichte vgl. *Ulrike Landfester:* Selbstsorge als Staatskunst. Bettine von Arnims politisches Werk. Würzburg 2000, Kap. I.1. (1859–1945) u. Kap. I.2. (nach 1945). *Ludwig Geiger:* Bettina von Arnim und Friedrich Wilhelm IV. Ungedruckte Briefe und Aktenstücke. Frankfurt/Main 1902, 76–77; zit. n. *Ursula Püschel:* Über den Briefwechsel der Schriftstellerin Bettina von Arnim mit dem Staatsoberhaupt. In: Margrid Bircken / Marianne Lüdecke / Helmuth Peitsch (Hrsg.): Brüche und Umbrüche. Frauen Literatur und soziale Bewegungen. Potsdam 2011, 65–88, hier 78.

[6] Hier vor allem: *Landfester:* Selbstsorge als Staatskunst (wie Anm. 5); *Ursula Püschel:* Bettina von Arnim – politisch. Erkundungen, Entdeckungen, Erkenntnisse. Bielefeld 2005; *Mettele:* Die politische Romantikerin (wie Anm. 4).

[7] Wolfgang Bunzel / Kerstin Frei / Mechthild M. Jansen (Hrsg.): „Mit List und ... Kühnheit ... Widerstand leisten." Bettine von Arnims sozialpolitisches Handeln zwischen Privatheit und Öffentlichkeit. Berlin 2010, 8 (Vorwort).

wie sie 1845 in einem Brief an Klara Mundt erklärte, eine wichtige Bedingung für die Möglichkeit ihrer politischen Wirksamkeit.[8]

Von Arnims Leben und Werk entziehen sich konventionellen Deutungsmustern. Politische Programmatik und poetische Phantasie, soziales Engagement und literarische Selbstinszenierung waren bei ihr oft eng miteinander verwoben.[9] Beliebig war sie in ihrem Handeln jedoch nicht. Sie bezog deutlich Stellung für die gesellschaftlichen Emanzipationsbestrebungen ihrer Zeit und verfolgte ihre Ziele mit großer Beharrlichkeit und strategischer Planung. Geschickt verstand sie es, die begrenzten Handlungsspielräume, die ihr als Frau zugestanden wurden, auszuweiten und konventionelle Grenzen zu überschreiten, und sie scheute dabei vor keiner politischen Auseinandersetzung im Privaten wie im Öffentlichen zurück.[10]

III. Das Berliner Vogtland

Bettina von Arnims politische Aktivitäten sind vor allem in Berlin zu lokalisieren, einer Stadt, die sich im Vormärz ausgesprochen dynamisch entwickelte. Die durch die Agrarreformen freigesetzte eigentumslose Landbevölkerung zog es in großer Zahl in das expandierende urbane Zentrum in der Hoffnung auf Arbeitsplätze in den aufstrebenden Industriebetrieben. Auch die rege staatliche wie private Bautätigkeit und die wachsende Nachfrage nach Dienstbot/innen lockten Arbeitssuchende nach Berlin, dessen Bevölkerung zwischen 1816 und 1850 von knapp 200.000 auf über 450.000 Einwohner/innen wuchs.[11] Die Zugezogenen waren meist mittellos und das Angebot an bezahlbarem Wohnraum knapp. Wohnungsenge und Obdachlosigkeit verschärften die sozialen Gegensätze in der Stadt und die drastisch steigenden Mieten führten zur zunehmenden Verdrängung der ärmeren Schichten an die Stadtränder Berlins, vor die Tore und die Zollgrenze, wo nicht nur die Lebensmittel, sondern auch die Mieten billiger waren.

Eines der Quartiere, in denen die aus der Stadt Verdrängten und weiter Zuwandernden Unterkunft fanden, war das sogenannte „Vogtland", ein nach der Herkunft der 1751/52 von Friedrich II. dort angesiedelten Handwerkerfamilien benanntes Stadtgebiet im Norden Berlins außerhalb der Ringmauer vor dem Rosenthaler Tor. Bereits Ende des achtzehnten Jahrhunderts hatte sich das Viertel einen schlech-

---

[8] Vgl. den Auszug aus dem unveröffentlichten Brief bei *Ulrike Landfester:* Die echte Politik muß Erfinderin sein. In: Hartwig Schultz (Hrsg.): „Die echte Politik muß Erfinderin sein". Berlin 1999, 1–38, hier 34.

[9] *Ulrike Landfester:* Jenseits der Schicklichkeit. Bettina von Arnims Armenbuch-Projekt im zeitgenössischen Salongespräch. In: Hartwig Schultz (Hrsg.): Salons der Romantik. Berlin u. a. 1997, 294; *Bunzel / Frei / Jansen:* Mit List und … Kühnheit (wie Anm. 7), 8.

[10] *Landfester:* Die echte Politik (wie Anm. 8), 7; *Ingrid Leitner:* Liebe und Erkenntnis. Kommunikationsstrukturen bei Bettine von Arnim. In: Schultz: Salons der Romantik (wie Anm. 9), 235–250, hier 250.

[11] Vgl. *Hans-Werner Hahn / Helmut Berding:* Reformen, Restauration und Revolution 1806–1848/49. Stuttgart 2010, 176.

ten Ruf erworben, es galt als Schlupfwinkel von „Diebesbanden" und „losem Gesindel".[12] Durch die im neunzehnten Jahrhundert neu Zuziehenden kam es bald zur Überbelegung aller bewohnbaren Häuser und das Berliner Vogtland wurde als Armenviertel zu einem Synonym für die wachsenden sozialen Probleme der Stadt in der Zeit der frühen Industrialisierung.

Das Wachstum der Metropole hatte der Bau- und Bodenspekulation ein weites Feld eröffnet.[13] Im Vogtland nutzte Baron Heinrich Otto von Wülcknitz die extreme Wohnungsnot und ein ererbtes Grundstück als profitable Chance und ließ zwischen 1820 und 1841 die ersten großen Berliner Mietshäuser bauen.[14] Das größte dieser sogenannten „Familienhäuser", das „Lange Haus", war dreiundsechzig Meter lang und gut achtzehn Meter hoch und bestand aus 312 Einzelräumen, den sogenannten Stuben. Diese besaßen jeweils zwei Fenster und waren, je nachdem, ob sie sich im Keller, in den Geschossen oder unterm Dach befanden, zwischen neunzehn und knapp fünfundzwanzig Quadratmeter groß.[15]

Die Stuben fanden reißenden Absatz. Unter den insgesamt etwa 2.200 bis 3.000 Bewohner/innen der Familienhäuser stellten die sogenannten „Professionisten" mit ihren Familien die größte Gruppe. Bei diesen handelte es sich um Handwerker, meist Weber, die entweder als Selbstständige oder verlagsabhängige Heimarbeiter in ihren Stuben arbeiteten. Daneben wohnten zahlreiche Tagelöhner und Arbeitsleute ohne Ausbildung, die in Fabriken und Manufakturen mit wöchentlicher Bezahlung arbeiteten, sowie Arbeitslose, Invalide, Witwen und alleinstehende Mütter mit ihren Kindern in den Häusern.[16]

Mit dem Bau der von wülcknitzschen Familienhäuser wurden zu Beginn des neunzehnten Jahrhunderts die ersten Erfahrungen mit dem städtischen Massenwohnungsbau gemacht. Die bis dahin nicht gekannte Konzentration von Bewohner/innen auf einer Parzelle zog schnell die behördliche Aufmerksamkeit auf sich. Polizeikommissare, Armendeputierte und Armenärzte befassten sich mit den Verhältnissen und Notständen in den neu entstandenen Unterkünften, um Erkenntnisse über die von dort möglicherweise ausgehenden Gefahren und deren Abwehr zu sammeln.

Die umfassendste Beschreibung stellt ein aus medizintopographischer Sicht verfasster Bericht des Armenarztes Dr. Thümmel vom 11. Januar 1827 dar.[17] Der Ber-

---

[12] Vgl. *o. V.:* Schattenriß von Berlin. Amsterdam 1788, 87.

[13] Vgl. *Nadja Stulz-Herrnstadt:* Berliner Bürgertum im 18. und 19. Jahrhundert. Berlin / New York 2002, 140.

[14] *Johann Friedrich Geist / Klaus Kürvers:* Das Berliner Mietshaus 1740–1862. München 1980.

[15] Ebd., 107.

[16] Ebd., 279.

[17] Bericht über die innere Verfassung, den physischen und moralischen Zustand der Bewohner der v. wülcknitzschen Familienhäuser und deren Mängel nebst Gutachten zur Abhülfe derselben, Stadtarchiv Berlin, Rep. 03, Generalia Armenwesen Nr. 44. Zit. n. *Ingrid Thienel:*

liner Magistrat hatte den Bericht in Auftrag gegeben und ließ ihn der besseren Lesbarkeit wegen in einer Auflage von 50 Exemplaren drucken, um ihn anschließend behördenintern weiterzuleiten. Durch Indiskretion gelangte der Bericht an die Öffentlichkeit, wo er aber aufgrund des Fehlens einer freien Presse schnell wieder unterging.[18] Erst mit der Entwicklung einer oppositionellen Presse nach dem Regierungsantritt des liberalen Hoffnungsträgers und Romantikers auf dem Thron, Friedrich Wilhelm IV., im Jahr 1840 wurden die von wülcknitzschen Familienhäuser einer größeren Öffentlichkeit bekannt.[19]

Im September 1842 erschien zunächst ein anonymer, wahrscheinlich von Karl Gutzkow (1811–1878), einem Publizisten und Schriftsteller des „Jungen Deutschland" verfasster Bericht in der Zeitschrift „Die junge Generation". Dieser hatte die Form einer „Korrespondenz eines Berliners", der sich „aus eigener Anschauung" über die Verhältnisse im Vogtland und die staatlich unterstützte Profitgier der wechselnden Hausbesitzer empörte.[20] Am 30. September 1842 erschien diese „Korrespondenz" nochmals in der „Rheinischen Zeitung".[21] Mitte November 1842 erschien ein weiterer Artikel über die Familienhäuser in der „Stafette", einem 1838 gegründeten Feuilleton-Blatt der Berliner Lokalpresse, den der Journalist und Nationalökonom Johann Heinrich Bettziech (1813–1876) unter dem Pseudonym Beta verfasst hatte. Eine möglicherweise behördlicherseits verfasste Replik erschien daraufhin in der „Königlich privilegierten Berlinischen Zeitung" und offenbar auch in der „Vossischen Zeitung".[22]

Während in diesen Artikeln insgesamt die elenden Zustände nur angedeutet wurden, ermöglichte erst das Erscheinen von Bettina von Arnims Königsbuch und dessen reportagehaftem Anhang „Erfahrungen eines jungen Schweizers im Vogtlande" im Sommer 1843 einen detaillierten Einblick in die von wülcknitzschen Familienhäuser und die dort herrschenden Verhältnisse.

Städtewachstum im Industrialisierungsprozess des 19. Jahrhunderts. Das Berliner Beispiel. Berlin / New York 1973, 149.

[18] *Geist / Kürvers:* Das Berliner Miethaus (wie Anm. 14), 192.

[19] Ebd., 200.

[20] Vgl. das Faksimile ebd., 201–203. Zur Autorschaft Gutzkows vgl. 204. „Die junge Generation" war 1841 von Wilhelm Weitling in der Schweiz gegründet worden mit dem Ziel, Berichte über die Lage der deutschen Arbeiter und Handwerker zu veröffentlichen. Zunächst trug sie den Titel „Hülferuf der deutschen Jugend". Ab Januar 1842 erschien sie bis zum Verbot im Mai 1843 unter dem Titel „Die junge Generation"; vgl. ebd., S.201 und vgl. *Kurt Koszyk:* Deutsche Presse im 19. Jahrhundert. Geschichte der deutschen Presse. Bd. 2, Berlin 1966, 81.

[21] *Geist / Kürvers:* Das Berliner Miethaus (wie Anm. 14), 204.

[22] Ebd., 210–211.

IV. Dies Buch gehört den König

Mit ihrer im Juli 1843 publizierten Schrift „Dies Buch gehört dem König" wandte Bettina von Arnim sich in einer Art offenem Brief an den König, in dem sie diesem die gesellschaftlichen Zustände in Preußen und insbesondere in Berlin aufzeigen wollte und soziale Reformen einforderte.[23] Geschickt verstand sie es, die Zensur zu umgehen, indem sie den König, der ein Bewunderer ihres literarischen Werkes war und mit dem sie bereits seit dessen Kronprinzenzeit im brieflichen Austausch stand, vor der Drucklegung bat, das Buch ihm widmen zu dürfen.[24]

Ihre Gesellschaftskritik verpackte sie in einen poetischen Stil, von dem sie hoffte, damit den König erreichen zu können. Sie umgarnte ihn mit romantischen Metaphern und Andeutungen. Er gefiel sich im Bild der Eule, das er dem „schönwortige[n] Gleichnis aus dem Anfange Ihres Geistbrausenden Briefes" entnahm, bezeichnete sich als ihren „Uhu" und sprach sie als „Meine liebe, gnädige, RebenGeländerEntsprossene, SonnenstrahlenGetaufte Gebieterin von Bärwalde, dem Sande-Satten!" an.[25] Letztlich scheint der König den Text vor der Druckerlaubnis aber gar nicht gelesen zu haben, und erst sein Innenminister, der diesen als „eine der gemeingefährlichsten Schriften" ansah[26], machte ihn „auf den staatsfeindlichen Inhalt [...] und seinen ‚heillosen Radikalismus'" aufmerksam.[27]

Das Königsbuch entzieht sich eindeutigen Gattungszuordnungen. Es greift die Tradition des Fürstenspiegels und Elemente des Märchens ebenso auf wie die mündliche Gesprächssituation des Salons.[28] Wie bereits in ihren vorangegangenen Büchern bediente von Arnim sich einer literarischen Konstruktion, die Fiktion und Wirklichkeit miteinander vermischte. Im Mittelpunkt des Buches stehen im Alltagston gehaltene Gespräche im Haus der Mutter Goethes, in denen verschiedenste Missstände aufgezeigt werden und der Herrscher an seine Verantwortung gegenüber seinem Volk erinnert und deutliche Kritik an den politischen und sozialen Zuständen

---

[23] *Wolfgang Bunzel u.a.* (Hrsg.): Bettine von Arnim Politische Schriften. Frankfurt/Main 1995, 831.

[24] Zur Frage der Zensurbefreiung des Buches vgl. *Bunzel u.a.:* Bettine von Arnim Politische Schriften (wie Anm. 23), 847–851. Der Briefwechsel zwischen von Arnim und dem König, der in unregelmäßigen Abständen von 1839 bis Anfang der 1850er Jahre andauerte, umfasst insgesamt 62 Briefe. Diese sind veröffentlicht in: Ursula Püschel (Hrsg.): „Die Welt umwälzen, denn darauf läuft es hinaus." Der Briefwechsel zwischen Bettina von Arnim und Friedrich Wilhelm IV. Bielefeld 2001.

[25] *Püschel:* Über den Briefwechsel (wie Anm. 5), 72 (erstes Zitat), 71 (zweites Zitat).

[26] *Püschel:* Über den Briefwechsel (wie Anm. 5), 71.

[27] *Barbara Becker-Cantarino:* Die Idee vom Volkskönig. Zu Bettina von Arnims Transformation romantischer Konzepte in Dies Buch gehört dem König. In: Auerochs / von Petersdorff: Einheit der Romantik? (wie Anm. 3), 67–80, 73.

[28] *Hartwig Schultz:* „Euer Unglaube an die Naturstimme erzeugt einen Aberglauben an die falsche Politik". Fiktive Salongespräche in Bettines Königsbuch. In: Ders.: Salons der Romantik (wie Anm. 9), 251–270.

geübt wird.²⁹ Ihre Botschaft vermittelt die „Frau Rat" mithilfe von Anekdoten und persönlichen Geschichten, Fabeln, Gleichnissen und Märchenerzählungen. Deren politischer Kern wird im Text teils direkt angesprochen, etwa im Verweis auf die französischen Feenmärchen, mit denen die Hofleute am absolutistischen Hof Frankreichs ihre Herrschaftskritik vorgetragen haben sollen. Um die Zensur zu überlisten, nutzte Bettina von Arnim verschiedene rhetorische Mittel. Die Frau Rat weicht in die Ironie aus, etwa wenn sie gefragt wird, welchen Staat sie meine, wenn sie behaupte, der Staat sei die Ursache des Verbrechens:

> „Ich meine keinen Staat wo mir die Zensur meine Einsichten streichen kann, ich mein einen ganz andern Staat hinter dem Himalaja gelegen, der ein Widerschein ist von dem Staat den ich meinen könnte, sollte mir aber auch *das* die Zensur streichen wollen, nun so mein ich den auch nicht. Ich meine nichts was könnten gestrichen werden."³⁰

Sie schweift ab, kommt vom Hundertsten ins Tausendste, streut immer neue Variationen ein, um die Leser/innen und die Zensur durch die Vielfalt der Themen und Motive und die Schnelligkeit der Gedankensprünge zu verwirren.³¹ Notfalls gibt die Frau Rat sich den Anschein der Unzurechnungsfähigkeit:

> „Wollen Sie nun gleich Ihr Glas leeren daß wir an die zweite Flasche kommen. – Was wollen Sie da lang untersuchen was ich glaub oder was nicht glaub? – Bedenken Sie im Rausch ist keine Verantwortung. Drum hab ich immer die Flasche in der Hand wenn einem was verdrießt, was ich vorbring, Hochverräterisches oder sonst Despektierliches, worüber einer mir könnt eine Verantwortung zuschieben, dann hats die Flasche getan, [...], das ist schon wieder eine göttliche Eigenschaft des Weins daß er die Polizeispürnasen überlistet [...]."³²

Dennoch sind die literarischen Techniken, die Bettina von Arnim im Königsbuch benutzte, nicht allein Mittel zum Zweck, die Zensur zu überlisten, sondern zugleich poetischer Selbstzweck, um die Leser/innen zu Mitspieler/innen zu machen,

> „die scheinbar Disparates zusammen sehen, das weit Auseinanderliegende miteinander verknüpfen, aus Anspielungen, Andeutungen, Wiederholungen, Widerlegungen, Irreführungen, Zweideutigem und Mehrdeutigem erhellende Einsichten gewinnen und aus dem dialektischen Zusammenspiel von Rede und Gegenrede, von Behauptungen und relativierenden perspektivischer Darstellung sinnvolle Schlüsse ziehen."³³

Die scheinbar harmlose Alltagspoesie verbarg auf den ersten Blick, wie Konstanze Bäumer betont, „die Schlagkraft und Brisanz der politisch-satirischen und sozial-

---

²⁹ *Konstanze Bäumer:* Interdependenzen zwischen mündlicher und schriftlicher Expressivität. Bettina von Arnims Berliner Salon. In: Walter Schmitz / Sybille von Steinsdorff (Hrsg.): „Der Geist muß Freiheit genießen...!" Studien zu Werk und Bildungsprogramm Bettine von Arnims. Berlin 1992, 159–160.

³⁰ *Bunzel u. a.:* Bettine von Arnim Politische Schriften (wie Anm. 23), 281.

³¹ *Ursula Liebertz-Grün:* Ordnung im Chaos. Studien zur Poetik der Bettine Brentano-von Arnim. Heidelberg 1989.

³² *Bunzel u. a.:* Bettine von Arnim Politische Schriften (wie Anm. 23), 281, 141–142.

³³ *Liebertz-Grün:* Ordnung im Chaos (wie Anm. 31), 81.

utopischen Erzählelemente".³⁴ Politik und poetische Phantasie verbanden sich gewissermaßen zu einem subversiven Kommunikationsstil. In ihrem Königsbuch entwickelte von Arnim das „volkstümliche" Gespräch zu einer romantischen Kunstform, die aber eben auch als Medium einer kritischen Auseinandersetzung mit den sozialen und politischen Missständen in Preußen unter Friedrich Wilhelm IV. diente.

Dem preußischen Beamtenapparat ihrer Zeit misstraute von Arnim. Nach ihrer Wahrnehmung schirmte die preußische Hofkamarilla den König ebenso von der Realität ab wie die konservative Presse.³⁵ Sie wollte ihm dagegen ein unverfälschtes Bild der Dinge geben und glaubte, ihn für die Erneuerung der Gesellschaft gewinnen zu können, wenn es ihr gelänge, ihn über die Missstände aufzuklären.³⁶

Bettina von Arnim griff dabei den romantischen, bereits bei Novalis und Achim von Armin entwickelten Topos des Volkskönigtums auf³⁷ und entwarf das Idealbild eines monarchischen Staates, der seine Legitimität aus seiner Verankerung im Volk bezog.³⁸ Sie formulierte Ansprüche und Erwartungen des Volkes an den König und wollte ihn auf ein Staatswesen festlegen, das am Wohlergehen und der Freiheit seiner Bürger orientiert war.³⁹ Landfester bezeichnet die Idee des Volkskönigtums als einen Versuch von Arnims, die Daseinsberechtigung der Monarchie neu zu begründen und eine gegenseitige Abhängigkeit von König und Volk deutlich zu machen.⁴⁰ Der König von Gottes Gnaden sollte zum Repräsentanten des Volkes werden.

Zwar werden Verfassungsfragen oder Perspektiven für rechtstaatliche Institutionen im Königsbuch nicht thematisiert, doch es wäre zu einfach, von Arnims Idee vom Volkskönigtums als rückwärtsgewandte Phantasie organischer Gemeinschaft von Volk und König ohne rechtlich gesicherte Repräsentation abzutun. Denn möglicherweise ließ sie die Konstitution unerwähnt, weil sie befürchtete, dass ein Hinweis darauf, in welcher Form auch immer, den König zum Verbot des Drucks der Schrift veranlassen würde. Die Möglichkeit der systematischen Integration der Verfassungsfrage in ihr Konzept deutete sie dagegen in einem Brief an Karl von Württemberg an, in welchem von Arnim sich bereits 1842, auch mit Blick auf die preußischen Verhält-

---

³⁴ *Bäumer:* Interdependenzen (wie Anm. 29), 159.

³⁵ *Georg Kolb:* www.direktzurkanzlerin.de. Eine Variation über Bettina von Arnims Briefe an den König im Internet? In: Anne Frechen / Olivia Franke (Hrsg.): Dialog und Bewegung. Bettina von Arnim als Kommunikationsexpertin. Dokumentation eines öffentlichen Symposions im Künstlerhaus Schloss Wiepersdorf. Berlin 2011, 47–52, hier 52. Kolb zieht einen interessanten Vergleich zwischen der Kommunikation Bettina von Arnims mit dem König und heutiger direkter Netzkommunikation mit der gegenwärtigen Kanzlerin.

³⁶ Ebd., 51.

³⁷ *Becker-Cantarino:* Die Idee vom Volkskönig (wie Anm. 27), 72, 78–79. Vgl. auch *Ethel Matala de Mazza:* Der verfasste Körper. Zum Projekt einer organischen Gemeinschaft in der Politischen Romantik. Freiburg 1999.

³⁸ *Landfester:* Die echte Politik (wie Anm. 8), 24.

³⁹ *Becker-Cantarino:* Die Idee vom Volkskönig (wie Anm. 27), 77.

⁴⁰ *Landfester:* Selbstsorge als Staatskunst (wie Anm. 5), 167.

nisse, entschieden für eine konstitutionelle Monarchie ausgesprochen hat: „[...] das Volk muss in seinen Tendenzen durch seinen Herrscher sich geltend machen [...]. Wir sind nicht mehr auf der Stufe, wo Constitution die Kräfte der Einwirkung eines Fürsten zersplittern könnte. Nein, sie hätte immerdar das unbedingte nothwendige Prinzip einer freien Regierung sein müssen."[41]

Sie dachte also durchaus an eine Verfassungsbindung des Monarchen und sah darin die notwendige Basis für eine freie Regierung. Damit befand sie sich in Übereinstimmung mit weiten Teilen der liberalen Bewegung in Deutschland, für die die konstitutionelle Monarchie bis in die Revolution von 1848 hinein die favorisierte Staatsform darstellte. Die neuere Liberalismusforschung hat vielfach darauf hingewiesen, wie sehr das liberale Milieu in der ersten Hälfte des neunzehnten Jahrhunderts noch in ständischen Erfahrungsräumen wurzelte und sein politisches Vokabular davon geprägt wurde. So war etwa „volkstümliche Monarchie" ein politischer Begriff des vormärzlichen Liberalismus und das Spektrum dessen, was darunter verstanden wurde, war durchaus breit, zumal unter den Bedingungen der Zensur auch in der liberalen Bewegung die Dinge oft mehr angedeutet als direkt ausgesprochen wurden.[42] Wir sollten uns deshalb davor hüten, allzu schematisch zwischen restaurativ-romantischen und liberal-fortschrittlichen Staatskonzepten zu trennen.[43]

Neben ihren politischen Ideen entwickelt Bettina von Arnim in ihrem Königsbuch vor allem ihre sozialen Vorstellungen. Als Grundgedanken durchziehen das Buch einerseits der Zusammenhang von sozialer Not und Kriminalität und zum anderen die Überzeugung, dass der Staat zur Unterstützung der sozial Schwachen verpflichtet sei.

V. „Erfahrungen eines jungen Schweizers im Vogtlande"

Politischer Zündstoff lag vor allem im zweiten Teil ihres Buches, einem „Erfahrungen eines jungen Schweizers im Vogtlande" betitelten Anhang mit Berichten, die

---

[41] *Ulrike Landfester / Friderike Loos:* Lieber Kronprinz! Liebe Freundin! Bettine von Arnims Briefwechsel mit Karl von Württemberg. Mit einem Anhang: Bettine von Arnims Briefwechsel mit Julius von Hardegg. Heidelberg 1998, 40. Zu einer konstitutionellen Deutung des arnimschen Konzepts des Volkskönigs vgl. a. *Schultz:* Berliner und Wiepersdorfer Romantik (wie Anm. 1) 20.

[42] Vgl. etwa *Lothar Gall* (Hrsg.): Liberalismus. Königstein i. Ts. 1985; *Dieter Langewiesche* (Hrsg.): Liberalismus in Deutschland. Frankfurt/Main 1988. Die Forschungen zum süddeutschen Liberalismus lassen sich in dieser Hinsicht durchaus auch auf die preußischen Verhältnisse übertragen; *Paul Nolte:* Gemeindebürgertum und Liberalismus in Baden, 1800–1850. Göttingen 1994; *Rainer Schöttle:* Politische Theorien des süddeutschen Liberalismus im Vormärz. Studien zu Rotteck, Welcker, Pfizer, Murhard. Baden-Baden 1994.

[43] Vgl. die etwas schematische Argumentation von *Dian Schefold:* Konstitutionelle Monarchie als Staatsform der Romantik? In: Alexander von Bormann (Hrsg.): Ungleichzeitigkeiten der europäischen Romantik. Würzburg 2006, 205–222.

ganz unpoetisch und direkt über die sozialen Probleme in Berlin Auskunft gaben.[44] Es handelte sich dabei um die Dokumentation, die der Schweizer Student Heinrich Grunholzer, ein häufiger Gast in Bettina von Arnims Berliner Salon, über seine Besuche in den von wülcknitzschen Familienhäusern im Auftrag Bettina von Arnims zwischen Ende März und Ende April 1843 angefertigt hatte.[45]

In nüchterner Weise wurden darin schlechte Lebensbedingungen und mangelhafte wohnliche Zustände protokolliert. Dokumentiert wurden Gespräche Grunholzers mit Bewohner/innen sowie Auflistungen der wenigen Mittel, mit denen diese auskommen mussten. Die Berichte erfassen jeweils die Anzahl der Personen, die in den Wohnungen lebten, die Ausstattung der Stuben sowie die in den Wohnungen befindlichen Arbeitsgeräte, die beruflichen Umstände und die Höhe und Zusammensetzung des Familieneinkommens. Zudem werden größtenteils die Ausgaben für Miete, Nahrung, Kleidung und Heizmaterial sowie Mietschulden vermerkt. Oft protokollierte Grunholzer auch, wie er von den Befragten aufgenommen wurde und welchen Eindruck sie auf ihn machten. Insgesamt erfassten die Protokolle dreiunddreißig Haushalte, was etwa acht Prozent der Bewohner/innen der von wülcknitzschen Familienhäuser ausmachte.[46] Die Auswahl der von ihm besuchten Haushalte erfolgte zufällig auf den Korridoren oder aufgrund von Hinweisen. Ein Vergleich mit einer Mieter/innenliste aus der gleichen Zeit bezeugt, dass Grunholzer durchaus einen repräsentativen Querschnitt ausgewählt hatte. Er beschrieb nicht nur Extremfälle der Armut, sondern zeigte alle Stufen der Verarmung. Nach den Protokollen wurden sowohl selbständige Handwerkerfamilien als auch Lohnarbeiterfamilien bis hin zu völlig hilflosen Armen ohne jedes Einkommen besucht.[47]

Die Berichte ermöglichten erstmals einen detaillierten Einblick in die Lebensbedingungen in den von wülcknitzchen Familienhäusern im Berliner Vogtland.[48] In den protokollierten Gesprächen und Beobachtungen häufig vorkommende Motive waren anhaltende Arbeitslosigkeit, längere Krankheiten, Unglücksfälle, Invalidität und Mietschulden. Auch von hoher Kindersterblichkeit, Alkoholismus und Beschaffungskriminalität wird berichtet. Die Zustände in dem Armenviertel werden dabei nicht – wie sonst häufig in der zeitgenössischen bürgerlichen Perspektive – mit undiszipliniertem Verhalten, Faulheit, mangelnder Moral, fehlender Erziehung und Religionsferne erklärt, sondern als strukturell bedingtes „Ergebnis schwieriger, je un-

---

[44] *Becker-Cantarino*, Die Idee vom Volkskönig (wie Anm. 27), 74. Vgl. auch *Pia Schmid:* Bettine von Arnim und die Soziale Frage. In: Bunzel / Frei / Jansen (Hrsg.): Mit List und ... Kühnheit (wie Anm. 7), 91–108.

[45] *Geist / Kürvers:* Das Berliner Mietshaus (wie Anm. 14), 221, 228. Grunholzer (1819–1873) wurde in der zweiten Hälfte des 19. Jahrhunderts ein führender liberaler Politiker in der Schweiz; vgl. *Traugott Koller:* Lebensbild eines Republikaners. Zürich 1875 u. *Wolfgang Bunzel* (Hrsg.): «Erfahrungen eines jungen Schweizers im Vogtlande». In: Bunzel u.a.: Bettine von Arnim Politische Schriften (wie Anm. 23), 329–368.

[46] *Geist / Kürvers:* Das Berliner Miethaus (wie Anm. 14), 274.

[47] *Bunzel u.a.:* Bettine von Arnim Politische Schriften (wie Anm. 23), 332–333, 352.

[48] Vgl. die Analyse bei *Geist / Kürvers*: Das Berliner Miethaus (wie Anm. 14), 273–322.

terschiedlicher, immer prekärer werdender Verhältnisse beschrieben, genauer: von Verarmungsprozessen, auf die die kommunale Armenpolitik wie auch die private Wohltätigkeit völlig unzureichend reagierten."[49]

Dabei werden die Einwohner/innen der Familienhäuser nicht als hilflose Opfer dargestellt, sondern als Expert/innen in eigener Sache befragt und als Handelnde wahrgenommen, die ihre extrem begrenzten Handlungsmöglichkeiten unter anderem durch gegenseitige Hilfe und praktische Solidarität zu verbessern versuchen.[50] Auch Vorstellungen von eigener Ehre und Würde scheinen in den Berichten auf, etwa wenn Hilfen der Armendirektion oder der privaten Wohltätigkeit abgelehnt werden, die an demütigende oder persönlich inakzeptable Bedingungen geknüpft sind, wie etwa den Besuch der Betstunde.[51]

Entsprechend ihrer Idee eines Volkskönigtums erwartete Bettina von Arnim, dass die letztlich unhaltbaren Zustände in dem Armenviertel unweigerlich zum Aufstand führen würden, weil der König sich dadurch in eklatanter Differenz zu seinem Volk befand. Um wieder zur Übereinstimmung mit seinem Volk zu finden, musste der König nach ihrer Auffassung in wohlverstandenem Eigeninteresse handeln, und das nicht mit Almosen, sondern mit durchgreifenden Reformen.

Die öffentlichen Reaktionen auf das Königsbuch reichten von enthusiastischer Zustimmung bis zu schroffer Ablehnung, wobei sich die negativen Kommentare häufig auf die religionskritischen Passagen des Werks bezogen.[52] Die meisten Rezensionen stammten aus dem liberalen, jungdeutschen und junghegelianischen Umkreis, wo das Buch insgesamt positiv aufgenommen wurde, auch wenn dessen Unstrukturiertheit bzw. mangelnder systematischer Aufbau in einigen Rezensionen bemängelt wurde.[53]

„Die Namen sind genannt, die Thüren bezeichnet. Hier hört jede Fiktion auf.", schrieb Karl Gutzkow in seiner glühenden Rezension des Königbuchs, die er am 14. und 16. Oktober 1843 in zwei Teilen unter dem Titel „Diese Kritik gehört Bettinen" in seinem „Telegraph für Deutschland" veröffentlichte.[54] Mit ihrem „herrliche[n], gedankenklare[n], gesinnungsfrische[n] Buch" sei es der romantischen Dichterin gelungen, die Zensur zu umgehen, den König mit dem Elend in seiner Stadt zu

---

[49] *Schmid:* Bettina von Arnim und die Soziale Frage (wie Anm. 44), 104.

[50] *Bunzel u. a.:* Bettine von Arnim Politische Schriften (wie Anm. 23), 336, 341.

[51] *Bunzel u. a.:* Bettine von Arnim Politische Schriften (wie Anm. 23), 348.

[52] Zur Rezeption vgl. *Heinz Härtl:* Zur zeitgenössischen publizistischen Rezeption des „Königsbuches". Mit einem bibliographischen Anhang. In: Schmitz / von Steinsdorff: „Der Geist muß Freiheit genießen ...!" (wie Anm. 29) sowie *Bunzel u.a.:* Bettine von Arnim Politische Schriften (wie Anm. 23), 847–870.

[53] *Härtl:* Rezeption des „Königsbuches" (wie Anm. 52), 209–210, 216–221.

[54] *Karl Gutzkow:* Diese Kritik gehört Bettinen. In: Telegraph für Deutschland. Hamburg Nr. 165. [14.] Oktober 1843, 657–659; Nr. 166, (16.) Oktober 1843, 661–663; zit. n. Gutzkows Werke und Briefe. Kommentierte digitale Gesamtausgabe. Hrsg. vom Editionsprojekt Karl Gutzkow, 2009 (Bearbeiter Wolfgang Rasch).

konfrontieren und auf gesellschaftliche Missstände hinzuweisen. Bettina von Arnim habe „eine Kritik unserer heutigen Politik, eine Kritik der Religion und der Gesellschaft veröffentlicht, wie sie vor ihr Tausende gedacht, aber nicht Einer so resolut, so heroisch, so reformatorisch-großartig ausgesprochen hat [...]."[55] „Traurig genug", so Gutzkow weiter, „daß nur ein Weib das sagen durfte, was jeden Mann würde hinter Schloß und Riegel gebracht haben."[56] Auch der liberale Publizist Heinrich Bernhard Oppenheim urteilte am 3. August 1843 in der „Mannheimer Abendzeitung", Bettina von Arnim gebühre „eine Bürgerkrone für den Mut, mit dem sie für die Wahrheit und die Noth des Volkes in die Schranken getreten ist."[57]

Auch im Ausland wurde das Königsbuch wahrgenommen. Im Pariser Magazin „Revue des Deux Mondes" erschien 1843 eine Artikelserie von Saint-René Taillandier (1817–1879) mit der Überschrift „De la Littérature Politique en Allmande", in der auch auf das Königsbuch genauer eingegangen wurde. Gleichzeitig wurden Teile des Anhangs ins Französische übersetzt. Auch in England erschienen Rezensionen, wie beispielsweise ein anonymer Korrespondenzbericht vom 20. Januar 1844 in der von dem britischen Unternehmer und Frühsozialisten Robert Owen (1771–1858) gegründeten Zeitschrift „The New Moral World".[58]

VI. Die geplante Fortsetzung: Das Armenbuch

Mit ihrem Königsbuch hatte Bettina von Arnim eine breite Öffentlichkeit erreicht. Als sie wenig später den Ansatz des Anhangs ihres Königsbuchs zum Projekt eines „Armenbuchs" erweiterte, in dem die Situation der Armen in ganz Preußen dokumentiert werden sollte, wurde dessen Publikation nicht mehr gestattet.

Per Zeitung hatte sie um Zusendung von Material gebeten. So hatte sie unter anderem in einem Artikel in der Magdeburgischen Zeitung 1844 dazu aufgerufen, dass „[a]lle, welche über den Zustand des Armenwesens in Gemeinden, Kreisen, Bezirken, Provinzen u.s.w. des gesammten Deutschen Vaterlandes genaue Auskunft zu geben vermögen", ihr „getreue Berichte" über die Situation der ärmsten Bevölkerungsschichten zusenden sollten.[59] Daraufhin erhielt sie aus vielen Regionen Preußens, vor allem aber aus Schlesien, detaillierte Listen, in denen solche Lebensumstände protokolliert waren. Über ihren eigenen Aufruf hinaus hatte sie zudem eine geschickte Medienkampagne initiiert und befreundete Publizisten über ihre Initiative

---

[55] *Gutzkow:* Diese Kritik gehört Bettinen; zit. n. Gutzkows Werke und Briefe (wie Anm. 54).

[56] Ebd.

[57] *Bunzel u. a.:* Bettine von Arnim Politische Schriften (wie Anm. 23), 861.

[58] Ebd., 882–884.

[59] Der Artikel erschien anonym in der Magdeburgischen Zeitung (Nr. 113) am 15. Mai 1844. Reproduktion in: *Wolfgang Bunzel:* „Die Welt umwälzen". Bettine von Arnim geb. Brentano (1785–1859). Frankfurt/Main 2009, 100.

berichten lassen.⁶⁰ Sie korrespondierte u. a. mit dem Fabrikanten und späteren Abgeordneten der Frankfurter Nationalversammlung Friedrich Wilhelm Schlöffel, für den sie auch eintrat, als er 1845 in Untersuchungshaft saß, weil er der Aufstandsplanung verdächtigt wurde.⁶¹

Entsprechend der Pläne von Arnims sollte auch dieses Buch märchenhafte Elemente enthalten, etwa in der Geschichte von den weinenden Webern oder der Erzählung vom Heckebeutel. Letztere formte Bettina von Arnim in eine Kritik am selbstgefälligen Almosengeben um, denn der Heckebeutel war keine unerschöpfliche Börse mehr wie im ursprünglichen Märchen, auf das Bettina von Arnim sich bezog.⁶² Die Aporien des Systems kann er nicht heilen, so Bettina von Arnims Botschaft, erst der wiedergewonnene Dialog zwischen König und Volk könnte ihm seine Kraft wiedergeben.⁶³

In der Hauptsache aber sollte das Armenbuch einen nüchternen und konkreten Überblick über die Lage der armen Bevölkerungsschichten in Preußen enthalten. Weder die staatlichen Behörden noch irgendeine andere Stelle verfügte damals über solche Informationen, d. h. Bettina von Arnim „avancierte […] Mitte der vierziger Jahre faktisch zu einer privaten Dokumentationszentrale des Pauperismus in Preußen".⁶⁴

Nach dem Ausbruch des Weberaufstands im Juni 1844 musste von Arnim das Projekt des Armenbuchs auf Druck der Behörden abbrechen.⁶⁵ Sie wurde sogar verdächtig, für den Aufstand der schlesischen Weber mitverantwortlich zu sein, indem sie

---

⁶⁰ *Hartwig Schultz:* Bettine von Arnims Weg zur politischen Schriftstellerin. Ihr Kampf für die Brüder Grimm. In: Bettina von Arnim. Romantik und Sozialismus (1831–1859). Vorträge von Hartwig Schultz, Heinz Hartl und Marie-Claire Hoock-Demarle gehalten anlässlich der Ausstellung im Studienzentrum Karl-Marx-Haus, Trier, von Juni bis August 1986. Trier 1987, 11–26, hier 21, insb. 20–24.

⁶¹ Zum Briefwechsel von Arnim und Schlöffel vgl. Kap. I in der von Werner Vordtriede herausgegebenen Edition des Armenbuchs: *Werner Vordtriede* (Hrsg.): Bettina von Arnims Armenbuch. Frankfurt/Main 1969, 7–37; sowie *Püschel:* Die Welt umwälzen (wie Anm. 24), 522–530. Zu von Arnims Eintreten für Schlöffel vgl. *Wolfgang Bunzel / Ulrike Landfester* (Hrsg.): In allem einverstanden mit Dir. Bettine von Arnims Briefwechsel mit ihrem Sohn Friedmund. Göttingen 2001, 332. Siehe auch *Püschel:* Über den Briefwechsel (wie Anm. 5), 73. Zu Schlöffel vgl. auch *Helmut Bleiber:* Art. Schlöffel, Friedrich. In: Neue Deutsche Biographie 23 (2007).

⁶² Vgl. *Vordtriede:* Bettina von Arnims Armenbuch (wie Anm. 61), 111–123.

⁶³ *Landfester:* Jenseits der Schicklichkeit (wie Anm. 9), 295.

⁶⁴ *Bunzel / Frei / Jansen:* Mit List und … Kühnheit (wie Anm. 7), 9. Vgl. auch *Frühwald:* Die Not der schlesischen Weber (wie Anm. 2), 276. Sie machte sogar praktische Vorschläge zur Verbesserung der Situation der Weber vgl. *Sibylle von Steindorff:* „… das treffliche Spinnrad des Mechanikus Mayern." Ein praktischer Vorschlag Bettine von Arnims zur Verbesserung der Einkünfte einheimischer Spinner und Weber. In: Konrad Feilchenfeldt u. a. (Hrsg.): Zwischen Aufklärung und Romantik. Neue Perspektiven der Forschung. Festschrift für Roger Paulin. Würzburg 2006, 303–317.

⁶⁵ *Landfester:* Die echte Politik (wie Anm. 8), 26.

"die Leute gehetzt" und in ihnen Hoffnungen geweckt habe, "durch ihre Reden und Briefe, und schon durch ihr Königsbuch!"[66]

Das Armenbuchprojekt zeigte die Grenzen der Handlungsmöglichkeiten Bettina von Arnims klar auf. Das Königsbuch hatte der König noch als kunstvolle Huldigung missverstehen und an der Zensur vorbeilassen können, da es ohnehin „in unverständlicher poetischer visionärer Sprache geschrieben" war, wie Karl August Varnhagen von Ense meinte.[67] Die Nüchternheit der Statistiken des Armenbuchs ließ dagegen keine Zweifel mehr über von Arnims politische Haltung zu. Auf die Protektion des Königs konnte sie nun nicht mehr rechnen. Sie versuchte zwar weiterhin, ihr vertrautes Verhältnis zu ihm für ihre Politik zu nutzen. Ihr Einfluss begann jedoch in dem Maß zu schwinden, in dem der König, der nach seiner Thronbesteigung zunächst die in ihn gesetzten liberalen Hoffnungen zu bestätigen schien, im Zuge der wachsenden politischen Spannungen in Preußen einen immer reaktionäreren Kurs einschlug.[68]

Dies zeigte sich deutlich, als sie 1847 den brieflichen Kontakt mit dem König wiederaufnahm. Anlass war der große Prozess, der 1846 gegen 254 Angeklagte geführt wurde, die im Großherzogtum Posen einen Aufstand geplant hatten. In einem Brief setzte sie sich vor allem für den inhaftierten Führer des Aufstands Ludwik Mierosławski ein.[69] Sie agierte hier in einem politischen Kontext, der seit dem Aufstand der Polen gegen die russische Oberherrschaft 1831 eine hohe Bedeutung für die deutsche liberale Bewegung hatte.[70] Mit diesem Brief bezog von Arnim, so Landfester,

„zum ersten Mal auch dem König gegenüber ausdrücklich Position für die revolutionären Kräfte in Preußen und überschreitet damit unwiderruflich die Grenze des durch Stand und ihr Geschlecht sanktionierten gesellschaftlichen Binnenraumes, innerhalb dessen der König das Gespräch mit ihr zuzulassen bereit ist".[71]

---

[66] Karl August Varnhagen von Ense, Tagebucheintrag vom 19. Juni 1844; vgl. *Ludmilla Assing* (Hrsg.): Aus dem Nachlaß Varnhagen's von Ense. Tagebücher von K. A. Varnhagen von Ense. Zweiter Band. Leipzig 1861, 314.

[67] Zit. n. *Landfester:* Jenseits der Schicklichkeit (wie Anm. 9), 291.

[68] Ebd., 290. Vgl. *Hahn / Berding:* Reformen, Restauration, Revolution (wie Anm. 11), 132–144, 509–518.

[69] Ursula Püschel hat in ihrer Monographie „Bettine von Arnim – politisch" und in mehreren Aufsätzen das Polenengagement von Arnims intensiv erforscht, neben den bereits genannten Werken vgl. etwa auch *Ursula Püschel:* Bettine, politisch – Beispiel Polen. Mit zwei Briefen Ludwik Mierosławskis. In: Schultz: „Die echte Politik muß Erfinderin sein" (wie Anm. 8), 39–108 und *dies.:* Bettina von Arnim (1785–1859) – ihr politisches Engagement für Polen. In: Krzysztof Ruchniewicz / Marek Zyvura (Hrsg.): „Mein Polen …". Deutsche Polenfreunde in Portraits. Dresden 2005, 137–171. Daneben vgl. auch *Daniela Fuchs:* Der große Polenprozess von 1847 in Berlin und Bettina von Arnims Engagement für den angeklagten Mierosławski und seine Mitstreiter. In: Internationales Jahrbuch der Bettina-von-Arnim-Gesellschaft 15 (2003), 111–123.

[70] Vgl. etwa *Gabriela Brudzynska-Nemec:* Polenvereine in Baden. Hilfeleistungen süddeutscher Liberaler für die polnischen Freiheitskämpfer 1831–1832. Heidelberg 2006. Die Autorin geht dabei auch auf die Solidaritätsaktionen von Frauen ein.

[71] *Landfester:* Selbstsorge als Staatskunst (wie Anm. 5), 307.

Die Antwort des Königs fiel entsprechend harsch aus. Er verwies sie in die Schranken des für eine Frau angemessenen Verhaltens: Er sei gewiß, „daß Sie, wie es dem Weibe wohlansteht, sich fern von der Tragödie des großen Prozesses gehalten haben, ja von demselben gar nichts wissen und daß nur der edle Drang Leiden zu mildern, Sie in Bewegung setzt. [...] Gott weiß, daß ich Ihnen Ihre Unwissenheit nicht zum Verbrechen anrechne."[72]

Von Arnim versuchte, die Rolle der einfühlsamen Frau und Mutter zu spielen[73], gab vor, keine Zeitungen zu lesen und behauptete, sie habe sich weder durch schriftlichen noch mündlichen Austausch ein politisches Urteil bilden können.[74] Aber der König wusste die Pose „einer tiefbeschämten Frau [...] in schüchterner Flucht", die von Arnim einnahm[75], nun zu deuten. Über seine Spitzel war er längst darüber informiert, welche Zeitungen sie las und dass in ihrem Salon führende Vertreter der demokratischen Bewegung verkehrten. In einem Konfidentenbericht aus dem Jahr 1847 war ihr Salon als „sozialistische Teegesellschaft" bezeichnet worden.[76] Ihrem letzten Brief in dieser Sache legte sie die Verteidigungsrede Mierosławskis bei[77] und zeigte damit noch einmal offen, dass sie dessen politische Anliegen unterstützte.[78]

In der Revolution von 1848 war ihr Salon ein Treffpunkt demokratischer und liberaler Kräfte und ein Ort hitziger politischer Debatten, wie wir aus den Erinnerungen ihrer Tochter Maximiliane wissen.[79] „Allerlei demokratisches Gelichter" hätte sich bei ihrer Mutter getroffen, schrieb diese in ihrem Jahresbericht zum Revolutionsjahr 1848.[80] Bettina von Arnim erschien zunehmend als eine Parteigängerin der Linken.[81] Das Ende der Revolution markierte auch das Ende von Bettina von Arnims politischem Einfluss.[82] Sie war ebenso gescheitert wie die liberale und die demokratische Bewegung insgesamt. Im Januar 1849 erschien ihre Schrift „An die auf-

---

[72] *Püschel:* Die Welt umwälzen (wie Anm. 24), 183.

[73] Ebd.,150–151.

[74] Vgl. *Landfester:* Selbstsorge als Staatskunst (wie Anm. 5), 307 sowie *Püschel:* Die Welt umwälzen (wie Anm. 24), 189.

[75] Von Arnim an Friedrich Wilhelm; zit. n. *Landfester:* Selbstsorge als Staatskunst (wie Anm. 5), 308.

[76] *Bäumer:* Interdependenzen (wie Anm. 29), 166.

[77] *Püschel:* Über den Briefwechsel (wie Anm. 5), 83.

[78] Vgl. *Landfester:* Selbstsorge als Staatskunst (wie Anm. 5), 309.

[79] Vgl. *Maxe von Arnim:* Tochter Bettinas / Gräfin Oriola 1818–1894. Ein Lebens- und Zeitbild aus alten Quellen geschöpft von Johannes Werner. Leipzig 1937, 173.

[80] *Hartwig Schultz:* „Allerlei demokratisches Gelichter". Der Jahresbericht Maxe von Arnims im Revolutionsjahr. In: Schultz: „Die echte Politik muß Erfinderin sein" (wie Anm. 8), 361–371, hier 367. Vgl. auch: Salon-Arabesken. Die beiden Salons im Hause Bettine von Arnims. Frankfurt/Main 2006.

[81] *Püschel:* Über den Briefwechsel (wie Anm. 5), 76.

[82] *Landfester:* Die echte Politik (wie Anm. 8), 33.

gelöste Preußische Nationalversammlung"[83], in der von Arnim anonym das Wort für die Selbständigkeit Polens ergriff. Schon allein die Anrede war ein politisches Statement: Ihr Adressat war nun nicht mehr der König, sondern die aufgelöste Vertretung des Volkes. Die Schrift fand jedoch keine große Leserschaft mehr.[84] Auch als Schriftstellerin war ihre Glanzzeit vorüber und ihre Publikumswirksamkeit in der realpolitisch gewendeten Zeit nach 1848 allmählich im Sinken begriffen.[85]

VII. Gespräche mit Dämonen. Des Königsbuchs zweiter Teil

Aber Bettina von Arnim entlässt den König nicht aus seiner Pflicht. In ihrem letzten Werk „Gespräche mit Dämonen. Des Königsbuchs zweiter Teil" imaginierte sie 1852, „[r]esigniert, aber noch immer zielbewusst", wie Ulrike Landfester schreibt, „noch einmal das politische Gespräch, das sie Friedrich Wilhelm IV. nun mehr als zwölf Jahre lang angetragen hat."[86] Es sind fiktive Gespräche eines schlafenden Königs mit einem Dämon als der Verkörperung seines politischen Gewissens und gleichzeitig „Sprachrohr der politischen und sozialkritischen Anliegen Bettina von Arnims".[87] Einmal mehr zeigte sich in diesem Buch ihr ironisch gebrochener Umgang mit dem romantischen Märchen. Immer noch stand das Märchenmotiv im Dienst einer gesellschaftskritischen Botschaft, wenn auch von Arnim nun desillusioniert war in Bezug auf deren einst erhoffter Verwirklichung.[88] In seiner Haltung gegenüber dem König schwankt das Buch zwischen Verehrung und Verachtung.[89] Dass dieser an einer Stelle als „schlafender träumerischer Madensack" bezeichnet wird[90], war so wohl auch nur im Gewand des Märchens möglich.

Ob das Buch stilistisch gelungen ist, steht dahin, in jedem Fall aber ist es ein Dokument der politischen Entwicklung Bettina von Arnims und eines der gesellschaft-

---

[83] *Püschel:* Über den Briefwechsel (wie Anm. 5), 85.

[84] Vgl. etwa: *Hubert Orłowski:* Deutsche Liberale und polnische Demokraten: eine gescheiterte „Interessengemeinschaft" des 19. Jahrhunderts? Zum kulturhistorischen Kontext von Bettine von Arnims „Polenbroschüre". In: Internationales Jahrbuch der Bettina-von-Arnim-Gesellschaft 15 (2003), 125–138.

[85] *Bäumer:* Interdependenzen (wie Anm. 29), 166, 170.

[86] *Landfester:* Die echte Politik (wie Anm. 8), 33.

[87] *Ruth Neubauer-Petzoldt:* Desillusionierte Sehnsucht und soziale Utopie. Der Umgang mit Dämonen, Märchen und Mythen bei Heinrich Heine, Georg Büchner und Bettina von Arnim. In: Internationales Jahrbuch der Bettina-von-Arnim-Gesellschaft 19 (2007), 57–82, hier 73; siehe auch *Landfester:* Echte Politik (wie Anm. 7), 33.

[88] *Neubauer-Petzoldt:* Desillusionierte Sehnsucht (wie Anm. 87), 71, 80. Zum Dämonenbuch vgl. auch das Kap. IV. 3. „Am Ende der Visionen" bei *Landfester:* Selbstsorge als Staatskunst (wie Anm. 5), 339–363.

[89] *Ursula Püschel:* „Charakter hat nur der, dem das Land der Ideale keine Chimäre ist". Randbemerkungen zum letzten Buch Bettina von Arnims „Gespräche mit Dämonen". In: Dies.: Bettina von Arnim – politisch (wie Anm. 6), 245–277, hier 257.

[90] Ebd., 257.

lichen Reform zugewandten politischen Potentials der Romantik. In einer Zeit, in der viele ehemalige Achtundvierziger begannen, sich mit dem „realpolitisch" Möglichen zu arrangieren, war die Utopie der Völkerverbrüderung das letzte große Thema von Arnims. Als Geister kommen im Dämonenbuch die Vertreter verschiedener revolutionär gescheiterter Nationen – Magyaren, Polen, Lombarden, Germanen – zu Wort. Gewidmet ist die Schrift „dem Geist des Islam vertreten durch den großmütigen Abdul-Medschid-Khan Kaiser der Osmanen".[91] Dass dieser nicht nur ein politischer und sozialer Reformer war, sondern auch flüchtenden Polen und Ungarn nach 1848 Aufnahme gewährt hatte, war möglicherweise vielen ihrer Zeitgenossinnen und Zeitgenossen schon nicht mehr bewusst.[92]

---

[91] Vgl. ebd., 250. Zum Verhältnis von Romantik und Islam: *James Hodkinson:* Der Islam im Dichten und Denken der deutschen Romantik: zwischen Kosmopolitismus und Orientalismus. In: Michael Hofmann / Klaus von Stosch (Hrsg.): Islam in der deutschen und türkischen Literatur. Paderborn 2012, 61–80.

[92] Ebd., 250–251, zur Aufnahme der flüchtenden Ungarn und Polen im osmanischen Reich 266–269. Zu Abd al-Madjid I. vgl. auch *Jean Deny,* Abd al-Madjid I. In: Nagendra Kumar Singh (Hrsg.): International Encyclopedia of Islamic Dynasties (42) 2005, 247–48.

Verzeichnis der Autorinnen und Autoren

Prof. Dr. *Werner Abelshauser* ist Inhaber der Forschungsprofessur Historische Sozialwissenschaft an der Universität Bielefeld und Mitbegründer des interdisziplinären *Bielefeld Institute for Global Society Studies*. Davor hatte er den Lehrstuhl für Europäische Integration an der Europäischen Universität Florenz inne. Er ist Mitherausgeber der Zeitschrift für Staats- und Europawissenschaften (ZSE). Das Bundeswirtschaftsministerium hat den Wirtschaftsforscher 2011 in seine unabhängige Geschichtskommission berufen. Sein Buch *The Dynamics of German Industry* wurde in drei Sprachen veröffentlicht (2003–2009) – ebenso wie sein Standardwerk *Deutsche Wirtschaftsgeschichte. Von 1945 bis zur Gegenwart* (1983–2011). 2012 hat er den Sammelband *Kulturen der Weltwirtschaft* herausgegeben. Er ist einer der Herausgeber und Autoren des vierbändigen Werkes *Wirtschaftspolitik in Deutschland 1917–1990* (2016).

Prof. Dr. *Martin Clauss* ist Inhaber der Professur für Europa im Mittelalter und in der Frühen Neuzeit am Institut für Europäische Geschichte der Technischen Universität Chemnitz. Seine Forschungsschwerpunkte sind die Geschichte des Krieges im Mittelalter, die hochmittelalterliche Verfassungsgeschichte, Historiographiegeschichte und die Rezeption des Mittelalters. Zu seinen wichtigsten Veröffentlichungen zählen: *Kriegsniederlagen im Mittelalter. Darstellung-Deutung-Bewältigung* (2010); *Die Salier* (2011); *Ludwig IV. der Bayer. Herzog, König, Kaiser* (2014).

Prof. em. Dr. *Gerhard Dohrn-van Rossum* hat an der Technischen Universität Chemnitz Geschichte des Mittelalters und der Frühen Neuzeit gelehrt. Seine Forschungsschwerpunkte sind die Geschichte der Zeitmessung und des Zeitbewusstseins, technische Experten und Innovationsvorgänge in der Vormoderne. Zu seinen wichtigsten Veröffentlichungen zählen: *Geschichte der Stunde. Uhren und moderne Zeitordnungen* (1992, auch engl., frz., port., japanisch); *Migration – Innovation- Städtenetze: Ingenieure und technische Experten* (in: Arnoux and Pierre Monnet eds., Le technicien dans la cité en Europe occidentale, 1250–1650, 2004); *Novitates – Inventores. Die Erfindung der Erfinder im Spätmittelalter* (in: Schmidt, Hrsg., Tradition, Innovation, Invention. Fortschrittsverweigerung und Fortschrittsbewusstsein im Mittelalter, 2005); *Mechanische Uhren, moderne Zeitordnungen und die Wissenschaften im Spätmittelalter* (in: Kautek, Neck und Schmidinger, Hrsg., Zeit in den Wissenschaften, 2016); *„Time"* (in: Scott, ed., The Oxford Handbook of Early Modern European History 1350–1750, 2015); *Brillen – Uhren – Kanonen – Raumzeitliche Parameter der Diffusion spätmittelalterlicher Innovationen* (2018).

Dr. *Jörg Feldkamp* war von 1995 bis 2011 Geschäftsführer des Sächsischen Industriemuseums und Direktor des Industriemuseums Chemnitz. Nach dem Studium der Kunstgeschichte, der Archäologie und Vor- und Frühgeschichte und der Promotion an der Johannes Gutenberg-Universität Mainz wurde er mit der Neukonzeption des Museums für Kunst- und Kulturgeschichte der Stadt Goch betraut. 1986 übernahm er die Leitung der Museen des Märkischen Kreises in Altena/Westfalen. Auf seine Initiative ging aus der Neustrukturierung der umfangreichen Sammlungen auf der Burg Altena die Ausgliederung und Neukonzeption des Deutschen Drahtmuseums hervor, das 1993 als branchenspezifisches Spezialmuseum eröffnet wurde. 1995 übernahm er, zunächst im Auftrag der Stadt Chemnitz, die Neukonzeption und Erweiterung des

Chemnitzer Industriemuseums am heutigen Standort. Bis 2017 war er Lehrbeauftragter an der TU Bergakademie Freiberg mit dem Schwerpunkt Kulturmanagement. Neben der Herausgabe vieler Ausstellungskataloge zur Kunst-, Kultur- und Industriegeschichte war er zusammen mit der TU Bergakademie Freiberg und dem Deutschen Bergbaumuseum Bochum Mitherausgeber der Zeitschrift INDUSTRIEarchäologie und ist Autor zahlreicher Beiträge zur Kultur- und Museumspolitik, zur Industriekultur und zum Kulturmanagement.

PD Dr. *Heidrun Homburg*, Privatdozentin am Historischen Seminar der Albert Ludwigs-Universität Freiburg. Aktuelle Forschungsschwerpunkte: Wirtschaft und Politik im Umbruch 1914–1924, Ökonomische Praktiken im deutschen Pietismus, Marktformen und Konsumkultur 18.–20. Jh. Jüngere Veröffentlichungen: *Financing World Football: A Business History of the Fédération Internationale de Football Association (FIFA)* (Zeitschrift für Unternehmensgeschichte, 2008); *Die deutsche Feindvermögensverwaltung im besetzten Frankreich: Grundzüge und Fallbeispiele aus der elektrotechnischen Industrie* (in: Berghoff, Kocka und Ziegler, Hrsg., Wirtschaft im Zeitalter der Extreme, 2010); *Glauben und Rechnen oder von der Führung christlicher Unternehmen in der Herrnhuter Brüdergemeine um 1900* (in: Töpel und Pietsch, Hrsg., Mehrwert, Märkte und Moral – Interessenkollision, Handlungsmaximen und Handlungsoptionen in Unternehmen und Unternehmertum der modernen Welt, 2012); *German Landscapes of Consumption, 1750–1950. Perspectives of German and Foreign Travellers* (in: Furnée und Lesger, Hrsg., The Landscape of Consumption, 2014); *Das Reichswirtschaftsamt / Reichswirtschaftsministerium in der Formierungsphase 1917–1923. Strukturen und Akteure* (in: Holtfrerich, Hrsg., Das Reichswirtschaftsministerium in der Weimarer Republik und seine Vorläufer, 2016).

Dr. oec. *Rainer Karlsch* ist Wirtschaftshistoriker und freier Publizist. Er war Mitarbeiter am Lehrstuhl für Wirtschafts- und Sozialgeschichte der Humboldt-Universität zu Berlin, der Historischen Kommission zu Berlin und der Freien Universität Berlin. Seine Forschungsschwerpunkte liegen u. a. in der sächsischen Wirtschaftsgeschichte und dem Uranbergbau im Kalten Krieg. Zu seinen wichtigsten Veröffentlichungen zählen: *Allein bezahlt? Die Reparationsleistungen der SBZ/DDR 1945–1953* (1993), für das er 1996 den Ersten Preis der Stinnes Stiftung erhielt; *Uranbergbau im Kalten Krieg*. 2 Bände (hg. mit Rudolf Boch, 2011); *Uranium Matters. Central European Uranium in International Politics. 1900–1960* (mit Zbyněk Zeman, 2008); *Wirtschaftsgeschichte Sachsens im Industriezeitalter* (mit Michael Schäfer, 2006).

Prof. Dr. *Christoph Kleßmann* war von 1977 bis 1992 Professor an der Universität Bielefeld, von 1993 bis zur Emeritierung 2004 Professor für Zeitgeschichte an der Universität Potsdam und seit 1996 Direktor des Zentrums für Zeithistorische Forschung Potsdam. Arbeitsschwerpunkte in Forschung und Lehre liegen in der deutschen und polnischen Geschichte des 20. Jahrhunderts, insbesondere der NS-Zeit, der Bundesrepublik und der DDR. Wichtigste Bücher: *Die Selbstbehauptung einer Nation. Nationalsozialistische Kulturpolitik und polnische Widerstandsbewegung im Generalgouvernement 1939–1945* (1971); *Polnische Bergarbeiter im Ruhrgebiet 1870–1945* (1978); *Die doppelte Staatsgründung. Deutsche Geschichte 1945–1955* (5. Auflage 1991); *Arbeiter im „Arbeiterstaat" DDR. Deutsche Traditionen, sowjetisches Model, westdeutsches Magnetfeld (1945 bis 1971)* (2007); zahlreiche Aufsätze zur Geschichte des 19. und 20. Jahrhunderts.

Dr. *Yaman Kouli* ist aktuell als Feodor-Lynen-Stipendiat der Alexander-von-Humboldt-Stiftung in Paris tätig. Er bearbeitet dort als Gastwissenschaftler der UMR SIRICE, einem Forschungsverbund der Universitäten Sorbonne I und IV sowie des CNRS, ein Projekt, das sich mit der europäischen Integration vor 1914 beschäftigt. Von 2011 bis 2018 war er als wissenschaftlicher Mitarbeiter an der Professur für Wirtschafts- und Sozialgeschichte der Technischen

Universität Chemnitz tätig. Seine Forschungsgebiete sind die Wirtschaftsgeschichte Polens, die wissensbasierte Wirtschaft sowie die europäische Integration seit 1870. Wichtigste Veröffentlichungen: *A New European Story? – The rise of the knowledge-based economy, 1870–1913* (International Journal of Knowledge-Based Economy, 2017); *Europäische Integration 1870–1914. Ein Vorbild für die Gegenwart?* (Zeitschrift für Staats- und Europawissenschaften, 2014); *Wissen und nach-industrielle Produktion. Das Beispiel der gescheiterten Rekonstruktion Niederschlesiens 1936–1956* (Vierteljahrschrift für Sozial- und Wirtschaftsgeschichte, 2014).

PD Dr. *Timo Luks* ist gegenwärtig wissenschaftlicher Mitarbeiter an der Justus-Liebig-Universität Gießen und war von 2009 bis 2016 wissenschaftlicher Mitarbeiter an der Professur für Wirtschafts- und Sozialgeschichte der Technischen Universität Chemnitz. Zu seinen Forschungsschwerpunkten gehören die moderne Industriegeschichte, die Geschichte von Sozialexperten und Social Engineering, die Geschichte des Kapitalismus sowie die Polizeigeschichte. Wichtigste Veröffentlichungen: *Der Betrieb als Ort der Moderne. Zur Geschichte von Industriearbeit, Ordnungsdenken und Social Engineering im 20. Jahrhundert* (2010); (als Mitautor) *GELD. Katalog zur Sonderausstellung des Staatlichen Museums für Archäologie Chemnitz* (2016); *Prekarität – eine nützliche Kategorie der historischen Kapitalismusanalyse* (Archiv für Sozialgeschichte, 2016).

Prof. Dr. *Gisela Mettele* ist Inhaberin des Lehrstuhls für Geschlechtergeschichte an der Friedrich-Schiller-Universität Jena. Von 1994 bis 2005 war sie als wissenschaftliche Mitarbeiterin an der Professur für Wirtschafts- und Sozialgeschichte der Technischen Universität Chemnitz tätig. Ihre Forschungsschwerpunkte liegen in der Geschichte pietistischer Gemeinschaften, insbesondere der Herrnhuter Brüdergemeine, und in der Bürgertumsgeschichte. Zu ihren wichtigsten Veröffentlichungen zählen: *Weltbürgertum oder Gottesreich? Die Herrnhuter Brüdergemeine als globale Gemeinschaft 1760–1857* (2009); *Bürgertum in Köln 1775–1870. Gemeinsinn und freie Association* (1998). *Preußen als Kulturstaat im 19. Jahrhundert* (als Hrsg. mit Andreas Schulz, 2015).

Prof. Dr. *Josef Mooser* war bis zu seiner Emeritierung Professor für die Geschichte des 20. Jahrhunderts an der Universität Basel, Schweiz. Seine Forschungsschwerpunkte liegen in der deutschen Sozial-, Wirtschafts- und Kulturgeschichte des 19. und 20. Jahrhunderts, in der Sozialgeschichte ländlicher Gesellschaften und in der Arbeitergeschichte. Zu seinen wichtigsten Veröffentlichungen zählen: *Ländliche Klassengesellschaft 1770–1848. Bauern und Unterschichten, Landwirtschaft und Gewerbe im östlichen Westfalen* (1984); *Arbeiterleben in Deutschland 1900–1970. Klassenlagen, Kultur und Politik* (1984); *Armut und Fürsorge in Basel. Armutspolitik vom 13. Jahrhundert bis heute* (als Hrsg. mit Simon Wenger, 2011).

Jun.-Prof. Dr. *Marian Nebelin* ist Inhaber der Juniorprofessur Antike und Europa mit besonderer Berücksichtigung der Antikerezeption an der Technischen Universität Chemnitz. Zur Zeit vertritt er die Professur Geschichte des Altertums an der Universität Potsdam. Seine Forschungsschwerpunkte umfassen die Geschichte des Politischen in der Antike, die moderne Antikerezeption sowie die Geschichtstheorie. Zu seinen wichtigsten Veröffentlichungen zählen: *Walter Benjamin und die Besiegten. Theologie – Verlust – Geschichte* (2007); (Hrsg. zus. m. Andreas Deußer u. unt. Mitarb. v. Katarina Barthel): *Was ist Zeit? Philosophische und geschichtstheoretische Aufsätze* (2009); (Hrsg. zus. m. Michael Meißner u. Katarina Nebelin): *Eliten nach dem Machtverlust? Fallstudien zur Transformation von Eliten in Krisenzeiten* (2012).

Dr. *Eva Pietsch* war von 1997 bis 2009 Wissenschaftliche Assistentin am Chemnitzer Lehrstuhl für Wirtschafts- und Sozialgeschichte. Sie forschte und publizierte nach ihrer Bielefelder Dissertation über *Gewerkschaft, Betrieb und Milieu in der Bekleidungsindustrie. Europäische*

Einwanderer in Baltimore 1870–1930 (2004) zur sächsischen Wirtschafts- und Unternehmensgeschichte. Heute unterrichtet sie am Herder-Gymnasium der Stadt Minden/Westfalen.

Dipl. Archivar *Ralf Rogge* ist Historiker und Leiter des Stadtarchivs Solingen. Seine Forschungsschwerpunkte sind die Stadtgeschichte Solingen, die Regionalgeschichte des Bergischen Landes im 19. und 20. Jahrhundert sowie die Geschichte der Arbeiterbewegung.

PD Dr. *Michael Schäfer* ist Wissenschaftlicher Mitarbeiter an der Professur für Wirtschafts- und Sozialgeschichte der Technischen Universität Chemnitz. Die Schwerpunkte seiner Forschung liegen auf dem Gebiet der Geschichte des Bürgertums und der Arbeiterbewegung sowie der Wirtschaftsgeschichte Sachsens im 19. Jahrhundert. Zu seinen neueren Veröffentlichungen zählen *Wirtschaftsgeschichte Sachsens im Industriezeitalter* (mit Rainer Karlsch, 2006); *Familienunternehmen und Unternehmerfamilien. Zur Sozial- und Wirtschaftsgeschichte der sächsischen Unternehmer 1850–1940* (2007); *Geschichte des Bürgertums. Eine Einführung* (2009); *Eine andere Industrialisierung. Die Transformation der sächsischen Textilexportgewerbe 1790–1890* (2016).

Dr. sc. phil. *Karlheinz Schaller* ist Historiker im Ruhestand. Seine Forschungsschwerpunkte sind die Geschichte der Chemnitzer Arbeiterschaft vom Ende des 18. Jahrhunderts bis 1945, die Geschichte der Arbeitslosigkeit und Arbeitsverwaltung in Sachsen und die Unternehmensgeschichte. Zu seinen wichtigsten Veröffentlichungen gehören: *„Einmal kommt die Zeit". Geschichte der Chemnitzer Arbeiterschaft vom Ende des 18. Jahrhunderts bis zum Ersten Weltkrieg* (2001); *„Radikalisierung aus Verzweiflung". Geschichte der Chemnitzer Arbeiterschaft vom Ersten Weltkrieg bis zur Inflation* (2003); *Das „Sechstagerennen". Aus dem Alltag Chemnitzer Fabrikarbeiter in der Weimarer Republik* (2007); *Fabrikarbeit in der NS-Zeit. Arbeiter und Zwangsarbeiter in Chemnitz 1933–1945* (2011).

PD Dr. *Elke Scherstjanoi* ist wissenschaftliche Mitarbeiterin am Institut für Zeitgeschichte München-Berlin. Sie forscht zur SBZ/DDR-Geschichte und zur Geschichte der Beziehungen DDR-UdSSR und lehrt an der TU Chemnitz. Aktueller Forschungsschwerpunkt sind die Strukturgeschichte der frühen sowjetischen Besatzungsherrschaft und der Besatzeralltag in sozialer und kultureller Perspektive. Sie veröffentlichte u. a.: *Rotarmisten schreiben aus Deutschland. Briefe von der Front (1945) und historische Analysen* (als Hrsg. 2004); *SED-Agrarpolitik unter sowjetischer Kontrolle 1949–1953* (2007); *Zwei Staaten, Zwei Literaturen? Das internationale Kolloquium des Schriftstellerverbandes in der DDR, Dezember 1964* (2008); *Russlandheimkehrer. Die sowjetische Kriegsgefangenschaft im Gedächtnis der Deutschen* (als Hrsg. 2012); *Moskaus Spuren in Ostdeutschland, 1945 bis 1949. Aktenerschließung und Forschungspläne* (als Hrsg. mit Detlev Brunner, 2015).

Prof. Dr. *Susanne Schötz* ist Professorin für Wirtschafts- und Sozialgeschichte an der TU Dresden. Ihre Forschungsschwerpunkte sind die frühneuzeitliche Handels- und Gewerbegeschichte, die Geschlechtergeschichte der Arbeit, die Wirtschafts- und Sozialgeschichte des Bürgertums und Kleinbürgertums, Männer und Frauen der Revolution von 1848/49; Louise Otto-Peters und die erste deutsche Frauenbewegung sowie zuletzt die Geschichte der Stadt Leipzig, 1815–1914. Zu ihren wichtigsten Veröffentlichungen als Autorin und Herausgeberin/Mitherausgeberin zählen: *Geschichte der Stadt Leipzig. Von den Anfängen bis zur Gegenwart. Bd. 3: Vom Wiener Kongress bis zum Ersten Weltkrieg* (2018); *Geschichte weiblicher Erwerbsarbeit in Dresden im 20. Jahrhundert* (2015); *Leipzigs Wirtschaft in Vergangenheit und Gegenwart. Akteure, Handlungsspielräume und Wirkungen (1400–2011)* (2012); *Louise Otto-Peters und die Revolution von 1848/49. Erinnerungen an die Zukunft* (2012); *Louise-Otto-Peters-Jahrbuch I–IV: Forschungen zur Schriftstellerin, Journalistin, Publizistin und Frauenpolitikerin Louise*

Otto-Peters (1819–1895) (2004, 2007, 2009, 2014); *Handelsfrauen in Leipzig. Zur Geschichte von Arbeit und Geschlecht in der Neuzeit* (2004).

PD Dr. **Manuel Schramm** ist Privatdozent am Institut für Europäische Geschichte der Technischen Universität Chemnitz. Seine Forschungsschwerpunkte sind Konsumgeschichte, Wissensgeschichte, Kartographiegeschichte und Geschichte der Arbeit (18.–20. Jahrhundert). Zu seinen wichtigsten Veröffentlichungen zählen: *Konsum und regionale Identität in Sachsen 1880–2000. Die Regionalisierung von Konsumgütern im Spannungsfeld von Nationalisierung und Globalisierung* (2002); *Wirtschaft und Wissenschaft in DDR und BRD. Die Kategorie Vertrauen in Innovationsprozessen* (2008); *Digitale Landschaften. Zum Wandel der Landschaftswahrnehmung in Kartographie und Vermessungstechnik* (2009); *Wirtschafts- und Sozialgeschichte Westeuropas seit 1945* (2017).

Dipl. Archivarin *Veronique Töpel* ist Geschäftsführerin des Sächsischen Wirtschaftsarchiv e.V. (SWA) in Leipzig. Zu ihren neuesten Veröffentlichungen zählen: *Wirtschaft und Erinnerung. Industrie und Handel zwischen Traditionalismus, Identitätsbildung und Musealisierung* (als Hrsg. mit Swen Steinberg und Michael Schäfer, 2017); *Sachsen und die Welt. Eine Exportregion im Vergleich 1750–2000* (als Hrsg. mit Michael Schäfer, 2014); *Mehrwert, Märkte und Moral – Interessenkollision, Handlungsmaximen und Handlungsoptionen in Unternehmen und Unternehmertum der modernen Welt (Sachsen und Europa)* (als Hrsg. mit Eva Pietsch, 2013).

Dipl. Archivarin *Gabriele Viertel* leitete von 1995 bis zu ihrem Ruhestand 2016 das Stadtarchiv Chemnitz. Nach ihrer Ausbildung zur Archivassistentin studierte sie zunächst an der Fachschule für Archivwesen und später an der Humboldt-Universität Berlin Archivwissenschaft. Von 1998 bis 2010 war sie Vorsitzende des Chemnitzer Geschichtsvereins. Als Schriftleiterin für die Reihe *Beiträge aus dem Stadtarchiv* (Heft 1–11) und für die *Mitteilungen des Chemnitzer Geschichtsvereins* (Neue Folge VI–XVIII und Sonderhefte) gab sie insgesamt über 30 Bände heraus. Sie verfasste zahlreiche Publikationen zur Chemnitzer Stadtgeschichte und veröffentlichte archivwissenschaftliche Beiträge in den Tagungsbänden des Vereins deutscher Archivare und der Bundeskonferenz der Kommunalarchive beim Deutschen Städtetag.

Prof. Dr. *Thomas Welskopp* ist Inhaber des Lehrstuhls für die Geschichte moderner Gesellschaften an der Universität Bielefeld. Seine Forschungsgebiete sind die Arbeiter- und Arbeiterbewegungsgeschichte, die Unternehmens- und Industriegeschichte einschließlich der Geschichte der industriellen Beziehungen, die Geschichte sozialer Bewegungen, die Geschichte des Kapitalismus, Mediengeschichte, Theorie der Geschichte und Historiografiegeschichte. Wichtigste Veröffentlichungen: *Unternehmen Praxisgeschichte. Historische Perspektiven auf Kapitalismus, Arbeit und Klassengesellschaft* (2014); *Amerikas große Ernüchterung. Eine Kulturgeschichte der Prohibition* (2010); *Das Banner der Brüderlichkeit. Die deutsche Sozialdemokratie zwischen Vormärz und Sozialistengesetz* (2000); *Arbeit und Macht im Hüttenwerk. Arbeits- und industrielle Beziehungen in der deutschen und amerikanischen Eisen- und Stahlindustrie von den 1860er bis zu den 1930er Jahren* (1994).